图为Janet Mendelsohn摄影作品《街上的警察与皮条客》

（Pimps and a cop on the street，c.1968）

© Courtesy Cadbury Research Library: Special Collections,

University of Birmingham

"批判传播学"编委

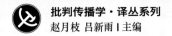
批判传播学·译丛系列

赵月枝 吕新雨 | 主编

管控危机

[英]斯图亚特·霍尔（Stuart Hall） 等　著

黄典林　译

Policing the Crisis

Mugging, the state and law & order

华东师范大学出版社

·上海·

华东师范大学出版社六点分社　策划

华东师范大学－康奈尔比较人文研究中心资助

总　　序

　　当今世界正处于全球化发展的转折点,资本的全球化流动所带来的政治、经济、社会、文化与生态等方面的危机不断加深。如何面对这些问题,全世界的人文与社会科学都面临挑战。作为对资本主义的批判和对人类解放的想象与信念,马克思主义并没有随着柏林墙的倒塌而消亡,反而在这些新的问题与危机中,在新的历史条件下获得了生机。马克思的"幽灵"在世界各地正以不同的方式复活。

　　与此相联系,世界范围内的传播体系与制度,一方面作为技术基础和经济部门,一方面作为文化意识形态领域和民主社会的基础,也面临着深刻的转型,而转型中的巨大困惑和危机也越来越多地激发人们的思考。一系列历史与现实中的问题亟需从理论上做出清理与反思。以马克思主义为重要理论资源的批判传播研究在长期复杂的历史与现实中,一直坚持不懈地从理论和实践层面推动传播学的发展,在国内和国际层面上促进传播制度朝向更平等、公正的方向转型,并为传播学理论的多元化作出了重要贡献。今天,时代迫切要求我们在世界范围内汇聚马克思主义传播学研究的各种力量、视角与方法,探索以马克思主义为基础的新批判理论的新路,对当代社会的危机与问题做出及时而有效的回应。

　　由于中国问题和传播问题是讨论全球化危机与出路的两个重要领域,中国传播学界具有担当起自己历史责任的义务和条件。马克思主义新闻传播理论与实践在20世纪以来的中国新闻史上有着极其重要的历史地位,在全球视野中整理、理解与反思这一理论传统,在新的历史条件下促进这一历史传统的更新与发展,是我们孜孜以求的目标。这个全球视野不仅面对西方,同时更向非西方国家和地区开放,并希冀在不同的比较维度与视野中,重新确立中国当代马克思主义传播研究的立场、观点与方法。

近一个世纪前,在1929—1930年的世界资本主义危机后的欧洲,在法西斯主义屠杀共产党人、扼杀左派思想的腥风血雨中,法兰克福学派的学者们用大写的"批判"一词代指"马克思主义",在他们所处的特定的历史语境下丰富与发展了马克思主义传播研究。此后,"批判"一词,因其体现了马克思主义学术思想的内核,几乎成为马克思主义和一切以追求人类解放和挑战不平等的社会关系为价值诉求的学术取向的代名词。今天,我们不愿也无需遮掩自己的马克思主义立场。我们把本书系定名为"批判传播学",除了出于文字的简洁性考虑之外,更是为了突出我们的批判立场,强调我们弘扬以挑战不平等社会关系为价值诉求的传播学术的主旨。当然,批判的前提与归宿是建设,批判学术本身即是人类自我解放的建设性理论实践。在此,我们对传播的定义较为宽泛,包括任何涉及符号使用的人类意义分享实践以及这些实践所依托的传播技术和知识基础。

本书系以批判的政治经济学与文化研究相结合的道路,重新检讨作为马克思主义新闻传播理论前提的观念、范畴与知识谱系,反思马克思主义传播理论在历史和当代语境下中国化的成就与问题,探讨中国革命与建设的传播实践对马克思主义传播理论的丰富、发展和挑战,分析当下的经济危机与全球媒体、信息与文化产业的状况和相关法规、政策,以及全球、区域与民族国家语境下的传播与社会变迁。我们尤其关注当代全球政治经济格局中的中国传播定位和文化自觉问题以及发展中国家的信息社会现状,社会正义与批判的生态学视野下的信息技术与社会发展,文化传播、信息产业与阶级、种族、民族、性别以及城乡分野的互构关系,阶级意识、文化领导权的国际和国内维度,大众传媒的公共性与阶级性的动态历史关系、文化传播权利与全球正义等议题。我们还将挑战横亘于"理论"与"实践"、"观念"与"现实"、以及"批判传播"与"应用传播"间的简单二元对立,不但从批判的角度检视与质询那些维系与强化不平等社会关系的传播观念与实践,而且致力于促进与发展那些挑战和变革现有不平等社会传播关系的传播政策、观念与实践,并进而开拓批判视野下的组织传播、环境传播、健康传播等应用传播领域的研究。最后,我们也致力于马克思主义传播研究方法论发展与经验研究的批判性运用,探讨文化研究如何在当下传播情境中更新其批判活力,关注媒介教育、文化赋权和社区与乡村建设的理论与实践,以及大众传媒与网络时代的大学、学术与跨国知识流通如何强化或挑战统治性知识权力关系等问题。

本书系包括"批判传播学译丛"、"批判传播学文论"和"批判传播实践"三个系列。"译丛"系列译介国外批判传播研究经典文献和最新成果;"文论"系列以专著、讲义、论文集、工作坊报告等形式展示当代中国马克思主义批判传播学研究的前沿;"实践"系列侧重传播实践的译作和中国经验,包括有关中外传播实践和劳动过程的实证研究、卓有成就的中外传播实践者有关自己的传播劳动和传播对象的反思性与传记性著作、以及富有批判性的优秀新闻作品。

华东师范大学—康奈尔比较人文研究中心(ECNU-Cornell Center for Comparative Humanities)和2013年7月成立于北京的中国传媒大学"传播政治经济学研究所"是这套书系依托的两家专业机构,并得到华东师范大学传播学院的支持。宗旨是在当代马克思主义和跨文化全球政治经济学的视野中,推动中国传播学术的创新和批判研究学术共同体的发展,尤其是新一代批判传播学人的成长。

在西方,面对信息资本主义的持续危机,"马克思回来了"已然成了当下批判传播学界的新发现、新课题和新动力。在中国,在这片马克思主义自20世纪初就被一代思想家和革命家所反复思考、探索与实践的古老土地上,我们愿以这套书系为平台,为发展既有世界视野又有中国学术主体性的21世纪马克思主义传播学而努力。在这个过程中,我们既需要对过去一个多世纪马克思主义传播理论与实践做出深刻反思,需要与当代西方马克思主义传播研究与实践前沿建立有机的联系,需要在克服媒介中心主义的努力中与国内外人文与社会科学的其他领域产生良性互动,更需要与各种不同的传播研究学派、观点进行真诚对话,彼此砥砺,以共同加强学术共同体的建设,推动以平等与民主为目标的中国社会发展,促进以和平与公正为诉求的世界传播新秩序的建立。

是所望焉。

目　　录

译者序　道德恐慌与文化霸权:解读《管控危机》……………………… 1

中文版作者序 …………………………………………………………… 20

致谢 ……………………………………………………………………… 27

第二版序 ………………………………………………………………… 30

第一版导言 ……………………………………………………………… 44

第一部分

第一章　"道德恐慌"的社会史……………………………………… 51

　　行凶抢劫:一个外来词的入侵 ……………………………………… 51

　　编年史 ………………………………………………………………… 57

　　"犯罪上升率"公式 …………………………………………………… 61

　　一个标签的转化轨迹 ………………………………………………… 73

第二章　社会控制的起源……………………………………………… 88

　　至高无上的法律 ……………………………………………………… 94

　　面对面的控制:警方如何放大危机 ……………………………… 100

　　警察"运动"的起源 ………………………………………………… 107

第三章　新闻的社会生产…………………………………………… 123

　　首要定义者和次级定义者 ………………………………………… 128

　　行动中的媒体:再生产与转化 …………………………………… 133

　　媒体与公众意见 …………………………………………………… 136

犯罪新闻………………………………………………………… 140

行凶抢劫与媒体………………………………………………… 146

互惠关系………………………………………………………… 152

第二部分

第四章　平衡叙述：报道汉兹沃思事件　159

事件：汉兹沃思"行凶抢劫"案………………………………… 159

基础报道………………………………………………………… 162

社论……………………………………………………………… 169

《太阳报》………………………………………………………… 176

全国性报纸的特写报道………………………………………… 178

伯明翰地方报纸………………………………………………… 192

结论：传媒中的解释与意象…………………………………… 203

第五章　引导公众意见………………………………… 209

"尊敬的编辑先生"：读者来信………………………………… 209

地方媒体表达渠道……………………………………………… 217

私人—公共表达渠道：侮辱性信件…………………………… 221

公众意见与意识形态…………………………………………… 230

第六章　犯罪的解释与意识形态………………………… 234

社会意象………………………………………………………… 235

传统世界观的根基：常识……………………………………… 249

社会焦虑………………………………………………………… 257

解释与意识形态………………………………………………… 269

第三部分

第七章　犯罪、法律与国家…………………………… 289

"常规"犯罪和社会性犯罪……………………………………… 296

从"控制文化"到国家…………………………………………… 308

国家的法律和政治秩序………………………………………… 317

文化霸权的模式及其危机 ···················· 327

第八章　法律—秩序主导的社会:"合意"的枯竭 ········ 340

　　"恐慌"的流变 ···························· 342

　　表意螺旋 ······························· 346

　　战后文化霸权:建构共识 ···················· 351

　　共识:社会民主派的策略 ···················· 365

　　共识的瓦解 ···························· 370

　　1968/(1848):剧变——分裂的国家 ·············· 372

　　1969:英国"文化革命"和威权主义转向 ··········· 382

　　工人阶级反抗:"挖得好,老田鼠!" ·············· 403

第九章　法律—秩序社会:走向"超常国家" ········· 422

　　1970:塞尔斯登人——"法律—秩序社会"的诞生 ······ 422

　　1971—1972:法律的动员 ···················· 434

　　1972:"行凶抢劫者"时刻 ···················· 451

　　后果:与危机共存 ························ 469

　　在黄色潜艇内 ··························· 485

第四部分

第十章　"行凶抢劫"的政治 ················· 497

　　被压抑者的回归 ························· 498

　　"从属地位"的结构 ······················· 514

　　文化、意识和抵抗 ······················· 525

　　黑人犯罪与黑人无产阶级 ···················· 544

　　"全世界受苦的人" ······················· 571

　　从哈勒姆到汉兹沃思:统统带回家 ·············· 582

后记 ································· 593

译者后记 ······························ 614

译者序
道德恐慌与文化霸权:解读《管控危机》[①]

黄典林

英国著名左翼学者、文化研究(cultural studies)的灵魂人物斯图亚特·霍尔(Stuart Hall)于 2014 年 2 月 10 日逝世。《卫报》的讣告将他描述为"多元文化主义的教父",他的"有关种族、性别、性属和身份认同,以及 20 世纪 70 年代种族偏见与媒体关系的开拓性论著",在"六十年来的学术、政治和文化辩论中影响巨大"(Butler 2014)。依据标准的伯明翰学派学术史叙事,霍尔是继威廉斯(Raymond Williams)等文化主义先驱之后英国文化研究的领军人物,是文化研究能够成为全球范围内具有广泛影响的知识运动的主要推手(Turner 1990)。对霍尔来说,学术研究不只是象牙塔内的知识探求,更是通过思想和学术话语的形式对现实的干预。从某种意义上说,他一生学术生涯的主要贡献之一,在于指出并反复证明文化问题在本质上是至关重要的政治问题(Hall 1997)。文化不是可供描述或进行纯粹抽象理论化的具体对象,相反,它是围绕社会意义的斗争得以展开的空间或场所(sites)。故而,文化研究的目的不在于对文化的内容和形式进行审美考察,而是要透过对当代各种文化及其话语形式的符号学的、社会学的和人类学的把握,剖析作为社会政治斗争场域的文化背后的权力结构,其终极目的在于寻求所谓解放政治(emancipatory politics)的文化路径(Procter 2004:2)。因此,文化研究对现实政治的介入,成为其最显著的学术品格之一。

就这一点而言,霍尔本人身体力行,通过自己的学术实践,积极介入

---

① 本文根据如下已发表论文改写而成:《在文化与结构之间:斯图亚特·霍尔传播观的范式整合》,《南京社会科学》2020 年第 10 期;《从边界危机到霸权重构:科恩与霍尔的道德恐慌与媒体研究范式转换》,《新闻与传播研究》2020 年第 6 期;《道德恐慌与文化霸权:解读斯图亚特·霍尔等著〈控制危机〉》,《国际新闻界》2014 年第 4 期。

英国社会政治发展的重大现实问题。20 世纪七八十年代,面对战后英国
社会共识政治瓦解和新保守主义崛起的现实,霍尔发表了一系列论著,对
撒切尔主义的威权民粹主义(authoritarian populism)本质进行了批判
(例如 Hall 1979,1983a,1984,1985,1988,1989)。其中,影响最大、最具
标志性的著作之一是《管控危机:行凶抢劫、国家与法律—秩序》(*Poli-
cing the Crisis:Mugging,the State,and Law and Order*,以下简称《管
控危机》)(Hall et al. 1978/2013)。该书的第一版出版于 1978 年。在时
隔 35 年后的 2013 年,也就是霍尔去世前一年,该书的作者又以集体合作
的形式,通过在原书中加入一篇新序言和后记的方式出版了该书的第二
版。眼前这本中译本就是根据该书的第二版翻译而来。

　　在这本耗时六年多、篇幅长达四百多页的大部头中,霍尔等人从行凶
抢劫这一社会暴力问题所引发的政治、舆论反应和波及全社会的道德恐
慌(moral panic)入手,深入考察了 20 世纪 60 至 70 年代经济衰退、阶级
矛盾加剧以及由此导致的社会共识瓦解和政治合法性危机的背景下,英
国社会文化霸权斗争和意识形态合法性重构的文化机制问题。由于其宏
大的历史视野、社会政治批判的视角以及对葛兰西理论的创造性运用,该
书成为霍尔在其伯明翰时期的巅峰之作。在这篇译者序中,笔者拟围绕
该书的主要内容及其学术和历史背景,对其理论和方法贡献及其存在的
问题进行批判性评述,由此管窥伯明翰时期以霍尔为代表的文化研究学
者的学术取向、方法路径和现实关怀。

道德恐慌与文化霸权的重构

　　从似乎突然出现在英国街头的行凶抢劫(mugging)现象这一看起来
十分普通的社会治安议题入手,《管控危机》一书展示了一幅广阔的道德
恐慌及其背后文化霸权和政治合法性危机与重建的社会史。霍尔等人的
研究把"行凶抢劫""视为一种社会现象,而非一种特定的街头犯罪形式",
其目的是想搞清楚,"为什么英国社会在 20 世纪 70 年代初这样一个特定
的历史情势(historical conjuncture)之下会以如此极端的方式对抢劫这
一现象做出反应"(Hall et al. 2013:1)。霍尔等人强调要从历史语境中
寻求理解这一历史节点上发生的看似"孤立"的暴力事件的现实意义。用
作者的话来说,这里"并不存在需要我们去理解的脱离社会过程的简单
'事件',因为正是在社会过程中,这些事件才得以发生,并被人们理解、分

类、解释和应对。我们越是仔细地考察这个复杂过程,就越会发现,关于'行凶抢劫'的'道德恐慌'而非'行凶抢劫'这一现象本身,才是我们应当给予首要关注的对象"(Hall et al. 2013:21)。在他们看来,这种反应蕴含着一种针对社会秩序面临挑战和崩溃风险的焦虑和恐慌情绪,从根本上说,这种恐慌的根源远远超出了普通街头"犯罪"行为所带来的治安"威胁",其背后所蕴含的是对既有道德秩序和主导意识形态危机的深刻担忧。整个社会已经把暴力犯罪的"暴增"看作社会秩序整合失败,白人主导的传统"英国生活方式"和二战以来通过福利国家政策确立的社会"共识"日益分崩离析的一个征兆。换言之,"行凶抢劫"以及媒体围绕这一议题所建构起来的道德恐慌只是深层社会矛盾的一个表征,而70年代英国社会阶级和政治秩序中日益严重的"文化霸权"或政治合法性危机才是问题的焦点。

在这种情况下,《管控危机》一书研究的重点在于理解被简化地压缩为"行凶抢劫"图景的种族、犯罪和青年议题,为什么以及如何成为表达危机的手段和意识形态操作的工具,并最终把反映统治集团利益的保守的威权主义立场(即通过强力手段阻止社会陷入秩序涣散状态)塑造为被大众普遍赞同的"常识"或"共识"的。因此,"行凶抢劫"这种具体的犯罪现象本身并不是关键,重要的是它与社会对之做出的反应之间的关系,以及这种关系所表征的社会阶级和种族矛盾。因此,整个研究旨在挖掘的正是这种被霸权机制通过去语境化手段,把人们的注意力集中于孤立的事件,从而刻意抹杀的犯罪类型及其社会反应的前史(pre-history)(Hall et al. 2013:2)。

从这一问题意识出发,霍尔等人首先试图证明社会对"行凶抢劫"的反应与这种犯罪现象之间的关系出现了严重的扭曲。在这里,霍尔等人受到斯坦利·科恩等社会学家关于越轨现象研究的启发,认为一旦社会对某种"威胁"的反应远远大于这种"威胁"的真实水平时,就出现了道德恐慌,其实质是一种意识形态置换(ideological displacement)(Hall et al. 2013:32)。通过对官方统计数据的分析,他们发现,尽管在英国语境下,mugging这一标签在20世纪70年代初是一个新词汇,但它所指向的犯罪行为却是长久存在的事实。这个词汇的特定用法是从大西洋彼岸的美国传入的舶来品。经过媒体的大肆渲染,它却以一种貌似新潮流的表象呈现在公众视野之中,但实际上它与此前一百年来英国社会出现的各种类似的道德恐慌并无实质性区别。对统计数据的分析发现,英国社会的犯罪率自 20 世纪初期以来一直是逐年上升的,犯罪率的增加并不是突然发生的,并且已经过了其顶峰时期。总之,统计数据"并不支持'增长的犯罪率'等式。暴力抢劫'前所未有的'增加在 1972 年并不是什么新现象。针对严重犯罪行为的判决刑期变得更长了,而不是更短,而且更多的人受到此类惩罚;无罪判决率似乎也没有发生任何变化。而当局所采取的严厉政策也没有起到威慑作用"(Hall et al. 2013:17)。然而,官方和媒体叙事却把抢劫事件塑造成一场新的犯罪浪潮和道德危机的来临,并且在归因叙事模式上将其归咎于英国社会在整体上的道德涣散和法律—秩序的松弛。显然,这样的对比表明,对犯罪事件做出强烈反应的理由,并不是来自以统计数据为支撑的"事实",而是另有缘由。霍尔等人就此问道:与人们对特定犯罪事件的反应相比,更加关键的问题是,为什么在 20 世纪 70 年代初这样一个特定的时期,而不是其他历史时期,如此传统的街头犯罪现象却被建构为一个"全新的"犯罪浪潮即将来临的征兆?

霍尔等人借鉴越轨社会学的标签理论,认为标签的重要性在于,"它们不仅定位和识别这些事件,同时还将事件语境化。因此,通过对标签的使用,人们就能够调用这种整体的指涉语境(referential context),以及所有相关的意义和内涵"(Hall et al. 2013:23)。对 mugging 这一标签的语义谱系学考察表明,在 20 世纪 60 年代美国特定的政治与社会语境下,该词已经不只是单纯指代一种城市犯罪类型那么简单。作为一个能指,它更多地带有了一种社会秩序失范的意涵,囊括了诸多象征美国社会种族冲突危机的社会压力和问题。这一危机话语极大地促发了对"法律与秩序"和规训社会的热情,从而有效地促进了趋向全面保守的右倾政治。这种情形以一种不动声色的方式被悄悄移植到了英国,"美国则不仅提供了标签本身,还提供了联想和参考的语境,正是这种语境赋予了这个词以意义和实质"。在这一过程中,新闻媒体"将不同语境连接起来,并塑造着特定说法的跨语境转移的过程"(Hall et al. 2013:30)。换言之,媒体不仅复制了这一标签本身的外延意义(即一种犯罪类型),更复制了它的内涵层面关于社会即将陷入全面崩溃的隐喻性意义,以及随之而来的恐慌所必须要求的强烈舆论和政治反应(例如对国家机器和被合法化的国家暴力手段的征用)。在霍尔等人看来,矛盾的地方在于,这种对特定种族和阶级群体的罪化叙事框架及其所引发的种族化的政策反应本身实际上早于社会对所谓"犯罪浪潮"的道德恐慌,同时也加剧了将这些特定群体罪化为"民间恶魔"从而使之成为社会危机的替罪羊的趋势。正是新闻媒体对"行凶抢劫"与更为广泛的社会危机和道德恐慌之关联的建构,为后来舆论对特定事件的评价和分析提供了意义阐释的限定性参考框架,并在意识形态上为更为广泛的趋向保守的政治和社会政策转变提供了合法性基础。

霍尔等人指出,在对"行凶抢劫"议题的再现中,透过媒体所发生的信息过程不是一个所谓透明的客观过程。它实际上并未像镜子那样如实反映社会现实,而是依据一系列规则制约对现实进行建构。这首先体现在日常的依据新闻价值等专业主义意识形态对新闻信息的选择和情境化操作,只有通过这样的操作,新闻才能从杂乱无章的社会信息背景中凸现出特殊的"价值"和"意义":

> 这些事件之所以有新闻价值,是因为它们代表着这个世界的不确定性、不可预测性和冲突性本质。但媒体不能允许这些事件永远处于"随机的"不确定状态,而是必须把它们纳入"意义"的范畴之中。本质上,将这些事件带入意义领域的过程,意味着媒体对这些事件的解释必须参照已经成为我们文化知识基础的"意义地图",而社会世界的版图已经根据这些知识"绘制好了"。在这种根据参照性的背景框架对新闻事件进行社会识别、分类和语境化的基本过程中,媒体使其所报道的世界变得对读者和观众而言是可以理解的。这一"使事件变得可以理解的"过程是一个由一系列特定的新闻实践所构成的社会过程,这些实践体现了(往往含蓄地)关于什么是社会以及社会如何运作的重要假设。(Hall et al. 2013:57—58)

这种建构主义的新闻观表明,日常的新闻实践离不开两套意义结构(structures of meanings):一是新闻作为一种专业实践所依赖的以新闻价值为核心的一整套专业主义价值规范,这些规范决定了何为新闻以及何为好新闻的标准,是规定事件在媒体中的能见度的形式要素;二是一套作为共识系统的社会意义框架和认知图式,它作为一个显而易见的"事实"为社会成员所共享,从而构成社会传播的基础。当这种假设被提升到常识的程度,成为高度意识形态化的迷思时,共识或主流价值就会得到过分的强调,而那些同样重要的社会差异和冲突则被有意地忽略了。对霍尔来说,这里隐藏着自由主义传播伦理的潜台词:由于社会成员拥有共同的价值和利益体系,因此,即使存在种种差异和纠纷,也可以通过建立在

"共识"基础上的合法的制度渠道得到妥善解决。无论是媒体的意见自由市场，还是法律和议会政治的制度安排，都是建立在"国家共识"假设的基础之上，其目的都是要在制度框架内达成共识，消除对抗，促进社会调和。在这种语境下，作为公共议程来源的媒体就不仅提供了议程的焦点，同样提供了建立在共识基础之上的阐释框架。对于那些类似于"行凶抢劫"这样的社会问题，媒体不仅将其成功地安置在舆论关注的焦点，而且通过强有力的阐释架构，对这些"负面"事件及其所涉及的诸种利益集团进行社会性定位。

尽管如此，霍尔反对那种机械决定论或阴谋论的媒体观，即新闻媒体由于受到主导社会集团的政治经济控制，因此不得不直接复制这些集团的意识形态，成为既得利益的代言人。一个难以否认的事实是，在西方资本主义民主制度中，新闻工作者在日常的新闻实践中往往拥有一定程度的自主性，新闻话语中的冲突和矛盾也时有发生。因此，有必要对新闻生产的常规结构及其与社会主导集团之间的关系进行考查，从而说明"媒体实际上是如何在'最后一步'复制了强势群体的定义的，但又不只是简单地被这些强势群体所收买"（Hall et al. 2013：60）。霍尔等人认为，就对社会事件意义的建构而言，存在着首要定义者（primary definers）与次级定义者（secondary definer）的区别。新闻媒体作为社会事件的次级定义者，受到作为首要定义者的权威新闻来源的制约。由于日常的媒体实践必须在相对有限的时间和资源限制条件下对变幻莫测的社会事件做出迅速反应，因此为了保持对新闻信息的获取权，媒体不得不系统性地过度依赖于那些掌握着重要新闻源的"身处强势性制度地位的人"。媒体的这种对强势者观点的偏好，使得这些"发言者"成为话题的首要定义者。两者间的关系在于，新闻生产的压力和对新闻源的依赖导致媒体往往不得不允许首要定义者建立起有关某一争议性话题的原初定义或初级阐释框架。这种阐释在随后的所有论争中控制着整个论域，设定了后续报道和争论在其中得以发生的意义边界。在这里，主导集团并不是直接通过强制性手段掌控着媒体，而是通过首要定义，即设置阐释边界来对媒体的话语方式产生间接的限定性作用。因此，在新闻生产中，"媒体并不是简单地'创造出'新闻，也不是以一种阴谋的方式直接传达'统治阶级'的意识形态"，而是"处于一种结构性的从属地位"。正是这种地位决定了媒体能够"既有效又'客观地'再生产出统治阶级意识形态的主导性场域"（Hall et al. 2013：62—63）。

　　基于这种隐蔽的屈从关系,媒体实际上履行着把主导意识形态陈述为一种"公众智慧"或"共识"的功能,即挪用大众的语言方式(例如读者来信或所谓"人民的声音"),并在使得这些话语浸透了主导性和共识性内涵后再把它们反哺给大众,从而塑造大众舆论(Hall et al. 2013:120—125)。尽管为了遵循新闻专业主义所要求的客观和公正原则,新闻话语也会纳入各种非主流定义者的声音,但是他们往往在媒体接近权方面受到限制,即使能够进入媒体的表达空间,也往往被严格限制在首要定义者所设定的阐释框架内。因此,"媒体复制和维系对权势者有利的情境定义的方式,不仅是在组织话题的最初阶段直接引用权势者的意见,还包括偏向于特定的议题设置方式和保持特定的策略性沉默区域"(Hall et al. 2013:67)。在这样的新闻生产机制中,犯罪作为一种典型的新闻类型,显现出首要定义者与次级定义者彼此呼应的喧嚣与异议者的沉默之间的强烈对比。这一过程不仅成功地唤醒了人们的焦虑和恐惧感,而且重申了一种社会的共识性道德感。"在我们眼前发生的这幕现代道德剧中,以警察和司法系统为代表的社会守护者,在象征和物质的双重意义上,将'恶魔'驱逐出社会。"(Hall et al. 2013:69)

　　霍尔等人分析的结论是,媒体参与建构的这种对"行凶抢劫"的道德恐慌,表面上是对不断涌现的社会"威胁"(少数族裔的犯罪活动)的反应,本质上反映的却是从共识政治(politics of consensus)向强制政治(politics of coercion)和威权民粹主义的转变(Hall 1985)。这种转变表明,战后资本主义秩序建立在大众合意(consent)基础上的社会统治方式出现了深刻危机,日益严重的经济危机、阶级冲突和种族矛盾逐渐取代了福利国家框架内的共识,国家统治不得不开始诉诸于法律和暴力等强力手段。道德恐慌是国家为了重建文化霸权并合法化法律—秩序的强力统治而经由市民社会的中介所采取的一种象征策略和意识形态动员机制。在分析了媒体为主体的社会舆论场是如何建构这场关于犯罪问题的道德恐慌后,霍尔等人在"'合意'的枯竭"(Hall et al. 2013:215—267)一章中花了相当的篇幅来说明这种战后共识政治从建立到瓦解的过程所经历的不同历史阶段。

　　第一个阶段是二战后从 1945 年至 1961 年,这是社会共识通过现代福利国家建设与资本主义自身的调适性改革得以建立起来的重要阶段。在这一阶段初期,工党领导下的"新英国"确立了福利国家的雏形,通过市场和国家干预相结合的混合经济方案有效缓解了阶级矛盾和劳工运动的政治压力，国家对经济的干预、福利制度和相对的社会公平成为二战后左右各派的政治共识，富足社会的形成、劳工阶级的中产化以及消费经济的兴起成为这一时期共识政治津津乐道的图景。但这一战后暂时形成的国家和社会共识状态实际上是以早在19世纪80年代至20世纪20年代就已形成的代议制/干预主义国家（representative/interventionist）模式为基础的（Hall 1984），其核心是凯恩斯主义和干预主义国家政策。这种共识政治在20世纪50年代的经济繁荣和整个西方社会与苏东集团的冷战中得到进一步巩固，一种"英国式生活方式"和"英国人"的国家意识得以进一步强化，并暂时掩盖了社会政治和经济发展中出现的矛盾和冲突。

　　但是，随着20世纪60年代后技术变革的冲击、经济发展趋缓和移民的涌入，福利国家发展面临着日益沉重的财政压力和负担，阶级矛盾和种族冲突开始凸显，最初的那种共识表象开始出现裂痕。从1961年到1964年的这一时期，是文化霸权发生重要转型的阶段。国家以社会、资本与劳工之间的协调者自居，从而形成一种具有法团主义色彩的社会民主主义文化霸权格局。但迫于经济产业结构问题所导致的经济困境，公共开支不得不削减，对劳工权益的保障遭到削弱，日益高涨的阶级冲突引致的罢工事件开始被视为对秩序和国家利益的严重威胁。与此同时，英国式传统的道德文化规范则受到高涨的个人主义流行文化和种族政治的挑战，在战后经济繁荣下成长起来的青年一代中发展起来的亚文化以传统道德体系和价值观的对立面出现，传统价值规范逐步被颠覆，从而在道德卫士中激发了日益强烈的道德恐慌和文化危机感。二战后从前殖民地大量涌入的有色人种移民，更是对以白人为主导的英国社会的传统文化秩序构成了冲击。面临日益加深的社会危机，国家采取的一系列压制性政策严重削弱了战后工党权力集团所确立的政治合法性。

　　这种深刻的合法性危机终于在1964年至1970年间引发了普遍的道德恐慌和社会争议，战后共识政治的基础不复存在。尤其是北爱尔兰分离主义的高涨和1968年发生的空前激烈的学生运动，导致整个社会发生严重分裂，造成了前所未有的社会统治秩序趋于崩塌的危机感。这一年成为战后英国政治文化霸权发生彻底转型的分水岭。直到60年代中期依然在蓬勃发展的社会文化解放趋势开始面临强烈的道德批评，性解放等社会运动的支持者被道德化的政治修辞定义为打开色情和暴力阀门的罪魁祸首。另一方面，从60年代中期至70年代出现的经济"滞胀"现象，则标志着凯恩斯主义经济政策的失灵，共识政治的经济基础被彻底动摇了,英国社会面临空前的经济、政治和文化危机。其结果是,1969 年之后,此前相对温和的共识政治逐渐让位于以强制和秩序为特征的威权主义政治。

最后,作为对空前深刻的社会统治危机的反应,从 1970 年至 1978 年的这一时期,国家和社会逐步走向全面右倾的"法律—秩序"的强力统治阶段。《管控危机》一书所论及的针对"行凶抢劫"的道德恐慌和社会危机正是在这一时期出现的。在这一阶段,以合意为基础的文化霸权机制被极大地削弱了,危机中掌权的保守主义者主张放弃共识政治,尤其是1979 年撒切尔夫人成为首相,英国全面进入撒切尔主义时代:在经济上全面采取新自由主义的放松管制(deregulation)政策,削弱国家福利;政治上与左翼力量对抗,打击工会力量,采取暴力手段强力镇压罢工运动;在文化上全面走向保守,排斥少数族裔和移民群体。这些政策短期内在一定程度上有效抑制了经济"滞胀"和社会对抗加剧的危机,但从长远看是"劫贫济富",社会不公增加,产生了诸多负面的社会效应。这种保守局面一直持续到 90 年代中期工党政策向右靠拢从而出现新的左右调和的共识政治为止。

正是在这种对特定历史语境下社会危机和政治经济现实之关联性的宏观分析中,霍尔等人展示了他们远远超出表象描述和社会事件个案分析的政治关切。《管控危机》研究的最终目的是要表明,传媒作为主要舆论机关所建构起来的关于社会秩序即将崩溃的道德恐慌是一种基本的意识形态形式,通过这种形式国家成功地赢得了"沉默的大多数"对强制性权力的支持。在对国家机器的征用之前,统治集团必须设法掌控市民社会领域,赢得市民社会对自身立场的赞同,从而在意识形态上把对强力的征用合法化。最终,国家从后台走向了前台:

> 随着这些局限性表现得越来越明显,国家的可见性也随之增加了。国家再也不像过去那样,只是作为一个"守夜人"的角色出现。它越来越成为一种干预性力量,在资本无法成功进行自我管理的情况下承担起资本管理者的角色,从而把经济领域的阶级斗争日益纳入自己的管辖范围之中。随着国家在社会和经济领域管理方面功能的强化,它在管控政治阶级斗争方面也变得更加公开和直接。(Hall et al. 2013:211)

这一观点在他后续对撒切尔主义的分析中得到了进一步的运用和发展。在霍尔看来,撒切尔主义具有鲜明的民粹主义色彩,这种民粹主义是传统保守的托利主义与市场原教旨主义的混合物(Hall 1983b:29)。对霍尔来说,撒切尔主义的难解之处在于,其在选举上的成功正是依靠那些在其政策中遭遇损失的工人阶级的支持。而威权民粹主义概念则能够很好地解释这种现象。霍尔认为,撒切尔主义所采取的是一种防御性策略,即它必须通过不断寻求具有威胁性的"他者",来完成新共识的塑造(Hall 1990)。这一"他者"既可以是因福克兰群岛争端而成为英国敌人的阿根廷(Glasgow University Media Group 1985),也可以是因为思想行为偏离传统道德边界而引发"道德恐慌"的青年群体(Hall & Jefferson 1976)和"抢劫犯"。对撒切尔主义来说,要打破长期以来所形成的共识政治原则,完成对社会政策的新自由主义改造,就必须在市民社会内部取得决定性的话语优势,在意识形态上赢得广泛的赞同。换言之,它必须在不同利益群体那里找出与撒切尔主义原则相一致的组成部分,从而形成一种不同于传统精英主义的"威权民粹主义"保守主张。它所运作的方式不是传统精英主义的自上而下的灌输,而是带有鲜明民粹倾向的自下而上的鼓动方式,因此它整合了不同社会利益集团中存在的诸种不同的意识形态。通过这一过程,撒切尔主义成功地对社会价值体系进行了重组,重新设定了社会政策评判的价值坐标。这种威权民粹主义以民粹的反国家面目出现,实质上却是在不断强化国家的威权力量。

葛兰西转向与道德恐慌研究范式的转换

《管控危机》一书延续并推进了在《通过仪式抵抗》(*Resistance through Rituals*)(Hall & Jefferson 1976)中已经开始的关于传媒与道德恐慌关系的研究,并使之成为文化研究和批判传播研究领域一个持久的研究主题。"道德恐慌"的概念最早在麦克卢汉出版于 1964 年的《理解媒介》一书中即已出现(McLuhan 1994:82)。20 世纪 70 年代,这一概念再次出现在英国社会学家乔克·杨(Jock Young)关于吸毒者的研究中(Young 1971)。但真正使道德恐慌成为一个被学术界广泛讨论甚至进入大众词汇的,是斯坦利·科恩(Stanley Cohen)关于"摩登派"(mods)和"摇滚派"(rockers)的研究。在 1972 年出版的《民间恶魔与道德恐慌》(*Folk Devil and Moral Panics*)(Cohen 2011)一书中,科恩指出,所谓道德恐慌是经由媒体的渲染报道所引发的对社会失范现象的夸张反应,这种反应往往把失范行为的实施者刻版化为社会利益和道德秩序的威胁,并很可能导致政策和社会意识的转变。他在该书开篇对道德恐慌的描述成为后来的研究者引用最多的一个定义:

> 　　社会似乎会时不时地遭遇一些道德恐慌时期。某种状况、事件、个人或群体会凸显出来,并被视为对社会价值和利益的一种威胁;这些对象的本质会被大众媒体以一种格式化的、充满刻板印象的方式呈现出来;媒体编辑、主教、政治家以及其他有正义感的人捍卫着道德门槛;社会声望卓著的专家提出他们的分析意见和解决方案;人们提出或(更经常地)诉诸各种应对手段;然后危机会消失、被掩盖或进一步升级以至于变得更加引人注目。有时,恐慌的对象是全新的,而有时则是一些存在了很久的现象,只是突然成为关注的焦点。有时,恐慌会很快过去,并被人遗忘,只有在民间故事和集体记忆中才能找到它们的痕迹;但有时,道德恐慌会产生更加严重的长期影响,并可能导致法律和社会政策,甚至社会意识等方面的变化。(Cohen 2011:1)

　　科恩研究的主要对象是 20 世纪 60 年代英国社会以摩登派和摇滚派为代表的青年文化所引发的道德恐慌。媒体在引发道德恐慌的过程中扮演着核心作用:首先,媒体对突发的越轨行为事件的报道和定义成为此后关于这些事件进行描述的基本参照系;其次,媒体关于这些初始事件的描述往往严重夸张了事态的严重性,而罪犯新闻话语的煽情主义修辞风格更加剧了这种夸张和扭曲的程度;再次,媒体除了以夸大的方式报道当前事态,还进一步对未来可能的恶化趋势进行预测;最后,在整个过程中,媒体还将一些风格元素(例如青年群体的衣着风格)去中立化和象征化为能够引起某种负面反应的文化类型(Cohen 2011:36—41)。科恩认为媒体对越轨行为事件的这种特定的报道方式是由两个相互关联的要素造成的:一是媒体必须不断制造新闻的制度性需求,二是新闻生产过程的选择性和参照性结构,即新闻价值的标准体系。某个事件能否成为新闻报道的对象与它能否与已经存在的观念图式产生呼应有关。新闻报道必须遵循某些观念的和叙事的常规,以确保自身的可预测性(Cohen 2011:41—46)。

　　但媒体对危机事件的再现不是在真空中发生的,而是受到所谓控制文化体系的影响。这种体系由警察、政治家、法官、法律专家、媒体评论家以及公众等各种道德倡导者(moral entrepreneurs)组成,并对危机事件及其所表征的道德恐慌做出反应。这些群体通过对有关越轨事件的公共话语的参与,在广度和深度上对事件所反映的问题进行拓展和升级,并提出相应的解决办法。这些不同的主张通过舆论压力的形式与国家的政策和立法机制发生联系,从而产生实际的政策后果。在这一过程中,被罪化的少数"危险"群体与主流的非罪化群体之间出现了一种社会经济的共生关系:后者不断通过前者获取商业和意识形态收益(Cohen 2011:156—161)。最后,科恩认为,围绕青年越轨行为的道德危机与英国社会 20 世纪 60 年代特定的时代背景有关。这一时期社会发展前景的模糊性和社会压力日增,从而出现了所谓"边界危机",即人们必须通过与偏离社会主流秩序或道德标准的越轨群体进行仪式性的对抗来重新定义社会边界,从而消除这种边界模糊带来的焦虑。而这一时期日益兴起的摇滚青年文化因其独特的风格特征和行为准则成为一种无法从任何传统价值类型出发加以规范的现象,从而顺利成为控制文化体系捕捉的道德化对象(Cohen 2011:201—217)。

　　结合上文对霍尔等人研究的讨论,我们可以看出,《管控危机》沿用了科恩的道德恐慌的过程分析模式,同样都是从特定事件出发,着重考察了媒体对这些热点事件的新闻生产机制,以及媒体话语所建构的舆论生态对道德恐慌的建构作用以及由此导致的政策后果。不过,虽然科恩的研究在欧美建构主义思潮和美国互动论的影响下,把研究的焦点从行为以及对行为的控制转向了两者之间的互动关系(Thompson 1998:47),但它依然是一个典型的涂尔干式的主流社会学研究。科恩把道德恐慌及其在媒体舆论上的表征理解为主流社会对其赖以生存的道德边界出现危机的一种反应,而这些危机的根源与特定历史条件下社会发展的状况有关。和涂尔干对犯罪的解释一样,科恩对道德恐慌的研究也遵循了一种功能主义的解释:通过媒体捕捉和放大所形成的对越轨群体及其越轨行为的指认和恐慌情绪,实质上既释放了社会变迁带来的社会边界日益混沌所造成的社会焦虑,同时也是社会重塑道德边界的一种调适过程。从这个意义上说,在表现为道德恐慌的社会互动过程中被建构出来的越轨群体和越轨现象恰恰是维系社会结构的一种有效手段,由此而来的仪式化示范惩戒和污名化被充分调用起来以达到捍卫受威胁的道德边界的目的。

　　与此不同,霍尔等人的"行凶抢劫"道德恐慌研究则试图通过援引马克思主义传统的理论资源,尤其是葛兰西的文化霸权和国家理论,来超越涂尔干式的功能主义,把对道德恐慌的分析从微观和中观的社会结构与功能研究的视角引向宏观的意识形态批判以及阶级和种族关系的政治分析。通过对资本主义社会运作机制的研究,葛兰西发现现代资本主义社会并不是完全靠压制性统治来维持的,而必须借助非强制性的文化霸权或领导权来实现,即成功地把自身的意志转变为被普遍认同的意志,从而建立起以被统治者同意为基础的合法性统治。这意味着"阶级冲突的真正战场不在别处,而在于是否有能力提出一种独立的、广为传播的世界观。而这正是'领导权'所涉及的领域,在这里,所谓领导权就是阐发和传播具有凝聚力的那样一种思想的能力"(弗朗科·里沃尔西,2001;112—113)。与由压制性的统治机器所组成的"政治社会"不同,文化霸权运作的领域是由宗教、教育和媒体等机构构成的"市民社会",其实质在于,形成"对于主要统治集团强加于社会生活的总方向,人民大众所给予的'自发的'首肯"。而强制性的"政治社会"则是"为自发的首肯不复存在、整个社会陷入管辖和统治危机的关头所建立的"(安东尼奥·葛兰西,2000;7—8)。两者相互配合,分别作为一种常态和非常态机制维护着统治秩序的正常运行。另一方面,统治合法化和被赞同的过程并不是灌输和自动接受的机械效应的结果,而是一个各方相互斗争和妥协的过程。文化霸权建立过程的本质乃是一种利益斗争,是一个不断结构又不断重构的复杂的、动态的谈判过程,而非僵化的、静止的。因此,任何既有的观念秩序都不可能是完全稳定的,而是与利益斗争的特定情势(conjuncture)紧密相关。

　　尽管霍尔等人几乎完全沿用了科恩的道德恐慌概念和过程分析模式,但后者只是他们研究的起点,更关键的是在这一基础上通过所谓的葛兰西转向为道德恐慌研究注入了更为宏大的分析视野,从微观社会互动机制的社会学解释转向了社会文化层面的政治批判。以葛兰西的国家社会关系模型为基础,霍尔等人把国家视为被市民社会中介化的政治范畴,霸权的建立、瓦解与重构均是通过市民社会的意识形态斗争过程得以实现。从这一角度出发,道德恐慌与媒介话语的复杂关系被定位于意识形态的政治批判视野之中,社会危机事件所引发的道德恐慌被看作是国家对文化霸权合法性危机做出的一种反应,通过危机话语的建构,国家为自身以强力方式介入对公民社会的意识形态改造提供了合法化手段。显然,霍尔等人研究的最终落脚点不是要像科恩那样从互动论的视角发展出一种关于道德恐慌现象机制的社会学解释,而是要通过对道德恐慌的剖析来追问这一现象的观念和政治社会根源及其在特定历史情势中的政治和意识形态功能,其最终旨趣是要从阶级和种族关系的视角出发对当时英国的政治合法性危机及其意识形态修补机制进行文化政治批判。

实际上,在方法论上,霍尔对文化研究的一个重要贡献正在于他通过创造性运用葛兰西的文化霸权概念,调和了把意义来源看作是自我生成的语言结构产物的结构主义和具有人文主义倾向的文化主义方法这两种所谓文化研究的主要范式(Hall 1980)。以葛兰西的国家与社会关系模型为基础,霍尔等在《管控危机》中把国家看作是一个被市民社会中介化的政治范畴,霸权的建立、瓦解与重构均是通过市民社会的意识形态话语斗争过程得以实现的。从霸权斗争的角度出发,道德恐慌与媒介话语的复杂关系被定位于意识形态的政治批判视野之中,社会危机事件所引发的道德恐慌被看作是国家对文化霸权合法性危机做出的一种反应。通过危机话语的建构,国家为自身以强力方式介入对公民社会的意识形态改造提供了合法化论证的基本手段。无疑,与科恩的研究相比,霍尔的研究遵循了马克思主义传统对越轨行为的激进学术立场,更突出了道德恐慌研究的政治性和批判性。

不过,霍尔等人的研究虽然采用了葛兰西的国家与社会理论,但其在具体运用的过程中又呈现出内在的矛盾。一方面,霍尔等人把对国家权力和政治合法性霸权建构过程的研究纳入对市民社会各种行动者—言说者的表征实践和政治话语斗争的动态考察之中,从而强调了市民社会相对于国家和政治领域的独立性。但与此同时,《管控危机》一书对文化霸权危机的分析又显示从共识政治的危机到威权民粹主义的强力政治的过度过程中,国家始终在管理和重组"民族—大众"(national-popular)方面发挥了核心的作用。这意味着相对于国家的强势地位,市民社会又是处于相对从属和边缘的地位。无论国家通过介入市民社会内部的文化霸权斗争的过程是如何复杂曲折,但最终国家终究能够实现重建文化霸权的目标。这与葛兰西主义关于国家与社会关系的模型存在一定程度的矛盾。

此外,与科恩将道德恐慌事件看作是相对孤立的偶发现象不同,霍尔等人更强调了道德恐慌事件内在的制度性和结构性根源。霍尔等人提出了"表意螺旋"(signification spiral)的概念,指的是以融合和临界点为关键机制的"对特定事件进行描述和解释,但同时又会在本质上不断放大这些事件所带来的威胁的一种表达方式"(Hall et al. 2013:219—220)。通过这种机制,相对孤立的道德恐慌实践通过公共话语论争和媒体舆论发酵的不断升级而逐渐被整合到一个影响更加深广、更加体系化的社会焦虑和恐慌过程之中。《管控危机》一书中所提及的社会对所谓空前"犯罪浪潮"的恐惧,实际上是媒体广泛的夸张性报道围绕某些孤立的事件所建构起来的一种社会心理,是过去不同历史阶段对不同类型的"民间恶魔"的恐惧社会心理不断积累和发展的结果。媒体的作用不仅是对道德恐慌做出反应,同时它也建构了这种道德恐慌,使之成为一种社会记忆的形式。

不过,《管控危机》对道德恐慌研究所采取的这种批判范式能在多大程度上推广到其他类型的社会道德恐慌(例如球迷骚乱、艾滋病恐慌等)分析中,则是一个疑问,因为并不是所有的道德恐慌类型都必然与社会在整体上的文化霸权危机相关,也不必然与霍尔等人强调的种族和阶级背景有关。同时,《管控危机》关于抢劫话题的道德恐慌的分析,将抢劫这一危机事件所表征的道德恐慌一般化为文化霸权的意识形态形式,这是否在一定程度上过度强调了这一话题的历史和政治意义,而忽略了它的特殊性(Critcher 2003:16)?

除了上述在道德恐慌研究范式上的创新之外,《管控危机》对新闻媒体话语生产机制的分析也成为相关研究的经典范式。在葛兰西理论的影响下,霍尔提出的象征实践的分析模型综合了结构主义的意识形态分析和文化主义的阐释方法。这集中体现于他所提出的著名的编码—解码理论和接合(articulation)概念(Hall 1973;Grossberg 1996)。根据这些理论,社会传播过程包含在信息的生产、流通、分配、消费机制以及对这一机制本身的再生产的复杂结构之中,其中各个环节都可能使得文本经由意识形态的构造从而对现实产生建构效应。文本并不能被保证是意义的不竭源泉,相反,其意义是在语境转换中通过一个接合的过程,受制于各种复杂的利益与权力关系而被生产和再生产出来的。用霍尔的话来说,

> "接合"乃是可以在一定条件下使两个不同的元素成为一体的一种联结形式。这一关联并非永远都是必然的、决定性的、绝对的和本质的。你必须问,在何种条件下,这种联结可以被制造出来? 因此,

所谓话语的"统一"实际上是不同的要素的接合,这些要素可以以不同的方式被重新接合,因为它们并没有必然的归属。"统一"的关键在于,它是被接合的话语与社会力量之间的纽带,在一定的历史条件下,它们可以但并非必然相互关联。这样,一种接合理论,既是理解意识形态元素如何在一定的历史条件下,在某一话语方式之内被整合起来的方式,同时也是一种诘问它们如何在特定的时机,是否与一定的政治主体相结合的方式……接合理论要问的是:意识形态如何发现它的主体,而不是主体如何认定属于他的必然的且不可避免的想法。它使我们思考一个意识形态如何给人们以力量,使他们开始对自己所处的历史境况有所意识或理解,而不会把这些理解形式化约为他们的社会——经济或阶级位置,或者是社会地位。(Grossberg 1996:141)

在这里,霍尔强调特定表达与语境的接合关系不是必然的,一种符码结构所产生的意涵并不一定会在一个特定语境下被按照预先确定的方式被嵌入,嵌入只是语境化建构的产物,与特定的情势有关。而对这种情势的分析就成为理解意识形态是如何从结构主义意义上的符码秩序转化为领导权意义上的社会权力秩序的关键。所谓情势分析,指的是对特定社会在较短时间段内所具有的特殊历史条件的分析。威廉斯在《马克思主义与文学》中认为,与那种用某一主导性质来界定特定时代的相对宏大的历史分析不同,情势分析强调的是特定历史时期主导性趋势与过往的和新兴的力量之间的纠缠关系(Williams 1977:121)。这种带有强烈葛兰西色彩的分析要求研究者必须摆脱对主导力量的单一化视角,转而识别出特定历史时期彼此互动的各种力量的组合关系,并在此基础上进一步说明主导性力量如何在这种复杂的力量格局中维系自身的统治性地位。

不过,在具体研究方法上,《管控危机》并没有彻底贯彻霍尔本人提出的编码—解码的分析模式,它基本上只是聚焦于媒体文本,而忽略了这些话语生产机制的矛盾冲突和多样性,特别是忽略了道德恐慌的危机话语在进入社会传播领域后所可能产生的多元阐释以及这些多元阐释对国家重构文化霸权过程的影响。单纯从媒体文本出发,霍尔等人在《管控危机》一书中可能既夸大了媒体文本所反映出来的社会危机现实的程度,又可能低估了媒体在解构社会危机话语和文本进入社会话语空间后所产生的语义多样性(Tester 1994:84—85)。这里的悖论在于,霍尔一方面继承了意义是任意的这一经典的结构主义语言学命题,即他反对僵化的决定论,但同时,他又在左派政治传统的实践策略中坚持认为,某些意义比其他意义更重要,在话语策略的斗争中更具有决定性地位,因为只有不彻底否认决定关系的存在,左翼批判的理论基础才能维系。这体现了霍尔在方法论上的反本质主义倾向和现实政治考虑中的所谓"策略性本质主义"(strategic essentialism)(Hall 1997:35)取向之间的自相矛盾之处。

尽管存在这些不足,《管控危机》一书依然是道德恐慌与文化霸权研究领域的经典著作。霍尔等人通过引入越轨社会学之外的理论和方法资源,尤其是带有新马克思主义色彩的葛兰西的文化霸权理论,在借鉴的同时批判地发展了杨和科恩关于越轨和道德恐慌的研究成果,激发了关于道德恐慌理论的持久争论,已经成为继科恩之后最为经典的研究范式之一,在文化研究、越轨社会学、传媒研究等领域引领了一系列关于不同社会议题(如各类社会越轨行为、艾滋病、种族矛盾、非法移民、毒品、性解放和色情文化等)的道德恐慌研究(例如,Chiricos 1996;Goode & Ben-Ye-huda 1994;Herdt 2009;Nicholas & O'Malley 2013;Taylor 2008;Wat-ney 1997;Weeks 1989)。此外,《管控危机》一书也集中展现了伯明翰时期以霍尔为代表的文化研究学者从传媒与文化的维度对现实政治的批判性介入,以及这一时期的文化研究从马克思主义立场出发所采取的历史制度主义分析的批判锋芒。在这一研究路径中,传媒机构的运作机制、角色和功能被安置在国家与社会关系转型的宏观历史视野中进行考察,媒介生产的社会学和符号学分析最终服务于意识形态批判的政治学分析。尽管霍尔等人的研究问题和研究语境与当下的历史和现实状况并不完全相同,但这项研究所体现的历史情势分析以及政治经济与文化分析相结合的研究方法,对我们开拓更具批判视野的社会研究路径,理解不同语境下媒体、道德恐慌与政治合法性之间的关系依然具有很强的借鉴意义。

参考文献:

安东尼奥·葛兰西:《狱中札记》,中国社会科学出版社 2000 年版。

弗朗科·里沃尔西:《葛兰西与左翼的政治文化》,载萨尔沃·马斯泰罗内主编:《一个未完成的政治思索:葛兰西的〈狱中札记〉》,社会科学文献出版社 2001 年版。

Butler, P. (2014). *Godfather of multiculturalism' Stuart Hall dies aged 82*. Retrieved from http://www.theguardian.com/education/2014/feb/10/godfather-multiculturalism-stuart-hall-dies.

Chiricos, T. (1996). Moral Panics as Ideology: Drugs, Violence, Race and Punishment in America. In M. J. Lynch and E. B. Patterson (eds), *Race with Prejudice: Race and Justice in America*. New York: Harrow & Heston.

Cohen, S. (2011). *Folk Devils and Moral Panics*. London: Routledge.

Goode, E. & Ben-Yehuda, N. (1994). *Moral Panics: The Social Construction of Deviance*. Cambridge: Blackwell.

Critcher, C. (2003). *Moral Panics and the Media*. Buckingham: Open University Press.

Glasgow University Media Group (1985). *War and Peace News*. Milton Keynes: Open University Press.

Grossberg, L. (1996). On postmodernism and articulation: an interview with Stuart Hall. In Morley, D. & K. Chen (eds), *Stuart Hall: Critical Dialogues in Cultural Studies*. London: Routledge.

Hall, S. (1973). *The Television Discourse: Encoding and Decoding*. Retrieved from http://www. birmingham. ac. uk/Documents/college-artslaw/history/cccs/stencilled-occasional-papers/1to8and11to24and38to48/SOP07. pdf.

Hall, S. (1979). *Drifting into a Law and Order Society*. London: Cobden Trust.

Hall, S. (1980). Cultural Studies: two paradigms. *Media, Culture & Society*, (2): 57—72.

Hall, S. (1983a). Thatcherism: rolling back the welfare state. *Thesis*, 11 (7), 6—19.

Hall, S. (1983b). The Great Moving Right show. In S. Hall & M. Jaques (eds), *The Politics of Thatcherism*. London: Lawrence and Wishart.

Hall, S. (1984). The rise of the representative/interventionist state, 1880s—1920s. In G. McLennan, D. Held & S. Hall (eds), *State and Society in Contemporary Britain*. Cambridge: Polity.

Hall, S. (1985). Authoritarian Populism: a Reply to Jessop et al. *New Left Review*, (151), 115—124.

Hall, S. (1988). *The Hard Road to Renewal: Thatcherism and the Crisis of the Left*. London: Verso.

Hall, S. (1989). Authoritarian Populism. In B. Jessop et al. (eds), *Thatcherism: A Tale of Two Nations*. Cambridge: Polity.

Hall, S. (1990). The Emergence of Cultural Studies and the Crisis of the Humanities. *October*, 53, 21—22.

Hall, S. (1997). Subjects in History: Making Diasporic Identities. In W. Lubiano (ed.), *The House that Race Built*. New York: Pantheon Books.

Hall, S. & Jefferson, T. (eds) (1976). *Resistance through Rituals*. London: Hutchinson.

Hall, S., Critcher, C., Jefferson, T., Clarke, J. & Roberts, B. (2013). *Policing the Crisis: Mugging, the State, and Law and Order*. London: Palgrave Macmillan.

Herdt, G. (ed.) (2009). *Moral Panics, Sex Panics: Fear and the Fight over Sexual Rights*. New York: NYU Press.

McLuhan, M. (1994). *Understanding Media: The Extensions of Man*, Cambridge, Massachusetts: The MIT Press.

Nicholas, S. & O'Malley, T. (eds) (2013). *Moral Panics, Social Fears, and the Media: Historical Perspectives*. London: Routledge.

Procter, J. (2004). *Stuart Hall*. London: Routledge.

Taylor, S. (2008). Outside the Outsiders: Media Representations of Drug Use. *Probation Journal*, 55(4), 369—387.

Tester, K. (1994). Media, Culture and Morality. London: Routledge.

Thompson, K. (1998). *Moral Panics*. London: Routledge.

Turner, G. (1990). *British Cultural Studies: An introduction*. London: Routledge.

Watney, S. (1997). *Policing Desire: Pornography, AIDS and the Media*. Minneapolis, MN: University Of Minnesota Press.

Weeks, J. (1989). AIDS: The Intellectual Agenda. In P. Aggleton et al. (eds), *AIDS: Social Representations, Social Practices*. New York: The Falmer Press.

Williams, R. (1977). *Marxism and literature*. Oxford, UK: Oxford University Press.

Young, J. (1971). *The Drugtakers: The Social Meaning of Drug Use*, London: McGibbon and Paladin.

中文版作者序

　　为这本出版于四十年前的书撰写一篇新序言，难免让人觉得有点奇怪。现在，或许更让人觉得奇怪的是，我们要为本书的中文版撰写一篇作者序。《管控危机》所描述的事件、政治过程和社会变化发生在几十年前的英国。对中国读者来说，无论是在时间上，还是在空间上，这些主题都难免显得遥远而陌生。我们很感激本书的译者能把它呈现在中国读者面前。在这篇作者序中，我们想解释一下为何这么多年过去了，这本书依然有价值，以及对新的读者来说，它可能提供哪些启示。

　　《管控危机》的特点之一是它孕育于文化研究这个当时正处于发展初期的研究领域，而不是其他已经较为成熟、地位稳固的社会科学领域。正因为如此，这本书虽然援引了不少社会科学的成果，但它本身却不属于这些学科。在引用这些学科的同时，它也反过来与这些学科对话，为之提供不同的出发点和新的研究方向。在这些学科中，最值得注意的是越轨社会学和"新犯罪学"（参见，Cohen 1973；Taylor，Walton & Young 1973）。这些领域提供的学术资源使本书能够把讨论的焦点集中在社会对犯罪现象的反应，而不是犯罪现象本身。

　　这种对社会反应的关注又让我们注意到其他研究领域，尤其是传媒研究。传媒不仅报道特定的犯罪事件，而且从整体上建构了"行凶抢劫"这个话题。正因为如此，传媒在界定现实方面发挥着十分核心的作用。在《管控危机》中，20 世纪 70 年代的英国地方和全国性媒体（主要是报纸）如何以戏剧化的方式对当时的街头犯罪现象进行报道，成为我们的研究主题之一。媒体把这些显而易见的街头抢劫现象与黑人青年男性的犯罪活动联系起来，并把他们描绘成城市街头的危险分子。作为对传媒研究的一个贡献，本书进一步探讨了媒体与我们所说的"首要定义者"之间的重要关系。后者指的是那些权威的政治或政府消息源。它们在为媒体提供消息的同时也对现实情况进行界定,这些观点随后成为媒体报道和评论的基础。在此基础上,本书解释了这些过程最终是如何共同导致关于特定议题的"意识形态解释的封闭性"的。

从这一点开始,我们进一步援引了许多其他学科(比如政治学、社会史、政治史和文化史)的理论资源,目的是为了搞清楚,作为对 20 世纪 60 年代末至 70 年代初英国社会多重危机的一种反应,"法律—秩序政治"的兴起是在何种具体条件下发生的。同样,虽然引用了许多其他学科的资源,但我们的分析超越了这些学科。我们以安东尼·葛兰西对国家和统治集团在合意和强制之间的历史性转换(下文会就这一问题展开进一步讨论)的分析为基础,对上述命题进行了详细阐述。就本书所涉及的这些学术脉络而言,在这里有必要着重说一下社会学的作用,尤其是当时所谓的"种族关系"社会学(如今我们一般把这一分支称为种族主义或种族化差异研究)。为了探讨黑人青年在 20 世纪 70 年代英国社会中的地位问题,我们既引用了社会学领域的成果,也引用了我们自己对亚文化问题的研究(Hall & Jefferson,1976)。虽然本书对这个问题的研究基本上是围绕结构、文化和个人经历之间相互交织的动态关系展开的,但其视野又不局限于此。本书对种族分化、无工作状态和犯罪问题采取了一种十分不同的分析视角,因为我们认为这些黑人青年的处境既与他们在英国社会中的地位有关,同时也离不开他们与殖民主义历史之间的联系(参见第十章)。

《管控危机》是伯明翰大学当代文化研究中心以长篇著作(而非文集)的形式发表的第一部学术作品,它不仅成为文化研究作为一个独特研究领域出现的标志,而且清晰地界定了这一领域与其他相对更为成熟的学科之间的关系和差异。也正因为如此,本书始终被看作是文化研究学者应当如何进行批判性学术研究的一个典范。其中的一个核心要素是对既有的学术领域划分的拒绝,无论这种划分是对不同学科(比如社会学、政治学、经济学)的界定,还是对特定研究领域(传媒研究、亚文化研究、犯罪研究等)的区分。

本书探讨了犯罪现象的政治意义。我们指出,在 20 世纪 70 年代的英国,犯罪问题被塑造为社会所面临的最主要的危险,从而把政治和公众的注意力从日益严重的经济、社会和政治危机上转移开来。从举步维艰的经济形势,到风起云涌的社会运动,再到曾得到两大主要政党(保守党和工党)一致支持的"共识政治"日益难以为继,当时的英国社会陷入了极其深重的危机之中。然而,在社会危机如此严重的情况下,各大政治集团的政治策略却把公众的注意力聚焦于对犯罪的恐惧之上,尤其是对街头犯罪威胁的恐惧。从那时以来,这种把公众注意力转移到犯罪问题上的做法成为被反复炮制的一种政治策略。近几年来,从美国的特朗普(Trump)到匈牙利的欧尔班(Orbán),我们都能看到这种策略的影子。对右翼政治集团而言,这是一种有利可图的统治策略。在全球范围内,无论是老牌民主国家,还是新兴民主国家,我们都能看到这种策略的存在。当移民被塑造为暴力犯罪行为的实施者,人们的仇恨情绪就会被煽动起来,继而就可以合情合理地采取强制措施来对付这些对既有生活方式构成威胁的外来者。那些要求恢复法律和秩序的口号所表达的远不只是对犯罪议题本身的反应。相反,它们直接强化了国家的威权主义倾向。从这个意义上说,我们在书中所讨论的不只是政治策略和修辞问题,同时也关心这种"法律—秩序政治"与随后国家沿着日益强硬的路线进行的改革或重构举措之间的关系。我们把这个过程叫作"超常国家"的兴起:

　　　　必须采取更加强有力的措施——"超常的"反对力量必然要用"超常的"措施加以控制。这是一个极其重要的时刻:此时,"通过合意实现文化霸权"的所有手段都用完了,统治集团通过使用更有压制性的国家机器来维系主导秩序成为一种日益常见的现象。从此,文化霸权的运作过程从合意为主压制为辅的状态彻底转变为相反的状态:压制成为维系合意的自然的常规手段。文化霸权内部平衡的这种变化(从合意为主到压制为主)是国家对(真实意义上的和想象层面的)各大阶级力量之间日益严重的对立的一种回应。同时,这种变化本身恰恰也是"文化霸权危机"的一种表现。

　　　　控制的实施过程是分阶段有步骤地逐渐推进的。针对这场危机导致的不同"问题领域",相应的控制策略也不同。有趣同时也很重要的一点是,这种控制发生在两个层面——既是自上而下的,同时也是自下而上的。因此,一方面,它表现为国家层面以压制性手段对冲突和矛盾进行管理的控制形式;但另一方面,颇为矛盾的是,这种自上而下的压制性管理策略竟然得到了大众的"支持",并因此具备了合法性。(《管控危机》2013年版,页313—4)

事实证明,"超常国家"问题在许多批判研究领域都成为一个重要议题。比如,犯罪学家加兰(David Garland)讨论了所谓"控制文化"的兴起(2001),并在近来分析了惩罚和福利之间不断变化的关系(2018)。在美国,不少批判研究者把监狱看作是种族化的国家控制系统,并重点关注了监狱扩张的问题(例如,Camp 2016;Platt 2019)。佩奇和索斯(Page & Soss 2017)指出,在美国,罚款和监禁手段相结合的刑罚制度是"掠夺性国家"的一个内在组成部分,而受其影响最大的往往是穷人。同样,华康德(Wacquant 2009)也指出,无论是在美国还是在其他国家,新自由主义是推动这种刑罚或监禁式国家发展的动力之一。不过,在这些"超常国家"的例子中,虽然强制手段的应用无论是在广度上还是在强度上都大大增加了,但对那些"守法公民"来说,民主自由的形式和程序依然在正常发挥着作用。相比之下,一些国家则出现了更加直接的威权专制统治。在这种情况下,自由主义的形式和程序在一定程度上被削弱了,因为这些国家的执政党大多实施了匈牙利总理欧尔班所说的"不自由的民主"(illiberal democracy)(关于这些不同形式的民粹主义政体的讨论,参见 Müller 2019)。

这些国家和政治策略的不同形态让我们想起《管控危机》一书的组织结构所体现的那种研究立场:文化研究的重点应该是在特定的语境下展开丰富翔实的经验分析,而不是试图发现宏大的一般性理论或历史变化的总体规律。对此,霍尔曾经有过一段颇为著名的论述:文化研究接受特定"情势"(the conjunctural)的约束,承认历史的特殊性(Hall 1992:282)。《管控危机》就是这种情势分析的一个例子,因为它所分析的正是一个危机、矛盾和对立不断积累和日益强烈的特定历史时期(不过应当指出的是,这一点是在研究开展过程中才逐渐明朗化的;我们最初并没有意识到这一点)。通过行凶抢劫及其社会建构和社会反应这个切入点,本书所研究的特定情势逐渐被"发现",并最终清晰地呈现出来。霍尔坚持认为,情势分析(来自他对葛兰西著作的独特解读)的价值和好处是显而易见的,因为这种方法为文化研究确定了自身在知识生产领域的角色。人们常常把本书看作是这种分析路径的一个典范,即便我们在书中并没有对分析方法展开详细阐述。的确,尽管情势这个概念十分重要(参见 Koivisto & Lahtinen 2012),但正如有人批评的那样(例如 Grossberg 2019),我们在书中并没有对何为情势或者如何对之进行研究给出任何清晰的论述。不过,我们认为,情势分析应当被理解为一种研究取向,而不是一种具体的研究方法——在这个意义上,本书的价值就在于它为我们展示了应当如何开展这种分析。从这个意义上说,作为一种思考和研究路径,情势分析所关注的是危机、矛盾和斗争的不断积累汇聚,如何最终形成了一个特定的历史时期。当然,人们有充分的理由对如何界定一个特定情势的时空边界提出疑问。如果我们把英国作为某个情势的空间范围的话(本书就是如此),这并不意味着我们所分析的是一个具有明确边界的国家空间。相反,这个空间是处于国家边界之内或跨越国家边界的各种复杂关系的产物——无论这些关系是帝国时期不断变化的政治纽带,近几十年来与欧盟之间起伏不定的政治经济联系,还是不断增加的对全球资本的开放度。与此同时,我们也很难用任何简单的方式对特定情势的时间边界进行清晰界定,这主要是因为塑造情势的各种运动和力量往往处于不同的时间节点上。我们在当下英国所面对的情势与诸多处于不同时间维度上的历史进程有关:从英国漫长的殖民主义历史到 2008 年金融危机所引发的动荡,从作为战后资本主义主要治理策略的社会民主主义在欧洲的衰落到英国国家内部不断加深的危机。这些困难并不意味着情势分析是一件不可能完成的任务。相反,它们反过来说明了情势分析的价值和重要性,因为恰恰是这些关涉时空边界的问题向我们证明了政治冲突中“此时此地”的高度复杂性(相关讨论参见 Grayson & Little 2017)。当然,这些困难也表明情势分析的确是一个很大的挑战——它意味着研究者必须彻底放弃那种“某个因素决定一切”的危机分析模式。从这个意义上说,《管控危机》是集体合作的产物,也并不是巧合。

随着大大小小的各种危机不断聚集(从全球环境灾难到失败的新自由主义政策所引发的经济和社会混乱),许多地方的政治也日益变得动荡不安。在这种情况下,情势分析依然是一种重要的研究路径。一方面,它要求我们深入把握各种错综复杂的危机、矛盾和对立是如何在“此时此地”的特定语境下变得日益集中和强化的。另一方面,这种路径把情势视为一个充满可能性的空间,认为存在多种不同的危机解决方案——而在寻求解决方案的过程中,政治,即对社会力量的组织和动员,发挥着关键性的作用。正是这种对危机的特定分析取向,使得本书在其所分析的事件早已退出历史舞台之后,依然具有参考价值,历久弥新。

最后,怀着沉痛的心情,我们想告诉读者的是,原书的五位作者中,如今只有四人能为本书的中文版作序。在我们一起完成本书的英文新版本后不久，斯图亚特·霍尔于 2014 年去世。能够与他共事，是我们的荣幸。

约翰·克拉克

查斯·克里彻

托尼·杰弗逊

布赖恩·罗伯茨

参考文献：

Camp, J. (2016) Incarcerating the Crisis: Freedom Struggles and the Rise of the Neoliberal State. Oakland, CA: University of California Press.

Cohen, S. (1973) *Folk Devils and Moral Panics: the creation of Mods and Rockers*. London: Paladin.

Garland, D. (2001) *The Culture of Control: Crime and Social Order in Contemporary Society*. Chicago, Il: University of Chicago Press.

Garland, D. (2018) 'Punishment and Welfare revisited' *Punishment and Society*, Volume: 21 (3): 267—274.

Grayson, D. & Little, B. (2017) 'Conjunctural Analysis and the Crisis of Ideas'. *Soundings: A Journal of Politics and Culture* (65): 59—75.

Grossberg, L. (2019) 'Cultural studies in search of a method, or looking for conjunctural analysis' *New Formations*: 96—97 ('This Conjuncture'): 38—68.

Hall, S. (1992) 'Cultural Studies and its Theoretical Legacies' in *Cultural Studies*, edited by L. Grossberg, C. Nelson and P. Treichler. New York and London: Routledge: 277—294.

Hall, S. & T. Jefferson (eds) (1976) *Resistance through Rituals: Youth subcultures in Postwar Britain*, London: Routledge (originally published as *Working Papers in Cultural Studies* 7/8 CCCS, 1975; book second edition, 2006).

Koivisto, J. & Lahtinen, M. (2012) 'Conjuncture, Historico-political' in the Historical Dictionary of Materialism. *Historical Materialism* 20. 1: 267—277 (Translated by Peter Thomas).

Müller, J-W. (2019) 'Populism and the People' *London Review of Books*, 41 (10): 35—37.

Page, J. & Soss, J. (2017) 'Criminal Justice Predation and Neoliberal Governance' in S. F. Schram and M. Pavlovskaya (eds) *Rethinking Neoliberalism: Resisting the*

Disciplinary Regime. New York and London: Routledge: 139—159.

Platt, T. (2018) *Beyond These Walls: Rethinking Crime and Punishment in the United States*. New York: St. Martin's Press.

Taylor, I. , Walton, P. & Young, J. (1973) *The New Criminology: For a Social Theory of Deviance*. London: Routledge and Kegan Paul.

Wacquant, L. (2009) *Punishing the Poor: The Neo-Liberal Government of Social Insecurity*. Durham, NC: Duke University Press.

致　　谢

  在写作本书的过程中,我们得到了许多帮助,限于篇幅,在此只能向其中一部分人表达我们的谢意。温希普(Janice Winship)和格里姆肖(Roger Grimshaw)参与了研究项目并分别撰写了第四章和第五章的初稿。在我们后续的修改过程中,他们也一直给予了善意的关注和有益的评论。在本书写作的不同阶段,我们始终贯彻了他们在初稿中提出的观点。格林姆肖对书稿的进展一直保持高度关注,并对本书的标题提出了建设性意见。许多人对本研究项目开始阶段大量枯燥繁琐的工作给予了十分重要的帮助:其中,我们要特别感谢库珀(Dave Cooper)、温赖特(Hilary Wainwright)、吉(Stephen Gee)、克拉克(Alan Clarke)、麦高恩(Alasdair McGowan)、皮卡德(Jessica Pickard)、赫布迪奇(Dick Hebdige)和威利斯(Bob Willis)。尽管我们的研究和写作工作进展十分缓慢,但如果没有艾琳·霍尔(Aileen Hall)、欧文(Linda Owen)、杰弗逊(Judy Jefferson)、巴克(Deidre Barker)、拉姆赛尔(Georgie Ramseyer)、哈里斯(Anne Harris)在打字、复印、油印等各环节给我们提供协助,恐怕连这点缓慢的进展都无法实现。在此我们要特别感谢古德(Joan Goode)的无私帮助,面对我们没完没了的请求,她总是能够不可思议地面带笑容,竭尽所能地满足我们。

  在搜寻剪报、背景文章和其他相关信息方面,很多人慷慨地花费了许多宝贵时间来协助我们的工作。全国公民自由理事会(National Council of Civil Liberties)和英国广播公司的沃尔夫(Ian Wolff)提供的文献,极大地丰富了我们关于抢劫议题的资料库。此外,我们还要对文化研究中心内外的朋友和同事表达我们的谢意,感谢他们在不同时间为本研究项目提出富有价值的建议和批评。我们要特别感谢《今日种族》(*Race*

Today）的豪（Darcus Howe）和《黑人解放者》（The Black Liberator）的坎布里奇（Ricky Cambridge）在百忙中抽出宝贵时间提供协助。对那些阅读过本书篇幅超长的初稿的人，我们也要深表谢意，尤其要感谢科恩（Stan Cohen）、菲茨杰拉尔德（Mike Fitzgerald）、泰勒（Ian Taylor）和杨（Jock Young）对书稿的详细评论和关切。此外，在全国越轨行为研讨会（National Deviancy Conference）上，我们与很多参会者进行了富有启发性的对话，从他们那里借用了许多观点和概念。尽管我们的方法和思路与他们迥异，而且他们对我们的看法也可能持有不同意见，但我们受到了与会者的积极鼓励和支持是毋庸置疑的事实。

由于我们自身的各种因素导致交付书稿的日期一拖再拖，对于由此深受困扰的人士，在此刻无论是表达歉意还是感谢，似乎都显得多余。每次我们信誓旦旦地表示"马上就完工"时，虽然有点表示怀疑，但他们都能报以微笑，给予我们无私的支持，尽管一再如此搪塞并不是我们的本意。最后，我们要深深地感谢当代文化研究中心（Centre for Contemporary Cultural Studies）为本项目提供的物质支持，以及在 1973 年至 1977 年间该中心的同事不断给予我们的智力支持和鼓励。

在此，我们必须声明，如果说本书还有些许价值的话，这要归功于所有对我们鼎力相助的人，而书中的一切谬误自然都是作者的责任。

虽然全书的终稿发表于 1978 年，但在此前的几年中，我们已经陆续发表了一系列文章，以便项目研究的成果能够在更广范围内得到传播。其中部分"衍生品"包括：

《二十年》（20 Years，The Paul，Jimmy and Musty Support Committee，1973）。

T. Jefferson 和 J. Clarke，《沿着这些破败的街道：行凶抢劫的意义》（Down These Mean Street：The Meaning of Mugging），见 Howard Journal，14(1)，1974；同时也以当代文化研究中心油印论文（CCCS stenciled Paper）的形式发表，论文编号 17。

J. Clarke，C. Critcher，T. Jefferson 和 J. Lambert，《证据的选择与种族主义的回避：对议会种族关系和移民问题特别委员会的批评》（The Selection of Evidence and the Avoidance of Racialism：a Critique of the Parliamentary Select Committee on Race Relations and Immigration），见 New Community，3(3)，1974 年夏季号；同时也以当代文化研究中心油印论文形式发表，编号 15。

S. Hall,《行凶抢劫:对媒体的个案研究》(Mugging:a Case Study in the Media),见开放大学 D101 号电视教程《理解社会》(*Making Sense of Society*,Milton Keynes:The Open University Press,1975):该节目同时在 1975 年 4 月 17 日和 20 日在英国广播公司电视二台播出。其后,又以摘录的方式发表于《听众》杂志(*Listener*,1975 年 5 月 1 日)。

S. Hall 等,《新闻制作与犯罪》(*Newsmaking and Crime*),全国罪犯关怀及安置协会主办的新闻、广播电视和城市犯罪研讨会(NACRO Conference on Journalism,Broadcasting and Urban Crime,1975 年 1 月);同时也以当代文化研究中心油印论文形式发表,论文编号 37。此外,全国罪犯关怀及安置协会还在 1976 年发表了以此文为基础的小册子《传媒与城市犯罪》(*The Media and Urban Crime*)。

S. Hall 等,《行凶抢劫与法律—秩序》(*Mugging and Law-and-Order*),会议论文宣读于在加地夫(Cardiff)举办的全国越轨行为研讨会;同时以当代文化研究中心油印论文形式发表,论文编号 35。

S. Hall,《行凶抢劫与街头犯罪》(Mugging and Street Crime),英国广播公司广播电台播出的系列节目《个人观点》(*Personal View*)第三集(制作人格林［Michael Green］)。

第 二 版 序

本书最初出版于三十多年前，并得到了普通读者、研究者和学生的积极评价。这本书的目的是要研究"作为一种社会现象，而非一种特定街头犯罪形式"的"行凶抢劫"（mugging）（页 1）。[①] 它所要回答的问题是，"行凶抢劫"这一容易引起社会情绪反应的标签是如何以及为何在 20 世纪 70 年代变得如此影响广泛的；对这一标签的定义是如何建构并被放大的；为何当时的英国社会——警方、司法机构、媒体、政治阶级、道德卫士以及国家——会对此做出极端反应；结合当时特定的社会政治背景，这些事件发生的过程说明了什么。

这篇新序言的对象是本书的新读者，也可以是那些已经读过本书，但希望在不同的历史环境下以不同的视角再次审视本书的老读者。在这篇序言中，我们要解决的问题是，"对当代读者来说，需要具备什么样的知识背景才能够有助于他们更好地理解本书，并尽可能从中获益"？为此，我们将简要回顾本书构思成型的过程，其中所涉及的知识和理论传统，以及当时特定的历史语境。

本书实际上是对伯明翰地区一位男子遭到几个不同种族背景的少年抢劫和殴打这一特定事件的反应。为了达到以儆效尤的目的，这些少年最终都被判了十分漫长的刑罚（其中一人被判 20 年徒刑）。但是，我们关注并分析这些事件的目的并不是要证明此前已经存在的某种理论立场。本书的写作过程耗费了长达六年的时间，集体研究艰辛而漫长的过程就像一个思想"实验室"。在这个过程中，我们彼此激发了许多想法、理论和观点，正是这些集体智慧的结晶使得整部著作充满活力。要是没有这种

---

① 译注：此处页码指本书英文版原书页码。

集体合作的过程,我们就不可能在本书结尾部分提出如此具有说服力的结论和解释。

本书的构思和写作过程都是在当代文化研究中心(CCCS)进行的。在当时,文化研究还只是一个出现不久且不断发展变化的新领域,成立于1964年的当代文化研究中心正是这一新领域中一个年轻的学术机构。当时,只有斯图亚特·霍尔(Stuart Hall)作为中心的正式成员参与到本书的研究工作中,克拉克(John Clarke)、克里彻(Chas Critcher)和杰弗逊(Tony Jefferson)都是中心的在读研究生,而罗伯茨(Brian Roberts)则来自社会学系。中心的其他许多成员也对研究计划的开展做出了自己的贡献。由于采取了跨学科的研究路径,因此中心鼓励作者从不同的学科背景和视角出发,针对研究议题提出自己的意见。在当时那种"后1968"(post-1968)①式参与精神的感召下,中心的教师和学生一起工作,大家都很热衷那种知识生产、研究和写作的集体合作模式。研究中心当时那种特殊的精神气质、规划和研究实践对本书的最终面貌是至关重要的。的确,正是这种集体创作的方式使得本书被广泛视为一部具有示范意义的作品。对于读者现在看到的第二版来说,这篇新序言同样是由全体作者集体合作写成的。但本版末尾的后记则由于各位作者所受到的时间和地点限制,根据所涉及的不同主题被分为四个部分,分派给本书的四位作者分别撰写而成。不过所有作者都参与了集体讨论的过程,这多多少少也保留了一点本书最初所包含的那种集体合作的精神气质。

虽然《管控危机》受到了社会学和犯罪学研究的一些影响,但总体上说,这本书的研究目标与"犯罪"甚至"社会"是无关的,其研究的对象实际上是"社会形态"(the social formation)。我们可以把这个概念定义为一个实践、制度、社会力量关系和矛盾冲突的集合体。本书考察了"行凶抢劫"现象的文化、意识形态和话语层面,同时也关注这一现象的法律、社会、经济和政治维度,并认为就其所带来的影响而言,这两个方面都是构成性的(constitutive)和多元决定的(over-determining),其中没有一个方面可以被看作是由另一方面所决定因而处于次要的从属性地位。

---

① 译注:1968年,在欧美国家发生了一系列左翼激进学生抗争事件。特别是当年春天法国巴黎爆发了针对行政当局的大规模学生运动,并逐渐发展为全国性的学生和工人联合抗争,史称五月风暴。法国的抗争事件对英美等其他西方国家的左翼运动产生了很大的影响。作者在此处所谓的"后1968"应指以1968年欧美学生运动为标志的左翼批判和社会抗争所形成的时代语境和思想遗产。

虽然本书在批判犯罪学领域引发了许多讨论,但本书的作者没有任何一人是犯罪学专家。但我们坚信,犯罪和越轨行为不仅完全是一种社会现象,而且它们也意味着对社会规范假设和社会稳定秩序的一种挑战,因此可以被看作是更广泛的社会和政治问题的一种征候。我们的目标是要还原这种犯罪问题的社会的和政治的"存在条件"(conditions of existence)。

本书的前半部分建立在当代文化研究中心的一些关于亚文化的研究成果以及越轨和亚文化理论基础之上。其中包括在当时刚召开不久的全国越轨行为研讨会上的学术讨论,以及美国互动论社会学家贝克尔(Howard Becker)的著作。例如,贝克尔认为越轨实际上不是与特定行为相关联的一种属性,而是具有这种行为的人与社会对该行为的反应之间互动的结果。[①] 这些理论家认为,社会控制制度将一个行动标签化或定义为越轨行为是作为社会过程的越轨行为的一个重要组成部分。本书受到来自以杨(Jock Young)和科恩(Stan Cohen)等为代表的英国社会学家的重要影响,这些学者在这一时期发表了一系列关于社会越轨行为的重要著作,比如对毒品使用行为的研究,[②]以及对当局与"摩登派"(mods)和"摇滚派"(rockers)团体之间冲突的研究。[③]

在当代文化研究中心出版的著作《通过仪式抵抗》(*Resistance Through Rituals*)[④]中,我们因为其中所使用的民族志方法受到赞扬,但在本书中,我们却因为没有涉及这一方法(特别是在最后一章)[⑤]而受到批评。因此,似乎有必要在这里说明一下我们对民族志方法的看法。在我们看来,这两本著作其实是同一枚硬币的两个侧面,两者都不是传统意义上的典型的民族志研究。在这两本书中,我们都完全赞同民族志研究者对"社会世界的符合伦理规范的探索研究和重构"的"持久投入",他们"积极与普通人打交道的精神",以及"对地方和特定情境下的

---

① H. Becker,《局外人:越轨社会学研究》(*Outsiders:Studies in the Sociology of Deviance*,New York:The Free Press,1963)。

② J. Young,《吸毒者》(*The Drugtakers*,London:Paladin,1971)。

③ S. Cohen,《民间恶魔与道德恐慌》(*Folk Devils and Moral Panics*,London:MacGibbon & Kee,1972)。

④ S. Hall 和 T. Jefferson 编,《通过仪式抵抗》(*Resistance through Rituals*,London:Hutchinson,1976;第二版,London:Routledge,2006)。

⑤ 参见 S. Hallsworth,《街头犯罪》(Street Crime),见 *Crime,Meida,Culture*,4 (1),2008,页 137—43。

文化进行阐释的学术旨趣"。① 我们的目的是试图使用具体的事件、实践、关系和文化作为一个切入点,以此来考察布尔迪厄(Bourdieu)所谓的"抽象的社会结构配置,这些结构无法被简化为它们得以表达自身的具体的互动和实践"。② 布尔迪厄是民族志学者的支持者之一。换言之,我们努力借鉴民族志方法的那种想象力,但同时又试图超越此时此地的琐碎的日常"互动和实践",将这些活动置于我们身后复杂的历史语境之中加以理解。

虽然说经典的民族志方法总要涉及参与式观察、倾听和访谈,但实际上,任何能够帮助我们获得关于某一特定"社会世界"的详细经验知识的研究路径,都可能是具有民族志方法特质的:梳理分析大量的报刊资料(这是了解社会反应的"社会世界"的主要材料);阅读大量的书籍、文章和评论等二手资料(例如关于警察和黑人青年的"社会世界"的论述);以及在汉兹沃思(Handsworth)这一"社会世界"中的生活和工作体验(本书的作者之一就是如此)。正是这样一种在历史语境分析(conjunctural analysis)的马克思主义框架内把民族志取向与各类社会学和传媒研究方法相结合的研究范式,让不少本书的支持者和批评者都感到疑惑。但这种研究路径的好处是显而易见的,尤其是我们对"最终实施抢劫的年轻人生活的传记式叙述"中所体现出来的那种现实主义风格。一位评论家认为,这是"迄今为止他所见到的……最具有现实主义特点的对犯罪现象的叙述"。③ 他继续评论道,"普赖斯(Ken Pryce)在《无尽的压力》(*Endless Pressure*)一书中的研究发现与他们所描绘的情形十分契合"。④ 普赖斯(Pryce)关于布里斯托尔市(Bristol)西印度群岛生活方式的著作以长达四年的民族志研究为基础,其研究对象主要是那些经常有越轨倾向的"少年音乐迷"和"诈骗者"。⑤ 我们和普赖斯开展研究的时间大致相同;他的著作出版于 1979 年,只比本书晚了一年。

---

① P. Atkinson,A. Coffey,S. Delamont,J. Lofland 和 L. Lofland,《编者导言》(Editorial Introduction),见 *Handbook of Ethnography*,London:Sage,2001,页 6。

② P. Bourdieu 和 L. Watquant,《反思社会学的目的(芝加哥学术工作坊)》(The Purpose of Reflexive Sociology [The Chicago Workshop]),见 *An Invitation to Reflexive Sociology*,Cambridge:Polity,1992,页 113。

③ C. Sumner,《种族、犯罪和文化霸权》(Race,Crime and Hegemony),见 *Contemporary Crises*,5,1981,页 28。

④ 同前注。

⑤ K. Pryce,《无尽的压力》(Harmondsworth:Penguin,1979)。

　　毫无疑问,本书从当代文化研究中心开展的一系列青少年研究成果中获益良多,这包括《通过仪式抵抗》、对学校教育的研究,[①]以及对青少年时尚和风格的研究。[②] 此后的研究课题涉及对城市摇滚和黑人音乐、[③]女性在男性主导的亚文化运动中所处位置的研究。[④] 在所有这些领域中,"青少年"似乎都成为一个反复出现的"麻烦"的载体,是特定社会离心倾向(social disaffiliation)和更广泛的社会趋势和问题的某种症状表现,围绕这些问题,公众和官方表现出极大的不安。这种社会不安催发了"道德恐慌"的产生,即过度的恐惧浪潮和一部分公众对某种社会威胁的想象,以及对这些威胁的反应——征用社会控制机构和更为广泛的政治结构手段来应对这些问题。

　　本书试图提出这样的观点:与实施了犯罪行为的人一样,实施社会控制的文化和制度实际上同样是越轨或犯罪现象的一个组成部分。它们不仅在控制反社会行为方面扮演了积极的角色,还决定了这些行为如何被标签化、被定义和被公众理解的方式。但是,随着语境的拓展,"控制文化"一词作为一个概念已经显得意义模糊。这些制度最好被理解为各种不同类型的权力关系交错聚集的一个位置,即国家。这一向国家视角的转移,将我们对行凶抢劫的分析推向了社会的核心地带,即公众意见的起伏变化和社会权力与政治权威的核心。

　　于是,那些负责控制越轨行为的机构就成为故事的主线。控制不仅意味着这些机构要有实施权威的能力,同时也意味着它们必须拥有意识形态和文化权力,从而能够通过表意活动赋予相关事件某种社会含义,并赢得社会公众对其"情境定义"(definition of the situation)的支持。通过把这两种功能整合在同一个分析框架内,我们从根本上削弱了传统上对实施宰制关系(domination)的国家(例如,剥夺个人的自由、惩罚等)和"赢得大众赞同"的国家的区分。与分散人群或监禁犯罪分子一样,在象征和物质层面上对情况进行定义的话语实践(discursive practices),同样是社会控制的重要组成部分。

---

　　① 　P. Willis,《学做工》(*Learning to Labour*,Farnborough,Hants:Saxon House,1977)。

　　② 　D. Hebdige,《亚文化》(*Subculture*,London:Methuen,1979)。

　　③ 　I. Chambers,《都市节奏》(*Urban Rhythms*,Basingstoke: Macmillan, 1985); D. Hebdige,《剪切与混合》(*Cut 'n' Mix*,London:Methuen,1987)。

　　④ 　A. McRobbie,《女权主义与青年文化》(*Feminism and Youth Culture*,Basingstoke:Macmillan,1991)。

　　警察被视为是保护个人自由和私人产权的第一道社会防线,是对抗社会无序状态的堡垒。他们要负责整体犯罪水平的官方评估,这表现为犯罪统计数据,同时还要不断地就犯罪和广泛的社会趋势之间的关系做出评论。的确,在本书的开始,我们就讨论了构建"行凶抢劫"的统计学评估的话语实践。当时,法律条文中根本找不到这样一个特定的犯罪类型来成为统计"记录"的对象(事实上,直到现在也不存在)。但恰巧存在一些"社会事实",多多少少有一些说服力,可以用来代替统计数据。

　　司法系统同样在这个领域中发挥了巨大作用。法官不仅解释法律、将其应用于特定案件、施加刑罚,同时也发挥了评论犯罪行为、说明其社会意义、阐释其社会和政治内涵等更加广泛的功能。他们同样也影响了公众如何"理解"特定情况、如何认定何种行动是政治上可以接受的、合法的,以及是否要对这些政策行动表示赞同。

　　在当代社会,这些意识形态的、文化的和解释性的实践正是报业和大众传媒业的主要领域。虽然它们不是国家的正式组成部分,却与其他社会机构一道,在通过"新闻的社会生产"来影响公众意见的活动中发挥着关键作用。而犯罪恰恰是新闻报道的热门话题。本书将这些关键的社会机构称作"首要定义者"(primary definers)。它们就各种社会议题提供基准解释(base-line interpretations),影响"老百姓"的态度,塑造意识形态氛围,从而在政治和公众反应的组织引导方面发挥了至关重要的作用。

　　公众在这一"理解犯罪"的过程中,并不是白板一块。相反,他们会积极调用各种解释图式(interpretative schema)、未经反省的假设、常识、默认的知识和推理形式。这些要素中的大多数其实早就已经在公众思维过程中发挥作用,尽管它们通常不一定以一种符合逻辑的、连贯的或有理有据的方式呈现出来(但这并不意味着它们的影响力就因此遭到了削弱)。特别是当一个社会由于社会变化的步伐和方向问题而觉得受到威胁时,绝大多数人就会出于常识思维,倾向于复制那些支持现存权力结构的对问题的定义和解决问题的办法,例如采纳对犯罪、种族和刑法问题的"传统主义"观点。20世纪五六十年代的英国社会就是一个典型例子,在此期间,战后的"经济繁荣"和移民问题使得整个社会陷入蠢蠢欲动的不安之中。

　　从方法论上来说,这是一个非常复杂的研究领域。这些解释结构以一种潜意识的方式运作,因此超出了意识的范围,也不是轻易能够回忆复述的。因此,问卷调查和传统的访谈方法在此处的研究中显得用处不大。

相反,我们决定关注大众报刊的读者来信,试图借此来把握正处于生成过程中的公众舆论。通过对这些报刊资料的阐释分析,我们试图勾勒出关于犯罪、城市空间和种族的非正式意识形态的"地形图",而正是这些意识形态观念为公众舆论提供了"深层结构"。正如葛兰西(Gramsci)指出的那样,常识可以是显而易见的,也可以是模糊不清的、片段式的或矛盾的。[①] 常识浓缩了各种思想传统,但这些传统的痕迹却常常无迹可寻。在知识的等级秩序中,常识占据了一个很低的位置。但在民主社会中,"成为常识"却是确保大众合法性和顺从的关键步骤,同时也是葛兰西所谓的权力的"文化霸权"(hegemonic)形式的基础。[②]

　　至此,我们的分析进入了一个全新的层次。在本书中,我们指出,"当统治阶级联盟取得了无可争议的权威地位……掌控政治斗争的进程,保护和扩大资本的需要,以权威姿态在市民生活和意识形态领域发挥领导作用,能够调用强制性(xiv)国家机器的约束力来捍卫自身利益——当它能够在合意的基础上,也就是在得到'共识'支持的情况下实现所有这些目标时,我们就可以说它成功地建立了文化霸权或文化霸权式的统治地位"(页212—13)。

　　地方和位置在常识的形成中是至关重要的因素,它们包含了特定的社会内涵和对社会现象的某种解释,这些观念在其流传的过程中往往对人们影响巨大。本书所述事件的发生地点汉兹沃思已经成为城市贫困和社会剥夺的一个典型样本,所谓典型的内城(inner-city)[③]问题频发的一个地区。由于贫困、破旧的居住环境和失业问题,这已经成为伯明翰的一个各种文化和职业人群混居的日渐衰败的老居民区,但与此同时,这也是非洲裔加勒比海移民和亚裔移民聚集的一个空间。该地区的确存在十分严重的问题。但由于这些群体被视为是问题的罪魁祸首,所以问题进一步变得错综复杂,加剧了刻板印象和种族歧视。

　　以1948年"帝国烈风"号(Empire Windrush)客轮的到来为标志,战

---

　　① A. Gramsci,《狱中札记》(Selections from the Prison Notebooks,London:Lawrence & Wishart,1971),页323。

　　② 同前注,页55。

　　③ 译注:所谓内城问题,是指二战后英美等国由于产业结构的去工业化、私人汽车的普及和公共交通的发展、大城市生活成本和税收负担的增加、城市中心区域人居环境的恶化、大量人口向小城镇和郊区迁移等因素,导致大城市核心区域出现了经济发展迟缓、贫困人口聚集、治安恶化和社会衰败的状况。参见李金勇,《英国内城问题研究》,见《现代城市研究》,2001(6),页62—64。

后黑人移民以极大的热情进入英国,改变了英国社会的面貌,同时也对英国人的身份认同提出了挑战。这涉及英国社会根深蒂固的关于种族差异的刻板印象化的负面态度。这实际上是英国帝国主义历史的遗产,加勒比海地区黑人移民大量涌入"母国"让这一尘封的历史遗产重新显现出来。而这一"母国"却一直将自身看作是一个自由、宽容和种族一统的社会。吉尔罗伊(Paul Gilroy)将像英国这样一个老大帝国对自身权力衰退的病态性回应称为"后殖民主义忧郁症"(post-colonial melancholia),即对自己曾拥有之物变成烫手山芋的那种心有不甘的痛苦之情。[1] 这种情绪在如今的英国社会依然存在并发挥着深远的影响。

对这一问题的强调构成了本书前后两部分相互衔接和过渡的重要环节。"行凶抢劫"这一现象成为一个导火索,引爆了犯罪、社会管控、种族和城市等一系列问题。它加剧了人们对社区变化的焦虑,强化了将"英国性"(Britishness)等同于"白人属性"(whiteness)的观念,并使得许多遭到社会排斥的人确信自己悲惨处境的罪魁祸首不是贫困而是种族问题。其结果是由下而上地在社会底层激发了一种要求,即对维持社会秩序负有不可推卸责任的国家机构必须对这种情况做出政治反应。围绕"行凶抢劫"现象,我们已经经历了从犯罪和越轨到"控制文化"机制再到国家视角的转换,但很显然,如果不能把这一现象置于其所在的更广泛的社会、历史和政治语境中,我们就不可能完整并全面地理解它。我们必须沿着我们的研究已经打开的这条尚未完成的线索继续探索下去。

我们把这种扩展框架的分析过程称为"语境化"。但这种表达本身也有不足之处。马克思在《政治经济学批判大纲》(Grundrisse)中指出,"在思维中"把握"具体"的方法是增加更多的抽象规定:"具体之所以具体,因为它是许多规定的综合"。[2] 因此,语境化实际上不是只提供一些乏味的"背景信息",而是意味着必须将这些相互勾连的过程看作是一个时间之流中的真实社会运动过程,并能够识别出特定历史情境下不同抽象层次之间的联系。

那么,通过分析"行凶抢劫"这一现象及其社会反应,我们能够了解到何种与之相关的特定历史情势? 情势(conjuncture)是由葛兰西(Gramsci)[3]和

---

[1]　P. Gilroy,《帝国之后》(*After Empire*,London:Routledge,2004)。

[2]　K. Marx,《政治经济学批判大纲》(Harmondsworth:Penguin,1973),页101。译注:参见中译本《马克思恩格斯选集》(第2卷),北京:人民出版社,1972,页103。

[3]　Gramsci,《狱中札记》,前揭,页177—9。

阿尔都塞（Althusser）①提出的一个概念,指的是社会型构过程中的这样一个特定时刻:始终在社会中发挥作用的对抗和矛盾关系开始"'汇合'成为促使革命爆发的一个统一体"。② 情势分析需要一种特定历史分期类型,其基础是对相对稳定的时期和剧烈的斗争和社会动荡时期的区分,这些斗争和动荡很可能会导致一场更广泛意义上的社会危机。这一概念涉及矛盾的发展、危机的酝酿,以及解决办法。解决危机的办法可能会采取很多不同的形式:并不存在一个预先决定好的结果。历史进程很可能会继续发展或重获生机,或者这些方法会导致一场彻底的社会转型。在某些情况下,旷日持久的斗争可能会继续发展而得不到解决(即葛兰西所谓的"消极革命")。③ 情势没有固定的时间长度,但只要危机(以及潜伏在其背后的社会矛盾)仍然没有得到解决,那么,更多的危机就很可能会扩散到不同的社会领域。只要同一类斗争和解决这些问题的努力依然主导着一个特定的历史时期,那么就可以说同一历史情势依然没有结束。这就是本书标题中"危机"一词所要表达的含义。"对'行凶抢劫'的反应",我们在书中指出,"成为英国国家'文化霸权危机'的一个组成部分"(页215)。

在我们的分析中出现的第一个历史情势是在二战后随着工党上台而出现的福利国家/社会民主主义政治"解决方案"(settlement)或"历史性妥协"。其目的是要确保全面(男性人口)就业,通过凯恩斯主义政策来防止经济危机,对社会财富进行再分配,将曾被私营经济控制的"制高点"重新归于公共所有制的掌控之下,并建立了全国性的医疗和社会保障体系。这是在英国社会重新分配财富和权力的重要历史时期。

福利国家总是一种以妥协为基础的社会构成——公司利润和公共利益、私人的"富足"和集体社会供给都将社会向不同的方向拉扯。这样一个社会依赖于私人资本的不断增长,以便创造出可供国家再分配的财富。但是,福利国家再分配的影响力不容低估:实践证明这是现代社会最成功的和平的社会转型之一。正因为如此,反对福利国家政策的保守主义者将之看作是国家对资本、私人财产和"自由"个体的天赋权利的非法侵犯,同时也是将社会力量关系对比的天平向劳工和贫困阶层偏移的一次尝

---

① 　L. Althusser,《保卫马克思》(*For Marx*,Harmondsworth:Penguin,1969),页249。

② 　同前注,页99,强调为原文所加。译注:参见中译本《保卫马克思》,北京:商务印书馆,1984,页78。

③ 　Gramsci,《狱中札记》,前揭,页105—20。

试。他们决心扭转这一具有破坏性的政策方向，并破坏围绕这一政策建构起来的社会共识。有些人也许认为，在如今的政治体系中，依然存在这种势不两立的矛盾关系。

到了 20 世纪 60 年代，社会民主主义福利国家共识开始分崩离析。福利国家赖以维系的权威的共识方式难以为继。但随后而至的历史情势的本质又是什么？本书将此后的转型时期称为"合意的枯竭"。工党政府日益偏向于采取一种自上而下的、法团主义的、"国家利益"驱动的改良主义政策。威尔逊（Jim Wilson）①试图以"技术的白热化"为基础建构一个"社会联盟"，以促进资本和劳工关系的和谐化，从而化解社会矛盾；卡拉汉（Jim Callaghan）②则试图在政府和工会间达成新的"社会契约"（social contract）。但他们试图通过国家主导的收入政策来遏制"突发性"罢工和"协议外工资上扬"的努力并不成功。当时的经济实际上已经十分脆弱，但表面的"物质繁荣"和消费主义掩盖了这一事实。整体经济在生产效率和盈利率方面实际上面临着崩盘的危险。到 60 年代中期，首相不得不向国际货币基金组织求助，英镑随之贬值。

结果，整个社会结构开始在各个层面发生断裂。学生发起了大规模的抗议和占领行动；全球范围内则爆发了反越战的政治运动；反文化（counter-culture）所提供的替代性生活方式吸引着大批年轻人，使他们开始不再认同于"体制性的"主流身份；曾经稳定的社会范畴和道德信条也开始变得岌岌可危；享乐主义的、"放纵的"青年文化则引发了广泛的社会担忧；像全国观众和听众协会（National Viewer and Listeners Association）这样的组织开始表现出极大的道德指导热情；《Oz》杂志③因为所谓淫秽出版物的罪名而受到审判……总之，"1968 年"标志着一

---

①　译注：詹姆斯·哈罗德·威尔逊（1916—1995），英国工党政治家，分别在 1964 年至 1970 年、1974 年至 1976 年间担任英国首相。他是典型的专家技治论者，主张英国应投入到"科学与科技革命的白热"中，赶超技术变革的前沿，淘汰落后的产业模式。

②　译注：伦纳德·詹姆斯·卡拉汉（1912—2005），英国工党政治家，1976 年至 1979 年出任英国首相。为应对极度严重的经济滞涨问题，卡拉汉在 1972 年负责制定工党政策路线时提出了所谓"社会契约"的主张，以此为基础，工党与工会在 1973 年底达成一项协议，规定劳工的加薪幅度不得高于政府设定的上限。

③　译注：《Oz》是 20 世纪 60 年代先后在悉尼和伦敦出版的同名地下杂志，与当时西方国家的反文化和学生抗争运动紧密相关。澳大利亚版在 1963 年至 1969 年间发行，主要内容是针对当时的政治和社会议题发表讽刺性评论。英国版则在 1967 年至 1973 年间发行，具有强烈的迷幻嬉皮风格。由于其内容大胆激进，挑战了当时的主流社会意识形态秩序，两个版本杂志的主创人员分别在 1964 年、1971 年在澳大利亚和英国因"传播色情内容"遭到起诉。

个时代的转折点。从此,国家开始日益转向采取法律手段来控制危机:反对非法侵占的法律得到强化以应对日益升级的占领抗议行动;《劳资关系法》(Industrial Relations Act)的出台则着眼于解决紧张的劳资关系;针对北爱尔兰的"棘手问题",当局出台了《北爱紧急权力法》(Emergency Powers Act)和所谓"低烈度行动"(low-intensity operations)①策略;而爱尔兰共和军的轰炸行动则遭遇了"流血星期日"(Bloody Sunday)②式的回击。随之则出现了愤怒军旅(Angry Brigade)③,人们开始担忧遭遇绑架和恐怖主义袭击,公共服务部门的不断罢工直接导致政府实施了每周三日的商业供电政策(the three-day week)。④ 这样的局面使得希思(Edward Heath)首相⑤一度发出英国已经成为"无法治理"之国的感慨。

在种族关系方面,英国社会同样进入了多事之秋:鲍威尔(Enoch Powell)⑥的演讲发出了耸人的预言:黑人移民的涌入将导致"血流成河";黑人的出现被认为是对英国生活方式的威胁;对公民权重新进行界定和限制移民人口流动的相关立法也开始启动;受到美国反种族隔离、民权运动和"黑人权力"(black power)⑦的鼓舞,英国社会的黑人群体种族

---

① 译注:所谓低烈度行动,指介于大规模的战争与和平状态间的准战争状态下采取的适度军事行动,通常没有重型武器装备的介入。

② 译注:流血星期日事件,指 1972 年 1 月 30 日,在北爱尔兰第二大城市德里的博格赛德地区发生的英国士兵向正在游行抗议的无辜平民开枪,造成 14 人死亡、13 人受伤的严重流血事件。该事件成为北爱局势的一个重要转折点,大批爱尔兰民族主义者更倾向于以暴力恐怖主义手段对抗英国的统治,北爱尔兰地区陷入了统独两派之间长达二十年之久的军事冲突之中,导致数千人丧命。

③ 译注:愤怒军旅是 20 世纪 70 年代初在英国出现的一个激进的无政府主义组织,于1970 年至 1972 年制造了一系列恐怖主义爆炸袭击事件。

④ 译注:每周三日供电政策,是指 1970 年至 1974 年间由于矿工的罢工行动导致电力供应极度紧张,迫使英国保守党政府采取的一项限制商业机构电力使用的经济政策。根据该规定,除了涉及国计民生的核心行业,一般经济部门每周只能在特定的连续三天内消费电力资源,并严格禁止在这三天内延长工作时间。

⑤ 译注:爱德华·希思(1916—2005),英国政治家,1965 年至 1975 年出任保守党党魁,1970 年至 1974 年间担任英国首相。

⑥ 译注:以诺·鲍威尔(1912—1998),英国政治家和古典学者,1950 年至 1974 年出任保守党国会议员,1960 年至 1963 年担任卫生大臣。1968 年,他发表了著名的"血河"演说,极力反对来自其他英联邦国家的移民,引起极大争议。

⑦ 译注:"黑人权力"是在 20 世纪 60 至 70 年代美国黑人民权运动期间广泛流行的一个政治口号,亦成为一切主张黑人自决、宣扬黑人种族认同和自豪感的各类政治意识形态观点的象征。

意识开始抬头；一种具有反抗性的、受雷鬼乐(reggae)①启发的表达文化
开始出现,不断强化黑人的自我身份认同；在黑人青年中则盛行"拉斯塔
法里教"(Rasta)②和所谓"酷小子"(rude boy)③文化；同时,一场持久的大
众反种族主义抗争运动也开始出现,其目标是针对各类种族主义实践,特
别是警察动用"嫌疑犯法"(the 'sus' laws)随意搜查黑人青年的做法,以
及黑人"聚居区"内黑人生活方式和文化被警察管控和"有罪化"(crimi-
nalised)的方式。以及最终,整个社会陷入对"20世纪最大的一次犯罪浪
潮"的偏执性关注而不能自拔(页 270)。

　　1970 年至 1974 年间,社会管制的方式逐渐从社会共识转变为强制
手段,国家几乎是下意识地开始诉诸"法律"手段,一场全面的社会文化霸
权危机正在降临。国家不仅采取了各种具有威权色彩的治理手段,还在
舆论上"使普通大众感到整个国家已经失去了'方向感'"(页 315)。对各
种梦魇式景象的渲染进一步强化了这个过程:各种彼此本来毫无关联的
问题被整合起来,化身为一个庞大的、无所不包的、善变而又不可见的"敌
人"。大法官把"'一帮年轻无赖'对最高法院诉讼过程的干扰"、枪支使用
数量的增加、"一伙年轻人"的致命暴力行径、"'街头混混'在夜间"对警察
的"虐待、侮辱和挑衅"以及那些"挑战法律体系"的人都与法律和秩序的
问题联系了起来(页 269—70)。而鲍威尔则把罢工的教师、"'破坏'大学
并在城市制造'恐怖氛围'的学生"、"'现代形式'的暴徒的威力"、游行示
威、政府对南非板球巡回赛期间席卷赛场的反种族隔离运动的"屈服"、
"无秩序的胜利"、"让政府'颤抖'"的主张、"北爱尔兰文官政府受到的致
命打击",以及英国社会"不断积聚的'各种不同的'(比如种族的)'易燃性
物质'"等一系列问题统统归结为一个统一的形象:"敌人及其力量"(页

---

　　①　译注:广义的雷鬼乐是各类流行的牙买加舞蹈音乐的总称,狭义上的雷鬼乐则指 20 世
纪 60 年代起源于牙买加的一种特定音乐类型,它受到诸多非洲裔加勒比海人族群和牙买加民
间音乐类型,以及具有强烈非洲裔美国人族群风格的爵士乐和节奏布鲁斯(R&B)的影响。

　　②　译注:拉斯塔法里教是 20 世纪 30 年代起源于牙买加的一个黑人基督教宗教派别,该
教派的信徒相信 1930 年登基的埃塞俄比亚皇帝海尔·塞拉西一世是救世主耶稣或上帝自身的
第二次降临。拉斯塔法里思想对牙买加起源的雷鬼乐影响很大,并借助后者的流行对更广地区
的人群产生影响。

　　③　译注:Rude boy 是 20 世纪 60 年代起源于牙买加街头文化的一个俚语词汇。随着 20
世纪 70 年代以 2 Tone 等类型为代表的具有牙买加特色的斯卡曲风在英国的流行,以及后来斯
卡朋克乐(ska punk)的出现,这一词汇被用来指称那些追随此类音乐风格的粉丝群体,并逐渐与
英国街头青年亚文化发生紧密联系。

270—1)。

在本书中,我们把"从 20 世纪 60 年代末收紧控制到 70 年代以全面压迫性政策'谢幕'的转变过程"(页 256)称为进入"法律—秩序主导的社会",或简言之,"走向'超常国家'"(页 268)。这是"上层社会对'法律和秩序'主题的引导、对法律机器的强化……[以及]对英国社会'问题'的阴谋论式解读不断扩散共同作用的结果"(页 274)。在通过民意的赞同和共识无法维持原有局面的情况下,"诉诸法律和限制性的法律权力"(页 273)变为一种合情合理的做法。"这……使整个社会为国家的压制性权力的广泛施行做好了准备。它让国家常规化的社会控制成为一种正常的、自然的从而正确的和不可避免的事情。它使得'不断发起整治运动'……成为国家合法职责的一部分。"(页 273)

在本书的最后一部分,我们把焦点集中在行凶抢劫现象所唤起的核心形象或比喻修辞之一:黑人青年。在这场危机的高潮阶段,一位记者对美国和英国的黑人犯罪问题进行了比较,并提出这样的问题:"汉兹沃思会变成英国的哈莱姆(Harlem)[①]吗?"这个问题后来成为一个自证预言。[②]"行凶抢劫"(mugging)这个源自现代美国语境的词汇,带着种族、犯罪和暴力的内涵,于 1972 年第一次被用来描述现代英国社会的一种犯罪行为:"对警方来说,这是一种可怕的新犯罪类型"(页 7)。促使我们撰写本书的伯明翰袭击事件发生在 1973 年。

我们都很清楚这一黑人抢劫者形象在象征层面所具有的分量。但黑人群体的斗争和意识状态的结构性位置和政治形式究竟是怎样的?本书的最后一章试图探讨这一深层次问题。在这一章中,我们分析了工作和"无工作状态"(worklessness),以及犯罪和"诈骗"在一部分黑人群体中作为生存策略的重要性。我们也考察了作为一种象征性反抗手段的黑人文化表达形式的社会动员功能。我们还讨论了作为"无产阶级"中一个极端特殊组成部分的黑人移民群体的阶级地位的内部分化,以及再生产这

---

① 译注:哈莱姆是纽约曼哈顿北部的一个以黑人为主要人口的地区,在 20 世纪下半叶曾长期存在严重的失业和暴力犯罪问题。

② 译注:自证预言,又称"自我应验预言"、皮格马利翁效应,是由美国社会学家罗伯特·金·莫顿提出的一种社会心理学现象,是指人们先入为主的判断,无论其正确与否,都将或多或少影响到人们的行为,以至于这个判断最后真的实现。通俗来说,自证预言就是我们总会在不经意间使自己的预言成为现实。信念和行为之间的正反馈被认为是自我应验预言成真的主要原因。

种地位的相互关联的机制。此外,这一章还探讨了流氓无产阶级(lumpenproletariat)的问题,这一说法在当时颇为流行。最后,我们比较了从马克思主义视角出发理解黑人社会地位的两种不同观点:第一种把他们看作"储备劳动力",第二种观点则认为这一群体被迫同时进入"第一"世界和"第三"世界的剥削结构之中。这些分析方法如今已经被新的方法所替代。但启发了这些观点的视角并没有完全过时。

全书的内容到此就结束了,但书中所探讨的问题却没有终结。紧随70年代的危机之后,撒切尔(Thatcher)夫人的上台让整个世界为之震惊。她宣称:"根本不存在社会这样一个东西。""撒切尔主义"(Thatcherism)作为一种内部充满矛盾的威权主义和新自由主义意识形态,结合了强势国家和自由市场的双重力量,对社会有机体发起了猛烈的攻击。从此这一具有双重属性的意识形态模式就始终主导着英国社会和政治(无论是在保守党执政、工党执政或联合政府时期均是如此)。极少有人认为这是一个历史转折点。大多数人只不过把这看作是政治钟摆的又一次摆动而已。但对我们这些曾听过历史情势转折时发出的可怕声响、亲眼目睹危机降临,并了解这场危机的民粹主义基础及其长期文化霸权战略的人来说,我们所见的历史却是另一番风景。这使得我们有理由认为,总的来说,《管控危机》一书与许多杰出的社会学著作不同,因为它实际上准确预测了后来的历史进程。正因为如此,这本书依然值得今天的读者去阅读和思考。

对今天的读者来说,有这样几个问题值得考虑:在本书所述转折前后的两种历史情势之间是否有重要的不同之处?书中所分析的社会控制的基本形式今天是否依然存在?我们仍然处在走向"超常国家"的过程中吗?抑或此后出现的新自由主义/"市场国家"在其形态上了发生了根本性的变化?如果是这样的话,那如何理解自由市场和"威权民粹主义"趋势之间持续不断的摇摆?本书出版于1978年,因此它不可能回答这些问题。但如果此次再版能够激发大家提出新的问题,而不只是在老问题上原地踏步的话,那么,发行第二版将被证明是一个十分明智的决定。

SH,CC,TJ,JC 和 BR①

---

① 译注:均为本书作者名字的首字母缩写。

第一版导言

　　本书从讨论"行凶抢劫"（mugging）这个话题开始，但最终结论却与此相距甚远，细心的读者也许已经从本书的副标题和主标题之间的过渡看到了这一点。无论从何种意义上说，本书的主题都与一般读者所理解的"抢劫"无关。实际上，如果可能，我们很想抛弃"抢劫"这个词本身。估计这是本书唯一一条有实践意义的建议。这个概念带来了无法估量的危害，把错误的对象置于耸动的舆论关注之下，却将那些深层的原因掩盖起来和神秘化了。我们要特别呼吁政治家、法官、警察、犯罪统计学家、大众传媒以及我们社会的道德卫士们应当暂缓使用这个词。但不幸的是，我们无法仅仅通过禁止使用一个语言标签来化解其背后的社会矛盾。本书的目的是要深入这一标签背后去考察它所反映的充满矛盾冲突的社会背景。其目的不是要探讨为何某些个体会实施抢劫行为，也不会提出能够控制或减少这些罪行发生几率的实践举措。它不是个案研究，也不是实践指南，更不是义愤填膺的道德说教。当然，本书更不是沿着相反的思路带着一种"欣赏"的态度去证明"行凶抢劫"是多么令人兴奋和富有革命性的行为。关于这些主题的著作有待其他人去书写，虽然不是所有主题都值得大书特书。我们在此选择的起点有点不同，我们提出了一个与所有这些主题不同的概念框架，在"行凶抢劫"这个标签和英国社会之间建立起某种联系，从而以此为基础写出了读者眼前这本与众不同的著作。本书的写作方法与一般所谓"社会问题"著作不同。在那些著作中，作者作为调查者进入街头巷尾，带着不带任何预先判断的大脑，通过自己的观察寻求"经验事实"，并忠实地记录下那些在调查过程中不期而遇的"问题"。本书不属于此类。我们对这类价值无涉的著作是否真的能够说明社会问题深表怀疑，虽然以社会问题为噱头的这类著作已然是汗牛充栋了。

我们对"行凶抢劫"的关注,是把它视为一种社会现象,而非一种特定的街头犯罪形式。我们想搞清楚,"行凶抢劫"行为的社会原因究竟是什么。但我们认为,这只触及了这个问题的一半,甚至一半都不到。更重要的是,为什么英国社会在20世纪70年代初这样一个特定的历史情势(historical conjuncture)之下会以如此极端的方式对抢劫这一现象做出反应。如果说抢劫者是突然出现在英国的大街小巷的话——对此我们表示质疑,那么,同样符合事实的是,整个英国社会进入了一场针对"行凶抢劫"现象的恐慌之中。而这又与针对整个60年代"稳步增长的暴力犯罪率"的更大的"恐慌"是联系在一起的。但这两种恐慌实际上又都与犯罪本身之外的事情相关。整个社会将一般意义上的犯罪或特定意义上的"行凶抢劫"看作是社会秩序瓦解的征兆,是"英国生活方式"日益分崩离析的象征。所以,本书也与一个正滑入某种危机的社会有关。它试图考察被整合进"行凶抢劫"这一话题之下的种族、犯罪和青年这些主题为何以及如何成为这场危机的表达者(articulator)及其意识形态载体。同时,本书还试图探讨这些主题是如何作为一种机制发挥着建构一种威权共识的功能。这种共识是保守主义的激烈反击,即我们所称的走向一个"柔性的"法律—秩序社会的渐进过程。进一步而言,我们还提出如下问题:这种由对"行凶抢劫"的恐惧所推动的走向"规训社会"的潮流针对的究竟是什么样的社会矛盾呢?"法律—秩序"社会的意识形态是如何建构起来的?这种意识形态限制了什么样的社会力量,又使得哪些社会力量从中受益?国家在这一意识形态建构的过程中发挥了何种作用?这一过程调用了哪些真正的恐惧和焦虑情绪?在我们看来,这些问题正是我们所谓作为一种社会现象的"行凶抢劫"所蕴含的题中应有之义的一部分。也正因为如此,这一关于"行凶抢劫"的研究最终不可避免地把我们引向了对20世纪70年代英国社会普遍存在的"文化霸权危机"的探讨。这是本书立论的基础。那些对我们的论点逻辑提出不同意见的读者,应当以此为讨论的基础。

我们之所以如此对"行凶抢劫"一词的含义进行重新界定,与本书的缘起和成书过程紧密相关。在我们开始研究工作之前,我们对犯罪相关的学术领域并没有什么特别的关注。直到1973年,法庭对伯明翰汉兹沃思地区一起严重案件中三名不同种族背景的年轻男子做出十到二十年不等的判决时,这一问题才引起了我们的注意。在这起事件中,一位男子在从酒馆回家的路上经过一片荒地时,遭遇"行凶抢劫",财物被抢且被打成重伤。但在我们看来,这样的判决显得过于严厉,其必要性值得怀疑。同时,这样的判决似乎针对的是事件造成的后果,而非针对导致这起事件的原因,因此显得意义不大。同时,我们想要做一件法庭显然没能做到的事情:理解这起在我们内心激起复杂情感的事件。在我们内心,既有对判决结果的不满,对无辜受害者的痛惜,也有对命运发生重大改变的几位男孩的同情,以及对导致这一切结果的社会因素的困惑。从某种意义上说,这样一个思考的起点对我们很有帮助,因为一旦进入汉兹沃思案件中呈现出来的"行凶抢劫"议题,你几乎不可能把它仅仅看成是用来描绘大城市中某些经济落后地区穷孩子对倒霉的受害者所犯"罪行"的一个中立的词汇标签。汉兹沃思案件的判决结果是标志性的,因为这一判决显然是想要达成某种社会性的和具有威慑性的影响力;同时,这一判决还在缓解由这一事件导致的社会恐惧和紧张情绪。这一事件同时还涉及更广泛的社会要素,包括新闻媒体对事件的广泛报道,当地居民、专家和评论人士对事件的反应,与整个事件过程相伴的各种耸人听闻的预言,以及在"行凶抢劫"频发地区调动大批警力打击社会成员中的某些特定群体。所有这一切共同构成了"汉兹沃思抢劫"事件。一旦我们将"行凶抢劫"不再视为一个事实性要素,而是一种社会关系,即犯罪和对犯罪的反应之间的关系,那么,对"行凶抢劫"的传统理解方式就会分崩离析。一旦我们从不同的社会力量以及由此积累起来的矛盾冲突的角度(而不是简单地将其理解为对普通人的安全威胁)去理解这种关系,或者从这种关系所处的更为广阔的历史语境中(例如,从其所处的历史情势这一语境去理解,而非将其视为是日历上某一天发生的孤立事件)去理解它,那么,我们理解问题的视野将会发生巨大变化。犯罪的类型本身,以及社会对此做出反应的本质,都存在一个前史(pre-history)。同时,这一过程的发生不是孤立的,而是处在一系列复杂的社会生存条件(conditions of existence)之中。而所有的公共话语只是聚焦于孤立的事件本身,完全忽略了这些复杂的条件。无论是前史,还是社会条件,显然都与"犯罪现场"有一定的距离。几乎所有人都忽略了这些具有决定性意义的条件。犯罪行为本身被与其所处的社会根基相互割裂开来。显然,这一过程中存在某些阻止人们将这些生存条件视为现象的一个组成部分的要素。这其中就包括"行凶抢劫"这个标签,其目的是要把犯罪行为界定为一个简单透明的事实。常识意义上那种对现象理解的直接性不允许这些复杂因素的存在,它们必须被从现象中拆解掉,其结果是事件本身被与充满矛盾的社会力量割裂开来。这正是我们在本书中所采取的研究路径。通过这样的方法,我们试图通过本书的结构和论点为读者重构或追溯这一复杂的社会过程。这也正是我们从"行凶抢劫"开始,却以社会"控制危机"的方式作为本书结尾的原因。如果读者能够理解这一主线,那就不难理解本书的结构是如何推进的。

就本书最终呈现的结果来说,成书的过程耗费了过长的时间。部分原因在于在写作的同时,我们还有工作、教学和科研等其他任务缠身。同时,本书的研究、写作、讨论、修改和编辑也是一个集体合作的过程。在此,我们要感谢伯明翰文化研究中心(Center for Cultural Studies at Birmingham)为在批判社会研究领域推动协作式知识实践所做出的努力。本书也体现了集体合作的好处和不足。我们自知书中存在诸多问题,特别是我们提出的一些论断和观点尚需进一步完善。但这并不是集体合作导致的问题。即便书中存在诸多欠缺,但如果只有一位作者来完成全书的话,恐怕结果会更糟。

目前本书的研究过程暂告一段落,我们发现最后呈现出来的结果恐怕无法讨好任何人。我们的愿望是,即便不能讨好任何人,但只要有说服力就行,而这更为重要。法庭、警察和内政部肯定会觉得我们在书中夸大了他们的负面角色(客气的说法),却不可饶恕地对罪犯、煽动者和破坏分子持有"温和"立场。新闻媒体会说我们的研究结论存在偏见。学者们会觉得我们的著作不够平衡,过于坚持某种立场。在所有人中,自由主义者,那些积极致力于刑事改革或改善种族关系的善良的人们,可能会对本书最深恶痛绝,那也许是因为他们本来怀着积极的良好愿望翻开这本书,结果却大失所望。他们会发现书中平衡论述的缺乏令人忧虑,会觉得书中对改良主义政策的批评是粗暴的,充满宗派色彩,同时本书也没有提出什么具有操作意义的解决办法则是一种不负责任的行为。也许本书的绝大多数读者都会有这样的困惑:分析很好,但补救的办法、改革的实践举措在哪里?

就这一疑问而言,我们必须承认,我们在研究中发现的结果使我们更加坚定了自己的立场。将分析和行动分离开来,赋予永远遥遥无期的长期目标首要地位,而将"当下实际的和现实的情况"视为次要的,这一思维方式是一种广泛存在的致命陷阱。准确地说,这是一种"自由主义立场"陷阱。与这种典型的"英国"思维相反,我们决定对短期的情况采取一种非现实的立场,即不将其视为理所当然的现实情形,以此希望劝服某些人能够明白如何采取正确的举措来实现长远目标。所以，如果有人问我们："好吧，考虑到当前的情况，现在我们该怎么做？"，我们的回答将是："针对'当前的情况'做点什么。"王尔德（Oscar Wilde）曾经说过，令人愤怒的是，当唯一的办法就是废除导致贫困的社会状况时，改革家却还在浪费时间讨论如何减轻穷人的悲惨遭遇，或者如何帮助穷人以更多的尊严去承受他们的命运。

　　问题是这些使穷人处于贫困状态（或使犯罪分子铤而走险）的"当前的情况"，同样也是使富人富有（或使遵纪守法者相信只要针对犯罪分子的惩罚足够严厉，犯罪的社会原因就会消失）的社会条件。在英国社会，存在一种根深蒂固的观点，认为可以将个人层面的后果从导致这些后果的充满矛盾的社会结构中分离出来。所以，"实际的补救办法"涉及采取立场，与矛盾做斗争。许多人很了解这一残酷事实，还有许多人已经投身于改变导致本书所分析的社会后果的结构和条件，对他们而言，本书也许会令人失望。我们没能沿着这一思路进一步深入论述自己的观点，对此我们深表遗憾。但我们希望，书中所写的内容也许会有助于启发、深化和巩固他们的斗争实践。我们希望他们能够以我们写作时所采取的方式那样去看待这本书：将其视为一种对现实的干预，虽然这只是在思想战场上的一场斗争。

第一部分

第一章 "道德恐慌"的社会史

行凶抢劫：一个外来词的入侵

1972 年 8 月 15 日，一位名叫希尔斯（Arthur Hills）的年老鳏夫，在从剧院回家的路上途经滑铁卢（Waterloo）车站时被人捅死。犯罪分子的动机显然是抢劫。由于事发夜间，次日早晨的报纸没来得及报道此事。但 8 月 17 日，全国性报纸对此进行了报道。媒体借用一位警官的话将此事描述为"搞砸了的行凶抢劫事件"。从此，mugging（行凶抢劫）这一本来几乎只在美国才使用，或在英国语境下只用来表示一般性犯罪率增长的单词，被与一个特定的个案相联系起来，并进入了犯罪新闻记者的词汇库。一些记者似乎甚至认为这个"新"词的出现标志着新一轮犯罪浪潮的来临。8 月 17 日发行的《每日镜报》（*Daily Mirror*）的头条新闻集中体现了这个看法："随着暴力犯罪的升级，一个美国英语的常用词汇开始出现在英国媒体的新闻标题中：行凶抢劫。对警方来说，这是一种棘手的新犯罪类型。"

《每日镜报》的报道随后详细解释了这一主题。它详细描述了这次事件，定义了 mugging 这个词的意思，并提供了统计信息来证明"行凶抢劫"和暴力犯罪正在恶化。由于事发现场没有旁观者，所以记者的报道显然只能是对事件过程的想象性重构。该报指出，希尔斯先生遭到三位 20 岁出头的年轻人的攻击。他们试图抢劫他，希尔斯随后做出反抗，在双方厮打的过程中，他被人用刀子捅了。关于行凶抢劫这个词的定义，该报评论道，这个词出自美国英语，比如像"攻击那个蠢货（mug），容易得手"这样的表达。该报进一步指出，美国警察"对此类犯罪行为的描述是：犯罪分子会用手臂紧紧勒住攻击对象的头或脖子,使用武器或徒手进行抢劫"。随后,该报进一步提供了相关统计数据:(1)美国发生的行凶抢劫犯罪事件在十年间增加了229%;而且,(2)过去三年间,据报在伦敦地铁里发生了大约150起此类行凶抢劫事件。《每日镜报》认为,这些数据说明,"行凶抢劫行为正逐渐进入英国"。

那么,"行凶抢劫"究竟是不是一种新的犯罪类型呢? 这个问题看似简单,其实不然。在希尔斯被袭事件发生几个星期之后,王室法律顾问布隆-库珀(Louis Blom-Cooper)在1972年10月20日出版的《泰晤士报》(The Times)上发表了这样的观点:"其实没什么好觉得新奇的,mugging 这个词除了没有被收录进牛津英语词典之外,其本身并不是一个新现象。一百多年前的伦敦街头也同样出现过大量带有暴力色彩的抢劫行为。当时这种行为被贴上了'勒杀抢劫'(garrotting)的标签,意思是抢劫分子会卡住受害者的脖子或直接将其勒死。"(mugging 和 garrotting 的不同之处仅仅在于前者会用到攻击性武器。)布隆-库珀对行凶抢劫行为的传统本质的强调似乎是正确的。不过他以是否使用攻击性武器为标准来区分两者,却与美国警察对 mugging 一词的定义相矛盾。根据美国警方的说法,行凶抢劫可以使用武器,也可以不使用。相比之下,更重要的问题是美国人对"mugging"的定义与英国的"garrotting"之间有什么共同之处:两者都涉及"掐住"和"勒脖子"的行为,以及"用手臂紧紧挤压对方头部或喉咙的攻击手法"。为了明确定义"mugging"一词的含义,英国媒体借鉴了美国的情况,但前述两个词的相似之处却表明,当美国人首次对"mugging"进行定义的时候,他们实际上参考了英国曾经发生的情况。

事实上,如果深入观察历史上曾经发生的类似现象,我们就会愈发觉得早前出现的一些犯罪行为与行凶抢劫之间有着惊人的相似之处。街头犯罪显然是整个19世纪一般城市犯罪现象中一个很常见的组成部分。有钱的旅行者在经过夜幕下人迹稀少的伦敦街头时,经常会发现他们的行李被手段精明的"人力车夫"偷走了。独来独往的外地人可能会遭到拦路贼的突然攻击和抢劫。有时候,街头拉客妓女作为盗贼的同谋,将受害者引诱进骗局。切斯尼(Chesney)提醒我们注意,"抢劫者们"暴力抢劫的各种形式曾被冠以不同的名称,比如"入室抢劫"(propping),或"以棍棒威胁抢劫"(swinging the stick)。19世纪50年代,曼彻斯特(Manchester)和伦敦都曾出现过"勒杀抢劫",而1862至

1963 年间在伦敦爆发的著名"勒杀抢劫"事件则引发了大规模的社会反弹。[①] 即便如此,"勒杀抢劫"也不是什么新现象:"以勒住受害者脖子行凶的抢劫犯切基·比尔(Chokee Bill)实际上早就成了一个广为人知的黑社会人物形象"。但在 1862 年夏天发生的一系列"勒杀抢劫"事件中,行凶者的作案手法极度大胆和残忍,结果被认为是一种全新的犯罪类型。与"行凶抢劫"相比,最关键的不是"勒杀抢劫"事件突然涌现这一事实,而是公众反应的本质和特征。1863 年,《谷山杂志》(Cornhill Magazine)评论道:"现如今,无论是白天还是夜晚,伦敦的街头再次陷入危险之中。公众的担忧几乎已经变成了一种恐慌。"这些话可以一字不改,直接照搬过来描述 1972 年的情况。紧接着伦敦的暴力抢劫事件之后,兰开夏郡(Lancashire)、约克郡(Yorkshire)、诺丁汉(Nottingham)、切斯特(Chester)等地均传来发生此类事件的报告:"潜伏在阴暗墙角、快步尾随荒凉小径上的行人的勒杀抢劫犯,已经在全国范围内成为一个让人谈之色变的形象……那些形象粗鄙,但实则没有不良企图的人,经常受到指责……被怀疑可能就是那些勒杀抢劫犯。"在这种情况下,"谨防上当受骗已经成为一项人人有责的社会义务"。各种反勒杀抢劫的协会组织开始大量出现。大规模的反制措施也开始付诸实施。1863 年遭受绞刑的人"比自从血腥法典(bloody code)[②]终结以来任何一个年份被绞死的人"都要多。这一年 7 月,随着这场运动的势头稍微有所回落,当局又颁布了《勒杀抢劫法案》(Garrotting Act),为鞭笞罪犯提供了法律依据。其中一些惩戒手段的实施方式非常残酷。最终,勒杀抢劫的风潮逐渐销声匿迹了,就像它的突然出现一样让人觉得不可思议。虽然惩罚手段的极度残忍也许与这些罪行的消失多少有些关系,但切斯尼却认为是否真的如此"还是个未知数……勒杀抢劫恐慌的真正意义在于它激发了公众的兴奋度和对这一公共议题的关注,从而使得公众更倾向于认为需要在全国范围内采取高效率的法律措施(因此也就对相关的经费开支持赞同态度),由此加速改善公共秩序的

---

　　① K. Chesney,《维多利亚时代的地下世界》(The Victorian Underworld, Harmondsworth: Penguin,1969)。

　　② 译注:血腥法典是对 18 世纪到 19 世纪初的英国法律及刑罚系统的总称,这一时期的英国法律大量使用死刑等残酷刑罚,即便很多轻微犯罪者也往往被判处死刑。1688 年有 50 项死刑罪名,这一数字到 18 世纪末翻了四倍多,高达 220 项。19 世纪后,严酷的司法系统开始逐渐松动,大量原本可能被判死刑的囚犯改为流放到澳大利亚等英国殖民地。

状况"。①

　　在"行凶抢劫"这个标签牢牢抓住大众和官方的想象之前,警方似乎已经注意到了被冠以各种标签的此类犯罪行为的传统本质。伦敦警察厅总监(Metropolitan Police Commissioner)在其 1964 年的《年度报告》中,针对"抢劫或带有抢劫意图的骚扰"增长了 30% 的问题,明确指出了这样的事实:"早在骑马或徒步的拦路劫匪横行之前,伦敦就已经是并且一直是一个抢劫犯罪高发的地方。"那么,1964 年抢劫犯罪的增加与 19 世纪 60 年代的"勒杀抢劫"和 20 世纪 70 年代的"行凶抢劫"是一回事(或不是一回事)吗? 在英国,法律上对"抢劫"和"从他人身上盗窃"是有区分的:这种区分的事实依据是,在抢劫过程中,受害者是在与抢劫犯面对面的情况下,受到后者的暴力或暴力威胁而被剥夺了个人财物。在 1968 年的《盗窃法案》(*Theft Act*)实施之前,"从他人身上盗窃"则被定义为"小偷小摸的行为"或"从他人购物车偷取东西",这种情况涉及鬼鬼祟祟的秘密窃取手段,但不会出现暴力或威胁。即便是在《盗窃法案》颁行之后,盗窃罪的类型被重新划分,但抢劫依然是一个单独的犯罪类型,一种涉及使用或威胁使用暴力剥夺他人财物的"严重"犯罪行为。② 虽然在"行凶抢劫"恐慌最严重的时期,警方似乎完全忘记了历史上曾经发生过的类似事件,但依然值得我们注意的是,"行凶抢劫"始终没有在法律上成为一个独立的犯罪类型(虽然伦敦警察总监在 1972 年的《年度报告》中重构了 1968 年以来"行凶抢劫"发生率的统计数据)。在要求警方负责人搜集"行凶抢劫"发生率相关的数据时,为了澄清相关问题(同时这也是策略性地承认了相关情况的模棱两可之处),内务大臣的确是对"行凶抢劫"这个概念给出了自己的定义。③ 但这个说法始终没有获得适当的法律地位。"行凶抢劫"案件实际上总是以普通"抢劫罪"或"意图抢劫的人身侵犯",或其他类似的常规罪名起诉的。

　　不过,我们应当记住,虽然在伦敦警察总监起草他的 1964 年《年度报

　　① K. Chesney,《维多利亚时代的地下世界》,前揭,页 162—5;同时参见 J. J. Tobias,《19 世纪的犯罪与工业社会》(*Crime and Industrial Society in the Nineteenth Century*,London:Batsford,1967),页 139—40。

　　② 参见 F. H. McClintock 和 E. Gibson,《伦敦的抢劫问题》(*Robbery in London*,London:Macmillan,1961),页 1;J. W. C. Turner,《肯尼刑法大纲》(第 17 版)(*Kenny's Outline of Criminal Law* 17ᵗʰ edn,Cambridge University Press,1958),页 291—2。

　　③ 《泰晤士报》,1972 年 11 月 1 日。

告》时,还没有"行凶抢劫"这个方便的标签可供使用,但一定有某种不同寻常的事物引起了他对这个犯罪领域的注意,并促使他对这种犯罪类型的历史先例发表了议论。让这位总监感到不安的事实是,许多青年人在这一年受到此类抢劫行为的吸引,而究竟有多少这样的年轻人却"无记录可循",这意味着警方对相关情况完全一无所知。而且,这位总监认为,这种趋势还伴随着不断增长的诉诸暴力的倾向。但他手头的统计数据尚不足以证明这个事实,这让他困惑不已。正是这些年轻的麻烦制造者与犯罪行为的伴生现象引起了他的关注。

1972 年,内政大臣卡尔(Robert Carr)就"行凶抢劫"的新浪潮向警方负责人索取更多统计信息时,一位来自南安普顿县的高级警官在他的回复中再次指出了这一犯罪类型的传统本质,虽然此时它已经获得了一个新的名称。他说他发现"与水手被'抢'之类传统的犯罪行为相比,实在是看不出来行凶抢劫有什么不同之处"。[1] 有意思的是,在全英国获得最广泛报道的"行凶抢劫"案件(即涉及三个男孩的 1973 年 3 月汉兹沃思事件)中,肇事者备受指责的行为动机,被说成是要"抢劫"(roll)那位喝醉的受害人,而不是"行凶抢劫"(mug)。[2] 随着公众对"行凶抢劫"的恐慌逐渐升级,新闻界发现了这个说法的新奇性,并逐渐开始重新挖掘此类行为的历史先例。针对汉兹沃思事件,1973 年 3 月 20 日《每日邮报》(*Daily Mail*)的社论完全将这一犯罪行为从当时特殊的历史语境中脱离出来,将其视为一种自古就有的自然现象:"这是一种跟罪恶本身一样古老的罪行。"

实际上,除了"行凶抢劫"这个词语标签之外,我们实在无法从中发现任何具有新意的东西。对我们来说,这一点具有十分重要的意义。让我们把希尔斯先生遭遇的"行凶抢劫"事件与以下案例做一个对比。一位保守党下院议员在海德公园遭到四个年轻人的袭击,其脸部和肋骨被踢。袭击者最后带着九英镑现金和一块金表逃之夭夭。那么,这位下院议员是否遭遇了"行凶抢劫"呢?但实际上,根本没人使用过"行凶抢劫"这个词来描述整个事件。1968 年 12 月 12 日的《每日镜报》报道了此事。让我们再看看第二个例子。在关于希尔斯先生被杀事件的报道中,《每日电讯报》(*Daily Telegraph*)将该案描述为"搞砸了的行凶

---

① 《星期日电讯报》,1972 年 11 月 5 日。

② 《每日快报》,1973 年 3 月 20 日。

抢劫事件",并把它与四年前两名 20 岁出头的无业男子在街头射杀肖(Shaw)先生的事件进行了直接对比。行凶者说,他们之所以选择肖先生,是因为他"穿着体面",相比之下,他们自己却"处境贫困"。① 当时这些男子用来威胁肖先生的手枪不小心走了火。虽然检方最终采信了杀人的结果并不是有意为之的主张,但法官还是分别判决开枪杀人者及其同伙无期徒刑和 12 年有期徒刑。除了使用的武器不同,肖事件和希尔斯事件完全一模一样:很不专业的抢劫过程,最后都搞砸了,都导致了意想不到的致命后果。然而,肖事件却没有被称为"行凶抢劫"事件。实际上,当时此类犯罪行为还没有被视为一种"全新的犯罪类型"。也许正是《每日电讯报》将其重新激活并拿来与希尔斯事件进行对比时,它才最终变成了一种"全新的犯罪类型"? 也许是 1973 年伦敦警方为卡尔先生提供 1968 年以来"行凶抢劫"的相关数据时,肖事件被计入了"上升的行凶抢劫统计数据"之中? 那么,是不是肖事件在 1972 年可以算作"行凶抢劫"案件,而在 1969 年则不是? 而《卫报》(Guardian)1969年的报道在引述两位运气不佳的抢劫犯的话时,则说他们的目的是要"抢劫"(roll)肖先生,结果使问题变得更加复杂。

　　我们现有的材料说明,虽然在 1972 年 8 月,"行凶抢劫"作为一个在英国语境下被使用的标签是一个相对较新的现象,但人们用它来描述的罪犯类型却不是什么新事物。这些事件发生的概率在不同的时期是不同的,有时候增加了,有时候则不然(稍后我们将分析相关的统计资料)。犯罪行为的具体内容也可能发生了变化,但我们完全找不到任何可以证明这是一种"全新的犯罪类型"的证据。显然新闻媒体对强调此类事件的"新奇性"抱有兴趣。同时,这一词汇的用法与美国社会的情况联系起来,也无疑促使人们相信某种前所未有的事物正越过大西洋进入英国社会。也许这完全是一个巧合:那位将希尔斯案称为"搞砸了的行凶抢劫事件"的警察也许刚从美国考察回国不久。我们必须意识到这一点,毕竟,偶然性在历史演变的过程中发挥着一定的作用。但是,我们后续的分析将表明,关于"行凶抢劫"恐慌的诸多事实,与 1862 年的"勒杀抢劫"以及其他许多关于犯罪和"危险阶级"的"巨大恐惧"一样,都不是纯粹偶然发生的现象,其意义要远远超出偶然性的结果。

_____

① 　参见当时关于这一犯罪事件的报道;《卫报》,1969 年 4 月 17 日、19 日、23 日。

编年史

在 1972 年 8 月到 1973 年 8 月底的 13 个月时间内,"行凶抢劫"这个话题获得了媒体各种形式的广泛报道,包括犯罪新闻报道、特写、社论,以及来自警方、法官、内政部、政治家和其他各种重要的公共事务发言人的声明。在详细分析媒体报道之前,我们打算勾勒出大众对这种犯罪行为的关注在这 13 个月的时间内是如何变化的一个大致轮廓。

希尔斯先生被害事件在 1972 年 8 月被媒体冠之以"搞砸了的行凶抢劫事件"的标签,此后媒体报道出现了一阵短暂的平静。但这一风暴来临前的平静很快被 9 月底、10 月和 11 月初大规模的媒体报道所打破。这段时期不仅是 1972 年,同时也是整个这 13 个月期间媒体报道的一个顶峰。对"惩戒性"刑罚的使用,不仅催生了大量新闻报道,同时也成为多数媒体评论的对象。那些被控使用一定程度的暴力实施抢劫行为(并不总是被称为"行凶抢劫")的年轻人,无一例外受到了"具有威慑作用的"判决。三年有期徒刑成为一种"标准",即便对少年犯罪者也是如此。那些传统的少年犯行为矫正机构(例如,感化院和拘留所)不再被视为是有效的惩戒手段。对这些严厉刑罚(许多法官承认这是史无前例的)的最常见的合理化辩护,通常是以"公众利益""保护街头安全"的名义进行,或者更简单地说,这样做是为了"震慑"。与保障公共安全相比,对犯罪行为的纠正成为一个相对次要的问题。

简言之,整个司法制度向"行凶抢劫者"发起了一场"战争"。媒体评论很快跟上了战斗的步伐。多数评论关注了"惩戒性"刑罚的公正性问题。通常这会进一步涉及在总体上对刑罚政策的检讨,影响到这些政策的诸种考量因素(震慑、惩罚、公共安全以及犯罪行为纠正)以各种方式被相互联系起来,最终得出的结论也以不同程度的修辞技巧和微妙表达为支撑。在分析的最后结论中,所有的媒体评论都偏向于支持法官的立场。这些评论还使用了统计数据来论证司法系统和编辑的立场。由于被视为是暴力犯罪,尤其是行凶抢劫事件上升趋势的表现,这一时期关于犯罪统计数据的报道几乎都成了媒体的新闻头条。

此外,这一时期还出现了一些专题文章,作者或是媒体自己的记者,或是自由写作者。这些文章的目的通常是要提供相关的背景信息,例如,

"一个行凶抢劫者的形成",或者"他们为什么要行凶抢劫"。① 这些文章以丰富的事实材料为基础,为读者提供了大量的事实信息。但除了两个值得注意的例外②(均未出现在全国性日报上),它们所提供的解释很难令人信服。还有一个例外是王室法律顾问布隆-库珀先生的一篇专文(前文已引),此文从一个不同的角度切入问题,对司法系统的严酷反应提出异议,可谓是孤独的"旷野之音"。③

　　紧随司法系统之后,警方和政治家也开始行动起来。伦敦警方发起了一场"清理整顿皇家公园"运动,目的是要把吸毒者、妓女和行凶抢劫者从伦敦的公园里赶出去。④ 地方市政当局紧随其后,建立了"快速响应的反行凶抢劫巡逻队,配有交通工具、无线步话机,有时候还配备警犬",以此取代原来的公园管理人员。⑤ 警方还设立了特别警队来"打击"行凶抢劫犯罪;伦敦地下车站的巡逻次数也增加了。⑥

　　早在 1972 年 10 月 22 日,《星期日镜报》(Sunday Mirror)就预测,英国即将赢得这场针对行凶抢劫者的"战争"。但这种乐观预测并没有带来任何放松的迹象。四天后,刚上任的警察总督察就誓言要尽一切力量彻底消灭"行凶抢劫"和其他暴力犯罪行为;他表示,解决"行凶抢劫"问题是他的"当务之急"。⑦ 据媒体报道,六天后,内政大臣要求英格兰和威尔士的所有警察局长向他汇报最近行凶抢劫事件的详细情况。他对行凶抢劫的定义——"两人或两人以上的年轻人犯罪团伙对公共场所的孤立行人实施的抢劫行为"——也在这时公之于众。⑧ 这个定义立即引发了一些质疑:像"年轻人"和"公共场所"这些说法的意思至少是含混不清的,而"犯罪团伙"的说法则似乎把单独一人行凶的抢劫者排除在外了。

　　爱丁堡公爵(The Duke of Edinburgh)在对皇家全科医学院(Royal

---

① 《星期日泰晤士报》和《星期日电讯报》,1972 年 11 月 5 日。

② S. Ross,《一场行凶抢劫的游戏》(A Mug's Game),见 New Society,1972 年 10 月 5 日;C. McGlashan,《一个行凶抢劫者的形成》(The Making of a Mugger),见《新政治家》(New Statesman),1972 年 10 月 13 日。

③ 《泰晤士报》,1972 年 10 月 20 日。

④ 《伦敦新闻晚报》,1972 年 10 月 7 日。

⑤ 《星期日镜报》,1972 年 10 月 15 日。

⑥ 《卫报》,1972 年 11 月 3 日。

⑦ 《每日邮报》,1972 年 10 月 26 日。

⑧ 《泰晤士报》,1972 年 11 月 1 日。

College of General Practitioners)的师生发表演讲时,把"行凶抢劫"说成是社会共同体的病患,必须找到医治的办法。[1] 在这一年剩下的时间里,媒体关于"行凶抢劫"的报道数量显著下降。但在法庭审判中,三年有期徒刑的判决依然是一个标准做法。媒体偶尔发表一些关于各种反行凶抢劫举措如何有效的报道。[2] 不过这一时期影响最大的一篇文章可能是《每日镜报》发布的一次民意调查的结果(1972 年 11 月 10 日)。结果显示,有 90%的受访者认为应该采取更严厉的惩戒措施,另有 70%的人认为政府应该更进一步认识到问题的紧迫性。这说明行凶抢劫问题已经触及到了公众意识的敏感神经。不过,虽然公众的反应十分激烈,但实际上他们所要求的做法早已付诸实施了。

1973 年 1 月,媒体报道的数量虽然比此前的 12 月份要多一些,但并没有显著增加。内政大臣在一份发给下议院的书面答复中指出,针对行凶抢劫的"战争"形势"并没有进一步恶化",相反很可能"在某些方面已经出现了好转的迹象"。[3] 他的立场是谨慎乐观。但到了 3 月份,诸如"伦敦行凶抢劫事件四年来增加了 129%"这样的表达出现在许多全国性报纸的头条新闻中,[4]从而动摇了此前的那种乐观情绪。根据一些黑人社群领袖的说法,那些被怀疑可能是"行凶抢劫分子"的黑人青年受到了警方特别小分队的骚扰和恐吓。[5] 然后就发生了那件让卡尔先生的乐观判断彻底化为泡影的事件:1973 年 3 月 19 日,涉事的三位汉兹沃思的年轻人中,一人被判 20 年监禁,另两人被判十年有期徒刑。此事激起了关于"威慑性"刑罚的争论,相关专题文章也再次出现在媒体上;但此时媒体所使用的参照语汇已经多少发生了一些变化。伦敦地下车站的安保力量也进一步得到强化。[6] 4 月,关于伦敦行凶抢劫事件的相关统计数据被重新挖掘出来,媒体的新闻头条也变成了"伦敦一天内发生四起行凶抢劫事件"或"伦敦行凶抢劫——警方要求'立刻行动'"。[7] 5 月召开的高龄养老金领取者会议(The Old Aged Pensioners' Conference)通过了一项决议,

---

① 《泰晤士报》,1972 年 11 月 2 日。

② 例如,《每日邮报》,1972 年 12 月 7 日。

③ 《每日镜报》,1973 年 1 月 25 日。

④ 《卫报》,1973 年 3 月 8 日。

⑤ 《泰晤士报》,1973 年 3 月 12 日。

⑥ 《伦敦标准晚报》(*Evening Standard*),1973 年 3 月 30 日。

⑦ 《每日电讯报》,1973 年 4 月 17 日;《伦敦标准晚报》,1973 年 4 月 16 日。

敦促当局采取更严厉的措施来对付流氓分子。结果,卡尔先生只能被迫改变此前的乐观立场,并向各地警方负责人发出了一条特别指示,要求"升级"针对青少年行凶抢劫者的打击行动。①

五天后,据报旺兹沃思(Wandsworth)警方已经扭转了针对行凶抢劫者的斗争形势:显然,该地警方的"反行凶抢劫便衣警队"正在赢得这场战争。② 然而,根据报道,四天后,也就是 5 月 15 日,当时的伦敦警察总监罗伯特·马克爵士(Sir Robert Mark)却"要求调动一切可用警力,全力打击犯罪行为——特别是行凶抢劫"。③ 显然,伦敦地区的形势并没有向让罗伯特爵士感到满意的方向发生变化。5 月 23 日,也就是大约 17 天后,报道显示卡尔先生再次表现出"乐观情绪"。他在保守党女性党员会议(Conservative Women's Conference)上向 1200 名女性参会者表示,英国警方正在"赢得"这场斗争。④ 尽管反行凶抢劫的斗争形势存在"波折",但作为新闻主题的"行凶抢劫"开始逐渐淡出了媒体关注的焦点。7 月和 8 月仅有一篇关于这一话题的报道。随着媒体关注度的显著下降,关于这场斗争的争论似乎也有了结论:警方大获全胜。7 月 29 日,首相表示为国家所取得的进步而深感自豪,行凶抢劫以及一般犯罪事件的减少被视为是"进步"的标志。⑤ 到了 1973 年 10 月 1 日,诈骗取代了"行凶抢劫"成为"头号公敌":英国社会"最令人头疼的犯罪行为"。⑥ 至此,"行凶抢劫"的风潮暂告一段落。

行凶抢劫现象充满了如此多的起起伏伏。而导致这些起伏变化的主要关切是关于这一时期暴力犯罪,特别是"行凶抢劫"大量增加的担忧。另外还存在两个不太显著,但在某些特定时期的确发挥过作用的观念:一是认为犯罪分子日益猖獗,而法庭却变得日益"软弱";另一个观念(基本上是基于"软弱"刑罚的推论)则认为,只有"更严厉的手段"才是解决问题的唯一办法。以此为基础,可以得出一个以等式形式表达的结论:暴力犯罪的快速增加加上"软弱的"刑罚政策,意味着需要回归传统的"严厉"(或威慑性的)措施。我们将在下文中进一步分析这个"增长的犯罪率"等式

---

① 《每日邮报》,1973 年 5 月 4 日;《星期日镜报》,1973 年 5 月 6 日。

② 《伦敦标准晚报》,1973 年 5 月 11 日。

③ 《每日邮报》。

④ 《每日镜报》,1973 年 5 月 23 日。

⑤ 《观察家报》(*Observer*),1973 年 7 月 29 日。

⑥ 《每日镜报》。

中的各个构成要素。

"犯罪上升率"公式

实际上,这也可以说是一个"关切公式",而"行凶抢劫"问题则是这个公式中的重要一环。它以一系列相互关联的论断为基础:暴力犯罪率正在上升,这股潮流是司法体系"对犯罪采取软弱态度"造成的(从更广泛的角度说,这是全国范围内存在的"放任自流的宽容"态度导致的结果);解决问题的唯一办法,就是回到以前的"严厉"政策,从而对那些可能具有犯罪倾向的人产生震慑效果。下面我们将对这些论断涉及的每个要素进行分析,但在此之前,我们首先要谈一下我们对统计数据的一些保留意见。

统计数据——无论是犯罪率统计还是民意调查——都具有意识形态功能:表面看来,它们可以将那些流动的和有争议的观点建立在无可辩驳的量化事实的基础上。无论是媒体,还是公众,都对"事实"充满敬意——铁的事实。除非你比较的是两组数据间的百分比差异,否则没有什么单纯的事实可以比量化数据更有"说服力"。不过,就犯罪统计数据而言,我们完全可以想象,这些数据其实并不是能够准确说明犯罪真实情况或具有重要价值的指标。长久以来,即便使用这些数据的警方也承认这一点。之所以如此,原因并不难理解:(1)犯罪统计仅包括报告了的犯罪情况:它们无法确定"潜在的犯罪"数量;(2)不同地区核对数据的方式不同;(3)警方会特别关注某些特定犯罪行为,并动员力量打击这些选定的"目标",这会同时增加警方发现的和公众报告的犯罪数量;(4)公众对某些特定的"突出的"犯罪行为的焦虑也会导致"较高的犯罪报告数量";(5)犯罪统计是以法律所定义的犯罪类型(而非社会学意义上的犯罪标准)为基础的,因此是较为武断的。虽然官方的珀克斯委员会(Perks Committee)[①]已经就此提出了一些评议意见,剑桥犯罪学研究所(Cambridge Institute of Criminology)[②]的研究者们也努力提供更多有意义的衡量指标,但这些努力都没有改变现有法律体系的武断本质;(6)法律的变化(例如 1968 年的

---

① 《犯罪统计数据部门委员会报告》(*Report of the Departmental Committee on Criminal Statistics* [Perks Committee] Cmnd 3448, London: H. M. S. O., 1967)。

② 例如,F. H. McClintock 和 E. Gibson,《伦敦的抢劫问题》,前揭;F. H. McClintock 编,《暴力犯罪》(*Crimes of Violence*, London: Macmillan, 1963)。

《盗窃法案》)会使得不同时期的严格比较变得十分困难。①

　　总的来说，我们应当记住，最关键的是这些犯罪统计数据是如何被（警方）解读的，以及这些解读又是如何被（媒体）报道的。无论前面所引用的数据准确与否，它们的作用都是证明的确存在一股行凶抢劫的犯罪浪潮，进而为公众的反应辩护。托马斯（W. I. Thomas）曾评论道："那些人们信以为真的东西，其真实性主要体现在它们所带来的后果中。"②因此，就其所引发的官方和公众反应而言，关于行凶抢劫的统计数据的确引发了实实在在的社会后果。所以，在质疑其现实基础之前，我们需要"客观如实地"看待这些数据，似乎它们就是准确无误的。不过，我们要重申，之所以在统计数据问题上如此兜圈，目的是要说明1972年发生的第一次"行凶抢劫恐慌"的统计学基础。因此，我们在这里只讨论截至1972年和1973年间的统计数据。对那之后的情况感兴趣的读者，可以在本节的最后部分，看到我们对此所做的简要梳理。

　　我们在观察统计数据及其所反映的趋势时，发现了一些有趣的事实。首先，我们发现，作为整体的犯罪，在本世纪的大多数时候，呈现出逐年上升的趋势（虽然幅度并不是整齐划一的）：实际上，自从1915年以来就是如此（只有1949年到1954年间出现了净下滑的情况）。总体来看，1955年至1965年是犯罪增长率最快的时期，平均年犯罪增长率大约10%。③ 从1966年到1972年这七年间，平均年犯罪增长率实际上是下降了，大约维持在5%的水平。④ 因此，从统计学意义上说，到1972年时，犯罪增长最快的时期已经过去了。实际上，当时我们正处于一个比较复杂和不明朗的时期，而不像某些公共代言人希望我们相信的那样，正处于所谓"犯罪浪潮"的风口浪尖上。简言之，犯罪增长在1972年并不是一个突然出现的新现象；相反，这一增长的趋势已经维

---

① 关于犯罪统计和犯罪率上升问题的更详细讨论，参见 P. Wiles，《犯罪统计与犯罪的社会学解释》(Criminal Statistics and Sociological Explanations of Crime)，见 Crime and Delinquency in Britain，London：Martin Robertson，1971；N. Walker，《犯罪、法庭和统计数据》(Crime, Courts and Figures，Harmondsworth：Penguin，1971）；以及 L. McDonald，《法律与秩序的社会学》(The Sociology of Law and Order，London：Faber，1976）。

② W. I. Thomas，The Unadjusted Girl，Boston：Little，Brown，1928。

③ F. H. McClintock 和 N. H. Avison，《英格兰和威尔士的犯罪问题》(Crime in England and Wales，London：Heinemann，1968），页18—19。

④ 《伦敦警察总监和警务督察署长年度报告》(Annual Report of the Metropolitan Police Commissioner and the Chief Inspector of Constabulary）。

持了一个世纪之久。从统计学上看,犯罪增长的高峰已经过去了,至少目前如此。与此前不同时期相比,眼下的情况也没什么特别值得担忧的。

但当公共代言人提及"犯罪浪潮"的时候,他们所指的并不是一般意义上的犯罪。他们所指的实际上是一些特定的"严重"犯罪,特别是"暴力犯罪"的增加。但这是新现象吗?从统计学上说,并不是。莫德林(Reginald Maudling)在担任内政大臣期间曾十分忧虑地指出,1967 年到 1971 年间的"暴力犯罪"增加了 61.9%。[1] 但数据却显示,1955 年到 1965 年间的暴力犯罪增长率要更高,达到 68%。[2](我们知道公众人物和新闻媒体引用统计数据时往往不会交代数据来源。但这种略显漫不经心的态度并非无关紧要,因为官方的统计数据正是通过这些公共言论被传播给大众,从而为后续行动提供了统计学"支撑"。实际上,我们比较了这些公开言论和官方的统计资料,发现两者间有稍许差异。其原因是前者大多取自《皇家警务督察署署长报告》[*Reports of Her Majesty's Chief Inspector of Constabulary*],而此报告只包含了英格兰和威尔士的数据[伦敦警区的数据除外]。相比之下,后者取自《年度统计简报》[*Annual Abstract of Statistics*,1969],其中不仅包括了英格兰和威尔士的数据,同时也把北爱尔兰和苏格兰的数据纳入了进来。不过,尽管存在这些细微差异,总体来说,前述比较的两个时期在统计学意义上是没什么本质不同的。)因此,即便就"暴力犯罪"而言,犯罪数量的增加也不是什么新现象。

让我们再来看看所谓"抢劫或带有抢劫意图的骚扰"这一最接近"行凶抢劫"的犯罪统计类型。大多数"行凶抢劫者"正是以这一罪名被提起诉讼的。社会对行凶抢劫的反应十分激烈,那么,这是否意味着此类犯罪行为的增加是十分严重的呢?答案显然是否定的。在 1955 年到 1965 年的十年间,"抢劫"的数量增加了 354%。[3] 而在 1965 年至 1972 年间只增加了 98.5%。[4] 按百分比计,1955 年至 1965 年的平均年增长率是 35.4%,而 1965 年至 1972 年的七年间却只有 14%。即便只讨论与"行

① 《卫报》,1972 年 6 月 30 日。

② 《卫报》,1970 年 2 月 13 日。

③ 数据取自 F. H. McClintock,转引自 N. Fowler,《抢劫的回报》(The Rewards of Robbery),见《泰晤士报》,1970 年 4 月 7 日。

④ 数据取自《伦敦警察总监和警务督察署署长年度报告》。

凶抢劫"相关的数据,按照被广泛引用的伦敦地区 1968 年至 1972 年四年间 129％的行凶抢劫增加率计算,[①]我们仍然发现,在此期间的抢劫年平均增长率(32％)还是低于 1955 年到 1965 年这十年间的年平均水平(35％)。因此,即便与对行凶抢劫的反应最直接相关的统计数据(即关于抢劫或行凶抢劫的统计数据)也说明,在二战之后的这段时期,抢劫犯罪的增加远不是什么前所未有的新现象。毫无疑问,被粗略归类在"行凶抢劫"名下的各种犯罪行为的状况在 1972 年时并不比 1955 年到 1965 年期间更严重。相反,从统计学意义上讲,我们甚至可以认为,情况还稍微有所好转。因此,不管使用何种统计数据,无论是总体上关于"暴力犯罪"的数据,还是关于"抢劫"或"行凶抢劫"这一具体现象的数据,都无法证明 1972 年的状况要比 1955 年至 1965 年间的情况有十分明显的恶化。换言之,仅凭以客观、量化的统计事实为基础得出的一些论断,我们无法"解释"人们对行凶抢劫问题的反应何以如此激烈。最后,还有一个值得注意的问题:我们所采用的绝大多数统计证据,都来自麦克林托克(Mc-Clintock)和阿维森(Avison)[②]所做的广受好评的大规模准官方调查。这绝对是在英国实施的此类调查中最全面的一个。在这项研究之后,麦克唐纳(McDonald)对这两位作者的研究方法,特别是他们把分析范围局限在 1955 年到 1965 年期间的做法,提出了批评。[③] 麦克唐纳令人信服地指出,只要稍微延长一下分析的时段(比如,1948 年至 1968 年),麦克林托克和阿维森所发现的犯罪增长幅度就会极大地减小。所有对犯罪统计学问题有兴趣的人,无疑都应该参考一下麦克唐纳的这篇重要文献。不过,由于我们的目的并不是发展出更有效的计算犯罪增长的方法,而只是考察用来合理化对行凶抢劫的反应的那些简单的统计数据类型,所以,我们认为使用短时段的数据是合理的。实际上,正是关于某些特定犯罪类型的年度统计数据的增加,在经过媒体的夸张报道后,激发并合理化了公众对犯罪问题的关注。

　　至于我们所提出的等式中的第二个要素,即"软弱的"司法体系,情况又如何呢?从统计学意义上说,这个论断的根据是什么?这涉及两个组成部分:"无罪判决和有罪判决之间的比率";以及量刑政策。针对这些问

---

① 《卫报》,1973 年 3 月 8 日。

② F. H. McClintock 和 N. H. Avison,《英格兰和威尔士的犯罪问题》,前揭。

③ L. McDonald,《法律与秩序的社会学》,前揭。

题,刑法修正委员会(Criminal Law Revision Committee)提出了一些建议,获得了包括罗伯特·马克爵士(Sir Robert Mark)在内的诸多人士的大力支持。这些建议及其支持者的观点的一个主要假设就是,职业罪犯往往轻而易举地就获得"无罪释放"的判决。罗伯特爵士的观点以这样的假设为基础:在提出"无罪"抗辩的被告中,大约有一半最后被陪审团宣判无罪。[①] 虽然关于"无罪判决率"的证据并不像犯罪统计数据那样容易获得,但所能获得的少量证据却似乎并不支持上述论断。

剑桥专家研究小组的麦凯布(McCabe)和珀维斯(Purves)发现,在他们所研究的无罪判决案件中,有三分之一(173 件中的 53 件)案件的指控证据太过单薄,以至于法官直接做出无罪判决,而没有将案件提交陪审团做最终裁决。[②] 其次,在高级法院做出的大多数无罪判决中,就算被告此前曾被定罪,但无罪判决的结果大多是因为这些案件涉及的只是一些相对较轻的犯罪行为。埃尔格罗(Elgrod)和卢(Lew)分析了伦敦一家律师事务所在 1964 年到 1973 年间的案情记录档案,结果发现陪审团所做的无罪判决比例基本很稳定地保持在大约平均 31％ 的水平。[③] 换言之,这样的结果支持了许多律师的一个观点,即提出"无罪抗辩"的人中大约有三分之一最终被判无罪,这样的结论显然不支持罗伯特爵士的看法。

因此,无罪判决比例似乎在近期没有发生什么太大的变化,其所涉及的也主要是一些"较轻的"犯罪行为,且比例远远低于有人所声称的 50％。相比之下,对那些认为法庭审判应从"软弱"向"强硬"转变的人来说,量刑政策也许才是更为关键的因素。

但实际上,针对暴力犯罪的判决刑期变得越来越长。斯帕克斯(Sparks)通过分析"年终"数据发现,被判七年或七年以上有期徒刑的人数(其中多数人受到暴力犯罪的指控)在 1960 年到 1967 年间"大约翻了一

---

① 例如,参见 Sir Robert Mark,《犯罪毒瘤——惩罚还是矫正》(The Disease of Crime-Punishment or Treatment),提交给皇家医学学会(Royal Society of Medicine)的论文;1972 年 6 月 21 日的《卫报》报道;以及 Sir Robert Mark,《丁布尔比讲座》(The Dimbleby Lecture),于 1973 年 11 月 5 日英国广播公司(B. B. C.)播出。

② S. McCabe 和 R. Purves,《陪审团在行动》(*The Jury at Work*, Oxford: Blackwell, 1972);1972 年 7 月 17 日的《卫报》对这一研究进行了评论。

③ S. J. Elgrod 和 J. D. M. Lew,《无罪释放——一项统计分析》(Acquittals-a Statistical Exercise),见 *New Law Journal*,123(5626),1973 年 12 月 6 日;相关评论见 1973 年 12 月 9 日《星期日泰晤士报》。

倍",而被判十年或十年以上刑期的人数则"是原先的三倍"。[①] 这一发现与皇家文书局(H. M. S. O.)出版的报告《狱中人》(*People in Prisons*)的结论完全不同。[②] 两者间的一个主要差异在于皇家文书局的报告使用的是每年的认罪人数,以此为基础得出的结论是,除了因为废除死刑导致 14 年以上有期徒刑的判决数量出现了增加之外,"中等长度"刑期的判决数量没有出现明显的变化。相比之下,斯帕克斯则以一种更为复杂的方式对数据进行了分析(他同时批评《狱中人》对数据的使用方法过于"简化"),从而得出了完全不同的结论:被判"长期"徒刑(即七年以上、十年以上、十四年以上以及无期徒刑)的人数在 1960 年到 1967 年期间稳步增长,到 1967 年,这些获刑人员几乎全部以"暴力"犯罪的罪名受到指控。在废除死刑后,"终身监禁"的判决数量以及平均刑期的长度都出现了增加。[③] 有人认为 1950 年至 1957 年是一个刑罚"宽松"的时期,结果导致抢劫犯罪数量翻了一番。然而,1957 年至 1966 年期间的刑罚政策虽然出现了大逆转,变得更加严厉了,但抢劫数量却翻了三倍。拉齐诺维奇(Radzinowicz)教授在 1960 年指出,1950 年至 1957 年间的宽容氛围到这时已经出现了变化:

> 最近,司法部门似乎已经采取了一种更严厉的立场,1960 年的政策标准似乎又回到 1950 年的状态……针对年轻罪犯和初犯者的更严厉的刑罚也反映了这种日益严酷的趋势。[④]

所有这一切都无法支持司法部门采取了更加"软弱的政策"的说法。

还有一个问题与等式中的第三个要素有关,即这些严厉的政策究竟有没有起到威慑作用。在克林托克和阿维森的调查报告中,[⑤]有一章专

---

① R. F. Sparks,《地方监狱:英国刑罚制度的危机》(*Local Prisons:The Crisis in the English Penal System*,London:Heinemann,1971)。

② 《狱中人》(*People in Prisons*,Cmnd 4214,London:H. M. S. O.,1969)。

③ 《安全条件下长期羁押囚犯的管理制度:刑事制度咨询委员会报告》(*The Regime for long-term Prisoners in Conditions of Security:Report of the Advisory Council on the Penal System* [Radzinowicz Report],London:H. M. S. O.,1968);S. Cohenand 和 L. Taylor,《心理生存:长期监禁的经验》(*Psychological Survival:the Experience of long-term Imprisonment*,Harmondsworth:Penguin,1972),页 15—17。

④ L. Radzinowicz,《序言》(Preface),见 F. H. McClintock 和 E. Gibson,《伦敦的抢劫问题》,前揭,页 xvi。

⑤ F. H. McClintock 和 N. H. Avison,《英格兰和威尔士的犯罪问题》,前揭。

门分析了 1955 年至 1965 年间的"惯犯"问题。他们得出的结论是,在此期间被多次起诉的惯犯人数增加了 160%,而青少年(14 至 21 岁)惯犯的人数增长比例甚至更高。"严重"惯犯(有五次或五次以上被证实的可起诉犯罪记录)的重新判决比率要比其他惯犯高得多;三分之一的青少年抢劫犯有"很高的"的惯犯记录(此前有两次或两次以上被证实的可起诉犯罪记录);而"涉及抢劫和入室行凶的犯罪分子出现惯犯的比例则是最高的"。

尽管如此,在严厉的刑罚政策和对"行凶抢劫"这一特定罪行的震慑作用之间的确存在一些联系。内政部研究人员巴克斯特(Baxter)和纳托尔(Nuttall)研究了汉兹沃思"行凶抢劫"案中三位年轻男子所受的严酷长期徒刑是否带来了相应的"震慑"效果。① 和我们一样,他们也在寻找关于"行凶抢劫"的可靠统计基础方面遇到了困难。但是,他们把分析的基准线定为"抢劫或带有抢劫意图的骚扰"(这意味着承认与此相关的数据包含了"包括行凶抢劫在内的各类犯罪行为"),最后得出的结论是:"在我们研究过的所有警区内,没有发现任何可以证明判决结果能对抢劫事件的数量产生预期影响的证据。"在最早出现此类犯罪行为的伯明翰,抢劫犯罪的发生率几乎没有发生什么明显变化(例如,根据两位作者的说法,"在事件发生后的两年中,抢劫犯罪发生率一直保持在相对较低的水平")。

总之,我们所获得的统计数据并不支持"增长的犯罪率"等式。暴力抢劫"前所未有的"增加在 1972 年并不是什么新现象。针对严重犯罪行为的判决刑期变得更长了,而不是更短,而且更多的人受到此类惩罚;无罪判决率似乎也没有发生任何变化。而当局所采取的严厉政策也没有起到威慑作用。实际上,如果我们把贯穿整个 20 世纪 60 年代的"强硬"司法实践看作是一次"对威慑手段的尝试",那么,不断飙升的犯罪率和再犯率则表明,作为惩戒手段的威慑政策基本上是失败的。这一总体结论,不仅适用于作为整体的严重犯罪行为,对"行凶抢劫"这一具体现象同样适用。

不过,就与行凶抢劫相关的统计数据而言,我们还可以作进一步讨论。前文提到,巴克斯特和纳托尔在试图找到"行凶抢劫"相关数据的统

---

① R. Baxter 和 C. Nuttall,《重刑:对犯罪没有威慑作用?》(Severe Sentences: No Deterrent to Crime?),见 *New Society*,1975 年 1 月 2 日。

计学基础时遇到了困难,而我们也遇到过类似问题。这一点也许被夸大
了。1973 年,媒体发表了大量耸人听闻的头条新闻,宣称 1968 年至 1972
年四年间伦敦的"行凶抢劫"事件增加了 129%。这些新闻报道似乎是以
《1968—1972 年伦敦警区抢劫及相关犯罪行为报告》(*Robbery and Kin-
dred Offences in the Metropolitan Police District*,1968—72)为基础
的。[①] 但我们并不完全确定这些报道所引数据的准确来源。我们试图
"破解"这些数据来源之谜的努力也没有成功。因为在法律上并不存在所
谓的"行凶抢劫"这一犯罪类型,所以这些数据也不可能直接取自警方的
年度报告。当内政大臣要求上报 1968 年的相关统计数据时,一些警察局
长对该将哪些内容纳入"行凶抢劫"名目之下感到为难(虽然有证据显示,
自 1972 年至 1973 年那段时期以来,各地以"行凶抢劫"名目统计的相关
犯罪数据,与关于犯罪分子种族身份的统计数据一道,已经被记录了下
来)。因此,1973 年年度报告中的犯罪率曲线图必然是对过去情况的一
种回溯;但这种回溯的依据是什么?因为实际存在的 1968 年或其他几个
年份的"抢劫"统计数据,与后来重构的"行凶抢劫"数据之间并不是完全
对应的,所以必然存在对总体"抢劫"统计数据中各个不同子类间比例的
一种有选择性的重新排列组合。但每个子类究竟被赋予了多大的比例?
(我们尽最大努力尝试了尽可能多的序列,但依然没能成功回答这个问
题。)"行凶抢劫"这个标签在 1968 年尚不存在,那么在 1973 年(即"行凶
抢劫"恐慌引达顶峰之时),当局又是如何核查 1968 年发生的所谓"行凶
抢劫"事件的统计数据的呢?

　　此前已经提到,我们将在后文从总体上对最新的统计进展做一些讨
论。我们这么做的目的只是为了使得相关讨论变得完整,并不意味着我
们认为这些数据能够说明什么问题。实际上,在 1973 年,总体犯罪数据
并没有发生什么重大变化,抢劫案件统计数据也没有发生明显的百分比
下降的情况,"暴力犯罪"在总体上也没有出现显著的百分比上升,至于人
身盗窃犯罪则出现了不同数据的组合情况(伦敦地区上升较为显著,达到
12.5%,而各地方则在总体上出现较大幅度的下降,降幅达 8.4%)。
1974 年,总体犯罪率和抢劫数量均出现了更大规模的增加,人身盗窃的
增加幅度则更加惊人(各地方总体上增加了 42%,伦敦则高达 71%),相

---

　　① 伦敦警区统计处(Metropolitan Police District Statistical Unit),《抢劫及同类罪行:
1968—1972》(*Robbery and Kindred Offences*,1968—72,London:Metropolitan Police,1973)。

比之下,"暴力犯罪"的总体增加幅度并不大。1975 年的总体犯罪率增加相对较小,但抢劫的数量增加却较为明显(各地方达 24％,伦敦达 41.2％)。人身盗窃犯罪的增加幅度虽然仍然很高,但比 1974 年的情况要好一些。相比之下,"暴力犯罪"的上升率则要高得多。总而言之,这一时期的各项统计包含了各种情况。但在那些对统计记录的犯罪趋势感兴趣的人看来,一个让人觉得有意思的现象可能是,在 1974 年到 1975 年间,除了性犯罪之外,无论是在各地还是在伦敦所记录的各项犯罪类型都出现了数量的增加,这一情况很不同寻常。

最后,我们来讨论一下与行凶抢劫相关的统计数据;这些数据十分复杂。1973 年,统计部门在 1968 年至 1972 年的统计报告涉及伦敦地区行凶抢劫统计数据,这些数据随后在伦敦警察总监的 1972 年年度报告中被引用,但自那之后,一直到 1975 年,"行凶抢劫"作为一个单独的统计项目一直都没有出现在警察总监的年度报告中。1975 年的年度报告包含了一个与 1972 年的报告中一样的抢劫数据的表格,抢劫又根据犯罪行为发生的具体情形被细分为许多更小的类型。其中之一是所谓公开场合的攻击和抢劫,显然指的就是"行凶抢劫",因为该表中 1971 年和 1972 年的相关类型和数据都与 1972 年年度报告中的情况一致,而那份报告则明确地指出这一犯罪类型被绝大多数人称为"行凶抢劫"。因此,虽然伦敦警察总监在使用这一标签的时候表现出一定程度的含糊其辞(尽管事实上对抢劫数据进行类型细分的决定毫无疑问是源自他的想法,并最终得到了他的批准),至少有一点是确信无疑的,那就是 1975 年报告中数据的统计标准和 1972 年报告的统计标准是完全一样的,无论这些具体的标准究竟是什么。对这些数据的分析显示,行凶抢劫在 1972 年剧烈地增加了 32％之后,在 1973 年出现了下降(20.7％),但在 1974 年和 1975 年又分别增加了 18.7％和 35.9％。无论导致 1973 年出现下降的原因是什么,可以肯定的是这一下降只是暂时的。鉴于对这类犯罪情形的刑罚必然不可能出现减轻的情况,而由于日益升级的公众关切,警方的整顿活动也不可能有所减弱,因此,我们只能认为,上述不断增加的统计数据只不过是对当局压制和威慑政策彻底破产的再一次证明。

然而,这一时期的这些数据背后的统计情形是一个十分有趣,但也让人迷惑不解的现象。在伦敦警察总监的 1972 年年度报告中,我们看到一些新的犯罪类型的提法开始出现,这一发展过程在 1974 年的年度报告中达到顶点。前面我们已经提到,对"抢劫"(robbery)这一类型进行细分的结果之一就是"行凶抢劫"这一统计项的出现。与此类似,"人身盗窃"(theft from the person)这一犯罪类型也被进行了细分,其中一个细分类型是"抢夺"(snatchings)。这一概念出现在一个展示"1968年至1972年间部分暴力犯罪"增加的表格中。根据报告中的说法,"抢夺"这一类型之所以出现在这里,是因为它与抢劫没有什么太大的区别。但既然两者出现在同一表格中,这就意味着它们的共同点是"暴力"。然而,1973年的报告却告诉我们,"抢夺"与"抢劫相似,但不同的地方在于受害者并没有受到攻击者的威胁,也没有受伤"(强调为笔者所加)。考虑到前一年"抢夺"还出现在暴力犯罪的相关数据表格中,且正是暴力这一要素把抢劫和盗窃区分了开来,1973年报告中的这一说法显然是令人费解的。不过,1973年报告的数据中还出现了另一个谜团。我们已经指出,抢劫和行凶抢劫在这一年出现了大幅下降,而抢夺属于这一大的类型。但"人身盗窃"(例如扒窃)却出现了大幅度的增加。如何解释这些相互冲突的趋势?考虑到这些分类标准的模糊性,以及不存在对不同类型区分标准的公开说明,我们至少应该思考一下——虽然不至于就此得出阴谋论的看法——是否有可能对"行凶抢劫"的理解和分类方式在1972年和1973年是不同的,比如,在1973年,这一类型可能被划入了更常见的扒窃之类的犯罪行为?这种选择性的理解方式,以及随之而来的行凶抢劫数据的下降,显然可以在事后为当局此前所采取的控制措施提供合理化的辩护。

在1974年和1975年的报告中,最初对官方法律体系中由内政部所规定的分类标准的不满,通过一套全新的"情景化"分类体系(例如,那些能够反映犯罪行为发生场景的类型)得到了最充分的体现。这些新增的类型是对内政部分类体系的一个补充。其中,最让我们感兴趣的一个类型是"抢劫和其他暴力盗窃行为",虽然判断何为"暴力"盗窃行为的依据在这里同样是不明确的。根据伦敦警察总监对"人身盗窃"的细分,"抢夺"似乎最终被理解成与抢劫相似的行为(尽管抢夺是"非暴力的"!),因而两者的统计数据可以放在一起考虑。根据报告,此类"抢劫和其他暴力盗窃行为"案件在1975年发生了7959起(增加了43%),其中包括4452起官方标准的抢劫事件(增加了41.2%)和1977起"行凶抢劫"事件(增加了35.9%)。但官方的"人身盗窃"类型在警察总监的分类体系中却没有对应的项目。那么,这个"抢劫和其他暴力盗窃行为"的新类型究竟意味着什么?显然,暴力盗窃与抢劫是十分相似的行为,因此,这两项统计数据可以归入同一类型加以考虑;然而,对官方标准的抢劫类型的进一步细分却完全没有考虑到这两个统计项的合并。这就意味着,"行凶抢劫"统计数据的计算同样没有参考"暴力盗窃"的相关数据。对"人身盗窃"进行细分的原因正是为了把那些更"像抢劫的行为"与其他行为区分开来,但令人难以置信的是,提出这些新类型(先是"抢夺",然后是"暴力盗窃")的做法似乎完全与最初对抢劫数据的细分毫无关联,而这一细分的结果之一正是"行凶抢劫"这个统计项的出现。因此,按照这样的逻辑,当前由伦敦行凶抢劫统计数据所激起的公众关切,依据纯粹的统计证据,是无法得到合理解释的。因为 1975 年的数据显示,在所有"抢劫和暴力盗窃"事件中,只有 25％是"行凶抢劫"。最后应当强调的一点是,所有这些错综复杂的统计问题对皇家警务督察署署长的报告没有产生丝毫影响,因为这些报告一般总是严格遵循官方的分类体系。因此,尽管这些报告中也表达了对行凶抢劫问题的严重关切(参见 1973 年的报告),我们从来没有看到与各地行凶抢劫事件的规模和增长率相关的任何数据。既然对行凶抢劫的反应无法依据明确的统计数据得到解释,那我们究竟该如何理解这一现象?

当官方对某人、某些群体或一系列事件的反应与真实发生的威胁完全不成比例,当警方负责人、司法官员、政客和媒体编辑等各种"专家"都以几乎完全相同的措辞来理解这种威胁,并几乎用"同一种声音"来探讨犯罪率、分析问题、预测和提出解决方案,当媒体报道千篇一律地强调(相关统计数据或犯罪事件的)"突然和剧烈的增加"以及"前所未有的新现象",以至于远远超出了任何理性的、现实的评估的范围,那么,我们可以说,一场道德恐慌开始了。

科恩(Stan Cohen)在他研究"摩登派和摇滚派"(mods and rockers)的《民间恶魔与道德恐慌》(*Folk Devils and Moral Panic*)一书中,对道德恐慌这个概念做出如下定义:

> 社会似乎会时不时地遭遇一些道德恐慌时期。某种状况、事件、个人或群体会凸显出来,并被视为对社会价值和利益的一种威胁;这些对象的本质会被大众媒体以一种格式化的、充满刻板印象的方式呈现出来;媒体编辑、主教、政治家以及其他有正义感的人捍卫着道德门槛;社会声望卓著的专家提出他们的分析意见和解决方案;人们提出或(更经常地)诉诸各种应对手段;然后危机会消失、被掩盖或进一步升级以至于变得更加引人注目。有时,恐慌的对象是全新的,而

有时则是一些存在了很久的现象,只是突然成为关注的焦点。有时,
恐慌会很快过去,并被人遗忘,只有在民间故事和集体记忆中才能找
到它们的痕迹;但有时,道德恐慌会产生更加严重的长期影响,并可
能导致法律和社会政策,甚至社会意识等方面的变化。[1]

　　在本研究中,我们认为,在 1972 年至 1973 年间,出现了关于"行凶抢
劫"的道德恐慌;这场恐慌几乎与上文中科恩所描述的过程的每个方面都
完全吻合。我们并不是要否认在过去的几年中(而且,几乎可以肯定的
是,至少一个世纪以来),偶尔会发生一些人在大马路上突然遭遇袭击、粗
暴对待和抢劫的事件。但我们认为,有必要对此做出解释:在 20 世纪 70
年代早期这样一个特定的时间点上,人们是如何以及为何把这样一种十
分传统的街头犯罪形式理解成一种"全新的犯罪类型"。这些事件的数量
也许的确是增加了——实际上,根据公开的统计证据我们根本无法做出
这种判断。就此而言,我们认为有必要解释如此薄弱和令人困惑的统计
证据是为何以及如何被转化为确凿的且被大规模公开传播的事实和数据
的。同时,我们也必须解释这些"事实"是如何以及为何作为重要证
据——事实上,作为最强有力的证据——支持了那种认为"暴力犯罪"率
出现了剧烈增长的普遍观点。这种关于"暴力犯罪",尤其是"行凶抢劫"
的数量正在增加的印象,导致了媒体、官方或半官方发言人的大规模的强
烈反应,以及法庭审判中日益严厉的判决结果。简言之,"行凶抢劫"不仅
对那些在街头遭遇了这种罪行的少数人产生了影响,同时还在现实世界
中产生了一系列后果;而这些后果似乎与人们所知的真正发生的事件关
系不大,反倒是与人们对此所做出的反应的特征、规模和强度关系更紧
密。所有这些事件之外的其他要素同样是"行凶抢劫"现象的组成部分。
它们同样需要得到解释。

　　相对于传统的犯罪研究,这意味着关注焦点的重要转变。在科恩看
来,研究关注的对象不应该是越轨行为(例如"行凶抢劫"),传统方法对这
些行为的处理方式没有考虑到越轨行为与公众的反应以及这些行为的控
制机构之间的关系。[2] 这一关注焦点的转移改变了需要解释的"对象"或

---

① 　S. Cohen,《民间恶魔与道德恐慌》(*Folk Devils and Moral Panics：the Creation of the
Mods and Rockers*,London：MacGibbon & Kee,1972),页 28。

② 　同上。

现象的本质。从所谓的常识性观点来看,20世纪70年代初的某个时段,英国城市遭遇了一场严重的意想不到的"行凶抢劫"泛滥的局面。警方在高度警觉的媒体、公众焦虑和自身职责的推动下,对这些事件做出反应,迅速采取措施隔离这些"病毒",并控制了危机的蔓延。法庭则开出了一剂猛烈的预防药。和其出现的过程一样,这场危机在12个月后又突然迅速地消失了。它的离去和到来同样神秘莫测。在"常识性"观点看来,至少在其最主要的阶段,这一系列事件发生的短暂过程构成了"行凶抢劫"。然而,我们认为,除此之外,还有媒体中出现的大量报道、对新"标签"的使用、广泛的公众评论和焦虑、强烈而果断的官方反应。而且,这种反应的规模和强度与它所针对的威胁的规模是矛盾的。因此,我们有充分的证据认为,当时的确出现了一场关于"行凶抢劫"的道德恐慌。我们坚持认为,这种"道德恐慌"对建构"行凶抢劫"现象本身的意义来说同样重要。正是整个行动和反应的复杂过程,以及这一过程的原因及其后果,才是需要我们做出解释的对象。我们认为,并不存在需要我们去理解的脱离社会过程的简单"事件",因为正是在社会过程中,这些事件才得以发生,并被人们理解、分类、解释和应对。我们越是仔细地考察这个复杂过程,就越会发现,关于"行凶抢劫"的"道德恐慌"而非"行凶抢劫"这一现象本身,才是我们应当给予首要关注的对象。

因此,在下一章,我们会集中关注一些迄今为止被忽略的与"行凶抢劫"有关的要素:庭审过程表达"道德恐慌"的方式,以及警方对此做出的反应——简言之,在1972年8月到1973年最后几个月这段时间内,一场关于"行凶抢劫"的道德恐慌是如何兴起和沉寂的,以及司法和管控机构是如何介入这一过程的。

不过,在讨论这些问题之前,我们必须转身回到起点:标志着"一种全新的犯罪类型"的标签的出现。正是对这一标签的使用激起了一场关于"行凶抢劫"的道德恐慌的爆发。但"行凶抢劫"这个标签究竟是如何出现的,其后果又是什么?

一个标签的转化轨迹

纽约……未来的科幻之城……癌症之都,新时代的一切辉煌壮丽和悲惨境遇都以实验性的方式在这座实验室里轮番上演……社会学家格莱泽(Nathan Glazer)评论道:"我们正在遭受整个社会构造的毁灭所带来的危险。"

美国影响着我们的社会气候——盛行的文化风潮越过大西洋，把相同的挑战和威胁带到欧洲……预测似乎并不乐观……我上一次考察纽约是在 1966 年，当时当地居民中有 50 万人依靠福利救济金生活。现如今这一数字达到了 100 万……仅仅上一周，为了帮助穷人，州议会采取了二战以来规模最大的开支削减措施……

纽约最主要的问题是广泛存在的贫困问题，而这一问题不可避免地会导致不断增加的犯罪、对公共财产的蓄意破坏、骚乱和毒品滥用。已经有超过 70% 的严重犯罪行为是 21 岁以下的年轻人所为。在这里，犯罪大多意味着严重的罪行——每 12 小时就会发生一起谋杀——其中许多犯罪活动都是毫无目的的暴力行为，犯罪分子并不想从中获得什么……

……纽约城市指南(有)……整个一部分内容谈的都是如何应对入室盗窃问题，门窗都要安装双重锁等保护措施。此外，还有一个普遍的警告："**在街头，一定要在有良好照明和行人较多的地方行走**"……[纽约的"各种弊病"的]症状之一，就是这所城市的公共财政日益深重的崩溃危机。

最糟糕的结果……[是]不同人群之间产生的仇恨和蔑视……朋友们……请像当年伦敦人不得不接受纳粹的大轰炸一样，接受五毒俱全的纽约吧。(布莱恩[Alan Brien]，《纽约噩梦》['New York Nightmare']，《星期日泰晤士报》[*Sunday Times*]，1969 年 4 月 6 日。)

我们是否缺乏敢想敢做的雄心壮志？这个构思出马歇尔计划(Marshall plan)的国家难道不能采取同样的措施来拯救它自己吗？是不是那些关于种族和福利计划的各种偏见没有妨碍我们在国外实施那些伟大救援计划，却顽固反对在国内实现同样的计划？为什么像越南民主共和国这样的小国却能够抵抗美国的超级强权，尽管后者在武器、火力和机动性方面的技术优势都要远远超过前者？

这些都是今天美国人挂在嘴边的问题。它们反映了绝大多数美国人的疑惑和焦虑情绪，这种情绪已经动摇了他们对自己曾经深信不疑的美国价值的信心。

在国内，黑人与白人、鹰派与鸽派、知识分子与非知识分子、年轻人与年长者，以及法律与抗议者之间的大规模对抗，都让人们感到恐惧。我觉得,也许美国社会的许多群体之间从来没有像如今这样分裂。这已经不只是某种社会顽症的问题了;在某种程度上,这意味着当下的美国精神本身正处于危机之中。

美国人害怕夜晚行走在街道上时遭遇袭击。这种恐惧之强烈达到了史所未见的程度。除非共和党总统候选人能够提出与约翰逊总统不同的越南政策,否则,街头犯罪问题将继续成为这场竞选中的重大议题。(布兰登[Henry Brandon],《分裂的美国》['The Disunited States'],《星期日泰晤士报》,1968 年 3 月 10 日。)

勒琼(Lejeune)和亚历克斯(Alex)指出,"行凶抢劫这个词在 20 世纪 40 年代[的美国]获得了现在的含义。该词最初来自犯罪和警察用语,指的是小规模的职业骗子或盗贼所实施的抢劫并/或殴打受害对象的特定行为,这些人常以三五成群的团伙流窜作案方式实施犯罪行为"。[①] 这是对"行凶抢劫"这一词语的经典定义。当然,它所处的美国语境十分重要。无论最初人们如何使用这一词汇,[②]正是在美国,它才获得了最关键的现代意义。也正是从这一美国背景出发,这个词才在 20 世纪 60 年代末到 70 年代被"重新输入"到英国。

标签是非常重要的,尤其是当人们用它们来指代重大的公共事件时。它们不仅定位和识别这些事件,同时还将事件语境化。因此,通过对标签的使用,人们就能够调用这种整体的指涉语境(referential context),以及所有相关的意义和内涵。当英国媒体开始使用这一词汇并将其应用于英国语境时,它们所"借用"的正是这种广义的、更加内涵式的用法。因此,我们必须搞清楚这个词在美国具有何种更加广泛的指涉语境意义。到 20 世纪 60 年代,"mugging"这个词在美国已经不再只是一个用来描述和识别特定的城市犯罪类型的词汇。它不仅主宰了关于犯罪和公共失序的整个公共讨论,而且,它已然成为在总体上困扰着美国社会和政治生活的

---

① R. Lejeune 和 N. Alex,《论遭行凶抢劫:事件及其后果》(On Being Mugged: The Event and its Aftermath),提交给第 23 届社会问题研究协会(Annual Meeting of the Society for the Study of Social Problems)年会的论文,1973 年 8 月;同时参见 D. W. Maurer,《神偷》(Whiz Mob,NewHaven,Conn.: College & University Press,1964),页 171;以及 G. Myrdal,《美国困局》(An American Dilemma,New York:Harper,1944)。

② 参见 E. Partridge,《历史俚语词典》(A Dictionary of Historical Slang,Harmondsworth:Penguin,1972)。

许多张力和矛盾的一个核心象征。"mugging"这个标签之所以能够获得这样的影响力，是因为这个词的内涵意义隐含了一系列反映了"美国社会危机"的复杂的社会主题。这些主题包括：黑人和吸毒成瘾者的犯罪问题；黑人贫民区的扩大以及由此带来的黑人在社会上和政治上的激进化；城市所面临的危机和崩溃危险；犯罪恐慌和对"法律与秩序"的呼唤；20世纪60年代不断激化的政治紧张关系和抗议运动，导致尼克松（Nixon）和阿格纽（Agnew）能够动员"沉默的大多数"从而赢得1968年的总统大选。但这些议题本身其实并不像此处我们所列的这些标题一样是可以清晰地区分开来的。在公共讨论中，它们往往是相互交织在一起，成为一幅充满冲突和危机的总体情境的一部分。很重要的一点是，我们必须意识到"行凶抢劫"的景象最终成为包含和表达所有这些问题的一个手段。

　　20世纪60年代，美国发生行凶抢劫事件的主要地方是黑人贫民区。在多数大城市，这些地方长期以来都存在高犯罪率的问题。随着60年代中期爆发的黑人"贫民区暴乱"，以及在此背景下展开的关于贫民区黑人社会和家庭"解体"问题本质的广泛辩论，黑人犯罪问题作为一个令人关切的重要的持久话题开始浮出水面。犯罪问题已经成为城市黑人群体之间长期紧张关系的一个标志。同时，犯罪问题也许还成为激发和展示种族矛盾的一个载体，这一点无疑是有事实根据的，因为在美国所有的犯罪行为中，只有抢劫涉及强烈的种族间关系要素。① 20世纪50年代到60年代，随着贫民区在多数大城市的扩散，情况变得更加严重，进一步强化了将暴力抢劫与黑人划等号的做法。即便黑人犯罪只是发生在界限明确的贫民区内，但它已经是一个十分棘手的问题；而一旦贫民"住宅区"（up-town）迅速扩散，黑人群体涌入原先由白人占据的居住区，那么，黑人犯罪问题就会变成一个更加广泛的普遍威胁，成为人们的一个核心关切。白人中的不同群体对这种"溢出"效应（在任何情况下，这种效应都使得美国大城市中存在的许多其他严重问题进一步恶化）的感受和理解是不同的。工人阶级白人通常具有独特的种族背景，他们认为"黑人的入侵"是一个甚至比自己的社会地位更低的群体对他们有限的经济、社会和地理空间的严重侵犯。这两个群体之间的矛盾已经变得极其尖锐，白人常常成为抵制黑人和扶贫计划（这些计划看起来似乎给了黑人一些不公平的好处）的急先锋。这些人无

---

　　① 参见全国暴力成因和预防委员会（National Commission on the Causes and Prevention of Violence），《最终报告》（*Final Report*，NewYork：Award Books，1969）。

疑是作为尼克松诉求对象的"沉默的大多数"中的一个重要组成部分,并成为"法律和秩序"运动的积极支持者。白人中产阶级居民免受黑人入侵的时间要长一点;但随着贫民区的扩散(以及由此带来的各种问题),中产阶级也逐渐受到影响,结果是曾经被认为"安全"的城市区域现如今也被重新定义为危险或者不安全的地区。对白人中产阶级而言,发生变化的城市阶级和种族结构,以及整个"城市生活"的气氛和环境的转变,不仅导致了一种恐慌感,而且也促使他们逐步搬离市中心(即所谓的加速的"向郊区迁徙"),并采取了一系列保护和防御措施。白人城市居民中存在的广泛的恐惧和焦虑感已经超越了种族间暴力犯罪事件的实际发生率;即便并不是真正的受害者,也有越来越多人认为自己是潜在的受害者,"信任"和安全感无疑已经遭到了破坏。勒琼和亚历克斯敏锐地指出了白人群体中不断增加的"防御心态"[1];在许多方面,从城市暗处突然冒出来,以暴力且完全出人意料的方式发起袭击或潜入居民区实施犯罪的"行凶抢劫者"形象,开始成为与种族问题有关的更大的恐惧和焦虑情绪的一个缩影。因此,到20世纪60年代末,"mugging"就逐渐成为一个代表关于美国社会总体发展趋势的各种复杂态度和焦虑情绪的指涉象征词。再加上与越南战争、高涨的学生激进运动以及黑人民权斗争相关的各种政治冲突日益突出,人们对行凶抢劫问题的关注就更加迫切了。

如今,英国媒体正对20世纪60年代的美国社会危机进行广泛而生动的报道。[2] 这一危机与英国媒体的"关注结构"正好相符。关于美国的动态在英国媒体的外国新闻报道中始终是一个十分重要的部分,因为出于历史和现实的原因,西方世界,尤其是在英国,美国被视为某种关于未来潮流或趋势的典范。在20世纪50年代,美国的崛起广受瞩目,被视为繁荣富足的成功标志;但到了60年代,它又变成了"处于危机之中的"现代工业资本主义社会的象征。无论在哪种情况下,英国媒体对美国的报道都存在选择性夸大的问题。媒体总是用一些十分夸张的说法来表现美国:与英国的一切相比,美国总是显得更奢靡、更奇特、更怪异、更耸人听闻。而当美国社会遭遇严重挫折时,媒体对这些问题的报道方式同样是十分夸张的。而且,

---

① R. Lejeune 和 N. Alex,《论遭行凶抢劫:事件及其后果》,前揭。

② 参见 H. Brandon,《处于反叛状态中的美国》(America in a State of Rebellion),见 *Sunday Times*,1968 年 10 月 2 日;A. Kopkind 关于"华莱士狂热"(Wallace-Mania)的评论,见 *Sunday Times* 杂志,1968 年 11 月 3 日;以及《世界向右转的一年》(The Year the World Swung Right),见 *Sunday Times* 杂志,1968 年 12 月 29 日。

英国媒体在报道诸如种族和犯罪这样的美国社会问题时,还复制了对这些已经在美国出现过的问题的定义。英国媒体在报道美国城市问题时,常常按照原样复制了已经形成的黑人骚乱、紧张的种族关系以及蔓延的贫民区和犯罪等问题之间的联系(虽然这种"选择性夸张"无疑会巩固这些较为松散的联系中的某些部分)。因此,在英国媒体开始报道英国的"行凶抢劫"问题之前很久,英国媒体对作为一种美国式犯罪的"行凶抢劫"现象的报道,已经复制了在美国背景下所界定的"行凶抢劫"现象所处的整个语境。英国媒体针对国内受众的报道复制了美国式行凶抢劫这个观念(参见本节一开始的节选)。《星期日快报》(*Sunday Express*)的记者费尔利(Henry Fairlie)曾遭遇两次"行凶抢劫",他在这一时期发表的漫画故事是此类专为英国读者提供的报道美国问题的典型例子。① 在这一时期的各种英国媒体中人们都能找到类似的新闻报道,例如,布兰登在《星期日泰晤士报》上发表的报道以及罗斯(Mileva Ross)为《星期日快报》撰写的《在快乐之城,与犯罪为邻》('I Live With Crime In The Fun City')一文:

> 　　一天早上,我的管家在来我家的时候,看见在她自家门前,一个男人正遭遇暴力抢劫。她被吓坏了。而她家正好位于华盛顿的黑人贫民区中。
>
> 　　在华盛顿,犯罪似乎已经变成了一项体育活动,抢钱好像已经变得跟去商店买面包一样易如反掌……[在每天发生的暴力抢劫事件中]有80%案例中的袭击者和受害者都是黑人。在其余案例中,白人成为黑人的受害者。
>
> 　　肯尼迪总统……为华盛顿的名声受累于文化落后问题而感到担忧;而尼克松先生则担心,如何应对犯罪问题,以及如何实现"在首都恢复免于恐惧的自由"的竞选承诺……关于如何逃脱窃贼或抢劫分子的袭击以及这些人是如何轻而易举地逃之夭夭的令人惊心动魄的叙述,即便尚未导致恐慌,也已经引发了担忧……但几乎就跟当年伦敦人习惯了纳粹的大轰炸一样,许多华盛顿人也已经适应了与犯罪共存的生活。你最好随身带上足够的钱,以便能让抢劫分子感到满意……你需要装上防盗报警器或者养一只看门犬;你最好别在外面待太晚……你得持有自己的枪……在一个67%人口是黑人的城市

---

①　参见《星期日快报》,1968年3月3日,1969年8月17日,1969年9月28日。

中,白人越来越没有安全感……以往,报纸大多不会提及犯罪分子的种族身份……而现如今却明目张胆地这么做,这一事实……也表明,犯罪浪潮正在破坏传统的自由主义原则。(布兰登,《与犯罪日夜为伴的生活》['Living round the Crime-Clock'],《星期日泰晤士报》,1969 年 1 月 26 日。)

如今美国的犯罪率如此之高,以至于……尼克松总统……命令白宫的所有路灯必须整夜保持通明……以阻止最近华盛顿市民遭遇的袭击浪潮,至少保证在他的新家门口做到这一点。

迄今为止……他在竞选期间做出的[这项]承诺……已经成为一个重大失败……对疲于奔命的华盛顿和纽约警方来说,[抢劫]事件……现如今几乎就跟违章停车一样司空见惯……我在纽约的亲身经历……就是美国人所说的"行凶抢劫"的一个典型例子。这意味着一个没带凶器的歹徒从后面突然扑上来,对我实施了抢劫……我的许多朋友也有类似的遭遇。

我的亲身经历……发生在某一天夜幕降临不久……[受到袭击后]我转身一下子看见了……一个身高体壮的黑人青年。

在好几天的时间里,我们似乎一直身处一次犯罪活动集中爆发的状态之中……几个星期后,我们所在大楼的管理员……贴了一个通知……说……每晚……将会安排一位门卫来值班。我从我的手提包里……取出了所有重要文件。我在钱包里尽可能少放一些钱……有一天晚上,我们被外面巨大的声响弄醒了……后来我们了解到受害者是一位年长的医生……他受了重伤……据说行凶者是瘾君子……第二天早上,我们到公寓外面去看看情况……结果我们发现……有两个门卫二十四小时值班。而且晚上大厅里还会有一个全副武装的警卫。任何想要进入大楼的人都被拦住。门卫会先通过内部通话系统与我确认后才会让访客上楼……现如今,我已经把所有这些安保措施视为正常生活的一部分。(罗斯,《在快乐之城,与犯罪为邻:聚焦美国上升的犯罪浪潮》['I Live With Crime In The "Fun City": spotlighting the rising tide of violence in America],《星期日快报》,1969 年 2 月 23 日。)

这里我们从这两段报道中节选了大段描述,一个来自华盛顿,一个来自纽约。《星期日快报》的报道非常个人化、戏剧化,而《星期日泰晤士报》的报道更多的则是一般性描述。然而,尽管两者的报道风格差别很大,它们所唤起的景象和联想却是一样的;总体上,它们传播的"讯息"几乎是一样的,并且是清晰的、"包罗万象的",毫不含糊。这里所指的犯罪问题并不是"白领"欺诈或逃税问题,也不是专业的组织化犯罪问题,当然更不是指那些传奇的黑手党犯罪集团。这些报道中"所谓的"犯罪属于一种完全不同的类型:突然的袭击,残忍的攻击,明目张胆的威胁;在街头或住宅公寓里"面对面"遭遇到那些"业余的"、粗野的、气焰嚣张的黑人青年或吸毒分子,这些人不是发了疯地寻找现金就是极度渴望获得一剂毒品——总之,在这些报道中,犯罪问题指的就是行凶抢劫。在两个报道中,这一问题被看作是导致其他问题的一个"最主要的"原因:犯罪率上升;执法机构和公民对这一现状的"无奈"接受;普通公民的恐惧、防备和"安全意识";以及在提及尼克松总统的竞选承诺时所透露出的这种看法:所有这些问题构成了一个全国性的政治议题,对此,自由主义式的回应方式已经被证明是行不通的。

　　以这些早期文章为代表的此类新闻报道,以及其他在这一时期发表在英国媒体上的大量关于美国的同类报道,为相关表达在英国的后续用法铺平了道路。由此,"mugging"这个词开始为英国读者所熟悉;新闻报道实现这一目的的方式并不只是创造出一个新词,而是把"行凶抢劫"这个现象作为各种令人困扰的主题和场景所构成的整体背景的一部分,从美国移植到英国——媒体带给英国读者的是"行凶抢劫"所反映的整体图景。媒体把美国的"行凶抢劫"表现为相互联系的各种问题所构成的复杂情形中最核心的问题,这些问题彼此纠缠,共同构成了一幅可怕的景象。此后英国媒体在使用"mugging"这个词的时候就变得十分自然:英国读者已经不仅知道了这个词所指代的犯罪活动,同时也知道了它所处的语境。在此,媒体明确表达的正是这种整体的复合图景。这就使得我们能够解释一个颇为奇怪的现象。就目前我们所发现的结果来看,在英国,直到1972年间,"mugging"这个词都没被用来指称任何具体的犯罪行为;然而,甚至早在1970年,这个词就在一般意义上以非特定的方式被用来描述英国社会"法律和秩序"崩溃的苗头、暴力犯罪活动的普遍增加以及法纪松弛的状态。① 一般情况下,此类标签会首先被应用于特定情形当

---

　　① 例如,《聚众围攻与行凶抢劫》(Mobbing and Mugging),见 *Daily Sketch*,1970年6月25日;同时参见《暴力犯罪》(Violent Crimes),见 *Daily Telegraph*,1971年8月25日(两篇文章都是社论)。

中,然后才会出现更宽泛的一般意义上的用法。但此处,我们看到的情况却是颠倒过来的——这个标签在英国的最初用法是很宽泛的,表达的是一种内涵意义;然后在此基础上,人们才发现了更为具体的例子。这种情况之所以可能,原因正在于英国人是在更宽泛的意义上从美国挪用了这个表达——指的是一些一般性的问题,比如,街头犯罪、法律秩序崩溃、种族和贫困、违法行为和暴力现象的普遍上升。简言之,尽管充满矛盾,对英国读者来说,"mugging"这个词首先意味着"总体的社会危机和上升的犯罪率",其次才是发生在英国街头的一种特定的抢劫行为。正是这种矛盾解释了"mugging"这个标签最初在一个具体英国"事件"中的特定用法,即滑铁卢车站的希尔斯被杀事件。正如我们所见,无论是大众报刊还是"严肃"报刊,都提到了"mugging"这个词,因此,英国读者对此已经很熟悉了。但即便如此,对最早把这个标签具体应用于发生在伦敦街头的特定事件的报纸来说,这样做并非没有问题。所以,记者似乎需要对这个标签进行一些新的界定"工作"。最初使用这个词的警察使得这种用法开始具备合理性——"搞砸了的行凶抢劫事件"(强调为我们所加)。许多报纸在使用"mugging"这个词的时候在两边加了双引号。有些报纸(比如《每日镜报》)则对它进行了定义。这标志着"mugging"这个标签在英国的挪用进入了第二个关键阶段。通过英国媒体对美国问题的报道来把"行凶抢劫"现象及其语境传达给英国读者,这是第一阶段。但把这个标签应用于具体的英国事件,以一种特定的而非一般的方式用这个词语来描述一个具体的犯罪案例,是其用法的一次转变,需要进行新的解释和语境化操作。这一刻所发生的不再是对美国经验中的"行凶抢劫"概念的参考,而是把这个标签从一个语境向另一个语境进行具体转移的过程,即在英国语境下将这一标签自然化的过程。

直到 1973 年 3 月 4 日,英国媒体对美国行凶抢劫问题的报道才达到了顶点(讽刺的是,两周后就发生了汉兹沃思事件)。标志着这一顶点的是《星期日泰晤士报》的费弗(George Feiffer)撰写的一则长篇特写,主题是"纽约:给全世界的教训"。这篇文章刊载在彩色印刷的副刊上,这期副刊头版转发的是《纽约每日新闻》(*New York Daily News*)的一篇头条文章,标题是《恶棍、抢劫犯和毒品:恐怖之城》("Thugs, Mugs, Drugs:City in Terror")。在某种程度上,这个标题很好地概括了文章对纽约因为暴力而走向衰败的详细描述。这篇文章长达 18 页,因此,我们无法在这里全文摘录。文章配有生动的图片,包含了十分广泛的分析,把与美国社会的"行凶抢劫"问题相关的所有主题都贯穿了起来:南方黑人的流动、贫民区的扩散、不同白人群体的反应、福利计划的失败、毒品问题、教育系统的崩溃、警方的腐败和在解决增加的犯罪问题方面的无能,以及十分严重的街头暴力威胁问题。正如下面这段节录所表明的那样,街头的暴力威胁无疑被看作是纽约危害最严重的问题。这个问题比其他任何问题都更能清楚地说明人们是如何把"行凶抢劫"问题与犯罪问题本身划上等号的:

> 人们几乎一致同意,在纽约面临的几乎无法化解的危机中,最具破坏性的是犯罪问题。这里所说的不是一般意义上的犯罪,甚至也不是指黑帮组织的非法运作及其对传统合法商业活动利益的不同形式的榨取。尽管黑帮犯罪经常会占据媒体头条,但大多数观察家都认为,就纽约现在总体上所处的无法无天的状态而言,黑帮的犯罪活动是微不足道的。在纽约去年头九个月内发生的1346起谋杀案中,团伙犯罪造成的死亡事件只占了很少的比例。而这个数量大约是英国全国谋杀案数量的十倍之多。实际上,让整座城市恐惧不安的是一种新的犯罪形式——更准确地说,是一种古老的、手法粗劣的简单犯罪形式:一种被视为回到黑暗时代的返祖现象。
>
> 斯塔尔(Roger Starr)是一位读者众多的专家,他说:"让纽约人不安的并不是所得税作假或企业内的贪腐行为。这些犯罪活动通常会有官员卷入其中,无数人会不断地受到欺骗——但那只是中产阶级的犯罪活动,没有人会因此感到恐惧。让我们感到惊骇莫名的是在大街上或电梯里遭遇行凶抢劫。那些贫穷而绝望的犯罪分子瞄准最近的攻击对象,扑上来就推搡、刀砍或拳打脚踢,目的就是为了抢到对方的钱包——这实在是令人触目惊心。没有一个人可以完全摆脱这样的恐惧。"

在此,或许有必要指出,这种将"行凶抢劫"从美国背景向英国本土语境转移的缓慢过程,总体上受到了英美两国媒体之间存在的所谓"特殊关系"的影响。总的来说,贯穿媒体报道始终的是对类比和预言的不断追寻:正在美国发生的一切会不会有一天也在英国发生?用一则著名的新闻标题来说,"汉兹沃思会变成英国的哈莱姆吗?"对这个问题的回答通常会涉及一个时间差的问题:是的,英国一般会步美国的后尘,但需要一段时间,总要慢一拍。此外,还会涉及我们所说的"对不同传统的保留意见"。根据这种意见,英国是一个更加稳定和传统的社会,假如我们立刻采取紧急措施的话,这或许可以提供某种支持和保护,防止美国经验被直接复制到英国本土。基于对未来的预期,如果有必要,我们应当从别人那里汲取教训。人们认为美国为我们提供了一个"民主实验室","西方民主问题"的预先展示。这种看法在费尔利发表在 1968 年 9 月 22 日的《星期日快报》上的一篇文章中一览无余:"从美国这一年所发生的一切,人们能看到英国以及其他地区未来的政治是什么模样。"莫德(Angus Maude)的长文《内部敌人》("The Enemy Within")则为我们提供了关于英国将如何"汲取教训"的更完整的看法:

> 　　每一位美国观察家都曾经思考过这样一个问题:整整一代被宠坏的孩子,身处金钱的丰腴之中,在尚未成人的青春期的躁动年纪里,就被怂恿着以成人的方式行事。这样的一代人将会变成什么模样? 暴力、肆意破坏、毒品以及性乱行为的泛滥——简言之,对文明标准的日益强烈的排斥,就是这一代人对这个问题的回答。造成这一趋势的原因有二。一方面,对繁荣的青少年市场的商业开发,试图向他们灌输彻底的物质主义价值标准。另一方面,"自由主义"知识分子的宣传鼓吹年轻人的解放是可取的、必然的。在这个国家,这些正是我们所听到的致命的诱惑之声,如今它们正变得更加肆无忌惮。正当我们努力与来自美国的负面影响——暴力、吸毒、学潮、嬉皮士狂热和色情——做斗争之时,左派分子则对此姑息纵容,并将这些东西视为进步的标志。我们还是现在就开始汲取美国的教训为好(强调为笔者所加),因为我们自己的传统标准正在遭受同样的攻击。在这里,随着权威和纪律遭到嘲弄和贬低,父母正变得越来越不知所措,无法确定自身的责任。美国的激进知识分子比任何人都更擅长鼓动美国人民的内部斗争,他们鼓吹对爱国精神,对自己的国家及其历史,对一切传统和历史遗产的摒弃。在我们这里,同样的无政府主义信条也在被大肆宣扬。不过身处英国的我们也有一些有利条件。我们有着更加悠久的文明生活传统,我们从前辈那里继承的艺术和历史遗产也更加璀璨。对此,我们必须倍加珍惜,并做好捍卫这些珍贵遗产的准备。与此同时,我们也会为未来的繁荣而战,加倍努力,用比当前美国更加振奋的精神和进取心来应对我们所面临的挑战。这也许会成为我们自我救赎的一个办法,因为只要有足够的意志,我

们就有能力取得胜利。如果我们失败了,那将是因为内部敌人摧毁了我们——那些不遗余力地要搞垮这个世界上最富有、最强大的国家的美国人在英国的同类。(莫德,《内部敌人》,《星期日快报》,1971年5月2日。)

在这里,英美两国间的"特殊关系"被以一种拐弯抹角但同时又很重要的方式得到了重新界定。美国不仅仅是模范和模式的来源(比如"在英国的同类"),也似乎扮演着更加积极的角色,即把各种社会弊病"输出"给我们。这一点的确可能是这种关系中的一个独特要素,其作用在1968年后日益突出。它所突出强调的一点是,虽然美国是"世界上最富有、最强大的国家",但这并不意味着英国和其他"现代化社会"必然会追随美国模式。相反,通过模仿和榜样的力量,而非直接的文化影响,美国会主动把自身模式的某些方面强加给我们的社会。

这种对美国的深层看法,及其与英国社会的"特殊关系",对我们理解打击"行凶抢劫"的运动在英国是如何发展的至关重要,因为这种关系在"行凶抢劫"标签从美国向英国转移过程的三个阶段中发挥了十分关键的作用。第一,"特殊关系"的观念使得一个美国词汇向英国语境的转移变得合情合理。第二,这种转移使得对英国事件的指称最初具有美国特征。第三,那种认为美国是我们"可能的未来"的想法被用来合法化那些迫切需要实施的控制"行凶抢劫"的措施。

在"汉兹沃斯"抢劫案案犯被重判之后,为了表达对一项威慑性刑罚政策的支持,舆论再次明确诉诸人们对美国景象的恐惧。《伯明翰晚邮报》(*Birmingham Evening Mail*)在1973年3月20日就汉兹沃斯案判决结果发表的社论文章评论道:"无辜者当然必须受到保护,免受街头攻击的威胁。这一点如今尤为迫切,因为英国似乎正令人不安地逐渐滑向美国式城市暴力的陷阱。"(强调为笔者所加)在伯明翰议员奈特(Jill Knight)夫人发表的一项声明中(转引自同一天的《伯明翰晚邮报》),来自美国的威胁再次以一种更加完整的形式出现,并更加明确地指向了行凶抢劫和街头安全问题:

在我看来,采取措施遏制在我们城市里愈演愈烈的行凶抢劫浪潮,是极其重要的。我已经目睹了在美国发生的一切,在那里,行凶抢劫活动十分猖獗。在美国全国各地的所有大城市里,都存在一些天黑之后人们就不敢外出活动的区域。这种情况绝对是骇人听闻的。我真切希望这样的局面不要在英国出现。

这种美国意象所带来的最重要的结果就是为那些常规化的对犯罪问题的极端反应（社会的、司法的、政治的）提供了合理性基础。此处我们引用的最后一个例子中出现的语言，充满悲观论调，是一种十分典型的强调法律与秩序的修辞：关于"愈演愈烈的行凶抢劫浪潮"的耸人听闻的陈词滥调，以及对"全国各地"情形的适度夸大，正好能够触动所有人的神经，把那些沉默的大多数动员起来，并促使他们就此表达意见。最终，"行凶抢劫"这一标签被用来发动一场打击犯罪的运动，这个过程伴随着某种程度上的对美国的抵触情绪，这一点并没有什么不正常。

"行凶抢劫"这个标签本身在与之相关的道德恐慌形成的过程中，起着十分关键的作用，而美国则不仅提供了标签本身，还提供了联想和参考的语境，正是这种语境赋予了这个词以意义和实质。在这里，大众传媒是很重要的机构，它们将不同语境连接起来，并塑造着特定说法的跨语境转移的过程。这并不是一种简单的连接。首先，存在关于"行凶抢劫"的美国经验；然后英国媒体会从美国社会选择一个十分复杂的棘手问题，并对此加以报道。这些报道不仅使得英国受众熟悉这个标签本身，而且也能够领会它在美国语境中所表达和象征的含义。"行凶抢劫"最初是作为一种美国现象进入英国的，媒体对此的呈现方式是完全主题化（thematised）和情境化的。它被嵌入到一系列相互关联的框架之中：种族冲突、城市危机、上升的犯罪率、"法律和秩序"的崩溃、自由主义分子的阴谋、白人的激烈反应。这里所涉及的不只是媒体所报道的关于美国犯罪情况的事实，更重要的是对这一现象的表征所暗含的深层意义，即关于美国社会本质和困境的一整套历史建构。表达这一内涵意义的参照对象很多，英国媒体从中选择了美国的"行凶抢劫"现象作为报道对象。"行凶抢劫"这个说法本身是具有指示性的：只要媒体提及这个说法，关于当代美国社会史的一整套看法就会被迅速激活。然后，这个标签会被挪用来分析英国的情况。关键是，它在英国的应用首先恰恰是在内涵层面上。这一最初的用法是较为宽泛的，并不特指某种犯罪形式，而是泛指不断增加的街头犯罪行为，以及在伦敦某些地区普遍出现的"法律和秩序"崩溃的迹象。只有在此之后，它才被用来指代一种特定的犯罪形式。但这种后来才出现的更为具体的用法同样也暗含了此前已出现的那些影响巨大的具有威胁性的社会问题。然后在经过了英国"行凶抢劫"犯罪浪潮的高峰之后，那些在这一标签的美式用法中已经暗含的主题，也逐渐再次浮现出来，成为英国语境下"行凶抢劫"这一词汇内涵的一个重要组成部分。这样，"行凶抢劫"这个标签就获得了一个完整的转化轨迹：美式"行凶抢劫"/英国媒体对美式"行凶抢劫"的再现/英式"行凶抢劫"。这并不是一个瞬间移植的过程，而是一个渐进的自然化过程。而这一过程又受到一种更具有普遍性的关系，即我们所谓的英、美之间的"特殊关系"的制约。对媒体而言，除了在犯罪问题上的差异之外，两国间的这种紧密关系在许多领域是显然易见的，而这一点有助于"行凶抢劫"这个标签在两国语境间的转移。

　　这种社会标签的输出—输入交换模式产生了许多结果，影响到人们在英国语境下如何理解"行凶抢劫"，媒体如何处理这一现象，人们如何对此做出反应，以及为何他们的反应是如此迅速、强烈和影响深远。这一标签转化的过程或许促使英国公众和官员产生了一种"行凶抢劫"正在逼近的预感；而且，一旦它真的出现的话，就与美国的情形一样，会与其他议题产生关联——比如种族、贫困、城市剥夺（urban deprivation）、法纪松弛、暴力以及犯罪率激增。因此，这一标签转化过程可能还促使英国公众对其自身面临的社会问题产生了高度的敏感意识，从而预感到"行凶抢劫"也许会成为英国街头一个司空见惯的几乎无法阻止的现象——这种想法和人们关于美国情况的说法完全一致。与此同时，这种转化模式也可能会对官方反应的速度和方向产生影响。官方反应包括两个阶段：一是1972年以前的"封闭"阶段，这一时期处在遏制犯罪活动斗争一线的主要是警察和反行凶抢劫特别小组；在此之后的第二阶段才进入了公开打击"行凶抢劫"的全面斗争，法庭、媒体、警方、政治家以及道德卫士都卷入其中。此外，这一转化过程还使得"行凶抢劫"在公众意识中成为一个十分引人注目的议题。英国式的"行凶抢劫"标签从来都不是一个指代绝大多数英国人所熟悉的某种街头抢劫形式的描述性词汇。这个标签在英国的起源从来不是非煽动性的。从一开始，它就是一个十分复杂的社会主题。它在英国出现之时已经具备了一套完善的最具煽动性的和耸人听闻的形式。考虑到这一背景，这一标签甫一出现就迅速成为一个不断发酵的耸动话题，也就不足为奇了。此外，英国媒体对美国情况的呈现可能影响到了对"行凶抢劫"的非官方反应的本质；因为如果美式"行凶抢劫"是与整个美国社会对种族、犯罪、暴乱和法律崩溃状态的恐慌联系在一起的话，那么，它同样是与反犯罪、反黑人、反暴乱、反自由主义和以重申"法律和秩序"为特征的激烈反应联系在一起的。因此,通过从美国的移植过程,英国不仅采纳了"行凶抢劫"这个标签,同样还有与"行凶抢劫"有关的担忧和恐慌,以及由这些担忧和焦虑情绪导致的激烈反应。到 1972 年年中,如果说"行凶抢劫"这个词在英国意味着贫民窟、城市、无辜百姓和光天化日的抢劫,那么,它还意味着自由派政治家和正派的白人、尼克松—阿格纽同盟、1968 年《犯罪控制法案》(Crime Control Act)、"法律与秩序"政治以及"沉默的大多数"之间的对抗。如果这一标签转化的轨迹使得特定的社会知识在英国社会广为人知的话,它同时还使得我们完全可以对特定的反应做出预测。果然,不出所料,警察巡逻队突然大量出现,法官们则滔滔不绝,似乎早就知道什么是"行凶抢劫",只不过是在等待这个词语的到来;而那些沉默的大多数,也开始张嘴说话,要求采取果断的行动、严厉的刑罚和更好的保护措施。孕育司法和社会反应的社会氛围早已酝酿妥当,等待它那适时的、蓄势已久的迸发。

第二章　社会控制的起源

在本书伊始，我们考察了对"行凶抢劫"这一新标签的使用，如何以一种戏剧性的方式确定了一种"新的犯罪类型"的出现。我们的分析表明，严格来说，无论是这种"犯罪"本身还是其标签都不是什么新鲜事物。然而，控制机构和媒体对这一现象的处理方式，却表明它们坚信这一现象具有"新奇性"。这本身就是需要加以解释的。当然，"新奇性"是一种传统的新闻价值；但是，媒体并不是非得发明出一个全新的类型，才能用"某种新鲜的、与众不同的事物"吸引公众的注意力。而且，这个标签以及对新奇性的信念似乎在那些本应知道事情真相的专业的专家机构中颇为盛行。严格来说，那些在警察和媒体看来是"新的"与犯罪相关的事实，其实一点都不新鲜；真正新鲜的是这个标签打破整个犯罪领域并对其重新进行分类的方式——它所确立的跨越整个社会视野范围的意识形态框架。这些机构和媒体所作反应的对象并不是一组简单的事实，而是一种新的对形势的定义——对犯罪的社会现实的全新建构。"行凶抢劫"之所以能激起有组织的回应，部分原因在于它与那种认为犯罪率在总体上正出现令人忧虑的增长的普遍信念有关，同时也与那种认为这种增加的犯罪活动正变得日益暴力化的看法有关。这些社会因素都变成了这个标签的内涵的一部分。在这里，我们已经与客观事实的世界拉开了距离，不再只是关注"作为事物的社会事实"。实际上，我们已经进入到了探讨事实和"现实"的意识形态建构之关系的领域。随后，我们考察了这种事件重构的统计学基础。但这种基础在我们的仔细推敲之下却不大站得住脚。当我们最初提出这一结论时，它似乎构成了某种具有争议性的、有强烈倾向性的发现；但随后我们逐步确定了与"行凶抢劫"相关的统计数据在本质上普遍存在的可疑性。由此，我们得出结论认为，对"行凶抢劫"的反应与实际威胁的水平是不成比例的,而对实际威胁水平的重构正是通过那些不可靠的统计数据来完成的。既然这种反应至少在一定程度上不是针对实际威胁的,那么,它必然是控制机构和媒体对它们所认定的或象征性的社会威胁所做的反应,即"行凶抢劫"这一标签所代表的威胁。但这样一来,对行凶抢劫的社会反应就跟"行凶抢劫"这个标签一样十分可疑。当威胁和反应之间,认知和认知对象之间出现这种矛盾之时,我们有充分的把握认为我们发现了一个意识形态置换(ideological displacement)。我们把这种置换称为道德恐慌。这是我们整个立论过程中的关键转折点。

由于公众很少有与犯罪打交道的直接经验,而且相对来说,很少有人会真的遭遇"行凶抢劫",所以,媒体就必须承担起向公众传达主导的行凶抢劫定义的责任(参见第一章)。但媒体的这种角色并不是孤立的。对媒体作用的分析必须同时考虑到其他在这出"行凶抢劫"戏剧中扮演不同角色的集体机构——国家的中枢社会控制机构:警方和法庭。我们将首先考察这些社会控制机构,然后再考察它们提出各自策略时所处的背景。在第三章,我们将会分析这些机构如何通过媒体来进行表达,从而理解其行动的根据或权势群体所控制的主导意识形态是如何从封闭的控制系统内部扩展到整个社会范围的。

从1972年8月到下一年的8月底这13个月时间内,据报出现了60起所谓的"行凶抢劫"事件(涉及同一起行凶抢劫事件的所有报道[包括后续的"追踪"报道]不重复计算)。如果专门考察一下媒体是如何报道"行凶抢劫"的话,我们会发现最显著的差别存在于对"行凶抢劫事件"本身的报道和对关于行凶抢劫事件的法庭案件的报道之间(关于样本的准确依据,参见第三章)。

在媒体报道的高峰期,即1972年10月,大量的报道都是与法庭案件有关的。在1月和2月,抢劫事件占据主导地位,但在3月和4月,媒体主要关注的是汉兹沃思事件,对该案的法庭审理过程又成为主要议题。总体而言,相对于对"行凶抢劫"案件的审理和判决的报道,对"行凶抢劫"事件本身的报道处于次要位置。如果我们把相关报道在报纸上的篇幅和版面位置考虑进来的话,这一点就变得更加明显。媒体在次日对"行凶抢劫"事件的报道要简短得多,所处的版面位置也不是那么重要,新闻标题更短、字号更小。而关于庭审的报道,情况则不同。尤其是在宣判之日,而且最重要的是,如果报道中包含了对法官结案评论的引用的话,那么,

表 2.1 媒体对行凶抢劫事件和相关法庭案件的报道
数量(1972 年 8 月到 1973 年 8 月)

年/月	法庭案件报道	行凶抢劫事件报道
1972 年 8 月	1	1
1972 年 9 月	4	0
1972 年 10 月	15	8
1972 年 11 月	1	1
1972 年 12 月	2	2
1973 年 1 月	1	4
1973 年 2 月	1	3
1973 年 3 月	4	0
1973 年 4 月	4	1
1973 年 5 月	1	0
1973 年 6 月	2	3
1973 年 7 月	0	0
1973 年 8 月	0	1
总计	36	24

这些报道会更加完整、篇幅更长,媒体的报道方式也更具有戏剧性,所处的版面位置也更加显著。"判决"以及法官的说教和评论才是这一时期真正吸引媒体注意力的内容。也许有人会认为作为对此前已报道过的事件的跟踪报道,对法庭案件的报道是很"自然的"事情,而事实并非如此。在大多数情况下,媒体对特定事件的首次提及都是在对法庭审判的报道中才出现的。某个案件变得极其重要,原因在于法官说了什么和做了什么,而不在于犯罪者做了什么或说了什么。严格来说,媒体报道的主要内容并不是"行凶抢劫"事件本身,而是官方对所谓行凶抢劫"犯罪高潮"的反应的性质、程度和严重性。

大多数犯罪事件在发生之初虽然得到了媒体关注,但随后媒体并没有跟进报道。之所以如此,部分原因在于犯罪分子并不总是能够被抓到,但更重要的原因则在于对这些案件的报道没有"新闻价值"。这一类犯罪事件及其庭审过程只是常规事件,毫无新奇之处。虽然都是一些违法事件,但其违法方式都很"普通"。总体而言,这些事件并没有挑战一般犯罪的规范界定,也没有超出警方和法庭、媒体或公众对犯罪行为的固有看法。但是，当人们觉得某个犯罪事件极其恶劣（例如强奸儿童），或者觉得犯罪过程极具戏剧性（例如火车大劫案），或者诸如科雷兄弟（the Krays）①、理查森团伙分子（the Richardsons）②以及梅西纳家族成员（the Messinas）③之类的人物出现在法庭上时，情况就会大不相同。虽然这类人物无疑依然属于"普通"犯罪的范围之内，但由于其所谓的畸变的犯罪心态或者所用犯罪手段的极端残忍性，他们一旦出现在法庭和媒体上，就会被给予特殊关注，从而与一般犯罪事件区分开来。他们被视为"正常"世界（甚至是"正常"犯罪）之外的人物。

　　媒体对这一类特殊犯罪事件和犯罪分子的报道集中关注的是那些奇特的、骇人听闻的和极具威胁性的方面。一旦被证实有罪，这些罪犯会受到法律所允许的最严厉的惩罚。更加重要的是，在此类案件中，很少有法官在宣判时不发表长篇说教或告诫，这些讲话会突出被告或其所犯罪行的特殊之处，并且一般会从社会容忍底线的角度对其做出评论，结尾则会为判决结果的合理性提供一番辩护。法庭和媒体对这些罪犯及其罪行的处理方式，有意将其凸显出来，从而使其与社会其他部分相区别。正是这种在"正常"和犯罪行为所代表的"不正常"之间所做的区分，或换言之，犯罪活动对社会秩序构成严重挑战、威胁或损害所达到的程度，为法官的评论提供了时机和关键要素。④　而且，正是这种仪式性的宣判过程与实际通过的判决结果一起——简言之，不仅是罪行本身，还有司法系统对罪行的反应——导致媒体认定这类法庭案件具有"新闻价值"。这是媒体最关注的一个要素。"行凶抢劫"问题同样无法逃脱这个规则。⑤

----

　　①　译注：指罗纳德·科雷（Ronald Kray）和瑞吉纳德·科雷（Reginald Kray）组成的英国双胞胎兄弟犯罪团伙。20世纪五六十年代，他们以公司为掩护，实施了一系列包括纵火、持械抢劫、谋杀在内的暴力犯罪活动，成为英国伦敦东区最臭名昭著的黑帮头目。

　　②　译注：指以查理·理查森（Charlie Richardson）和埃迪·理查森（Eddie Richardson）为头目的英国犯罪集团。他们以伦敦南部为据点，以公司经营为掩护，实施了欺诈、绑架、虐待等一系列严重暴力犯罪活动。该犯罪集团曾与科雷兄弟团伙在20世纪60年代中期发生冲突。

　　③　译注：指梅西纳家族五兄弟领导的一个英国犯罪组织，活跃于20世纪30至50年代，依靠帮派暴力和犯罪活动建立了数量众多的妓院，主导了伦敦的性交易市场。

　　④　参见 K. T. Erikson，《任性的清教徒：越轨社会学研究》（Wayward Puritans：a Study in the Sociology of Deviance，New York：Wiley，1966），页8—19。

　　⑤　关于司法制度象征性角色的重要性，参见 T. Arnold，《政府的象征》（The Symbols of Government，New York：Harcourt，Brace，1962）；S. Lukes，《政治仪式》（Political Ritual），见 Sociology 9(2)，1975年5月；关于仪式性实践中的意识形态问题，参见 L. Althusser，《意识形态与意识形态国家机器》（Ideology and Ideological State Apparatuses），见 Lenin and Philosophy，and Other Essays，London：New Left Books，1971。

当犯罪分子臭名昭著且其所犯罪行极其严重时,或者有迹象显示某些犯罪活动(无论是银行抢劫还是商店盗窃)日益猖獗时,法官的这种仪式性行为都会变得尤其明显。在这类案件中,法官的告诫不只局限于特定的罪行或正在审判的罪犯;这些评论同样会直接涉及特定犯罪活动"泛滥"所带来的社会后果,社会对这些犯罪活动的强烈反感,以及惩戒性判决的必要性。法庭的这些对犯罪活动的谴责和仪式性的贬低活动,既是对人们所认定的犯罪活动"浪潮"的明确反应,也是这个"浪潮"的一部分,因为它们构成了"道德恐慌"的要素之一。对报纸来说,在道德恐慌的白热化阶段,这种官方回应与所谓构成犯罪浪潮的"真实"事件本身具有同样的新闻价值。因此,媒体对"行凶抢劫"议题的报道从"事件"转向"法庭案件",后来又回过来只关注"事件",这些转变并不是随意的:第一次转变标志着"道德恐慌"进入最激烈的阶段;第二次转变则意味着"道德恐慌"本身进入衰退期。

因此,这些司法告诫的传达对象既是那些犯罪分子,也是公众(通过传媒)。它们是法庭在"犯罪"的意识形态建构中发挥自身作用时所用的手段。意味深长的是,在媒体所报道的 36 个"法庭案件"中,有 26 个案件的法官总结发言成为媒体的报道对象。因此,媒体对"法庭案件"的集中报道使得法官们能够界定和塑造对"行凶抢劫",尤其是"行凶抢劫浪潮"的公共定义。这些法官的发言显示出高度的一致性:相同的语气、语言以及形象反复出现。这种统一而重大的司法定义在塑造"道德恐慌"的公众认知方面发挥着巨大的作用。这个定义的本质是一种"道德义愤"感。在绝大多数法官的发言中,一个基本的共同主题是为不断增加的判决数量提供合理化辩护。因此,尽管法官们心照不宣地给出各自的不同解释,但实际上反映的只不过是同一个基本问题:司法系统在法庭内部对外部的公众想法、利益和压力的一种回应。为了更好地理解在"恐慌"达到顶点时(1972 年 10 月至 11 月)出现的对行凶抢劫浪潮的通行司法定义,我们选择了两段媒体所报道的法官的评论,并完整摘录如下:

> 这一罪行的严重性在于,一个独自行走的路人受到三个年轻人的主动攻击,而受害者确信,这些人为了抢劫他,不惜动用匕首以暴力要挟。此类罪行如此恶劣,以至于法庭认为必须尽一切可能阻止此类事件发生。我不得不很遗憾地说,我相信我必须做出这样的判决,尽管这对各位年轻人来说并不是最好的结果。但为了捍卫公众

利益,我不得不这样做。(海因斯[Hines]法官,《每日电讯报》,1972年10月6日)

　　这是我多年来审理过的最恶劣的案件之一……全国人民都认为这类罪行——行凶抢劫犯罪——正在增加,我们必须采取措施来保护公众。这是一起极其严重的案件……我没有发现其中有任何足以减刑的要素。此案十分恶劣。如果你年龄再大一点的话,那么,判决结果可能是现在的两倍……[后来,他又说]我认为我对被告是足够宽宏大量的。因为被告很年轻,所以判决结果相对较轻。如果他有20岁或者21岁的话,那么刑期可能是现在的两倍。暴力事件日益增加,而唯一能够阻止暴力的办法就是实施更加严厉的刑罚。这样做能够起到以儆效尤的目的。我和其他法官讨论过行凶抢劫的问题,他们对此都很关注。(杰勒德[Gerrard]法官,《每日邮报》,1973年3月29日)

　　由于没有不同定义的存在,这种"法官间的共识"变得更有说服力。他们用相同的方式表达着相同的看法,彼此影响,相互强化。完全对立的定义只可能来自那些成为被告的男孩子,他们的辩护律师,或者其他替他们说话的人。令人瞩目的是,所有这些不同意见在绝大多数情况下都没有出现(在本研究考察的整个时期,我们发现只有1972年9月27日的《每日邮报》和1973年4月6日的《每日快报》[Daily Express]刊载了仅有的两篇对"行凶抢劫者"的采访),唯一的例外是汉兹沃思案,原因在于该案的判决结果极其严重,媒体不得不提到那些反对意见。如果把这个例外排除在外的话(后文会详细讨论此案),我们发现律师和被告人父母的观点只分别被媒体引用过五次和两次,而被告人的看法则几乎从来没有被引用过(只有一个例外——当"椭圆地铁站四人案"[the 'Oval 4']宣判时,从被告席传来一声大喊:"等我们出狱时,你们的恶行将会付出代价!")。① 即便是所有这些引用加起来,也不足以构成一个具有实质性意义的对立定义,因为媒体所引用的律师发言的那些部分,都呈现出单方面的愧疚、疑惑,显得他们似乎完全不知道如何才能做出对其客户有利的辩护。

---

① 《伦敦标准晚报》,1972年11月8日。

至高无上的法律

正如我们上述对关于"行凶抢劫"的媒体报道的讨论所充分表明的那样，要想了解媒体是如何报道案件审判过程的，在很大程度上，只要去关注法官们公开发表的关于"行凶抢劫"问题的看法就足够了。我们的分析已经表明，无论是对特定"行凶抢劫"事件的报道，还是对作为一个总体的"行凶抢劫"现象的处理，媒体都倾向于更加关注法庭审判程序和司法过程。在法庭上，法官会围绕他们正在审理的犯罪案件和计划宣判的结果的广泛意义，发表一些自己的看法。这些看法往往会受到媒体的格外重视，并成为媒体报道的重要出发点。为了全面理解司法行动（及其与"行凶抢劫恐慌"的关系）的语境，我们认为有必要暂时搁置对媒体和司法系统之间的意识形态关系的分析（下一章将对此进行详细讨论），转而对那些司法"圈子"的内部组织特有的过程进行考察：关注司法机构本身，探析司法系统日常活动背后的深层机制，并试图重构"行凶抢劫"恐慌到来前那段时期的"司法氛围"。这种重构的努力并不容易。正式的法律一般独立于国家的政治过程之外，并高于一般公民之上。法律仪式和常规会使得法律运作过程免受舆论喧嚣和公众批评的干扰。那种认为法官可以不偏不倚地体现和代表作为一种抽象中立力量的"法律"的看法，实际上是一种"司法虚构"：不同的法官在态度和观点方面的个人差异，通行的司法视角得以形成，以及司法系统在受到公众意见、官员、政治或行政部门意见的影响后在总体上进行自我调整的非正式过程，一般都不会受公众监督的制约，同时也很少得到系统的研究和阐述。司法系统始终是国家内部的一个封闭制度领域，相对地处于匿名状态，往往是以机构形式而非具体个人的面目示人，并以藐视法庭罪作为自己的终极屏障。因此，我们只能依靠媒体报道和法官在法庭上发表的关于政策议题和公众意见的评论所偶尔透露出来的零散信息和公共声明，来重构当时的司法氛围。

对这一时期的"司法态度"产生影响的一个非常重要的因素是对不断增加的"社会纵容"的担忧。这一点对司法系统产生了三个方面的影响。第一，当社会在总体上变得宽松和放任时，合法与非法活动之间的界限就变得日益模糊。在一些社会群体中显然存在这样一种看法：道德约束的松弛即便不会对法律构成直接威胁，最终也会导致法律权威的削弱。这种情况在詹金斯（Roy Jenkins）担任内政大臣期间尤其突出。当时，议会通过了一系列与社会领域相关的"非强制性"法律。这可以被看作是社会纵容趋势在官方行动上的明显表现。第二，人们对"纵容"的理解是导致他们对犯罪率上升，尤其是对年轻犯罪分子实施"暴力犯罪"产生担忧的因素之一。犯罪的增加被说成是道德权威弱化的必然结果；年轻人是这一过程中最具危险性的群体；而暴力则成为衡量这种脆弱性的最具体的指标。但是，第三，恰巧与此同时，人们普遍认为，面对无处不在的"纵容"和"日益增多的犯罪"，法庭不是变得更加严厉而是更加软弱了。作为对这种看法的回应，从 20 世纪 60 年代中期开始，司法系统对犯罪、暴力和判决政策的立场明显趋于强硬。

我们或许可以把这种改变的开始追溯到 1969 年 10 月。就在这一个月，司法系统发出的预测性声明的数量尤其多。例如，根据《卫报》10 月 9 日的报道，法官劳顿（Lawton）先生说过这样的话："如果暴力行为对他人造成身体伤害或者更严重的结果，那么警方应当认真考虑，将此类案件全部提交法庭审判的时机是否已经成熟。"后来，在听说一位 21 岁的年轻人因为暴力犯罪而被地方法官判处缓刑和罚款后，他进一步评论道：

> 考虑到如今年轻人如此沉迷于暴力而不可自拔，我在想社会对年轻人的纵容是否最符合公众的利益。在我看来，缓刑、罚款或少年管教所等手段都不能消除我们街头发生的这种针对他人的暴力犯罪活动。务必要让所有人都明白的一点是，任何人只要犯了此类罪行，都必须被剥夺自由活动的权利。

这里特别有意思的一点是，这位法官提出了"让所有人都明白"的必要性。

同一天，在伦敦，高等法院的一位重要法官罗斯基尔（Roskill）先生在法官协会年会（Annual Meeting of the Magistrates' Association）上发表讲话。他敦促法官们，对那些被控暴力犯罪的人，尤其是年轻人，要敢于施以重罚。在他看来，这个观点的合理性在于它符合"民意"的要求，同时又能确保"法庭不会失去公众的尊重和信心"。[1] 月底，法官劳顿先生在宣判一位 22 岁男子因恶意伤人罪而获刑 18 个月监禁时，再次敦促法官们把那些犯有暴力罪的人送入监狱，而不是罚款了事。[2]

---

[1] 《每日电讯报》，1969 年 10 月 10 日。

[2] 《卫报》，1969 年 10 月 30 日。

　　如果我们把时间推进到 1971 年 6 月,会发现一些相同的主题依然在发挥作用,只不过此时,在警方、司法系统和媒体联合构成的网络体系的推动下,这些主题被进一步强化和放大了。在约克的巡回法庭上,法官威利斯(Willis)先生表示,暴力犯罪的剧烈增加可能会促使法官考虑回到"过去的传统处理办法"。这些评论出现在 1971 年 6 月 10 日的《泰晤士报》和《卫报》上,而此前一天的媒体报道则显示,伦敦警察总监以及约克郡和东北约克郡警察局长都已经发表过类似的评论。为了防止人们误以为两者间的这种一致性是偶然的巧合,这位法官直接引用了约克郡警察局长的原话("过去的传统处理办法"),而报道这些言论的一家报纸则明确指出了两者间的关联性。《泰晤士报》的新闻标题这样写道:"法官支持警察局长关于刑罚的看法"。

　　这一时期许多法官所发表的评论的另一个重要特点是对当前和过去状况的比较(后来在"行凶抢劫"浪潮期间,同样如此)。例如,上诉法院法官劳顿拒绝了两位男性被告的上诉申请(他们因"寻衅滋事"被判两年徒刑),并认为他们的这种要求是"粗鲁无礼"的。他还说,直到 15 年前,几乎很少有人听说过此类攻击行为(用刀或枪实施"报复行为"),而如今它们已十分常见。[①] 另一个例子发生在 1972 年 5 月。高等法院法官欣奇克利夫(R. Hinchcliffe)爵士在于约克举办的司法职员协会(Justice Clerks' Society)会议上发言时,抨击了"纵容性立法"和与之相关的上升的犯罪率、随意的离婚、吸毒、为外国女性提供的堕胎服务,以及与过去的"宽容和善良"相比,现如今的"不友好、不宽容、贪婪和对一切人和事物的不信任"。在这番批评的最后,他还针对两类抢劫活动的增加提出了自己的看法:"职业犯罪分子实施的大规模抢劫"和年轻的"业余犯罪分子"用暴力手段实施的小规模的抢劫活动。针对后者,他警告法院不要"手软",并敦促法官不要担心来自媒体的"无根据的、不了解实情的"批评意见。在发言的最后,他要求赋予法官更多的审判权和判决权力。[②] 他的评论似乎暗示人们应当把关注的重点转向那些"业余犯罪分子",而这种看法的前提假设是认为今天的"业余犯罪分子"会变为明天的"职业犯罪分子"。当然,到 1973 年时,伦敦警察总监的 1972 年《年度报告》已经很清楚地表达了这个观点。虽然我们无法对这种司法氛围转变的程度进行精

---

① 《卫报》,1972 年 1 月 14 日。

② 《卫报》,1972 年 5 月 20 日。

准的量化估算，但有一点似乎是可以肯定的，那就是至少在那些具有保守倾向的法官中，"焦虑"和"关切"的情绪正在日益高涨。

在 20 世纪 60 年代末，立法机构通过了一系列的所谓"非强制性法律"。与司法氛围转变最直接相关的是那些对司法系统功能的运作本身造成影响，尤其是与潜在的年轻的暴力犯罪分子有关的"非强制性法律"。就此而言，我们认为应当包括那些对假释委员会（1968）的裁决产生影响的法案，1969 年的《儿童和青年法案》（*Children and Young Person's Act*），以及 1972 年的《刑事审判法》（*Criminal Justice Act*）。这些立法的共同之处就在于其"宽容性"：相关立法导致假释委员会试图提前释放某些犯人；《儿童和青年法案》则试图确保少年犯免受法庭审判的过程；而《刑事审判法》则试图在监禁手段之外为某些罪犯提供更加创新的非监禁的替代性选择。在实践中，这些法律所带来的影响微乎其微，[1]同时实际的判决刑期也呈现出逐渐增加的趋势，尤其是对暴力犯罪而言，更是这样。但尽管如此，那些"控制文化"的支持者依然反复提及这些法律，把它们视为（纵容性的）"证据"、（自由主义分子"不切实际的良好愿望"的）"结果"、（实行"更严厉政策"的）"理由"和（对"犯罪浪潮"的）"解释"。简而言之，他们的目的在于为已经十分强烈且不断强化的关于社会危机的印象提供更多的支持。

《儿童和青年法案》背后的意图在于认定"许多少年犯（与由于其他原因而身处困境的儿童一样）所需要的其实是关怀和救助，而不是某种形式的惩罚或规训"。[2]当保守派政府在 1970 年重新掌权后，它宣布"不会实施该法案中那些它不赞同的部分"。[3]结果，就对司法官员产生的影响而言，这些法案所带来的改变其实是非常小的：十五六岁的少年依然可能会被刑事法庭判决去少年犯管教所和拘留中心接受惩罚，唯一的改变只是法庭无权直接下令将儿童送往管教不良少年的学校（即现在所谓的"少年教养所"[Community Home]）。但法官们认为对他们的这种权力的削弱

---

① 参见《假释裁决委员会 1972 年年度报告》（*Report of the Parole Board for* 1972，London：H. M. S. O.，1973）；《少年法庭围绕统计数据出现争议》（Conflict over Numbers in Juvenile Courts），见 *Guardian*，1972 年 2 月 8 日；M. Berlins 和 G. Wansell，《抓个现行：儿童、社会与法律》（*Caught in the Act：Children，Society and the Law*，Harmondsworth：Penguin，1974），页 77—98；以及 1972 年 12 月 3 日《卫报》关于《刑事审判法》的评论。

② 关于对这一法案的更全面的评估，参见 Berlins 和 Wanse，《抓个现行：儿童、社会与法律》，前揭；以及 D. Ford，《儿童、法庭与关怀》（*Children，Courts and Caring*，London：Constable，1975）。

③ Berlins 和 Wanse，《抓个现行：儿童、社会与法律》，前揭，页 36。

十分关键，因为现在他们只能将问题少年交由地方政府机构来处理。是否有必要将一个孩子送往少年教养所，现在是由政府的社会服务部门来决定的事。而在许多法官看来，这是一个非常"软弱的"机构，往往不愿意对问题少年采取强制措施。

然而，在这部法律中也存在一些条款，可以改变法庭的这种"无能为力"的状态。例如，该法案中的第 23 条第 2 款就规定，"在某些案件中，如果一个孩子'实在难以管束，以至于无法确保他会接受地方政府部门的安全监护'的话"，那么，法官"有权把 17 岁以下的儿童送入监狱或拘留所"。[①] 因此，如果地方政府机构表示自己无法提供安全的住宿，或者法官根据自己的判断，认为住宿环境不够安全，或者当事儿童的确是一个极其难以管教或屡教不改的惯犯，那么，法庭依然有权判决其入狱或接受拘留。有充分的证据表明，越来越多的法官采纳了这个"选项"。[②]

至此，我们终于搞清楚了这种对《儿童和青年法案》的司法解释与"行凶抢劫"问题之间的关联性。我们不知道有多少 17 岁以下的少年因为受到"人身盗窃"或"抢劫"的指控，而被法庭建议送往少年犯教养院，从而把他们从"软弱的"社会工作者手中"解救"出来，并让他们尝尝监狱的滋味。但我们的确知道，在 1972 年秋季之后，许多这个年龄段的孩子因为此类指控受到刑事法庭审判，并在经历了很长的拘押候审期后，被判决送往少年犯教养院接受改造。如果少年犯教养院适合那些 16 岁的"行凶抢劫犯"的话，那么，对那些 17 岁到 21 岁的少年犯来说，就必须为他们准备一些更加严厉的惩罚。唯一的办法就是监禁。但对法官来说，如果决定判决监禁的话，在刑期方面他们能做出的选择并不多，一般只能是三年或者更长。因为短期六个月的徒刑通常都会缓期执行，尽管 1972 年的《刑事审判法》已经废除了强制性缓刑。而中等长度的刑期（18 个月到两年）又无法实施。（布隆-库珀提醒我们，在人们就如何对待少年犯的问题进行检讨之时，1961 年的《刑事审判法》中所规定的三年强制性监禁尽管面临被废除的压力，却依然在发挥着实际效力。[③]）因此，这种把年纪较小的"行凶抢劫犯"送往感化院改造，而年纪大一些的少年犯则被判处三年监禁的做法，不仅是司法系统对抗"软弱的司法环境"的结果，同时也与法庭

---

　　① Berlins 和 Wanse，《抓个现行：儿童、社会与法律》，前揭，页 83。

　　② 同上，页 64—84。

　　③ L. Blom-Cooper，《恐慌的危险先例》(The Dangerous Precedents of Panic)，见 *The Times*，1972 年 10 月 20 日。

在实施司法活动中所采取的强硬做法有着密不可分的关系——正如一些法官所承认的那样,这些做法"与《儿童和青年法案》的宗旨和精神显然是背道而驰的"。

司法系统对"宽松氛围"的反应的另一个方面是希望在危险的/冷酷无情的/顽固不化的罪犯和不幸的/判断错误的/愚蠢的/堕落的"无法适应社会者"之间做出区分:即"邪恶者和被剥夺者"之间的差别。考虑到假释委员会的职权范围包括在"犯人的利益"和"共同体利益"之间做出权衡,我们由此可以发现,上述区分在假释委员会的政策中处于核心位置。[①] 法官在实施《儿童和青年法案》的实践过程中,决意要区分犯罪情节轻微的少年犯和"难以管教"且罪行严重的惯犯,而这种做法本身从根本上削弱了该法案背后的指导思想。(我们不应当忽视的一个事实是关于青少年犯罪问题的传统观点在官员圈子中日益占据上风,莫里斯[Morris]和吉勒[Giller]的研究十分贴切地表明了这一点。[②])1972 年的《刑事审判法》为"无法适应社会者"提供了非监禁选项,但与此同时,人们也普遍认为,在此之前发布的《刑法修订委员会报告》(Criminal Law Revision Committee's Report)使得警方和法庭对少数老年专业犯罪分子的定罪变得更加容易,并且能够对这些人做出更加严厉的判决。[③] 因此,立法以这种极端的形式对邪恶者和被剥夺者做出区分。这种"死硬"分子和因为"没脑子"而犯有过错者之间的差别常常成为威慑性刑罚的理由,因为这种刑罚所针对的对象主要是那些少数所谓堕落的邪恶犯罪分子。但这种区分同时也是这一时期关于社会越轨问题的广泛讨论的一个重要特征。[④] 这种区分堕落邪恶者与被剥夺者的做法可能会延续下去,但其内涵却可能会发生变化。一旦司法官员将"暴力"视为一个重要边界的话,那么,任何出现暴力迹象的情况可能都会被重新认定为是"严重的",从而导致犯罪者被归入"邪恶者"的类型。这种变化趋势在 1972 年 9 月的一起案件中达到了顶峰:一些年轻人因为扒窃(这种犯罪活动极少涉及人身

① 《假释裁决委员会 1972 年年度报告》,前揭,页 8。

② A. Morris 和 H. Giller,《对一个法案的反应》(Reaction to an Act),见 *New Society*,1976 年 2 月 19 日。

③ 参见 J. Paine,《劳工和律师》(Labour and the Lawyers),见《新政治家》,1975 年 7 月。

④ 参见 J. Young,《吸毒者》,前揭;J. Young,《大众媒体、越轨行为和毒品》(Mass Media, Deviance and Drugs),以及 S. Hall,《越轨行为、政治与媒体》(Deviancy, Politics and the Media),均见 P. Rock & M. Mcintosh 编,*Deviance and Social Control*,London:Tavistock,1974。

接触,因此被定义为是"非暴力的")被判三年有期徒刑,对他们的判决同时用了"暴力""恶棍""衣冠禽兽"之类的词汇来形容这些人。

在 1972 年到 1973 年的"行凶抢劫"恐慌中,司法系统发挥了极其重要的作用。但从长期来看,司法系统其实从一开始就对这场恐慌的爆发起到了推波助澜的作用,并促成了这场恐慌的早期高峰之一。司法官员似乎和公众一样认为社会存在"纵容姑息"的问题;他们认为法律过于"软弱",转而在法律实施过程中采取严厉的路线;通过发表关于"暴力犯罪"问题的看法,他们还助长了最初人们对这一问题的关切,从而推动了严厉打击"行凶抢劫"的行动;实际上,正如我们将会在下一章中看到的那样,在这场恐慌的后期,他们又将这种自己从一开始就帮助聚集、表达和唤起的公众焦虑作为惩戒性判决的合理性依据。

面对面的控制:警方如何放大危机

如果说司法界是一个由习俗和惯例构成的封闭圈子的话,那么在警方这个圈子内起主导作用的则是审慎的筹谋和意图。在罗伯特·马克爵士掌管警察事务期间,警方已经变得越来越习惯并善于同媒体打交道了。但预防和控制犯罪的日常工作显然不可能经常公之于众。在"行凶抢劫"恐慌期间,警方通过发表关于"犯罪和暴力"的关切声明,有意提高了自身的公众关注度;这成为整个控制策略中的重要组成部分。更有争议性的是,警方发表的一些声明主张有必要采取"更严厉的行动",这些观点带有强烈的党派色彩,似乎显得十分轻率。但警察系统的内部动员,包括特别行动小组或反行凶抢劫小组的建立和具体任务详情,除非是在"事件发生之后",或者各方协调一致要求公开,否则,公众很难知晓。

在任何诸如打击"行凶抢劫"之类的运动中,警察与媒体扮演着相似的角色,在这一循环过程中,警察开始发挥作用的时间要早得多。他们同时发挥着"构造"和"放大"的功能。他们通过两种相互关联的方式"构造"起关于犯罪的总体图景。例如,虽然警方对窃取 5 英镑以下的小偷小摸行为都会有记录,并会汇总核查,但这些记录并不会在官方统计数据中予以公布。由于绝大多数日常犯罪活动都是由这类轻度犯罪行为构成的,所以,这种不成文的做法就导致那些必定会被纳入官方记录的严重罪行被大肆渲染。同时,在警察资源的分配方面,必然会存在选择性,从而导致某些犯罪活动会获得高度重视,而其他问题则相对被忽略了。

　　评价警方效率的一个客观标准就是"破案率"。这一点,加上人力和资源限制,自然会导致警方把精力集中在那些侦破潜力较高的犯罪活动上。相对来说,市中心车辆盗窃之类的小偷小摸行为就不会获得那么多的重视,因为这些犯罪活动基本上是无法解决的问题。但这种符合逻辑的做法同时也具有构造性的功能。它放大了这些被刻意选择出来的犯罪活动的分量,因为警察资源越是集中在这些犯罪活动上,警方记录的此类犯罪的数量也就越多。这里的悖论在于,警方对特定犯罪活动的反应的选择性几乎必然会导致此类犯罪活动官方记录数量的增加(即所谓的"异常放大螺旋"[deviancy amplification spiral]现象)。[1] 这种选择性的做法还往往会导致官方所记录的犯罪数量的集中爆发式增加,或所谓的"犯罪浪潮"。随后这种"犯罪浪潮"又会成为发动"控制运动"的理由,从而形成一个"自证预言"(self-fulfilling prophecy)。[2] 当然,公众对特定犯罪活动的关切也会成为警方集中采取应对措施的原因。但公众的关切本身会受到犯罪统计数据(正是警方制造和阐释了这些数据,并通过媒体公之于众),以及认为新的犯罪浪潮将会"一浪接着一浪"袭来的看法的强烈影响。显然,犯罪分子在"犯罪浪潮"的形成过程中所发挥的作用是十分显而易见的,而警方在犯罪浪潮的建构中所扮演的角色则基本上是被忽略的。

　　让我们用这个模式来分析一下"行凶抢劫"问题。如果在 1972 年 9 月至 10 月间一系列相似的案件一齐出现在法庭上,并被冠以"行凶抢劫"的标签,那么,这只可能是早在六到八个月前警方的活动和逮捕行动的结果。媒体和法庭之所以在 8 月开始把"行凶抢劫"视为一个公共议题,是因为早在 1972 年 1 月就开始了抓捕"行凶抢劫者"的行动。让我们来看两个早期的案件。第一个案件涉及六名青少年。当时,恰逢卡梅尔(Karmel)法官发表了一段讲话,认为"由于害怕遭遇行凶抢劫……如今守法公民都不敢在深夜乘坐地铁了"。这是媒体报道中首次出现司法官员对"行凶抢劫"现象进行猛烈抨击。[3] 晚报的报道则进一步指出,"检察

―――――――――

　　① 参见 L. Wilkins,《社会越轨:社会政策、行动与研究》(*Social Deviance : Social Policy, Action and Research* ,London:Tavistock,1964);以及 J. Young,《吸毒者》,前揭。

　　② 译注:自证预言,又称"自我应验预言",指人们先入为主的判断,无论其正确与否,都将或多或少影响到人们的行为,以至于这个判断最后成为现实。这一社会心理现象最早由美国社会学家威廉·托马斯(William I. Thomas)发现,后由社会学家罗伯特·金·默顿(Robert K. Merton)正式提出自证预言这一术语。

　　③ 《伦敦标准晚报》,1972 年 9 月 25 日。

官戴维斯(Timothy Davis)先生表示,在北部铁路线发生了一系列袭击事件后,英国交通警察设立了一个特别巡逻队。2 月 18 日晚上快到 11 点时,里奇维尔(Derek Ridgewell)警长走进斯托克韦尔车站(Stockwell Station)的一节空车厢,那群犯罪分子紧随其后"。然后,该团伙的"头目"用一把刀威胁他,索要钱财。据说,犯罪分子逼近里奇维尔,并挥拳打了他的脸部。他随后向待命在另一节车厢的同事发出信号。随后双方发生了打斗,警察最终逮捕了那些年轻人。其中五人受到从"试图抢劫"到"以抢劫为目的袭击"等不同程度的有罪指控,并分别被判六个月拘留到三年监禁等不同长度的刑罚。媒体的报道没有提及这是一个西印度群岛人构成的"团伙",也没有提及警察是唯一的见证人。

　　第二个案件涉及四名年龄在 20 岁到 25 岁之间的西印度群岛人。这就是所谓的"椭圆地铁站四人案"。虽然此案在老贝利(Old Bailey)①的审判时间长达 23 天,但全国性的报纸只对宣判结果出炉的最后一天的诉讼过程进行了报道。对"案件事实"的描述照例是通过引用原告律师的陈述实现的。根据他的说法,"今年的 3 月 16 日,伦敦交通警察在对椭圆地铁站进行巡查时,发现被告四人正在车站游荡,显然正计划对乘客实施偷窃"。《伦敦标准晚报》(Evening Standard)的报道透露了更多的细节:"目标受害者有两位,都是老年人。其中一人在站台上受到推搡,有人把手伸入他的口袋,但并没有偷盗什么东西。另一人在自动扶梯上碰到了类似的遭遇。"②陪审团以 10 比 2 的绝对多数认定这四人有罪,罪名是"试图盗窃"和"袭警",但法官没有让他们"对阴谋抢劫和偷窃两项罪名做出裁决"。最终,四人中年纪最小的那位被判去感化院接受改造,其余三人则分别被判三年有期徒刑。正是这一案件的被告之一当时说了这样的话:"等我们出狱时,你们的恶行将会付出代价!"报纸还提到了"哭泣的亲朋好友发出的大声抗议"。

　　如果能够考虑到更多的事实(只有非主流媒体才会报道这些事实),把这一案件放在一个更加复杂的语境中来看的话,那么,这位被告的愤怒回应就会变得更易理解了。《暂停》周刊(Time Out)提醒我们:③

---

　　①　译注:即伦敦中央刑事法院,通常以所在街道名称被称为老贝利,负责处理英格兰和威尔士的重大刑事案件。

　　②　《伦敦标准晚报》,1972 年 11 月 8 日。

　　③　Time Out,1972 年 10 月 27 日—11 月 2 日,1972 年 11 月 17 日—23 日,1973 年 5 月 11 日—17 日。

（1）这四个人都是伦敦南部地区一个叫作凡西巴斯（Fasimbas）的黑人政治组织的成员；

（2）这些被告声称，在案发当天晚上，是便衣警探首先对他们发起突袭，咒骂他们，造成双方的对抗和打斗，导致他们受到指控的袭警行为就是在这样的情况下发生的；

（3）被告声称他们在警察局遭到殴打，并被强迫在供认状上签字；

（4）里奇维尔警长就是执行逮捕任务的巡逻队负责人；

（5）指控方的证人只有警察自己；

（6）没有发现被告窃取任何财物；

（7）警方没有任何"证据"证明有被告试图接近任何"受害者"或造成任何伤害性后果；

（8）法官本人要求陪审团审慎考虑"里奇维尔探长的陈述是否真的是虚构的"；

（9）法官没有让陪审团就阴谋抢劫和偷窃这两项指控做出裁决。这样，只有警方提出的事发当天晚上他们所看到的盗窃企图以及袭警行为这两项指控得到了法官的支持；

（10）没有得到支持的几项指控与一系列在伦敦市中心的市场和地铁站里发生的盗窃手提包和钱包的犯罪活动有关，据称四个被告承认他们犯过这些罪行。

（后来，服刑八个月后，他们在上诉时被释放。）①

这两个案件发生在"行凶抢劫"恐慌出现之前的几个月，即 1972 年 2 月和 3 月。然而，此时警方已经启动了在地铁里的特别巡逻行动。这些有组织的应对行动远远早于通过官方司法系统或媒体所表达出来的公众焦虑。警方认定当时的形势要求他们必须采取快速的、激烈的、超出常规的手段。而这正是当年 11 月所谓"行凶抢劫数量猛增"的真正起点。

第二年 4 月，法官终止了对两个罗得西亚（Rhodesian）②黑人学生的审判。这两人品行和声誉良好，在牛津一所学院学习社会服务工作专业。关于此案，法官评论道："与两位男子在站台上的活动相关的陈述缺乏足够的连贯性，六名警官的陈述之间差异悬殊……我认为很糟糕的一点是，

---

① 《星期日泰晤士报》，1973 年 8 月 5 日。

② 译注：罗德西亚是南部非洲国家津巴布韦在 1980 年之前使用过的国名。罗德西亚曾经是英国殖民地，1965 年 11 月 11 日单方面宣布独立，1980 年 4 月 18 日更名为津巴布韦，并沿用至今。

在伦敦,警察可以在未作任何警示的情况下对乘坐公共交通工具的人进行突袭。"[①]这起案件的起因是发生在地铁站的一起事件,其后提出的指控和辩护,都与"椭圆地铁站四人案"惊人地相似。警察指控这两位男子"试图盗窃"和"袭警"。被告人则声称他们遭到五名身份不明者的攻击;随后双方发生打斗,两名男子最终被捕。整个事件过程中并不存在"受害者"。除了警察之外,也没有别的目击证人。涉事的警察来自交通特别巡逻队,此次执法行动的负责人同样是里奇维尔警长。

在这些事件背后,是否存在一个固定的模式?在"椭圆地铁站四人案"中,法官没有采信被告人的陈述,而在牛津案中,法官却这么做了。尽管如此,这些案件背后的模式依然清晰可见。这就是"目标明确的警方反应"模式。交通警察特别巡逻队后来被人看作是"反行凶抢劫"巡逻队,并成为其他类似行动小组的样板,尽管他们是何时被冠以这个名称的已经无从得知。但这无关紧要。关键是这个巡警队十分清楚应当到什么地方去抓捕什么人。在这三起案件中,警察对他们日常活动的描述透露出对抓获嫌疑对象的强烈期待。就在地铁站台或乘客稀少的地铁车厢里,警方与缉拿对象之间面对面的冲突已经标志着"行凶抢劫"恐慌的开始。全国公民自由理事会(N.C.C.L.)、《今日种族》杂志以及"椭圆地铁站四人案辩护委员会"等组织都要求内政部对"反行凶抢劫"警队的活动展开调查。后来工党种族事务发言人弗雷泽(John Fraser)议员也致信内政大臣,提出了类似的要求。但除了在未降警衔的情况下对里奇维尔警长进行调岗处理之外,官方对这些要求一概没有回应。根据伦敦警区统计部门发布的统计报告,"此类犯罪活动在 1972 年出现了最大幅度的增加"。[②] 这种说法意味着是"行凶抢劫者"在 1972 年加剧了他们的犯罪活动。但实际上,在 1972 年这一整年当中(以及在法庭或媒体对犯罪浪潮进行大肆渲染从而使之成为一个公共议题之前),在伦敦地区,警方打击"行凶抢劫者"的活动同样也十分活跃;警方和行凶抢劫者之间彼此对抗的斗争活动已经合二为一了。

一旦我们意识到早在"行凶抢劫"成为一个公共议题之前,警方已经对"行凶抢劫者"保持警觉,并动员力量来对付和主动打击他们,我们就不得不问警方的动员是否有可能以某种方式在"行凶抢劫"犯罪浪潮的形成

---

① *Time Out*,1973 年 5 月 11 日—17 日;《星期日泰晤士报》,1973 年 8 月 5 日。

② 《抢劫及同类罪行:1968—1972》,前揭。

过程中了起到了推波助澜的作用。后来通过法庭和媒体的传播,这一议题引起了高度的公众关切,以至于在几乎整整一年的时间内,人们对这一问题的担忧压倒和取代了对其他一切犯罪活动的关切。警方的活动有没有放大"行凶抢劫"问题?

其中一个可能发挥了放大作用的因素正是最初建立特别警队的决定。"反行凶抢劫"特别警队几乎肯定会导致更多的"行凶抢劫";这是针对特殊目的进行动员活动会产生的一个非预期性的但又不可避免的后果。随之而来的问题是这些警队力量动员所针对的对象究竟是什么。在"椭圆地铁站四人案"和"罗得西亚学生案"中,反行凶抢劫警队提出的指控是"盗窃未遂",即诸如扒窃之类的行为。但扒窃是一种"轻微盗窃行为",而非"抢劫",因此,并不涉及暴力或威胁使用暴力。但与此完全不同的是,反行凶抢劫警队的做法是袭击某些群体,并指控他们从事了盗窃行为,然后则暗示这些人是某个"行凶抢劫团伙"的成员。通过把一种"轻微盗窃行为"重新贴上"行凶抢劫"的标签,警方的做法实际上放大了这种行为的严重性。而且,有迹象表明,这些早期案件中还存在这样一种趋势:这些反行凶抢劫警队往往十分迫不及待地要完成任务,以至于为了"行政效率"的目的,很容易就越过了杨(Jock Young)所说的"理论意义上的罪行和经验意义上的罪行"之间的鸿沟,[①]从而采取了所谓的"先发制人的管控措施"。[②]《星期日电讯报》(*Sunday Telegraph*)在 1972 年 10 月 1 日发表题为"向行凶抢劫者宣战"(War on Muggers)的文章,指出警方"已经在行凶抢劫者实施犯罪活动之前将他们拘捕,并指控他们持有攻击性武器,游手好闲,擅闯禁地,是一群不受欢迎的人"(强调为我们所加)。麦格拉申(Colin McGlashan)也表达了类似的关于预期性逮捕行动的看法,他引用一位未具名的"高级警官"的颇具说服力的话来表达自己对这一政策的支持。根据这名警官的说法,布里克斯顿(Brixton)的特别巡逻队就像一群"嗜血成性的雇佣军",这些人"总是满脑子的数字",只关心阻止和逮捕了多少犯罪分子,消除了多少罪行,许多人因为"形迹可疑""四处游荡以图谋不轨"等原因被他们逮捕。[③]　当然,许多黑

---

① 　J. Young,《吸毒者》,前揭,页 189;同时参见 M. Stellman,《坐在这里,进入边缘状态》(Sitting Here in Limbo),见 *Time Out*,1974 年 8 月 23 日—29 日。

② 　参见 T. Bunyan,《英国政治警察的历史与实践》(*The History and Practice of the Political Police in Britain*,London:Friedmann,1976)。

③ 　C. McGlashan,《一个行凶抢劫者的养成》(The Making of a Mugger),见《新政治家》,1973 年 10 月 13 日。

人社群的发言人在几个月后提供给警察/移民关系特别委员会的证词中，也做出过类似的表述，尽管这些证词并没有得到太多信任。[①] 1973 年 3 月，在伦敦南部召开了一次关于"黑人与治安力量"的会议，与会者群情激奋，特别警队问题成为会议的一个主要议题。[②] 然而，当《暂停》周刊试图了解与伦敦交通反行凶抢劫警队相关的更多信息时，警方发言人的回复是："我们有解决问题的对策。但我们不能透露具体细节——因为这样做是在帮犯罪分子的忙。"[③]

　　警方的活动还可能会以另一种方式放大"行凶抢劫"问题，原因在于这些活动会对它们所针对的对象产生影响。在杨看来，一个被污名化的或越轨的群体会逐步地调整自己的行为，使之与控制机构已经持有的关于这一群体的刻板印象相适应，他把这一过程称为"从想象到现实的转化"。[④] 例如，警方的行动可能会诱导那些受到怀疑的群体做出某些行为，而这正是警方怀疑他们可能会做的事。在"椭圆地铁站四人案"中，接近这四个男子的警察身穿便服，没有亮明自己的身份；但这四名年轻男子后来却受到袭警的指控。但是，一群富有政治意识的年轻黑人男子对抗一场意想不到的逮捕行动，这个事实本身或许可以让我们了解到在伦敦南部黑人和警察之间存在的相互怀疑状态；它并不能证明这些"四处徘徊"的年轻人怀有行凶抢劫的"意图"。官方反应变成"自证预言"的过程或许也包括真实抓捕行动中的互动过程。贝克尔认为，许多社会控制活动与其说是为了保障规则的实施，不如说是为了获得人们的尊重。[⑤] "尊重"的问题会在警方处于高度敏感的时期变得尤为关键。[⑥] 但正如兰伯特(John Lambert)所指出的那样，"警方公共关系形成的基础似乎取决于两个方面：一方面，警方认为移民群体动辄情绪化，且傲慢无礼；另一方

---

① 参见《下议院种族关系和移民问题特别委员会：警察/移民关系》(迪兹报告)(*House of Commons Select Committee on Race Relations and Immigration：Police /Immigrant Relations* [Deedes Report]，London：H. M. S. O.，1972)，第 1 卷，《报告》(Report)，第 2—3 卷，《证据记录》(Minutes of evidence)；关于该委员会对与黑人相关的证据的结构性预设，参见 J. Clarke 等，《证据的选择与种族主义的回避：对议会种族关系和移民问题特别委员会的批评》(The Selection of Evidence and the Avoidance of Racialism：a Critique of the Parliamentary Select Committee on Race Relations and Immigration)，见 *New Community*，III(3)，1974 年夏。

② 《泰晤士报》，1973 年 3 月 12 日。

③ *Time Out*，1972 年 11 月 17 日—23 日。

④ J. Young，《吸毒者》，前揭，页 171。

⑤ Becker，《局外人：越轨社会学研究》，前揭。

⑥ Cohen，《民间恶魔与道德恐慌》，前揭。

面,移民群体则倾向于认为警察喜欢使用暴力"。[1] 因此,由于黑人群体和警察之间的这种相互预期,"椭圆地铁站"的特定场景已经预设了必然会发生一次冲突事件。越轨行为的升级不仅仅取决于人们实际上做了什么,同样也取决于人们认定彼此可能会采取什么行为。

正如我们已经看到的那样,一旦官方正式启动反行凶抢劫运动,官方对警察力量的动员就会以极快的速度升级。针对"行凶抢劫"的斗争行动进一步加强。[2] 最终发展的结果是英格兰和威尔士警务督察署署长宣布打击行凶抢劫是政府的"当务之急"。[3] 随后,在政府高层,内政大臣要求所有警察局长报告关于"行凶抢劫"问题的具体细节,紧接着便是进一步采取"特别措施",包括部署更多的专门打击行凶抢劫的特别警察队伍。[4] 1973年5月,内政大臣又向警方负责人发出了另一项特别指示。[5] 罗伯特·马克爵士的新方案[6]很快就起到了作用。[7] 到10月份,《每日镜报》开始认为欺诈问题已经成为英国新的"当务之急":"英国最令人头疼的犯罪问题。"[8]而这时,预防犯罪与犯罪新闻的螺旋已经又经过了另一轮的循环。

警察"运动"的起源

我们已经考察了警方对"行凶抢劫"的反应。实际上,与关于"行凶抢劫"兴起过程的"常识性"看法不同,我们应当把这个过程分为两个阶段来看。首先,在"向行凶抢劫宣战"的准备阶段,虽然公众对此很少或完全不知情,但这一阶段实际上却涉及对大量警力的动员,专门针对特定的城市问题多发地点(伦敦地铁和火车)以及警方认为可能会成为潜在"行凶抢劫者"的特定群体——其中最突出的是黑人青年群体。正是警方在幕后

① J. Lambert,《犯罪、警察与种族关系》(Crime, Police and Race Relations,London：Institute of Race Relations/Oxford University Press,1970),页190。

② 《泰晤士报》,1972年8月26日;《星期日泰晤士报》和《星期日电讯报》,1972年10月1日;同时参见《伦敦新闻晚报》,1972年10月7日;《星期日镜报》,1972年10月15日和22日。

③ 《每日邮报》,1972年10月26日。

④ 《泰晤士报》,1972年11月1日;《卫报》,1972年11月3日;《星期日电讯报》,1972年11月5日;《泰晤士报》,1973年1月25日。

⑤ 《星期日镜报》,1973年5月6日。

⑥ 1973年5月15日的《每日邮报》对此进行了报道。

⑦ 《每日镜报》,1973年6月7日。

⑧ 《每日镜报》,1973年10月1日。

进行大量应对活动的这一时期,对"行凶抢劫"的官方定义已经开始发挥作用,但对这一问题的"公共"定义还未出现。然而,正是对"行凶抢劫"的"公共"定义才产生了第二个阶段:法庭案件、报纸评论、内政部对"行凶抢劫"问题的官方调查、一场公众参与的运动、公开的打击行动。迄今为止,在"行凶抢劫的历史"叙述中,上述第一阶段基本上是被遮蔽的。之所以如此,一方面是因为这一阶段发生在公众恐慌出现之前,另一方面则因为这一阶段发生的事情局限于警察系统内部。因此,有必要重构在早期阶段警方对"行凶抢劫"做出反应的前史。恐慌反应的源头深埋于这种更早的制度性动员之中。

我们所关注的并不是某个警察在特定情况下滥用其权力的个体行为,而是警察力量的组织结构和社会角色对警方与"行凶抢劫"问题之间的广泛关系产生了什么影响。警察腐败的案件近几年有所增加,故而公众对他们的关注也日益增多。在罗伯特·马克爵士的领导下,新组建的代号为 A10 的"反腐"小组行动非常活跃。这个小组的目标是清除警察队伍中的"败类",得到了一定程度的公众关注。这个问题当然是重要的,却与我们所关心的不是同一个问题。在"行凶抢劫"成为一个公共议题之前很久,反行凶抢劫小组的个体成员在特定区域的活动就已经变得十分激烈。但这些成员的行动处于一个组织框架之中,这个框架凌驾于身处其中的小组个体成员的主动性之上。在这一组织框架内,官方对伦敦南部和其他一些地区治安形势的判断,使得这些专业警察预感一场"行凶抢劫"的大爆发即将到来。

为何警方的反应会变得如此紧张,这一切究竟是如何发生的? 为何警方会对当时的形势产生这样的判断? 我们认为,如果说反行凶抢劫警队的成员越过了理论意义上的罪行和经验意义上的罪行之间难以区分的模糊界限的话,原因正在于在他们所处的工作环境中,这种区分已经变得极其模糊。我们很快就发现,这些警察力量的制度性动员首先所针对的地点是伦敦南部地区和地铁站,而在这场反行凶抢劫"扫荡"行动所选中的打击对象中,首当其冲的是黑人青年群体。因此,这场有针对性的反"行凶抢劫"行动实际上与另一个更加宽泛却同样重要的语境之间存在十分紧密的联系:警方和黑人社群之间日益恶化的关系,这成为整个 20 世纪 70 年代"社群关系"的特征之一。我们必须十分严肃地回答这个问题:警方对"行凶抢劫"问题的激烈反应是否真的与那些令人不安的"警察权力与黑人"相互冲突的一连串事件之间毫无关联? 从这个角度出发,让我们再来回顾一下里奇维尔警长说过的一段话。此人在许多预期性"行凶抢劫"案件中都扮演了重要角色。里奇维尔在行动小组实施抓捕行动的过程中发挥了领导作用,他也曾在罗得西亚警察部门任职。在两名罗得西亚学生案件的审判过程中,里奇维尔被问及是否会专门搜寻那些"有色人种青年男子",他的回答是:"在地铁北线,我承认的确如此。"[①]这个说法与来自其他案件的关于警察态度的大量证据完全相符。这些证据说明,在伦敦,许多警察会专门寻找"有色人种青年男子",一旦锁定目标,他们会以与对待白人男子十分不同的方式对待这些人。

汉弗莱(Derek Humphry)[②]和兰伯特(John Lambert)[③]曾经以不同的方式对这一时期警察和黑人的紧张关系进行过调查。汉弗莱的著作包含许多对黑人遭遇警察不公正对待的细节翔实的个案研究。兰伯特的著作则是对警察和移民群体关系的更一般性的研究。同时,由于这项研究具有鲜明的社会学取向,所以它对揭示警察与移民相关的活动背后的结构性条件更加重视。其中有一章讨论了"警察和种族关系"。这一章除了提供反种族歧视运动(Campaign Against Racial Discrimination)发布的《种族歧视报告》(*Report on Racial Discrimination*,1967)所透露的关于警察残暴行为的早期证据之外,最主要的目的是要说明警察的专业角色是如何影响到他们对待移民群体的态度的。这种分析思路建立在从"社会"角度理解偏见的基础之上:"如果这种'社会'偏见是大部分普通公民的态度,那么,作为公民,警察同样可能会具有这种态度。问题在于这种偏见会如何对警察的角色产生影响。"[④]为了对偏见进行解释,这一思路把作为个体的警察置于总体社会框架及其特定的组织角色之中。这种对警察—黑人关系的结构性解释,正是我们打算采取的方法。

这一时期,正如我们所看到的那样,警方和黑人社群之间的关系恶化的速度如此之快,以至于议会不得不设立一个特别委员会对这一问题展开调查。调查所得的证据要比当时议员们从这些证据中获得的具体结论重要得多。[⑤]作为西印度群岛移民常设会议(West Indian Standing Con-

---

① 《星期日泰晤士报》,1973 年 8 月 5 日。

② D. Humphry,《警察权力与黑人》(*Police Power and Black People*,London:Panther,1972)。

③ Lambert,《犯罪、警察与种族关系》,前揭。

④ 同上,页 183。

⑤ 对这些证据的重新分析,参见 Clarke 等,《证据的选择与种族主义的回避》,前揭。

ference)的代表,林奇(Clifford Lynch)在发言时提到了"针对黑人的系统的残暴行为",以及警察卷入其中的"敲诈勒索、种植毒品、捏造罪名和人身攻击"等犯罪活动。① 在诺丁山的几位证人所提供的证词则指出了警察的骚扰行为,尤其是对年轻的西印度群岛移民的骚扰。② 伯明翰地区的证词则包括了市议员怀特(Sheila Wright)夫人提供的陈述材料,她提到她所认识的三位警察"专门去有色人种社区寻找目标",她因此受到"许多"关于警察粗暴对待移民群体的投诉;根据兰伯特的说法,"许多,甚至是绝大多数黑人提出的与警察有关的投诉后来都被证明是正确的"。③根据伊斯灵顿族群关系委员会(Islington Committee for Community Relations)提供的备忘录,该地区的黑人青年对"警察的骚扰都心有余悸"。来自北伦敦西印度群岛移民联合会(North London West Indian Association)的克劳福德(Jeff Crawford)和旺兹沃思(Wandsworth)族群关系委员会也提供了类似的备忘录。④

　　总体而言,在 48 个族群关系委员会中只有 25 个报告当地族群关系良好,而这些社区主要是一些中小规模的城镇,并主要处于由亚裔而非西印度群岛移民主导的地区。⑤ 警方行为报告最终不得不承认:"所有证人、警方、族群关系委员会以及其他组织机构,尤其是西印度群岛移民自身的证词,清楚地表明警察和较为年轻的西印度群岛移民(这里我们指的是年龄在 16 岁至 25 岁的移民)之间的关系是脆弱的,有时甚至是极其紧张的。"⑥

　　全国公民自由理事会在这一时期的相关文件也展示了相似的情况。该机构发布的《1971 年年度报告》(Annual Report for 1971)把"警察和移民"关系单列出来予以特别讨论:"显然,档案记录表明,移民群体所遭遇的侵袭骚扰已经远远超出了他们在这个国家的人口中所占的比例。"⑦该理事会向议会特别委员会提供的证词里提到警方和黑人社群之间"日

---

① 《卫报》,1972 年 1 月 28 日。

② 《卫报》,1972 年 2 月 11 日。

③ 《卫报》,1972 年 3 月 9 日。

④ 《卫报》,1972 年 4 月 28 日和 5 月 11 日。

⑤ 参见社群关系委员会主席马克·博纳姆-卡特(Mark Bonham-Carter)向特别委员会提供的证据,见《卫报》,1972 年 5 月 12 日。

⑥ 《迪兹报告》,第 1 卷,页 69。

⑦ 全国公民自由理事会,《1971 年年度报告》(Annual Report 1971,London:N.C.C.L.,1972)。

益恶化的关系"。根据这些证词,"情况非常严峻……在一些地区,情况甚至发展到了危机的程度。在那里,双方的沟通和信任几乎接近完全崩溃的状态"。[1] 在这份证词中,刘易舍姆警察局发生的一系列事件成为重头戏。当有人提出要求对这些事件展开调查时,警方认为相关指控是"刻板偏见的产物"。[2] 更令人震惊的是,警方发言人公开否认听说过任何与对警方的投诉有关的调查,尽管全国公民自由理事会的相关团体指出他们在前一年至少提交了 15 件此类个案的投诉。[3] 1971 年 5 月,全国民意调查机构实施了一项与种族关系有关的重要调查,结果表明:

> 非白人群体对警方持批评立场的程度如此之高,这多少让人觉得有点吃惊。布伦特(Brent)的西印度群岛移民的批评意见尤其强烈,他们认为,在本地,警察一般会专找有色人种的茬,对待他们的方式也没有公平可言。我们觉得,由于持有此类批评意见的人如此之多,因此它不可能是臆想的产物。
>
> 在此次调查中,受访的白人中有 80% 的人认为警察很有帮助。70% 的印度裔和巴基斯坦裔受访者持有类似的看法,而只有不足一半的西印度群岛移民受访者认同这一点。实际上,多达五分之一的西印度群岛移民受访者明确认为警察对他们没有帮助——在年轻的工人阶级西印度群岛移民中,这一看法尤其强烈。[4]

最后,由族群关系委员会委托进行的关于伊令(Ealing)地区警察和移民关系的特别报告,进一步为这一问题提供了更多的证据。[5]

警方和黑人群体之间关系的普遍恶化趋势导致双方都日益充满敌意和相互猜忌。对警察"这一方"来说,这意味着他们会不可避免地强化对黑人群体的关注,并更倾向于认为在一些"麻烦事",甚至犯罪活动中,总免不了有黑人会卷入其中,尤其是在那些有大量"移民"聚居的地

---

[1]　《卫报》,1972 年 5 月 5 日。

[2]　《卫报》,1972 年 7 月 18 日。

[3]　关于刘易舍姆警察局"事件"更全面的叙述,参见 *Time Out*,1972 年 7 月 21 日—27 日。

[4]　转引自 Humphry,《警察权力与黑人》,前揭,页 109—10。

[5]　S. Pulle,《伊令地区警察移民关系:受伊令族群关系委员会委托进行的调查报告》(*Police Immigrant Relations in Ealing: Report of an Investigation conducted on behalf of the Ealing CRC*, London: Runnymede Trust 1973)。

区,更是如此。在统计学意义上,这些有大量移民聚居,在许多方面都严重落后的城市区域当然是"犯罪高发"地区,[①]即犯罪率高于平均水平的地区,尽管当时在这些"犯罪高发"地区的犯罪统计数据中,黑人所占的比例并不突出。[②]但警察和黑人之间的相互怀疑和敌视并不取决于这些"确凿"的统计证据。随着全国的种族关系状况出现了普遍的恶化,黑人群体中的激烈斗争和政治化倾向日益增加,与此同时,黑人青年的失业人数翻了好几倍(根据 1974 年 6 月的最新估计,有 21％ 年龄在 15 岁至 19 岁之间的英国黑人青年处于失业状态)。[③]在这种情况下,那些在黑人社区工作的警察也逐渐把黑人群体看作是对"法律和秩序"的潜在威胁,认为他们骨子里充满敌意,很可能会成为麻烦制造者、"和平的破坏者",甚至是罪犯。基于这种背景,黑人青年会在某个时刻被看作是"潜在的行凶抢劫者",也就不足为奇。实际上,里奇维尔警长就是这么说的。

在"行凶抢劫"危机达到最严重状态前后这段时期的警察与黑人关系,为我们提供了一个线索,使我们可以更全面地理解究竟是什么导致了警方在"反行凶抢劫"运动开始之前就已处于备战状态。另一个因素则是此前十年中警方内部进行的重组,在我们看来,这一点也起到了一定的作用。

20 世纪 60 年代警察部门内部发生的变化从根本上改变了警察的角色。当时把警察机构合并为几个规模更大的部门,[④]最终将警察机关的数量从 1955 年的 125 个减少到 43 个。与"行凶抢劫"问题的背景更直接相关的是发挥专门职能的特别警队数量的增加,以及能够提高犯罪控制效率的技术设备的推广(特别是机动车辆和个人无线通信工具使用的增加)。所有这些因素加起来导致巡警的"独立性"(这是警察地位的重要来源之一)下降,使得警察的主要角色逐渐从"和平守护者"转变为"打击犯罪的斗士",并进一步弱化了警察和社群之间所剩无几的纽带。过去,"典

① 参见 J. Rex 和 R. Moore,《种族、社群与冲突:关于斯帕布鲁克的一项研究》(Race, Community and Conflict :a Study of Sparkbrook ,London:Institute of Race Relations/Oxford University Press,1967)。

② Lambert,《犯罪、警察与种族关系》,前揭,页 123—4。

③ Stellman,《坐在这里,进入边缘状态》,前揭。

④ 这一过程是基于皇家警察委员会的建议实施的,参见《最终报告》(Final Report ,Cmnd 1728,London:H. M. S. O. ,1962),第七章。

型的"警察（bobby）形象是友好的，随时予以援手，他们通过维护社会和谐关系来防止犯罪活动的发生，对"他所处的"社区非常熟悉，认同这个社区的价值观，并拥有很大程度的"现场处置"的独立性，而不必受制于其直接上司的指令。现如今，这一传统已经不存在了。警方在 1967 年和 1969 年分别实施了单元管区治安办法（Unit Beat Policing）和社区联络员计划（Community Liaison Schemes），目的是在一定程度上恢复这些正在消失的警察角色传统。尽管如此，现在的警察（cop）已经变成了一个"典型的"职业身份，作为打击犯罪的警察队伍的成员，他们与其所管辖的社群之间几乎不存在任何文化联系。警察变得更加依赖警车进行巡逻，而不是常驻在特定的管区，更不大可能居住在自己的管区，同时随着步话机和车载无线通信设备的普及，巡警无时无刻不处在与其上级的联系之中，这增加了他们对上级指令的依赖。尽管以上概述有些简单化，但这种变化的方向是不可否认的。①

警察在犯罪预防和控制方面的角色变得越来越职业化和常规化，而警察系统内部日益增加的专业化则进一步强化了这种趋势：设立越来越多的特别警察队伍来应对特定的犯罪领域。最早设立的是地区犯罪警队（Regional Crime Squads），时间是 1964 年，目的是为了应对特定的"严重"犯罪问题。在全国警察力量的协同合作和犯罪情报局（Crime Intelligence Bureaux）的支持下，伦敦地区犯罪警队（Metropolitan Regional Crime Squad）着手应对的问题很快从"入室行窃"犯罪（1964 年）变为"有组织的"严重犯罪（1965 年），随后又从犯罪问题变成"监控"已知的职业犯罪分子。② 但这些警队的重要性在于它们有足够的自由度来专门集中处理某一方面的犯罪活动，但同时又具备快速动员起来处理任何一种类型的犯罪活动或犯罪分子的潜力：无论何时何地，只要需要，他们都能够快速应对问题。

与此相关的第二个新举措是 1965 年伦敦警察厅（Scotland Yard）设立的特别巡逻队（Special Patrol Group），这一措施为后来的做法设立了榜样。（根据一位高级警官的说法）特别巡逻队最初是

---

① 参见 M. E. Cain，《社会与警察的角色》（*Society and the Policeman's Role*，London：Routledge & Kegan Paul，1973）的结论部分；对 1964 年至 1974 年间警察系统发生的其他重要变化，尤其是警察在计算机化监控、先发制人式管控以及在与军方合作方面所发挥的政治功能的扩大，参见 Bunyan，《英国政治警察的历史与实践》，前揭，页 74—101。

② 参见相关年份伦敦警察厅总监报告中的具体内容。

作为一支"精锐力量"设立的,但后来由于"高层的担忧"又"重新受到较多限制"。[①] 现在,虽然伦敦警察厅坚持认为特别巡逻队并不是"警察队伍中的独立王国",但显然,这些巡逻队就是朝这个方向发展的。特别巡逻队"有他们自己的指挥系统和无线电通信网络,无论他们在哪个地区活动,都不受当地上级警官的干预"。如今此类小组共有六个,由总计 200 名"精挑细选的警察"组成。显然,特别巡逻队的源头是1961 年成立的内政部特别工作组(Home Office Working Party),当时设立这个工作组是为了"调查有没有必要在英国建立'第三支独立的治安力量'"。

> 特别工作组需要考虑的这些建议背后的逻辑是,就角色和实务而言,军队和保安部队与民事警察(处于警力不足的状态)之间存在一个缺口。从实际操作的角度说,填补这个空缺的治安力量,需要应对日益剑拔弩张的劳资纠纷,不断增加的政治抗议,可能出现的种族骚乱,来自外部的"恐怖主义"威胁,以及随着英国社会不同阶级之间的经济社会差距日益扩大而不断升级的社会冲突。[②]

特别工作组花了十年的时间来考虑并最终否决了设立准军事的"第三力量"的想法。但与此同时,伦敦警察厅的高级官员却设立了他们自己的"第三力量"。特别巡逻队在本质上是一支"后援"警队。例如,特别巡逻队中有两组专门负责"伦敦核心区治安",这两个小组要为"履行保卫职责的警察提供支援","并为应对任何其他严重事件随时待命……在这两个专门履行'伦敦核心区治安'职责的小组的运输车内,总是会有两名全副武装的警察"。报告还提到了这些巡逻队的其他任务。"当不需要负责'伦敦核心区治安'工作或参加处理严重治安事件时,特别巡逻队还会被用来整治正遭受某种犯罪活动困扰的地区。"在扮演这种"整治"角色时,特别巡逻队与我们的核心关切产生了直接联系,因为这些巡逻队为了"清除"行凶抢劫现象,曾经多次在布里克斯顿地区展开"整治行动"。随后,汉兹沃思、伯明翰和其他地区也相继发生

---

① 　*Time Out*,1973 年 3 月 23 日—29 日。

② 　同上。

类似的情况。这样，特别巡逻队就变成了一支"超级"地区犯罪警队。这一模式在国内其他地区被广泛复制。[1]

通过设立地区犯罪警队和特别巡逻队，警察和社区之间的纽带被进一步弱化了。但第二项举措，即设立特别巡逻队，则产生了更多的影响。特别巡逻队的组织方式突破了传统的警察和社区治安管理模式，其重点是突出警戒状态、快速反应和流动性，其行为方式和指导思想有一定的军事色彩。和军事单位一样，这些巡逻队通常也是全副武装的；但与军队不同的是，他们又具备传统警察的逮捕权。这些新特征对建立反行凶抢劫警队的启发意义是显而易见的。新设立的警队在一定程度上以地区犯罪警队和特别巡逻队为模板，针对"行凶抢劫"问题采取了新的专门的角色定位、行事风格和工作方法：对可能出现的问题进行预判，并采取预先攻势。在这种情况下，一定程度的骚扰和胁迫手段几乎是不可避免的。这显然与传统的警察风格相距甚远。英国警察曾经因为其宽容和良好的幽默感，以及"细腻的"处理问题的方式而享有国际美誉。

如果说作为个体的警察会受到其所属的机构组织的限制，那么，他同样会受到其所处的整个社会的影响。在正式的层面上，警察实施和运用法律，捍卫公共秩序；就此而言，他们自认为并且也被其他社会成员看作是"作为社会的代理人"在行动。但在一个相对非正式的意义上，他们又必须对公众情绪、社会焦虑和关切的变化保持敏感。杨认为，在调节这两种"社会"功能的过程中，警察会倾向于认为自己"代表的是那些'正常的'正派公民的要求"。[2] 即便在正式层面上应用法律时，实施的过程、对象和方式等警察决策的重要方面都会受到普遍流行的"社会氛围"的影响。在"行凶抢劫"危机爆发前的这段时期，有两个背景对警方的活动产生了直接影响。围绕这两个背景，当时的公众情绪也在不断升温。第一个是"法律和秩序"问题；第二个是反移民的社会情绪。（这两个问题会在后面关于"法律和秩序"问题的章节中详细讨论，此处仅做概要说明。）

关于"法律和秩序"这一背景，我们可以发现这涉及三个问题：青年、作为公共议题的犯罪和政治异议问题。"青年"问题包括不断增加的青少

---

[1]　Bunyan，《英国政治警察的历史与实践》，前揭。

[2]　J. Young，《警察的角色：越轨的放大者、现实的协商者、幻想的转化者》(The Role of the Police as Amplifiers of Deviancy, Negotiators of Reality and Translators of Fantasy)，见 S. Cohen 编，*Images of Deviance*，Harmondsworth：Penguin，1971。

年犯罪活动、少年犯人数的增加、蓄意破坏和流氓行为,以及这一时期持续不断的青年文化运动(从泰迪男孩[Teddy-Boys]①到光头党[Skin-heads]②)所导致的"反社会"行为。这些青年文化的表现形式通常都很标新立异。在公众意识中,青年人的焦躁不满、引人注目的程度和反权威的态度都成为社会变化的隐喻,甚至成为社会变迁过程中各种问题的征兆。③ 关于"犯罪"问题,我们同样可以发现社会上存在一系列与此有关的"明确的关切点",包括抢劫的规模和专业化程度、犯罪"集团"和帮派团伙冲突的扩散、犯罪活动的技术复杂性,以及最重要的一点,对枪支和暴力手段的日益频繁的使用和"不择手段"心态的盛行。由于警察觉得职业犯罪分子现在更容易逃脱罪责,因此,暴力犯罪日益增加的局面让他们觉得更加难以接受。④"异议政治"同样是一个十分广泛的问题,涉及许多方面;但从 20 世纪 50 年代核裁军运动(C. N. D.)组织的示威游行到 60年代末的大规模抗议活动,警方发现自身维护公共秩序的力量受到严峻考验。随后各种新的政治斗争进一步加剧了形势的复杂性:20 世纪 60年代的议会政治(静坐、示威、占领);反文化(counter-culture)的兴起(毒品、群居团体、离经叛道、流行音乐节等);后来,左翼政治派别和学生运动的壮大,以及最后,国内恐怖主义的威胁。在其他方面,不断加剧的劳资纠纷、北爱尔兰危机以及随之而来的国内爆炸袭击的威胁,所有这一切似乎都要求警方必须采取更严厉的举措,加大警力部署。(不断增加的维护"公共秩序"的责任始终是历任警察局长在其年度报告中都会提及的问题。)由于上述问题的出现,警方逐渐发现自己处在斗争的"最前沿"——

---

　　① 译注:20 世纪 50 年代起源于伦敦南部和东区的亚文化群体,喜欢穿着经他们自己改造的爱德华七世时代的服装,把自己装扮成想象中的贵族青年的模样。成员多为底层工人阶级家庭白人青年,酷爱摇滚乐等文化形式。他们常以团体的形式出现,拉帮结派,聚众斗殴。50 年代后期,这一群体不仅经常发生内部冲突,还逐渐把移民作为自己的攻击对象。1958 年发生的诺丁山种族骚乱事件中,这一群体有大量成员卷入其中。

　　② 译注:光头党是起源于 20 世纪 60 年代的一个英国青年劳工阶级亚文化群体,后来逐渐扩散到欧洲其他国家。"光头党"这个名称源自他们的光头发型。最初这一群体并没有政治或种族意图,但在 60 年代晚期,不少光头党成员开始卷入一系列针对移民群体的暴力事件。70 年代之后,舆论逐渐把光头党与新纳粹主义青年组织划上等号。

　　③ 参见 A. C. H. Smith 等编,《报纸的声音:大众报业与社会变迁,1935—1965》(*Paper Voices: the Popular Press and Social Change*, 1935—1965, London: Chatto & Windus, 1975);以及 J. Clarke, S. Hall, T. Jefferson 和 B. Roberts,《亚文化、文化和阶级:一个理论性概述》(Sub-cultures, Cultures and Class: a Theoretical Overview),见 Hall 和 Jefferson 编,《通过仪式抵抗》,前揭。

　　④ 参见 Mark,《丁布尔比讲座》,前揭。

这些领域已经超出了传统上警察应该管辖的范围。在他们要处理的这些问题中,合法和非法的边界十分模糊,并且往往涉及十分激烈的情绪对抗。[①] 一位警官评论道,在群体控制方面,警察必须"做到行动快速,同时还得方式得当"。[②] 这些新的治安任务使得警察的工作更加暴露在众目睽睽之下,从而更易受到批评。这导致警察的实际工作难度增加了,同时由于必须在休息日加班,他们的工作时间也变长了。随着这些新情况的出现,与警方对抗的左派意识形态日渐突出,与此同时,警察的士气则处于普遍低迷的状态。

在 1955 年到 1965 年间,全国所有可起诉犯罪案件的破案率从 49％ 跌至 39％。这一数字变化并不必然意味着警方工作效率的下降,因为每年警察成功处理的犯罪案件的数量增加了 108％;但引人注目的是,警方侦破案件的能力无法跟上报告的犯罪案件数量增加的速度。在同一时期(1955—1966),警察力量一直"无法达到官方所希望的水平"(1955 年和 1965 年这个差距分别达到 13％和 14％),"人手不足"成为一个日益严重的问题。就破案率而言,伦敦的情况更加严峻。[③] 就增幅比例而言,皇家警察委员会(Royal Commission on Police,1962)对警察薪水的增加是"本世纪以来"幅度最大的,[④]但这仍然不足以弥补警察工作日益增加的艰辛程度,也无法消除警察中日益弥漫的无法在"打击犯罪的斗争"中取胜的沮丧情绪。[⑤]

前面我们提到了这一时期警察和黑人之间关系恶化的问题。但从警察工作的社会背景来说,我们还不得不指出它的结构性背景——英国社会不断升温的反移民情绪。在这里,我们只需指出几个关键节点就可以清晰地把握社会风向变化的总体趋势:先是 1962 年通过的《英联邦移民法》(Commonwealth Immigrant Act)对移民做出限制,随后在 1964 年的大选中,格里菲斯(Peter Griffiths)凭借反移民主张成功赢得斯梅西克

---

① 参见 E. C. S. Wade 和 G. G. Phillips,《宪法》(Constitutional Law,London:Longmans,1960),转引自 P. Laurie,《伦敦警察厅》(Scotland Yard,Harmondsworth:Penguin,1972),页113。

② Laurie,《伦敦警察厅》,前揭,页116。

③ 数据来自 McClintock 和 Avison,《英格兰和威尔士的犯罪问题》,页 127、140。

④ 《卫报》(号外),1973 年 1 月 16 日。

⑤ 参见 T. Tullett,《脆弱的蓝线》(The Thin Blue line),见《每日镜报》,1970 年 2 月 17 日;以及 M. De-La-Noy,《压力与法律:成为一个警察要付出的高昂代价》(Stress and the Law:The High Cost of Being a Policeman),见《卫报》,1974 年 7 月 29 日。

(Smethwick)选区的席位。紧接着在 1965 年,工党政府的移民政策发生逆转。第一个阶段的这些变化从官方层面使得反移民情绪变得更加显著,也更加容易被人接受。在此之后,1968 年出现了"鲍威尔主义"(Powellism),[①]随之而来的是日益增多的"遣返"论调,国民阵线(National Front)[②]的扩张,保守党内日益频繁的反移民游说活动,以及对非法移民的大肆搜捕。在这种气氛下,黑人很容易就被等同于"社会问题",并进而越来越成为警察处理的对象。[③]

兰伯特的话不无道理:"作为英国社会的成员,警察并不比他们的邻居或同类人具有更多或更少的偏见。"不过,他紧接着对这个说法做出了一个同样重要的限定:"但与他们的邻居或同类人相比,警察的职业使得他们与有色人种接触的机会大大增加。"[④]与一般的公众成员相比,作为警察机关的成员,他们有更多的机会强化或消除自己的偏见,有更多的余地与合理性来根据自身的切实感受决定如何行动。兰伯特补充道:"由于社会隔离的存在,警察在履行公务活动之外,其实很少或者完全没有机会与有色人种公民产生接触。"[⑤]正是在这种有限的"职业接触"的情况下,警察对移民群体的刻板印象得到了强化。警察普遍容易受到刻板印象的影响,这与他们所处的极其孤立的社会位置有关:这种孤立一方面是他们自己造成的,一方面则是公众对他们的矛盾态度造成的。正如杨所指出的那样,从"普遍的怀疑到彻底的敌意",人们对警察的态度差别很大。[⑥]兰伯特注意到,"警察必须迅速对一个人进行总体判断,并决定采取何种方式来对待他"。[⑦]当体制深处危机之中,不断遭受经济和社会问题之苦时,移民群体很容易成为这些问题的"替罪羊";此外,在危机时期,"激进

---

① 译注:鲍威尔主义一词最早由《经济学人》杂志于 1965 年 7 月 17 日提出,指英国保守政治家约翰·以诺·鲍威尔(John Enoch Powell)的政治、经济和社会观点。他支持英国民族主义,对移民采取极端仇视的立场,主张对北爱尔兰独立运动采取强硬政策,在经济上反对国家干预,反对英国融入欧洲经济共同体。

② 译注:成立于 1967 年的英国极右翼法西斯主义政党,20 世纪 70 年代至 80 年代是其活跃期,90 年代后逐渐衰落。

③ 关于这一时期的种族关系,参见 C. Mullard,《英国黑人》(*Black Britain*,London:Allen & Unwin,1973);以及 D. Hiro,《黑白英国》(*Black British*,*White British*,Harmondsworth:Penguin,1973)。

④ Lambert,《犯罪、警察与种族关系》,前揭,页 181。

⑤ 同上,页 183。

⑥ Young,《警察的角色:越轨的放大者、现实的协商者、幻想的转化者》,前揭,页 39。

⑦ Lambert,《犯罪、警察与种族关系》,前揭,页 183。

分子""颠覆分子""共产主义者""国外煽动分子"等其他类似群体也会成为"替罪羊"。但关于这些群体,尽管媒体大肆渲染,实际上人们却很少见到他们。相比之下,移民群体不仅普遍存在,而且处于弱势地位。

这些社会背景带来的最直接的后果之一,就是在警察群体中出现了一种日益严重的特定"情绪",其特征是不断增加的急躁、沮丧和愤怒。警方向犯罪"宣战"的公开声明十分明确地表达了这种情绪。这与前文提到的"司法氛围"是相似的。在那些声明中,最广为人知的声明之一是沃尔德伦爵士(Sir John Waldron)在其任职期间倒数第二年发表的《伦敦警察总监 1970 年度报告》(*Report of the Commissioner of the Metropolitan Police for the year* 1970)。[1] 当时他临近退休。在这份报告中,沃尔德伦爵士表示,在其职业生涯的过程中,他发现刑事制裁的惩罚色彩越来越淡,与此同时,伦敦的暴力犯罪问题却日益严重起来。他批评道,对职业犯罪分子中的少数骨干成员来说,坐牢已经几乎没有任何威慑力;他们都把对未来的希望寄托在假释上;这些人在十年内甚至更长的时间里不断受到各种指控;但一旦获得自由,他们却从来没有真正努力去寻找一份体面的工作。他提出的"补救"方法是加大判刑的力度,让这些人在斯巴达式的艰苦环境中坐更长时间的牢。[2] 这里,警方最主要的"关切"是一目了然的:过分的宽大处理、暴力犯罪的增加、越来越多的对职业犯罪分子罪责的"豁免"、假释政策的"缓和"效果及其无效性。似乎为了表示不只是沃尔德伦爵士一个人持有这样的观点,《泰晤士报》(在同一版面)提到了约克郡和东北约克郡警察局长发表的与前者几乎完全一样的看法,他们都对那种过分"纵容"年轻人的做法予以抨击。值得注意的是,这位警察局长明确指出,他认为自己的想法反映了"许多警察"的心声。

两个月后,伦敦警察厅总部的两位高级官员在接受《泰晤士报》的专访时,针对这一问题提出了最严厉、最直截了当、最充满愤怒情绪的批评。[3] 这篇采访报道的主要内容与沃尔德伦爵士的报告相似,尽管与后者相比,它有过之而无不及,论调也变得更加尖锐。在这篇采访中,两位官员极其愤怒地指责议会、法院和内政部长期对暴力犯罪分子采取姑息政策。他们对严酷的监狱条件的终结表示不满,认为这种"严酷性"曾经

---

① 《报告》(*Report*,London:H. M. S. O. ,1971)。

② 《泰晤士报》,1971 年 6 月 9 日。

③ 《泰晤士报》,1971 年 8 月 24 日。

发挥了威慑作用,并对暴力犯罪活动的快速增加发出警告。他们坚信,如果不采取坚决有力的措施,不出五年,伦敦的街道就会变得像纽约和华盛顿现如今的街道那样充满危险。不出所料的是,他们提出的解决办法是要回到"过去的美好日子",延长刑期,并强化严酷的监狱刑罚。就在这篇报道出版的同一天,发生了布莱克浦(Blackpool)警司被杀事件,而这两件事情并无直接关联——接受采访的两位警官并不是针对警界同仁被杀事件做出愤怒反应,但这起事件无疑强化了他们的立场。第二天《泰晤士报》的社论提醒人们注意警方声明的政治意义。[①] 这篇社论首先指出这样一个事实:采访中表达的看法反映的是"伦敦警方高层的官方立场",同时也反映了某些公众和保守党成员的观点。其中,保守党的立场所产生的游说作用不容小觑。在此基础上,这篇社论预测,警方声明所透露出来的令人不安的变化是"刑事处罚的趋势也许将要发生彻底的改变"。(我们想顺便提及的是,自由派新闻媒体直接或通过知名的自由派代言人之口对两位警官的声明做了详细的批判分析,并认为这份声明存在不足之处。然而,12 个月后,当行凶抢劫危机"爆发"并成为媒体新闻报道的热点话题时,自由派媒体却没有做出同样的回应。[②])除了政治意义,声明中提到了"伦敦街头",并对伦敦和纽约的街头状况进行对比,这同样意味深长。毕竟,除非偶然情况,劫持卡车、抢银行、走私毒品、勒索保护费的黑社会组织、卖淫、帮派"枪战"等有组织的职业犯罪活动从来不会在大马路上进行。真正会对"街道安全"构成影响的是"业余"犯罪:抢夺钱包或手提包、扒窃、"偷钱包"等,在这些犯罪活动中,"每个人"都可能成为受害者。就此而言,声明中提到了美国,这一点十分重要,因为这暗示了只有一种犯罪活动需要予以特别注意,那就是街头的抢劫活动或所谓的"行凶抢劫"。(一年后,卡梅尔[Karmel]法官在宣判一起"地铁持刀团伙"案时,明确将两者联系起来。他对此案的判决,成为最早针对行凶抢劫问题做出的"威慑性"判决之一。[③])在《泰晤士报》那篇专访发表后的第二天,《每日电讯报》发表了一篇关于"暴力犯罪"问题的社论,表达了支持立场。这篇社论明确提到了"无目的的袭击"和"行凶抢劫":

---

① 《泰晤士报》,1971 年 8 月 25 日。

② 参见《卫报》和《泰晤士报》,1971 年 8 月 25 日;《星期日泰晤士报》和《观察家报》,1971 年 8 月 29 日。

③ 《伦敦标准晚报》,1972 年 9 月 25 日。

> 任何人只要读过本地报纸，定会注意到报道中提到的明显毫无目的的袭击事件的数量正在增加……在许多半城市化区域，有大片开阔的河岸和公共空地，这些地方过去十分宁静祥和。但如今，当地居民在这些地方行走时，却不得不小心翼翼。在伦敦地铁里，用暴力方式实施行凶抢劫和盗窃的犯罪活动也变得越来越频繁。[①]

几乎可以肯定的是，在这篇社论发表和新的一年开始之间的某个时间，警方组建了第一支反行凶抢劫特别巡逻队。

我们的论述始于英国社会出现的"第一起"行凶抢劫事件。但行文至此，我们却在讨论一个完全不同的，也许还有点出人意料的主题：我们城市中"警察权力与黑人"之间的对立。虽说并不是所有这一时期受到指控的"行凶抢劫者"都是黑人，但我们相信，黑人青年的处境和遭遇对解释"行凶抢劫"这一整体现象具有典型意义。我们希望在后面的章节中通过证据、例证和论证进一步巩固这种关联性。但在这里，让我们先来回顾一下我们是如何得出了这种关联性的结论的。最初，我们主要关注的是从"行凶抢劫"通过法庭和大众媒体成为一个公众瞩目的社会问题到其进入相对"衰落"的这段时期，即大约从 1972 年 8 月到 1973 年 10 月。在这段时期，法庭、媒体和"行凶抢劫"问题相互纠缠在一起，这一点是显而易见的。我们随后转而讨论司法系统的内部组织以及这一系统内部发生的一些新动向。然后我们把目光转向了警察部门。但与法庭和媒体不同的是，我们发现，警察部门角色的独特性在于，它是"不可见的"。当然，这一点并不令人惊讶。在某种意义上，这种"不可见性"是很自然的。警察的确会以特定方式出现在媒体和公共辩论中。但相比之下，警察系统的内部组织方式，通常并不会公之于众；他们的计划、偶发事件处置方案、现场警力的动员部署等活动，通常都是以十分保密的方式进行的——考虑到这些活动在犯罪侦查、逮捕和预防方面的作用，这种保密性也是预料中的事。

在我们看来，警察职能的这种部分"不可见性"十分重要，因为我们掌握的证据清楚地表明了这样一个事实：在法庭和媒体将"行凶抢劫"描述为一个十分紧迫的社会问题之前几个月，警方已经针对这个问题开始了重大的警察资源动员部署活动，开始将注意力和精力向这一问题转移。实际上，如果不是警方在好几个月前就已经针对这一问题采取积极行动

---

① 《每日电讯报》，1971 年 8 月 25 日。

的话,那么在 1972 年 9 月,法院就不会集中审理那么多与"行凶抢劫"有
关的案子。这一点促使我们用一种不同的方式去理解警察在"行凶抢劫"
恐慌中发挥的作用。如果在"行凶抢劫"成为一个公共议题之前,警方就
已经对真实发生的或他们假设的"行凶抢劫"威胁表现出高度的敏感性的
话,那么,这种预先的活动必定是以某种关于特定类型或模式的犯罪的制
度化定义为基础的。根据这个定义,这些特定的犯罪活动"意味着"或者
"可以被解释为""行凶抢劫"犯罪浪潮的开始———一种"新的犯罪类型"。
在分析警察角色的过程中,我们试图超越新闻标题和法官的道德说教,去
考察这一切发生之前的更早的"前行凶抢劫"(pre-mugging)时期,深入分
析那些受到掌控因而没有公之于众的国家领域的活动,以及在警察和行
凶抢劫者直接交锋之前或之后的警察与社会的关系。因此,在"行凶抢
劫"危机的边缘,我们发现了它的前史:长期存在的警察和黑人之间关系
恶化的复杂局势,尤其是在大城市的特定区域警察和黑人青年群体之间
的关系。只有在这样的背景之下,警察部门在制造这场道德恐慌过程中
发挥的建构性作用才能得到正确的评价和理解。

　　在这几章里,我们对媒体、司法系统和警察部门职能的分析表明,此
处所讨论的这种特定类型的犯罪活动在本质上是一个社会性问题,而不
只是一个严格的法律或统计问题。在国家内部,围绕这一犯罪问题产生
了不同的反应。一旦明确了这一点,我们就不可能再继续认为,警察、法
院和媒体等舆论和控制机构,只是在对直接、简单和明确的犯罪活动做出
被动的反应。相反,我们必须认识到,这些机构不仅对整个过程做出"反
应",它们同时也积极且不断地参与了这个过程的建构。在判断局势、选
择打击目标、发起"运动"、组织这些运动、有选择地向大众宣传自己采取
的行动、通过关于自我活动的叙事来合法化这些行动等方面,这些机构都
是十分积极的行动者。它们并不仅仅对"道德恐慌"做出反应。它们是造
成"道德恐慌"的机制中的一环。这构成了一个悖论:它们实际上有意或
者无意地强化了自己要竭尽全力去控制的越轨现象。这意味着,虽然这
些机构在这出"道德恐慌"大戏中扮演关键角色,但它们的行为也会产生
意想不到的后果。

第三章　新闻的社会生产

媒体并不是以一种简单透明的方式报道那些"天然"具有内在新闻价值的事件。新闻是一个复杂过程的最终产物,在这一过程伊始,媒体根据社会建构的一套类型,对事件和话题进行系统的分类和选择。正如麦克杜格尔(MacDougall)所言:

> 每时每刻,世界各地都在同时发生着亿万个事件。……所有这些事件都有可能成为新闻。但直到某个新闻报道者将这些事件描述出来,它们才会真正变为新闻。换言之,新闻是对事件的陈述,而不是事件本身固有的构成要素。[1]

了解新闻生产中的这种选择性结构的维度之一,是观察报纸在有规则地生产特定类型或某些领域的新闻时所采取的常规化的组织方式。由于报纸的使命就是必须不断生产出新闻,因此,这些组织性要素会反过来对新闻生产的选择性产生影响。比如,报纸会预先对特定类型的事件或话题予以特别关注,这种偏好基于两种情况:一是报社内部的人力资源组织方式(例如,专注特定领域的特派记者和部门、维持机构联系等),另一方面是报纸新闻报道的内容结构(例如,国内新闻、外国新闻、政治新闻、体育新闻等)。[2]

---

[1]　C. MacDougall,《解释性报道》(*Interpretative Reporting*, New York: Macmillan, 1968),页 12。

[2]　关于这些"行政"因素对新闻报道的影响,参见 P. Rock,《作为永恒循环往复的新闻》(News as Eternal Recurrence),见 S. Cohen 和 J. Young 编,*The Manufacture of News: Social Problems, Deviance and the Mass Media*, London: Constable, 1973。

　　尽管报纸的组织方式和人员构成会不断地促使它对特定类型的对象给予更多关注,但在实践中,如何从某一类型中数量众多且彼此竞争的选项中挑选出读者可能感兴趣的话题,依然是一个问题。此时,关于什么是"好新闻"的专业意识形态,即新闻记者对新闻价值的理解,开始对新闻生产过程发挥影响。从最一般的层面上讲,这意味着对那些"非同寻常"的事件的偏好,这些事件以某种方式打破了人们对社会生活的"常规"期待,比如,突如其来的地震或者登月这样的事件。我们或许可以将这一点称为首要或主要新闻价值。然而,"新奇性"并不是唯一的新闻价值,只要我们对任何一份报纸稍加浏览就会发现,下面这些事件同样可能会成为新闻报道的对象:涉及精英人物或国家的事件,极具戏剧性的事件,那些能够被加以个性化处理从而突出幽默、悲哀、感伤等基本人性特征的事件,会引发负面结果的事件,以及作为现存的某个有新闻价值的主题的一部分或可以被处理为这个主题的一部分的事件。[①]灾难,戏剧性事件,日常生活中发生在普通人身上的有趣或可悲的滑稽事件,有钱有势者的生活,以及诸如足球(冬季)和板球(夏季)这样反复出现的话题,都会在报纸的版面上找到一席之地。由此导致两个结果:第一,记者为了强化报道的新闻价值,往往会夸大新奇性、戏剧性、悲剧性等要素;第二,在各种新闻事件中,具有更高新闻价值的事件会更容易成为新闻报道的对象。而那些在所有方面都有较高新闻价值的事件,比如,肯尼迪被刺事件(这一事件完全出人意料,极具戏剧性,产生了负面后果,是一场涉及精英人物的人间悲剧,这个人物恰好又是这个世界上一个十分强大的国家的领导人,而这个国家在英国媒体中又是一个反复出现的主题),是如此具有新闻价值,以至于正常的广播电视节目播出会被打断,以便关于这些事件的新闻能够立刻以快讯的方式得以播出。

　　在后面分析行凶抢劫问题时,我们会说明这些新闻价值是如何作为一个整体结构发挥作用的。但目前,我们只想指出,新闻价值为新闻的常规运作提供了标准。根据这些标准,记者、编辑和撰稿人可以在常规的新闻实践中有迹可循地决定哪些故事是"有新闻价值的",哪些是没有的,哪些故事是"头条"新闻,哪些是相对次要的,哪些新闻必须报道,哪些新闻

---

　　① 　参见 J. Galtung 和 M. Ruge,《新闻结构与新闻选择》(Structuring and Selecting News),见 S. Cohen 和 J . Young 编,*The Manufacture of News*,前揭。

应当被舍弃。① 虽然这都是一些不成文的标准，没有通过正式渠道被广泛传播或被汇编为正规条文，但新闻价值似乎得到了不同媒体机构的广泛认同（虽然我们会在下文指出不同的媒体机构会以不同的方式遵循这些价值），并成为新闻工作者的职业社会化、实践和意识形态中的核心要素。

新闻的社会生产的这两个方面，即促使新闻生产以类型化模式进行的媒体机构组织方式和决定新闻选择及各类新闻事件的重要性序列的新闻价值结构，只是新闻生产过程的一部分决定要素。相比之下，这一过程的第三个影响要素，即新闻报道本身的建构过程显得并不那么直观，却同样重要。这涉及如何将新闻故事呈现给假定的受众，并用新闻报道者所认定的受众能够理解的表达方式把它们讲述出来。如果说在媒体的表征中，世界并不是一团随机发生的混乱事件的杂乱堆砌的话，那么，媒体就必须对这些事件加以识别（例如，命名，定义，将之与受众已知的事件联系起来），并将其置于特定的社会语境之中（例如，把事件嵌入受众熟知的意义框架之中）。这个由识别和语境化所构成的过程极其重要，因为正是通过这一过程，媒体使得事件"具有了意义"。一个事件只有被置于一系列已知的社会和文化关联性之中才"有意义"。如果新闻工作者手头没有这种现成的关于社会世界的文化"地图"作为其常规实践的参照系的话，那么，他们将无法向受众"解释"那些非同寻常的、出乎意料的和无法预测的事件，而正是这些事件构成了"有新闻价值的"媒体内容的基本组成部分。这些事件之所以有新闻价值，是因为它们代表着这个世界的不确定性、不可预测性和冲突性本质。但媒体不能允许这些事件永远处于"随机的"不确定状态，而是必须把它们纳入"意义"的范畴之中。本质上，将这些事件带入意义领域的过程，意味着媒体对这些事件的解释必须参照已经成为我们文化知识基础的"意义地图"（maps of meaning），而社会世界的版图已经根据这些知识"绘制好了"。在这种根据参照性的背景框架对新闻事件进行社会识别、分类和语境化的基本过程中，媒体使其所报道的世界变得对读者和观众而言是可以理解的。这一"使事件变得可以理解的"过程

---

① 同上；同时参见 K. Nordenstreng，《新闻传播的政策》（Policy for News Transmission），见 D. McQuail 编，*Sociology of Mass Communications*，Harmondsworth：Penguin，1972；W. Breed，《新闻编辑部的社会控制：一种功能分析》（Social Control in the Newsroom? A Functional Analysis），见 *Social Forces*，33，1955 年 5 月；以及 S. Hall，《导言》（Introduction），见 Smith 等编，*Paper Voices*，前揭。

是一个由一系列特定的新闻实践所构成的社会过程,这些实践体现了(往往含蓄地)关于什么是社会以及社会如何运作的重要假设。

其中一个背景性假设是社会的共识性本质:赋予事件以意义,即意指实践(signification)的过程,既把社会假设为一个共识,也促成了这个共识的形成。我们作为同一个社会的成员而存在,原因在于这样一种假设:我们与其他人分享着一些共同的文化知识,我们能够进入相同的"意义地图"。我们不仅能够运用这些"意义地图"来理解事件,而且我们拥有一些共同的基本利益、价值和关切,而意义地图正是对这些共同要素的体现或反映。我们都希望或实际上正在以基本相同的视角去理解事件。根据这种看法,那些将我们作为社会和文化联合为一个整体的东西,即共识性的一面,要远远比那些把我们划分和区隔为不同群体或阶级的要素重要得多。因此,在某种程度上,文化共识的存在是一个显而易见的事实;它是一切社会传播的基础。[①] 如果我们不是同一个语言共同体的成员,我们根本无法彼此交流。从一个更广泛的层面来说,我们对社会现实的理解,必须在一定程度上以同样的分类体系为基础,否则,我们无法"获得对世界的共同理解"。然而,最近几年来,这一关于社会的基本文化事实已经被提升到了一个极端意识形态性的层次。由于我们处于同一个社会,并大体上属于同一种"文化",因此,有人认为,在我们的社会中,基本上只存在一种理解事件的角度:这种视角的来源有时被称为我们社会的文化,或(根据一些社会科学家的说法)我们社会的"核心价值体系"。根据这种观点,在一个特定的社会中,不同的群体或不同的意义地图之间不存在任何重大差异。当这种"共识"观被想当然地当作传播的基础时,就会产生重要的政治后果。因为这种看法同时也假设我们具有大致相同的社会利益,并享有大致平等的社会权力。这是政治共识观念的本质所在。根据这种"共识的"社会观,一个社会的阶级和群体之间并不存在严重的文化或经济矛盾,它们之间没有重大的利益冲突。无论存在什么样的不同意见,都可以通过合法的制度化手段得到表达和调解。观点和媒体的"自由市场"应该可以确保不同群体之间的文化冲突得到化解。而议会、两党制、政治代议制等政治制度则可以确保所有群体能够平等参与到决策过程之中。"消费"经济的发展则创造出了所有人都能创造并享有财富的经

---

① L. Wirth,《共识与大众传播》(Consensus and Mass Communications),见 *American Sociological Review*,13,1948。

济条件。法治原则对所有人一视同仁。这种共识的社会观在高度组织化的现代民主资本主义社会中显得尤其强势；而在各种社会机构中，媒体的实践对"国家共识"假设的依赖是最广泛、最一以贯之的。因此，当媒体通过一些意义和解释框架来"描绘"事件时，它假定我们所有人都具备这些相同的框架，并知道如何运用它们。它还假定这些框架来自对所有社会群体和受众而言都基本一样的理解结构。当然，与政治和经济生活一样，观点的形成过程中也会出现不同的愿景、分歧、争论和反对意见；但这些都是在一个更广泛的意见一致的基本框架内发生的，即人人都赞同的"共识"。在这个共识中，一切纷争、分歧或冲突都可以通过讨论的方式得到化解，而不必依靠对抗或暴力手段。在解决了 1972 年的矿工罢工危机之后，希思首相的广播讲话生动体现了这种共识诉求的影响之深（这表明在危机最严重的时候，对共识的公开呼吁也会变得尤其普遍）：

> 在我们所生活的国家，不应当存在任何作为小群体的"我们"（we）或"他们"，而应当只有作为一个整体的"我们"（us）：我们所有人。如果政府"被击垮了"，那么，我们的国家就被击垮了，因为政府是由人民选举出来的人构成的，他们必须根据"我们"中多数人的愿望完成他们应该履行的使命。这就是我们生活方式的全部要义。不管是划定警戒线，举行示威，还是下议院的辩论，这些都没有问题。我们已经习惯于和平的争论。但一旦有人使用暴力或者威胁使用暴力时，他就挑战了我们绝大多数人所赞同的正确的行事方式。我不相信你们会允许任何一个民选政府面对这种事情而熟视无睹。我向你们保证，无论发生在何地，这种事情都不会得到容忍。①

因此，新闻事件常常在一定程度上会在来自共识观念的框架中得到解释，这种共识观念是日常生活的基本特征之一。对这些事件的详细说明通过各种"解释"、图像和话语来完成，而这些要素表达的正是媒体认为受众应当思考和了解的关于这个世界的内容。这个过程强化了共识观念。最近，默多克（Murdock）强调了这一过程的重要性：

---

① 《泰晤士报》，1973 年 2 月 28 日；转引自 G. Murdock，《政治越轨：激进大众示威的媒体报道》(Political Deviance: the Press Presentation of a Militant Mass Demonstration)，见 Cohen 和 Young 编，*The Manufacture of News*，前揭，页 157。

　　这种通过人们已经熟知的框架来呈现新闻的习惯性做法产生了两个重要后果。首先，它使得报道中涉及的定义和概念再度复活，并扩展它们，使之作为人们习以为常的共有知识储备的一个组成部分得以不断流传……其次，它"传达了一种永恒循环的印象，社会秩序的构成要素是运动，而不是革新"。[1] 在这里，通过强调社会结构的连续性和稳定性，并宣称一组共享假设的存在，媒体对特定情形的定义再一次复制并强化了基本的共识观念。[2]

　　那么，新闻报道的框架和解释功能的潜在意义究竟是什么？我们认为，这取决于这样一个事实：媒体所报道的信息一般是关于那些发生在绝大多数社会成员的直接经验之外的事件。媒体因此成为与许多重要事件相关的主要的甚至是唯一的信息来源。而且，因为新闻必须反复关注那些"新的"或"出人意料的"事件，因此，媒体还有义务把我们所谓的"有问题的现实"转变为可理解的对象。那些充满不确定性的事件违背了我们共有的期待，从而对一个以共识、秩序和常规的期待为基础的社会构成了威胁。因此，媒体在社会的传统理解框架内报道那些不确定的事件具有两个方面的重要意义。一方面，媒体告诉绝大多数人正在发生什么重要事件，另一方面，它们还为人们提供有影响力的解释，告诉他们应当如何理解这些事件。对事件以及牵扯其中的人或群体的态度则隐含在这些解释之中。

首要定义者和次级定义者

　　在这一小节，我们想讨论一下主导性观念与传媒的专业意识形态和实践是如何"相匹配的"。根据某些简化的阴谋论的说法，之所以出现这种匹配关系，是因为媒体的所有制形式在很大程度上是资本主义性质的（虽然这种所有制结构的确是普遍存在的）。但在我们看来，这种归因逻辑是错误的，因为这会导致我们忽略记者和新闻工作者在日常工作中所

----

① Rock，《作为永恒循环往复的新闻》，前揭。
② G. Murdock，《大众传播与意义的建构》（Mass Communication and the Construction of Meaning），见 N. Armistead 编，*Rethinking Social Psychology*，Harmondsworth：Penguin，1974，页 208—9；同时参见 S. Hall，《与自己合二为一的世界》（A World at One with Itself），见 *New Society*，1970 年 6 月 18 日；以及 Young，《大众媒体、越轨行为和毒品》，前揭。

具有的摆脱直接经济控制的"相对自主性"。相反,我们希望把注意力投入到更加常规性的新闻生产结构上,从而试图理解媒体实际上是如何在"最后一步"复制了强势群体的定义的,但又不只是简单地被这些强势群体所收买。这里,我们必须强调社会事件的首要定义者(primary definers)和次级定义者(secondary definers)之间存在十分重要的区别。

媒体自身并不会自动创造出新闻报道;相反,它们是在常规的、可靠的制度化新闻源的"提示"下才把关注的焦点转向特定的新闻话题的。正如罗克(Paul Rock)指出的那样:

> 总体来说,记者的位置使得他们能够接触到各种机构,这些机构会定期举行一定数量的活动。对媒体而言,这些活动很有用,成为可供它们报道的素材。当然,某些机构会通过夸张的手法,或通过新闻发布会和宣传员,来确保自身能够获得较高的关注度。其他机构则会有规律地制造出相继发生的一系列事件。法院、体育机构、议会等,都会不断地制造出新闻话题……这些话题转而又成为媒体追逐的对象。①

造成这种情况的原因之一在于新闻生产的内部压力。正如默多克所言:

> 新闻机构所面临的持续不断的时间压力,以及随之而来的资源分配和工作日程安排的问题,可以通过报道"预先安排好的事件"——即那些由组织者提前宣布的事件——得到减少或缓解。然而,采取这种办法来解决日程安排问题所导致的后果之一,是加剧了新闻工作者对那些愿意和能够预先安排其活动日程的新闻源的依赖程度。②

第二个原因与这样一个事实有关:媒体的新闻报道是以"公正""平衡"以及"客观"这样的观念作为保障基础的。尽管这些原则在电视媒体中的实施最为正规(电视业处于一种近乎垄断的状态,这导致国家直接介

---

① Rock,《作为永恒循环往复的新闻》,前揭,页77。

② Murdock,《大众传播与意义的建构》,前揭,页210。

入到对电视业活动的管制之中），但在整个新闻业中，普遍存在着一些类似的专业主义意识形态"规则"。① 这些规则带来的结果之一是新闻工作者小心翼翼地在"事实"和"观点"之间所做的结构化区分。关于这一点我们在后面的章节中会做进一步讨论。就我们此刻讨论的目的而言，重要的一点是必须指出，这些专业规则导致了这样一种做法，即只要可能，就必须确保媒体报道的内容以来自"可信"新闻源的"客观的""权威的"陈述为基础。这意味着媒体必须不断关注那些有可信度的重要社会机构的代表。比如，如果媒体报道的是政治话题，就应当关注议员，而如果涉及的是产业问题，则应当把焦点转向雇主和工会领导人，等等。这些机构代表之所以"可信"，是因为他们在其所在机构中所掌握的权力和职位，同时也因为他们所具有的"代表性"地位：代表"人民"（议员、部长，等等），或组织化的利益群体（例如，英国总工会[Trades Union Congress]和英国工业联合会 [Confederation of British Industry]就是这样的组织）。但最重要的"权威信息源"是"专家"：他们不带任何私利地探求知识，这种职业特征，而不是地位或代表性，使得他们的观点具有了"客观性"和"权威性"。具有讽刺意味的是，那些旨在保持媒体公正性、源自媒体追求更高专业中立性意图的规则，同时也在获取新闻源方面对媒体产生了十分强烈的制约作用，导致它们更倾向于采纳那些"权威信息源"，即机构代言人所提供的"对社会现实的定义"。

新闻生产的这两个方面，即实践中始终存在的时间压力与公正中立的专业要求，共同导致了一种系统的结构性偏向，使得那些占据权势机构位置的群体始终能够获得更多的媒体资源。因此，在象征维度上，媒体往往倾向于如实地复制现存社会制度秩序中的权力结构。这就是贝克尔（Becker）所说的"可信度的等级体系"——当出现争议话题时，那些更有权势或占据更高社会地位的人所发表的意见更有可能被接受，因为人们相信，与绝大多数人相比，这些发言人能够容易接触到关于特定议题的更准确或更专业的信息。② 媒体对权势者观点的这种结构性偏向导致这些"发言人"成为我们所说的议题的首要定义者。

---

① 关于这些规则的历史演变，参见 J. W. Carey，《传播革命与专业传播者》(The Communications Revolution and the Professional Communicator)，见 *Sociological Review Monograph*，13，1969。

② H. Becker，《我们与谁站在一起?》(Whose Side are We on?)，见 J. D. Douglas 编，*The Relevance of Sociology*，New York：Appleton-Century-Crofts，1972。

　　提出这一点的意义何在？毫无疑问，通过"平衡"的要求——我们的讨论尚未涉及的专业规则之一——不同的定义的确能够在媒体上得到呈现：各方都能表达自己的看法。实际上，正如我们会在下一章详细讨论的那样，在辩论话题的设置过程中允许一些对立和冲突的存在同样是使得事件戏剧化从而强化其新闻价值的一种手段。在媒体和首要机构定义者之间的结构性关系中最重要的一点是，这种关系允许机构定义者设置关于所讨论的话题的最初定义或首要解释。在随后的各个环节，这种定义"控制着整个场域"，并为后续所有的进一步报道或辩论设置了话语表达的范围边界。那些与首要解释相对立的观点也被迫将自身纳入到这种解释所设定的"何为核心问题"的定义之中，这个定义所确立的解释框架成为这些不同意见表达的起点。这被朗氏夫妇（Lang & Lang）称为"推论结构"（inferential structure）[1]的初始解释框架，一旦确立就很难从根本上被改变。例如，一旦英国的种族关系被定义为一个"数量问题"（比如，有多少黑人生活在英国），那么，即便是那些自由派发言人，为了证明黑人移民数量被夸大了，也不得不间接地赞成这样的看法，即辩论的焦点"在本质上"与数量有关。与此类似，哈洛伦（Halloran）等人的研究清楚地表明，暴力的"推论框架"在前奏阶段一旦确立，将会如何在媒体对第二次反越战集会和格罗夫纳广场（Grosvenor Square）事件的报道中占据主导地位，尽管所有一手证据都与这种解释是直接冲突的。[2] 因此，实际上，首要定义通过界定问题是什么，为后续的所有讨论设置了界限。这一初始框架成为评判后续发言是与辩论主题"相关"还是"无关"或离题的标准。那些与这个框架偏离太远的发言会被批评为"无助于解决问题"。[3]

　　因此，媒体并不是简单地"创造出"新闻，也不是以一种阴谋的方式直接传达"统治阶级"的意识形态。实际上，我们已经指出，从某种十分重要的意义上来说，媒体通常根本不是新闻事件的"首要定义者"；但媒体与权力之间的结构性关系，使得它们在复制处于优势地位者的定义过程中发

---

　　① 　K. Lang 和 G. Lang，《政治传播的推论结构》（The Inferential Structure of Political Communications），见 *Public Opinion Quarterly*，19，1955 年夏。

　　② 　J. D. Halloran，P. Elliott 和 G. Murdock，《示威与传播：一项个案研究》（*Demonstrations and Communication：a Case Study*，Harmondsworth：Penguin，1970）。

　　③ 　参见 S. Hall，《事件的"结构化传播"》（The "Structured Communication" of Events），提交给联合国教科文组织/哲学分组的"传播的障碍研讨会"（Obstacles to Communication Symposium）的论文；Clarke 等，《证据的选择与种族主义的回避》，前揭。

挥了十分关键但又相对次要的作用。作为"权威信息源",这些处于优势地位者能够获得更多的媒体话语资源。从这个观点来说,在新闻生产阶段,相对于首要定义者,媒体处于一种结构性的从属地位。

正是媒体与"有权势的"新闻源之间的这种结构性关系,使得我们开始意识到被忽略的媒体的意识形态角色问题。也正是这种关系,使得"统治阶级的思想在每一个时代都是占统治地位的思想"这一马克思的基本命题具有了实质内涵和具体性。根据马克思的观点,"占统治地位的思想"之所以能够存在,主要是因为统治阶级不仅拥有和控制了物质生产的手段,而且还占有了"精神生产"的手段。在生产他们对社会现实的定义并在这一现实中为"普通人"确定位置的过程中,统治阶级建构出一个十分独特的社会景象,其中,特定阶级的利益被描绘成全体社会成员的共同利益。由于对物质和精神资源的控制,以及在重要社会机构中所占据的主导位置,统治阶级对社会世界的定义成为那些捍卫并再生产其"生活方式"的社会机构运作的基本依据。对精神资源的控制确保了统治阶级的思想在各种关于社会世界的定义中成为最有影响力、最具"普世性"的观念。这种普世性确保这些观念在一定程度上能够被从属社会阶级所接受。统治者同时必须通过观念来实现统治;因此,他们是在被统治者同意的情况下,而不是主要通过公然的强制来实施统治的。帕金(Parkin)提出了类似的看法:"借助重要的制度秩序,占统治地位的群体提出的社会和政治定义得到客观体现,并为整个社会体系提供道德框架。"[1]

在关键的社会、政治和法律制度中,强制和限制手段从来都没有完全缺席。媒体也不例外。比如,记者及其新闻报道活动会受制于经济和法律限制,以及更加明显的审查形式(例如,对北爱尔兰事件报道的审查)。但为了再生产出"占统治地位的思想",对这些思想的传播就必须更加依赖非压制性机制。管控和审阅的等级化结构、通过非正式的社会化过程将媒体纳入制度化角色之中、主导观念对"专业意识形态"的逐步渗透,所有这一切都共同发挥着作用,确保"占统治地位的思想"能够在媒体中以主导性方式被不断地再生产出来。在这一节,我们想说明的一点,正是特定的专业实践如何确保媒体能够发挥关键作用,既有效又"客观地"再生产出统治阶级意识形态的主导性场域。

---

[1]　F. Parkin,《阶级不平等与政治秩序》(*Class Inequality and Political Order*,London:MacGibbo & Kee,1971),页83。

行动中的媒体：再生产与转化

到这里为止，我们考察了"主导性意识形态再生产"在媒体中得以确立的过程。在我们看来，很显然，这种再生产是一系列结构性要求（structural imperatives），而非媒体公然与权势者密谋的结果。不过，"意识形态再生产"的整个循环过程，只有在我们充分说明媒体如何对权势者提供的"原材料"（事实和解释）进行转化之后，才算大功告成。只有通过这种转化，媒体才能够对那些"潜在的"故事进行加工，并使之最终以新闻商品的形式呈现出来。如果说上一节我们所讨论的环节强调了媒体是如何被动服从于权势者的"权威"定义，那么，这里所讨论的第二个环节主要涉及的则是新闻生产的过程。相比之下，媒体在这一过程中所扮演的角色更加具有自主性，也更积极。

媒体积极发挥自主性的第一个方面是选择性。并不是首要定义者提出的与特定话题相关的每一个观点都会被媒体采纳；在同一个陈述中，也不是每个部分都会被接受。通过这种选择性，媒体将自身的标准施加于结构化的"原材料"上，从而积极主动地对它们进行挪用和转化。此前我们已经强调过，由一系列专业、技术和商业限制所构成的选择标准导致媒体在总体上偏向于"权势者的定义"。另一方面，我们在此处想强调的则是，虽然这些标准对所有报纸都会产生制约作用，但每家报纸挪用、评估和操作这些标准的具体方式却是不同的。简言之，每家报纸对新闻价值的专业理解、组织和技术架构（比如，在特定新闻领域安排了多少名记者，为特定类型的新闻话题分配了多少专栏版面，等等），以及对受众或一般读者的理解都是不同的。这些差别结合起来使得不同的报纸具备了不同的"社会特征"。《世界新闻报》（*The News of the World*）以刊载"丑闻"和与性有关的新闻为主，而《每日镜报》则更加注重新闻报道的"人情味"。这两个例子典型地体现了报纸在"社会特征"方面的内部差异。当每份报纸的这种"社会特征"发挥影响之时，也恰好是媒体的转化工作开始运作之时。[①]

"媒体工作"的一个更加重要的方面是将事件转变为新闻成品的活动。这涉及媒体以特定方式把新闻事件编码为特定的语言形式。正如我

[①] 关于《每日镜报》的变化，参见 Smith 等编，《报纸的声音》，前揭。

们刚刚指出的那样,每份报纸都有自己特定的组织框架、对新闻和读者的理解。同样,每份报纸也有属于自己的稳定的、独特的表达方式(mode of address)。这意味着即便是拥有相似立场的报纸,对同一个话题、新闻源和推论结构的呈现方式也是不同的,因为不同的表达修辞手段会对媒体呈现原初新闻议题的方式产生重要影响。决定一份报纸采取特定表达方式的一个重要因素是这份报纸自我设定的主要服务对象在各层次读者中处于何种位置,即它的目标受众是谁。因此,特定报纸所使用的语言正是这份报纸对作为自己主要诉求对象的那部分公众的语言的一种反映,即对它认为由受众共享的那些修辞、意象和深层知识储备的反映,而正是这些内容构成了新闻生产者和读者之间交换关系的基础。正因为如此,我们把这种各个媒体机构间不同的表达形式称为媒体的公共言语(public idiom)。

　　虽然我们在此处强调了不同报纸的不同语言风格,但也不应当过分强调这种差异性。这种语言差异并不意味着媒体能够表达范围广泛的多元意见。相反,这种差异局限于特定的明确的意识形态限制的范围之内。虽然每份报纸的服务对象只是作为读者的公众中的一部分(或者说不同类型的报纸会彼此争夺公众中的不同群体),但与"语言实践"(language in use)的公共形式的多样性相比,深深嵌入到所有公共语言形式之中的"价值共识"的多样性却更加有限。作为报纸诉求对象的公众,无论其差异性有多大,都会被认为应当属于宽泛的"理性人"(reasonable men)范畴之内,媒体也会用此类词汇来泛指读者。

　　在媒体把新闻转化为成品形式的过程中,通过各种公共语言形式对新闻事件和话题进行编码的活动构成了一个十分重要的变量因素;但与前面提到的"客观性"和"公正性"一样,这种变化要素与我们所说的"意识形态再生产"之间并不必然存在结构性矛盾,因为媒体将一个新闻事件转变为特定公共语言形式的过程,同时也是将首要定义者的陈述和观点转变为某种公共言语的过程。这种把官方观点转化为公共话语的过程不仅使得外行的普通人更加"容易接触到"这些观点,同时也使之获得大众的支持和呼应,从而自然化为各种公众群体知识视野中的一个内在组成部分。下面我们举一个例子来说明这个问题。1973 年 6 月 14 日出版的《每日镜报》报道了警务督察署署长关于其《年度报告》的说明。在发言中,他声称:"在英格兰和威尔士,暴力犯罪活动的增加已经激起了正当的公众关切。"但《每日镜报》在报道此事时,却把署长对年轻人暴力犯罪增加的担忧转述为一种更有戏剧性、更意味深长，也更引人注目的表达形式，其新闻标题干脆这样写道："暴力席卷英国：警方最高长官对泰迪男孩的'盲目暴力'深表担忧"。这个标题给这份相对冷静平淡的报告注入了极具戏剧性的新闻价值元素。但它同时也把官方声明嵌入到通过长期实践所建起来的一系列大众观念之中，这些实践就包括报纸此前对"暴力"足球流氓和光头党"犯罪团伙"活动的报道。这种向公共言语转化的过程，使得官方论点能够从那些长期积淀在报纸和读者共同知识库中的印象和内涵意义中获得某种外部公共参照（external public reference）与合法性。这种外部参照点的重要性在于它可以使一个公共议题变得客观化（objectify）。换言之，与某个议题仅仅以专家或专业人士的报告形式存在所能取得的效果相比，媒体对这个议题的公开传播可以使之成为一个被公众关注的真实（正当）问题，从而更具有"客观"属性。媒体对特定议题的集中报道能够凸显这些议题的重要性，从而吸引高度的公众关注；一般情况下，这些议题会被所有人视为"当前最紧要的问题"。这构成了媒体的议程设置功能的一部分。设置议程同时也具有确认现实（reality-confirming）的效果。

借助媒体的公共言语形式来"设置议程"，这样做的意义在于它可以把日常沟通的语言重新嵌入到共识之中。的确，"日常"语言之中已经充满了各种占统治地位的论断和解释，但将正式的官方定义持续不断地转化为日常对话语言的过程，既强化也掩盖了这两种话语之间的关联。换言之，媒体向公众"借用"他们的语言形式，然后又在注入占统治地位的共识性内涵意义之后将其返还给他们。

显然，媒体所扮演的这种更有"创造性的"角色并不是完全自主的。这种转化受制于新闻故事本身是否具有被转化的潜力（即新闻价值），同时也取决于新闻故事是否与人们所熟悉的那些长期受关注的话题有关，比如流氓行为、群体暴力、"寻衅滋事的"帮派活动等。这个过程既不是完全自由和不受限制的，也不是对占统治地位的观念的简单直接的复制。这个转化过程要求媒体必须积极发挥"作用"。通过把不为人所熟知的内容转化为人们习以为常的事物，媒体活动的全部功能就在于促进意义循环的闭合，由此把权势者的解释转变为公众视为理所当然的现实的一部分。毕竟，记者最擅长的就是"把各种事态向公众解释清楚"。这种似乎有点过度简化的说法却充分说明了媒体转化活动的作用。

媒体与公众意见

　　到目前为止,我们一直在讨论新闻报道的生产问题。在下一章,我们会进一步深入考察新闻、深度报道和评论文章等不同类型的媒体内容之间的差别。但目前,我们只想着重关注报纸的"公共言语"与其评论观点之间的关系。我们已经分析了媒体把首要定义者的陈述转化为日常语言的过程。这些日常语言就是媒体使用的各种符码或习惯性使用的表达方式,即媒体的"公共言语"。但是,媒体也能够自由地发表社论,就引起重大关切的议题发表自己的看法;媒体的活动不仅仅只是通过自己的"符码"来"复制"权势者的陈述。通常,发表社论意味着媒体会表达自身的立场,说出它自己的想法,但往往又会以公共言语的方式表达出来。换言之,报纸通过发表社论对相关事件进行判断,进而对自身关于这一事件的立场和想法的表达,与首要定义者的陈述一样,都是通过媒体的公共语言形式来完成的,其过程十分相似。无论是对某种行动立场表示支持还是反对,媒体所使用的表达方式都是它长期习惯性使用的语言。然而,还有第二种社论形式,其中多了一次转化过程。通过这些社论,媒体积极强调自己是公众的代言人。这些社论已经不只是通过公共言语来表达自己的观点,而是直接宣称自己表达的就是公众的想法。我们把这个更加积极的过程称为传达公众意见(与仅仅利用某种公共言语相对)。某些媒体社论表达的观点极其与众不同(比如《泰晤士报》),以至于准确地说,这些实际上是报纸自己的"意见"。然而,在所用的修辞方式上,这种意见的表达不可能完全不受到编辑对目标受众"公共言语"方式的理解的影响。出现"我们认为……"这种措辞方式的社论与强调"公众认为……"的社论之间存在本质性区别。关于这种差异,我们会在本章最后一部分通过几个关于行凶抢劫问题的社论例子进行简要分析。这种通过"对公众意见的转述",即表达绝大多数公众成员的所思所想,来赋予媒体自己想要表达的观点以公共合法性的过程,体现了媒体所能发挥的最活跃、最具呼吁性(campaigning)的作用——在最大程度上,以积极公开的方式塑造和建构公众意见。通常,这类社论表达的要么是对已经实施的某些补救性行动的支持,要么是主张应当采取强有力的行动,因为这符合绝大多数人的要求。后一种情况往往更常见。

　　无论采取哪种社论形式,媒体都成为社会控制机构与公众之间的一个重要调节机制。一方面,通过提出自己的独立论断来对公众施加影响,从而促使他们支持控制机构提出的行动方案("利用公共言语"),媒体可以合法化并强化这些行动;另一方面,媒体在主张"有必要采取更有力的措施"的同时,通过召唤那些支持这一主张的"公众意见",对控制机构也构成了压力("传达公众意见")。但无论是哪种情况,社论似乎都能提供一个客观的外部参照点。这个参照点要么被用来合理化官方行动,要么被用来鼓动公众意见。媒体把自己所认定的公众意见重新传达给权势者,是与先前描述过的将占统治地位的解释转化为公众言语的活动正好相反的过程。但我们不应当忽视的是,在这两种情况下,媒体都把公众作为一个重要的参照点(合法性依据),实际上却又绕开了公众。随后,情况再次发生逆转,这些对公众意见的表述又会反过来被控制机构所利用,成为它们证明公众的真正想法和需求的"客观证据"。在最后阶段,这种将情势不断放大的螺旋会变得极其错综复杂和牢不可破。(我们会在下文通过几个与"行凶抢劫"有关的例子来说明这一点。)

这里,我们关心的是媒体在积极塑造公众意见方面所扮演的一般角色。当一个社会中的绝大多数人既无法直接了解,也无权制约少数核心成员做出的会对其生活构成影响的决策时,当官方政策和观点高度集中而大众观点却高度分散时,媒体会在公众意见的形成,以及根据权势者的行动和观点来引导公众意见方面发挥关键的调节和沟通作用。作为人们了解正在发生什么的主要信息来源,媒体在"社会知识"的掌握方面几乎处于垄断的地位;不仅如此,它们还在那些"了解内幕者"和处于结构性无知状态的一般公众之间发挥着桥梁作用。在发挥这种勾连和调节作用时,媒体在形式上和结构上既独立于它们所引用的新闻源,又独立于它们所代表的"公众"。这一事实强化而不是削弱了媒体的地位。这种景象可能让人觉得存在一个"天衣无缝的封闭循环",由此可以确保占统治地位的意识形态的传达能够畅通无阻。但实际上,这种牢固的阴谋景象并不符合事实,我们应当意识到这种说法中明显存在的简化色彩。然而,能够防止出现这种"天衣无缝的封闭循环"的关键因素,并非单纯的技术或正式控制,也不是机遇的随机性或专业人士的理智和良知。

如果说意识形态的封闭作为一种普遍社会趋势能够得以维持,有赖于不同的机构在结构上相互联系起来,从而推动对事件的主导性解释,那么,相反的趋势同样也离不开组织化的精于表达的信息源的存在。正是这些信息源产生了关于特定情况的反定义。(正如戈德曼[Goldmann]所说的那样,①社会群体和集体现象始终是意识形态和对立意识形态形成的基本条件。)在一定程度上,这取决于在特定社会中产生了对立意识形态和解释的群体是否构成一股足够强大的抗衡力量,是否能够代表组织化的多数人或重要的少数群体,以及是否在体制内具有一定程度的合法地位或通过斗争能够获得这样的地位。② 比如说,围绕劳资关系这一很有争议性的话题,首要定义者会发现很难在媒体上或通过媒体来确立一个完全封闭的解释,因为他们不得不应对工会代言人所提出的不同解释。如今,在劳资关系问题上,工会已经是制度化谈判体系中一个公认的参与者,对自身的处境和利益有明确的立场,并且已经在经济冲突和共识达成方面赢得了"合法性",一旦发生此类情况,就可以介入相关的辩论和协商活动。然而,许多刚刚出现的对抗性定义者(counter-definers)则根本进入不了这种定义过程之中。甚至连那些能够经常参与到这一过程中的定义者,比如工会的官方发言人,也必须在首要定义者及其处于优势地位的定义所预先设定好的基调内做出回应。而且,如果他们能够在这个共识的范围内提出自己的主张,他们就更有可能确保自己的主张能够得到关注,从而对整个过程产生影响。如果英国总工会秘书长想让自己的观点更易被接受的话,他就必须从工会立场出发提出"合情合理的"根据去反驳雇主一方提出的理由,就必须在规则限定的范围内提出主张、进行辩论和协商,而不是替未经过工会同意的罢工行动辩护。如果他们不在游戏规则内行事,那么,这些对抗性发言人就可能会面临被排挤出辩论的风险(因为他们破坏了合理反对的规则),就会被贴上"极端"或"非理性"的标签,或者其行为会被视为是非法的或违宪的。那些甚至连这点最基本的参与权都无法得到保障的群体,则经常会在不在场的情况下被系统性地污名化为"极端"群体,他们的行动也会被蓄意贴上"非理性"的标签,从而被宣布为无效。如果权势群体所要应对的对抗性群体是碎片化的、立场相对不明的,或者拒绝指示其"下属机构"在合理范围内提出要求和可行的改革方案,或者采取极端对抗的斗争手段来实现目的、确保自己的意见被采纳或维护自身利益,那么,首要定义者所确立的关于特定议题的最初定义就更容易占据绝对优势地位,从而导致对这一议题的解释出现封闭

---

① L. Goldmann,《人文科学与哲学》(*The Human Sciences and Philosophy*,London:Cape,1969)。

② 参见 I. L. Horowitz 和 M. Liebowitz,《社会越轨与政治边缘》(Social Deviance and Political Marginality),见 *Social Problems*,15(3),1968;以及 Hall,《越轨行为、政治与媒体》,前揭。

性。所有这些特征都会导致占据优势地位的定义者更容易在对抗性群体身上随意贴标签,并拒绝考虑他们所提出的相反意见。

因此,媒体复制和维系对权势者有利的情境定义的方式,不仅是在组织话题的最初阶段直接引用权势者的意见,[1]还包括偏向于特定的议题设置方式和保持特定的策略性沉默区域。许多此类结构化的传播形式都是如此常见、自然、理所当然,深深地嵌入在人们所使用的各种传播形式之中,以至于它们作为具有意识形态属性的构造物,完全不为人所知,除非我们有意提出这样一些问题:"关于这一议题,除了已经提及的,我们还可以提出什么问题?""哪些问题被遗漏了?""为什么一些总是预设了特定回答的问题经常以这种形式反复出现? 为什么某些其他的特定问题却从来不会出现?"比如,韦斯特加德(Westergaard)最近发现,在劳资纠纷领域:

> 把更广泛的议题排除在讨论范围之外是工会和资方总体"权力平衡"的产物——相对于具体争端的最终结果,这种排除在当事者研判整体局势的过程中所发挥的关键作用要大得多……权力作用的实质主要体现在一系列界限的设定,这些界限划定了冲突的领域,同时也限制了能够真正进入辩论环节的不同意见的范围。实际上,这些界限常常十分严格,以至于根本没有人能够提出不同意见。在这种情况下,也就不存在"决策过程",因为政策看起来似乎都是不证自明的。它们只不过是一系列假设的自然产物,而正是这些假设导致所有的潜在的替代性方案湮没无闻……因此,我们可以认为,除非从日常冲突界限之外的视角出发,否则,我们无法把握权力的真正所在;因为如果只是从冲突的内部视角出发,我们几乎不可能察觉到这些边界。[2]

在这一部分,我们试图说明媒体在新闻生产方面所采取的常规结构和实

---

①　参见 Hall,《越轨行为、政治与媒体》,前揭。

②　J. Westergaard,《现代政治社会研究的一些问题》(Some Aspects of the Study of Modern Political Society),见 J. Rex 编,*Approaches to Sociology*,London:Routledge & Kegan Paul,1974;同时参见 S. Lukes,《权力:一个激进的视角》(*Power:a Radical View*,London:Macmillan,1974);以及 J. Urry,《导言》(Introduction),见 J. Urry 和 J. Wakeford 编,*Power in Britain*,London:Heinemann,1973。

践方式是如何在占统治地位的解释框架内"界定"新闻事件,从而在厄里(Urry)所说的"同一类型的变化范围"内实现对不同观点的整合的。①

从制度层面而言,媒体不同于国家机构,因此,它们不会自动按照国家的意志进行新闻报道。实际上,处于错综复杂的社会权力关系之中的媒体和国家机构之间的确可能并经常发生对立和冲突。与国家部门相比,媒体活动通常由一些不同的制度性动机和理论依据所推动;比如说,媒体总是试图"最先抢占新闻头条",这种充满竞争性的驱动力可能不会当即就符合国家利益或对国家有利。媒体常常希望能够揭露出那些首要定义者并不想公之于众的真相。政治家——尤其是工党政治家——与媒体之间经常发生冲突,这表明媒体与首要定义者之间的目标并不总是一致的。② 然而,两者之间虽然存在这些矛盾,但不可否认的一点是,媒体活动中存在的一个普遍趋势,即尽管充满矛盾之处,媒体依然倾向于复制权势者和主导意识形态的解释。我们已经试图说明为什么这种趋势是由新闻生产本身的内在结构和过程机制造成的,而不能被理解为新闻记者或其雇主的恶意所致。

犯罪新闻

下面,我们想通过一个特定的新闻类型,即犯罪新闻的生产,来具体说明新闻生产的一般要素和过程是如何运作的。我们在前文已经指出,新闻生产受到人们对社会"共识"的具体理解的影响。在这一背景下,事件的新闻价值取决于它能否打破一成不变的以共识为基础的稳定状态。犯罪事件是最能体现出共识边界的事件类型之一。我们已经指出,共识是围绕合法的制度化的行动方式建立起来的。犯罪涉及的是这个共识的反面,即通过法律形式所体现出来的被社会判定为非法的行动类型。从根本上说,由议会制定并在法庭得以付诸实施的法律体现的是人民的意志,并为社会提供了关于特定行为是否被允许的最基本的定义;作为一种"边界",法律标示着"我们的生活方式"以及与此相关的价值观念。那些被正式任命为公共道德和秩序守护者的机构,会采取行动来羞辱和惩罚

①　Urry,《导言》,前揭,页10。
②　对这一关系的更详细的分析,参见 S. Hall,I. Connell 和 L. Curti,《电视时事新闻的统一性》(The Unity of Current Affairs Television),见 *Working Papers in Cultural Studies No.9*,C. C. C. S.,University of Birmingham,1976。

违法者。这些行动实际上是对社会价值及其容忍限度的戏剧化的象征性重申。如果我们把新闻看作是对现实问题的描述,那么,犯罪事件在本质上几乎天然就是"新闻",正如埃里克森(Erikson)所指出的那样:

> 在这种关联性中,需要指出的一点是,违法者和控制机构的对抗总是会吸引大量的公众关注……我们所说的"新闻"中的很大一部分所报道的对象都是这些越轨行为及其后果,而试图解释清楚为什么这些话题具有新闻价值,或者为什么它们能够吸引如此巨大的关注,并非易事。也许正如有些评论家所指出的那样,由于这些话题符合大众的一些反常心态,所以会对他们产生吸引力。但与此同时,这些议题也构成了与社会规范原则相关的最主要的信息来源之一。打个比方,这就类似一个公开的断头台,道德的力量和非道德的力量在此展开交锋。正是在这个过程中,两者之间的边界才得以明确。①

由此可见,犯罪事件之所以能够成为"新闻",是因为处理这些事件的方式既让人觉得社会道德共识受到了威胁,同时又重申了这种道德共识:在我们眼前发生的这幕现代道德剧中,以警察和司法系统为代表的社会守护者,在象征和物质的双重意义上,将"恶魔"驱逐出社会。也许有人会觉得这种看法未免过于夸张,为了避免这种想法,让我们来看看下面这段摘自《每日邮报》的关于 1966 年三名警察被杀事件的评论(标题是"我们习以为常的那个人"):

> 发生在牧羊人丛林(Shepherd's Bush)②的犯罪事件提醒全体英国人应当反思他们对警察的真正看法是什么。在英国,警察依然是一个社会达到了人们习以为常的公共秩序和文明尊严的稳定常态的生动标志。萧伯纳(Bernard Shaw)曾经说过,在他看来,警察站在雨中执勤,雨水在他的斗篷上闪闪发光,这番景象是永恒的英国的象征。无论是当你要打听时间,还是找不到去市政厅的路,或是错过了最后一班公交车,他都是那个你会求助的人。只要人们需要,他仍旧是那个会毅然走入黑暗小巷,调查莫名噪音来源的人。这正是为什

---

① Erikson,《任性的清教徒:越轨社会学研究》,前揭,页 12。
② 译注:西伦敦的一个地区。

么我们所有人都对警察丧生于暴力事件深感痛心。在献身于维护秩
序和文明尊严的工作中，三名警察却在牧羊人丛林被人蓄意枪杀了，
这种无谓的生命损失是一个可怕的冲击，令人震惊。在一阵迷茫的
疑惑之后，人们意识到秩序不是天经地义的。社会依然是一个丛林，
那些藏匿其中的野兽必须被驯服。①

当然，不是所有的犯罪新闻都会这样充满戏剧性。大多数新闻都是
常规的简短信息，因为大多数犯罪事件本身就是常规性的。犯罪被视为
一个永远会反复出现的现象，故而媒体的报道相应地也是日常的例行公
事。沙特尔沃思（Shuttleworth）在对《每日镜报》暴力新闻报道的研究中
发现，随着新闻处理的暴力事件的性质不同，媒体所用的表征方式也会发
生变化。② 他特别讨论了许多篇幅不长、不带个人色彩、表述简洁的"普
通"犯罪新闻。（待决案回避法则［sub judice］进一步强化了这些新闻报
道的简短性，因为这一法则不允许媒体对法庭未宣判的案件做出评论。
此外，一些规则近来得到强化，以杜绝媒体在被告的罪名被证实之前对其
进行有罪推论，这同样导致媒体的报道变得更加简明扼要。）因此，许多犯
罪新闻差不多就是简单报告一下又发生了另一起"严重"犯罪事件。尽管
如此，媒体始终把犯罪事件视为一个重要的潜在新闻源，对其保持高度敏
感。绝大多数此类"普通的"犯罪新闻报道依然与我们的总体论断是一致
的，它们将破坏规范边界的越轨行为凸显出来，紧随其后的是对犯罪者的
调查、逮捕和社会惩罚，即最后的判决。（警察和法庭的日常工作是一个
长期存在的新闻类型，以至于许多"新手记者"的首要任务就是去专门报
道特定的"犯罪新闻领域"。许多资深编辑都相信，如果这些新手能够顺
利通过这段考验的话，他们就能够胜任更重大的、更有挑战性的报道题材
了。）最终，这些常规性的犯罪新闻报道既成为那些更有戏剧性的长篇犯
罪新闻报道的源头，同时又作为背景凸显了这些报道。特定犯罪新闻报
道引人注目程度的变化还受到新闻媒体内部其他组织性和意识形态性过
程的影响，例如，其他新闻话题对版面和受众注意力资源的"争夺"，特定
新闻自身的新奇性或作为新闻话题的热门程度，等等。犯罪新闻与其他

---

① 《每日邮报》，1966 年 8 月 13 日；转引自 S. Chibnall，《新闻媒体与警察》(The News
Media and the Police)，提交给全国越轨行为研讨会的论文，约克大学，1973 年 9 月。

② 参见 A. Shuttleworth 等，《电视暴力、犯罪剧与内容分析》(Television Violence, Crime
Drama and the Analysis of Content, C. C. C. S., University of Birmingham, 1975)。

常见的新闻类型相比,并不存在什么特别之处。那些促使记者选择特定犯罪新闻,对其予以特别重视,并决定了这些新闻话题会受到一定程度的受众关注的"新闻价值"结构,同样也适用于其他新闻领域。

但犯罪新闻有一点特别之处,即暴力本身所具有的特殊的新闻价值。任何犯罪事件中只要出现了暴力行为,它就会引起新闻媒体的关注,因为暴力可能是最能体现"负面后果"这一新闻价值的典型例子。暴力意味着对人身权利的一种最基本的侵犯;最严重的侵犯人身的犯罪活动是"谋杀",唯一能比这一行为更严重的是杀害执法人员,比如警察。暴力同时也是针对财产和国家的最严重的犯罪形式。因此,它象征着社会秩序的一种根本性的断裂。对暴力手段的使用在那些本质上属于社会的人和处在社会之外的人之间划清了界限。它与"社会"边界本身是重合的。在我之前引用过的演讲中,希思先生在"和平的论辩"和"暴力"之间做出了十分重要的区分。前者是"我们绝大多数人所赞同的正确的行事方式",而后者却对这种方式构成了"挑战"。法律的基本目的就是要保护这种"正确的行事方式",保护个人、财产和国家免受施暴者的"暴力攻击"。这同样也是执法和社会控制活动的基本出发点。国家,且只有国家,是合法暴力的垄断者,而这种"暴力"的用途是保护社会免受"非法"暴力行为的侵害。因此,暴力成为一个极其重要的社会边界;一切行为,尤其是犯罪行为,一旦越过了这个边界,就会引起新闻媒体的关注。经常有人抱怨,总体而言,"新闻"中充斥着太多暴力内容:一个事件很可能会一下子跳到新闻头条的位置,只是因为其中含有"耸人听闻的元素"。但那些提出此类抱怨的人实际上没有搞清楚"新闻"是什么。如果媒体不把"暴力"放在新闻报道的头条或接近头条的位置的话,那么,对"新闻价值"做出定义将变成一件不可能完成之事。

此前,我们已经讨论过新闻生产是如何依赖首要定义者的作用。与其他新闻领域相比,在犯罪新闻方面,媒体似乎更加依赖犯罪控制机构所提供的新闻信息。作为媒体犯罪新闻的信息来源,警方、内政部发言人和法庭处于一种近乎垄断的地位。许多专业群体的工作都会涉及犯罪问题,但只有警察能够宣称自己在"与犯罪现象做斗争"方面具备专业水准,这种专业地位建立在日常的、个人化的实践经验之上。这种独有的特定的"具备双重属性的专业能力"似乎让警方发言人获得了高度的权威性和可信度。此外,在新闻生产过程中,记者为了获得与"犯罪事件"有关的材料所必须依赖的各种正式的和非正式的社会关系,离不开警方和报道犯罪新闻的记者之间的相互信任,以及警方对记者能够根据获允取得的保密信息做出可靠的、客观的报道抱有信心。对这种信任关系的"背叛"将会导致信息流的中断。① 内政部在控制犯罪问题上，承担着最重要的政治和行政责任。它之所以具有可信度，是因为它必须对议会负责，故而从根本上说，它也必须对"人民的意志"负责。至于法庭的特殊地位，我们在前文已经有过讨论。法官负有处置社会法律准则的违背者的责任，而这种责任必然会使他们获得权威。但媒体对他们在法庭上发表的重要意见的持续关注又凸显了他们的象征性角色：他们是善良的正义力量的代表和"腹语师"（ventriloquist）②，与邪恶的黑势力做斗争。与战地记者根据自己亲眼所见的事实发回的报道不同，犯罪新闻中最引人注目的一点是它很少涉及关于犯罪本身的一手报道。犯罪新闻几乎完全是根据机构性的首要定义者提供的定义和角度来进行报道的。

犯罪新闻报道就是在这种近乎垄断的状态下进行的，其中出现了三种典型的犯罪新闻模式，范围涵盖了绝大多数犯罪新闻类型。第一种报道模式以警方针对特定案件的调查发表的声明为基础。这一声明包括警方对事件以及他们正在采取的行动的具体情况的复述。第二种报道与"打击犯罪的斗争形势"有关，通常以警察局长或内政部发布的关于当前犯罪情况的统计资料为基础，并参考官方发言人对这些基本数据的解释，比如，什么是最严重的挑战，警方在哪些方面取得的成功最为显著，等等。第三种报道是犯罪新闻的主体，即关于某一特定法庭案件的报道：其中某些案件具有很高的新闻价值，在这种情况下，媒体会对案件审理的每日进展进行跟踪报道；其他案件则只有在宣判之日才会得到媒体关注，尤其是法官发表的评论意见，往往会被认为具有新闻价值；剩下的其他新闻则只是一些简讯。

然而，犯罪议题的首要定义者在媒体的犯罪新闻报道方面发挥着如此重要的作用，不只是因为他们在这个问题上所具有的权威性。这种情况同时还与这样一个事实有关，即与其他公共议题相比，犯罪问题在接纳对抗性的替代性解释方面所具有的开放度要小得多。英国工业联合会的立场通常会通过英国总工会的观点来得到"平衡"，但是警方关于犯罪问

---

① 参见 Chibnall，《新闻媒体与警察》，前揭。

② 译注：腹语术是腹语师或口技表演者通过长期训练，使其口部看似完全没有动作来发出声音的戏剧表演，通常运用人偶作为道具完成表演。这里作者借用这一形象，比喻媒体以一种更加隐蔽的方式表达自身立场的传播策略，即通过直接引用公众意见来造成媒体内容呈现的似乎完全是公众的想法，而媒体完全没有发出自己的"声音"的印象，从而提高自身传播的公信力和可信度。

题的声明却基本不大可能通过职业犯罪分子的意见得到"平衡",虽然后者对犯罪活动的了解可能更加专业。作为对立的一方,犯罪分子既没有"合法地位",又不是组织化的。因为从本质上说,作为犯罪分子,他们已经失去了参与协商关于犯罪问题的共识的权利;而且就绝大多数犯罪活动而言,这些人也是处于一种相对无组织的、个体化的、碎片化的状态。直到近来,服刑囚犯才具有了足够的组织性,从而能够从自身利益出发,在关于刑事改革的辩论中发出自己的声音,即便这些意见是有关监狱条件或监狱规训方式的。总的来说,除非他们弥补了给社会造成的损害,否则罪犯的行为本身已经使他们失去了"回应的权利"和其他各项公民权。但即便此类有组织的反对群体的确存在,他们通常也会以与首要定义者的看法基本相同的方式对"问题"做出界定,而他们提出一些替代性措施也只是为了服务于同样的目标:促使犯罪分子能够浪子回头。

　　这意味着在犯罪问题上,社会中存在着十分广泛的共识,而相反的意见则几乎不存在。因此,相对而言,控制着与此相关的意义领域的主导定义没有受到挑战。实际发生的辩论往往也只是在控制者所划定的讨论范围之内进行。这种情况往往会压制任何可能发生在主导定义和替代性定义之间的竞争;通过"抹去所有潜在的替代性选择",这种主导性定义一家独大的局面导致对犯罪问题的处理成为一个明确的实用主义议题:既然存在一个犯罪问题,那么,我们该怎么办? 由于不存在一个强有力的、明确的替代性定义,人们对作为公共议题的犯罪问题进行重新解释的可能性范围是极其有限的。结果是,犯罪问题及其对社会的威胁成为媒体在主导性框架内动员公众意见方面最终成功的领域之一。就媒体和公众意见而言,与犯罪问题相关的讨论维度变得极其单一和透明:议题简单、没有争议、明确无误。也正因为如此,犯罪和越轨成为公共修辞中堕落和耻辱形象的两个主要来源。[1] 因此,出现如下情况就不只是一种巧合:那些替针对一切潜在麻烦制造者所采取的打击行动进行辩护的话语,都会通过直接或间接的方式,把与犯罪和非法活动有关的意象(这成为这些话语中一个关键的边界标记)与抨击对象联系起来。[2] 例如,在这些话语中,

---

① 　M. Douglas,《洁净与危险》(*Purity and Danger*,Harmondsworth:Penguin,1966)。

② 　参见 P. Rock 和 F. Heidensohn,《对暴力的新反思》(New Reflections on Violence),见 D. Martin 编,*Anarchy and Culture*,London:Routledge & Kegan Paul,1969;以及 S. Cohen,《抗议、骚乱与违法行为:标签或行为的融合?》(Protest,Unrest and Delinquency:Convergences in Labels or Behaviour?),见 *International Journal of Criminology and Penology*,1,1973。

学生抗议者被说成是"学生流氓""暴徒"或学术"恶棍"（第八章对此有更详细的讨论）。

行凶抢劫与媒体

到目前为止，我们一直在讨论新闻生产的一般特征，随后我们又进一步集中讨论了在犯罪新闻的生产方面，这些特征都以哪些形式呈现出来。在本节中，我们将把这些对新闻生产的分析与媒体处理"行凶抢劫"新闻报道的特定方式结合起来。在考察媒体的这种处理方式随着时间不断发生的本质性变化的过程中，我们将会看到，与媒体对特定新闻价值的应用相比，更加重要的是这些价值如何作为一个结构围绕一个特定议题——此处是一种特定的犯罪类型——发挥作用，从而维持这个话题的新闻价值。

从表3.1开始我们的分析，或许对理解这一点有所裨益。这个表格展示的是我们从1972年8月到1973年8月期间对媒体行凶抢劫事件报道的抽样结果的总体情况。首先我们要说明一下这些抽样结果的实证基础。我们进行抽样的基本方法是对选定的13个月抽样时间内出版的《卫报》和《每日镜报》进行逐日阅览。此外，我们还搜集了同一时期与行凶抢劫事件有关的大量剪报，这些资料是我们对其他全国性日报、全国性周日报纸以及伦敦地区的晚报进行广泛浏览后得到的，虽然它们并没有穷尽所有的相关资料。由于周日报纸和伦敦晚报的新闻报道重点略有不同，我们并没有把这些报纸的新闻报道也囊括在表3.1以及相关的讨论文本中，虽然在本书的其他章节中，为了说明问题，我们已经用到了来自这些报纸的素材。我们的检索仅以全国性报纸为对象，结果发现《每日镜报》的报道涉及33起行凶抢劫事件，《卫报》提到了18起，总计60个样本。为了得到这些数字，我们事先设定了几个限制：首先，我们决定关于同一起特定事件的所有不同报道不重复计算，只算作一起事件；其次，我们决定特定事件首次被媒体提及时所处的月份应当成为该事件在表中被记录的月份；最后，我们还决定"总样本"这一列应当只记录不同事件的总数。因此，在我们所得到的每个月份的数据中，被不同报纸，比如说，四份报纸提到的同一起事件，只算作一起事件。另一方面，在《卫报》和《每日镜报》这两列中，如果两家报纸都报道了同一起事件，那么，我们会在两列中都记录下这一事件。该表的数据不包含国外行凶抢劫事件的报道。（对媒体关于行凶抢劫的一般性报道,而不是对具体行凶抢劫事件——犯罪活动或法庭案件——的报道感兴趣的读者,请参见本章末尾的表 3.2。)

我们可以从表 3.1 清楚地看到,媒体对行凶抢劫问题进行报道的高峰期出现在 1972 年 10 月。此后媒体对这一问题的关注度出现了下降。媒体的关注度之所以一直能够持续到新年之后,直到第二年的 3 月和 4 月,在很大程度上可能是因为汉兹沃思案影响的结果。在那之后,只有《每日镜报》在 6 月发表了数篇关于行凶抢劫案的报道。虽然如今我们知道 1973 年 8 月并不是"关于行凶抢劫的新闻报道"彻底终结的时候,但我们似乎可以确定的是,到 1973 年 8 月,行凶抢劫这一话题在这"一轮"媒体报道中所发挥的新闻价值基本上已经告一段落了。尽管我们的分析所涉及的新闻报道数量并不多,而且这些报道本身也没有透露太多有价值的信息,但如果考虑到这些新闻报道的变化本质,我们会发现这当中的确存在一个颇具独特性的模式,进而由此证实新闻价值的"周期"概念。

"行凶抢劫"之所以会成为新闻报道的对象,就是因为这一话题具有超乎寻常的新奇性。这符合我们提出的新奇性是首要新闻价值的观点:大部分新闻必须具备一些新奇的要素才能够获得媒体的关注。行凶抢劫也不例外。滑铁卢桥杀人事件被警方说成是一起"搞砸了的行凶抢劫事件",而《每日镜报》却告诉自己的读者,这起事件意味着一种"棘手的新犯罪类型"。在抢劫过程中有人被捅伤或被杀都算不上是什么新鲜事。促使这起谋杀事件从"普通的"此类事件中脱颖而出的是用来描述这一事件的"新"标签:正是这一点表明了该事件所具有的新奇性。与我们之前的论点一致的是,调查这起事件的警察反过来对人们如何理解事件本身发挥了重要的中介作用;他们提出了行凶抢劫这个标签,从而使得媒体可以顺理成章地使用这个说法。随后,记者在这个基本定义的基础上进行报道。在遵循新闻价值的运作逻辑的前提下,记者对新闻报道的细节进行框架性的组织和语境化处理,并强调这一现象的新奇性(一种"棘手的新犯罪类型")及其与美国的关联。

加尔通(Galtung)和鲁格(Ruge)在他们的研究中提出假设认为,"一旦某个话题成为新闻头条,被视为'热门新闻'的话,这个话题作为重要新闻的状态就会持续一段时间"。[①] 我们的研究案例证实了这个假设。也

---

① Galtung 和 Ruge,《新闻结构与新闻选择》,前揭,页 65。

表 3.1　媒体对行凶抢劫事件的报道(1972 年 8 月至 1973 年 8 月)

年/月	《每日镜报》	《卫报》	样本总数
1972 年 8 月	1	2	2
1972 年 9 月	4	1	4
1972 年 10 月	12	9	23
1972 年 11 月	2	0	4
1972 年 12 月	0	1	2
1973 年 1 月	3	2	5
1973 年 2 月	1	0	4
1973 年 3 月	2	2	4
1973 年 4 月	2	0	5
1973 年 5 月	0	1	1
1973 年 6 月	5	0	5
1973 年 7 月	0	0	0
1973 年 8 月	1	0	1
总数	33	18	60

许更加重要的一点是,在一段时间内,只是简单的设定了行凶抢劫这个标签本身就足以使许多不相关的、很普通的犯罪事件被视为是很有新闻价值的事件。许多早期的"行凶抢劫"庭审案件广为人知,其中一些是最能清楚地说明这个过程的典型案例;正如我们在第二章已经看到的那样,这些案件实际上审判的是扒窃行为(甚至是"未遂的扒窃行为")。其他的例子则是发生在 9 月和 10 月的一些女孩子攻击他人的案件。人们对女性暴力行为的增加存在一种潜在的担忧,而行凶抢劫这个标签似乎提供了某种聚焦元素,使得这种担忧从此变得明确起来,但又与人们对行凶抢劫问题的担忧互不相关。霍尔将这一过程称为新标签的"生成和关联"(generative and associative)效果。[1] 当"摩登派"和"摇滚派"这两个标签被赋予某种新奇性时,同样发生了此类效果。[2]

　　然而,"新奇性"的新闻价值会逐渐耗尽;通过不断重复报道,不同寻常的新闻故事逐渐会变得十分普通。实际上,对任何新闻而言,"新奇性"

---

[1]　Hall,《越轨、政治与媒体》,前揭。

[2]　参见 Cohen,《民间恶魔与道德恐慌》,前揭,页 39。

能够发挥作用的期限显然是所有新闻价值中最短的一个。当新闻报道的
"周期"到达这一节点之时,媒体需要其他更有持久生命力的价值要素来
补充不断衰减的新闻价值,从而维系"新闻报道的生命周期"。就行凶抢
劫报道来说,有两个要素似乎发挥了这种强化新闻价值的作用:"怪异"
(bizarre)和"暴力"。就这两个要素而言,我们发现,在抽样时间内由于这
两个补充性新闻价值的出现而被媒体报道的行凶抢劫新闻的数量出现了
增加。虽然这些报道的数量并不多,但已经足够突出,足以支撑我们的推
断。另一方面,在我们的样本中,"精英或著名人物"这一要素在强化新闻
价值方面似乎没有发挥太大的作用。我们总计只发现了五篇新闻主要是
因为出现了知名犯罪人物才被媒体报道的:1972 年有两篇,[①]1973 年有
三篇。[②]

　　所谓新闻报道中的"怪异"要素,我们指的是那些极不寻常的、奇特
的、异常的、稀奇的、奇怪的或荒诞不经的特征。在我们的样本中,这一类
报道又可以进一步细分为两种:那些含有幽默元素的报道和那些更具有
威胁性与骇人色彩的报道。但"怪异"这个词足以涵盖这两种类型的报道
中共有的新闻价值要素。我们在 1972 年只发现了一篇此类报道,当年
11 月 10 日的《卫报》报道了这起事件:一个年轻人用刀尖顶着一位男子,
胁迫他一起进入一家银行兑现支票,当时这位男子身无分文。但在 1973
年 3 月至 7 月间,我们发现了五篇此类报道,有些报道的情节十分搞笑,
有的则十分荒唐、令人震惊。我们以《每日镜报》的两则报道为例,分别说
明这两种不同类型。[③] 第一则报道的标题是"行凶抢劫者选错了人",发
表时间是 1973 年 6 月 5 日。整篇报道是一则令人啼笑皆非的故事,充满
各种不同寻常的出人意料和情节反转。报道描述了三位"本打算"行凶抢
劫的人是如何搞砸了这起抢劫事件的。他们锁定的抢劫对象"挥舞着拳
头,对他们进行了猛烈的攻击",结果这帮人"翻倒在地,茫然不知所措,深
受打击"。然后,他又给最近的警察局打了电话,向他们报告了这起事件。
警察随后赶来查看这帮人,但显然不是要抓捕他们,而是查看他们是否
"严重受伤了"。在同一个月晚些时候,即 1973 年 6 月 27 日,又出现了一

---

　　① 参见《每日镜报》,1972 年 9 月 7 日;《每日快报》,1972 年 12 月 1 日。

　　② 参见《太阳报》,1973 年 1 月 6 日;《每日邮报》,1973 年 2 月 9 日;《每日镜报》,1973 年 6
月 28 日。

　　③ 又参见《每日邮报》,1973 年 3 月 29 日;《太阳报》,1973 年 4 月 14 日;《每日邮报》,1973
年 4 月 6 日。

篇充满诡异和骇人色彩的报道:一位理发师在凌晨时分被人推下悬崖……而作案者得到的赃款却只有"30 便士"。

后面这则新闻报道之所以显得十分怪异显然是因为这起事件中作案者实施袭击时所采取的不同寻常的极端方式。但在这则报道故事情节的背后,还隐含着另一个新闻视角。这个视角以一种有趣的方式为我们说明了在更广泛的意义上社会是如何理解犯罪的。体现这一点的是标题和报道中出现的对立情节的并置,即袭击行为本身和抢劫者所获得的回报——"30 便士"——之间的强烈对比。这种并置要发挥作用,离不开一种默认的关于犯罪的"理性计算"(rational calculus),尤其是离不开对暴力行为与这种行为能够带来的回报之间的关系的假设。在《每日镜报》的这篇报道中,对立要素并置的言外之意是,区区"30 便士"完全不足以构成一个合理的动机目标,从而导致这起袭击事件中出现如此严重程度的暴力行为。这种默认的理性计算通常在关于行凶抢劫的公共话语中也发挥着作用,通常暗含的意思是抢劫袭击中使用的严重暴力与作案者所得到的"赃物"之间是完全不成比例的。这种强烈的对比间接表达了一个与对行凶抢劫问题的社会关切相关的次要主题,即警方发言人所谓的"无端的暴力"。

但我们很难在纯粹"无端的"暴力和更具有"利益驱动色彩的"暴力抢劫行为之间做出准确的区分,比如,一条渲染"无端暴力"的头条新闻很可能会导致另一则情况更加晦暗不明、更有"利益驱动色彩的"犯罪新闻湮没不闻。[①] 因此,我们没有明确的量化证据来证明这种特定的无端的暴力事件处于上升态势。然而,我们的确有证据证明"暴力"行凶抢劫报道的数量在总体上是增加的,这也证实了我们的看法,即暴力元素作为一个补充性的新闻价值在行凶抢劫议题的报道中发挥了重要的作用。

总的来看,在我们发现的这 60 起行凶抢劫个案中,38 起涉及"暴力行为"(即出现了实际的肢体攻击行为),而只有 22 起是"非暴力的"(即只出现了暴力威胁或完全没有暴力迹象),两类案件之间的比例稍低于 2 比1。(我们的估算以媒体报道对犯罪行为的描述为基础,而不是以对嫌疑人的正式指控为依据。)但如果我们把 1972 年的报道(20 起暴力事件和15 起非暴力事件)和 1973 年的报道(18 起暴力事件和 7 起非暴力事件)进行对比的话,我们会发现两类事件之间的比例从 1 比 1 稍多一点变成

---

① 参见《每日镜报》,1973 年 8 月 12 日。

了差不多 3 比 1；而如果我们只看抽样期内最后五个月（1973 年 4 月至 8 月）的话，这个比例是 5 比 1（10 起暴力事件和 2 起非暴力事件）。

当然，如果这些比例及其所反映的日益强化暴力主题的趋势与官方为了合理化针对行凶抢劫问题的应对举措而发布的统计数据相一致的话，那么，它们就不会有什么特别的重要意义。显然，正如之前我们在讨论统计数据问题时所指出的那样，以官方发布的犯罪统计数据，尤其是关于行凶抢劫问题的统计数据为讨论的基础，会导致很多问题。我们以下面这两个例子为依据，来证明这样一个看法：1972 年至 1973 年间，在警方所认定的"属于行凶抢劫问题之列的"案件中，大约有 50％是"非暴力的"，而且暴力事件和非暴力事件之间这种 1 比 1 的比例大体上是稳定的：

> 迄今为止，特别警队（为应对伦敦南部的"行凶抢劫"问题而专门设立）今年已经接到 450 起案件报告。其中有 160 起已经被鉴定为暴力抢劫事件，另有 200 起确认是各种人身盗窃事件，作案手段不是直接夺取就是扒窃。（《星期日泰晤士报》，1972 年 10 月 1 日）

> 虽然很难说清楚一个典型的行凶抢劫者究竟是什么样的人，但此类犯罪行为依然是有规律可循的。比如，我们可以去布里克斯顿警察局看看，所有情况都明明白白地反映在墙上的那些图表和统计数据中。在过去的一年里，发生了 211 起带有暴力或暴力威胁的抢劫事件，比上一年多了 40 起。而不带暴力的抢夺事件则有 300 起。（《伦敦新闻晚报》[London Evening News]，1973 年 3 月 22 日）

尽管这两组统计数据描述的分别是 1972 年和 1973 年初的情况，但它们所反映的暴力的"抢劫"事件和非暴力的"夺取"事件之间的比例却是相似的。实际上，"非暴力"事件的数量要比"暴力"事件的数量稍多一些。两篇文章都没有进一步给出关于"行凶抢劫"的单独数据，但我们似乎可以认定，无论是"抢劫"还是"夺取"实际上都被归入了行凶抢劫的范围。为了进一步证明这个观点，我们可以看看《伦敦警察总监 1972 年年度报告》是怎么说的。这篇报告明确指出，"夺取"和"抢劫"之间几乎没有什么区别："虽然'夺取'不属于严格意义上的暴力犯罪行为，但此处的'（部分）暴力犯罪'情况表依然将这一行为纳入其中，原因在于这一类犯罪行为与抢劫活动之间不存在重大的差别，而且两者在过去两年内都出现了类似的明显的上升态势。"①警察总监在这里所说的是"行凶抢劫"的情况,尽管他声称自己并不喜欢这个说法。总体而言,媒体倾向于过分关注暴力犯罪事件,这一点已经有很多人指出来了。② 但我们在这里所要关注的则是媒体如何越来越频繁地利用"暴力"这一结构性要素来延长特定新闻主题的生命周期。

　　在罗希(Roshier)看来,就媒体对犯罪新闻的选择而言,有四个方面的因素至关重要:"(1)犯罪行为的严重程度……(2)'奇异的'情形,比如幽默、讽刺、不寻常的情况……(3)煽情的或戏剧性的情形……(4)牵涉到知名的或地位较高的人物,无论此人在事件中发挥了什么作用(当然,最好是违法者或受害者)。"③这些要素与我们发现的那些补充性的新闻价值来源是十分相似的,比如"名人""怪异性"和暴力。不过,在这里,我们强调的重点是这些新闻价值要素如何作为一种结构或一整套因素发挥作用? 作为一些使"热度递减的"新闻报道重焕生机的不同方式,它们与新奇性这一最主要的新闻价值之间的关系是什么? 我们相信,突出这一点证明了我们提出的"新闻价值生命周期"这一命题的正确性,同时也支持了我们的这个结论:到 1973 年 8 月,这一特定周期已经或很快就要到达尾声了。

互惠关系

　　最后,我们想通过行凶抢劫议题这个例子,来考察首要定义者和媒体之间的互惠关系。1972 年 9 月 26 日出版的《每日镜报》发表了一篇题为"恐惧弥漫城市,行凶抢劫者面临法官严厉制裁"的报道。这条新闻足以说明首要定义者的观点所处的优势地位及其对媒体的影响:报纸在新闻标题中使用"行凶抢劫者"一词的合理依据来自法官的评论:"毫无疑问,行凶抢劫事件在伦敦变得越来越普遍。据说,在美国,由于行凶抢劫泛滥,人们已经不敢在深夜时分在马路上行走。"我们自然也注意到这位法官把美国的"行凶抢劫"问题作为自己所做判决的参考背景;但我们通过这个例子主要想说明的一点,则是新闻报道是如何被"锚定"(anchorage)

---

①　《报告》,前揭,页 44。

②　参见 B. Roshier,《报纸对犯罪新闻的选择》(The Selection of Crime News by the Press),见 Cohen 和 Young 编,*The Manufacture of News*,前揭。

③　同上,页 34—5。

在媒体之外处于优势地位的定义者通过权威声明所确定的定义框架之内的。

1972年10月的一个例子可以说明媒体是如何以强势者的定义为"基础"来确立自己对某一议题的立场的。1972年10月6日的《每日镜报》报道了海因斯法官以"行凶抢劫"的罪名判决三位少年犯三年监禁的新闻,并配发了一篇社论,其中引用了法官本人的一段话:"我相信我必须做出这样的判决,尽管这对各位年轻人来说并不是最好的结果。但为了捍卫公众利益,我不得不这样做。"该报的社论则以公共话语的形式在法官意见的基础上加上了自己的呼吁性"立场":"海因斯法官说得对。有时候,这些通常显得严厉和不公正的威慑性判决是不得不采取的措施……要想行凶抢劫问题不至于像在美国那样失控,惩罚措施就必须严厉、坚决。"在这里我们可以看到媒体扮演了一个更加积极的角色,为司法系统对行凶抢劫这一公共议题的界定提供辩护(同时也用司法意见为媒体自己的言论提供依据)。结果,关于这一话题的意义循环变得更加牢固,议题本身也变得更加封闭,而媒体和首要定义者之间的关系则进一步相互强化。(的确,在《每日镜报》看来,根本没有讨论的余地:"海因斯法官说得对。")

一个星期之后(1972年10月13日),《太阳报》的一篇题为"驯服行凶抢劫者"的社论宣称"人民"的想法与司法系统的主导性界定完全一致,从而在通向意义闭合的道路上又向前迈进了一步。在这篇社论中,《太阳报》没有直接通过自己的"公共话语"来表明立场,而是转述公众的看法;它成为传达人民想法的"腹语师":

> 如今英国人最关心的是什么?薪水?物价?移民?色情?人们每天都在把这些问题挂在嘴边。然而,《太阳报》认为让所有人都甚为担忧和气愤不已的却是另一个问题:街头的暴力犯罪……没什么比这个问题对我们的生活方式造成的破坏更为严重的了。对我们而言,尊重法律、捍卫秩序是一种常识,而这正是我们生活方式的基础……如果除了惩戒性的监禁刑罚,我们就没有别的办法来遏制暴力的话,那它们就不仅是唯一的选择,而且令人遗憾的是,它们还是正确的选择。在这个问题上,法官将会得到公众的支持。

如果我们暂且不考虑不同报纸之间的差别,而是把所有报纸看作一个整体,来考察它们如何在完成对"行凶抢劫"这一争议性话题的关键定义的过程中发挥积极作用,那么,我们很快就会看到首要定义者和媒体之间的关系是如何有助于既把"行凶抢劫"定义为一个公共议题、一个引起公众关切的问题,同时又造成了对这一议题的意识形态解释的封闭性。一旦发挥作用,主导性定义就会控制话题领域;由此出现了公众关注的议题,与此相关的各个维度都在这一定义中得到明确的界定,随后的新闻报道、行动和造势活动都将持续以这一定义为参照点。比如,警方对涉入尚未明朗的争议事件向来是比较谨慎的,但主导性定义的出现,使得警方能够顺理成章地要求扩大自己的职权,从而可以采取行动来控制犯罪,因为此时遏制犯罪已经被明确地界定为一个十分紧迫的公共问题。因此,

> 警方为应对"行凶抢劫"也许会要求更大的权力。
> 暴力犯罪,尤其是年轻人中暴力犯罪行为的增加,让警方负责人感到担忧。为了打击"行凶抢劫"现象,他们也许会要求内政部赋予他们更大的权力。(《泰晤士报》,1972 年 10 月 5 日)

几个月后,司法官员也开始利用公众对"行凶抢劫"的关切(或直接引用公众自己的说法)来为他们的威慑性判决政策辩护:

> 行凶抢劫分子被判三年监禁。"我已经足够仁慈",法官表示。他还说:"全国人民都认为行凶抢劫这一类的犯罪活动正在增加,公众必须受到保护。这是一个十分恶劣的案子。"(《每日邮报》,1973 年 3 月 29 日)

在后面这个例子中,"公众意见"被重新输入到司法话语之中,以此来支持并合法化关于犯罪行为的司法声明。此前是媒体运用法庭提供的证据来为自己的新闻报道定调,而现在则是法庭利用公众意见("所有人都认为")来为自己的立场提供依据。这是一个极其封闭的互惠和相互强化的循环。但我们不应当只停留在这种不断放大的螺旋式循环过程的起点;从这个起点开始,整个过程不断更新发展。其中,占据优势地位的首要定义者为媒体和公众提供了犯罪的分类体系,确立了主要的犯罪类别。随后,这些类别贯穿了新闻媒体和新闻从业者处理次级主题和不同新闻题材的全过程。

表 3.2　媒体对"行凶抢劫"议题的报道数量(1972 年 8 月至 1973 年 8 月)

年/月	《卫报》 (1)	《每日镜报》 (2)	(1) 和 (2) 之和	其他日报	每月总数
1972 年 8 月	5	1	6	3	9
1972 年 9 月	2	5	7	5	12
1972 年 10 月	7	18	25	19	44
1972 年 11 月	5	5	10	13	23
1972 年 12 月	0	2	2	4	6
1973 年 1 月	4	5	9	4	13
1973 年 2 月	0	1	1	7	8
1973 年 3 月	7	9	16	37	53*
1973 年 4 月	4	4	8	13	21
1973 年 5 月	2	0	2	4	6
1973 年 6 月	0	5	5	0	5
1973 年 7 月	0	0	0	0	0
1973 年 8 月	1	1	2	0	2
合计	37	56	93	109	202

* 其中包括 34 篇与汉兹沃思案有关的报道。

注:(1) 和表 3.1 一样,本表中的数据囊括了《卫报》和《每日镜报》发表的所有相关报道,而"其他日报"的相关数据则是根据全国公民自由理事会和英国广播公司提供的剪报资料统计出来的。(2) 所有提到"行凶抢劫"一词的文章都纳入了计算范围。大多数报道在使用该词时指的都是特定的犯罪行为,但也有不少数量的报道是在一般意义上提到该词的,比如内政部报告或关于警察活动的报告、特写、社论,等等。后一类报道在不同的报纸上和不同月份里始终占全部报道数量的四分之一左右。

　　一周前,另一位法官为这个"螺旋"加了最后一把力,从而最终"完成了这个循环"。在对两位年轻人进行审判的过程中,他们的律师提到前一天以重刑结案的汉兹沃思案。对此,这位法官评论道:"通过媒体的报道,现在大家都知道,对涉及抢劫活动的街头攻击行为'将不再从轻处理'。"[1]在此,控制文化的不同组成部分之间的互惠关系以一种十分清晰和明确的方式呈现在我们面前。之前我们提到媒体运用法庭提供的证据为自己的报道提供合法依据,而这里我们所看到的则是与此完全相反的

---

[1]　《每日电讯报》,1973 年 3 月 21 日。

一面。现在,媒体自身已经变成了控制过程的"合法性制造者"。至此,我们触及到了控制文化和"表意文化"(signification culture)之间内在关系中最核心的部分。到了这一阶段,必须制造出一个关于这一话题的意识形态和意义控制的有效的封闭循环,否则,这两个"相对独立的"机构之间的这种过于绝对的相互表达将无以为继。现在,媒体已经变成了控制过程的一个有效的部件,即"意识形态国家机器"[①]的一部分,尽管它完全是在不知不觉中,沿着自己"独立自主"的运作轨迹,完成了这种转变。

---

① Althusser,《意识形态与意识形态国家机器》,前揭。

第二部分

第四章　平衡叙述:报道汉兹沃思事件

事件:汉兹沃思"行凶抢劫"案

1972 年 11 月 5 日夜里,基南(Robert Keenan)先生在从位于伯明翰汉兹沃思地区的维拉(Villa)路的一家酒馆回家的路上,遇见了三位年轻男孩子,斯托里(Paul Storey)、杜伊格南(James Duignan)和福阿德(Mustafa Fuat)。三人拦下基南先生,向他索要香烟。随后他们把他推倒在地,拖到附近的一个垃圾场,从他身上抢走了 30 便士、一些钥匙和五支烟。然后三人就离开了,但两个小时后又回来了,发现他还在那里,于是又对他进行了攻击;这一次,杜伊格南和福阿德用脚踹了他,而斯托里则用砖块打了他。随后他们又离开了,但后来又返回现场殴打了他一次。

过了一会,福阿德和杜伊格南打电话叫了一辆救护车,并报告警察他们发现了一名受伤男子。在随后的两天里,他们被数次问话。11 月 8 日,在杜伊格南、福阿德和两名目击了现场的女孩向警方交代了相关情况之后,三名男孩都被逮捕并受到指控。根据其中一名女孩的说法,似乎还有其他人看见了其中的一次袭击,当时基南先生早已不省人事。前两次袭击之间的时间相隔大约有两小时。

1973 年 3 月 19 日,这三名男孩在伯明翰出庭受审,法官是克鲁姆–约翰逊(Croom-Johnson)先生。他们受到如下指控:斯托里犯有谋杀未遂和抢劫罪;杜伊格南和福阿德对受害者实施了严重的身体伤害,犯有故意伤害他人和抢劫罪。三名男孩对全部指控供认不讳,表示认罪。控方提出了前文所述的全部证据。辩方律师没有对这些指控提出根本性的挑战,但提出了可以考虑从轻处置的相关情节:斯托里来自一个离异家庭,曾遭受家庭暴力,考虑到这一经历,我们或许可以"认为,这种成长背景可能会影响到人的精神状态,导致当事者做出一些完全不可理喻的行为"。在对杜伊格南和福阿德的辩护中,律师则称斯托里是这起犯罪事件的教唆者和主要参与者。

法官表示,这是一起"严重的骇人听闻的案件"。他对斯托里说:"毫无疑问,斯托里,你是挑起这起事件的元凶。很显然,在袭击基南先生的过程中,你是急先锋。你特地回头殴打他。你踢了他,用砖头打了他的头。在第三次袭击的时候,你返回事发地,在他脸上踢了三四下。而那时,他已经躺在地上,不省人事。你完全就是一头野兽。"随后,他继续宣布对斯托里的判决:"我别无选择,唯有按照内阁大臣的指示,命令你在特定地点和特定条件下接受监禁惩罚。刑期为 20 年。"这一监禁判决依据的是 1933 年的《儿童和青年法案》第 53 条第 2 款。依据同一法案,杜伊格南和福阿德分别被判有期徒刑十年。

3 月 21 日,三位男孩再度受到法官传讯;法官表示,他遗漏了对抢劫指控的单独判决。他说他重读了关于基南先生的伤势及其成因的医疗报告(但他似乎没有重读与这些男孩的权利保障和精神状况相关的报告)。他继续说道:"抢劫涉及暴力,因此判决结果必须反映你们所用暴力的严重程度……你们的所作所为造成的后果,只能用令人震惊来形容。公众必须得到保护,免受你们的伤害。"随后,他判决斯托里 20 年监禁,杜伊格南和福阿德十年监禁,与之前的判决同时执行。

法官基本上没有提到三位被告人之前所犯的轻微的不法行为。在前一年的 5 月,斯托里曾经因为"妨碍治安的行为"被罚款 10 英镑(他偷了一辆车,开着这辆车在汉兹沃思附近兜圈,直到燃油耗尽)。在学校里,他曾在一起小规模持刀斗殴事件中受伤。杜伊格南曾在一家为有轻微非暴力犯罪记录的少年犯设立的感化院待过一段时间。福阿德此前没有此类犯罪记录。

5 月 14 日,上诉法院詹姆斯法官收到以三位男孩的名义提出的减刑的上诉请求。但他否决了这一上诉请求,理由是被告有资格获得假释,他们不可能真的服满整个刑期。

6 月 28 日,上诉法院首席法官威杰里(Widgery)(下文将会对他的判决进行详细讨论)维持了詹姆斯法官的判决,驳回了上诉请求。

这就是汉兹沃思案的大致来龙去脉,该案标志着第一阶段的行凶抢劫恐慌达到了顶点。这也是为何我们在这里专门讨论这一案件的原因之一。此外，"汉兹沃思案"还引发了大量的媒体报道。在前一章，我们对媒体报道的相关分析足以说明这一点。虽然对这一案件的报道的强度是史无前例的，但这并不妨碍我们可以把对该案的报道看作是与此前媒体报道相似的一个典型个案。最初决定哪些新闻能够成为头版头条的是一些相同的核心新闻价值；社论文章中包含的假设和表达方式也与报纸此前所采取的立场十分相似。[①] 同样，特写报道在调用各种关于"行凶抢劫"的可能解释方面也有前例可循。[②] 而"专家"与"普通人"之间不同观点的辩论进一步强化而不是改变了人们关于犯罪和惩戒问题的看法。在一段时间内，这种争论一直占据着读者来信专栏的版面。

因此，汉兹沃思案成为体现媒体具体运作过程的一个典型案例。通过这一案件，我们可以看到整个新闻生产过程的面貌。这一个案还使我们看到新闻生产过程中出现的不同形式（新闻、社论、特写报道）是如何处理个案中的相关要素的，以及这些不同的新闻生产形式彼此之间的关系是什么。最后，我们还想搞清楚这些不同的形式是如何受制于媒体运作的特定范围之外的意义、参照要素和利益关系的。正如我们已经看到的那样，根据新闻价值标准，只有反常的事物才是值得报道的。这样，新闻价值实际上激发了人们对什么才是正常状态的意识。在汉兹沃思案中，一系列此类假设在发挥着作用，内容涉及司法系统的常规运作、判决政策的基础、年轻人应在多大程度上对自己的行为和直接动机负责，以及对长期社会原因的考量。所有这些假设共同构成了一个结构性框架，而媒体的各种报道正是在这一框架内完成的。

这个由各种关于正常社会秩序如何运作的信念和观念构成的框架，成为社会中流行的一种关于罪与罚的民间意识形态（folk ideology）。媒体对汉兹沃思案的报道是一个"充满意识形态色彩的"过程，这不仅是因为媒体对该案的报道捍卫了特定的社会利益，同时还因为这些报道只有在意识形态观念的支撑下才有意义，正是这些观念使得新闻报道富有意味、"具有新闻价值"。在下面的分析中，相对于新闻报道的内容本身，我们更加关心的是这些民间意识形态是如何塑造了媒体对汉兹沃思案的报道的，以及这些新闻报道又如何反过来表达和巩固了这些意识形态。我

---

① 例如，参见《伦敦标准晚报》和《每日镜报》，1972 年 10 月 6 日；以及《星期日镜报》，1972年 10 月 22 日。

② 例如，参见《星期日泰晤士报》和《星期日电讯报》，1972 年 11 月 5 日。

们对"罪与罚的意识形态"的兴趣超过了对媒体报道内容本身的兴趣,从这个意义上说,我们所做的是意识形态分析,而非内容分析。但我们必须补充说明的一点是,意识形态不只是一堆存在于人们头脑中的关于世界的零散想法和信念。相反,意识形态只有通过具体的实践和组织机构才有活力,并对现实产生影响。比如,新闻生产的实践和机构就是其中之一。只有通过具体的实践,在具体的个例、行动或形式中变得现实化、客观化、物质化,意识形态才能真正存在并发挥作用。

基础报道

有期徒刑 20 年——对 16 岁行凶抢劫犯的惊人判决(《每日镜报》,1973 年 3 月 20 日)

20 年监禁,行凶抢劫犯获刑——宣判后 16 岁男孩痛哭(《每日快报》,1973 年 3 月 20 日)

20 年监禁,获刑者为 16 岁的行凶抢劫犯(《太阳报》,1973 年 3 月 20 日)

20 年监禁,16 岁男孩行凶抢劫只因觉得好玩(《每日邮报》,1973 年 3 月 20 日)

16 岁男孩因行凶抢劫获刑 20 年(《卫报》,1973 年 3 月 20 日)

20 年监禁,16 岁行凶抢劫犯获刑——赃物只有 5 支烟和 30 便士(《每日电讯报》,1973 年 3 月 20 日)

16 岁行凶抢劫犯获刑 20 年,同伙获刑 10 年(《泰晤士报》,1973 年 3 月 20 日)

16 岁"行凶抢劫"案主犯获刑 20 年(《晨星报》(*Morning Star*),1973 年 3 月 20 日)

新闻标题往往最能准确反映隐含在报道中的主题。从报纸的角度出发,这些主题代表了最"有新闻价值的"角度。在标题中把两个明显对比强烈或对立的主题或要素进行并列,通常可以增强报道的"新闻价值"。所有的全国性报纸都选择相同的一个或几个角度来作为组织报道的核心主题,这种情况相对少见。因此,在汉兹沃思案中,令人瞩目的是,所有报纸都选取了相同的对比强烈的或并列的要素来报道此案:罪犯的年少与刑罚的期限形成鲜明的反差。一些报纸还通过"行凶抢劫"或"行凶抢犯"这类能吸引人眼球的标签来进一步增强报道的新闻价值。将最年长的罪犯的年龄和与之形成鲜明反差的不同寻常的超长刑期进行并列的做法,说明媒体依靠法庭为其头条报道提供主要新闻来源。换言之,媒体的报道首先表现为对这一事件在司法或刑事方面的价值的利用。在这种统一性之下,不同报道强调的侧重点之间存在重要差异:一些报道把斯托里的年龄放在前面以示强调(《卫报》《泰晤士报》《晨星报》),而另一些报道则首先突出了判决结果(《每日快报》《每日邮报》《每日镜报》《太阳报》《每日电讯报》)。《卫报》《每日邮报》和《晨星报》没有直接给罪犯贴上"行凶抢劫犯"的标签;《晨星报》在行凶抢劫一词上加了引号;《每日电讯报》强调的是 30 便士;《每日邮报》则强调了犯罪的动机是"觉得好玩"。正如我们想要说明的那样,这些标题中所体现出来的强调重点的差异,其中一些在后面的报道正文中会变得十分明显(例如,《晨星报》的报道就对行凶抢劫这个概念的定义提出了质疑)。

　　新闻标题的主要功能是吸引读者的注意力;为了实现这一点,它必须以戏剧化的方式来描述新闻事件或议题,故而倾向于使用带有讽刺意味的手法,通过使用"震惊""轰动""丑闻""戏剧性"等词来强化吸引力。但与此同时,标题也必须说明这则新闻为何是重要的、值得深究的。就这一点来说,标题中把行凶抢劫这个标签和 16 岁以及 20 年刑期并列在一起的做法,足以使我们意识到该案是"行凶抢劫"这一犯罪类型中的一起个案,并将其置于这一背景下来理解。此前一系列有代表性的案件已经在1972 年底相继得到审判,而汉兹沃思案则把这场针对行凶抢劫的司法运动推向了高潮,并就如何对待少年犯这一问题向人们提出了一系列的复杂选项。汉兹沃思案并不是以一个简单新闻故事的面目出现在世人面前的,它的发生带来了一系列问题,涉及一个极具争议的领域,即与刑事政策相关的问题。应当进一步指出的是,就我们所知,法庭在审理该案时并未使用"行凶抢劫"这个词。因此,这个词在新闻标题中的出现再次说明了两点:一方面,这体现了媒体的"创造性"角色,这一点我们在第三章中已经提到过;另一方面,媒体必须不断寻找能够扩展新闻价值的元素——在该案中,是"行凶抢劫"这个标签——从而确保后续的"讨论""在逻辑上"始终是高度"结构化的"。

　　为了抓住这次审判背后的一系列问题,媒体报道了与案件直接相关者对判决结果的反应——先是罪犯的亲戚和朋友,然后是那些社会活动家。因为在媒体看来,这些人有权利或义务对判决结果表达意见或做出评价。因此,大多数报纸的报道都超出了法庭审理过程的范围,因为不同媒体对这一过程的报道十分相似:法官的开场白,随后是控方陈述以及被告方的减刑辩护意见节录。就此而言,媒体的报道出现了两种不同的情况,它们均是能够反映后续报道倾向的重要指标。《每日邮报》和《太阳报》没有提到被告方的辩护意见,这一做法预示着这两家报纸会突出强调受害者所受到的伤害;而《晨星报》则对法官的评论意见只字未提,由此也预示了对判决结果的反对立场。

正如我们所见,在汉兹沃思案中,媒体对"事件所反映出来的深层议题"的探讨并不是在对庭审过程进行一致、客观概述的基础上顺带提及的,而是这一事件被转化为新闻报道对象的具体方式所必然要求的内在组成部分。这一点不仅仅反映在新闻标题和文本上。除了《泰晤士报》《每日电讯报》和《晨星报》之外,其他五家报纸都用了相同类型的照片。在这五家报纸的报道中,斯托里的照片出现了四次,法官和福阿德的照片分别出现了两次,还有一幅是斯托里母亲的照片。此时没有一家报纸在报道中插入的照片超过两幅。可能是由于较难获得家庭成员的照片,其中一些照片的主角都是以少年形象出现的犯罪者本人,而其他人物则是模糊的。这些照片,尤其是当它们与戴假发的法官的照片一同出现时,会以一种高度个性化的方式进一步强调新闻标题中已经表达过的青年/天真无辜与成年/法律之间的冲突主题。报道中引述了几名少年犯的母亲的观点,这进一步强化了通过个性化方式来呈现抽象议题的做法。《每日快报》《每日邮报》和《太阳报》均引用了三位母亲的看法;《每日电讯报》《卫报》和《晨星报》没有任何引用;《泰晤士报》和《每日镜报》则只引用了斯托里母亲的说法。依据这些报道在多大程度上把对判决结果的反对意见直接说成是这几位男孩家人的看法,而非人们基于对问题本身相对超然的判断提出来的,我们或许可以发现一种平民主义的和更加抽象的报道策略之间的差异。在这一点上,《泰晤士报》的表现并不是很明确,成为一个例外。

这些在媒体报道中出现的行动者之所以被认为是可信的,是因为他们与媒体所报道的这起事件有着紧密的个人关联。但是,这一事件也被赋予了更广泛的意义,因为它标志着不断发展的审判的司法过程中的一个新的发展阶段。围绕这一过程,人们已经展开了一场公共辩论。占据着这场辩论舞台的是各种利益群体和压力集团、民选代表和犯罪与刑事政策问题方面的学术专家。这场斗争主要涉及两个立场不同的群体:刑事改革者和执法者。前者关心的是审判结果对该案中的被告以及其他罪犯所带来的影响，而后者则积极主张应当实施既具有威慑效果又能起到惩恶作用的刑罚。只有《太阳报》和《晨星报》没有通过讨论这些针锋相对的群体的不同主张，将法官和那些男孩的母亲们之间含蓄的对立关系上升到一般化的层次。这体现了两家报纸在处理这个问题上的明确态度。《每日邮报》《每日电讯报》《每日镜报》和《卫报》则同时引用了那些对判决结果予以谴责或支持的组织的观点。前者包括服刑人员权益组织（PROP）、全国公民自由理事会以及霍华德刑法改革联盟（The Howard League for Penal Reform）这样的组织，后者则包括警察联合会（Police Federation）和许多保守党议员。《每日快报》和《泰晤士报》则更乐意把这起案件判决结果的争议性本质描述为"史无前例"。

　　这些报纸中的绝大多数都遵循了相同的报道模式：冠以 16 岁、20 年有期徒刑和行凶抢劫字样的新闻标题、一两幅照片、对庭审过程的描述、案件所牵涉到的相关当事人的看法，以及相关机构发言人从更一般的层次对该案所做的评论。在对其中两份报纸进行详细讨论之前，我们认为有必要对某些新闻报道中所用到的两类额外素材进行分析。第一类素材是《泰晤士报》和《卫报》在它们的报道中提到的一系列认为有必要采取重刑打击"行凶抢劫犯"的政治法律主张。两家报纸都引用了过去 18 个月中内政部国务大臣科尔维尔勋爵（Lord Colville）、内政大臣卡尔以及大法官黑尔什姆（Hailsham）发表的各种讲话。对这些讲话的引用给人造成一种印象，即相关案件的判决结果虽然不是直接由政府批准的，但至少与政府官员对这个议题的总体想法是一致的。这种做法使得判决从一个司法问题上升到了政治层面，并借此承认了两者之间的紧密关系，尽管这违背了把司法系统视为国家的一个独立组成部分的传统说法。但这种政治立场介入司法过程的做法也带来了不确定之处，这不是因为这会引起关于政府是否能够或应该介入刑事政策的疑问，还因为这样做会使得具体案件的审判被理解成更加广泛的打击行凶抢劫运动的一部分，进而被视为高度政治化的社会秩序稳定议题的一部分。

　　在对汉兹沃思案的报道中，《卫报》没有继续深究这一问题，而《泰晤士报》则通过我们提到的第二种额外要素消除了这种不确定性。在引用各类政治声明之后，它重提伦敦警察厅发布的行凶抢劫案上升 129％ 的统计数据，从而间接地为相关案件判决结果的合理性进行辩护。因为在这种情况下，那些判决结果最多只是对一场前所未见的犯罪浪潮的合理反应。《每日电讯报》也使用了相似的"统计数据"策略。这些额外要素的加入导致对这一议题的阐释进入到一种特定的封闭状态：无论从长远来看我们面临着什么样的问题，当下的确凿证据证明有必要采取严厉行动；这些证据同时也使得在对这起案件的"司法"处理过程中加入政治性的考量变得合情合理。因此，这两种要素实际上是一些相同主题的两种独特而重要的不同表现形式。现在，我们打算详细说明读者对象、版式、风格和公开的政治立场方面都迥异的两份报纸，在处理汉兹沃思案背后的相关议题时，是如何采取了十分不同的报道方法，却又都没有逾越得到一致认同的新闻报道的边界。这两份报纸就是《每日电讯报》和《每日镜报》。

《每日电讯报》和其他媒体一样，都直觉地意识到最能体现汉兹沃思案新闻价值的要素是判决结果 20 年有期徒刑和被告的年龄 16 岁。但副标题中的"5 支烟和 30 便士"的字样却极大地限定了这个共同要素，因为这个副标题突出的是犯罪行为的无意义和非理性（值得注意的是，后来上诉法庭在确认判决结果时所援引的主要理由就是"缺乏动机"）。从新闻技巧上说，这篇报道的写作方法是经典的"客观主义"风格。与这种客观原则相一致，这篇报道为了在形式上保持平衡，也报道了主张刑事改革的群体对判决结果的批评意见。但这种报道的平衡性是被限制在整篇报道在本质上"倾向于司法的"立场框架之内的。最能体现这一点的一个例子就是《每日电讯报》对伦敦警察厅负责刑事事务的助理总监伍兹（Colin Woods）先生所做声明的引用。他在声明中指出，与往年相比，在伦敦因遭遇抢劫而受伤的人数增加了 45%。他誓言"我们决不容忍这些暴徒得逞"，并表示对行凶抢劫犯的冷酷无情感到震惊。这样，通过策略性地引用一位首要定义者的观点，《每日电讯报》无疑偏向了司法阵营的立场。报道中后面简要提及的法官个人简历以及他早前对少年犯缺乏安全的个人成长背景所做的评论，也发挥了同样的功能。因此，《每日电讯报》与"司法"视角相一致的总体立场远远压倒了其报道的形式平衡和客观风格。它的"平衡"是在司法和制度化立场限定下的平衡，而不是从"人性关怀"和个性化视角出发的平衡。第一天的报道完全没有提及几位男孩的父母的看法，也没有提到他们的父母的背景或街坊邻居的状况（尽管其中一些方面在 1973 年 3 月 21 日的特写报道中有所涉及）。因此，《每日电讯报》的报道始终以司法视角为准则。在这一点上，它具有极强的连贯性。

《每日镜报》的报道策略则完全不同：正如我们可能会预料到的那样，

该报对案件的报道呈现出个性化、戏剧化的特征,对不同观点的引用也用公众能够理解的道德"常识"语汇来表达。这些做法符合该报流行通俗的风格。这篇报道包含了许多与《每日电讯报》的报道完全相同的要素,但两者的呈现方式却十分不同。在《每日镜报》这篇报道的标题中,年龄和刑期这两个要素并置在主标题和副标题的两端,从而在两者间造成一种对比效果。其中,主标题突出的是最具戏剧性的要素(即 20 年有期徒刑),而副标题突出的是少年犯的年龄。当然,这样做的原因很可能只是因为《每日镜报》的小报风格导致它没有足够的版面来容纳太长的标题,而不是因为强调重点的差异所致。"行凶抢劫"一词在报道中是泛指(而不是指具体的"行凶抢劫事件"),其意义是明确的(没有加引号)。对"支持"和"反对"判决结果的不同群体的立场也做到了平衡的对等报道。但双方似乎都诉诸公共道德作为最终的权威:改革者反对的是司法体系中过时的严厉做法,而警察联合会的发言人则宣称"社会的"耐心已经耗尽了。在这种情况下,人们似乎无法立刻得出明确的司法结论。在第二版的进一步报道中,《每日镜报》在字面上以一种几乎完美的平衡方式展示了双方的不同看法,似乎是在表示这起案件如今已"被公之于众",成了一场悬而未决的公开辩论。在一个横跨四栏的标题("少年行凶抢劫案")下,有两则并列的报道,分别占据两栏版面:

对一个年轻男孩来说,20 年太过漫长　　　　　**犯罪团伙把行凶抢劫视同儿戏**
　　　　(斯托里的母亲)　　　　　　　　　　　　　　　　(警察联合会)

可以说,这种做法严格遵循了"新闻平衡"的原则。报道中没有引用任何犯罪统计数据。不同立场的对比集中体现在两个有争议的罪犯形象上:"年轻男孩"与犯罪团伙。这种对比提出了这样一个问题:究竟哪一种形象能够正确描述这些罪犯? 在这两则并列的报道中,左侧一栏的报道几乎全部是斯托里母亲的个人评价——"好孩子""结识了一帮坏朋友""不敢置信""环境的影响"等等。通过这些陈述,被告人的形象变得个性化了,那种关于罪犯的抽象的刻板印象被一个有血有肉的人物形象及其所处的真实环境所取代。右侧一栏的报道则在警察联合会观点的基础上,加上了助理警察总监伍兹的看法。这位总监的意见被媒体广泛引用。根据他的观察,这些犯罪活动在本质上是暴力的、毫无意义的。他还认为,"这些行凶抢劫犯……是当下暴力社会的一种反映"。

必须指出的是，在《每日电讯报》和《每日镜报》的报道之间，存在着重要的相似点和不同之处。《每日电讯报》的报道通过引用司法官员的看法，已经在观点上达成了一定程度的倾向性结论。而在《每日镜报》的报道中，不同意见的对立使之显得更加两极分化，对相关议题的看法呈现出更加开放和悬而未决的状态。不过，这两份报纸都抓住了相同的新闻价值要素，都具备一定程度的观点平衡，都引用了相关人士的看法，对报道的编排也围绕着大体相同的叙事要素展开。

在将这起事件转化为新闻报道的过程中，所有报纸都把焦点集中在事件中最令人不安、最成问题的要素上。新闻报道的主题正是围绕人们对这些要素的关注展开的，而不同报纸在形式上对这些主题的挖掘则决定了它们对这一新闻事件的不同处理方式。对这一事件的报道之所以有新闻价值，原因在于案犯的年龄和刑期长度这两个关键要素之间出现了极其强烈的两极化。在这一过程中，媒体把自己塑造成居于"双方"之间的客观报道者，媒体对新闻事件的处理方式在形式上表现为将双方的立场进行对照和分别陈述。大多数报纸通过引用能够代表这场"辩论"中某一方立场的信息源的说法来实现这一点。几乎所有报纸都努力在报道中平衡展示双方的观点。这种平衡性体现在报道所采用的形式上（通常通过排版样式和版面设计来实现），而这种形式意味着报道所涉议题是有争议的，存在着多种不同的解释，争议各方都立场鲜明，读者可以据此做出自己的判断。但报纸并不总是严格遵循这种平衡报道原则，有时某一方的观点会被忽略（《太阳报》《晨星报》）。另一些报纸的报道则会高度结构化，以至其中一方的观点会在整个报道中占据主导地位（《每日电讯报》《泰晤士报》）。尽管如此，媒体对汉兹沃思案进行报道的主要形式首先是对事件中事实性要素的"报告"，但随后又将这种描述转化为一种问题或议题形式。除了在少数情况下，媒体报道在这一阶段并没有形成完全彻底的"倾向性结论"。当然，形式上的平衡并不能说明一切。媒体所陈述的主张尽管在形式上是平衡的，但依然无法避免倾向性，总会偏向于某一方的立场。这种倾向性可能是由报纸本身的具体"特质"造成的，也可能与报纸通常从哪些视角出发对这些报道主题进行"常规化"处理有关（参见前一章的讨论）。倾向性结论的确立还可以通过社论的形式提出关于相关议题的判断性意见来实现，通常的做法是在报纸评论版的社论专栏中发表与新闻事件相关的评论文章。另一种解决不同立场在形式上的并列所造成的疑问的办法是转换提问的方式，即深入到问题的背后，探索深层的原因。在这种转变的过程中，对更多背景性解释和原因的寻求取代了最初的"问题"表述。这意味着最初的新闻报道中包含的那些直接原因并不能穷尽一切可能性。这两种从事实报道转向深层解释的处理方法都意味着媒体报道的关注点从最显而易见的部分转向了其他层面。这种变化既是形式上的，同时也具有意识形态色彩。无论是从新闻到社论，还是从新闻到特写报道，这种形式上的变化都离不开对最初新闻报道中已经涉及的一些主题展开进一步的发挥。但这两种转变方式却把这些主题导向了完全不同的方向：前者（社论）指向的是判断，后者（特写报道）则是"有深度的解释"或"背景"。因此，两者间的这种差异并不是良好新闻业实践中的一个技术问题，而是两种达成意识形态倾向性结论的不同方式（一种比较简单，另一种则较为复杂）。如果说最初对事件的报道是以"问题的形式"出现的话，那么，社论和特写报道则对此提供了两种不同的"回答"。

社　　论

最初的新闻报道是绝大多数社论文章的基础；事实上，是否围绕某一新闻议题发表社论的决定本身就在一定程度上说明报纸对这些新闻报道的重要性的判断。社论与特写报道之间也存在联系，因为它们都是对基础新闻报道中的相关要素进一步展开深入说明的方式：它们是对先前报道所提问题的两种不同的"回答"。同时，如我们所见，它们通常也是处理同一事件的两种相互矛盾的方式。因此，此处我们关注的关键问题之一是社论与其他新闻形式之间的关系。我们关注的另一个焦点与这样一个事实有关：正是在一些报纸的社论专栏文章中，针对行凶抢劫问题的恐慌情绪被鼓噪起来。在群情激愤之下，一场打击行凶抢劫者的斗争运动被发动起来。因此，我们感兴趣的是媒体运用了哪些与犯罪和刑罚问题相关的解释性论断，以及隐含在这些论断背后、作为其基础的关于人性和社会的理论。正是从这一点，我们得以一窥构成第六章主要内容的各种解释和意识形态。虽然我们在那一章中所用的证据大多源自体现通讯员"个人看法"的来信，但我们却是最先通过反映报纸自身"独特立场"的社论专栏文章接触到这些解释范式的。与围绕这起新闻事件的其他所有报道形式相比，社论也许是最能反映这些范式的一种表达方式。最后，因为这些社论同时也针对这起事件做出了自己的判断，因此我们也对这些判断感兴趣,比如,它们主张应当采取何种形式的"解决方案"。巧合的是,这些社论最终得出的结论存在惊人的一致性。除了少数几个例外,关于汉兹沃思案的社论文章都对判决结果表达了支持。我们所关注的正是这种一致性的事实,对传统观点毫无争议的维护,以及由此导致的"自由派"立场的缺席或挫败。

只有三家全国性日报没有针对汉兹沃思案发表社论:《每日镜报》《太阳报》和《卫报》。我们猜测要不是因为当时发生的劳资纠纷,《每日镜报》或许也会针对该案发表一篇社论。考虑到该报民粹主义和进步主义相杂糅的特殊立场,我们认为它可能会在这篇社论中既主张采取强力措施打击行凶抢劫,又呼吁推进能够缓解社会剥夺的进步主义改革。(虽然《星期日镜报》不在我们分析的样本之列,但其社论所采取的正是我们在这里所说的这种双重立场。)而《太阳报》没有发表社论的原因与它从一开始就严格界定新闻主题的方式有关,这种处理方式模糊了各种不同新闻报道方式之间的区别,从而取消了单独发表社论的必要性。社论式的判断早已成为新闻处理方式的内在组成部分。(这种"单一维度的"处理方式十分特别,也正因为如此,我们会在后文针对《太阳报》这一个案展开专门的讨论。)

在这些报纸中,《卫报》的情况无疑是最有趣的,也最有启发性。该报最初的报道相对开放,既引用了社会工作组织的观点,也引用了政治人物的看法,这种做法为社论立场的阐述提供了各种可能性。此外,《卫报》的报道一向对主张刑罚改革的组织持有一种肯定的、同情的立场。而且,围绕一系列常被忽视的议题,《卫报》是所有报纸中一直给予自由派立场最充分的表达空间的一家媒体。然而,这一次,它却没有发表社论表达立场。我们认为,原因在于在此前报道的标题设定中,它已经和其他报纸一样,确立了自身对这一事件的基本立场:这意味着它没有能够抵挡住行凶抢劫恐慌及其话语的诱惑。这种最初的设定导致它从一开始就无法对这场旨在打击行凶抢劫的运动提出挑战。同时,由于"犯罪问题"是客观存在的,而且判决结果在理论上具备一定的灵活性,所以,它也无法提出一个切实可行的不同的解决方案。因此,《卫报》在这个问题上无话可说,陷入了沉默。当相关议题呈现出不同的选项,而媒体不得不在这些选项之间做出艰难抉择时,这种自由立场的匮乏和模棱两可的状态常常成为《卫报》的一个典型特征,同时也反映了自由派立场内在的深层矛盾。与其他议题相比,自由派在犯罪问题上的立场或许是最具有局限性的;对犯罪的传统定义是最难以反对的，与此相应，提出新的不同定义也是最难的。在第六章中，我们会试图说明为什么我们持有这种看法。无论如何，我们认为应当着重强调的一个事实是，在行凶抢劫恐慌达到高潮的阶段，报纸社论中的自由派声音在总体上是缺失的。

在五家发表了社论的报纸中，只有《晨星报》反对判决结果。它的毫不妥协的激进主义立场与《卫报》含糊其辞的自由派立场形成了鲜明对比。它颠覆了传统的说法，声称判决结果是"野蛮的"，几位男孩子是"受害者"。一方面，它指出，就政治影响而言，对那些"鼓吹一个严刑峻法社会（punitive society）"的人来说，汉兹沃思案的判决结果是对他们的一次安抚。另一方面，它还基于更加一般的实际效用的理由对判决结果提出批评，这些理由包括惩戒性刑罚措施的效果尚未被证实，以及监禁存在的"犯罪化"（criminalising）后果。至于应该怎么做，该报认为"应当减轻刑罚，对涉事的几位男孩采取补救性的处理办法"。从其新闻标题中行凶抢劫一词被加上引号这一事实来看，《晨星报》可能试图挑战行凶抢劫这个标签的使用，但这种挑战最终没有成功。尽管如此，在所有报纸中，该报的立场无疑是最为连贯的，贯穿了其报道的所有阶段。

其余的四家报纸对判决结果表示支持：报道方式最为小心翼翼和"四平八稳的"是《泰晤士报》；感情色彩淡漠、依法论事的是《每日电讯报》；而《每日邮报》和《每日快报》则对法官的判决表达了全心全意的支持，对犯罪行为的"野蛮残酷"表达了谴责。也许是因为最初的报道相对不足，且没有进一步提供相关的跟进报道或特写报道，《泰晤士报》发表了一篇很长且内容详尽的社论，标题为"谋杀未遂者获刑20年"。和其他报纸的做法不同，这篇社论涉及新闻标题中并列出现的两方面要素（20年和16岁），并提出了自己对这两点的看法。一方面，它对在一个来自不幸家庭的16岁男孩身上施以20年重刑的做法提出批评，但另一方面，它又指出被告所犯罪行是"野蛮的行径"。它的结论是："虽然我们总是很难完全确定此类典型案件是否真的能够发挥威慑作用，但如果说一点威慑效果都没有的话，那也不太可能。公众无疑对暴力犯罪的增加感到担忧，至于法律能够为他们提供什么样的保护，人们正拭目以待。"

总之，《泰晤士报》的这篇社论以迂回曲折的方式保持了平衡，它无疑最能体现当不得不在不同选项中做出艰难抉择时"自由派立场"所面临的两难局面。虽然《泰晤士报》最终的确做出了选择，但这个选择并不容易，在良知上受到考验。它在结尾诉诸自主的抽象的"法律"观念的说法，恰恰是《每日电讯报》在题为"正义的天平"的社论中所要表达的全部观点。根据该报的看法,在暴力犯罪不断增加的背景下,以适当程序设立的司法机关在决定量刑尺度方面往往面临着许多困难,而汉兹沃思案只不过是体现这种困难的又一个例子而已。正因为如此,《每日电讯报》可以在承认判决结果过于严苛的同时,又在犯罪增加的语境下将这些判决合理化,并完全忽略这起案件的独特性。这是一种"居高临下的视角"。由于摆脱了基本报道中必不可少的特定细节的困扰,《每日电讯报》将自己的主张,进而也把整个议题转移到了一个相对容易处理的状态。

如果说《每日电讯报》为《泰晤士报》的平衡立场所面临的两难困境提供了一个解决办法的话,那么,《每日快报》和《每日邮报》则提出了一个完全不同的化解难题的途径。对这两家报纸来说,恰恰是该案中最能体现"行凶抢劫趋势"的犯罪行为本身的详细特征,证明了最终判决结果的必要性。因此,《每日邮报》的文章以"可怕的威慑"为标题,采用简短、激烈的版面风格,以此凸显这起袭击事件的凶恶本质,并强调行凶抢劫正成为一种"流行的"现象。它还再度提及了最初新闻报道的标题中所强调的"好玩"这一要素:

> 他们用靴子和砖头实施了攻击……受害对象是一位爱尔兰工人,他可能会遭受永久性的残疾……所获赃物中包括五支香烟等……年龄只有十五六岁……昨天,这些残暴罪行以最严厉的方式得到了正义的审判……只有在需要发挥威慑作用时,一个社会才会做出如此可怕的惩罚。行凶抢劫这个当下十分时髦的说法指的是一种和原罪(sin)一样古老的犯罪行为。现如今,这种罪行在年轻的暴徒中十分盛行。法律应当调动一切宣传手段让世人明白,严厉的刑罚同样也很盛行。

《每日快报》基本上完全遵循了同样的逻辑:少得可怜的赃物和袭击行为的恶劣性质形成了对比;行凶抢劫罪行的历史延续性(与新闻表述中的"新奇性"形成强烈反差):"今天的街头劫匪与他们的前辈相差无几。"该文对犯罪分子个性的强调要稍微多一点,比如"无情的""随意的""动机不明""只图好玩""残暴成性"等说法。至于法庭的职责是什么,与《每日邮报》所强调的威慑作用和"以牙还牙"不同,《每日快报》认为法庭应当"反映人民的意志"。

　　透过这两篇社论，我们可以看到关于犯罪问题的保守主义观点的本质。虽然这些文章并未以一种精心设计的方式来表达这一点，但显然暗含了这种立场。在这里，作为行为决定因素的环境要素完全没有被提到，而这种决定关系恰恰是自由派关于犯罪问题的核心观点。相反，犯罪被视为一种超越历史的、永恒的现象，始终保持着同一种本质。（"一种和原罪一样古老的犯罪行为……今天的街头劫匪与他们的前辈相差无几。"）换言之，这种论调源自这样一种看法，即人性必须始终面对"善""恶"之间的艰难抉择。这种对人性的本质主义观点强调了人的选择自由，以及善与恶之间的较量。显然，各种宗教意识形态是这种看法的基础，《每日邮报》所提到的"原罪"就说明了这一点。然而，这种传统主义观点同样还以一种牵强的且多少有点矛盾的方式涉及一些极其世俗化的本能理论。比如，《每日快报》用"残暴成性"这样的说法来解释行凶抢劫的成因，这意味着犯罪分子不仅是完全自由的，而且是处于一种毫无理智可言的"自由状态"之中——他听凭不受控制的本能的摆布，或者用弗洛伊德的话来说，它将自己置于完全未经开化的本我的控制之下。这样，自相矛盾的是，这种"选择自由"常常又以一种默认的心理决定论为基础。

　　这两份报纸的一个突出特征是社论修辞和特写报道之间的不一致性。与社论相比，特写报道的主要任务是深入探索，而非判断。因此，就算要给出某种"解决方案"，这些报道也会在此之前对情况的复杂性进行深入探讨。在我们分析的所有案例中，这体现为对所有可能导致犯罪行为的决定因素逐个进行讨论，无论这种讨论是多么不连贯。似乎只有在社论中，这些复杂性和模棱两可之处才得以消除，取而代之的是对特定立场的公开支持。尽管存在一些差异，所有报纸的这种立场表达都是明白无误的：它们都将法律视为"我们"所有利益的终极保护机制。不同的报纸对这起事件进行了不同的界定：实现个人和社会利益平衡的途径（《泰晤士报》）、艰难的司法决策的制度过程（《每日电讯报》），或者是文明和正派的人们抵抗（不断重现的）邪恶势力的最后堡垒（《每日邮报》《每日快报》）。但无论如何，只有法律才是我们必须信赖的对象。通过把辩论的议题转移到更加抽象的法律层面，这些社论把日常社会经验的矛盾之处排除在讨论范围之外。

　　然而，从对这些议题的回避和那些导致了相关判决结果的公开主张中，出现了两种不同意见。这两种意见都出现在那些因为种种原因而没有刊发社论的报纸上，而且都以常见的那种极具个性的、颇有煽动性的

"个人观点"的面目出现。这些观点分别来自《太阳报》的阿卡斯(Jon Akass)和《每日镜报》的沃特豪斯(Keith Waterhouse)。就《太阳报》而言,这些不同的观点十分清晰地展现了新闻报道的不同方面之间充满矛盾的紧张关系。但这些观点所处的位置十分特别,它们处在正式的新闻框架之外,因此,它们应当同时也能够与各种议题在新闻框架中的呈现方式形成差别。正因为如此,即便《太阳报》十分明确地站在受害者这一边并对一切不同意见视而不见,阿卡斯依然可以在题为"法律手段不会彻底解决行凶抢劫问题"的评论文章中,把汉兹沃思案的判决结果说成是"几乎和犯罪行为一样野蛮的惩罚",并认为有必要进行"社会改革,从而确保不会再出现像斯托里这样的问题少年",他甚至还以中国为例来说明这种社会转变。不过,他最后却寄希望于专家能够给出解决问题的良方,这多少有点削弱他关于社会变革的主张:"否则,我们要那么多社会学家干什么呢?"尽管阿卡斯的观点的真实性必定会因为他在文中不时流露出的轻浮语气而受到质疑,但他所采取的这种评论思路在本质上是颇为激进的。沃特豪斯在《每日镜报》开设的题为"法庭秩序"的专栏,具有同样的激进特征,而且与阿卡斯相比,他的评论逻辑具有更强的连贯性。他的评论围绕人们对"法律和秩序"问题的错误理解展开——"公共秩序不只是一个定格的动画镜头,它并不意味着一切都是静止的,再也不会有人遭到抢劫。"沃特豪斯认为,汉兹沃思案的判决结果对保护我们"正常的生活秩序不受破坏"的权利没有任何帮助,同时也没有试图改变那些滋生了暴力的社会条件。最后,为了防止可能出现的主要反对意见,他又指出,对所有受害者来说,尤其是对那些可能会在未来成为潜在受害者的人而言,解决好这些更加重大的社会政策问题对他们也是有利的。

我们不应低估这些评论文章的重要性。通过质疑对行凶抢劫以及法律和秩序问题的定义,并坚持强调进行重大的社会变革的必要性,这些作者试图改变这场辩论的表达方式,从而改变他们为之撰稿的这些报纸的新闻价值。我们必须承认这一点。然而,过度夸大这些文章的重要性同样也是不明智的。如果它们出自社论主笔之手的话,这些报纸就不会这般宽容了。这些文章之所以能够发表,只是因为它们已经作为一种制度化的不同意见成为报纸运作的一个组成部分。一旦它们出自另一些被允许发表看法的异议者之手的话,同样可能会走向另一个"极端"(参见高登[John Gordon]发表在《星期日快报》上的文章)。阿卡斯和沃特豪斯这样的例子说明，大众报纸对法律和犯罪议题的看法可以是很激进的，同时也能够被人们所了解；但相对于被传统新闻价值所主导的大量报道来说，这些激进观点的影响十分有限，最多具有一些象征意义。无论这些文章多么激进且论据充分，它们都只能屈从于制度化的新闻价值的主导地位。

　　从上文对这些社论的分析，我们可以总结出媒体所做反应的大致模式（《晨星报》和两篇表达个人观点的异见文章除外）：

　　（1）这起犯罪事件是同类事件中尤其恶劣的一例；而且
　　（2）这是暴力犯罪增加的一个征兆，必须通过刑罚政策加以解决；或者
　　（3）这起犯罪事件所反映的是善恶之间的永恒斗争；
　　（4）当务之急是保护公众；而且
　　（5）在这种情况下，必须坚决强化法律手段。

　　我们必须着重强调的是，这些主张只有在具备如下三种条件的情况下才能成立：首先是对特定观点无保留的接受，比如说，暴力犯罪正在急速上升，存在某种能够被认定为行凶抢劫的特定犯罪行为，以及对公众的保护要比对罪犯的改造重要得多。第二个条件是相关议题必须从特定的社会语境中脱离出来，从而使得社会成为一个抽象的存在物。这其中就包括必须将那些持有不同立场的群体和个人的观点与见解排除在讨论范围之外，而实际上如果没有这些不同意见的话，绝大多数基础报道和特写报道的文章都将无法完成。第三个条件是人们必须以特定的方式来理解法律的角色：独立、服务于所有人的利益、响应公众意见。由此，我们可以清楚地看到影响社论和一般新闻报道的因素是不同的：全社会范围内的利益问题以及"公众"问题取代了一系列作为关注焦点的特定利益。但由于这里所说的社会是一个抽象概念，其构成要素不再是具体的群体或利益，因此，特定群体之间的关系，以及特定群体与特定社会制度之间的关系，都无法在此得到详细说明。因此，我们看到社论探讨的是"法律和社会"这样的宏大议题，而新闻报道则涉及"警察和犯罪分子"这样较为具体的话题。社论话语消解了具体的社会经验，将其转化为作为抽象概念存在的社会。结果，社论所试图表达的这种道德上的总体观点，既具有一般化的特征，同时也令人困惑。

《太阳报》

　　我们之所以把《太阳报》的基础新闻和特写报道单独拿出来讨论,是因为该报几乎完全没有出现其他报纸中十分常见的不同报道形式和意识形态立场。3 月 20 日发表的这篇报道的标题十分典型——"20 年监禁,获刑者为 16 岁的行凶抢劫犯",作者是萨克斯蒂(Richard Saxty)。但就这篇报道的一些主要特征来说,它在全国性报纸的报道中完全不具有典型性。例如,针对判决结果的意义,《太阳报》从一开始就认为"这是对行凶抢劫暴力行为的一次严厉打击",而对这起案件的主犯,该报也在社会归类上把他称为"前光头党成员斯托里"。这些都显示出《太阳报》在报道该案时的直截了当、立场坚定和态度明确的特征。同样,对犯罪细节的描述也使用了其他报纸只在社论中才会用到的表达方式——这些男孩"对受害者拳打脚踢",而"昨天在法庭上,他们终于知道了将要为自己的暴力行为付出怎样的代价"。

　　鉴于《太阳报》对这起新闻事件采取了如此严格的具有排他性的报道方式,"震惊的"母亲们的反应只是被描述成一起戏剧性事件中的人性的一面,而不是对任何反对意见的表达。在所有报纸中,只有《太阳报》认为自己没有义务引用任何主张刑事改革的群体或任何伯明翰官方机构的意见。与其他报纸的做法不同,它既没有引用判决结果支持者的看法,也没有把这起事件视为特定犯罪类型的一部分,而只是将其认定为"脚踹暴力"。

　　《太阳报》所用的主要报道视角是受害者视角。在基础性报道的最后有一小段文字,标题是"成为行凶抢劫犯的受害者意味着什么"。这段话是 3 月 21 日篇幅宏大的头版头条报道的先兆,这是唯一一篇成为头版头条的特写报道文章。不过,这篇报道的绝大多数版面都被新闻标题和作为配图出现的基南先生的头部和肩部的照片所占据。主标题是"我只是半个废人",辅之以一个较小的副标题——"'我的生活被毁了',男孩行凶抢劫事件的悲惨受害者如是说"。报道的主要内容都是我们已经熟悉的:基南(受到认可的)对判决结果、(愚蠢的)袭击者、由于这起犯罪事件导致他住院的过程、失业以及心理创伤的看法。但《太阳报》最特别的一点在于报道的其他方面都从属于对受害者的关注,这种关注描述了受害者的痛苦,由此试图激发人们对他的同情。而我们只能把这种做法理解为是对判决结果的一种间接的赞同。通过与作为公民的受害者的感受产生共鸣，争论和冲突都被忽略不计了。整个事件的内容完全只剩下这些罪行如何导致一个正常的、勤劳的、遵纪守法的人变成了一个胆战心惊、一贫如洗、再也无法找到工作的废人。正是因为它没有把自己的立场提升到一个抽象观点的层次，同时也正是因为它认为受害者所受痛苦的严重程度本身已经足够证明严厉判决的合理性，所以，《太阳报》才可以完全不用考虑任何反对意见。通过这种排他性的视角，这些反对意见可能导致的一切模糊性都被预先消除了。

在《太阳报》上发表社论之所以是多余的，原因现在应该是一目了然了。该报拒绝深入考察汉兹沃思地区情况的做法更进一步强化了这些原因，只有《卫报》也采取了类似的做法，对这个问题完全不予考虑。个人经历和所处环境之间的关系往往被视为一个应当关切的焦点，而《太阳报》对这一点甚至更加漠视。这样，《太阳报》通过自己独特的表述方式"化解"了被其他报纸视为亟须妥善解决的核心问题，这种表述方式实际上就是由一系列不容深究的标签所构成的。

> 汉兹沃思，位于伯明翰的一个杂乱无章的贫民区，是这三个行凶抢劫犯长大的地方，也是一个暴力横行的地区……斯托里，一对异族通婚夫妇的儿子，吸过毒，后来又做了贼——最后，身处这种污秽不堪的环境之中，他决定使用暴力来寻点刺激。他的母亲，40 岁的桑德斯（Ethel Saunders）夫人说："在这样一个糟糕的地方，年轻人能有什么前途？"

暴力、种族、毒品、盗窃、年轻人——一组随机的标签。在这种情况下，《太阳报》所引用的保守党议员西米恩斯（Charles Simeons）提出的策略似乎完全没有什么不妥的了。他主张应当把行凶抢劫犯集中关在一个地方，供人唾弃。

从形式上来说，《太阳报》的确也提到了其他报纸的特写报道都涉及的要素——受害者、行凶抢劫犯、事发地区的情况，但它处理这些要素的独特方式使得进一步的探讨和分析成为完全多余的事情。《太阳报》这种独特的线性新闻处理方式（判决—罪行—受害者），使得它在意识形态解释以及它所采用的新闻形式上都与众不同。这种做法完全抹去了"新闻事实""特写报道"和社论观点之间的区别，相反，它采用了一种独一无二

的方式,即通过一种带有主观性的简明易懂的定义来统领对这起事件的
报道。

对这种新闻建构方式的意识形态约束所产生的后果,再怎么强调也
不算过分。在此处我们所讨论的个案以及社会生活的其他许多领域中,
这种约束都意味着通过扼杀争论和辩论的可能性,从而彻底放弃对不同
的分析和解释的任何名义上的承诺。马尔库塞(Marcuse)——我们认为
他的著作通常只是偶尔有参考价值——在谈及"单向度的"语言问题时,
曾经对这种语言的主要特征作了一个很有用的总结。他的观点同样适用
于我们这里所讨论的《太阳报》:

> 作为科学和技术语言之外的一种思想习惯,这种思维方式对特
> 定的社会和政治行为主义观念的表达产生了影响。在这种行为领
> 域,词语和概念往往会融为一体,或者更准确地说,概念常常会被词
> 语吞没。除了词语在公开宣扬的、标准化的用法中所指定的意义之
> 外,概念内部别无他物,而除了公开宣扬的、标准化的行为(反应)之
> 外,人们也不会对词语做出别的回应。词语成为陈词滥调,并以这种
> 陈词滥调的面目统治着言谈和写作;传播的优势反而阻止了意义的
> 发展……名词以一种专制和极权的方式统治着句子,而句子则成为
> 一种有待接受的宣言——它拒绝对其已编码和宣称的意义进行论
> 证、限制和否定……这种不断把各种形象强加于人们的语言,对概念
> 的发展和表达产生了十分不利的影响。由于它的即刻性和直接性,
> 它阻碍了概念性的思考方式;因此,它也阻碍了思考本身。[1]

全国性报纸的特写报道

即便对媒体对发生于3月21日的汉兹沃思事件的持续报道做一个
最粗略的浏览,我们也会发现这些报道在强调的重点方面呈现出来的重
大变化。基础性的新闻报道和社论文章都围绕判决结果的争议性展开,
并以"行凶抢劫"/青少年/惩戒性判决这样的字眼来确定这种争议性的主
题。但第二天,与判决结果相关的具体问题就被扩展到了范围更大的问
题。正如《卫报》一则报道的小标题所表明的那样,媒体开始探讨"背景问

---

[1]　H. Marcuse,《单向度的人》(*One Dimensional Man*,London:Sphere,1968),页79、84。

题"了。这种从前景(事件、议题、两难抉择、问题)向背景(原因、动机、解释)的转变,主要表现为从基础性报道向特写报道的发展。处于第二层次的一系列特写报道新闻价值开始发挥作用:从概念上说,它们与基础新闻价值不同,但又离不开最初的新闻报道主题所提供的线索。最重要的一点是,这一阶段的新闻生产活动会调用范围更加广泛的意识形态资源。问题已经不仅仅是如何证明用来控制可能出现的犯罪大爆发的紧急策略的正确性,同时还要思考这种犯罪"激增"的状况究竟是怎么发生的。

这种从"硬"新闻或基础新闻向特写报道的转移是在几个不同的层次上进行的,我们分别以表格形式列出(参见表4.1)。在记者的职业亚文化层次,我们关注的是他们在工作中如何理解什么是特写报道。这涉及这样一种观念,即"事情并不像初看到的那样简单,新闻背后一定还有更深的信息可以挖掘",孤立的新闻事件是有"背景"的。在汉兹沃思案中,"背景"通过一系列问题呈现出来:犯下这一罪行的是一些什么样的年轻人? 他们成长的社会背景怎样? 与此类犯罪行为相关的还有哪些其他问题?

为了解答这一类问题,新闻界已经形成了一些受到认可的习惯做法。记者会被派到事发现场,其事先设定的目标是要找到背景"要素":人物、地方、经历。通过这些要素,记者可以确立背景问题的讨论范围。他们会对这些要素展开独立调查。在这一过程中,他们会引用普通人的看法、本地专家(市政官员、议员和社会工作者)的意见,甚至偶尔还会用到"学术"报告或调查结论。随后一步至关重要,即对这些要素进行对比权衡,在某些特写报道中,这主要表现为在版式上直接把一组要素和另一组要素进行平衡展示和并列对比。

这两个层次,即我们所说的"新闻常识"(journalistic common sense)和"特写报道动力机制"(feature dynamics),具有内在的意识形态性,因为它们的目的正是要把新闻事件语境化,将其置于社会世界的脉络之中。在选择背景要素的过程中,记者会进一步甄别相关议题或社会问题,这些议题可能只是比较广为人知,也可能是一些值得进一步详细探究的话题。随后,这些被选定的议题会与最初的犯罪"问题"之间建立起某种间接或直接的联系。某些特定类型的人在特定地区犯下了特定的罪行:那些负责控制这种罪的人发现这种模式并与之展开斗争,这些人可能包括政治人物、社会工作者或警察。在选择背景要素,赋予各种关于特定情况的陈述以不同的可信度,以及权衡各种需要考虑的事项的过程中,这些特写报道必须与现有的各种关于"背景问题"的分析、解释或描述进行协商。正是在新闻话语发展到特写报道这个阶段的"时刻",媒体过程和影响更加广泛的关于犯罪问题的世俗意识形态之间的联系才变得最为突出;而我们最为关注的,正是这些"世俗意识形态"是如何被发动起来的。

表 4.1　特写报道新闻价值的维度模型

阶　段	新闻常识	特写报道动力机制	意识形态框架
（1）"硬"新闻	戏剧性的/耸动的/新奇要素（例如刑期的长度和犯罪的类型）	"硬"新闻动态强调即刻性事实及其影响（例如对一般刑罚政策的影响）	关于哪些内容是"有新闻价值的"的理念源于,同时也强化了一种充满意识形态色彩的社会观念
（2）进入特写报道	从硬新闻没有涉及的背景角度对事件进行评估（例如,犯罪行为和犯罪者都是处于社会背景之中的）	派遣记者深入调查可靠的信息源对相关事态的"反应"和解读（例如联系那些即刻卷入其中的人,以及/或者政治游说者和专家）	解释/语境化:将事件和行动者置于社会"版图"之中
（3）特写报道的类型	选择认为有相关性的背景要素并对之进行解释（例如,既不是政治—司法关系,也不是毒品和暴力问题,而是汉兹沃思地区,当地居民和专家）	根据事件的典型性或是否是深层问题的症候来选择消息源所提供的线索（例如桑德斯夫人及其所说的"糟糕的地方";汉兹沃思本地议员和他所说的"打击犯罪的斗争"）	对社会议题的认定:传达公众关切（例如作为一个"问题多发地区"的汉兹沃思）
（4）特写报道的要素	找出作为相关经验和准解释（quasi-explanations）载体的行动者地点（例如受害者、行凶抢劫犯、警察、街道或地区）	确立行动者和地点之间的关系;在排版上"体现这种关系",使用照片和记者的"报道手记"（例如《每日快报》横跨两整版的报道）	将主题纳入意象（images）之中（例如住房、就业、种族、面临"暴力"的警察、"贫民区"、"青年"、"家庭"）
（5）将特写报道整合入报纸的主导话语	已界定的问题可能的解决办法（例如对志愿工作/警察的赞扬;呼吁针对青年展开应急计划/调查研究）	形式上的连贯性;将各种要素整合到一个焦点上（例如《卫报》对社区工作者认为判决结果和犯罪行为本身一样缺乏敏感性的观点的引用）	确保事件及其意义是"可控的"（例如不会有损于基本的社会结构,或要求对其进行改变）

但媒体视角向更广泛的一系列复杂议题的转移,并不意味着所有的报纸都不再关注最初的判决问题。在某些报纸上,尤其是《晨星报》("对行凶抢劫犯的野蛮审判引发愤怒")和《卫报》,都继续提到了来自自由派压力群体的抗议。《每日邮报》的做法同样很直接,该报在特写报道中加入了一段对著名犯罪学家莫里斯(Terence Morris)的采访,主题是威慑性判决措施的有效性。更加意味深长的是,《每日快报》对克鲁姆-约翰逊法官的自由派声誉的描述意味着,这起案件的判决结果表明,即便是司法体系中最具有宽容心的人都失去了耐心。但在所有做法中,最能发挥作用的则是通过对受害者的采访,把"前景"嵌入到"背景"之中。所有全国性报纸的报道中都出现了对受害者的采访内容。从"新闻常识"的层面来说,所有报纸都关注受害者,这与他随时可以接受采访这一事实有很大的关系,同时也与人们赋予其观点的重要性有关,因为相关判决正是以受害者的名义做出的。从特写报道的动力机制角度来说,把采访和摄影图片结合起来,可以构成一个行凶抢劫犯与受害者相冲突的戏剧性叙事。但仅有这些要素还不足以解释媒体为何会专门把焦点放在受害者身上:人们通常不会要求犯罪行为的受害者直接对施暴于他们的人所受的刑罚做出评论。虽然《晨星报》和《卫报》都提到基南先生对三位男孩的判决结果表示同情("行凶抢劫袭击事件受害者表示,'我对判决结果感到很遗憾'"),但更常见的情况则是,媒体会通过引用他的看法("同情?他们可没对我有任何同情。"——《每日快报》),或者正如我们在《太阳报》的例子中所看到的那样,媒体会通过再次强调他受伤的严重程度("现在我连楼梯都爬不了了。"——《每日邮报》),从而使受害者成为它们用来为判决结果的合理性进行辩护的一个间接理由。我们并不是要试图低估基南所遭受的真实的永久性伤害的严重程度,也不是要否定他对判刑结果发表看法的权利。相反,我们只是试图说明,在这些特写报道文章中,他遭受的痛苦和他的看法是如何被挪用,并最终成为为判决结果提供间接辩护的意识形态工具的。因此,特写报道不仅对背景议题范围之内的要素进行权衡,而且还把这些要素作为一个整体与前景议题进行衡量。这样,我们在许多关于斯托里和汉兹沃思案的报道中能够看到的那种隐含的宿命论逻辑——根据这种逻辑,犯罪者几乎无须对他的行为负责——在一定程度上,就被这种关注焦点向受害者的转移削弱了,从而把我们的注意力拽回到了当事者的行为上。因此,关注的焦点就从可能导致这些行为的原因不知不觉地转向了捍卫无辜受害者的立场。

在《每日邮报》和《每日快报》的报道中,受害者与罪犯之间的对比最为明显。这两份报纸分别给罪犯贴上了"团伙头目"和"行凶抢劫犯"的标签。从这些简单的标签中,我们可以看到媒体试图"定位"斯托里的角色,即把他塑造为一个典型。其中一篇报道把他描述成团伙头目,言下之意既是指职业的犯罪圈子以及黑帮头目,也是指人们对越轨青年群体中成员分工的一种既有认知:头目和追随者,核心分子和边缘分子,恶贯满盈者和被操纵剥夺者。与《太阳报》对斯托里个性的骇人描述相比,这种说法或许显得不那么粗暴简单,但其影响力却一点都不逊于《太阳报》的描述方式。在另一篇报道中,斯托里直接被称为"行凶抢劫犯"。经过充分的发展,如今这一标签已经完全代表了违法乱纪、有暴力倾向的青年人形象。然而,媒体在描述斯托里个人经历的过程中试图将其典型化或寻找其"犯罪生涯"时,却遭到了阻力。这种阻力来自斯托里的朋友、亲戚和社会工作者,他们否认斯托里表现出明显的"病态的"犯罪倾向。在《每日邮报》的报道中,带有"团伙头目"字样的主标题下的补充性副标题写道:"暴力?他并不是一个坏男孩,真的不是!"这是当地一家咖啡馆老板的评价。由于找不到能证明其人格扭曲的证据,媒体把更多的笔墨用来描述其"履历":父母离异,做过短期临时工,参与过一些轻微的犯罪活动,大多数时间都在街上晃荡。在对另外两名男孩个人情况的更加简短的描述中,对学校、家庭和工作经历的强调更为明显。就福阿德的情况而言,他的家庭相对稳定且没有犯罪记录,只有他们家的住房很快就要被拆这件事勉强算得上是一个有用的证据。媒体对所有这些要素的强调,目的是要证明一个结论:社会秩序的解体。媒体对这些要素进行描述的一个隐含意图是要找到能够证明这些男孩子"脱离了正常轨道"的证据。与此相对应的是,这些报道中同样隐含着能够保证我们其余的人"始终在正轨上"的社会模式,以及人们在家庭、学校和工作机构中所应获得的正确影响和成就。根据这种对越轨现象发生机制的含蓄解释,人们在家庭、教育和工作或其中任何一个方面遭遇挫败,都意味着他们将会"面临风险"。

《每日快报》对斯托里的描述几乎完全一样,但标题更具宿命论色彩——《还没出生就已被判刑的男孩》,辅之以一个随时可能产生危险的青年人形象——"手头有大把时间,无处打发"。他的家庭背景、学习记录和没有能力找到工作的情况都被再次审视了一遍。这里强调的重点在于,当他拥有一份正常的工作,有收入和女朋友的时候,即他看起来似乎能够过一种"正常生活"的时候,这种状态持续的时间实在是太短暂了。

无论是《每日邮报》还是《每日快报》，都没有试图直接从遗传缺陷、"同伴的负面影响"，或其他连贯、明确的因果关系的角度对这些男孩卷入暴力犯罪活动的原因做出解释。相反，我们看到的是对社会融入机制在各个方面的溃败的描述，这些机制"通常"适用于所有人。言下之意是我们所有人都可能会遭遇这种失败，只不过我们绝大多数人拥有一个良好的成长环境和积极的态度，从而能够追求获得正常工作、建设家庭生活和享受正当的人生乐趣的合理目标。

然而，这两篇报道中都包含着一种进一步把这些青年与社会其他成员区分开来的更加隐晦的方式，即通过种族这一维度。这两份报纸都在报道伊始提到了斯托里父亲的"西印度群岛"背景，而且都提到了他的种族仇恨情绪。《每日邮报》通过对一些影响因素的描述来推导出种族议题。比如，它引用了当地人对杜伊格南一家所在的那条街道的称呼——"迷你联合国"。此外，在描述福阿德一家的塞浦路斯族裔背景时，报道中还出现了这样一句话——"墙上挂着具有东方色彩的垫子"。这句话试图突出地方性特色，强调了异族文化背景的他者性（otherness）。

在《每日电讯报》对案犯个人经历的描述中，这些带有种族内涵的特定表达，及其对关于汉兹沃思案的特写报道和"行凶抢劫"恐慌未来的发展轨迹产生的影响，都没有出现。该报也没有像《每日快报》和《每日邮报》那样强调家庭的重要性，尽管它对学校记录和失业情况的讨论与这两家报纸差不多。总体而言，《每日电讯报》的报道表现出更强烈的典型化特征："在汉兹沃思地区社会工作者记录的许多个案中，斯托里最近的生活状况非常具有典型意义。"除非该报认为所有这类个案中的人都可能成为暴力犯罪分子，否则这种通过对斯托里典型地位的"认定"来解释犯罪行为原因的做法意义不大：这里的典型化虽然程度很高，却没有提供详细的说明。相反，《每日电讯报》以一种赞成的立场采纳了斯托里的母亲桑德斯夫人对社会环境的看法："桑德斯夫人并不是唯一一个把年轻人遭遇的困境归咎于汉兹沃思当地问题的人。"一位助理警察局长和地方政务委员也强调了当地糟糕的社会环境。

对《每日电讯报》来说，斯托里个人经历的特定过程是从属于糟糕的社会环境这个更加一般的议题之下的。环境问题，尤其是汉兹沃思地区的社会环境问题，就成为特写报道中普遍涉及的第三个要素。显然，这是由斯托里的母亲对这个"恶劣地区"的评价所引发的。但这并不足以解释为何这一主题会被凸显出来，因为她还提到了其他问题，比如，关于斯托里吸毒的情况,但媒体却没有重点讨论这一点。"新闻常识"的逻辑并不足以解释为何媒体会突出强调汉兹沃思地区的环境问题。对此,更有说服力的解释是汉兹沃思与一个长期存在的意识形态结构产生了联系:即关于"犯罪区域"或贫民窟的意识形态观念,以及少数族裔贫民区与犯罪之间的关联。大量关于美国行凶抢劫事件的报道已经反复详细地说明了这一点。这种意识形态假设了这样一种"社会事实"状态:有些地区会比其他地区产生更多的犯罪活动和犯罪分子。媒体很早就提到这个背景主题,它在最初的基础报道中经常出现。这不仅仅是因为自由派游说团体对"行凶抢劫"问题的环境主义解释影响的结果。比如,在《每日快报》的报道中,尽管没有压力集团出现,但我们依然看到对气氛高度紧张的犯罪现场的描述。受害人"遇见这群男孩的地方,就是他们所在的汉兹沃思地区的一个破烂不堪的移民区"。考虑到该报对"移民控制"政策的长期支持,报道中描述的这番景象会带来何种反响,也就无须我们再强调了。

因此,《每日快报》对汉兹沃思地区的描述从一开始就提到了移民这个主题,这一点都不令人惊讶。这篇报道被冠之以一系列这样的小标题:"这不是一个你可以独自行走的安全地区/贫民区/汉兹沃思/糟糕的住房和失业"。犯罪、种族和贫困成为三个最主要的特征,其中前两个占据着支配地位。由此,《每日镜报》也加入到这场游戏中来,试图解释这片被忽视的地区究竟出了什么问题。《每日电讯报》引用的是一些专家的意见,这些人赞同桑德斯夫人的看法,把问题都归咎于地区环境。与此相比,《每日镜报》所引用的观点则认为将一切推卸给环境的做法"是不公平的"。该地区的社群关系委员会主席竭力强调,任何地方都会出现犯罪行为,一起犯罪事件不应当成为指责整个社区的理由。然而,他以一种基本上种族化的方式对问题进行了重新界定,从而在无意间成为同谋:并不是所有的汉兹沃思青年都有问题,只有那些黑人青年才会这样,因为他们处于失业状态,愤懑,富有攻击性,身处一种"反社会的"亚文化之中。这里存在一种意义关联的循环,其中,犯罪和种族成为定义贫民区的要素,但反过来,它们也被后者所限定;然而,贫民区的起源究竟是什么,却没有任何说明。虽然市政委员赖特(Sheila Wright)再次提到了住房问题,但最后以专家身份出现,详细叙述黑人青年的不满情绪的却是一位有色族裔的社区工作者。这样,问题就从贫民区的环境问题转变为贫民区的黑人青年问题。在这种情况下,《每日快报》报道结尾处的乐观主义就变成了一种漫不经心的敷衍——一种与核心观点相比微不足道的用完即丢的人道主义：

> 在汉兹沃思，像斯托里所居住的这种条件恶劣的小街道实在是
> 太多了。讽刺的是，这里曾经是这座英国第二大城市中的理想居住
> 地之一。但令人欣慰的是，有许多人都在为了让汉兹沃思成为一个
> 更好的居住区而奋斗。

对汉兹沃思在社会版图上的位置的评价，并没有从那些导致其现状的结构层面来进行。比如，住房市场的本质以及移民群体在这个市场中所处的被剥夺的地位，都没有得到明确的关注；相反，发挥作用的是对各种关联的描述——种族、犯罪、住房、失业。从这些关联的要素中，又浮现出"反社会的黑人青年"问题。至于这一问题是如何出现的，则没有详细说明。媒体在关于斯托里个人经历的描述中对种族议题的突出强调，只有在这种语境下理解才更加合理：他是隐含在犯罪问题背后的种族议题的一个象征。虽然这些论述中有某种决定论在发挥作用，但社会病理学的表象依然被含蓄地指向了在这片"移民占了90％人口的地区"存在大量外来人口的事实，而这被认为正是问题的根源所在。

《每日邮报》也采取了和《每日快报》相似的报道线索，虽然在某些方面有所不同。在基础报道中首次描绘汉兹沃思的情况时，该报就提到了人们熟悉的种族和犯罪议题：

> 所有被判刑的青年不是有色族裔，就是移民，而且都住在伯明翰
> 的社会问题突出的主要地区之一。五年来，警察和社会工作者一直
> 在竭尽全力，努力解决汉兹沃思地区的社区问题。在这个地区，青少
> 年犯罪问题正逐步恶化，警察和居于主导地位的有色族裔公众之间
> 的关系也一直遭人诟病。

和《每日快报》一样，在这里，汉兹沃思作为统领其他要素的核心主题，再次成为一个生物学隐喻的描述对象——"暴力滋生的地方"。而且，这里还隐含着一个不太明确的建议，即人们应当承担对此类地区的公共责任——"汉兹沃思……'是任何一个自称是文明社会的国家的污点'……而这就是斯托里的家"。

值得肯定的是，《每日邮报》的确详细讨论了这一地区住房问题的

关键所在。它把汉兹沃思说成是"一个问题丛生的地方——脏乱不堪，被世人淡忘，离市中心却只有两英里……成片杂乱无章的维多利亚时期建起来的房子占据了这个地方的大部分区域。地产价值很低。私人房东很常见。由于大量移民群体的存在，他们一点都不愁找不到租客"。然而，为了深入解释这一现象，《每日邮报》直接引述了三位"专家"的意见：一位（激进的）工党市政委员、一位助理警察局长（刑事）以及当地的一位议员（保守党）。第一位专家的看法占据了不少篇幅，其重点是强调"恶劣的住房条件、高失业率以及当地学校受到的压力"是如何导致青少年犯罪率和受到救助的儿童数量居高不下。她还批评了市政当局将那些更贫困的家庭"集中"安置在这些地区的做法，这些意见被直接复制到了这篇特写报道中。记者还在报道中加入了一些统计数据：汉兹沃思地区的居民中有 25％ 的人口年龄低于 15 岁，而教育部门也没有否认他们的资源十分紧张。然而，《每日邮报》这篇报道到此刻为止所呈现出来的开放性很快就被下一位专家打破了。这是当地的一位议员，他自称处在汉兹沃思地区"打击犯罪的斗争"的最前沿。这一地区也正因为如此而成为"任何一个自称是文明社会的国家的污点"，充斥着一种"人们都不敢独自在街上行走的……氛围"。这种表达方式，以及报道中所用的统计数据，都与《每日快报》的做派如出一辙；相似的还有这里所调用的逻辑逆转——这是一篇以环境因素开始，却以对犯罪的恐惧结束的报道。此外，和《每日快报》的做法一样，种族议题很快就出现了，并且是以一种直截了当的方式被提出来的："据估计，汉兹沃思地区 70％ 的人口都是有色族裔，是伯明翰贫民区问题最严重的地区。"报道最后呈现的景象是这一地区面临的历史性衰败："汉兹沃思曾经是最富有的实业家居住的地方，街道整洁，绿树成荫。但如今，街道上却布满垃圾，孩子们在拆迁的建筑废墟上玩耍。"令人惊讶的是，无论是《每日快报》还是《每日邮报》，都在其报道的最后试图唤起一种城市衰败的景象。对这种衰败景象的描述充满了感染力，却没有给出充分的解释。它们都没有试图解释为何会出现这种衰败，相反，却陷入了一种更加封闭的意义关联的循环：住房、种族和犯罪。

人们也许会希望《卫报》能够采取一种更加复杂的报道方式。这种期待有其合理性，毕竟对那些代表穷人利益的团体和"从事救助工作的人"来说，该报向来是倾向于支持他们的。在报道伊始，它也提到了地区社会环境问题，但与《每日快报》或《每日邮报》相比，其表达方式更加具体和

尖锐:

> 在维拉街所在的这片地区,警察与移民为主的社群之间的关系
> 并不太好,当地青年的失业率也很高……上个月,31 名志愿工作者
> 联署了一份致伯明翰警察局长的信。他们声称,该地区的西印度群
> 岛人遭到警察的骚扰,而且警方处理问题的手法对解决汉兹沃思日
> 益严重的暴力问题毫无帮助。

青年失业和犯罪问题都是很常见的主题;具有激进意义的是在这些话题中加入了对移民和警察之间紧张关系的讨论。然而,《卫报》对这一问题的分析仅仅维持在表面症候的层面。在这篇题为《萧条且令人沮丧》的报道中,作者一开始就列出了种种此类症候:"汉兹沃思一派萧条景象,令人沮丧。大多数问题都发生在索霍(Soho)区,暴力、劣质住房、失业和种族仇恨已经使其恶名远扬。"这里所列的这些能够证明"萧条"的各种指标都是描述性的,没有提供任何因果关系的解释。也许让人惊讶的是,《卫报》并没有采用受到广泛认可的倾向于社会福利工作视角的"多元剥夺"(multiple deprivation)解释。相反,它突出强调了汉兹沃思当地居民的亲身感受,这使得它在全国性报纸中显得与众不同:"在当地人看来,这是一片饱受警察骚扰的地区,而市政当局对当地的问题漠不关心。正如一位咖啡馆老板所说的那样,'这里的老鼠比人多'。"因此,《卫报》对社会环境问题的处理方式与《每日快报》和《每日邮报》的做法十分相似。于是,问题就变成了犯罪现象如何在某种程度上是"一排排年久失修的房屋和毁坏的花园栅栏"所象征的糟糕社会环境的产物。而斯托里的个人经历正是以这一问题作为背景的——"在斯托里曾经住过九年的这条街道上,到处都是废弃的碎砖块和牛奶瓶。"对社会环境的这种相对松散的主题化处理,与更加具体的"社会问题"——斯托里正是这个问题的一部分——结合了起来,另外再加上"不稳定的家庭背景":"这一地区长期存在黑人青年失业的问题,而斯托里那位他并不相识的父亲则是一位西印度群岛移民。"

与其他任何一家报纸相比,《卫报》在这里所提到的解释的可能性范围都要大得多:社会病理的各种征兆,黑人青年失业的具体社会问题,以及不稳定的家庭背景。然而,这些议题都没有成为该报采用的一以贯之的解释。相反,通过引用巴罗先生(Corbyn Barrow)和市政委员会领袖

亚普(Stan Yapp)的看法,它又重新回到了"环境"问题。两人都强调,汉兹沃思所面临的问题并不是独一无二的,只要得到足够的财政支持,实施城市复兴计划,这些问题就一定能够被铲除(至于如何铲除,他们并未解释)。就连警方都认为"恶劣的社会环境"发挥了很坏的作用,由于"不受自己控制的因素"而受到指责让他们感到很气愤。最后,通过引述当地一位社区工作者的看法,《卫报》又把我们带回了最初的判决议题:"并不是我们不想遏止行凶抢劫行为,但这次的判决结果和斯托里用来袭击他人的砖头一样,都是麻木不仁的。"毫无疑问,在报道汉兹沃思案的过程中,《卫报》在某些具体方面与其他报纸形成了鲜明的差别,尤其是它的自由派视角。它并没有试图用种族这样的标签来概括当地存在的问题,也没有试图掩盖警察和移民关系中真实存在的问题,而且还以一种诚恳的态度去努力理解当地居民的感受。然而,在报道的最后,《卫报》却陷入了简单化的环境/行为模式之中,而这种模式并没有解释两者之间究竟存在什么样的关联性。汉兹沃思所面临的问题不仅没有得到解决,而且从《卫报》对这些问题的描述来看,它们根本不可能得到解决。《卫报》无法彻底摆脱这些表达方式,这反映了它与主导意识形态的叙述模式之间无法割舍的联系。正因为如此,它的报道最后呈现出一派贫困和萧条的景象。

因此,我们可以看到,这些关于犯罪男孩的个人经历和汉兹沃思地区情况的特写报道提出了一些逻辑松散的不充分的解释,以及关于犯罪成因的高度结构化的看法。在所有报纸中,从一般新闻报道向特写报道的转移涉及对"背景问题"的探究,但不同寻常的一点是,所有报纸在选择关注的主要焦点时,都选择了相同的要素:"受害者""行凶抢劫犯""地区"。这里,我们意在说明这些报纸的视角的局限性。但如果我们就此认为完全不存在编辑干预的余地,或者不可能以不同的方式把控解释和印象的浮动范围——尤其是在权衡不同要素的时候——那也是具有误导性的。

实际上,《泰晤士报》的选择就是根本不做特写报道。这家报纸的新闻报道类型中并不包括特写报道,也许这就足够解释它为何没有发表关于汉兹沃思案的特写报道。这并不只是一个形式问题,它至少意味着该报对自己通过一般新闻报道就能对戏剧性或疑难议题进行主题化和语境化处理的能力抱有高度的自信。

与《泰晤士报》回避了一切特写报道的做法不同,《晨星报》不仅做了特写报道,而且其立场与众不同。其报道围绕对判决结果的反对意见展开,陈述了各种压力群体的观点,并引用了伯明翰反种族歧视运动(Birmingham Campaign against Racial Discrimination)的代表所做的一段批评性的对比,把汉兹沃思案的判决结果与另一起案件的判决结果进行了比较。在那起案件中,一名巴基斯坦裔男子遭遇了永久性的毁容,肇事者是两名白人青年,但他们所受的刑罚却要轻得多。《晨星报》的报道没有提及几位犯罪青年的个人经历,只有一句话里提到了受害者的看法——他表示很"遗憾",而汉兹沃思这个地方则被简单地说成是"伯明翰问题最突出的地区之一",虽然它对《卫报》提及的那封关于警察工作方式的抗议信做了更加充分的讨论。资源的不足很可能限制了《晨星报》深入探索这一话题的能力:它只能依靠通过自己的关系网获得的二手资料。《晨星报》在多大程度上能够彻底摆脱其他报纸的特写报道所呈现出来的那些形式上的和意识形态上的局限性,依然是一个未知数。

除了《泰晤士报》和《晨星报》,其他报纸呈现出一种相同的特写报道的处理模式。它们都选择了受害者、行凶抢劫犯和犯罪地区作为最基本的背景要素,逐个进行深入探讨,并对它们进行了比较。正是这种特定的深度新闻报道的形式提供了平衡报道的机制;对相关要素的最终权衡并不是通过论证或分析过程来实现的,而是从一开始就从结构上被内化为特写报道形式的一部分。因此,不止一家报纸运用并列的报道策略,即(在同一篇特写报道文章内,或同一家报纸的"横跨不同版面的多篇特写报道"中)把各种对要素关联性进行解释的不同方式进行并列对比,比如,犯罪与社会环境之间的关系,或者个人经历与社会背景之间的关系。这种把许多不同理解平衡处理的方式是一种蒙太奇式的特写效果,最能体现这种效果的是《每日快报》和《每日邮报》。在《每日快报》的报道中,这种"平衡"是通过两版之间的对比来实现的——左侧版面的内容是与汉兹沃思和行凶抢劫犯相关的报道,右侧版面的报道对象则是遭受折磨的受害者、异常愤怒的自由派法官,以及对当地警方高度正面的描述(这样就能防止出现类似《晨星报》和《卫报》上提到的那种对警方的移民群体政策的更具有批判性的评价)。虽然整篇报道的标题(《深陷暴力不能自拔的人生》)具有强烈的宿命论色彩,但我们却看到那种把种族和犯罪紧密联系起来的描述严重弱化了等式中汉兹沃思/行凶抢劫犯这一端的报道,以至于最终整体的效果是破坏了这篇报道本来包含的论据的理由。因此,此处的平衡主要体现为排版意义上的平衡,但意识形态的重心却偏向于其中一端。

《每日邮报》以"暴力滋生之地"对汉兹沃思地区进行了描述,正是以这种描述为背景,它对受害者的状况和行凶抢劫问题进行了对比性的报道。在这篇文章中,对种族和犯罪问题的突出强调再一次削弱了形式上的"平衡",而对犯罪学专家莫里斯的采访则把"真正的"问题重新界定为政策和严厉惩罚的问题,而非犯罪现象的成因问题。但这同时也意味着这些问题依然是无法解决的。

在《每日电讯报》中,这种"蒙太奇式"效果并不那么明显,但发挥作用的同样是这种对不同要素的对比,例如,受害者与行凶抢劫犯的对比,以及社会环境与法律和秩序的对比。《每日电讯报》有它自己独特的解决问题的办法,那就是否认某些问题维度的存在。这主要表现为它所引用的一位警方发言人的说法:"警方绝不会对行凶抢劫问题掉以轻心,但也不会认为它是一个全局性的问题。"这样,《每日电讯报》的特写报道只维持在形式层面,因为它已经系统性地拒绝了其他报纸的特写报道所依赖的那些表达方式:汉兹沃思并不是一个犯罪滋生的地方;斯托里所代表的也只是一种为人所熟知的少年犯类型;受害者所遭受的痛苦以及袭击行为极端残酷的本质就足以解释问题的全部。这则特写报道严格遵循了基础报道和社论所设定的解释思路。

蒙太奇式的特写效果给人一种无所不包(囊括了各种观点)和平衡的印象:"强硬立场的"政务委员或警察与"心地善良的"社区工作者,当地居民与权威人物,或者(正如《伯明翰晚邮报》的报道所描述的那样)被告者的母亲与街头那些焦虑不安的母亲们。从形式上看,这种做法并没有提出解决问题的办法:各种证据都提到了,但这些要素只是以一种相互矛盾的方式被简单地罗列在那里。报纸本来是有可能容忍这些不同种类的要素和它们之间彼此矛盾的并存状态的(这与其在社论中提出判断的做法完全不同);但在实践中,这种蒙太奇式拼接做法的选择性和目的性实在是太强了,以至于倾向于意识形态范式中某一端的"解决方案"最终还是自动浮现了出来。

另一个替代性特写报道策略是从一个地方个案中找到所有一般性主题,从而提取出问题的本质或核心要素。这就是缩影式特写效果。在这里,对与犯罪/贫困/暴力相关的一般性议题的理解和表达都是通过特定的个案——比如汉兹沃思案——来完成的。这一点在当地报纸的报道中最为明显(下文将有探讨)。就全国性报纸而言,运用了这一策略的主要是《卫报》。该报在外在形式上——因此也在意识形态上——把特写报道的相关要素分开进行处理。对受害者的采访以及对压力群体抗议立场的大篇幅报道构成了头版追踪报道的主要内容，而对斯托里个人经历和汉兹沃思地区社会环境问题的报道则作为"背景问题"发表在专题报道版。这种将两者分离开来的做法，在一定程度上与占主导地位的特写报道新闻价值拉开了距离。但它也代表着一种模棱两可的立场。通过"绕开"自由派刑罚学者与法律—秩序的拥护者之间的直接争议，《卫报》同时也对所讨论的问题进行了置换，结果使得判决结果与导致社会剥夺的政策之间似乎没有关系。《卫报》无法直接对抗"道德恐慌"，实际上它通过常规的新闻报道也对这种恐慌的形成起到了推波助澜的作用。因此，它只能试图探讨更加安全的社会政策领域。相对于平衡这一领域内相互竞争的各种利益关系，《卫报》在平衡围绕汉兹沃思案出现的各种相互竞争的利益关系方面所付出的努力要少得多。因此，它所关注的不是受害者和行凶抢劫者之间的利益矛盾，而是当地居民和权威人物之间的立场差异。它也指出了这些利益冲突的激烈程度，但除了在社论中对围绕判决结果出现的争议中的某一方表示支持外，它并不试图在那些不同的利益主体之间做出选择。这种"模棱两可性"是现代自由主义话语的一个核心要素，罗兰·巴特将这一要素称为"非此非彼主义"（Neither-Norism），并对其进行了深刻的剖析：

> 这里我所指的是这样一种神话修辞术：它阐明两个相互对立的观点，使之势均力敌，从而拒绝接受任何一方的立场（我既不要这个，也不要那个）。总体而言，这是一种资产阶级的修辞方法，因为它与自由主义的现代形式有关。我们在这里再次看到了一种平衡的修辞方式：现实被简化为各种相似物；然后对它们进行权衡；最后，在它们之间的平等地位得以确认之后，它们被一笔勾销。这里存在一个神奇之举：因为从双方之间做出抉择是一件让人难堪的事，故而它们都被抛弃了；这样，人们就从无法忍受的现实中逃脱出来，并将现实简化为对立的双方，并且只根据他们纯粹的外在形式对其进行权衡，而不必在乎它们的具体分量如何……最终产生的均衡状态将价值、生活、命运等固化了；从此，人们再也无须做出抉择，只须表示赞同就够了。[①]

[①]　R. Barthes，《神话学》（*Mythologies*，London：Paladin，1973），页 153。

伯明翰地方报纸

　　我们之所以把伯明翰本地的报纸分开单独做分析,是因为它们对地方议题的特定兴趣会对他们报道汉兹沃思案的方式产生影响。就具体的报道实践而言,它们比全国性的报纸"离事发现场更近",也更容易立即接触到那些直接卷入事件的当事人和本地专家以及意见领袖。它们发表的与案件相关的报道的数量也要多得多。在意识形态上,这些报纸强调的是受害者和犯罪分子的本地人身份,同时还考虑到这起案件对伯明翰整个城市产生的影响。这对它们在特写报道中所可能采用的解释和描述方式的范围会产生一定的影响。虽然我们会指出《伯明翰邮报》(*Birming-ham Post*)、《伯明翰晚邮报》和《星期日信使报》(*Sunday Mercury*)(属于同一家报业联合体)这三家报纸的基础新闻报道中存在的一些特征,但我们想集中关注的却是它们具体是如何从本地视角对事件进行特写报道的。《伯明翰邮报》是反映保守观点和报道方式的一家日报。该报发表的与汉兹沃思案有关的报道共计有如下六篇:

　　　　嫌犯母亲认为"恶劣社会环境"是其子犯罪的罪魁祸首
　　　　法官判决 16 岁少年犯 20 年监禁(1973 年 3 月 20 日)

　　　　犯罪男孩可能就判决结果提出上诉
　　　　伯明翰 19 号格罗夫①(特写报道)(1973 年 3 月 21 日)

　　　　30 便士袭击案少年犯将就判决结果提出上诉
　　　　羁押(社论)(1973 年 3 月 22 日)

　　与《每日邮报》一样,《伯明翰邮报》并没有把汉兹沃思案作为头条来报道,它的头版报道只是简单陈述了家属对判决结果的反应,最后一版刊载的则是庭审情况的报道。更不寻常的一点是,除了在最后一版报道中的警方统计数据以及在社论(加了双引号)中有提及之外,《伯明翰邮报》对"行凶抢劫"这个标签的使用极为克制。这个词从来没有出现在新闻标

————————

　　① 译注:原文是 Grove,有小树林、树丛、果园或街道之意。

题中。虽然说把罪犯说成是"30便士袭击案少年犯"带有一种无动机的犯罪意味，但避免使用"行凶抢劫"这个标签的做法是该报与其他报纸在新闻报道方式上的一个重大区别。始终避免使用"行凶抢劫"标签的做法被贯彻得如此彻底，以至于我们不得不怀疑这是编辑部刻意决定的结果。至于他们为何这样做，我们并不知晓。但就其他方面而言，《伯明翰邮报》与全国性报纸的唯一区别就在于它较早地表现出对事件展开特写报道的兴趣。对桑德斯夫人和基南先生的采访与对庭审情况的报道一同构成了3月20日报道的焦点，这种安排导致对相关议题的"制度化"辩论的篇幅被大大压缩了。对这种辩论的报道只通过对塞利奥克（Selly Oak）选区的议员安布勒（Rex Ambler）和格登（Harold Gurden）这两个本地人物的采访草草了事。最后，该报以内政部国务大臣科尔维尔的讲话节选和行凶抢劫犯罪活动增加了"129％"的统计数据"圆满结束了"这篇头版报道。3月21日和22日的两篇报道主要关注的是上诉程序，一两个对判决结果的进一步反应（尤其是来自总部位于伯明翰的英国社会工作者协会［British Association of Social Workers］的秘书的意见），以及在3月22日着重报道的适用于监禁刑罚的假释制度。其中涉及的最后一点与同一天发表的社论主题相关。这篇题为"羁押"的社论试图消除由于监禁刑罚的性质造成的对这起"行凶抢劫案"的误解。在此基础上，《伯明翰邮报》由此试图解释审查和假释的过程。"相关部门关注的是斯托里的暴力行为，他们对其明显的精神问题已经被矫正这一事实感到满意"，故而假释成为可能，斯托里由此得以被释放。因此，20年这个刑期更多的是一种象征性的做法：一种因果报应的体现。报道中提到了伯明翰刑事法院法官通过采用威慑性刑罚发起一场成功"消除"了蓄意破坏电话亭行为的治安运动，借此来证明严厉惩罚的必要性和有效性。这样，《伯明翰邮报》试图表达一种双重立场——一方面，20年有期徒刑并不会按照字面意思那样去执行，但另一方面，这是一种必要的威慑手段。

从法律角度做出的论断取决于斯托里是否属于"精神疾病患者"这个边界十分宽泛的类型（虽然这种论断的内在逻辑并不自洽，因为精神病患者在本质上是无法做出理性计算的，而罪犯的理性计算能力恰恰是威慑性惩罚能够成功发挥效果的前提）。但这种对个人经历及其环境问题的解决办法并没有成为一般新闻和特写报道中所采纳的逻辑。例如，3月22日头版的两篇报道都重点强调了罪犯作为城市家庭成员的事实。记者采访了他们的父母，报道中也对他们的家庭历史有简单的交代：搬来此地的日期,家庭成员构成。对几位犯罪少年个人经历的描述也列出了我们在分析全国性报纸时所提到的那些失败指标:不良教育、工作机会匮乏、糟糕的环境。与此同时,这些男孩子又被描述成是来自常见的城市家庭的"正常"孩子,虽然他们所处的整体环境被说成是"不正常的"。两者间的这种紧张关系始终没有得到解决。因此,不足为奇的是,在最令人瞩目的一篇特写报道文章中,《伯明翰邮报》把所有的注意力都放在了环境背景问题上,而完全忽略了对当事人个人经历的考虑。

在《伯明翰邮报》对汉兹沃思案的特写报道中,对社会环境问题的处理不是从整个地区的视角出发,而是把目光聚焦在一条街道上。报道中配有一幅照片,背景中展示的是各种废弃物,前景则是被警戒的犯罪现场。文章标题"伯明翰 19 号格罗夫"位于照片下方。它提供给我们的是一副社会真空的景象,一种新的贫民窟景观:这并不是那种十分拥挤的、令人窒息的老旧工业区的连排住宅,而是那种颓废的、衰败的过气郊区。这篇报道所关注的正是这些表面的环境特征。记者采访了一些当地居民,他们陈述了自己的亲身经历:沃勒尔(Worrall)太太是 11 个孩子的母亲("这绝对不是格罗夫居民区最大的家庭"),晚上她都不敢出门;希尔(Hill)太太("19 年前我刚搬过来的时候,这里是一个很不错的街坊")则历经了整个地区衰败的过程。但该报对环境问题的描述最终停留在这一地区的外在面貌的层次:

> 显然,在伯明翰,没有哪条街道会比这条街道更加名不副实。即便是阳光灿烂的春日,这里的气氛也是令人沮丧的;晚上,整个街道充满了令人厌恶的威胁……这条街道自然也就成了住在格罗夫的许多孩子唯一的玩乐场,其中绝大多数孩子是有色族裔。

在这里,一些特定的要素被联系起来,以一种模棱两可的方式被整合为一个视觉形象,以此对汉兹沃思事件做出某种"解释"。但这些要素组合的方式是具有欺骗性的。这里,我们回到了"污浊等于偏离常态"的环境主义主题,而这正是社会学家在思考斯托里被判刑这一事件时应当着重关注的一个方面——"这样,他的遭遇或许会促使人们采取措施改善那些导致他犯罪的社会环境问题"。《伯明翰邮报》没有也无法意识到的是它所提出的问题的武断性,它完全忽略了在环境和犯罪问题之间的社会空间中,结构的和文化的决定关系才是起主导作用的要素。

　　与《伯明翰邮报》相比，《伯明翰晚邮报》在报道方式上更有平民主义气息，而且在当时的语境下，也没那么保守。后来，随着编辑部门的人事变动，该报变得越来越具有右翼色彩。由于在大量报道中把黑人移民群体当作问题来处理，尤其是更近的一段时期对"行凶抢劫问题"的报道更是如此，《伯明翰晚邮报》在自由派人士圈子中的名声很坏。它对汉兹沃思案的报道达到了饱和点：

　　　　16 岁城市男孩被判 20 年徒刑（1973 年 3 月 19 日）

　　　　母亲为犯行凶抢劫罪的儿子鸣不平

　　　　与社会格格不入的人（社论）

　　　　20 年徒刑判决：议员们怎么看

　　　　社会"已到宽容的极限"

　　　　呼吁对逃学情况进行调查

　　　　暴力的背后（1973 年 3 月 20 日）

　　　　行凶抢劫案法官重申：20 年徒刑

　　　　行凶抢劫案：案犯朋友聚集声援

　　　　汉兹沃思一夜：处理棘手难题

　　　　与此同时，让我们回到少年法庭现场

　　　　一个斯托里都嫌多（个人观点）（1973 年 3 月 21 日）

　　　　城市行凶抢劫犯罪受害者有话要说（1973 年 3 月 22 日）

　　　　斯托里太太经历的"梦魇般的一周"（1973 年 3 月 23 日）

　　《伯明翰晚邮报》对"行凶抢劫"一词的使用要比《伯明翰邮报》早，虽然第一次使用并不是在判决当天的报道中出现的。标题中的"城市男孩"意味着《伯明翰晚邮报》对地方性主题的认同，这一点从一开始就决定了它对这一新闻事件的处理方式。对新闻事件最初的主题化处理和对背景信息的描述并不是截然分开的。该报很早就开始了对此案的特写报道。3 月 20 日发表的题为"母亲为犯行凶抢劫罪的儿子鸣不平"的头条报道，采用的就是一种"蒙太奇式的特写报道"。但在全国性报纸涉及的三个要素（受害者、行凶抢劫犯、案发地区）中，《伯明翰晚邮报》只报道了受害者的情况。

　　在这些报道中，我们看到的是行凶抢劫犯的母亲，而不是犯罪者本人；是"恐怖情形"，而不是案发地区的整体情况。此外，在"反应"这一标题之下，关于该案持续不断的争议也得以呈现。这些报道的"天平"严重

偏向判决结果,从几个主要的副标题就能看出这一点:

> "我儿子有错——但20年徒刑实在是太长了"
> "他们差点就要了我的命"
> "我们现在没那么害怕了"——母亲们表示
> "亟须采取严厉举措打击犯罪"——警方表示

在这里,对议题的主题化处理采取的是一种地方化的形式:围绕这起事件的辩论发生的范围不是整个社会,而只是在伯明翰这座城市之内。罪犯母亲的抗议遭到当地其他孩子母亲的反对,因为她们把自己视为潜在的受害者;因此,对立的利益冲突只存在于当地人内部,而不是发生在汉兹沃思当地人和这一地区之外的人们之间。这种地方化处理通过报纸内页刊载的各种报道得以实现——请愿活动最积极的参与者是斯托里的朋友;关于判决结果的争论发生在当地议员、政务委员和当地社会工作者之间。

如果说这起事件是对城市社会的一个挑战的话,那么,它同时也是属于城市自身的一个问题。不出所料的是,对这个主题的探讨最终导向了对汉兹沃思地区的调查,但这种调查所选择的语境却十分特别:不是城市的贫困问题,也不是城市的贫民区问题,而是城市的青年问题。这样,这起事件就被毫无障碍地纳入到《伯明翰晚邮报》持续报道的"一系列"暴力青年个案之中。3月20日,该报把之前计划好的一系列关于当地青年就业实验项目(双零俱乐部[the Double Zero Club])的报道扩展为一整版题为"暴力背后"的特写报道。除了教区牧师对青年俱乐部实验项目的描述之外,还有两篇文章——其中一篇的内容是一名当地执法官员讲述对付暴力青年犯罪分子所遇到的问题,另一篇则是一位知名精神病专家就长期监禁措施的效果问题发表的评论。在这种情况下,"暴力青年问题"会成为《伯明翰晚邮报》当天社论文章的主题和标题(《与社会格格不入的人》),也就是很正常的事情了。在这里,汉兹沃思地区,以及犯罪与社会环境,个人经历与社会背景等要素交织在一起所形成的复杂问题,都被归入到青年问题之下。通过提及长期以来广为人知的"美国式的城市暴力",该报认可了威慑性刑罚的必要性,并明确呼吁必须针对"根本原因"采取补救措施,尤其是像汉兹沃思这样的"贫困地区所面临的危险局面"。因此,结论是双重的:"对野蛮罪行的严厉刑罚或许是一种必要的短期的权宜之计。但人们如果想要找到长久的解决之道，就必须看到更深层的原因。"

这种议题处理方法在第二天被继续沿用，对汉兹沃思地区情形的描述也正是在这个视角下进行的。在题为"汉兹沃思一夜：处理棘手难题"的特写文章旁边刊发的是评论判决结果的读者来信，下面是一篇主题在标题中一目了然的文章（"同时，让我们回到少年法庭现场"），而所有这几篇文章都被编排在一个通栏大标题之下——《围绕 20 年判决结果的辩论持续发酵之际，聚焦暴力问题及其原因》。虽然《伯明翰晚邮报》并没有否定"环境问题"的重要性，但对这一问题的表述被具体化了，从而使之服务于暴力青年主题的需要。讨论的重点很大程度上集中在汉兹沃思地区的儿童身上：

> 位于维拉街的格罗夫居民区，就是这位 16 岁犯罪少年的家。破碎的铺路石上散落着纸片，灰色泥土中长着一些枯萎的植物，四处是坍塌的栅栏，砂浆脱落的墙砖间布满了缝隙。除此之外，这里还有许多孩子。这些健康美丽的孩子，双膝沾满泥土，但朝气蓬勃，面色柔和，毫无忧虑。当他们答应带你去"他和妈妈住的地方"时，这些孩子总是充满热情。那是格罗夫居民区唯一一座独立房屋里的一套公寓。他们周围满是枯萎的花园、随处飘落的废纸以及墙彩斑驳脱落的维多利亚时代的工匠住宅。身处这样的环境，这些孩子的未来是否面临着巨大的风险？人们的生活状况究竟是由家庭内部的情况决定的，还是由家庭之外的条件决定？有多少个汉兹沃思的孩子能够通过在大学获得一席之地，然后取得文凭来获得成功，而不是像现在这样因为犯罪而上了新闻头条？

这种推理性的、带有主观色彩的报道手法是"缩影式特写"的一种最极端的形式。这种方法同样被用于对另外两个犯罪者家庭的报道。作者在文章最后承认，在搞清楚"碎石瓦砾和年久失修的房屋"背后究竟发生了什么方面，人们尚未获得任何进展——"我们发现自己又回到了原点：在那些房屋的前门后面，究竟发生着什么？"这些报道对影响着汉兹沃思地区的结构性制约因素只字不提，即便是全国性报纸中那种较为粗略的探讨都没有；同时，这些报道也没有试图把这些犯罪男孩的个人背景纳入他们所处的社会环境中进行理解，而只是在早前的"蒙太奇式的特写报道"中通过他们母亲的陈述来进行处理。在这里，背景问题以一种间接的同时又从未完全成型的方式变成了一个文化问题：一种"生活方式"是如何形成的，以及究竟是"家庭因素"还是"社会因素"发挥了决定性的影响作用。

作为《伯明翰晚邮报》整合性报道策略的手段之一，这种文化主题为3月21日普里斯特利（Brian Priestley）表达个人看法的文章《一个斯托里都嫌多》提供了核心要素。虽然普里斯特利和《每日镜报》的沃特豪斯以及《太阳报》的阿卡斯一样，都获得授权发表自己的个人看法，但他并没有对《伯明翰晚邮报》在其新闻处理方式中已经确立的对背景问题的定义提出不同意见，相反，他完全赞同这一定义的逻辑结论。普里斯特利认为，斯托里所面临的问题与那些生活在霍克利（Hockley）、巴萨尔希斯（Balsall Heath）和阿斯顿（Aston）等其他内城地区的青年所遭遇的问题十分相似。他们都具有一些"典型的"个人经历：都来自问题家庭，学习成绩很差，对成年人不信任，喜欢寻求刺激，此外，也许还有一个作为额外负担的因素，即他们都是有色族裔。这种社会纽带的断裂（目前为止这依然是我们所熟悉的一幕）正是普里斯特利的观点的基础。他十分清楚谁应当对这种局面负责：社群关系委员会、青年组织机构、市政厅，所有这些机构都以不同的方式没能履行自己的职责。结果是灾难性的：

> 目前，有太多的年轻人失去了体面的居家环境、闲暇空间、青年设施、新鲜空气、进行合法人生历练的机遇、离开居住地区的机会、他们觉得可以理解其问题的成年引导者，以及拥有幸福未来的前景。已经到了必须在我们的青年发展计划中把这些年轻人放置在最紧迫的优先地位的时候了。
>
> 哪怕只有一个斯托里都嫌多。

在这里，诉诸犯罪手段的做法被说成是在闲暇生活中的选项之一。虽然这篇文章对结构性因素有最低限度的承认，比如，住房问题很诡异地与"新鲜空气"并列在一起，但能够将这些年轻人与社会重新连接起来的"消失了的链条"被认为主要是提供闲暇资源的问题。年轻人只是表面上处于城市的特定区域之中。虽然他们在就业、教育以及收入资源方面的匮乏，正是界定了这些地区特征的要素，但这些都没有被当作真正重要的问题来讨论。普里斯特利所做的是用闲暇这个中介物来填补物质环境和社会行为之间的裂隙。对汉兹沃思事件的特写报道者而言，这一直是一个颇为棘手的问题。于是,这样做不仅回避了社会不平等这种更加宏大的问题,而且同样重要的是,还可以就此提倡一种真正的实用主义策略——一个应急的青年发展计划。

在《伯明翰晚邮报》对整个议题的处理过程中,有一整套复杂的重新定义的策略在发挥着作用:从"行凶抢劫者"到"暴力城市青年",从"问题地区"到"生活方式",从"法律和秩序"到"闲暇生活",从"少年法庭"到"青年培训课程"。对一起犯罪事件、一种犯罪类型、一个犯罪区域的复杂情况的解释,家庭、学校、工作场所可能发挥的关键作用,住房、贫困、种族等因素,所有这些方面以及许多其他要素都被简单地纳入这样一幅简化的图景之中:"在文化上处于贫乏状态的青年倾向于使用暴力手段,只是因为缺乏足够的内容填满他们的闲暇时光。"这种对"背景问题"的重新表述或许比我们已经看到的一些其他解释更有说服力,但由于缺乏对结构性要素的讨论,这种说法作为对问题的一种分析显然是不充分的。它的力量在于这样一种景象:"无聊的"年轻人因为无事可做而变得"十分危险"。

在伯明翰出版的《星期日信使报》是一家很难对其特征进行准确描述的报纸。从外观和视角来看,与《伯明翰邮报》和《伯明翰晚邮报》相比,它更像一家地方性周报:在观点和新闻处理手法上,该报故意以一种颇为自豪的态度采取了一种过时的风格,它回避与性和耸动议题有关的内容,更青睐符合道德准则的平凡之事。它在特写报道中对汉兹沃思案的处理手法乍看起来显得极其古怪。它完全没有关注受害者、罪犯或者案发地区,而是在报道中讲述了两个个案,主题是对一个贫民区出身背景的人来说,如何不仅克服这种不利处境,而且能够获得成功。这篇报道几乎占据了社论版整整一版的篇幅。其中对两位优秀的伯明翰男子——一位是白手起家的商人,另一位是前内阁大臣——的采访占据了这一页的中间和右侧部分;社论专栏位于左侧,与往常一样,每周一次的基督教专栏出现在该页的左下方。《星期日信使报》选择了行凶抢劫主题作为星期日布道文章的话题。报道还配有两位受访者的照片:商人的照片是一张小尺寸的脸照,而那位政治家的照片尺寸较大,他站在洛塞尔斯(Lozells)的一条街道上,那是他曾经上学的地方。

从这些内容中,我们几乎无法判断《星期日信使报》想要表达的立场究竟是什么。从关于 20 年刑期的争议到当今社会家庭生活在整体上的衰落,无论是哪种观点,都没有以一种清晰的、系统的方式在《星期日信使报》中得到表达。例如,该报的社论从变化的家庭生活的角度讨论了青年犯罪的问题,但并没有明确提到"行凶抢劫"问题。两篇采访包含了一些关于社会的隐晦意象和对"越轨行为"的解释,却完全没有提到斯托里案。这些报道的整体效果十分微妙。避免对具体犯罪事件进行解释,使得该报更容易提出一些没有针对性的常识性的关切和假设,并把这些内容组合为一幅关于社会的隐晦意象,同时,(很显然地)从家庭生活溃败的角度对近来发生的事件做出一般化的解释。

就这一主题而言,对专家的选择尤为重要。对《星期日信使报》来说,此前其他报纸对这一话题极其详细的报道这一事实,无疑促使它必须找到一个更有新意的角度。但在这里,和我们对其他报纸的分析一样,这种对《星期日信使报》特写报道处理手法的技术性解释,价值有限,并且具有误导性。即便是最保守的全国性报纸都多少引用过社会学家、犯罪学家、社区工作者和志愿者组织的看法,以此作为自己立场的参照点。但如果《星期日信使报》征询了这些人的观点,无论如何都与该报十分守旧的常识"世界观"不符。因此,《星期日信使报》寻求的"专家意见"并不是知识性的分析或专业性的关切,而是活生生的个案经验。对它来说,这是完全合适的。它所选择的个人经历并不是对不受制约的个人主义的简单描述,也不只是对卓越人物的赞美。《星期日信使报》所想要达到的目标并不是有竞争力的成功人士的道德传奇故事,而是一幅和谐团结的社会景象,以及作为这幅景象组成部分的贫民区稳定的社会生活和文化。由此,它进而强调家庭,尤其是母亲角色的重要性。两位受访对象都谈到了自己的母亲,这促使该报在社论中明确指出母亲这一角色作为关键的社会整合机制的作用,但这种作用如今已经不复存在。因此就有了我们所看到的新闻标题。对商人的采访的标题是"我守寡的母亲管教了我们五个孩子"。政治家那篇的标题则是"海曼女士,洛塞尔斯的牧羊人",指的是这位政治家的小学老师。据他所说,这位老师当时扮演着学生们共有的类似于母亲的角色。将自身经历提升到解释层面的是豪厄尔(Howell)先生:"'环境',豪厄尔先生指出,'是非常非常重要的。但即便环境很差、很糟糕或者十分拥挤,只要有一些其他因素,也就是能起到社会稳定作用的我们的家庭生活和小团体,那么,这些问题都没什么大不了的。'"这个观点成为同一版配发的社论文章的主题,它把少年暴力犯罪的问题放进了一个极其传统保守的框架之中。根据这个框架,我们所需要的不是新的思维,而是重申旧有的价值。对城市贫困问题的分析变成了对传统母性和古老文化的赞颂。这个立场在该报的论述中简洁明了：

> 母亲似乎不再像过去那样具有一种令人敬畏的力量。现代生活的经济和社会压力已经摧毁了她在家庭中的主导角色。她们不再全职操持家庭事务，不再扮演教导者、厨师、倾诉对象、抚慰者、保洁员以及裁决者的角色。如今，在英国中部地区，大约有50万人为了养家糊口而成为职业女性，母亲只是她们众多职责中的一个。没人知道我们的社会究竟要为这些挣工资的母亲付出多少代价。一些社会学家、执法官员和其他人认为这个代价也许会大得惊人。有谁能说得清究竟有多少无所事事、自甘堕落、蓄意破坏和低下的教育水平，只是由于许多孩子已经不知道放学回到母亲身边，在桌边喝茶，对着充满爱心的母亲讲述一天的经历究竟意味着什么这样一个简单的事实呢？……找不到归属感、发展不健全且缺乏安全感的孩子最终成为能力不足的贫困青少年，他们的社会和情感需求只能在由他们的同类组成的团伙中获得满足。街头取代家庭成为他们赖以依靠的地方。暴力成为自我表达的一种形式，而蓄意破坏行为则填补了母亲角色的缺失留下的真空。尽管人们经常嘲笑传统的家庭生活，认为在这样一个年轻人得到解放的时代，它太过拘束、太令人厌烦、对自由的限制太多、太过陈腐，但越来越多的证据却表明，家庭生活依然具有极其重要的价值。仅仅做一位操持家务和管理家庭的母亲，实际上也是扮演一个极其重要的社会角色。这种角色的作用绝不只是管理几个零花钱、与周遭的人相互攀比，甚至不是从物质层面所能表达的。如果我们决心要彻底解决城市无业青年问题的话，也许第一步应该是在政府的支持下发起一场运动，让母亲重新回到家庭这个她们本该属于的地方。

这种呼吁很有感召力。它没有给人造成一种媒体自吹自擂的自我形象，因为那样最终会引起读者的怀疑。相反，它直接诉诸传统常识的意识形态。对所有"普通"人而言，这种常识意味着一种正确和得体的生活方式。《星期日信使报》通过两位有代表性的成功男人的故事展示了这种常识观念，在当地居民充当的常识布道者所讲述的基督教老生常谈之中，这种观念被奉若神明。

我们完全有理由认为，与其他报纸相比，《星期日信使报》对汉兹沃思事件的处理方式在意识形态上更具有连贯性。在《星期日信使报》的报道中,我们看不到像在《每日邮报》和《每日快报》的报道中那样,在报道范围相对宽泛的特写报道和立场相对狭隘的社论文章之间存在的那种落差。《星期日信使报》甚至都没有觉得有必要走走过场,就斯托里的个性和教育问题、判决结果正确与否以及汉兹沃思地区存在的问题展开一场辩论。从某种意义上说,这样做的好处主要体现在时间上。它无须再紧紧追随此前媒体是怎么报道的,也不必在意专家对事件的定性以及他们的反应。在所有报纸中,作为一家周报(例如,只在周日出版)性质的地方报纸,《星期日信使报》受到被广泛接受的新闻报道重点以及既存的对议题的界定的束缚最少。它有充分的自由空间来确立自己想要强调的重点和主题,并把这起事件(作为一起新闻事件,到此时已经发生了好几天了)纳入到自己的意识形态轨道。这使得它有机会能够以一种更加连贯一致的方式处理新闻主题,其主要形式是将个人故事讲述为我们时代的道德传奇。这种形式的建构方式颇为独立(即不受在汉兹沃思事件报道中发挥作用的特定新闻价值所带来的具体细节和各种可能性的限制),构思也颇为独特。

因此,这可以说是一种十分特殊的特写报道类型——与日报相比,这种类型更符合大众周日报纸的特点。对后者来说,特写报道的内容就是讲述道德传奇,或"布道"的一种形式。之所以会有这种"特写报道",完全是因为它有充分的自由空间,可以远离事件本身,"退一步考虑问题",从而能够处理它所提出的"更深层的问题"和"更重大的主题"。它并没有以一种"社会学的"方法深入思考社会问题,也没有参考一手的图解报告,甚至没有从各种专家观点和立场的大杂烩中总结出一套解释。相反,《星期日信使报》把话题扭转回来,使之聚焦于对它来说十分重大的、经久不衰的、最重要的主题之一:家庭生活的圣洁性、凝聚力、结构性的支撑作用以及对维系传统生活方式的贡献。从操作技术和新闻业务的角度来说,《星期日信使报》的做法颇有几分创意,它选择了当地有代表性的两位杰出人物,试图通过他们的故事,以一种十分有趣的"个性化"的方式来"突出"这个保守的社会主题。但毫无疑问的是,这种新颖的新闻处理手法和颇具新意的故事在一定程度上掩盖了意识形态主题的连续性。即便有上百个不同的故事,以上百种不同的方式被讲述出来,《星期日信使报》每周给它的读者所指引的,也永远都是那条通向伟大的、保守的核心生活真理的狭窄小路。它具有把新颖的报道方式和角度或个性化的处理手法与一种发自本能的传统主义相结合的能力，并且对公认的常识智慧和稳定模式具有高度的敏感。就此而言，《星期日信使报》与其他保守派媒体有许多相似之处，尤其是那些全国性的周日"大众报刊"。它们处于一种十分相似的道德—社会景观之中：体现现代精神的变化、运动和扰乱所构成的兴奋不已、不安分的世界，与"旧道理"、旧模式、旧关切以及旧有的一套经过时间考验的行事之道形成了鲜明的对比。在这种对比中，前者往往受到贬低。由此，社会秩序得到深度肯定，并通过根深蒂固的大众传统主义予以强化。在特定的周报特写报道中所呈现出来的这种对比是简单的、抽象的和宽泛的：归属感、安全感和情感资源的匮乏，蓄意破坏行为，教育不健全以及"其他种种缺陷"被网罗在一起，都被说成是社会的变化所造成的道德沦丧的代价。与此相对的，则是"放学回到母亲身边，在桌边喝茶，对着充满爱心的母亲讲述一天的经历"所体现的不变的、稳固的根基。

　　因此，这里所唤起的意象所指向的是解决办法，而不是问题本身。它是积极的，而非消极的，虽然它也明显包含了一种历史性衰落的模式，但这里的衰落指的不是城市，而是以母亲为核心的家庭生活。面对新时代的问题，《星期日信使报》的回应是坚持要把时钟的指针往回拨。

结论：传媒中的解释与意象

　　关于汉兹沃思事件的绝大多数特写报道都选择了受害者、行凶抢劫犯以及案发地区作为最主要的报道主题。对媒体来说，在一起骇人听闻的犯罪事件、法庭的激烈反应、作为犯罪场所以及犯罪者成长背景的贫民区的新情况之间建立起某种联系，是一种难以抗拒的分析思路。正是这种联系促使媒体展开深入调查，并成为它们在特写报道阶段要处理的核心要素。在深度调查过程中，媒体所面临的首要问题是如何解释物质环境与社会行为之间的关系。新闻标题以一种凝练的方式呈现出对这一关系的各种解释：《每日邮报》的生物学隐喻（《暴力滋生的地方》）或《每日快报》的严重却意义不明的宿命论（《深陷暴力不能自拔的人生》）。对几位犯罪男孩个人经历的报道有时会与对背景情况的描述合为一体（例如《卫报》），但更多的情况则是分开进行说明（《每日邮报》《每日快报》《伯明翰邮报》）。对个人经历和社会背景关系的讨论以不同方式进行：或是通过常见的对种族议题的再现，或是通过将汉兹沃思地区的其他儿童视为潜在的犯罪分子。

由于其中的某些报道手法在社会环境和犯罪行为之间建立的关联是不可靠的,媒体显然想要找到一种更加令人满意的解决办法。策略之一就是在"衰败"和"犯罪行为"之间建立起直接的关联,这种做法在"缩影式特写报道"中体现得尤为明显。这涉及两个必要的过程。其一是把对环境问题的界定从涉及住房、贫困和种族问题的各种隐性机制简化为一个只与脏乱和破败不堪的表面形象有关的问题。其二是遮蔽在环境和犯罪之间可能发挥中介作用的各种要素。家庭、学校和工作等社会纽带被转化为个人经历中的一些要素。这样,它们作为结构和文化制度的功能就被忽略掉了,以一种简化的方式来解释社会环境和犯罪之间的关系就变得可能了。在这种情况下,媒体所做的不是去深入研究恶化的物质环境、文化组织模式和个体的犯罪行为之间的复杂关系,而只是做出这样一种推论:废弃的、无人看护的房屋或街道会给居民带来某种道德污染。街上的垃圾成为犯罪苗头的迹象。

表 4.2   报纸对汉兹沃思案的报道

	头版头条 (1973 年 3 月 20 日)	内版报道 (1973 年 3 月 20 日)	社论 (1973 年 3 月 20 日)	特写报道 (1973 年 3 月 21 日)	第二次判决 (1973 年 3 月 22 日)
《每日快报》	宣判后 16 岁男孩痛哭 20 年监禁,行凶抢劫犯获刑		让我们保护无辜者	深陷暴力不能自拔的人生—贫民区—行凶抢劫者—受害者—法官—警察	围绕被判监禁男孩各方意见分歧 律师说,重要议题均已提出
《每日邮报》	行凶抢劫的男孩们遭受风暴式打击	20 年监禁,16岁男孩行凶抢劫只因觉得好玩	可怕的威慑性判决	暴力滋生的地方—汉兹沃思—团伙老大—受害者—专家观点	男孩行凶抢劫案:维持原判法官忘记抢劫罪指控
《太阳报》	20 年监禁,获刑者为 16 岁的行凶抢劫犯 两位同伙获刑10 年——代价沉重的男孩们	成为行凶抢劫犯的受害者意味着什么	没有发表社论("法律手段不会彻底解决行凶抢劫问题"——阿卡斯,1973 年 3月 21 日)	"我只是半个废人 我的生活被毁了",男孩行凶抢劫事件的悲惨受害者如是说	"行凶抢劫"男孩再次被判20 年

（续表）

	头版头条 （1973 年 3 月 20 日）	内版报道 （1973 年 3 月 20 日）	社论 （1973 年 3 月 20 日）	特写报道 （1973 年 3 月 21 日）	第二次判决 （1973 年 3 月 22 日）
《每日镜报》	有期徒刑20 年对 16 岁行凶抢劫犯的惊人判决	少年行凶抢劫案斯托里的母亲与警察联合会针锋相对	劳资纠纷 （"法庭秩序"专栏——沃特豪斯，1973 年3 月 22 日）		年轻的行凶抢劫犯再次被判20 年
《晨星报》	16 岁"行凶抢劫"案主犯获刑 20 年		野蛮的判决（1973 年 3 月21 日）	对行凶抢劫犯的野蛮审判引发愤怒	
《卫报》	16 岁男孩因行凶抢劫获刑20 年			行凶抢劫袭击事件受害者表示，"我对判决结果感到很遗憾"萧条且令人沮丧	行凶抢劫案男孩再次被判20 年
《每日电讯报》	20 年监禁，16岁行凶抢劫犯获刑——赃物只有 5 支烟和30 便士		正义的尺度	为了区区 30 便士而行凶抢劫，受害者认为这很愚蠢	
《泰晤士报》	法官对三名伯明翰男孩做出判决，罪名是对回家路上的男子犯下"严重且可怕的"罪行 16 岁行凶抢劫犯获刑 20年，同伙获刑10 年	母亲表示，儿子对判决结果"感到非常震惊"	男孩因未遂谋杀罪获刑20 年		

　　最能体现上述策略的是具有地方保守主义色彩的《伯明翰邮报》和《伯明翰晚邮报》。相比之下，以《卫报》为代表的世界自由主义（cosmopolitan liberalism）在解决犯罪与环境的关系这个难题方面的表现也好

不到哪里去。该报对汉兹沃思地区情况的报道以一系列社会异常的症候为基础,但对这些问题的报道基本上是描述性的。在犯罪、卖淫、劣质住宅、贫困和种族矛盾中,哪些是因,哪些是果? 如果环境导致了犯罪,那又是什么导致了环境问题? 这都是一些很难回答的问题,但这并不能成为回避它们的理由。我们不可能找到解决这些问题的办法,除非我们对社会的基本结构特征进行批判分析:住房的不平等分配;某些行业中的低工资水平;福利待遇的本质;教育资源的匮乏;种族歧视。正是这些影响因素的政治本质导致了媒体以如此粗糙和无解的表达方式直接挪用了环境决定论的逻辑。也正是在由此产生的话语真空中,出现了试图从意识形态上解决这些问题的最强大的机制——公共意象(public images)。

　　"公共意象"是由印象、主题和准解释聚集或融汇而成的混合物。有时,它就是媒体特写报道过程自身的产物;当费力且有难度的社会、文化或经济分析无法实现或被简化时,解决办法就是协调整个特写报道,从而产生一种描述加解释的合成体,即"公共意象"的形式。但这在一定程度上是一个循环的过程,因为这些"公共意象"常常是已经存在的,源自在其他情况下处理不同社会问题的特写报道。这种存在于公共和新闻话语中的"公共意象"会成为媒体在特写报道中处理特定新闻事件时的参考和灵感来源。由于"公共意象"不仅具有视觉上的冲击力,而且不会出现深挖细究式的严肃分析,所以,它们的出现往往会取代分析,或者说分析似乎会退化为意象。因此,当进一步的分析会威胁到某一领域的主导意识形态边界时,媒体就会唤起"意象"来阻止出现这种问题的可能性。在全国性报纸对汉兹沃思案的特写报道中,发挥主导作用的最重要的"公共意象"是贫民区或新贫民窟。这一意象被媒体纳入报道的时机,正是犯罪和环境之间的关系这个问题在意识形态层面进入到最关键的阶段。媒体把犯罪、种族、贫困和住房议题之间的"透明"关系压缩为"贫民区"这一意象,却没有提供任何因果解释。任何进一步解释的要求都被这种循环界定预先阻止了——这些问题只不过是贫民区的特征而已。于是,最初的犯罪"问题"变成了一个更一般的"社会问题"的一部分,但讨论这一问题的方式更多的是描述和唤起意象,而非对不同因素之间关系的分析。媒体对城市的堕落、移民问题以及社会法律和秩序的危机之间的关系的分析基本上是描述性的。通过这种"贫民区的公共意象",媒体把我们拉回到一个更加一般化的维度。在这里,笼统的类比取代了具体的分析,曾经先于我们经历过所有这些噩梦的美国开始发挥作用了。这是一种效果强大的颇有说服力的修辞性封闭(rhetorical closure)。

在全国性报纸的特写报道中，这种贫民区/新贫民窟意象处于主导地位：《每日邮报》和《每日快报》表现得尤为明显；《卫报》和《每日电讯报》次之。《伯明翰邮报》也间接使用了这个意象，但另外两家本地报纸《伯明翰晚邮报》和《星期天信使报》则使用了它们自己独有的意象。这些意象或许不那么具有公共性，而是更具地方特点，从全国语境来看，肯定会显得过时了。但这两家报纸所调用的青年和家庭这两个意象和全国性报纸所用的贫民区意象发挥着同样的意识形态作用，在其特定的语境中，它们具有类似的唤起功能。

这两个意象都涉及对环境问题的具体的重新界定。《伯明翰晚邮报》通过青年这一意象引导我们把目光从汉兹沃思转向这座城市中一系列与之类似的地区。把这些地区联系起来的不是住房、种族或贫困议题，而是一个特定群体的存在：缺乏足够休闲设施的年轻人。经过这番重新定义，解决问题的办法就变成了各种形式的实用主义手段。问题只出在年轻人身上，而不是所有人的问题。它是一座城市内部的问题，而不是全社会的问题。简言之，既然问题已经被地方化了，也就只能采取地方性的解决办法了。正是在这种语境下，普里斯特利才会积极呼吁市政当局支持一项"应急的青年发展计划"。这种贫困、不安分、寻求刺激的青年的意象利用了战后对"青年问题"的总体定义：无论是泰迪男孩，还是行凶抢劫犯，媒体所唤起的都是同一种意象。

另一种十分不同的社会乱象成为《星期天信使报》的特写报道的主题。在这里，全国性报纸对物质环境和社会行为之间关系的解释的不足通过一种文化结构得以弥补：家庭结构。只要有一个"母亲能够担负起责任"的温暖家庭，糟糕的住房和贫困都不一定会必然导致犯罪问题。它不认为环境是什么新问题，因为一直都有这样的地方存在。缺失的是能够提供尊重和纪律的文化，只要这种文化本身就足够保证我们能够遵守正确的社会行为规范。虽然从历史上来看该报所唤起的这种家庭生活意象并不可靠，而且它所用的例子也不是十分典型，但这不应当使我们低估它所唤起的这种意象对那些追随《星期天信使报》的世界观的读者所可能产生的影响：对日常礼仪、公认的道德准则和既定的生活方式的强调。犯罪问题是我们抛弃这些价值所必须付出的代价。如果说"贫民区"这个意象反映的是城市衰败，那么，诉诸家庭意象则说明了道德的滑坡。尽管这两个意象有许多不同之处，但它们都表达了一种关于社会衰败的感受。而这些意象、解释、意识形态以及这种衰败的感受之间的关系，将成为第六章要着重探讨的主题。

第五章　引导公众意见

"尊敬的编辑先生"：读者来信

"读者来信"尚未被作为一种新闻形式加以研究，[①]其功能也没有得到充分的考察。在来信专栏中，读者观点在最低限度干预的情况下以公共形式呈现在报纸上。虽然选择权最终掌握在编辑手中，但读者来信的多样性却不受编辑的控制（偶尔为了炒作而安排的"托儿"除外）。不过，这并不意味着读者来信专栏提供给我们的就是公众意见的一个有代表性的断面，也不意味着它是脱离在新闻生产的建构过程之外的（前文已经讨论过这个问题）。不同报纸的读者来信专栏具有不同的选择偏好——与《泰晤士报》对有名望者的观点的重视不同，《每日镜报》更倾向于发表"老伙计"的看法。这些偏好的差异虽然反映了这些报纸的普通读者的某些趣味，但它们也在一定程度上是报纸为了保持自己的"社会形象"而从编辑角度进行主动选择的结果。很大程度上这是一个相互强化的过程：由于人们知道报纸会倾向于发表某一类读者的来信，故而这些人会比其他读者写得更频繁；或者另有一些人，为了能够在报纸上发表出来，会根据他们所理解的能够被报纸接受的方式来写信。这是一个结构化的互动过程。这里的结构不仅仅是风格、长度或措辞方式的问题。坚定的国有化政策支持者给《每日快报》和《卫报》写的信会有很大

---

① 例外的情形，参见 K. Pearson，《读者来信》(Letters to the Editor)，见 *New Society*，1975 年 1 月 30 日；以及 E. P. Thompson，《编辑先生，我正在秉烛夜书》(Sir, Writing by Candlelight)，见 Cohen 和 Young 编，*The Manufacture of News*，前揭。

不同,因为前者对他们的主张可能会表现出很不友好的态度,而后者则可能对此比较宽容。发表的各种读者来信之间的差异还与报纸在文化权力的等级秩序中所处的位置有关。对《泰晤士报》和《每日电讯报》来说,"对话"是发生在"对等的人之间"的。这类报纸会"以通常大致相同的教育水平为基础,设定一系列默认的主题和关注点":它们会"假定存在一个共同体,而在我们的社会中,这不可避免地要么是一个社会阶级,要么就是一个接受过同等教育的群体"。①《泰晤士报》的影响力取决于它从内部对精英群体产生影响的能力;它的读者虽然规模不大,但都是来自上层的实力强大、见多识广、有影响力的人。它与自己读者的互动是在同一个对话层次进行的。因此,在《泰晤士报》发表的那些读者来信中,它只不过是把决策阶层中一群人的看法公开传达给同一阶层中的另一群人。相比之下,当大众报刊把自己的读者称为"您"的时候,它们所指的"是除了我们之外的所有人,而我们在报纸上所写的一切就是为'你们'服务的"。在这里,读者与报纸从业者不属于同一个"共同体":从本质上说,他们是消费者,"市场或者潜在市场"。② 大众报刊的权力基础在于,虽然它们的读者处于决策圈之外,但它们可以"代表读者把他们的观点和感受传达"给那些处于核心位置的人。它们以读者的代言人自居;它们对掌权者喊话。因此,这些报纸发表的读者来信必须基本上来自那些"普通人";它们必须显示出自己有能力推动通常是匿名的读者进入公共对话之中。这是两种十分不同的"文化权力";这种差异体现在它们所发表的来信以及这些来信的作者身上。

随着时间的变迁,这些报纸对读者来信的选择也会反映出某种"平衡"的操作机制(这自然是指在它们收到的各种信件的不同立场之间保持平衡)。如果社论文章的立场比较强硬,那么它会觉得有必要发表一些对此持批判立场的读者来信。如果某个议题很有争议性,它就会发表一些能够代表辩论中各方意见的来信。这种"平衡"是名义上的。它并不是在收到的各种信件之间维持一种统计学意义上的平衡,同时也绝不是在全国范围内或读者间的不同观点之间保持一种真正的平衡。但"平衡"被列为选择标准这个事实依然是重要的。它反映了读者来信专栏所发挥的主

---

① R. Williams,《激进与/或体面》(Radical and /or Respectable),见 R. Boston 编,*The Press We Deserve*,London:Routledge & Kegan Paul,1970。

② 同上。

要功能之一：激发争议，唤起公众的反应，带来激烈的辩论。此外，读者来信还在一定程度上支持了这样一种说法，即媒体的表达空间不是封闭的，报纸的版面向那些它可能并不赞同的观点保持开放。因此，读者来信还是媒体的民主形象的一个组成部分——它们有利于媒体宣称自己是"第四权力"的主张。

来信还可能会因为作者的地位而被选中。与众不同的人物的来信往往会被发表；同样，那些很普通的人的来信也可能会被发表，因为他们代表的是"草根的声音"。这些来信会十分不同，这取决于它们偏向于广泛的不同立场的哪一端。在一定程度上，绝大多数来信专栏传达的都是"普通人"的观点，但它们也会试图在这类来信和"有影响力的读者"来信之间达成某种平衡。实现这种平衡是出于编辑效果的目的，而不是为了遵循严格意义上的数量对等。

因此，这些读者来信专栏的确允许关于争议性话题的某些观点在公共领域中呈现出来；在这个意义上，它们的确有利于扩大关于特定话题的观点表达的范围，而且或许还能够透露出那些通常没有机会在公共场合被表达出来的观点。但它们绝对不是对"公众意见"的准确再现，原因在于它们并不是非结构化的观点交流，而是高度结构化的。它们的主要功能是帮助媒体组织和协调有关公共议题的辩论。它们因此成为公众意见形成过程中的一个关键环节——这是一个极其有效的过程，因为从表面看起来，读者似乎掌握着主动权，这一过程也完全是在读者同意和参与的情况下完成的。在此，我们想强调这一切发生时所依赖的有组织的媒介形态的形式本质。人们给媒体的来信与他们写给朋友的信件不同。"给编辑写信"是迈入公共领域的一步：这些信件是一种公共交流的形式，它们受到"公共动机"的影响。人们写这些信件的目的不仅仅是告诉编辑他们的想法，而且是要影响政策、影响舆论、改变事件的进程、捍卫利益、推进为之奋斗的目标。它们处于"官方立场"和私人交流之间的中间位置，是一种公共交流。无论是谁给编辑写信，都意味着以公开的形式来宣称某种立场、地位或经验。

全国性报纸和地方报纸都发表了与汉兹沃思案有关的读者来信。在为期两周的抽样时间内，读者来信在全国性报纸间的分布情况如下：

《晨星报》　　1 篇　（1973 年 4 月 2 日）
《卫报》　　　8 篇　（1973 年 3 月 22、26、28、31 日）

《泰晤士报》　　3 篇　（1973 年 3 月 24、30 日；1973 年 4 月 2 日）

《每日电讯报》　7 篇　（1973 年 3 月 22、23、28 日）

《每日镜报》　　3 篇　（1973 年 3 月 24 日）

《每日邮报》　　4 篇　（1973 年 3 月 23 日）

合计　　　　　26 篇

（其中有一些来信讨论的是该案"引起的一些问题"，而不是案件本身。这些不直接相关的来信被排除在外，从而得出如上总数。[①]）

　　绝大多数来信是关于判决结果的，而不是"行凶抢劫"议题本身。就这一点来说，常见的情况是，读者来信和深度报道一样，都是以最初新闻报道阶段确立的新闻价值要点"作为出发点的"。新闻为来信和报纸的其他内容确定了"议题是什么"。新闻决定了最基本的结构性要素。

　　首先，那些对三位汉兹沃思男孩被判长期徒刑持批评立场的来信属于我们所说的关于犯罪问题的自由派视角。这又可以细分为两组：一组主要讨论的是判决本身，基本是从一种"刑罚学的"角度来看问题的（比如说，关心的是究竟哪些方法在消除犯罪方面最有效）；另一组在此基础上，采用了一种更加宽泛的参考框架。从"刑罚学"视角出发的来信将犯罪的定义视为理所当然，讨论的是遏制和控制的策略问题。这些信件的内容不是改革和改造（犯罪者）就是（对其他人的）威慑。很少有人会想到法官可能会受到严厉惩罚措施的诱惑。只有一封来信提到这很可能是实际上"野蛮的过度惩罚"的一个理由。至少有四个来信的读者完全是在这个严格的框架内讨论问题的。他们的观点（对判决结果持批判意见）都属于"自由派"立场：他们认为，更短的刑期有利于让犯人有更大的希望改过自新；更长的刑期并不一定真的会起到遏制的作用。[②] 他们有时还会用到一些来自其他国家的统计数据。有时，这种所谓的"改过自新"又暗含着心理治疗的意味：犯罪分子"生病了"——判决结果必须是"有疗效的"。这些持"自由派"立场的作者似乎也意识到，在由那些与他们的看法相对立的人占主导地位的氛围之下，他们的主张是不太受欢迎的。所以，他们经常会在提出对立观点之前，首先把自己的立场框定在主导观点的范围之内，即宣称自己的合法性。持有强烈的传统主义立场的人会认为"自由

---

①　参见《每日邮报》，1973 年 3 月 27 日；《每日电讯报》，1973 年 3 月 30 日。

②　Baxter 和 Nuttall，《重刑：对犯罪没有威慑作用？》，前揭。

派"忽略了受害者。针对这一点,一位作者指出,从长远来看,正是那些主张"严刑峻法"的人,而不是主张对犯罪分子"刚柔并济"的人,对受害者毫无怜悯之心。持传统立场的人经常把罪犯说成是"野蛮的"。而自由派作者则试图扭转这种说法:有两封读者来信认为判决结果是野蛮的;一封说这是"嗜血成性",另一封则说它们是"残忍的"。还有一封信问道杰弗里斯法官①是否"又复活了"。

一些带有"自由派色彩"的来信则超越了刑罚手段的效率这样的直接问题。其中有三封来信选择的主题是"内城区域"及其问题。其中最直言不讳的一封认为这些"糟糕的地区"的突出问题是种族歧视,并认为判决结果是这一趋势的一个终极产物。这封信提到了"椭圆地铁站四人案",巴基斯坦青年在与特别巡逻队的争执中被杀,特别巡逻队在黑人区的活动,伊诺克·鲍威尔,布里克斯顿的起火爆炸事件,以及星期一俱乐部拍摄的一部种族主义影片。这封信在来信专栏所允许的话语范围之内,能将话题延伸到如此广泛的程度,实属不易。根据它的说法,问题不是要为罪行寻找借口,而是判决结果是不公正的,针对犯罪问题,它只能"治标",不能"治本"。没有其他来信在观点的深度上能与这封信匹敌。但另一封来信说判决结果会加剧内城青年的敌意,他们中的绝大多数都是贫困的黑人;他们可能会"分裂和摧毁我们的社会"。它以官方统计数据为证据,令人信服地指出,伯明翰并不是一个暴力抢劫现象出现增加的地区。但其他读者来信和社论文章都没有提到这个说法。这封信还提到了一个"文明的、宽容的和正义的社会"。"文明"观念似乎是讨论犯罪和惩罚问题的一个重要标准;自由派立场的读者和传统立场的读者都试图用这个观念来为自己的目的服务。在传统立场的读者看来,犯罪行为本身是对"文明"准则的践踏,而在自由派立场的读者看来,没能通过"文明"准则考验的,恰恰是严厉的判决。

在这些对判决结果持批评意见的读者看来,他们必须"承担属于自己的那份代价",并且在一种更能让人接受的对犯罪和惩罚问题的解释中表达自己的看法。最能体现这些的是另一封来信,它的标题是"贫穷社区能够自救",讨论的同样是内城主题:

---

① 译注:乔治·杰弗里斯(George Jeffreys)是英国光荣革命前最后一任英格兰大法官,因野蛮和残忍而臭名昭著。

　　　　我不想否认罪犯应当为他们的行为负责,除非有精神疾病;但我们所有人同样都会受到外部压力的影响,而且其中一些人已经几乎无法获得有益的影响和机遇。而我们之所以能够成为我们自己,是离不开这些外在积极因素的作用的。那些靠自我努力奋斗成功的人,上至首相,下至普通人,也许都会说,"我克服了不利的环境——为什么别人做不到?"但别人并没有他所具备的这种能力,而且在伯明翰的贫民区,人们甚至连就业机会都很有限,更不用说发展的机遇了。

这封信的作者继续写道,罪犯对他自身所处的状况做出的反应是"自然的";一条健康年轻的狗被拴在一个昏暗的房间里,有足够的食物,却无事可做,它必定会变得难以驾驭。作者呼吁实施城市救助计划,来"帮助贫困社区自救"。这封信看起来似乎是在把关于犯罪问题的复杂理论转化为简单的容易理解的表述,即便是一位持传统立场的读者也能够明白。它试图通过抓住传统主义视角下的一些观点来为自己的自由派论点争取支持。它呈现的不仅是复杂的、压缩的推理过程,而且还在这个推理过程中,选择吸收了范围广泛的关于犯罪问题的"世俗意识形态",而正是这些意识形态塑造了与这一话题相关的公共辩论。

　　支持判决结果的有 14 封来信。这些信中最突出强调的主题是保护公众免受犯罪的侵害。有时,与这种"保护"的需要一同出现的是强化纪律的需要:"如果他们的父母不能管好这些恶棍的话,那么,国家就必须管好他们。"在这些来信中,自由派所主张的对犯人进行改造的说法出现的次数要远少得多,虽然有一封信提到了"指导"和"帮助",另一封则提到了"对犯罪的男孩采取一些建设性的措施"。长期徒刑的威慑效果只被提到了四次,有两次则提到了这种做法"完全无效",四位作者都敦促我们多考虑受害者的利益。与"自由派"读者的来信相比,这些持保守立场的来信很少把犯罪问题放到具体的语境中进行处理,即便有,方向也完全不同。其中一封来信的确跳出高度局限的论述框架,提到了政府"在选举期间就法律和秩序问题做出的诺言";另一封则提到了国家所处的道德危机,家庭的衰落,死刑的废除,堕胎的流行,以及最近发生的地狱天使(Hell's Angels)帮派成员组织的"聚众淫乱"事件(对该群体的强奸罪指控已经撤销)。"自由派"来信对问题的语境化处理一般是通过诉诸"社会环境"来实现的,而"传统派"则是通过把道德污染和纪律秩序滑坡说成是普遍问题来实现这一点。在"自由派"读者反对判决结果的主张中，最核心的要素是社会；而对持传统立场的读者来说，道德则是他们最关心的问题。

　　一些立场保守的读者来信还有另一个特征，那就是它们考虑采取残酷手段来解决犯罪问题。一位读者写道，假设对基南先生实施攻击的不是斯托里，而是一只动物的话，那么，"它一定早就被立刻打死或消灭了"。但即便已经几乎到了残酷报复的地步，这位读者还是做出了让步：斯托里毕竟"要高于一只动物"（但很明显，他也够不上一个健全的人），所以对他的处理方式是不同的。但另一封来信的确越过了这个门槛，主张应当把罪犯装在一个笼子里，向愤怒的公众进行展示："人性……在 2000 年后，基本上没有发生什么变化。"

　　这些传统派的读者来信常常通过普通人的个人经验来支持自己的观点。一位读者是两个十几岁男孩的母亲，就这一点来说，她与犯罪者的母亲有相似之处。但这种相似性并没有导致她对犯罪少年产生丝毫同情，相反却强化了对严厉刑罚的要求："假如我必须面对我自己的孩子犯下这种罪行，我当然会感到伤心欲绝，但我也不得不承认，被判刑是他们理应受到的惩罚。"另一位读者则说："如果在行凶抢劫事件中被杀或严重受伤的是那些不切实际的改良家的亲朋好友的话，想必他们就不会那么急着替这些恶棍说话了。"在这里，强调"个人经验"的目的是要削弱有同情心的、主张社会改良的自由派立场：根据这些读者来信的观点，与犯罪相关的一手经验有助于人们了解到现实冷酷的一面，而这正是抽象的、疏离的、"理论化"的自由派立场所缺乏的。这里所提到的"个人经验""普通人"以及"基于经验的现实主义"，成为所有评论判决结果的读者来信中一个普遍存在的论点的构成要素，无论在这场论辩中处于哪一方，都会涉及这些要素，尽管总体来说，对这些要素的使用压倒性地偏向于对犯罪问题采取严厉惩罚措施的那一方。

　　这种"具体经验"（支持现实主义立场，比如主张采取传统的社会态度）和"抽象的改良主义"（其基础是"对犯罪较为宽容"的态度）之间的对比是讨论这类主题的读者来信中持续存在的一种深层结构：关于这种结构在流行意识形态中的根源，我们会在下文进行详细讨论。

　　对"传统主义"立场的呈现，既借助于来信者的语气和语言风格，也通过作者所主张的具体内容来实现。议员西米恩斯（Charles Simeons）先生，也就是那位主张将罪犯装进"笼子"的来信作者，也许在这方面最有代表性。因为在他的来信中（他有两封来信发表了）出现了各种表达风格，充满着虚张声势的恐吓、轻松乐观以及真理在握的自信，展示了一个自言自语、直言不讳的"坦率之人"的形象。他底气十足地在一个从句中断言了"人类的本性难移"，同时还以一种覆盖一切的方式表达了自己的道德立场："横行霸道的暴徒从来都是一群不敢面对个人困境的懦夫。"关于把行凶抢劫犯关进笼子的主张，他进一步补充道："我并不是虐待狂，但我猜即便把他们装进笼子示众，估计也会无人问津。"这种直率、赤裸裸的残酷风格，是这一类读者来信的典型特征。由于这些来信的主张似乎是以人们对流行已久的"民间智慧"（当然，它也常常被人们忘记）深信不疑的合法性为基础的，所以通过整体上的语调和修辞方法，它们传达了这样一种含义："这是众人皆知的常识。"在另一封读者来信中，我们同样可以发现这种轻松自信的口语表达风格。在这封信中，作者对"那些滥发善心的人发出的哀嚎"表示不满，并进一步指出，"如果对飞车党的打击取得了成效，那么对眼前这些流氓团伙采取严厉措施同样会产生积极效果"。总体而言，"自由派"立场的来信作者根本无法做到如此自信地认为自己的主张是无可辩驳的真理，人们应当立刻予以支持。"自由派"读者来信所提出的观点并不具有强烈的平民主义基础，因此，为了证明自己的立场，它们不得不采取一种更冗长的、态度相对不那么明确却更加"理性的"论证方式。就犯罪、惩罚、强硬立场和权威问题来说，传统主义者坚定地认为真理站在自己这一边。重要的一点是，我们必须进一步指出，虽然这种"民粹的传统主义"（populist traditionalism）在通俗报刊中体现得最为明显（在这里我们指的是《每日邮报》和《每日镜报》），但《每日电讯报》发表的来信中至少有三封非常接近这种立场。所以说，它绝不是通俗报刊的专利，也不只是媒体表达简洁性要求的一种功能。它是一种社会"立场"，不能完全归结为技术制约因素的产物。

　　不同立场的读者来信在全国性报纸间的分布情况总结如下：

《卫报》	自由派 6 封；传统派 2 封（其中有 4 封是从刑罚学的角度讨论问题的）
《泰晤士报》	自由派 1 封（刑罚学的探讨）
《每日电讯报》	传统派 5 封；自由派 2 封
《每日镜报》	传统派 3 封
《每日邮报》	传统派 4 封

《晨星报》　　　　进派 1 封[①]

这些报纸对不同立场读者来信的采用情况,与我们对各大报纸在社会和道德态度的光谱中各自"位置"的判断是完全相符的。《卫报》不仅发表了那些最具自由派色彩的读者来信,而且还有那些在社会问题的语境中探讨犯罪问题的来信。《每日电讯报》的立场是最"传统主义的"。《每日邮报》也不出意料地属于传统主义阵营。《每日镜报》的情况最为典型,在政治上它偏向左派自由主义,但在社会、道德和刑罚问题上,它常常是非常坚定的保守派:工人阶级法团主义的代言人。

地方媒体表达渠道

在七天的时间里,《伯明翰邮报》和《伯明翰晚邮报》总共发表了 28 封读者来信,其中有 12 封属于自由派,16 封属于传统派。[②] 两家报纸发表的这些读者来信差别不大,这使得我们可以把它们放在一起进行考虑。(同样,我们把那些次要的、主题并不直接相关的来信排除在外。[③])

与其他地区相比,伯明翰本地人对汉兹沃思案的反应显然是不同的,而且对他们来说,这起事件的重要性也要大得多。随着汉兹沃思这一特定城市区域在相关辩论中扮演主要角色,这起事件的重要性愈发突出。各种观点的传播也越来越趋向两个截然对立的极端:一边是"自由派"观点和扮演"心灵救治者"角色的专业人士,另一边则是传统主义的常识性论断的支持者。在这里,此前我们所指出的观点分歧变得更加明显。我们可以发现,自由派人士采取了一种抽象的、理论化的态度,把日常经验看作只是更一般的情形的一个具体表现;而传统主义者则非常坚定地诉诸常识经验,这种经验扎根于"真实"世界中零碎而具体的日常生活,其中充满了以牙还牙的斗争。

和全国性报纸的情况一样,在这些地方性报纸中,判决结果的批评者

---

①　这是唯一一封与主流论调完全不同的来信,它把议员西米恩斯关于法治的观点与政治层面联系了起来:"他们脑子里一定想到了爱尔兰问题。"

②　参见《伯明翰晚邮报》,1973 年 3 月 21 日、22 日、23 日、26 日、27 日;以及《伯明翰邮报》,1973 年 3 月 22 日、23 日、24 日、28 日。

③　参见《伯明翰晚邮报》,1973 年 3 月 23 日、24 日、28 日;以及《伯明翰邮报》,1973 年 3 月 27 日。

突出强调的一个观点是,从刑罚学的角度来说,严厉的刑罚并不会真正起到改造犯罪者的作用。还有人进一步指出,这些惩罚措施同样不会起到威慑潜在犯罪者的效果。在这些来信中,有四封把关注的焦点放在了判决这一具体的问题上,其中有一封信的作者以自己作为监狱心理学家的专家经验为依据,对威慑性判决提出反对意见。但即便关注的焦点是判决问题,这些"自由派"来信依然倾向于对犯罪问题做出理论性的解释。例如,那位监狱心理学家的论点中就包含了一种犯罪理论:犯罪分子可能是"那种不成熟的、不负责任的人,他们从来不规划自己的人生",相反,他们做事的时候处于"一种无意识的自发状态"。另一位作者用的是"环境主义"而非"心理冲动"的犯罪解释模式,以此来说明"社会自身是如何助长了暴力的和离经叛道的少数群体的出现的"。信中提出的解决办法(作为威慑/惩罚措施的自由派替代方案)是扩大"保障性"社会服务的范围:"在社会和教育层面,采取更多有效的预防措施。"

作为社会工作者协会的代表,上面提到的这位来信作者还试图对传统主义者对受害者的关切进行某种令人惊讶的转换:"事实上,斯托里本人也是一位'受害者'。"这些"自由派"来信不断提到社会影响:"都是他所处环境的错";"感到厌烦或者……糟糕的家庭教育成长环境"。出乎意料的是,甚至还有读者试图用自己的"个人经历"来反对而不是支持判决结果。这是一封前监狱服刑人员的来信:"我坐了很长一段时间的牢。我的经验是,坐牢时间越长,服刑者的状况就会变得越差……如果与你一同服刑的都是些人渣,当你出狱的时候,你就会变成'人渣'。"不过,这种"个人经历"对那些支持"严厉刑罚"的人来说并没有多大的说服力。有一两封来信完全是从"环境主义"的角度阐述立场的:"很少有人质疑的一个事实是,无论从社会、情感、经济或教育的角度进行衡量,我们的社会中都存在着一些相对弱势的群体。"这些群体的"出现有历史根源"。社会科学家"能够给我们提供一些相对可靠的假设,帮助我们理解这些因素会对个体的行为产生何种影响"。在一个人们已经制造出协和式飞机的时代,却依然存在贫民区、贫困和失业问题。在这种情况下,"有人轻而易举地运用马克思主义理论框架,从阶级利益冲突的角度来分析并解释当前的状况,也就不足为奇了"。在所有来信中,这也许是从社会学的视角对犯罪问题做出的最全面、最详细的解释了;这封信使用的是比较一般化的表述方式,并基本上停留在"社会环境"的解释框架内,但这并没有削弱其中初步显现出来的激进立场。偶然的是,这封信的作者是一位缓刑监督官。这些反对判决结果的来信的作者包括监狱心理学家、社会工作者和缓刑监督官，他们分别代表了福利国家保障的三个不同维度。相比之下，这类来信的作者中完全没有出现对社会控制问题持"强硬"立场的群体的代表：没有警察，没有监狱看守，没有少年犯感化院院长。

实际上，地方性报纸发表的绝大多数来信都来自"传统主义"阵营；而且，不出意料的是，这些来信中最重要的主题就是挑战和回应自由派环境主义者提出的主张，它们反复使用"个人经验"和常识性的现实主义作为自己的立论依据。"为什么那些不切实际的改良家总是要把问题归咎于环境呢？我自己以及其他无数人都是在贫民区长大的，但我完全不记得我们小时候曾经发生过任何行凶抢劫事件。""我是我们家八个孩子之一，两次世界大战之间那段穷苦的日子里，我们就在那栋只有两个卧室的排屋中长大。父母把我们弄得干干净净，教导我们诚实做人，敬畏上帝……那段成长经历使我们成为好公民，只接受我们通过努力工作所得到的一切，并为此感到骄傲。""我为我的那些女同学感到骄傲，尽管小时候家里的条件都很差，我们却取得了骄人的成绩。直到今天，我们还经常见面。"（最后这段话来自一位教师。）克服万难，保持体面，努力取得进步，并在自身的道德引导下不断提升自我。关于这一切，我们几乎找不到比上述来信更加生动的表达了，因为它们完全是以个体经验为基础的。

在这些来信中，以环境要素为基础的犯罪解释模式受到了诉诸道德自律的解释框架的严重挑战。道德规范克服了环境的不利因素。其中一位来信作者向那些据说在街头游手好闲、"无所事事"的青少年推荐了"女童军（Guides）、童子军（Scouts）、基督少年军（Boys' Brigade）、青少年俱乐部以及其他各种附属于学校和教会的团体"。一位在汉兹沃思出生和长大的读者来信说自己曾经也是一个无所事事的小混混，"晚上无事可做"，但"我们绝对不会四处游荡，殴打别人"。与环境主义者相对立的大多数观点都源于这样一种信念：个人有能力克服逆境。还有一些立场不明的读者并不是通过自我约束，而是试图营造出一幅积极的景象来对抗批评家塑造的负面环境印象：在许多街道，"好几个社区和谐共存，其乐融融"，而且，"如果汉兹沃思真的是一个很差劲的地方的话，为什么这里的房子会如此炙手可热？"

许多传统主义阵营的来信作者都使用了个人经验或带有个人色彩的专家经验来支撑他们反对环境主义论调的立场。其中有两封来信的作者与社会控制的"强力"部门有一定的关联：一位是监狱官员的妻子，另一位则是"法官委员会主席的孙子和执业律师的儿子"。更常见的情况是,在这些来信中,作者对个人经历和日常经验的陈述,通常会通过对自我身份的凸显来实现——"一个工人阶级家庭三个十几岁孩子的母亲""几年前在坎普希尔(Camp Hill)附近遇袭的男子的父亲"。这些来信作者"特征相似",尤其是当他们间接提到与遭遇犯罪相关的个人经历时,往往会以一种强烈的态度强调前面提到的纪律问题:在法律纲纪松弛的情况下,只有自我约束是不够的,必须强化社会和道德纪律。其中一位作者声称,"老人都害怕在街上行走,孩子也不能独自出门,在街头或公园里玩耍"。这位作者指责了法庭的软弱,但认为警方的"表现很不错"。其他作者的观点也差不多:"生活在这片区域的人已经表示,他们宁可冒着风险横穿繁忙的主干道,也不愿意走地下通道。"这类来信作者中的其他一些人则直接对那些应对社会纪律败坏负责的组织机构提出批评:"随着孩子们能获得的稳定的家庭生活的减少,我们社会中不友善的年轻人的比例将会增加";"家庭和学校纪律严重匮乏的状况令人震惊"。另一位作者则声称,"只有采取严厉的遏制措施,才能改变这种令人无法忍受的状况"。还有一位作者认为犯罪的增加与取消兵役和"死刑的废除"有关,进而呼吁"以平民军事组织为基础,实施全国性的纪律训练计划,其中,严格的纪律教导应当成为关键的首要任务"。这类来信数量众多,表达方式、内容和态度都十分相似,这完全可以证明我们的看法:这就是关于犯罪问题的传统主义立场得以表达的关键环节。在把握这些展现传统主义立场的核心材料的特征时,我们既分析了那些通过诉诸自律能力来反对"不切实际的改良"的来信,也分析了那些通过叙述普通人的恐惧从而把犯罪的根源归结为道德原因和有序生活方式的崩溃。传统主义立场具有十分突出的道德主义色彩。

　　所有这些信件,无论是赞成还是反对判决结果,除了一封是来自社会工作者的代表之外,其余的都来自伯明翰本地人或伯明翰地区的居民。一位远在佛罗里达的伯明翰侨民在来信中对自己的故乡提出警告,不要重蹈美国行凶抢劫犯罪威胁的覆辙。还有不少和斯托里差不多年龄的"男学生"的来信,无疑代表了那些正常、体面和品行端正的青少年的看法;其中大约有三四封信对判决结果持批判立场。不过,正如我们在前一小节已经指出的那样,这些对判决持批判态度的来信的篇幅平均是传统主义立场的来信的两倍多,因为这些来信的作者必须更加努力地阐述自己的看法,建立充分合理的理由。但总体效果是一种小心谨慎的平衡:持批判立场的来信常常会先于传统主义立场的来信被刊载出来,以此来"平衡"后者在数量上的优势。有一封完全从传统主义角度出发的来信补充了一个可能会成为其他有类似看法的人立论基础的主题,但很少有人能像这封信的作者那样如此坦率地说出这个主题。它只是简单地说道:"无疑,身处自己家园的英国人有权获得保护,免受像这位男孩这样的恶棍的侵害。"但不管是好是坏,英格兰同样也是斯托里的"家园"。鉴于这一事实,"身处自己的家园"这个说法就显得格外耐人寻味。

私人—公共表达渠道:侮辱性信件

另一组来信把我们带到了"私人"和"公共"话语的边界地带,使我们得以一窥公众意见中"不那么光明正大"的一面。这些都是汉兹沃思事件发生时发出的一些充满恶意谩骂言语的信件。它们当然是"私人性的",因为这些信都是写给私人的,而不是在公共媒体上公开发表的。因此,有人可能会认为这些信件是处在公共传播网络之外的。但另一方面,它们所表达的又是"公共的"而非私人的态度,收信人并不知道来信者是何人。实际上,大多数来信的作者都有意选择了匿名。这些信件的目的并不是要与收信者交流观点或建立某种关系——例如,它们显然并不期待收信人会做出回应。我们完全有足够的证据认为,这些信件是"私人的"只是因为其中包含了非常暴力的态度或极具侮辱性的语言,以至于它们完全不适宜被公之于众。正是这一事实,即它们的极端主义态度,使得这些信件只可能在私人渠道流通。"充满戾气者的叫嚣"和"一小撮狂热分子"是两种常见的对这些信件表示鄙视的回应。我们的目的是要说明两点:第一,这些侮辱性的信件包含了一些"编辑收到的读者来信"中没有表达的态度;第二,更加重要的是,在这些"侮辱性来信"中表达的许多态度,实际上是那些公开发表的读者来信中普遍存在的一些态度的变形,只不过后者的表达方式更加克制而已。

实际上,这种态度变形常常只是形式上的变化。侮辱性信件是"个人对个人"的传播,而不是"公民对其他公民同胞"的表达。从公共话语向私人话语转变的过程中,我们可以预见到表达语气会出现不同——这正是我们的研究所发现的结果。更难回答的一个问题是,在多大的程度上,这些私人信件和公开信件虽然在形式、语言和语气上是不同的,但只是代表着与我们在"读者来信"中看到的公众意见属于同一立场阵营的不同观点而已:在这两种不同的表达中,同一种"世俗意识形态"发挥着作用。大量这类侮辱性来信的确越过了"公共论坛中的公民"所接受的对自我进行约束的言论边界。这一点或许会使我们认为这两种表达渠道是非常不同的。这些侮辱信件意味着存在一些与作为媒体服务对象的"理性的"读者和作者所能接受的观念相隔离的意义体系。无论从哪个角度来说,公共媒体都没有完全反映出社会话语的全部内容。公众意见是在包罗万象的社会传播中形成的,包括邻里闲谈、街角或酒吧里的聊天、谣言、八卦、猜测、"内部机密"、家庭成员间的辩论、私人会面中的观点表达等各种非正式形式,一直到大众媒体开始发挥作用的更加正式的传播形式。"公众意见"的组织过程发生在所有这些不同的社会交流层面。有人认为,因为巨大的覆盖面、将不同社会公众联合起来的能力以及在各种传播情境中独一无二的强大影响力,大众传播完全可以吸收并抵消其他更加非正式的、面对面层次的社会话语。但这种看法是站不住脚的。我们必须仔细分析这些"私人"信件,它们是从普通人唱主角的社会"表达过程"中被排除或置换掉的那些部分。

于是出现了这样一个问题:这些更加"极端的"关于犯罪问题的态度源自哪里? 它们并不完全是非理智的产物。正如我们希望说明的那样,这些信件中显然存在一定的理性或"逻辑"。绝大多数此类侮辱性信件都默认了更广泛的公众的存在,并认为这些公众成员一旦读到这些信件,无疑将会对其中所表达的内容表示赞同,虽然他们并不会像这些信件的作者那样"做得如此过火"。这些侮辱性信件的作者对这种无形"公众"之存在的想象,一方面是经验性的("的确有许多人同意我的看法"),但另一方面更具有规范性意义("人们应当同意我的看法;毕竟,在甲和乙的情况下,必然会发生丙和丁的情况,这是显而易见的")。换言之,虽然这些信件的形式是私人性的,但很矛盾的一点是,它们又是关于犯罪问题的社会性"公共"话语的一部分,并反过来利用了这种话语。在这个意义上,我们不应当像有些人所做的那样,简单地把这些"狂热分子"和"充满戾气者"斥为怪胎。无论如何,私下的和公开的过度反应之间的边界有时候并不像人们所说的那样一目了然,尤其是当我们只有字面证据时,就更难明确区分两者间的差别。当某些事件或议题触及公众神经的痛处时,会导致公众产生强大的不可自拔的情绪和观念反应。一般来说,这些反应都能得到"驯化",从而能够在公共领域中得到表达。即便这些情绪尚不适宜完全在"公开"场合表达,它们或许也会构成行动的真实基础,并对人们的感受和想法产生影响。

在斯托里母亲收到的来信中，有 30 封是侮辱性的，两封是表达同情的。这两类来信之间的悬殊比例与社会中被人们所普遍接受的价值观有关。关于这一点，媒体评论已经给了我们一些提示。虽然人们对这些男孩子受到的判决存在不同看法，却对他们所犯的罪行普遍表示谴责。媒体对他们所犯罪行特点的报道与人们所普遍痛恨和恐惧的一种犯罪模式相一致。这些男孩子被描述成典型的暴力犯罪分子：他们残酷无情，为了获得赃物不择手段，对一个孤立无援、无还手之力的无辜男子施加无谓的暴力。媒体的这些描述成为许多侮辱性来信的预设前提。

其中有十封来信属于那种"理智的公民私下"给犯罪男孩的母亲（媒体对犯罪事件的报道中也专门提到了她）写的信。我们首先来分析这类来信。在我们看来，这些来信具有"惩罚主义"（retributivist）特征，因为它们都明确要求犯罪分子必须因为自己的行为受到法律的严厉制裁。这一类信件显然与报纸所发表的一类来信有重合之处：

> 你怎么敢说你的儿子不是坏人？他是个盗车贼，是个游手好闲之徒。你想过那位被他的恶行毁了一生的男人吗？他活该被关起来，与正派人保持距离，而你在一定程度上恐怕也得受到谴责。滚回你的牙买加去！

这类来信的表达形式很有特点。斯托里的"坏人"身份以一种简单的、形象的、刻板印象化的方式被固定了下来。"游手好闲之徒"的说法可能来自媒体报道中提到的他曾经失业的经历：失业等于游手好闲之徒，进而等于乞讨者，也就等于坏人。这个等式在保守的社会意识形态中十分常见。"你想过受害者吗？"，在这里，这样的质问尤其关键，因为它再度唤起了我们对犯罪行为造成的严重后果的关注。这一系列道德化的表达一同引导出"道德堕落受到应有惩罚"的主题：恶劣的缺德罪行活该受到谴责。唯一显得温和一点的想法是犯罪者的母亲只是"在一定程度上"应该受到谴责。最后一句话里提到了我们在前一节结尾部分提到的"家园"主题；但在这里，国家与"道德共同体"紧密地联系在一起。而无论是斯托里，还是他的母亲，都被仪式性地驱除出了这个共同体。（当然，这种排除完全是象征性的：斯托里并不是在牙买加出生的，他的母亲是白人。）从其整体的道德结构来看，这些来信中所体现的道德愤慨和惩罚正义（retributive justice）的观念是十分清晰明了的。这些说法之所以听起来十分极端,是因为其表达的简洁性、浓缩性和唐突性,以及写信者缺乏权威资质的缘故。但在内容上,这些来信却把自身的观点牢牢地圈定在一种被人们广泛接受的关于罪与罚的公共意识形态之中。

这一类来信的作者很可能会相信采取(除了现有判决结果之外的)额外措施来打击犯罪者应该是完全合理公正的做法。肉刑或延长刑期是他们经常建议采取的措施。但所有这些建议都没有提到过分极端的或会遭致反感的暴力手段。他们的建议不包括死刑,也没有超出司法制度所能允许的建议范围,或司法部门在相对较近的过去曾在某些案件中建议采取过的措施。所以,这些作者的提议依然处在我们所说的"可接受的极端主义"的范围之内。

其中一封来信的作者显然是一位来自伯明翰本地的寡妇。她在叙述自己遭遇一位"16岁男孩"行凶抢劫的经历时,就把这种纪律与报复相结合的呼吁整合进了自己的叙述之中:

> 他把我踹倒在地,倒在地上,(原文如此)如果不是抢到了我的包的话,估计他会杀了我。我想知道那个对我施暴的人是不是你的儿子,而你他妈的还有脸说20年徒刑太长了。假如被打死的是你的儿子,你会作何感想? 我敢打赌你会哭着喊着要报复。当孩子在等着你回家,你却在自己的城市里被人殴打和抢劫,你根本不知道那是什么滋味。在这座城市,天一黑,人们就不敢出门。你根本不敢去拜亲访友,因为你担心自己可能再也回不了家了。照我说,我们应当重新举起九尾鞭,抽打他们中的每个人,然后把他们全部关起来。你也应该去坐20年牢,你的担忧也可以就此了结……你可以去斯迪尔豪斯巷(Steel House Lane)(原文如此)的刑事侦缉处打听我曾经的遭遇。——一位女人

在这里,个人遭遇暴力袭击的可怕经历成为对犯罪者的母亲提起控诉的理由(信中还简短提到作者的一位女儿遭遇的一起严重事故),这进一步导致作者提出这样的主张:"他应该被判100年,并受到鞭笞。""街头犯罪"的危机景象的全部要素再次出现在这里。与此相同的还有另一个例子:"在伦敦,晚上我们都不敢出门。我们有俱乐部可以逛,却害怕出门……如果没有警察,情况会如何? 这些下流坏子,他们最好从这里统统消失。"这两封信都表达了真实的焦虑情绪(第二封信的署名是"来自贝思

纳尔格林[Bethnal Green]的一位退休老人"），并十分形象地表达了对行凶抢劫的公共定义：街头出现了成群结队的暴力流氓，警察成为防止一个守法社会崩溃的堡垒。虽然表达的语言多少有点极端，但这些信件再一次与许多"读者来信"和报纸社论文章一样，都描绘了一幅充满犯罪的社会景象，进而呼吁"恢复严厉的惩罚手段"。与此相关的是，在所有来信中，有 18 封信表达了对受害者痛苦遭遇的强烈关切，这种感受的合理性基础同样是前文所提到的严格的道德结构。

其他来信则几乎达到了令人无法接受的地步，因为它们提出死刑是惩罚该案中罪犯的一种合适的手段。其中一封信非常清楚地向我们解释了这种报应式犯罪定义的运作机制：

尝尽苦头的受害者

都是因为你的儿子，现在基南先生已经无法继续从事他的工作了——而你却要求得到人们的同情。你的儿子对基南有过怜悯之心吗？一点都没有。所以，你的儿子必须付出代价。

在这里，我们看到"代价"和"偿还"的观念是如何被用来组织起关于罪与罚的定义的。这些来信通过"平等交换"的概念对这个定义进行了解释：犯罪者对受害者毫无怜悯可言，所以对犯罪者也不要心慈手软；对暴力犯罪，就要实行以牙还牙的报复。这封信的作者还以一种颇像"行凶抢劫"恐慌期间司法机关发言人的语气进一步评论道："社会对行凶抢劫是不会姑息的。"作者以一种强烈的自我意识和对称的方式撰写了这封信，其中包含了大写字母、标题和有意设置的行距，并且用了两种颜色的文字。信件里还粘贴了从报纸上截取下来的斯托里的照片。这种处心积虑地希望对传播对象"造成一定影响"的做法是这类更加极端的来信的一个特征。这封信最后说道：

他应该被……绞死！

有些来信似乎更适合被归入那些只能在私底下传播，而非可以公开表达的内容。这些信件只关注该案中与种族有关的问题。一位来自利物浦的作者在来信的开头这样写道："你感到错愕，深受打击，真令人同情。"斯托里和福阿德这两个男孩被说成是"黑鬼"。作者继续写道："从她的名字看，这位生了 12 个孩子的女人也是一个外国人，一个罗马天主教徒，她本该待在爱尔兰南部，而至于你，还有那些黑鬼和巴基斯坦佬，都统统滚回你们的丛林里去！"这种公然叫嚣的种族主义使得作者能够建构出一套完全排除了其他议题的解释。在这里，刻板印象化的生拉硬扯变得十分随意：几乎所有与"外国人"有关的特征——"黑鬼""罗马天主教徒""爱尔兰南部""巴基斯坦佬"——都派上了用场。这些标签随后与一种我们已经十分熟悉的政治分析联系了起来："他们三个人没有权利生活在这个国家，他们完全是福利国家的寄生虫。你们最好滚回自己的国家，免得鲍威尔来收拾你们。你们知道哪儿才是自己该待的地儿。"在这封信的这一部分，具有暴力色彩的种族—外国人的表达已经被转化为一种更加"可被接受"形式，因为一旦非本土族群被定义为拥有他们"自己国家"的外国人，那么，对"土生土长的国民"权利的维护就可以被说成是一个国家议题，而非种族问题。在这种情况下，异族群体被与最典型的越轨者形象——那些靠国家福利而活的游手好闲之辈——联系起来，也就不足为奇了。那种认为"黑鬼"和"巴基斯坦佬"占福利国家便宜的看法现在已经成为种族主义表达中最常见的观点之一。在另一封这类种族主义来信中，作者签名后的地址语焉不详，这种情况在此类信件中只出现过这一次。在我们所见的范围内，这三封来信没有一封主张实施极端残酷的惩罚措施。应当指出的是，在所有信件中，有 12 封提到了种族问题，虽然在那些"理智的"来信中，把这个主题单独拎出来进行讨论并不那么常见。

通过这些具有种族主义论述结构的来信，我们进一步接触到那些更加极端的侮辱性来信。我们称之为"极度报应主义"（super-retributivist）或"报复主义"（revengist），原因在于它们或者含有高度侮辱性的内容，或者主张实施极度残酷的惩罚措施。这些信件与前面提到的"种族主义"信件的共同之处是它们都对斯托里的母亲极尽侮辱之能事；而这涉及通常不会放到台面上来讲的与种族和性有关的主题——关于淫乱行为、臃肿的大家庭、跨种族通婚等问题的种种罪名。

其中，有两封完全"极端的"来信把所有这些主题又一次完全放在种族问题的语境中来讨论。在这些"报复主义"来信中，有 8 封信的作者主张用处死的方式来清除这些犯罪者，其中有两位作者表示希望看到斯托里被私刑绞死。有两人建议应当对他实施阉割，还有一人主张应当对他的母亲实施绝育，因为她生下这个儿子这件事本身就是一种"罪"。其他惩罚手段包括：每天进行体罚和"拳打"斯托里的脸。另一位作者似乎是因为想起了基南先生的遭遇的缘故,建议每周都用砖头击打犯罪者的脸部。还有一位作者建议处死斯托里后,把他的尸体扔进泰晤士河。相比之下,终身监禁或类似的司法惩戒手段是"报应主义者"更经常提到的做法。

"报复主义者"使用了一系列侮辱性的刻板印象化的词汇来描述他们的攻击对象:"恶棍""害人虫""畜生""人渣""狗杂种",等等。这些标签会让人觉得犯罪者所犯的罪行是"令人无法容忍的",换言之,他们是如此邪恶,以至于"一般的"惩罚措施已经变得不起作用,甚至是有害的。这些用来描述犯罪者和犯罪行为的语言中充斥着暴力,其作用是使得这些信件的作者可以合法地越过严厉但符合法律规定的惩罚边界,进入到虐待狂式的复仇状态。

在这些信件中,犯罪者的一些特定的恶意行为成为他们邪恶本质的象征。就像害虫一样,他们天然地而非人为地具有危险性。因此,必须采取坚决有力的措施来对付他们。对一些作者来说,唯一能表明这些犯罪者还保留了一点残存人性痕迹的,就是我们依然可以针对他们所犯的罪行追究他们的责任。例如,有两位作者希望斯托里能够"烂死在地狱里"。这种想法将斯托里重新纳入到人类的范畴,但只是在有限的意义上才是如此,而且这种想法并不具有真实的基础。基于一种更加冷酷无情的道德观念,有六位作者希望斯托里能够在服刑期间暴毙在狱中。他们希望大自然能够助"正义"一臂之力。犯罪者已经直接被描述为不正常的"怪物",他们就是"害虫"。在这种意识形态语境下,有作者认为犯罪者的母亲因为生了他就应该被绝育,也就变得可以理解了。还有一位作者认为犯罪者的母亲因为"繁衍"了他,也应该被杀死。

在这里,我们必须意识到犯罪问题是如何被转化为一套关于邪恶人性的理论的。通过那些不正常的、怪异的具体形象,这些抽象的说法变得清晰可见。与种族和性堕落有关的主题被浓缩进这些形象之中,并进一步强化了它们的重要性。其结果就是要求实施残酷的、虐待狂式的惩罚措施。正如法兰克福学派(Frankfurt School)以及其他学者所指出的那样,[①]这

---

　　① 参见 C. Pawling,《法兰克福学派主要书目》(A Bibliography of the Frankfurt School),见 *Working Papers in Cultural Studies No. 6*,C. C. C. S. ,University of Birmingham,1974 年秋;E. Fromm,《自由的恐惧》(*The Fear of Freedom*,London: Routledge & Kegan Paul,1960);T. Adorno 等,《威权主义人格》(*The Authoritarian Personality*,New York: Harper,1950);以及 W. Reich,《法西斯主义的大众心理学》(*The Mass Psychology of Fascism*,Harmondsworth: Penguin,1975)。

个由种族、性和施虐狂构成的令人不安的三位一体模型构成了"威权型人格"(authoritarian personality)的深层结构。更加重要的是,这个深层结构同时也是我们看到的其他来信中所呈现的那些更加委婉的(因此也更适合在公开场合表达的)主题和形象的基础。从这种三位一体的结构基础,向呼吁强化纪律、寻找替罪羊、推动议题的重新道德化和严格的刻板印象化等"更易被人接受"的表达转变的过程,与前面我们所分析的那些信件中未加更改的赤裸裸的表达一样令人担忧。在下面这段节选的引文中,我们可以看到与反常、性和对严厉措施的顽固坚持相关的某些要素:

> 你竟然打算对判决结果提出上诉,你这个无耻之徒……;他的所作所为就是你如何教养他的体现。我希望他永远别从监狱里活着走出来;在这个国家,我们需要的是法官克鲁姆·约翰斯顿(原文如此)先生这样的人,愿上帝保佑他。我们完全用不着你那带着邪恶的双眼和杀人犯额头的混血杂种。我看人看得很准,他生来注定就是个杀人犯。如果我也在监狱里,跟他这样的人待在一起,我会认为那是奇耻大辱。我希望他们能够恢复绞刑(原文如此)。如果是在美国,暴徒早就包围了监狱,用私刑把他处死了。别担心你生的那个狗杂种,多想想可怜的受害者吧。

这封信包含着我们在复仇话语中所能看到的全部主题,它同时也代表了一种与赖希(Reich)①、阿多诺(Adorno)②等人所指出的"威权主义"思维十分接近的"思维结构"(structure of thought)。它还概括了以更零散方式出现在其他同类信件中的各种主题。其表达风格完全是口语化的,是对口头文本的书面化记录。整封信针对斯托里的母亲表达了十分强烈的敌意。它把斯托里的行为归咎于母亲对他的不良教育。它公然以充满敬意同时又十分传统的方式("上帝保佑他")对法官群体中的权威人物表达支持。紧接着下一句,它把种族("混血")、性("杂种")和犯罪("杀人犯")联系了起来,并且以一种反常的、丑恶的、非人化的方式对这些说

---

① 译注:威廉·赖希(Wilhelm Reich,1897—1957),生于奥匈帝国杜布萨乌(现乌克兰),奥地利医生、心理学家、精神分析学家,他综合弗洛伊德的理论与马克思主义,提出了"弗洛伊德主义的马克思主义"。

② 译注:西奥多·阿多诺(Theodor L. W. Adorno,1903—1969),德国社会学家、哲学家、心理学家,与霍克海默一起是法兰克福学派的核心成员,社会批判理论的主要贡献者之一。

法进行了界定。它由此把自己完全置于龙勃罗梭式的(Lombrosean)①生物实证主义传统之中。换言之，它把犯罪者所表现出来的所有恶劣特征都看作是"不自然的"（即非人的）变态现象，从生物学的角度把它们彻底归入犯罪的类型之中；它还声称可以通过基因和生理特征来甄别和识破这种犯罪类型（"邪恶的双眼和杀人犯额头"）。最后，它首先呼吁采取极端的法律制裁措施——绞刑，然后又越过这一点，想象出一群暴徒实施私刑的暴力场景。最后一句则以一种典型的抑扬顿挫的表达方式，带着强烈的感情色彩提到"可怜的受害者"，而这恰好成为前述两种暴力主张的理由。

这些"报复主义"来信中出现的许多主题，与公共媒体和"惩罚主义"来信中所表达的主题之间存在关联，只不过后者的表达方式更加温和。例如，不少来信否定了对犯罪问题的环境主义或"社会学"解释："你的儿子罪有应得……不要抱怨环境，一定是你养育他的方式出了问题。"或者："你把他的堕落归咎于地区环境，这完全是老掉牙的废话。你的儿子应该去死，他的灵魂应该烂在地狱里。"这些信件很少讨论动机问题，虽然有一封"惩罚主义"来信提到了"找乐子"的动机，但它对犯罪问题的解释明显具有唯意志论的色彩："他们知道自己在做什么"。有一封"报复主义"来信表达了同样的主题："他知道自己在做什么"。但从根本上说，动机问题并不重要，因为在这些信件的作者看来，"罪恶就是罪恶"，这是再明白不过的事实。一个令人瞩目的事实是，在这些信件中，我们找不到任何类似"读者来信"中出现的那种以清晰直白的措辞对判决结果的说理式辩护。在媒体的公开传播中反复强调的严厉惩罚措施的威慑性价值，在这些私人信件中几乎完全没有出现——只有三次非常简短地提到这一点。

最后，我们必须指出这些信件中反复出现的一些基本的"根基性的观念"(root-concepts)或"意象"。之所以说是根基性的，是因为它们代表着这些信件作者的一些十分基础的、根本性的情绪和对自己所处的这个世界的确信。这些想法并不局限于私人信件，只不过在这种更直接的、不像公开传播那么结构化的表达形式中，其表现方式显得更加激烈。我们稍后会对这些观念进行更加全面的分析，但在这里，我们想简要地指出一点，即家庭这一要素在所有这些观念中所处的核心位置。由于家庭在孩

---

① 译注：切萨雷·龙勃罗梭(Cesare Lombroso, 1835—1909)，意大利犯罪学家、精神病学家，刑事人类学派的创始人。

子成长过程中的核心地位,这个主题反复出现——"正常的"家庭培养出
"正常的"孩子;因此,一个"恶棍"必然是一个不正常的家庭的产物。这一
点与我们此前讨论过的其他主题——种族和性——联系起来:一个混血
男孩,他的母亲与一个并不是他父亲的男人生活在一起。所有这一切都
为那些"明白""恶棍"是如何被"大量繁殖"出来的人提供了原始素材。

　　私人信件是一种以亲密或承认关系为基础的书面传播形式。它试图
重构出从作者向读者流动的一种即刻性的"口头表达"的话语流;或者,它
期待着对方做出回应。其感染力源自个人化的表达方式,语气和称呼的
非正式性。信件总是有署名,常常带有友谊或感情色彩。它通过书面言
语的交流开启或维系一段关系。私人的侮辱性信件之所以令人震惊,正
是因为虽然它们采取了这种直接的称呼和交流方式,但其目的却只是为
了利用这种手段对传播对象进行侮辱;它们拐弯抹角地沿着这些本应用
来互致问候的传播渠道,最终所表达的却是恶毒的攻击。绝大多数此类
信件都是匿名的。表面看它们似乎要激发相互交流,但其匿名性却又否
定了这种交流的可能性。这些侮辱性言语的表达者是一种无形的存在,
无法被识别,始终处于一种神秘且无法定位的状态之中。因此,这些信件
始终暗含着一种恐吓的意味。而正是这种"对社会性的拒绝"(refusal of
sociality)以及语言和情感的极端性构成了"侮辱"的主要手段。

公众意见与意识形态

　　通过在地方语境中审视一起地方性犯罪事件,同时对地方媒体的读
者来信以及私人信件进行解读,我们对支撑着公众意见形成的传播渠道
的复杂状况有了一些深入认识。其中许多内容一开始是完全处在正式的
公共媒体传播渠道范围之外的。但我们不应当就此忽略这些"非正式的"
公众意见的传播渠道。在像汉兹沃思这样一个社会群体密集、种族和政
治关系错综复杂的地区,一定存在大量此类的"非正式的"传播渠道。知
识、谣言、民间传说以及各种观点交织在一起,构成了一个十分关键的主
要维度。由此,人们开始对一位当地居民遭遇"行凶抢劫"这样的戏剧性
事件形成自己的看法。而这一过程远远早于媒体对这起事件的报道。在
紧接着汉兹沃思"行凶抢劫"事件发生后的数天时间内,当地社会充满了
各种谣言、"非正式的消息"和看法。其中只有很小一部分以"读者来信"
的方式,或者以应媒体之邀发表看法的当地见证者和专家意见的形式,进

入到地方媒体的报道之中。这些观点早已受到相关阐释性框架的限制，而塑造这些框架的则是关于犯罪的常识性看法和人们普遍接受的信念。然而，公众意见不可能长期停留在这种非正式的、缺乏组织性的状态之中。控制文化和媒体将这一事件纳入社会范围内的广泛视角和语境之中，这种做法提高了公众意见的门槛。地方性的传播渠道迅速且有选择性地被整合进了更具有公共属性的传播渠道之中。

这样，通过大众传媒的传播网络，"公众意见"明朗化的过程就被提升到了一个更加正式的、公共的层次。在像我们这样的社会中，个体的生活确是处于高度相互隔离的状态，并深深嵌入地方性传统和网络之中。但另一方面，恰恰是在这样的社会中，发挥连接作用的网络又是至关重要的。唯有当存在相应的手段，能够把专业人士和普通人，以及控制者和被控制者之间相对"隔绝的世界"联系起来，并至少在短时间内能够占据同一空间时，事件和议题才完全成为公共的。正是传播以及传播网络创造出了人们所说的"公众意见"这种复杂现象。在考察媒体是如何报道汉兹沃思事件的过程中，我们实际上同时也在观察公众意见形成的过程：具体而言，在这一过程中，犯罪议题进入了公共领域，并以"公共议题"的形式呈现出来。

关于犯罪问题的"公众意见"并不是随意地自发形成的。它呈现出特定的形式和结构。同时还会造成相应的后果。这是一个社会过程，并不神秘。即便是处在最低能见度状态的话语形式中，比如，在闲谈、谣言以及直觉看法和常识判断的观点交流之中，关于犯罪问题的讨论也不是完全脱离在社会语境之外的；实际上，这种讨论早已受到了与作为一个公共议题的犯罪问题有关的世俗观点和意识形态的启发和渗透。这个议题越是通过传媒进入到公共领域之中，它就越是受到关于犯罪问题的主导意识形态的限制。正是这些意识形态构成了公共辩论的基础。一种犯罪活动越是成为公共舞台上的焦点，它就越会变得高度结构化，就越会受到现有的理解和阐释框架的制约，就越能够将那些更有社会合法性基础的情感、情绪和态度调动起来。因此，一个话题一旦变得更加具有公共性，即更具有公共议题的属性，我们就越能够发现与此有关的更大的意义和情感网络在发挥作用，也就越能够识别出一套高度结构化的关于犯罪问题的意识形态，尽管这些意识形态绝不是完善的、条理清晰的或能够自圆其说的。

在第三章中（"新闻的社会生产"），我们考察了关于犯罪问题的知识和阐释的一个最主要的来源之一：法庭和传媒之间的重要交集。为了避免陷入对这种联系的阴谋论式的解释，我们分析了犯罪新闻源（法庭和控制文化）和大众传播手段（媒体）之间的紧密关系，是如何以及为何强有力地制约和塑造了关于犯罪问题的公共知识，并同时通过"主导性解释"来引导这种公众理解的方向。在对公众意见形成过程的分析中，我们发现这是一个强大的、具有决定性作用的影响源头；在这种情况下，我们不应忘记，本应作为催生公众意见之手段的所谓"对话"是如何受到它的制度性来源的强烈制约的——换言之，"公众意见"在多大程度上是"处于主导性观点的制约之中的"。在第四章中（"平衡叙述"），我们通过汉兹沃思这一特殊案例，考察了当大众媒体（在此个案中指的是报纸）开始挪用和处理一个具有戏剧性的特殊犯罪新闻事件时，将会发生什么。具体来说，我们不仅考察了不同报纸之间的意识形态差异，还分析了在整个过程的不同阶段，伴随着这一话题所出现的不同的解释结构：基础新闻报道；深入探索和解释的阶段，即"第二层次的"新闻或特写报道的范畴；最后是评价阶段，即通过社论表达立场。在本章中，我们沿着这一过程，进一步深入分析了与汉兹沃思这一特定个案有关的信件。但这些"信件"为我们的分析提供了某种相反的视角。因为无论是报纸编辑收到的"读者来信"还是私人性的侮辱信件，我们至少都会发现公众意见开始以相反的方向，沿着私人和地方"新闻"的传播渠道向上流动，进入到公共意见的领域之中。我们始终不应忘记，这些似乎是自下而上"自发"形成的不断强化的关于汉兹沃思事件的公众意见，在很大程度上受制于前文提到的制度性力量的影响。与此同时，指出犯罪新闻所激活的"普通公众的反应"的特点和形式同样是极其重要的。普通公众的态度被激活，并以特定的形式固定下来，而这些形式则进一步巩固了那些早已被广泛传播的观点。正是这一过程促进了封闭的共识性意义边界的形成，为主流观念的合法化提供了关键基础。

　　现在，在由上而下的主导性解释和由下而上的"公众意见"之间看似自发的对接过程中，究竟涉及哪些要素？我们将在下一章对这一"边界"的本质进行探讨。但实际上，它并不像乍看之下所显示的那样，是一个自发的、奇迹般的过程。让我们暂时只考虑这些看似自发形成的公众意见所采取的形式。最初，从形式上来说，"普通人"所表达的对犯罪问题的"态度"似乎与那些在传播链的更高环节上进行传播和建构的看法完全不同。与醒目的新闻标题、占据整版的特写报道、大段的引用和专家的分析形成对比的,是简短的私人"给编辑的来信";而位高权重者间一言九鼎的耳语和对话,则与私底下仓促写成、偷偷摸摸寄出的侮辱性信件形成对照。但如果我们透过表层的各种形式,深入到更具生成性的层面去观察的话,我们就会发现意识形态结构在发挥作用。这些结构或许到此时为止都没能引起我们的注意。尽管这些阶段——法庭、新闻、社论评价、读者来信、侮辱性信件——之间存在许多重要的差别,但总是有一套人们十分熟悉的表达方式在发挥着作用,渗透到话语之中。每当人们不得不讨论犯罪和惩罚的话题时,他们似乎总会援引一组相同的数量有限的前提、框架和解释。不同表达形式之间的差异不应当被抹去。警察说起街头犯罪时所用的表达方式,强调的是控制和遏止犯罪;与之相比,法庭所用的又是另一种表达方式,即与司法推理和动机相关的语言和惯用语。不同专家所表达的看法则受到他们各自的专业圈子和思想观念的限制;即便是在专家圈子里,那些从事社会关怀工作的人往往会从"社会工作"的角度看问题,从而与犯罪学家的"病理学"视角形成差异,而地方社区工作者的想法则又与地方政务委员的观点不同。当我们进入传媒领域时,会再次发现差异十分悬殊:《每日电讯报》和《卫报》在试图对犯罪事件进行解释时所采取的是完全不同的路径;而我们几乎可以说,特写的价值就在于它能够从一般新闻无法涉及的角度进行深入报道。同样,当我们分析信件时,会发现无论是在普通人和专业的信件作者之间,还是在公开信件和私人信件之间,差异都是十分明显的。无论我们采取何种叙述方法对关于犯罪问题的公共意识形态进行"图绘"(map),都必须考虑到这些差异。我们坚持认为,迄今为止,我们尚未发现存在一个单一的、条理清晰的、统一的、前后一致的英国式的"关于犯罪的公共意识形态"(单数形式)。另一方面,我们还坚持认为,在表面现象层面上,与犯罪有关的各种表达形式和解释之间的差异看似十分巨大,但实际上却源自一组非常有限的意识形态范式。这里所谓的"范式"指的是主题、前提、假设、"预设了答案的问题"、观念矩阵(matrix of ideas)。各种关于"犯罪"的公众"意见"正是借助这些要素才具备了连贯的表达形式。现在,我们的关注焦点所要转向的正是这种结构化的意识形态前提。在我们社会中存在的关于犯罪的深层结构范式究竟是什么? 英国式的犯罪意识形态又是什么?

第六章　犯罪的解释与意识形态

　　在考察"英国式犯罪意识形态"的过程中,我们希望对前文提到的某些要点展开更全面的分析,并对之投入更持久的关注。在讨论公众对汉兹沃思案的反应中的某些特定要素时,我们无法做到这一点。在这些要点中,我们要考虑的第一个问题是在与汉兹沃思案有关的信件中反复出现的主题和意象的"集群"。正如我们已经指出的那样,这个集群是围绕着与犯罪有关的家庭、纪律和道德问题组织起来的。第二,由于这些要素都属于我们所说的"传统主义"的犯罪观(与"自由派"视角相对立),我们希望对这种"传统主义"世界观的某些根源进行考察。最重要的是,对我们考虑到的公众在所有话语层面(媒体报道、公开信件和私人信件等不同形式)对犯罪问题的讨论来说,这种"传统主义"和"自由派"观点之间的分野,既发挥了组织功能,也构成了其局限性。所以,我们希望对支撑着这些视角的"解释和意识形态"予以必要的关注。具体来说,我们试图对一系列问题提出自己的回答。传统主义立场的这些主题和意象是在什么样的条件下得以在各种不同的公众意见中被再生产出来的?在一个复杂的、分化的、结构化的社会中,传统主义观点是如何对社会结构化边界两侧的群体都能够产生如此强大的吸引力的?为什么在一个20世纪60年代以来就在经济上和政治上日益呈现出阶级分化的社会中,不同的阶级群体会听到同样的社会和道德观点,并以鲜明的一致同意的态度接受了这种观点?为什么这种传统主义观点会成为一种显而易见的关于犯罪的跨阶级共识的主导形式?最后,在我们看到的围绕汉兹沃思案判决结果展开的辩论中,传统主义观点是如何获得了相对于自由派立场的优势地位的?

　　因此,在本章的第一部分,我们试图搞清楚传统主义共识的组织性要素究竟是什么,以及它们是如何围绕犯罪问题被调动起来的。在最后一部分,我们将回到传统主义和自由派犯罪观之间的关系问题,并对自由派没能把自己的立场"推及"整个社会这一显而易见的失败进行深入思考。

社会意象

首先,我们将试图对某些在我们看来构成了"传统主义"犯罪意识形态之关键要素的核心意象进行剖析。古尔德纳(Gouldner)曾经指出,所有社会理论都包含着一些关于社会的"范畴假设"(domain assumptions)。我们则要指出,在其最核心处,所有社会意识形态都包含着一些强大的社会意象(images of society)。这些意象可能是含糊不清的,并且无论从哪种复杂的意义上来说,其理论化程度都很低。然而,它们却发挥着凝结和组织社会观点的功能。正是在这些观点中,意识形态变得十分活跃。作为信念的载体,它们构成了这些社会观点不受质疑的真理性的基础,同时也是集体性情感和诉求的来源。所有这些意象的整体作用就是生产并维系一种不成文却影响巨大的保守的英国意识(sense of Englishness),一种关于英国式"生活方式"和"英国式"观点的意识。由于被范围广泛的群体反复提及,其支持者还断言每个人都在一定程度上认同这种意识。在这里,我们并不想列出一份与这种传统英国意识形态相关的所有要素清单,而是只打算找出其中一些最主要的意象。正是围绕这些意象,关于"英国性"的传统定义才得以建构和组织起来。我们的目标是开启一场在我们看来极其重要的讨论,并对两个彼此相关却又十分不同的维度展开分析。第一,我们是否能够搞清楚这些意象中所传播的社会内容?传统的犯罪观正是围绕这些意象被组织起来的。第二,我们是否能够理解这种观点将自己普遍化从而超越不同社会和阶级差异的能力?它宣称自己具有"普世性"(universality)。无论如何,传统主义意识形态并不是我们社会中唯一一个活跃的意识形态;但它构成了一个主导性的意识形态领域。这种主导地位与它对自身普遍代表性的宣称是相互联系在一起的。它之所以具有主导性,是因为它似乎有能力通过自己的总体框架(master framework)把彼此冲突的生活和阶级经验勾连在一起。当意识形态在其自身的逻辑中显得能够反映或充分对应于其诉求对象的经验、立场和利益时,它们就会变得更易被人所理解。不过,虽然意识形态的确包含了这种实践性关系,但只通过这种方式,我们却无法彻底对其做出解释;的确,当我们从实践意义上提到意识形态的社会角色时,我们指的是它具有能够把那些并不是(即便是从总体意义上说)其"创造者"的阶级和群体的观点转化为有说服力的意识形态话语的能力。所以,在这里,我们同样关心的一个问题是,究竟是什么样的从属阶级的社会和物质条件使得占主导地位的传统主义意识形态能够获得真正的影响力,能够向人们传播信念并获得他们的支持。这种传统主义的意识形态"统一体"究竟是如何从迥然不同的、相互冲突的阶级构成要素中被建构出来的? 这种版本的"英国式生活方式"又是如何成为意识形态共识的基础的?

　　首先,我们要分析的是正派体面(respectability)的观念。对不同社会阶级来说,这个概念的内涵差异很大。但与此同时,它又是一个十分"普遍的"社会价值。这是一个极度复杂的社会观念,涉及最基本的自尊意识:人若没有自尊,也不要期望会得到别人的尊重。但正派体面的观点同样涉及我们文化中更有"新教色彩的"价值;它与节俭、自律、过体面的生活以及奉行广为接受的正直体面的行为准则有关。它与自助和自力更生,以及"遵从"既定社会标准的观念有着紧密的关联——而设定和代表这些标准的则是那些"地位显赫的他人"。

　　这些"他人"始终是那些在社会秩序中等级和地位都高于我们的人:那些我们"仰慕"和尊重的人。正派体面的观念意味着我们必须保持警惕以免跌入深渊,从而在激烈的生存斗争中立于不败之地。对中产阶级而言,正派体面的说法带有在竞争中胜出的强烈意味;最能体现这一点的是"维持体面"的能力,即实现特定的生活标准,从而确保自己能够负担得起那些符合并体现自己的社会身份的事物的能力。但对工人阶级来说,这个观念却与三个不同的要素相关:工作、贫困和广义的犯罪问题。首先,只有工作才是体面的根本保证;因为,工作是唯一能实现体面生活的手段。"体面的工人阶级"的观念必然与持久的、常常有技能要求的就业状态联系在一起。正是劳动的规训使得工人阶级进入到一种体面状态。因此,体面的丧失就与失业和贫困联系在一起。贫困作为一种恶劣处境,标志着从体面状态跌回到"地位更低的困境"之中。这种"体面的"工人阶级和"粗鲁的"工人阶级之间的区分,虽然并不是准确的社会学或历史意义上的区分,却依然是一种极其重要的道德区分。如果说贫困意味着一种失去体面生活的下坡路的话,那么,犯罪或道德上的不端行为就是另一种范围更加宽泛、更加确定的堕落路线。所谓正派体面,就是地位相对较低的阶层对在社会格局中处于较高地位的人为他们提供的"理想生活"意象的集体内化（collective internalisation）；它将整个社会按照不同等级纳入规范秩序之中。因此，正派体面作为关键的价值观念之一，其作用就在于促使一个阶级适应并进入到另一个阶级所规定的社会意象之中。它是葛兰西所说的社会"黏合剂"的一部分。

工作不仅是工人阶级体面生活的保证，它本身也是一种十分重要的意象。我们都明白，我们的社会和个人身份在多大程度上是与我们的工作紧密联系在一起的，以及当人们（尤其是处在不同性别间劳动分工中的男性）失去工作时，他们会如何觉得自己不仅在物质上被抛弃了，而且在精神上被边缘化了。[①]　我们知道这实际上是一个极其漫长而艰难的文化适应的历史过程的产物：这涉及随着资本主义的诞生而确立的新教伦理，以及把大量产业劳动力纳入到工厂劳动的严格纪律之中的过程。[②]　由于资本主义体系中的体力劳动受到工资合同的制约，工作逐渐更多地被视为一种"工具性"活动，而不再具有"神圣性"；随着家庭和家庭生活与工作之间的距离日益增加，休闲或一切与非工作的和私人领域有关的活动在社会福利等级秩序中的地位变得比以往更高了。但对许多人，尤其是对男人来说，平凡枯燥的工作生活以及与之相关的一切正式的和非正式的价值似乎在许多方面就等同于"现实"本身。这一点虽然充满了极其强烈的意识形态内涵，却反映了这样一个物质现实：没有工作，我们生活的物质基础将会在一夜之间彻底消失。但就犯罪这个问题来说，相对于工作的核心地位以及我们对此的感受，发挥更关键作用的是所谓的工作的得失计算。这种计算意味着这样一种信念：虽然工作能够带来的真正回报并不多，它也不大可能给绝大多数人带来财富、成功和资源，但它能够为我们的经济生存提供一个以讨价还价的方式实现的稳定基础："做够一天工，给够一天钱"。它同时也包含这样一种想法：那些有价值的事物——休闲、快乐、安全、行动自由和玩乐——是对通过工作实现长期生产目标的勤奋努力过程的回报。[③]　回报是付出的结果，或者是对付出的一种补偿，因而只能出现在付出之后。

当然，从技术上说，有些职业犯罪活动也可能会被看作是一种"工

----

① 参见 D. Marsden 和 E. Duff，《失业》（*Workless*，Harmondsworth：Penguin，1975）。

② 参见 E. P. Thompson，《时间与工作纪律》（Time and Work Discipline），见 *Past and Present*，1967 年 12 月。

③ Young，《吸毒者》，前揭。

作"，肯定有不少职业犯罪分子的证词支持这种说法。但真正持有这种看法的人是少数。人们把职业化的或有组织的犯罪生涯与小偷小摸和利用职务之便"占便宜"的做法看作是截然不同的行为。后者往往会被看作是纠正本质上具有剥削性的经济关系的一种常规行为，因此，完全不会被理解为通常意义上的"犯罪"行为。从其本来意义上说，在公众意识中，当犯罪涉及抢劫或非法牟利活动时，它就成为工作的对立面，原因恰恰在于它是一种试图通过快速的、隐秘的、具有欺骗性的或走捷径的手段来获得好处的行为。与此相反，绝大多数守法公民只能通过艰苦的工作、按部就班的工作程序、长时间的精力消耗和对享乐活动的延迟来实现这一点。正是通过这种对比，一些影响力巨大的道德情绪的矛头才逐渐指向了那些飞黄腾达却不劳而获的离经叛道者。当人们利用道德化的工作得失计算来佐证自己对社会问题的态度时，一种常见做法就是把那些"乞讨者"和"游手好闲之辈"说成是"什么活都不干"或者"靠吃国家福利为生"的人。这些说法通常会不分青红皂白地在没有足够证据的情况下就被用来形容各种边缘化的外围群体（out-groups）：穷人、失业者、不负责任者和无能之辈——当然还有青年人、学生和黑人。他们都被看作是没有"付出"却不劳而获的群体。这种说法意味着必须立刻在道德上对他们予以谴责。与此同时，十分重要的是，我们必须记住，这些关于"乞讨者"和游手好闲者的负面描述实际上以一种歪曲的方式呈现了真实、客观的物质现实。对绝大多数劳动者来说，要想实现最低限度的安全和物质保障，除了终生投入到"辛勤劳作"之中，别无他法。我们应当记住，这种"人们只有通过劳动才能得到回报"的感受，同样会激发工人阶级对那些极其富有、依靠非劳动收入生活或积累了大量财富的人，或者对财富的不公正分配产生自己的看法。有证据表明，面对当前不公正的财富分配状况，与人们常常所说的"实用主义的接受态度"相对应的，是这样一种同样十分强烈的感受：这个分配体系在本质上是有问题的，是剥削性的。因此，这种普遍流行的"工作得失计算"所导致的情绪反应也有其进步性的一面，[1]虽然这些情绪常常被用来支持那些根深蒂固的保守态度，以此抵制一切敢于超越这一体系的人。

---

① 参见 Westergaard，《现代政治社会研究的一些问题》，前揭；H. Moorhouse 和 C. Chamberlain，《底层阶级对财产的态度：对立意识形态的某些维度》（Lowerclass Attitudes to Property：Aspects of the Counter Ideology），见 *Sociology*，8（3），1974。

对犯罪的公共意识形态来说具有特殊重要意义的另一个社会意象，与社会纪律的必要性以及英国作为一个纪律严明的社会的形象有关。同样，在不同的阶级文化之间，对这个非常宽泛的社会观念有着不同的理解；不同的文化意义系统对它的解释和应用方式完全不同，但同时又保留了足够的共同要素，从而使之具备了一种更普遍的正当性。"纪律严明的社会"的观念在大众神话中具有神圣的地位——一个曾经全民"祈祷"的国家，早已经被一个秩序井然的国家所取代。这种观念在大众历史发展的紧要关头会变得尤其强烈，比如在"战争"期间，由自由个体所组成的国家会为了打败敌人而"团结一心"。英国社会的所谓"纪律"并不是官僚化的或僵化死板的国家所实施的严格组织化的暴政，而是一种"自我约束"，具有灵活性，但同时又根深蒂固，能够在国家面临危机时从内部凝聚人心。在英国的意识形态中，"纪律"总是与一个相反的趋势联系在一起，这个趋势不仅为其提供了合理性基础，同时又缓和了"纪律"观念中所包含的具有威权主义色彩的严酷无情：在上层阶级的观念中，纪律总是与无政府主义相对的一个概念（例如，克里斯［John Cleese］在电视喜剧《巨蟒剧团之飞翔的马戏团》［Monty Python's Flying Circus］中所扮演的角色就以夸张滑稽的方式描绘了这一点）。而对地位相对较低的社会阶层来说，关于小资产阶级的"无政府主义状态"的意象为纪律提供了合法性（例如，二战后伊令［Ealing］公司制作的系列喜剧电影或像《老爸上战场》［Dad's Army］这样的情景喜剧都提到了这一点）。不过，大众神话能够以这些不同的方式反对或支持对"社会纪律"的尊重，并不意味着这种观念不是一种具有强烈情感色彩的态度——只是像许多其他传统社会价值观一样，人们是以一种具有英国特色的方式，并带有一种英国式的反讽意味来接受这种观念的。

尽管如此，不同的阶级文化在呼吁强化"纪律"时所采用的依据是不同的。对中产阶级来说，纪律意味着或包含了为了长期目标和在激烈竞争中获得成功而自力更生、自我提升、自我控制和自我牺牲，因为只有这些努力才会为个人及其家庭带来回报。从更宽泛的意义上说，这意味着一种规训化了的对权威的服从，权威实施对象的可预见的顺从，以及对权威的负责任的运用，等等。而对许多工人阶级成员来说，纪律则意味着完全不同的东西，它更多指的是面临困境时能够做到勤俭度日，为了维系社会生活的集体属性而进行必要的自我牺牲，以及为了克服不利情况而进行的组织化努力。因此，在这些不同的阶级语境中，违背纪律究竟意味着什么也是不同的。

　　一方面,传统的社会纪律观念与等级和权威概念紧密相关。从居于支配地位的观点来看,社会在本质上就是等级化的。个人也许能够通过在竞争中取得成功而提升自己在这个等级秩序中的位置,但这种成功并不会损害等级化秩序本身。但等级秩序有赖于权威的施予和获得。而在权威运作的过程中,无论是那些实施权威的人,还是那些对之表示服从的人,都离不开纪律。这种三位一体的结构——社会的等级化本质、权威的重要性以及通过自律来确保人们适应这两者——构成了一组十分重要的关键态度的基础。在这种居于主导地位的社会意象中,违反纪律的行为被认为不仅是对等级化的社会秩序观念的破坏,同时也是对"适度的权威"和顺从态度的一种威胁;因此,它也就成为社会无政府主义状态的源头和温床。(另一方面,传统上得到认可的工人阶级行为和团结规范不再被人遵行,这威胁的不是社会秩序本身,而是地方性的阶级、邻里、家庭和群体秩序。这种秩序来自社会底层对正确行为规范的"亚文化"定义。)因此,在传统的用法中,"青年人"既可能会因为缺乏敬重的态度,也可能会因为技术性过错而受到指责;后者只是对规则的违背,而前者则打破了权威和顺从关系所提供的社会黏合剂,而正是这种黏合剂把叛逆的青年人牢牢地捆绑在社会秩序之中。广泛流行的观点认为绝大多数工人阶级成员在社会实践的各个具体方面对权威都是十分顺从的。但在这里,我们必须强调的是,与这种流行观点相反的是,关于社会纪律的主流观点中所暗含的对等级化的社会秩序的服从实际上是非常抽象的,与人们的真实经验是相对立的。在工人阶级群体中,实际上充满着各种相互矛盾的情绪和态度。一项对英国政治文化中传统主义和保守主义观念的研究得出的结论一点都不让我们感到意外:

　　　　一方面,在象征层面,不同阶级和政党群体之间对主导价值观、精英和制度问题存在共识……另一方面……从属阶级群体之间的不满和意见分歧又尤其突出……这些人对居于支配地位的社会、经济和政治秩序的态度是不明朗的、摇摆不定的。①

　　① R. Jessop,《传统主义、保守主义与英国政治文化》(*Traditionalism*,*Conservatism and British Political Culture*,London:Allen & Unwin,1974);同时参见 J. Westergaard,《金钱关系的再发现》(The Rediscovery of the Cash Nexus),见 R. Miliband 和 J. Saville 编,*Socialist Register* 1970,London:Merlin Press,1970);H. Moorhouse,《对英国工人阶级的政治收编:导言》(Political Incorporation of the British Working Class:An Introduction),见 *Sociology*,7(3),1973,页 314—59;Moorhouse 和 Chamberlain,《底层阶级对财产的态度》,前揭。

（当然，工人阶级组织、斗争和防御纪律有着不同的基础。它正是针对这种"社会纪律"的传统主义定义来确定自己的位置的。）

"社会纪律"的另一个维度或许与公众对犯罪问题的传统主义态度有更加紧密的关系。构成这个维度的是这样一个事实：在英国文化中，人们更能接受的纪律形式都是内化的：它们都是以自我约束、自我控制的形式出现的。它们都离不开那些能够确立内部自我调节的控制机制：负罪感、良心、顺从和超我。从这个角度来看，情感控制（进而包括性压抑、快感禁忌、对情感的调控）和社会控制（对社会"精神面貌"的掌控、为工作和有创造性的生活做好准备、为了节约和财富的积累而延缓欲望的满足）对这种自律的运作机制都是至关重要的。由此我们可以得出结论认为，目前为止我们所讨论过的三种社会意象——正派体面、工作和纪律——都与第四个意象，即家庭，有着密不可分的关联。

在传统主义话语中，家庭领域当然是产生道德—社会冲动和内在控制的地方，同时也是青年人的初级社会化以一种亲密的方式得以有效实现的地方。第一个方面与对家庭关系中作为快感源泉的性的压抑和控制有关，并进而与权威有关。第二个方面则与家庭的这样一种能力有关：通过亲密关系中的爱和愤怒、惩罚和奖励的交换，以及父权制结构，家庭能够使孩子为生存竞争、工作和劳动的性别分工做好准备。因此，家庭也是一个复杂的社会意象；在不同的社会阶级中，我们也许会发现家庭呈现出不同的形式、功能和习性。因此，工人阶级家庭中的性别身份和性压抑结构虽然在一定程度上复制了支配性的家庭组织模式中的性别角色结构，但同时也受到了这个阶级的物质经验的深刻影响——"男性气质"的实践和定义以及生产领域中符合男性气质的工作和价值观的建构，所有这些都被转移到了家庭的性别组织模式之中。与此类似，将家庭描述成"庇护所"的说法明显地具有跨阶级的特征，但由于作为"庇护所"的家庭所阻挡的正是生产和工作中阶级剥削的日常经验，因此，它又具有了一种十分特殊的分量和强烈的情感色彩。但"家庭观念"是一种十分强烈的价值观，因为家庭绝对是一种十分核心的社会制度。很少有人会否认家庭在建构社会认同和在极深的层次上传播基本社会意识形态方面所扮演的核心角色。家庭意识形态无疑也在发生变化；而且我们也已经学会了从一种更加积极而非惩戒性的角度来理解家庭。但是，当我们抓住"家庭问题的要害"时，我们会发现，相对于为家庭成员提供一个相互支持和情感释放的框架，处于支配地位的家庭意象——也许是跨阶级的——强调的更多的依然是这样一种责任:逐步确立家庭成员对基本行为准则的理解。我们希望并祈愿家庭生活中能够充满爱,但在大多数时候,我们实际上做的更多的事情是规训、惩罚、奖励和控制。赖希[①]不无道理地把家庭称为"制造顺服人群的工厂"。而且,正如我们越来越清楚地看到的那样,与权威、权力和纪律相关的基本意象与普莱费尔(Giles Playfair)所说的"对惩罚性手段的沉迷"[②]的主要源头一道,正是首先在家庭这个小型王国中被人们所经历和内化的。将性别维度和社会维度结合在一起是家庭的一项基本任务,这与那些在我们精神内部创造了自律和自控的所有形式的结构是一种异形同构,而这将有助于在比家庭范围更广大的社会世界中确立规范。因此,人们把对社会纪律崩溃的担忧和恐慌——犯罪问题是能够反映这些恐惧的最有效的标志现象之一——都集中宣泄在"青年"或"年轻人"纪律涣散的现象上,并集中关注那些能够促进他们内化社会纪律的社会机构——比如学校,但最重要的依然是家庭。

下一个意象非常不同,但同样与犯罪问题有着重要的关联。那就是关于城市的意象。城市首先是工业文明的具体体现,这不仅因为城市是财富的象征和财富源泉的集中之地,同时也与城市在 19 世纪克服了疾病、卫生状况恶化、犯罪和政治骚乱等一系列威胁的历史有关。[③] 在某种意义上,"城市的状况"是文明"水准"的体现;它体现着我们文明的发展水平,以及我们在多大程度上成功地维持了这种成就水准。但是,这种普遍意义上的城市意象与工人阶级的经验没有关联;这并不是工人阶级所掌握和理解的城市观念或理想状态。工人阶级的城市经验要更加碎片化(segmented),它是在特定的、具体的地方性的纽带和联系中发生的。在其最宽泛的意义上,这种经验是对一个特定城市及其与众不同的特征的认同("在谢菲尔德[Sheffield]出生和长大的人,都是四肢发达、头脑简单")。这种经验是通过工作和休闲过程嵌入在产业发展的特定形式和特定的地方成就之中的。然而,更有甚者,这种经验与城市的关联是通过城市内部的特定地方属性的类型和组织形式来实现的——呈现出不同社会和经济特征的各类特定的工人阶级邻里社区,它们具备各自独特的传统、

---

① Reich,《法西斯主义的大众心理学》,前揭。

② G. Playfair,《惩罚性沉迷》(*The Punitive Obsession*,London:Gollancz,1971)。

③ 参见 G. Pearson,《越轨性想象》(*The Deviant Imagination*,London:Macmillan,1975);以及 L. Chevalier,《劳动阶级与危险阶级》(*Labouring Classes and Dangerous Classes*,London:Routledge & Kegan Paul,1973)。

成员关系和明确的边界。这里是人们生活、交谈、玩耍、购物以及有时从事工作的地方，这是整个城市里属于他们的那"一小部分"，人们以一种十分具体的和直接的方式对这个地方产生归属感。在这个意义上，工人阶级的经验具有非常突出的狭隘的地方观念色彩。因此，工人阶级对犯罪和城市社会之间关联性的感受并不是通过大规模的商店盗窃、银行抢劫和大量郊区入室行窃这一层次的犯罪活动来实现的。相反，他们只是在觉得各种"公共"犯罪形式对他们的"地盘"及其似乎永恒不变的组织模式构成了一种侵犯时，才会产生这种感受。但在我们所关注的这段时期内，对这些工人阶级地区的犯罪活动的登记产生了十分重要的影响，原因在于犯罪问题出现的同时，这些地区的居民也经历了地方性的物质和社会组织模式的紊乱、衰落和削弱等各种其他问题。这些问题反映了其复杂的内部社会秩序体系开始陷入不稳定的状态。我们在后面处理"社会焦虑"议题时，还会回到这个问题。

尽管如此，这些具体的地方纽带为工人阶级建立自身与城市的关系提供了素材。这一阶级在生产和政治方面获得的成就在城市范围内常常以"市民荣誉"的形式被调动起来——例如，表现为某些特定行业中的精湛"技艺"（造船、织布、炼钢，等等），以及"市政社会主义"（municipal socialism）的发展和面向公众的设施和服务的建设（在许多北方城镇，能够体现这些成就的永恒典范就是那些市政厅的宏伟建筑）。同样，这些地方性的忠诚关系还通过休闲设施的提供在地方性的跨阶级联盟中发挥着作用——最突出的一个例子是由地方资产阶级组织的为工人阶级群众提供服务的足球俱乐部。在这个意义上，围绕作为地方身份认同核心来源的城市，不同的阶级之间形成了临时性的视具体情况而定的联盟关系。

凌驾于这些社会意象之上并将它们整合在一起的是一个具有整体性的意象，即关于英国的意象。这个意象在某些时候似乎具备能被所有人接受的流通能力。就像存在许多不同的阶级和地区文化一样，同样存在许多不同的"关于英国的观念"（ideas of England）。但在这里，我们认为，重点讨论其中两个起主导作用的维度是合适的。第一个是内在化的：这涉及一切人们觉得英国人所"擅长"的事物，即那些曾经并继续能够"帮助我们渡过难关"的固有的民族品质。奥威尔（Orwell）已经提到了其中的许多要素：它们是一些核心的民族优点和美德——所谓"核心的"，我们的意思是说人们认为这些品质反映了绝大多数人在内心深处的真实想法。任何能够显示英国人可能不是如此的那些要素，比如对自身错误、局限性和脆弱性的承认,都不在这个核心的范围之内:英国人"骨子里"基本上是正直体面的;他们"基本上"是一群宽容的、温和的人;"从根本上说",绝大多数人是"明智的",能够面对现实,支持实际的、符合常识的立场——所有这些价值判断,都是以对文化中在本质上具有真实性的要素的肯定为前提的,这些深层要素不同于各种表面现象。这样一种文化和民族意象只有在"别无选择"的情况下才具有真实性。英国人可能会表现出愚蠢、顽固、傲慢、保守,不愿面对现实,固执地坚持个人主义,但到最后,在"别无选择"的情况下,他们又总会妥协,或"团结一心",或在不得已的情况下将自己组织起来。但这些品质并不是一开始就会显现出来:只有在"最后关头"它们才会出现。这就是为什么总是在发生危机、战争进入最激烈的阶段、面临失败的危险或在其他一些与此类似的"决战时刻",这些品质会表现得最为突出。而在正常时期,正如奥威尔所观察到的那样,"统治阶级会劫掠、管理不善、蓄意破坏,把我们带入一片混乱之中"。然而,"整个国家通过一条无形的锁链联结为一个整体",而且"在任何关于国家的思考之中,任何人都必须考虑到在情感上的统一性,并确保在面临巨大危机的时刻,几乎所有的国民都能够具有相同的想法并采取一致的行动"。[①] 这是一种极其强烈的爱国主义情感,而人们对地方特性、邻里社群和地区的不同维度的意识和忠诚既依赖也滋养了这种情感,为有些模糊的"国家"意象提供了丰富多样的实际内容和立足点。

与"英国"这一意象有关的第二个方面是外在的。这一点成立的前提与英国在全球范围内相对于其他国家所具有的优越性有关。这基本上是一种帝国意象——这种意象的神话和意识形态影响力以英国帝国主义巅峰时期的政策和民粹主义合法性为基础;其中充满了几个世纪以来的殖民主义、征服和全球统治。这一意象体现在英国人征服"野蛮"民族的神圣权利之中,这种权利随后被重新界定,它不再是一种具有侵略性的经济帝国主义,而是成为一种"文明化的重任"。以军队、坚船利炮和经济霸权为支撑的帝国,促使人们形成了这样一种信念:英国人作为一个民族具有一些特殊的品质,正是这些品质使他们免于遭受军事失败,并保证了国家的独立和安全。帝国的历史经验对英国工人阶级产生了长久而复杂的影

---

① G. Orwell,《狮子与独角兽》(Lion and the Unicorn),见 *Collected Essays*, *Journalism and Letters*, Harmondsworth: Penguin, 1970,第 2 卷;关于这一论断如何随着战争进展而发生变化,参见 S. Hall,《〈图片邮报〉的社会之眼》(The Social Eye of *Picture Post*),见 *Working Papers in Cultural Studies No. 2*, C. C. C. S., University of Birmingham, 1972 年春。

响。其中最主要的影响之一是通过帝国统治的确立,在物质上和意识形态上为这个阶级创造出一种凌驾于"原住民"劳动力之上的优越感——这使得英国工人阶级成为马克思和恩格斯所说的"资产阶级化的无产阶级"(bourgeois proletariat)。这种优越感同时还与都市无产阶级和边缘经济产业(例如棉纺织业)中的"廉价劳动力"之间的竞争有着复杂的关系。当然,随着战后英国资本主义的扩张及其对移民劳动力依赖度的增加,处于边缘地带的"廉价劳动力"在一定程度上被吸收到英国本土,工人阶级对这种竞争的感受变得更加强烈了。超越于其他所有人之上的那种优越感通常是一种默认的、无须言明的假设。但总体来说,没有人会质疑这一点。当涉及那些过去的"原住民"劳动力,即那些曾被殖民化或处于奴隶地位的群体,特别是黑人群体时,这种假设就变得尤其强烈。但这个假设所针对的对象同时也包括"南欧人"(wops)、"法国人"(froggies)、"爱尔兰人"(paddies)、"意大利人"(eye-ties)和"美国人"(yanks)。当然,这些群体都有各自的许多优点,但都缺乏英国人所具有的那些使得他们之所以成为英国人的一系列独特品质。因此,在"关于英国的观念"中,既包含着对英国所取得的辉煌历史成就的自豪,也包含着一般意义上的对"英国式行事方式"的信奉。这其中就包括人们对于国旗、皇室和帝国的感情,虽然正如我们此前已经指出的那样,这既不意味着对这些制度的现有形式的坚定支持,也不意味着对这些制度形式所象征的抽象原则——例如"法治"原则——的无条件认同;它更多是关于英国式行事方式中所蕴含的公正、"公平竞争"和"合理性"的一种模糊的意象。例如,人们对英国"司法体系"的看法(包括对英国警察的看法,认为这是发达的文明世界中仅存的一支正直的、没有腐败行为的非武装警察队伍。)。

我们在这里要讨论的最后一个意象是法律。我们之所以把它放到最后来讨论,是因为在所有这些相互联系的意象中,关于法律的意象是最模糊不清的。另一个原因在于,恰恰是法律,总是在"最后关头"被用来为其他意象提供辩护。法律成为唯一能够为英国特性的其他方面提供制度性保护的手段。在绝大多数时候,英国人在自我管理方面有着卓越的表现;他们都是"理性人",富有自尊,同时又彼此尊重。但他们也有变得"不理性"的时候,自由秩序的稳定性就会面临失控的危险,这时法律就成为(以特定的英国式形式出现的)"自由"和"无政府状态"之间唯一的屏障;在这种情况下,法律是"理性人"唯一的依靠。工人阶级与法律的关系极其复杂,涉及特定形式的结合与分离。最能体现这种关系的是同时存在着两种关于警察的意象的悖论现象：一方面，"巡街警察"这一意象对他们颇有吸引力，但另一方面，他们又具有一种认为"所有警察都不是好东西"的强烈意识。为了理解这种自相矛盾的关系，我们必须搞清楚法律是如何表达与工人阶级相关的"行为规范"的。"共同体"成员制定并遵守一些规定了何为正直体面行为的基本准则，但这些准则的内容并不会与法律规定完全吻合。这些准则会产生一些不同的区分类型——例如，在这些准则中，对偷窃行为的正式定义与法律定义不同：对盗窃行为本质的区分，会根据这种盗窃对象的情况而定。在工作中发生的盗窃和"欺骗"往往被认为是可以接受的行为，因为它们会被看作是矫正经济利益失衡的抗争活动整体中的一个组成部分，而法律却不会纵容这些行为。另一方面，在朋友、亲戚和邻居圈子中出现的"内部"盗窃则构成一种严重的违规行为；因为这种行为会给相互支持的实际关系造成裂痕。同样，某些形式的暴力活动被认为是正常的（周六晚饮酒之后发生的摔摔打打）或者完全是私事（家庭暴力），与法律无关；而其他暴力形式，比如"无缘无故的"或"不必要的"暴力行为（特别是"外人"实施的暴力），则被认为是对共同体社会空间的破坏。同样，一些当地成员会成为合适的施暴对象（因为他们所处的具体关系——丈夫/妻子，或者因为他们的回应能力——年轻人），而对一些其他成员（比如老妇人）施暴则显得"不可理喻"，因为这完全超出了行为规范的组织结构所能解释的范围。

因此，法律与这种行为准则之间存在着具体同时又非常复杂的关系。法律有一定的作用，人们可能会利用法律来对付那些违背规则的行为；但对这些规则所允许的行为实施法律干预则成为一种"多管闲事"的行为。因此，法律既是对这种准则的一种必要的支持（当内部控制力量无法维系规则时），同时又可能成为一种不必要的外部的不合理干预。① 但无论如何，当这些准则及其物质条件遭到破坏，同时无法通过内部力量得到维系时，法律就成为一种有吸引力的管理手段。它和这些准则之间的联系要远远比它们之间的矛盾重要得多。因此，当法律成为能维系这种"生活方式"的条件的唯一有效的制度手段时，它就成为一种动员工具（mobiliser）；它能够为那些更加个性化的社会习惯和意象提供保护——因此，它也就能成为保护那些社会条件的手段。

---

① 例如，参见 B. Jackson，《工人阶级社群》（*Working Class Community*，Harmondsworth：Penguin，1968），"骚乱"（Riot）一章。

正是在法律及其对立面——犯罪——这一层面上，保守主义意识形态能够最有效地利用从属阶级经验中的模糊性。法律对所有人一视同仁，无论他们是何种身份，这样的宣言是一种承诺，即保护所有社会成员的利益不受犯罪活动的侵害，无论他们遭遇到的问题是大是小。无论何人，他们的生命和财产都将受到保护。这种保护的平等性与工人阶级的经验产生共鸣，因为正是他们承受着绝大多数侵犯财产的犯罪行为的伤害。对那些试图能够过上正常体面生活的劳动者来说，某些类型的犯罪行为是一个真实的、客观存在的问题。如果街头犯罪泛滥，那么，这些犯罪活动会主要出现在他们所在的街道。因此，保护在贫困和失业的威胁下好不容易才得来的那一点点财产和安全，对他们来说是利益攸关的事。即便选择有限，通过为数不多的文化资源以及一定程度的自尊，工人阶级确保了自己的生活依然是值得过下去的，但犯罪活动却对这一切构成了威胁。他们提出必须对犯罪行为加以控制，从而确保人们可以毫无恐惧地自由活动，并认为既然富人和有权势者的财产都得到了持续的精心的保护，那么在一个"公正的社会"中，完全没有理由让穷人的财产遭受盗窃和蓄意破坏活动的侵犯。从这个角度来说，他们并没有提出不合理的要求。这种针对犯罪问题的"传统主义"态度在从属阶级的物质条件和文化处境中具有真实客观的基础：

> 对工人阶级成员来说，社会公正问题与他们的利益有着极其重要的关系（在维护社会公正方面，他们也成就斐然）；他们希望自己的劳动能够获得公正的回报，并对那些寄生虫式的依靠别人的劳动轻松获得财富的人充满敌意。资产阶级意识形态对这种真实的恐惧加以利用，宣称任何人都将会根据其价值和成绩得到相应的回报，而那些不遵守规则的人将会得到惩罚。通过这种方式，意识形态希望人们能够接受它，并把所宣称的一切视为一种普遍利益，虽然实际上它遮蔽了统治阶级通过合法或非法手段疯狂聚敛特殊利益的事实。[①]

当然，如果犯罪真的能够得到控制，所有人都能够自由活动的话，那么这种公正的法律能够为劳动者提供的"自由"将是继续保持贫困状态、处于

---

① J. Young，《工人阶级犯罪学》（Working Class Criminology），见 I. Taylor，P. Walton 和 J. Young 编，*Critical Criminology*，London：Routledge & Kegan Paul，1975。

被剥削地位的自由。法律并不是必须变得"有失偏颇"（虽然有时法律的确会有失公允）才能够有利于阶级关系的再生产。法律只要作为一种"不偏不倚的"国家结构正常运行，就能实现这一点。但这种关于国家作为一种"阶级国家"（class state）所扮演的角色的长期看法，无法与那种认为穷人为数不多的财产不应该被劫走的短期看法相兼容。法律意识形态正是利用了这种矛盾的鸿沟来发挥自己的功能——一方面，它导致工人阶级无法正确认识到自己所处的利益冲突；另一方面，它又把工人阶级分化为不同的部分，并在他们之间制造冲突。

这些社会意象不准确、模糊或捉摸不定的特性并不会削弱其影响力。我们在上文对传统主义的"英国意识形态"的描述并不是无所不包的；但我们认为，如果我们要搞清楚在大众想象中人们是如何"思考"犯罪问题的话，那么，这样一种"图绘"式探讨是必要的。当然，我们对这个问题的处理方式是从一个不同寻常的角度出发的：我们试图对某些作为秩序的集体表征的意象群进行描述，其对立面是关于犯罪和犯罪分子的意象。

我们所涉及的所有这些传统主义"英国意识形态"中的主题，都在这个意识形态中对犯罪问题进行了处理。每一个主题都试图建立与犯罪问题的关联性，对之进行甄别，并将其纳入到关于常态、正确性及其对立面的话语之中。犯罪问题不仅与人们生活所处的物质环境有关，而且还成为关于这种生活的意识形态表征的挪用对象。考虑到这些联系的深度和广度，犯罪问题似乎在"英国性"这个观念中处于最核心的位置——在这个意识形态中，它发挥着分化和界定的功能。犯罪问题所具有的这种复杂的核心地位使得作为"公共议题的犯罪问题"具有了强大的动员能力——因此，打击犯罪的运动能够获得人们的支持，但实现这一点并不是通过把犯罪描述为一个抽象议题，而是把它说成对代表了"英国式生活方式"的复杂平衡的稳定性构成威胁的一股有形力量。通过这种意识形态，犯罪被设定为一种作为"英国性""常态"之对立面的"邪恶"力量，如果不对其加以管控的话，将会逐渐破坏常态的稳定秩序。因此，对犯罪的反应既是物质性的，也是意识形态性的。这种组合关系影响力巨大，同时对统治阶级来说，又极有成效。至少从一种隐喻性的意义上来说，犯罪问题使得那些"善良诚实的人"在对常态、稳定和"属于我们的生活方式"的辩护中脱颖而出，并得到承认。通过犯罪议题，一种虚假团结也从人们实践这些"生活方式"和经历犯罪活动时所处的不同社会条件中被建构出来。

传统世界观的根基：常识

现在我们要进一步讨论一个到此为止涉及不多的主题。这就是诉诸"常识"以及我们在信件中注意到的个人经验的影响力。这个主题扮演着双重角色，我们也因此对这两个方面分别进行讨论。为了避免困惑，需要明确我们所理解的这种经验性常识的"双重性"的内涵。首先，正如我们在下文将要指出的那样，它是传统"英国意识形态"的一个具体组成部分；但它同时也是承载这种意识形态的形式。在人们对英国式"生活方式"的体验和描述中，它是"自然的"："这就是事物存在的方式"；"这就是常识"。

对实际的具体经验的强调之所以在这种"英国意识形态"中发挥着重要作用，是有充分的历史原因的。几乎所有评论家在谈到英国统治阶级的意识形态问题时都会同意的一点是，这个意识形态是围绕"经验主义"这个核心组织起来的。[①] 经验主义的思维模式是界定"英国人特质"的关键要素之一。工业资本主义出现之前高度发展的农业资本主义所带来的复杂的社会和政治遗产，以及工业资本与地主阶层政治代表之间的政治联盟，产生了一种具有突出的"经验主义"色彩的统治阶级意识形态。安德森（Anderson）对这种"融合"做出了如下定义：

> 英国统治集团的文化霸权并不是通过任何一种系统的重要的意识形态形式得到表达的，而是弥散在由普通偏见和禁忌所构成的一种氛围之中。构成这种席卷一切的英国式迷雾的两种重要的化学元素包括"传统主义"和"经验主义"：在这种迷雾中，一切社会和历史现实的可见性总是为零。一旦他们对政治权力的垄断遭到挑战，传统

---

① 参见 P. Anderson，《当前危机的起源》(Origins of the Present Crisis)，见 *New Left Review*，23，1964，重印于 P. Anderson 和 R. Blackburn 编，*Towards Socialism*，London：Fontana，1965；T. Nairn，《英国政治精英》(The British Political Elite)，见 *New Left Review*，23，1964；T. Nairn，《英国工人阶级》(The English Working Class)，见 *New Left Review*，24，1964，重印于 R. Blackburn 编，*Ideology in Social Science：Readings in Critical Social Theory*，London：Fontana，1972；E. P. Thompson，《英国工人阶级的形成》(修订版)(*The Making of the English Working Class*，rev. Edn，Harmondsworth：Penguin，1968)；R. B. Johnson，《巴林顿·摩尔、佩里·安德森与英国社会发展》(Barrington Moore，Perry Anderson and English Social Development)，见 *Working Papers in Cultural Studies No. 9*，C. C. C. S.，University of Birmingham，1976；E. P. Thompson，《英国人的特性》(The Peculiarities of the English)，见 Miliband 和 Savill 编，*Socialist Register* 1965，London：Merlin Press，1965。

主义自然会成为地主阶级的意识形态观念……经验主义……忠实地
体现了英国资产阶级历史经验的碎片化和不完整性……传统主义和
经验主义由此融合为一种单一的合法体系：传统主义通过追溯历史
源头赋予当下合法性，而经验主义则通过牢牢抓住当下给未来戴上
了枷锁。

马克思对英国思想中的经验主义的评价与安德森的看法有联系，但又稍
有不同。安德森对英国资产阶级发展中的不足之处的考察多少带有一些
蔑视的意味。相反，马克思看到了经验主义在实现其实际成就中所发挥
的功能。尽管他指责功利主义哲学完善者边沁（Bentham）是"资产阶级
蠢材中的一个天才"，但他同时也进一步指出，"[边沁]以一种急切而简单
的方式……把现代小资产阶级，尤其现代英国小资产阶级，假定为标准的
人"。马克思在这里想要表达的意思是，即便是在边沁式的带有一点阴郁
色彩的形式中，功利主义在英国也早已经被正常化、自然化和普遍化为一
种思维习惯——原因不在于它具有深奥的理论体系，而在于它反映了这
种习惯在日常实践中大量存在的事实，以及作为一种"自然"状态而存在
的成熟的资本关系体系中的日常生活经验。马克思阐明了某些特定的重
要观念和思维方式是如何成为社会实践的根基，从而决定了英国人观念
的整体结构和气质——这些观念如此普遍地存在于我们的经验之中，以
至于它们已经变成了"理所当然"的东西。马克思把英国社会的这种物质
发展和思想观念落后的特定组合与它的对立面——理论发达而经济落后
的德国进行了对比："如果英国人把人变成了帽子，那么德国人会把帽子
变成观念。"①因此，英国式的"常识"反映了资本主义社会"自然"秩序在
真实实践活动中的确立。我们已经在前文通过对全国和地方性报纸的读
者来信专栏以及那些侮辱性信件的分析，了解了关于"行凶抢劫"问题的
世俗观念是如何在公共领域得到表达的。从中，我们可以看到这种关于
具体事物和"自然"秩序的观念的有效性。在这些信件中，普通人对日常
个人经验以及具体实例的突出强调成为最有感染力的一种表达手段。虽
然这些修辞手法在我们所称的"自由派"和"传统主义"来信者的表达中都
存在，但在那些持有传统主义世界观的来信中，这些表达方式表现得更加

---

① K. Marx，《哲学的贫困》(*The Poverty of Philosophy*，Moscow：Foreign Language Pub-
lishing House，1956)，页 115。

普遍,其传达的信念也更加强烈。乍看之下,对个人经验和具体实例的描述似乎并不需要进一步的解释。毕竟,那些真正亲身经历过某个社会问题的人所表达的是原汁原味的知情者对这个问题的看法。在专家和社会学家的意见所主导的公共话语中,"普通老百姓"唯一值得人们倾听的就是他们的"个人经验"。英国人相信,在把议题进行一般化处理的过程中,我们必须对这些必然显得更加具体化的观点保持足够的敏感度,否则必然会因为过于笼统而忽略许多重要的细节。读者来信专栏的编辑尤其重视这类个人证词,因为这些证词是以已知经验为基础的,并且会提供具体证据。但实际上,在我们所分析的那些信件中,很少有人的叙述会真的体现出这种意义上的具体性。对于他们所描述的经验,比如遭遇"抢劫"或"行凶抢劫",这些叙述者并不会提供真正的具体细节。他们会提到个人经历,但大部分时候都更加强调自己的观点。因此,对个体经验的描述一般都是间接的——"如果他自己或某位近亲遭遇任何一次这样的袭击的话,他也许会改变自己看法。"或者通过个人特征来拐弯抹角地提到这些经验:比如,来信的签名是"工人阶级家庭三位少年的母亲"。

在这里,经验意味着某种特定的东西,即一个人不受理论、反思、推测、论断等要素影响的原初经验。人们认为这种经验的重要性要高于其他类型的论证方式,因为它是以现实为基础的:经验是"真实的",而推测和理论是"非现实的"。人们对经验的这种重视态度常常准确体现在这样的表述中——"不要再做无谓的讨论了,听听真正了解情况的人是怎么说的"。杜梅特(Ann Dummett)在讨论英国人对理论的不耐烦和对"感觉经验"的崇敬时,曾经观察到一个现象:英国人之所以会记住艾萨克·牛顿爵士,并不是因为他发现了微积分,而是"因为他在夏末的果园里打盹时,被树上掉下的苹果砸到了脑袋"。[1] 这个颇具讽刺意味的例子提醒我们,经验和常识性思维方式的重要地位,成为把英国文化从最高贵的层面到最日常和普通的层面团结起来的黏合剂。最典型的英国哲学、认识论和心理学,无一不具有强烈的经验主义色彩。因此,并不是只有那些处在知性文化之外,并由此可能会用自己的粗鄙经验对抗知识理性的人才会更加青睐常识。经验主义在英国知识文化界内部和外部都发挥着影响力;由此,对经验的强调也就成为合情合理的事情。

---

① A. Dummett,《英国种族主义概览》(*Portrait of English Racism*, Harmondsworth: Penguin,1973)。

　　诉诸常识之所以有效,还与英国社会存在的反智主义传统有关。虽然这并不是只有英国才会出现的一种价值观,但有证据显示这种传统在英国文化中尤其突出。反智主义强调"常识"要比知识分子和"理论家"的说法更重要。理论家往往把生活视为一场"清谈会",他们从来都是只说不做。他们是一群"真的不知道"真实生活中正在发生什么的人,他们会被自己高度抽象的想法所迷惑,他们以与大多数民众的生活相脱节的方式表达观点,而且还会从理论高度提出一些没有把大多数人的经验考虑在内的解释和政策。我们在许多读者来信中也发现了这种对"知识分子"的怀疑情绪,而且在大众媒体充满道德化色彩的修辞中,这种情绪始终是构成要素之一。当然,这种情绪也有一定的合理性。它反映了处于从属地位的社会阶级对已确立的等级化阶级体系,以及与这种等级体系相伴随的对"有效"知识的社会分配(特别是通过证书、考试、文凭、学位等教育手段实现的分配)的一种反应。这种怀疑情绪中所包含的"反智主义"是对知识的不平等分配的一种阶级化的反应:做出反应的这个阶级更加强调实践知识、做事的一手经验,因为这个阶级是工人阶级。这种工人阶级的"反智主义"非常典型地体现了普兰查斯(Poulantzas)[①]的看法,他认为从属阶级"即便是在对统治制度进行反抗时,也依然处于统治阶级合法性的参考框架之内"(强调为我们所加)。[②] 这就是列宁所说的"工团意识"(trade union consciousness)或其他作者所说的"工党主义"(labourist)意识形式的主要特征。[③]

　　但"常识"在英国社会和文化中还有其他一些更为积极的根基。在《识字的用途》(Uses of Literacy)中,霍加特(Richard Hoggart)花了很长的篇幅,来讨论工人阶级生活和文化中存在的那种他所说的"我们/他们"结构的来源:

---

　　① 译注:尼科斯·普兰查斯(Nicos Poulantzas,1936—1979),希腊裔法国马克思主义社会学家、哲学家。出生于希腊,曾就读于希腊、德国和法国,1960 年移居巴黎,师从法国马克思主义理论家阿尔都塞,是"结构主义的马克思主义"学派的重要成员。1979 年因政治上的悲观主义而自杀。曾担任法国巴黎第八大学社会学系讲师及法国大学出版社《政治丛书》主编等职。除受阿尔都塞的影响外,普兰查斯还受到卢卡奇和葛兰西等人理论的影响。

　　② N. Poulantzas,《政治权力与社会阶级》(Political Power and Social Classes,London:New Left Books,1973),页 223。

　　③ 参见 T. Nichols 和 P. Armstrong,《分裂的工人》(Workers Divided,London:Fontana,1976)。

　　"他们"是"处于顶端的人","高高在上的人",给你发失业救济金的人,可以征召你去参战的人,给你开罚单的人,在30年代可以让你为了多领一些救济金而拆散家庭的人,他们"最终总能搞定你","不是真正可信的人","嘴边挂满花言巧语","真是一群骗子","从不告诉你任何事","把你关进牢房","只要可能总会诋毁你","传唤你","都是一伙的","把你当作垃圾一样对待"。①

　　与之形成鲜明对比的是,"我们"则意味着自己所属的紧密团结在一起的那个群体,大家必须"一起努力",有福同享,有难同当。它就是邻居街坊,就是共同体。在这个意义上,正是对共同的社会地位和共同的经验的意识才使得"我们"成为一个阶级——但这只是一种法团(corporate)意义上的阶级,一个依然陷入这种"我们/他们"的对比关系之中的防御性共同体,它还没有成为掌握权力或能够依据自身的观念来改造整个社会的阶级,即依然处在马克思所说的"自在的阶级"(class-in-itself)阶段。

　　这种法团式阶级意识兼具积极和消极特征。从中既产生了那种敢于揭露真相、"指着对方鼻子"驳斥的批判态度,也导致了那种恭敬的态度。它既在工人阶级中营造了一种强烈的团结文化,但也常常表现出对自身局限性的容忍:一方面展现出强大的集体性力量,另一方面又表现出"宽容待人"的意愿和"顺其自然"的态度。霍加特也把这种"我们/他们"结构与他所说的"人们的'真实'世界——'个人和具体事物'构成的世界"紧密地联系在一起:

　　　　从某种意义上说,紧紧抓住这样一个被截然分为"我们"和"他们"的世界,反映了绝大多数工人阶级成员观念中的一个更重要的一般特征。与"他们"的世界相妥协,最终会涉及各种政治和社会问题,并逐渐超越政治和社会哲学问题,进入到形而上学领域。最终,我们应该如何面对"他们"(无论"他们"是谁)的问题,变成我们应当如何与那些明显不属于本地社会空间、与我们不存在紧密关系的人打交道的问题。从这个角度来说,工人阶级把世界分为"我们"和"他们"的做法,实际上反映了他们在回应抽象或一般性问题上所遇到的困

---

　　① 　R. Hoggart,《识字的用途》(*The Uses of Literacy*,Harmondsworth：Penguin,1958),页72—3。

境……他们很少或没有受到任何处理观念或分析问题的训练。那些
具备进行此类活动能力的人日益……脱离了他们的阶级。比这些原
因更加重要的一个事实是，绝大多数人，无论属于哪个社会阶级，在
任何时候，都对一般性的观念问题缺乏兴趣；在工人阶级群体中，绝
大多数人……会固守他们自己群体的传统；那是一种个人化的、地方
化的传统。①

在这种历史空间中形成的"常识"有其自身特殊的复杂结构。霍加特指出
了工人阶级家庭和邻里关系的具体关系、环境、网络和空间是如何成为这
种"常识"的基础的（虽然他对工作问题没有给予足够的重视）。文化的确
会产生关于一般性事物和对世界的"观点和意见"，"但这些看法常常被证
明只是一些基本上没有经过检验并通过口头流传的说法，被神圣化的概
括性结论，充满偏见，真假参半，并通过警句式修辞被提升到箴言的地
位"。②

　　然而，这种重视"常识"的现象本身并不是英国独有的，虽然英国式常
识无疑是非常独特的，而且很有影响力。其他作者对常识问题的关注，主
要是把它看作处于从属地位的社会阶级与社会统治阶级的意识形态产生
联系的一种惯有的方式。从一个不同的语境出发，葛兰西认为常识始终
是"各种不同观念的混乱集合……支离破碎的……与广大民众的社会和
文化立场相一致，因为常识就是他们的生活信条"。③ 葛兰西和霍加特都
认为，常识与"初始信念"（primary religion）之间存在着非常强烈的关
联——我们又一次可以在前面分析过的那些信件中看到这种具有强烈伦
理色彩的观念。它与宿命以及特定的根深蒂固的爱国主义情感联系在一
起（这与中产阶级的沙文主义立场十分不同）。在本质上（与我们民族遗
产中的任何一个抽象观念都不同），常识所代表的是"传统主义的大众世
界观"，④这种观念是在与实践和日常生活的紧密关系中形成的。

　　虽然在结构上，常识常常是与大众日常生活中的实际斗争直接相关
的，但它也充满了各种已经沉淀在其中的源自更早的或其他更成熟的意
识形态的要素和信念。正如诺埃尔-史密斯（Nowell-Smith）所观察到的

---

① 同上，页 102。
② 同上，页 103。
③ A. Gramsci，《狱中札记》，前揭，页 421、419。
④ 同上。

那样：

> 理解常识的关键是要明白，与其说它所反映的观念是不正确的，倒不如说这些观念是未经检验的、想当然的……构成常识的所有观念都可以附加在现存的知识上，却不会对后者构成挑战。它并不为人们提供对资本主义社会中的事物进行评判的标准，而只是依据现阶段的阶级社会从前一阶段所继承的理解世界的方式，为人们提供一种判断现有事物与这种理解方式是否相符的标准。[1]

由"常识"划定边界的这个世界就是从属阶级所处的世界；它在从属阶级的文化中处于中心位置，葛兰西及其追随者把这种文化称为"法团主义"文化。[2] 对从属阶级来说，处于统治地位的观念就等同于观念结构的整体本身。这并不是说工人阶级成员会和统治阶级使用相同的观念来"思考"世界。一个阶级对另一个阶级的统治并不意味着后者会被前者吞没。从属阶级文化通过斗争和建立自身的防御性文化来维持自主性。但统治阶级的观念往往会塑造一个社会中思想的外部边界和范围。这绝不仅仅是一个精神服从的问题。统治阶级的观念反映在占统治地位的制度秩序之中：从属阶级受到这些统治关系的制约。因此，他们在行动和思想上都始终受到这些关系的控制。

根据帕金（Parkin）的看法，他所谓的"从属价值体系"反映了从属阶级的生活方式和物质生存条件；[3]但既然人们对这些价值的感受和思考都是在统治阶级所确立的框架中完成的，那么，它们所代表的就不可能是可以替代后者的具有连贯性的新框架，而是与后者协商的产物。他认为，通过协商所产生的文化既有不同之处，但又是从属性的：一种与"霸权"（hegemonic）文化相对照的"法团主义"文化。法团主义文化的兴起往往表现为在统治阶级文化"霸权"范围内进行的一系列协商、设置限定条件、视情况而定的有限变通，或者针对这种霸权进行的局部斗争的产物。但从属文化"给予"霸权秩序的并不是一种正面的充满感激之情的认同，而是对其霸权地位的一种十分勉强的承认——即所谓的"实用主义的接受态度"。[4] 这

---

[1] G. Nowell-Smith，《常识》（Common sense），见 7 *Days*，1971 年 11 月 3 日。

[2] Anderson，《当前危机的起源》，前揭；Parkin，《阶级不平等与政治秩序》，前揭。

[3] Parkin，《阶级不平等与政治秩序》，前揭。

[4] 参见 Moorhouse，《对英国工人阶级的政治收编：导言》，前揭。

种"实用主义的接受态度"往往是观念领域阶级斗争的产物——这种斗争以"通过谈判达成休战"而告终。"法团主义"和"霸权"文化之间的差异在普遍性观念（由霸权文化所界定）和更语境化或情境化的判断（反映了那些处于对抗状态的从属阶级生活的物质和社会基础）之间的对比中表现得最为明显。因此，一些工人既赞同"国家付出的代价太大了"这样的说法（普遍性观念），同时又非常乐意为了获得更高的工资而参加罢工（情境化判断），这样自相矛盾的做法看起来似乎是完全"符合逻辑的"。与此类似，父母一方面要求自己的孩子受到更好的管教，却又会在孩子遭到殴打时表达不满。以这种妥协的方式形成的从属阶级文化必然是自相矛盾的。"人们的观点中常常包含一些不可调和的矛盾，这些矛盾出现在不同的语境中……正是在关于全国政策的观点和基于直接经验产生的看法发生关联时，许多最突出的矛盾涌现了出来。"[1]关键是，常识思维不仅充满矛盾，而且是碎片化的、不合逻辑的，这恰恰是因为常识的最"普遍"的一个特点是它不受内部统一性和逻辑连贯性检验的制约。这里的重要问题在于这些不连贯性所反映的范围、立场和权力的断裂。"逻辑矛盾"常常只是语境化的差异程度的产物，通过这些不同程度的语境化，不同的阶级文化和亚文化可以在"统治结构"的制约下共存。因此，拥有在主流意识形态结构内部"制造例外和限定条件"的权利，实际上并不会对主流意识形态构成任何损害。主流意识形态在范围上更有包容性：它们涉及范围广泛的现实；它们会涉及在"直接经验"范围之外的广阔世界里发生的事物，并对其进行解释。这样，那些源自"直接经验"的受制于具体情境和语境的观念就仅仅成为在这个更大的思维结构内部的一些例外、注解和限定性条件。这样，统治阶级和从属阶级观念结构之间的关系就成为反映不同阶级的主流和次要立场的一面折射镜。

　　关键的问题是，这些语境化判断或针对普遍规则的一些"例外"，一般并不会带来能够挑战"主流意识形态"霸权，进而产生以社会整体变革为目标的替代性斗争策略的对立意识形态（counter-ideologies）。实际上，从属阶级的价值体系赖以存在的物质社会经验与"主流意识形态"所表达的内容是非常不同的。但这种结构性差异在主流意识形态框架的影响下被遮蔽和缓和了。正是通过这种不对等的互补性，主流意识形态相对于从属意识形态的霸权地位得到了维系。这种互补性是跨阶级联盟的基

---

　　①　N. Harris，《社会信念》（*Beliefs in Society*，London：Watts，1968），页5。

础,通过这种联盟,从属阶级被充分调动起来,转而支持那些反映了一种非常不同的、具有对抗性的阶级现实的利益和态度。

杜梅特举了一个非常小却能有效解释这一点的例子。根据她的说法,对中产阶级来说,下午"茶""指的是……在午餐和晚餐之间放松时食用的茶点,但并非必需品。一般来说,下午茶的时间是下午四点左右;面包和黄油会被切成细片,而且除非是为孩子举行的茶会,这类活动一般不会在餐厅或厨房里进行"。但"对绝大多数人来说",茶"意味着晚餐,大约会在五点三十分左右进行,这时一般正是一个家庭里的父亲刚刚下班回来,洗手,换衣服的时间"。在这里,我们可以看到,"许多本国人和外国人都认为是……具有典型英国特征的东西,实际上对英国本土的不同群体来说,却意味着十分不同的东西"。[①] 尽管如此,人们依然认为"具有典型英国特征"的是第一种(少数人)情况下的"茶"的意义,而不是第二种情况(多数人);是第一种而不是第二种意义在英国大众神话中具有更高的地位。一种只有英国上层中产阶级才会做的事,却变成了一种能够代表全体英国人普遍特征的事物:一种阶级习俗开始具备了"霸权"地位。统治阶级明白必须"赋予自己的观念某种普世的形式,并把它们说成是唯一合理的、普遍有效的观念"。[②] 现在我们可以看到,由于普遍存在的影响力和霸权地位,"统治意识形态"的结构已经直接被认为等同于"事实",并进而等同于常识本身——所有人共享的一种观念结构。"常识"的普世化不仅掩盖了阶级经验之间的重要差异,同时还在不同的阶级之间建立起一种观念的虚假的一致性。这种一致性进而成为单一的英国式思维神话的基础。

社会焦虑

问题不在于为什么无耻之徒会得逞以及如何得逞……而是为什么有人相信他们?[③]

我们在前文已经对传统主义观念及其历史基础进行了系统考察。但

---

① Dummett,《英国种族主义概览》,前揭。

② K. Marx 和 F. Engels,《德意志意识形态》(*The German Ideology*, London: Lawrence and Wishart, 1965)。

③ Harris,《社会信念》,前揭。

现在,我们必须搞清楚特定的历史力量是通过何种方式,以这种传统观念为基础,在 20 世纪六七十年代产生了一股急剧膨胀的针对犯罪问题的强烈的保守主义道德愤慨。恩格斯曾经指出:"在一切意识形态领域内传统都是一种巨大的保守力量。但是,这些材料所发生的变化都是由阶级关系所引起的。"①

我们此前已经讨论过了一些核心意象,正是这些意象使得社会可以围绕传统在一定程度上形成意识形态的统一性。关键是,这些意象全都倾向于维系社会的稳定性——即维护那些坚固的、根本性的、不变的习惯和美德的稳定性,由此,即便在"艰难时期"也让人们获得一种永恒感,一种无论如何都能"永葆英国特色"的底线。在这里,我们试图说明的是,对那些不具备能提供类似凝聚功能的替代性意识形态结构的社会群体来说,一系列叠加在一起的特定的社会变化是如何削弱了他们对这些关于社会秩序的意象的关键支持。这种削弱作用在这些阶级群体中产生了一种我们所说的"社会焦虑"——这种焦虑的产生既与传统意识形态物质基础瓦解有关,也与对这种意识形态的广泛社会支持的弱化有关。我们认为,人们在社会混乱时期所被迫经历的"不稳定状态"会导致这样一种后果,即他们会开始倾向于寻找"替罪羊",由此把自己所承受的所有令人不快的经历都归罪于它们,并在象征层面对它们予以否定或"驱逐"。② 这些替罪羊被视为是导致了所有这些引发"社会焦虑"的无组织性和混乱要素的罪魁祸首。不过,这些替罪羊并不是"自然出现的",而是在特定条件下,被特定主体作为替罪羊建构出来的。但我们首先要关注的问题是作为跨阶级联盟纽带的"传统主义"的衰退以及随之而来的社会焦虑。在我们看来,之所以要对此予以关注是因为两个不同却又彼此相关的原因。

在二战结束后的这段时期内,我们可以发现传统主义意识形态中存在两次"断裂",每次断裂都导致人们产生一种曾经熟悉的一切都在消失的感受,这种感受成为不断增加的"社会焦虑"的基础。第一次断裂与"富足"有关。这种"富足"的基础是战后社会生产的繁荣。但在人们的经验中,它表现为特定的消费过程——个人和国内开支的增加——以及传统

---

① F. Engels,《路德维希·费尔巴哈和德国古典哲学的终结》(Ludwig Feuerbach and the End of Classical German Philosophy),见 *Marx-Engels Selected Works*,第 2 卷,London:Lawrence & Wishart,1951。

② 参见 Harris,《社会信念》,前揭;以及 C. Geertz,《作为文化系统的意识形态》(Ideology as a Cultural System),见 D. Apter 编,*Ideology and Discontent*,New York:Free Press,1964。

价值和标准的转型过程。但人们认为,这种"富足"一旦与"不受制约的物质主义"、享乐主义和快乐至上的态度结合起来,就会很快导致一种"自由放任"的氛围——一种道德纪律、限制和控制都全面放松的状态。"新价值"与更加传统的新教伦理之间存在十分明显的冲突。而最直接地感受到新教伦理和新的享乐主义价值观之间的冲突的群体或阶级是非商业中产阶级,尤其是下层中产阶级。对他们来说,新教伦理中的节俭、体面和道德纪律等美德是生活信念的核心。[①]

　　引起并强化"社会焦虑"的第二个社会变化大体上出现在同一时期,但受其直接影响的社会阶层却十分不同。这一时期社会变化的程度被极大地夸张了。但社会对战后状况的适应的确导致了一些社会变化,这些变化逐渐对传统工人阶级文化中的传统生活方式以及他们对这种文化的支持度产生了破坏作用。任何地方都能看到某种变化;但没有任何一个地方能比"传统"工人阶级邻里社区以及作为其"核心组成部分"的体面的工人阶级所受到的冲击更加集中和突出。(在这里,所谓"传统",我们指的是霍布斯鲍姆[Hobsbawm]和斯特德曼-琼斯[Steadman-Jones]曾经指出的19世纪最后几十年所确立起来的那种工人阶级生活方式;关于这种生活方式,斯特德曼-琼斯曾经在《重塑英国工人阶级》[②]一文中分析过其中的某些方面。)从某种意义上说,自二战结束以来,英国工人阶级在一定程度上再一次经历了"重塑"的过程。在这一时期,整个社会经历了城市的重建、地方经济以及技能和职业结构的变化、人口在地理和教育方面流动性的增加、战后恢复的经济增长所支撑的相对繁荣,以及令人瞩目的"对物质富足宗教般的狂热情绪"等变化。虽然这些变化在一定程度上是不同的过程,但从长期来看,它们一起对体面的工人阶级共同体产生了瓦解作用。[③]　家庭和邻里社区之间的紧密联系出现了松动,传统的紧密关系面临着压力。社区空间和非正式的社会控制机制作为典型的传统邻里社区中的常见要素,都遭到了削弱,并在毫无防备的情况下受到冲击。人们在文化上和政治上对这些影响的回应令人感到十分困惑——"资产阶

----

　　①　对这一现象的生动描述,参见 A. Maude,《英国中产阶级》(*The English Middle Classes*,London:Phoenix House,1949)。该书是这一时期对中产阶级意识形态进行批判的早期重要著作之一。

　　②　G. Steadman-Jones,《重塑英国工人阶级》(The Remaking of the English Working Class),见 *Journal of Social History*,7,1974年夏。

　　③　参见 Cohen,《民间恶魔与道德恐慌》,前揭;Clarke 等,《亚文化、文化和阶级》,前揭。

级化"(embourgeoisement)和"冷漠"这两个人们很熟悉的说法可以算作是对这一时期状况的某种解释,而这种解释以一种最不充分的方式表达了人们的困惑;但同时体现了这种困惑的,还有对传统工人阶级的"工会主义"(labourism)意识形态所做的调整。正如我们在别处指出的那样,①在一定程度上,作为对现实进行大量意识形态操纵的产物,出现了一种把这些复杂的、不均衡的变化过程简化为"代沟"问题的强烈趋势。以战争为界,战前和战后两代人之间的距离夸大了人们"对变化的感受"。

对中年和更加年长的人来说,这些充满冲突的发展过程毫无疑问意味着一种"失落感":家庭和尊重意识的消失,对街坊、家庭、工作和所在地的那种传统的忠诚遭到削弱。这种"失落感"还与战争经历以及大英帝国的衰落和瓦解有关,尽管我们无法准确描述这种影响产生的方式,但战争和帝国这两个要素都以不同的方式促进了国家在意识形态上的"统一"。休闲活动的商业化以及令人瞩目的私人化消费的出现重构了人们所熟悉的娱乐和生活模式;就这一点来说,英国式酒吧的转型和衰落,和人们以一种更加公开的方式对青少年娱乐生活方式的强烈关注一样,都是反映了这种重构的重要标志。"行动的发条"拧松了——但它们并没有立刻固定在另一个模式上;相反,出现了一种悬置,即某种程度上的永恒的悬而未决的状态。在家庭圈子范围之外,地方性的社会整合出现了弱化,但并没有出现任何替代性的社会团结形式。而家庭本身则变得更小,更加原子化。人们普遍认为,作为一种生活方式的贫困正在消失,虽然贫困本身拒绝消失;实际上,要不了多久,人们又魔法般地重新发现了贫困的存在。

我们可以从几个不同的方面来确定这种社会焦虑的来源。1958年发生在诺丁山(Notting Hill)地区的种族骚乱事件汇聚了各种不同的社会立场,并以一种非常激烈和引人注目的方式将战后逐渐积累起来的无明确目标的社会不满情绪展露无遗。虽然这些骚乱表面上与"种族"问题有关,但很显然,它们也成为社会焦虑的焦点,涉及各种因素。而无论从哪种具体的意义上说,这些因素并不都与种族问题有关。②换句话说,诺丁山事件之所以非常复杂,原因在于应当受到谴责的既有白人青年的暴

---

① Clarke 等,《亚文化、文化和阶级》,前揭。

② 参见 R. Glass,《新来者:伦敦的西印度群岛人》(*Newcomers*:*The West Indians in London*,London:Allen & Unwin,1960)。

力行为,也有移民群体中存在的导致了紧张关系的坏习惯。用科恩的话来说,人们无法确定的是,那些"民间恶魔"究竟是白人工人阶级青年/泰迪男孩还是黑人移民。种族问题的实情迟早会变得更加明确,但目前来说,它依然是模糊不清的。

而人们对"摩登派"和"摇滚派"的看法中就不存在这种普遍的模糊性。科恩指出,有很多心怀不安的人都逐渐把注意力转向了在海边度假地发生的青少年群殴事件:

> 摩登派和摇滚派象征着某种远比他们的实际影响力重要得多的东西。他们触碰到了经受过战后英国社会变迁的人们那脆弱又充满矛盾的神经。没有人喜欢经济衰退或勒紧裤带过日子的感觉,但那些宣扬"从来没有这么好过"的说法却导致了矛盾的情绪,因为有些人实在是太富有了,而且他们致富的速度实在是太快了。……或许是因为他们不断增长的购买力和性自由,年轻人很容易成为憎恨和嫉妒的直接对象。当这种情况与对工作和休闲伦理的公然蔑视、暴力和蓄意破坏行为以及与吸毒有关的(当时)尚不明确的威胁结合在一起时,某种要比祥和的海边假日这样的意象大得多的信念破灭了。也许会有人指出,这种模棱两可的态度和焦虑情绪在 60 年代初表现得最强烈。底线究竟在哪里,这是一个悬而未决的问题。实际上,人们对这种情况的反应也会对明确底线的过程产生影响。[1]

这样,对文化混乱的真实感受所关注的焦点开始不再是结构性原因,而是社会失序的象征性表达形式,比如,工人阶级青年亚文化。最具有讽刺意味的是,这些表达本身常常被看作是解决相同的文化或结构性问题的"灵丹妙药",它们试图化解而不是超越阶级的固有矛盾。[2]

在这种情况下,一些实际上相互联系却又彼此不同的发展过程被简化为三个彼此混杂和重叠的体现着悬而未决状态的意象:青年、富足和放纵。我们完全可以通过几个数量有限的对立组合来想象这些新情况对正

---

① Cohen,《民间恶魔与道德恐慌》,前揭,页 192。

② 参见 Clarke 等,《亚文化、文化和阶级》,前揭;J. Clarke,《风格》(Style),见 Hall 和 T. Jefferson 编,《通过仪式抵抗》,前揭;以及 P. Cohen,《亚文化冲突与工人阶级社群》(Sub-cultural Conflict and Working Class Community),见 *Working Papers in Cultural Studies No. 2*,C. C. C. S.,University of Birmingham,1972 年春。

常模式所提出的挑战:不受制约的青年人与成熟稳重的成年人;招摇过市的消费行为与小富即安的心态;放任纵容与责任、得体和名望。对这些新的生活方式的抵制首先表现为一场道德改革和复兴运动——无论这场运动的出发点是希望回到传统工人阶级体面生活的确定性状态,还是为了恢复中产阶级的清教主义。

随着这些相互冲突的要素继续对主流道德观念造成困扰和挑战,以及传统工人阶级生活的轴心开始出现大幅度的倾斜,人们对社会混乱的感受普遍增强了。对那些曾经以组织化方式来表达其不满的道德卫道士来说,他们完全有可能加入一些运动,来实现净化电视、清理被卖淫者所占据的街道或者消除色情的目的。但还有一些人,他们的传统的地方表达形式从未包含那些更加公开的、运动式的主张。对这些人来说,他们唯一能做的就是像一位作者所描述的那样,在絮絮叨叨中表达挥之不去的痛苦:

> 我所遇到的绝大多数老年人都表达了对某些社会趋势的不满,因为正是这些变化使他们失去了绝对的确定性,无法再继续确信所有的邻居都和他们一样贫穷,都具有同样的信念,并且都和他们一样处于孤立无援、资源匮乏的状态之中。……如今,他们觉得自己被欺骗了。……那些在贫困状态下产生的价值观和习惯也随着贫困的消除而不复存在了。当他们为了社会公正和经济条件的改善而奋斗时,他们没有想到价值观念的结构也会随之发生变化:他们想象着有朝一日自己也可以住上富人的房子,并认为那时他们那些邻里和睦和不拘礼节的传统、对工作的自豪感、方言和共同信念,都会一同搬进这些富人的房子。……他们没有运用自己的意志来面对不断发生变化的外在环境,相反,他们完全放任自己受制于这些变化。结果,他们没有从过去的传统中保留下任何东西,而是像一场自然灾难的受害者那样缴械投降,在大自然的威力面前落荒而逃,抛弃了他们曾经费尽千辛万苦所积累起来的一切。或许,如果能够搞清楚究竟发生了什么,他们就能够从过去的文化中保留一些东西。但实际上,他们所做的却是大声嚷嚷,牢骚满腹,对年轻人、移民或者任何其他能够偶尔从局部进行把握的某个现象的组成部分表达愤恨之情。[1]

① J. Seabrook,《城市特写》(*City Close-up*, Harmondsworth: Penguin, 1973),页 62。

这段文字的作者西布鲁克(Seabrook)极力强调这种对外来者的敌视态度不只是一种偏见,而是以内心存在这些恐惧的人所处的社会现实和物质经验为基础的:

> 移民群体成为用来合理化那些无法表达的恐惧和痛苦的一个不合情理的借口。在这一过程中,对偏见的表达是次要的。这首先是一出具有治疗效果的心理剧,其中,主角的情感释放要远远比实际表达的内容重要得多。……这里所表达的是他们的痛苦和无力感,而造成这些感受的不仅是他们所熟悉的环境的衰落和破败,还有他们自身生活的困顿——而我们的社会并没有为这样的情绪表达提供渠道。大城市的自由派人士往往会以含糊其辞的方式轻而易举地把这种表达斥为偏见,但实际情况要远远复杂得多,也更加根深蒂固。[①]

这种"对痛苦和无力感的表达"既是社会焦虑的根源,也是它的一种早期征候。

在与社会焦虑有关的话语中,黑人和亚裔是一系列混乱的象征和征兆:住房、邻里关系、家庭、性、休闲娱乐、法律和秩序。对那些深陷于"丧失感"中不能自拔的共同体来说,相对于他们的他者身份(otherness),即他们的异质性,这些人的种族和肤色并不是最重要的。我们之所以这么说,部分原因在于在这一时期,社会焦虑还没有发展到总是要越过其社会和伦理边界去寻找恐惧对象来维系自身的地步。在国内某些地区,人们用来谈论种族和旅行者的词汇是可以互通的。[②] 如果把那些品行端正的穷人也考虑在内的话,那么,对这种社会焦虑情绪而言,处于极端贫困中的人,即那些艰难度日者、边缘人、失业流浪的穷人、向下流动的人以及无组织的被抛弃者和无法适应社会的人,一直都是更合适的参照对象。对体面的工人阶级成员来说,在这些人群中,那些失业流浪的穷人和自己只有咫尺之遥,以至于他们无法从这些人的不幸遭遇中获得安慰。因此,这些人总是会成为一个负面的参照对象。在这里,在痛苦和无力感的刺激下,负面的参照对象再一次成为恐慌感和社会焦虑加剧的一个源头:

---

① 同上,页57。

② 参见 C. Critcher 等,《种族与地方报刊》(Race and the Provincial Press),提交给联合国教科文组织的报告,1975年,同时见 C. C. C. S. Stencilled Paper No. 39。

　　那些从处于崩溃和衰退状态的传统工人阶级生活环境中成长起来的人，一般会相信他们向上流动的预期是一项重要的个人成就。他们往往会……以一种过于极端的方式……采纳作为其倾慕对象的那些群体的社会态度。由于他们急于向成功人士看齐，所以他们往往对穷人和弱者缺乏善心和同情。成功者常常以十分激烈的方式对各种偏离社会规范的异类分子——游手好闲的人、年轻人、移民、道德败坏者——表达他们的谴责和愤怒。成功者相信成功本身是某种道德优越性的体现。他们将进取心和主动性看作是一切人类品质中最有价值的品质，而没有追求和懦弱无能则是最令人鄙视的恶习。因为他们自己的成功来自美德，所以反过来说也是成立的，即失败必然源自无德的恶行。处在社会最底层的人被视为一种潜在的威胁，虽然他们的影响并不具有革命性的意义，但他们的存在的确对那些优越人士的观念的合法性基础构成了破坏作用。这就是为什么当人们提到犯罪者、逃避责任者、酗酒者时，总是如此充满怨恨。人们总是怀疑，也许把全部责任都推卸到失败者身上并不比成功者主动承担全部责任更有说服力。……人们并不是因为对社会正义和秩序的关心才会求助于绞刑架、杖笞和其他各种惩罚和镇压手段。真正的原因在于他们意识到，一旦对失败和作恶者做出任何微小的让步，都会意味着成功者对自己成就所承担的责任遭到削弱。他们无论如何也不愿意做出这样的退让。①

我们强烈地感受到哪里出了问题，并对那些可能对我们的脆弱安全造成破坏的事物充满恐惧。而所有这一切，正如西布鲁克在上文中已经指出的那样，都投射在那些作为美德对立面的民间恶魔身上。一方面，这些民间恶魔以一种意想不到的方式从黑暗中突然出现在我们面前。但另一方面，我们对他们又非常熟悉；在他们出现之前，我们早已对其有所了解。他们以反像（reverse image）的形式出现，成为我们所知的一切事物的替代物，即对立面。他们是藏在成功核心深处的对失败的恐惧、潜伏在安全内部的危险、那个不断怂恿我们放弃美德的放荡形象、在我们知道必须严格约束自己只能吃应急口粮时却让我们去吃甜品和蜂蜜蛋糕的那个微小而充满诱惑力的声音。当我们所处的环境面临解体的危险时，这些民间

---

①　Seabrook，《城市特写》，页 79—81。

恶魔不仅成为我们所有社会焦虑感的承载者，而且还会成为我们一切愤恨的发泄对象。

"行凶抢劫者"就是这样一种民间恶魔；其形式和外在特征都准确地反映了最早想象后来又真正发现了这一形象的那些人的恐惧和焦虑：他们是年轻的黑人，成长或兴起于"社会秩序陷于混乱"的城市社会；对街头传统的平静生活、品行良好的普通公民的活动安全构成了威胁；他们的动机是在无须诚实劳动的情况下明目张胆地谋取好处；其所犯的罪行是在成年人和父母没能纠正和引导其狂热冲动、将其纳入文明轨道的无数次失败后的必然结果；更可怕的是，他们喜欢"无谓的暴力"，而这正是家庭和社会道德品质下滑以及对纪律和权威的尊重出现普遍崩溃后必然会出现的结果。简言之，他们的一切行动、容貌、情感和价值观都体现了"纵容放任"的特征，而所有这一切都与那些使得英国成其为英国的文明准则和节制截然对立。他们是对所有良好社会意象的反向的人格化呈现，就像白底黑字那样泾渭分明。很难再找到一个比这更合适的民间恶魔形象了。

这个恶魔形象出现的时候，恰逢英国文化中那些三十年来令人不安的社会变化所导致的各种反应开始浮出水面，并以一种十分强烈的象征性方式真实地出现在世人面前。这些意见长期受到压制、扭曲或没有得到公开表达，也没能在政治表达中获得一席之地。和之前的泰迪男孩、摇滚派、光头仔一样，"行凶抢劫者"这一触手可及的具体形象立刻成为一个触媒，引发了焦虑、担忧、关切、不满等一系列情绪反应，而所有这些情绪之前都没有得到持续而清晰的表达，因此也就没有形成持久的或有组织的社会运动。当人们以一种积极的集体斗争的实践方式来表达、把握和组织自身"需求"的冲动受阻时，这种冲动并不会消失。它退守到自身内部，并逐渐成为孕育"社会运动"的温床。即便这些运动带有强烈的非理性色彩，它们依然在集体层面发挥着巨大的影响力。这种非理性至少体现在一点上：在人们感知到的真实威胁、象征层面所想象出来的危险以及由此"必须采取的"大规模惩罚和控制措施之间，一切理性的适当举措都变得不再可能。大量的社会焦虑情绪和群情激昂的道德愤慨，在一定程度上随着 20 世纪六七十年代的选举政治和议会斗争策略的此消彼长而发生变化。西布鲁克评论道：

> 那些我所遇见的绝大多数自称社会主义者的人只是例行公事地对自己的主张进行一番机械的陈述，这完全无法与右派充满喜剧效

果的表达相提并论。这些右派宣称,福利国家政策已经让整个国家
元气大伤,而在充满溺爱的环境下成长起来的娇生惯养的新一代都
是些逃避责任、吃白食、虚度光阴的人——这些说法都充满了感染
力,而这正是左派语言所匮乏的。右派的这种优势地位并不会因为
他们的主张在选举机制中无法得到支持而遭到削弱,因为选举机制
都已变得制度化了。绝大多数人并不清楚自己的社会立场和投票习
惯之间有什么联系。①

而恰恰就是这种差距打开了行凶抢劫者通往地狱之门的道路。

　　然而,对传统世界观的辩护与合适的替罪羊的结合并不是如魔法般
实现的。这种必要的结合必须人为制造出来,在公共空间中被建构和表
达出来——为了找到替罪羊,必须不断强化西布鲁克所提到的那种"痛苦
意识"。为了确保始终在主流意识形态的框架内表述从属阶级的经验,意
识形态工作是必不可少的——如果没有不断制造和再造出这些结合,那
么,"普世"观念并不会自动出现或始终保持其"普适性"。恶魔的确是需
要召唤才能出现的。

　　我们所关注的这段时期的情况使我们注意到传统主义观点的第二个
来源——这是一个与工人阶级的立场完全不同却更有影响力的观点。这
个观点中既有主流意识形态的成分,又包含了从属阶级的焦虑情绪,并用
一种十分独特的方式把两者融合在一起:它所表达的是道德义愤和公众
愤慨。在这里,我们所指的是"诉诸常识"或诉诸"绝大多数人的经验"的
做法。这里的绝大多数人指的是特定的中产阶级群体,尤其是下层中产
阶级或"小资产阶级"社会群体。但如今,这些人常被称为"沉默的大多
数",对他们经验的援引也只不过是为了巩固这样一种观点:仅仅听取专
家和决策者的说法是不够的。这些群体在关于道德和社会问题的争论中
的表现越来越突出;他们领导了一场反对"纵容放任"的运动,并在给地方
报纸写信或参与听众来电节目表达自己看法方面表现得尤其活跃。(在
我们看来,这些人作为一个群体完全可以充当广播节目《你有问题吗?》
[Any Questions]的理想听众,或者是《你有答案吗?》[Any Answers]的理
想通讯员。②)常识,尤其是那些好的强有力的常识,成为这些群体保护自

---

①　Seabrook,《城市特写》,页198—9。
②　译注:均为英国广播公司(BBC)广播四台的节目。

我的强大堡垒。他们做出了许多牺牲才获得了一个差强人意的"优越地位",而如今这个地位却在三种力量的影响下逐渐遭到破坏:第一,工人阶级群体中"高涨的物质主义"(过于富足以至于削弱了这些群体自身的相对优越性);第二,得过且过的游手好闲之辈,"一辈子没有一天好好工作过",即那些"流氓资产阶级"以及流氓无产阶级;第三,那些更富有、更具有世界主义精神、开明的上层中产阶级出手阔绰的消费风格和进步主义文化。在一定程度上,这些小资产阶级群体已经落后于不断前进的社会变化的步伐;他们在职业、地位、信念、居住地、态度等方面保持着相对静止的状态。在道德领域,他们依然固守着那几个不变的参照点:家庭、学校、教会、城镇、社区生活。为了具备竞争力从而获得成功,这些人做出了巨大的牺牲,但他们却从来没有像上层阶级那样获得大量财富,或像工人阶级那样变得更加团结,以此来补偿自己所做的牺牲。他们所获得的一切回报都是"道德性的"。他们保持了传统的道德和社会行为标准;在一切生活领域,他们都坚守了——甚至有点过分坚守了——"正确的观念";他们逐渐把自己视为国家的中坚力量,传统智慧的守护者。小资产阶级群体把自己视为公共道德的化身和最后的捍卫者,即一种理想化的社会形象。相比之下,工人阶级群体却只能在统治阶级文化空间中进行讨价还价,以此谋得一席之地。虽然与其他中产社会群体有相似之处,由"本地人"构成的老派的中产阶级和小资产阶级群体发现自己与那些"世界主义者"(cosmopolitans)截然不同。在过去的二十年中,那些世界主义者在职业和态度方面发生变化的程度最深、速度最快,他们觉得自己所"接触"的影响网络更少受制于本土要素,因此他们看待社会问题的视野也变得"更开阔"、更开明——他们是战后英国社会所获得的"繁荣富足"成果的真正继承者。随着纵容放任和道德"污染"的趋势愈演愈烈,而中产和上层阶级又降低了他们的道德门槛,甚至开始对纵容放任的潮流有点"同情"之时,下层中产阶级的立场愈发变得强硬、坚定、义愤填膺,并因为社会和道德嫉恨情绪的折磨而变得更加焦虑,同时也在通过公共表达来宣扬其道德信念方面变得更加活跃和有组织性。这些人成为道德抵制运动的急先锋、公共道德的监督者、道德愤慨的表达者、道德倡导者以及道德战争的十字军。这些人的主要特征之一是他们的公共表达往往并不是以自己的名义或以自己的利益为出发点进行的,而是把自身的阶级道德观念等同于整个国家的道德观念,他们以所有人的代言人自居。如果说从属阶级的利益问题日益被呈现为对普遍的道德耻辱的强烈表达的话,那么,恰恰是这种小资产阶级的立场在它获得普遍性诉求的过程中发挥了关键作用。需要再次强调的是,我们在这里的意思并不是说作为传统主义观念的两大来源,工人阶级和小资产阶级是完全相同的,而是说通过这些道德倡导者的积极调节,这两个来源被紧密联系在一起,从而具备了一个共同的目标。每当道德卫道士声称他们所相信的东西就是"沉默的绝大多数"所相信的东西时,这种联系机制就被激活了。

二战以来,中产阶级内部的"本土派"和"世界主义派"之间围绕社会核心议题所产生的分歧产生了两种相互对立的"思想氛围"。这种分歧表现在各个方面,两派的争论涉及"纵容放任"和道德污染、性行为、婚姻、家庭、色情和言论审查、吸毒问题、着装、习俗和礼仪等话题。在社会福利、犯罪、死刑、治安和公共秩序等问题上,两派之间也存在明显的对立。在传统价值观的支持者看来,世界主义派的"开明"立场在犯罪和惩罚问题上持更自由化的态度,并对违背社会规范的道德和性行为越来越宽容,这些都直接助长了道德价值的快速退化,以及公共行为社会准则的瓦解。这些"开明人士"为我们正在面临的道德和政治危机埋下了祸根。这样也就容易理解为什么那些粗鲁无知之辈会肆无忌惮地破坏道德了。但为什么连那些品行端正、忠实可靠的中产阶级群体也变得如此茫然无知和误入歧途了呢?一种解释是他们被知识分子的阴谋误导了——自由主义建制派分子联合起来制造了一个反对经过时间考验的传统生活方式的阴谋,而他们所依赖的正是中产阶级的脆弱心灵。正是知识分子的背叛才促使尼克松当局不得不为自己在水门事件中的越轨行为进行辩护。与此同时,还有另一个更简单的解释,即这些"开明人士"只不过是迷失了自己的方向——他们一直与那些沉默的大多数的想法和感受(当然,他们的想法是保守的)完全脱节。因此,这些自由派分子最终背叛了自己的阶级,其言行完全与常识相对立。在这一过程中,沉默的大多数、常识和保守的道德态度是相互等同的,或者是彼此可以互换的。因此,把"常识"作为最后的道德诉求手段吸引了各种不同的群体加入到这场范围广泛的争论之中。在这个将各种群体汇聚起来的过程中,常识本身以一种不可逆转的方式被传统主义立场所主导,成为支持其关于社会、道德和维持社会秩序的一系列观点的工具。这样,常识诉求就成为建构致力于煽动和表达道德愤慨的传统主义联盟的基础。

在这场传统主义意识形态的"复兴"运动中,最关键的是这场运动的发起者能够利用我们此前提到的"英国性"的主题结构,来勾连和激发那些在部分工人阶级群体中长久存在却没有得到表达的焦虑和不安情绪，这些人觉得"他们所处的世界正在土崩瓦解"。而使得这些勾连得以实现的是各种主题和意象（工作、纪律、家庭等）的感染力，而不是任何具体的关于其内容的详细说明。

相比之下，作为世界主义派中产阶级精神内核的"自由主义"意识形态却没能与那些深层的经验基础产生任何勾连。这种意识形态认同一切性质的"进步"发展，几乎在所有方面都成为"纵容放任"态度的主要推动者和支持者，从而冒犯了传统价值观和标准。同样，这一意识形态在犯罪和社会问题上所采取的自由化立场太脱离群众，其论证过程太过学术化，以至于无法与人们的日常经验产生有机的联系。其表达过程涉及统计数据和抽象分析，并且大多发表在"严肃的"周日报纸上，结果导致它完全无法与传统主义世界观的直接影响力或务实的直观性相抗衡。

非常重要的一点是，在关于犯罪问题的辩论中，我们不应当混淆英国文化中这两种传统主义观念的来源，不应当把它们在相同的公共形式中出现视为"自然"过程的产物。相反，我们应当区分工人阶级的传统主义和小资产阶级的传统主义在其"理性内核"方面的差异。表面看起来它们似乎呈现为同一种观念，但实际上却表达了不同的阶级现实。我们必须记住，两者都是以它们所属的真实具体的社会和物质经验为基础的。

解释与意识形态

到目前为止，我们在本章中所做的是重构关于犯罪问题的"传统主义"观点的深层结构或社会语境。事实已经证明，这种观点在激发公众对"行凶抢劫"现象做出反应的过程中发挥了关键作用，并在总体上为那些围绕犯罪问题发起的保守的群众运动提供了支持。当这种焦虑和传统主义观念的深层结构与媒体对犯罪的公共定义联系在一起，并且被动员起来时，道德恐慌就出现了。现在我们终于可以回到我们在一开始就提出的那些与"解释和意识形态"相关的问题。犯罪问题一般是如何被解释的？这个解释过程调用了什么样的"动机语汇"（vocabularies of motive）①和已嵌入

---

① 译注：动机语汇是由社会学家汉斯·葛斯（Hans Gerth）和赖特·米尔斯（C. Wright Mills）共同提出的概念，指个体对自身或他人动机和行为合理性进行解释时所使用的语言和表达方式。

在可靠解释链中的社会观念,从而可以跨越各种不同的阶级和权力等级,针对"行凶抢劫"为何会突然出人意料地发生这个问题,为公众提供一个解释? 这些解释又受到了什么样的关于犯罪问题的世俗意识形态的影响?

首先,我们必须清楚说明这里所谓的"解释"指的是什么。我们指的并不是那些完全连贯的、充分理论化的对犯罪现象的解释,比如犯罪学理论中各种不同的流派和倾向。实际上,那些更碎片化的、更不成系统的、矛盾百出的解释,在司法推理、媒体的新闻和特写报道、公共专家和"普通人"的意见等方面都发挥了重要影响。最终,我们会发现这些解释的确与那些更加复杂的"犯罪学理论"有关,而这些理论在不同时期的英国以及其他发达资本主义社会中已经得到了广泛认可。但实际上,我们讨论的起点却与此相反。当记者、法官或一般公众成员必须对诸如"行凶抢劫"这样的棘手问题做出反应或解释时,他们常常会以一种零碎的未经深思熟虑的方式直接援引那些社会意象、"社会观念"、道德焦虑以及各种不成体系的零散意义。正是这些东西塑造了他们的日常经验,从而使之能够从中建构出可信的对社会现实的解释。这些解释并不是从每个个体的头脑中独立创造出来的事物。实际上,他们必须利用那些已经在公共语言中以客观化的公共形式存在的"动机语汇",即可资利用的实践意识形态领域。试图对某个棘手问题找到解释,特别是当这个问题会对社会结构造成破坏性的威胁时,这就意味着某种形式的"控制"的开始。如果我们能搞清楚是什么原因导致了这些问题的话,那么,在对它们施加控制方面我们就成功了一半。赋予那些令人震惊、看似偶然的事件以某种"意义",就是把它们重新纳入到我们"可理解的事物"的理性秩序的框架之内,从而使之成为我们可以着手解决、采取行动、处理和把握的对象。

在这里,我们所建构的解释并不是通常意义上那种"符合逻辑的"解释。这些解释并不具有内部的统一性和逻辑的连贯性。它们并不遵循一套严格的逻辑规则。之所以如此,部分原因在于(正如我们会很快看到的那样)我们并不是在真空中建构这些"解释"的。我们离不开那些已经存在且随手可得的似乎我们正在处理的问题有某种联系的解释要素。这些零零碎碎的解释要素实际上来自其他(通常更早之前的)更具有统一性和连贯性的理论解释的碎片,这些解释随着时间的流逝失去了内在的系统性,变得支离破碎,并逐渐沉淀在普通"常识"之中。葛兰西把这些碎片称为痕迹(traces):"历史过程……留下了无数的痕迹,它们汇聚在一起,却没有留下任何清单。"①因此,当我们利用这些来自他人的意识形态系统的碎片来建构我们自己的解释时,我们的行为方式颇像列维-斯特劳斯(Levi-Strauss)所说的原始神话的创造者,即修补匠(bricoleur)。这些修补匠把自己文化中的那些零碎的材料组合起来,以全新的方式对它们进行拼接,从而建构出意义,并将世界简化为有秩序的结构和有意义的类型,这些都成为建构"理论大厦"的砖瓦和砂浆。②　比如,显而易见的是,虽然从某种意义上说英国现在已经成为一个完全世俗化的社会,但我们依然几乎不可能见到任何与婚姻和性有关的成熟主张或重要的社会或道德态度完全与宗教的——具体而言,一般是基督教的——思维方式无关。基督教继续为已经世俗化的人们提供"痕迹",从而使得他们能够对自己所处的世俗世界进行"思考"。因此,正如马克思所指出的那样,"一切已死的先辈们的传统,像噩梦一样纠缠着活人的头脑"。③

当普通公众提出某种解释时,他们会觉得自己的解释完全不受意识形态和社会条件的制约,与那些理论化的科学话语离得很远;但实际上,所有的解释都不纯粹是个人的内部思维结构的产物,而是处在既存的解释领域之中,会受到在社会中保存下来的那些随着时间而变得客观化的"动机语汇"的影响。实际上,正是以这些更宏大的"思想系统"为基础,这些解释才具备了可靠性和连贯性。

在这里,我们想指出关于犯罪问题的解释的三种来源:司法系统、媒体以及"普通公众"。法官的确会经常对其要裁定的罪行或需要判决的罪犯的社会和道德"意义"做出解释。但总的来说,他们并不会给出非常详细的"解释"。法官的主要任务是惩罚、谴责和威慑,而不是针对犯罪问题本身提出令人信服的解释。这并不是说在法官长篇累牍的说教中不包含解释行为,而是说这些解释是高度浓缩的,而且常常局限于几个非常有限的框架。如果法官对某个犯罪行为背后的心理和社会原因进行一番冗长的分析,会让人觉得很不正常,并且这种做法也会因为不符合司法系统运作的"逻辑"而完全不会得到考虑:司法推理和法律先例的"逻辑",重点在于可信性,而不是动机。在法官看来,犯罪活动都是为了获得某种好处。

---

① Gramsci,《狱中札记》,前揭。

② C. Levi-Strauss,《野性的思维》(*The Savage Mind*, London: Weidenfeld & Nicolson, 1966)。

③ K. Marx,《路易·波拿巴的雾月十八日》(The Eighteenth Brumaire of Louis Bona-parte),见 *Marx-Engels Selected Works*,第1卷,前揭。

犯罪理所当然都是恶行,无须进行更多的分析。在这种情况下,辩护律师需要有更加可信的论证和高超的技巧才能证明当事人是因为失去理智才犯罪,但众所周知的是,法官通常都不太愿意接受这类抗辩。在汉兹沃思案中,"行凶抢劫者"的动机很难被直接归类为这些现成的解释模式中的任何一个,这给最高法院首席法官威杰里造成了一些巨大的逻辑困难:

> 首席法官大人也从上诉法院詹姆斯法官的观察中获得了一些帮助。后者是唯一一位拒绝了(上诉)申请的法官。他指出,在斯托里案中,法庭对他的犯罪动机几乎一无所知。在他看来,只有当斯托里达到三十出头的年纪,"犯罪的冲动被消磨掉"时,我们才有充分的把握说,他已经完全成熟了,已经有足够的能力克服自己身上那些导致了犯罪行为的人格缺陷。[①]

如果斯托里的行为能够在某个已经存在的犯罪解释框架中很容易得到清楚解释的话,那么最高法院首席法官对他的判决将会容易得多。(与此同时,我们想指出的是,这里存在两种解释模式,第一种"理论"认为是心理缺陷导致了犯罪行为,第二种观念认为犯罪者完全受制于无法控制的冲动[这种冲动会随着人的成熟而被"消磨掉"]。这两种解释模式都隐含在法官的说法中;实际上,最高法院首席法官的评论中所包含的是一种完全心理学式的犯罪理论。)

　　或许媒体报道,尤其是特写报道对犯罪进行解释的尝试是最复杂的。我们认为,这是因为特写报道的基本功能就是深入探究事件的背景和原因,并归纳出某些解释模式。正如我们之前已经看到的那样,媒体报道中似乎存在多种不同的解释模式,虽然如果我们从其"逻辑"而非具体观点的角度来看,这些模式变化的范围实际上非常有限。甚至是在汉兹沃思"行凶抢劫"案中影响巨大的"环境"解释模式,其发挥作用的方式也受到一系列因素的制约。

　　因此,解释范式的范围是非常有限的,而正是这些人们用来思考犯罪问题的有限的基本结构形成了各种具体的解释所依赖的框架。这些基本范式的功能是为人们共有的一些疑问或难题提供答案——反过来说,也恰恰是这些疑惑或难题向这些范式提出了"犯罪问题"。此前,我们已经

---

① 《泰晤士报》,1973 年 6 月 28 日。

看到,在围绕汉兹沃思案的判决所展开的辩论中,无论是在各种形式的媒体报道中,司法评论中,还是公开的和私下的信件中,都大体上形成了"自由主义"和"传统主义"这两个极端对立的立场。之所以是这两个立场(及其各种复杂的变体)能够在同一场"辩论"中占有一席之地,是因为它们基本上既是由同一组问题组织起来的,也是对这同一组问题的回应。

在这组问题中,最核心的问题是赋予犯罪者何种"本质"——他的动机或心态,自由派和传统主义立场在这个问题上的差异在于犯罪行为在多大程度上是自主选择的结果,或以更具有法律色彩的方式来说,犯罪者应承担多大程度的责任。这一点又与更加深层的对犯罪者"人性"的假设有关,并进而与犯罪者和社会之间的关系这一问题产生关联。只有从这些关于犯罪、个体和社会本质的基本立场(例如对犯罪问题的"因果"解释)出发,社会应当对犯罪做出反应这个问题才能最终得到解答:那就是强化刑罚政策和惩罚措施来遏制犯罪。

在我们此前考察过的普通人对犯罪问题进行解释的各种"只言片语"中,我们没有发现他们对这些问题做出过详细的、广泛的回应。但他们在日常言谈中把某种动机、"本质"、原因加诸犯罪者身上时,其话语中暗含着一些非常相似的立场。但这些立场并不是犯罪学理论或司法推论的产物,而恰恰是普通人为了"理解"犯罪现象必须试图从常识的角度做出的某种解释。这种解释把犯罪现象与他们自身的经验,即任何触手可及、看似相关的"零碎的"文化知识联系了起来。

在本章的最后一部分,我们试图归纳出这些解释的类型,由此不仅说明这些对不同问题的回答是如何具备统一性的,同时还要解释在与犯罪相关的话语中,这两个看似对立的立场——自由主义和传统主义——是如何相互联系在一起的:它们如何在现存的犯罪意识形态中形成了"差异中的统一性"。简单来说,我们可以识别出两种基本的关于犯罪的"世俗意识形态",两种基本的解释框架。

对犯罪的保守主义解释着重强调了犯罪行为以及导致这种行为的心态的原始性。这种观念的基础是善与恶之间的永恒斗争。人性在本质上是恶劣的、野蛮的和粗鄙的。但我们所有人都有向善的潜能。当然,这需要社会和良知时刻保持警觉。我们所有人都处在这场对抗"内在邪恶"的无止境的精神之战中。我们中的绝大多数人都成功征服了内在的恶魔。从鲜明的宗教立场来说,这意味着臣服于上帝和道德律法;而从世俗化的眼光来看,这意味着服从社会权威和等级秩序。这些都是保护良知的铠甲,有助于我们止恶行善。但犯罪者却选择放弃了这场殊死搏斗。他拥抱了邪恶。这使得他处在人类共同体之外,成为某种"人性不足的"、前人类的和未开化的存在物。那是他的选择;但选择邪恶的代价是沉重的。犯罪者的存在代表着对我们所有人的人身安全、道德义务和社会准则的威胁。我们必须受到保护,免于遭受这种威胁。而且我们必须对其他一切因为企图牟利、冲动或任何卑鄙的动机而想要追随他这条邪恶之路的人发出明确警告。这里存在一种既神圣又具有功利主义色彩的计算规则:罪恶越大,惩罚也就越严重。

自由主义犯罪理论则不同。根据这种理论,犯罪者是落后的、厌倦的、困惑的、无知的或者社会化不足的:"原谅他们,因为他们并不知道自己在做什么。"如果说保守主义的犯罪观纯粹是旧约的话,那么,自由主义观点就是以社会福音的形式出现的新约。个人只是一个没有力量的容器,是远比他强大得多的力量发挥作用的载体。只有社会化机制和一定程度的好运气才使得我们绝大多数人能够始终处在诚实道德的生活轨道上。当这些"社会化"机制出现问题时,我们所有人的反社会本能和冲动都有可能复活,从而将我们置于十分脆弱的境地。犯罪从本质上说是一个"社会性问题"。之所以出现这个问题并不是因为整个道德领域的某些基本前提是错误的,也不是因为社会或道德体系中发生了严重的结构性错误,而是因为一个总体上维持良好运行状态的结构中出现了一些特定的失误或纰漏。社会问题必须得到化解。如果社会和心理过程能够得到矫正和改进,那么,反复发生这类行为的可能性就会被控制在最小范围内。与此同时,(在这里,面对保守主义范式在这个问题上所显示出来的更强的逻辑连贯性,自由主义立场做出了重大让步)公共安全当然必须得到守护,犯罪者必须得到惩罚(因为很少有人是完全没有责任的)和改造,无辜者必须得到保护。

以上内容只是一些稍微有些夸张的描述,目的并不是要把与公众关于犯罪问题的观念有关的一切内容都描述一遍;但即便是这些粗线的描述,显然也已经足够说明问题。我们进行此类描述的目的只是为了说明在我们社会中广泛传播的那些关于罪与罚的常见态度中最基本的结构化原则之一。它们在两种不同的立场之间进行了区分:一种观念认为犯罪是邪恶的,是自然和人性中不受理性控制的黑暗势力,个人和社会都必须竭尽全力坚决抵制这股势力,以免受其伤害,因为这是对"道德世界秩序"的根本性破坏;另一种观念则认为,作为人性弱点内在构造的一部分,无论是对社会还是对我们自身个性的人为设计,都存在缺点和出错的可能性,这成为犯罪的源头。在接受惩罚的过程中,我们必须通过改革来补救、巩固、保护和逐渐强化这些人为安排的结构。对于这些基础意象,我们很难再赋予其更多具体的法律、意识形态或历史内容。但它们构成了许多英国人在讨论犯罪及其控制问题时所使用的集体性话语中最基本的表达框架和形式。

围绕这两种思维和感情结构,聚集了大量不同的观念。但从这些观点之间相互关联的角度来说,这两种结构所展示的"秩序"并不具有连贯性。例如,"传统主义"或保守主义结构具有很多只有宗教思想体系才会具备的特征,虽然它与宗教主题和观念之间只有非常模糊的关联性,而且迄今为止,它对宗教观念的引用,即便有,也是非常间接的。这种犯罪观附着在"道德世界秩序"之上,而这种秩序通常是等级化的;它完全服务于社会等级和秩序的观念。但是,当我们想知道究竟是什么处在这个"秩序"的顶端并可以确保它能够战胜邪恶和混乱时,我们会发现很难确定那究竟是某种"上帝"或"善"的概念,还是习俗、传统或作为抽象实体的社会自身之间的意识形态关联。同样,当我们提到"人为设计的内在弱点"这个自由主义结构的核心观念时,我们必须意识到这种"弱点"可以通过数量众多的不同形式表现出来,生病的人和陷入疯狂的人是"脆弱的",同样脆弱的还有"穷人"。在为生存而斗争的过程中,这些充满弱点和脆弱性的群体发现自己"处境危险"。这牵扯到三个相互对立的观念:首先,我们具有内在的弱点,这表现为一种心智、精神和品行上的脆弱性;其次,这种弱点是人为设计的社会制度所导致的结果,而我们必须对这种制度予以改进;第三,它是我们之外的社会力量的产物,这些力量决定了"我们意欲何为"。这三个观念分别体现了自由主义意识形态对犯罪问题进行解释的三种不同形式,即心理主义、改良主义和决定论。

我们最好把这两种宽泛的常识观念结构理解为关于犯罪的前理论知识(pre-theoretical knowledge)"建构"的基础。它们意味着关于犯罪问题"人们所知道的一切的总和";是"各种准则、道德规范、富有智慧的格言警句、价值和信念、神话等各种要素的集合,要对这些要素进行理论整合需要在智识上做出巨大且坚韧不拔的努力"。① 对绝大多数对犯罪及其

---

① P. L. Berger 和 T. Luckmann,《现实的社会建构》(*The Social Construction of Reality*, Harmondsworth: Penguin,1971)。

控制问题缺乏专业知识或不承担责任的人来说,这些不同类型的知识要素就是他们用来"理解"自己每日必须面对的犯罪现实的思想工具。它们都是实践意识形态(practical ideologies),其功能是为绝大多数人提供"在制度上恰当的行为准则"。[①] 在这个层次上,意识形态变得具有现实性,可以进入到人们的经验之中,塑造他们的行为,调节他们的言行举止,建构他们对世界的认知——即作为"物质力量"的观念层次。[②] "那些被人们视为理所当然的社会知识实际上就等于人们可知的一切知识范围,或者说,在任何情况下,这些知识都为人们在未来理解一切未知事物提供了框架。"[③]"非系统化的、没有定型的内部和外部表达形式所营造的一种氛围,而正是这种氛围赋予了每一个行为、行动和人们的每一种'意识'状态以意义。"[④]

　　处于这些实践意识形态背后并对其产生影响的是那些表达更加充分、"构成更加完善"、更加详细和理论化的犯罪意识形态(ideologies of crime)。两者之间并不是简单的一一对应的关系。正是这些犯罪意识形态逐步塑造了国家司法机关及其智力支持部门的运作方式。同样,在这个相对更加理论化的层次,我们能做的最多依然只是简单勾勒出几个主要的要点。这种犯罪与惩罚理论的"社会史"基本上还没有人书写过。我们之所以要进行这样的尝试,以较为概略的形式对这一复杂历史进行描述,有两个方面的目的。一方面,当我们试图对前述两种基本常识结构的内容细节进行更详细的考察时,我们不得不承认支撑这两个结构的细节和逻辑都是以一种不完整的、杂乱的方式借自范围更加广阔的关于犯罪的社会话语"领域":正如葛兰西所指出的那样,犯罪理论在人们关于犯罪的常识性观念结构上留下了自己的"痕迹",虽然并没有给出这些影响的明确"清单"。但另一方面,我们之所以要这么做的第二个原因在于,这些理论并不是被凭空捏造出来的;它们不只是一些精神构造物。它们之所以出现,是因为在英国(及其与英国相关的)社会结构发展过程的不同阶段,对犯罪问题掌握了控制权和支配权(进而也就掌握了定义权)的主要社会阶级及其联盟所具备的特定需求和历史处境。或者,换个角度

---

① 同上。

② 关于行为意识形态,参见 V. N. Volosinov,《马克思主义与语言哲学》(*Marxism and the Philosophy of Language*,NewYork：Seminar Press,1973)。

③ Berger 和 Luckmann,《现实的社会建构》,前揭。

④ Volosinov,《马克思主义与语言哲学》,前揭。

说——尽管这种说法似乎会给人一种错误的印象：每个新兴阶级对法律和犯罪问题的看法都十分明确，"就像他们背上都贴着一个号码牌似的"[①]——这些关于罪犯和法律问题的理论建构是在资本主义社会结构及其公民社会、司法系统、政治和意识形态结构发展的不同时期和阶段，统治阶级和被统治阶级之间相互斗争的产物："每种生产方式都会制造出它自身特定的法律关系、政治形式，等等。"[②]在马克思看来，法律有助于"确保特定生产方式的永久存续"，尽管它们"对现有分配条件的影响与它们对生产的影响应当分开进行考察"。人们理解犯罪、社会和法律的方式体现在不同的理论视角之中，并落实在法律和刑事司法系统的实践和机构设置之中，这些理解方式在塑造常识方面发挥着积极作用，"对人们的思维影响巨大"。因此，对我们中的绝大多数人来说，我们只能在常识观念的框架内以一种无意识的且常常不连贯的方式来思考犯罪问题，除了这些在社会结构发展过程中的不同时空里建构出来的思想工具之外，我们没有其他的精神手段或工具，也没有其他可用的思想类型来帮助我们思考这些问题。我们社会发展的每个阶段都把一些与犯罪相关的重要观念传递给我们这代人；这些"处于休眠状态的观念形式"会在人们运用常识对犯罪问题进行思考时被重新激活。因此，从历史的角度来看，体现在法律和政治实践中的关于犯罪的观念和社会意象决定了我们现有意识的思维范围；我们继续在它们内部进行思考，而它们也继续通过我们来实现自身。总之，我们希望能够找到一两个这类依然在我们关于犯罪和法律问题的常识性观念中发挥作用的基本观念。

　　早期的法律观念与其神圣起源和担保作用是紧密联系在一起的。虽然法律规范着包括世俗生活在内的人类交往活动，但它的起源却是上帝或神；对法律的分配和解释是由教士阶层或统治者和国王来实施的，他们既在法律中保留了非凡的神授要素，又通过"犯罪"的观念保留了与现存秩序相对立的反上帝的叛逆要素。古代法律还有另一个来源——习俗。群体或共同体的风俗和习惯做法与众神之言一样具有"神圣性"；实际上，由于习俗能够对大量人口的世俗关系——尤其是十分重要的亲属和财产关系——发挥强大的规范作用，"违反习俗的行为"（例如，与人们习惯的

---

①　Poulantzas，《政治权力与社会阶级》，前揭；Althusser，《意识形态与意识形态国家机器》，前揭。

②　Marx，《政治经济学批判大纲》，前揭。

行事方式相违背)都会受到最严厉的惩罚。虽然从时间上说,这些观念离我们都很遥远,但毫无疑问,其中某些观念以不同的形式被传承了下来,并内化为更加现代的法律体系和犯罪观的一部分。这些观念成为许多含混不清却影响巨大的立场的基础,而正是这些立场构成了我们所说的"传统主义"态度:认为犯罪行为不仅是对神圣的道德秩序的违背,同时也是对共同体的背叛;把犯罪和邪恶联系起来;"法律"和人们传统的习惯性"行事方式"之间的关联性;将惩罚理解为是对离经叛道行为的惩戒;最关键的是,把法律和正确行为与等级制度、权威以及先前时代的分量和先例,即历史传统的"神圣性"联系起来。我们关于法律和犯罪问题的某些更有原始色彩的情感是以古老的法律观念和形式为基础的,如果不知道这一点,我们就很难理解这些情感。

梅因(Maine)从两个相互关联的变化的角度来理解古代法律观念向现代法律观念的转变:第一个是"从地位向契约"的转变;第二个转变"像是从历史旅途的某个站点开始,从以家庭关系来界定一切个人关系的社会状态……向所有这些关系都以个体间的自由契约为基础的社会秩序阶段"演变。[①] 后一种法律观念,即梅因所说的"契约社会",是启蒙运动的产物;或换言之,它是那场标志着资产阶级社会兴起的结构和观念革命的内在组成部分之一。古典的法律观念和"古典的"犯罪定义都源自这种早期的"自由主义"形式的资产阶级社会。那些伟大的"占有式个人主义"(possessive individualism)的支持者、"社会契约"理论家(霍布斯、洛克、孟德斯鸠、卢梭)以及刑法编纂家(贝卡利亚[Beccaria])都对现代法律观念做出了自己的贡献。在这种法律观念以及作为其对立面的犯罪观念中,居于核心位置的是神圣的"自由个体";驱动"占有式个体"的是利益和利己主义,而不是罪恶;法律、国家和"社会"是自由和独立自主的个体以社会"契约"的形式主动接受的自我限制。贝卡利亚对这种观念提出了一个经典的定义:

> 法律是处于自然独立状态下的人们在社会中实现自我团结的条件。由于对生活在持续的战争状态中感到厌倦……他们牺牲了自身的一部分自由,从而得以在和平、安全的状态下生存下去。但是……

---

① H. Maine,《古代法律》(*Ancient Law*, London: Dent, 1917),收入 V. Aubert 编, *The Sociology of Law*, Harmondsworth: Penguin, 1969。

也有必要采取措施保护个体的权利，以免它遭受任何一个其他个体的侵犯。因为每个个体不仅会努力从群体中获取属于自己的利益，而且还可能会侵犯他人的利益。因此，有必要确立一些能够对人们的认知构成重要制约作用的动机因素，以此阻止个体的专制倾向把社会重新推入此前的混乱状态之中。这些动机因素就是用来遏制违法者的惩罚措施。①

虽然古典的法律和犯罪观念的表述方式常常冠以"自然的"名头，比如自然权利、自然法，但这种表达显然把新兴资产阶级的特定利益和历史命运，以及与此相关的财产保护、市场理性以及国家权力或利维坦的"理性"基础"普世化"了。离开了这些意识形态的影响以及把它们从观念变为现实的实践过程，我们基本上无法理解某些现代法律概念。作为现代司法实践的基石，"个体责任"的法律原则就是从这里开始的；与此类似的还有"自愿缔结之契约"的不可违约性和"社会中自由个体间之契约"的观念，这些都成为其他一切形式的契约的神圣基础和保证；以此为出发点的还包括那些受到法律捍卫和保护的根本信念，这些信念反过来又保护和捍卫了我们——因此，犯罪现象标志着利己主义已经脱离社会生活的约束，变成了"脱缰的野马"。由于"自由的个体"是完全独立自主的，他可以选择采取对社会有益或有害的行为，这成为人应当为自己的犯罪行为负责的法律原则的基础。但由于人又是"理性的"，他为了保全整体已经放弃了一部分利益。人的理性等同于自由个体的社会共识——法律面前人人平等；同时，理性"在实践中总是被视为不计后果地疯狂追逐私利的行为的对立面"。② 这种具有高度特定性的理性意象成为"普遍人"（universal man）理论的基础：正如在政治经济学中那样，资产阶级的人的形象成为"自然"人或人本身（man as such）的典范。

　　在自由主义或古典革命中出现的自由、契约、责任以及"理性"的观念，构成了某些与法律和犯罪问题相关的最有影响力的"现代"观念的核心要素。虽然法律系统日常运作的实际过程是以这些假设为前提的，但后来法律观念结构的变化却在很大程度上改变了这个过程：实证主义的

---

　　① 转引自 I. Taylor，P. Walton 和 J. Young，《新犯罪学：越轨的社会理论》（*The New Criminology: For a Social Theory of Deviance*，London：Routledge & Kegan Paul，1973），页 1。

　　② 同上。

影响以及"决定论立场"的出现都对现代犯罪观念产生了很大的影响,并在所谓的"新古典主义修正"中被确立为刑事司法制度的核心要素。这种新古典主义修正并不是高度竞争的市场资产阶级社会的产物,而是作为一个日益组织化的企业社会系统的工业资本主义的产物。那些修改并限制了自由意志的自由竞争规则的各种强大利益群体也逐渐把他们自己的想法注入这种古典的自由契约观念之中。边沁常常因为自身的理性意识而能够超越他所处时代的市场个人主义的理性边界。早在1778 年,他就呼吁对犯罪问题进行系统研究,并对罪犯情况进行定期的统计调查;他认为,这些数据构成了"一种政治晴雨表"。[①] 随着工业资本主义按照自己的意志重塑了世界,情况变得越来越明确,创造历史的动力来源并不是订立了契约的个人,而是依据契约行事的各种阶级及其成员生活和工作所处的社会条件。在这个新框架中,"工人阶级"和那些"危险的犯罪阶级"具备了一个新的具有危险性的身份:希瓦利埃(Chevalier)所说的"从犯罪主题向社会主题"转变的过程从这时开始了。[②] 马克思和涂尔干对法律观念的影响的结果就是这种从其社会起源的角度理解犯罪的尝试。在新古典主义传统中,虽然"个体责任"的原则作为其核心要素并没有彻底消失,但在那些规模和复杂性都使人类的理性和意志相形见绌的社会中,人类的行为似乎越来越受到他自身无法控制的力量的支配。从梅休(Mayhew)到布思(Booth),在英国学者对工人阶级和犯罪阶级的社会条件进行的大规模调查,以及"伦理行为统计"(moral statistics)调查的大量数据积累过程中,犯罪问题成为反映社会无序程度的"晴雨表"——对此,涂尔干之前的法国学者也做出了贡献。这些调查重塑了大众以及法律层面上的犯罪观念。一个由生物学和心理学的实证主义、社会学的决定论以及发达工业资本主义主导的时代开始了;与法律并驾齐驱的,是新兴的"研究犯罪现象的科学"——即以早前的"伦理行为统计学"为基础的犯罪学,其研究对象是导致犯罪冲动的条件及其病原学。

　　我们必须指出的是,这些决定了法律观念和实践第二次转型的运动,和第一次转型一样,并不是在法律机构系统内部发生的,而是通过从外部

---

　　① 转引自 L . Radzinowicz,《意识形态与犯罪:在社会和历史语境中研究犯罪问题》(*Ideology and Crime: a Study of Crime in Its Social and Historical Context*,London:Heinemann,1966)。

　　② Chevalier,《劳动阶级与危险阶级》,前揭。

施加影响来发挥作用的。正如皮尔逊（Pearson）指出的那样，[1]我们在许多 19 世纪城市生活的"伦理调查者"的工作中都可以看到这些关于犯罪问题的新思潮中某些要素的影子；但把这些新观念以系统化的文本体系确定下来则是在犯罪学领域及其与社会学、心理学和精神病学等其他"人文科学"的互动（和借鉴）过程中完成的。在这里，我们无法脱离我们的主要命题来对犯罪病原学的理论变化和发展过程进行详细描述，[2]而只能重点关注心理决定论和环境决定论这两种对法律实践产生影响的关键趋势。

虽然正如科恩已经指出的那样，[3]英国犯罪学的实用主义本质已经使之与政策制定，尤其是监禁改造机构的人道主义改革之间产生了十分持久而紧密的联系，但犯罪学观念向法律实践的转移并不是一个直接而简单的过程。对法律进行调整使之适应"实证主义革命"要求的实际过程，离不开专业或半专业机构的扩张和组织化干预。与刑法有关的两个关键机构包括"精神病专业"以及在国家内部得到发展的社会工作部门。这些机构成为法律调整过程中那些意识形态观念的"实际承载者"。它们不仅改变了法律上的刑事责任观念，而且在实践上提供了对犯罪人员的不同处置方法——除了着眼于"改造"的刑事政策，还有以治疗和纠正为基础的替代性措施。如果说古典法律是早期资本主义自由放任环境的产物的话，那么，这些新的法律框架则是在福利国家的干预主义架构中形成的。

在这里，我们无法进一步深入考察这一背景下刑法转型过程中这两种主要机构发展的复杂过程，[4]故而只能对其概貌略述一二。首先，两者都是围绕个人主义的决定论（individualist determinism）组织起来的——它们的理论视野都局限在个人与家庭心理互动的范围之内，虽然从这个意义上说，社会工作的理论边界要比临床精神病学模糊得多。实际上，社会工作偏向于（从历史上衍生出来的）以个体为中心的个案工作方法，这

---

①　Pearson，《越轨性想象》，前揭。

②　参见 Taylor，Walton 和 Young，《新犯罪学：越轨的社会理论》，前揭；S. Cohen，《英国的犯罪学与越轨社会学》（Criminology and the Sociology of Deviance in Britain），见 Rock 和 McIntosh 编，*Deviance and Social Control*，前揭。

③　Cohen，《英国的犯罪学与越轨社会学》，前揭。

④　关于社会工作发展的讨论，参见 G . Steadman-Jones，《流浪伦敦》（*Outcast London*，Oxford University Press，1973）；Pearson，《越轨性想象》，前揭；R. Bailey 和 M. Brake 编，《激进社会工作》（*Radical Social Work*，London：Arnold，1976）。

一特征是导致社会工作在专业上被所谓"精神分析洪流"（psychiatric deluge）[1]吞没的原因之一。在这种情况下，精神病学成为社会工作的主要"理论组织者"。结果，虽然两者具有十分不同的起源和影响，但其所处的"理论空间"（个人主义）却是相同的。

其次，两者在历史上都对刑法进行了某种修正，但这种修正并不是对刑法核心原则的彻底改变，而是对这些原则的"免除"。它们的立论基础是指出某些个案中的肇事者由于豁免因素而不符合必须承担"个人责任"的标准——从某种意义上说，这些个体只需承担"较轻的刑事责任"。从精神病学的角度来说，这一点主要体现在"临床上"：这些个体需要得到相应的"治疗"。社会工作的豁免原则要更加宽泛一些，包括各种易诱发犯罪倾向的缺陷；据此，提供给法庭的建议是以康复为目标的个人接触，即监督管教措施，可能会对这些个体发挥作用。在司法系统中，这种对古典犯罪观念的自由主义式修正基本上处于边缘地位。唯一的例外是少年法庭。在这里，作为一个社会范畴的儿童被认为没有能力承担"刑事责任"。[2] 在司法系统中，这是社会工作原则真正支配了古典法律原则的一个领域。（当下某些人要求重组法庭系统，并废除或修订 1969 年的《儿童和青少年法案》，其部分目标就是要消除"福利主义"在这个领域中的支配地位。）

再次，我们必须指出这种自由主义立场在法律中的边缘地位，是如何体现在"自由主义想象力"没能触及并重构大众的犯罪和法律观念的失败之中的。精神病学框架只在最宽泛的意义上与大众观念产生联系。大众面对无法理解的犯罪现象时，会从常识的角度将犯罪者说成是"无法自控之人"，而精神病学的作用只不过是在这个基础上增加了一些具体的素材和例证。相比之下，社会工作的发展更是经常被说成"心慈手软"——原谅犯罪者，对其行为不予追究。尤其是近来，社会工作者在"虐待儿童"事件中，以及在处理受监管儿童的"性"问题上做出的"误判"和犯下的"错误"受到公众的高度关注，这更加助长了那些对社会工作的批评意见。这

---

① 译注：所谓"精神分析洪流"指弗洛伊德的精神分析理论对社会工作领域的广泛影响。社会工作的鼻祖玛丽·李奇蒙（Mary Richmond）1917 年出版的《社会诊断》一书，深受精神分析理论的影响。这种影响一直持续到 20 世纪后续出现的各种社会工作理论流派。

② 参见 J. Clarke，《三个 R：压制、拯救和改造：工人阶级青年的控制意识形态》（The Three R's：Repression，Rescue and Rehabilitation：Ideologies of Control for Working Class Youth），见 C. C. C. S. *Stencilled Paper No.* 41，University of Birmingham，1976。

些事件为传统主义立场的支持者对福利机构"心慈手软的自由主义"进行攻击提供了强大的武器。

这种自由主义的"改良"意识形态与工人阶级之间的关系极其复杂。从根本上说，工人阶级有组织的斗争在促使国家沿着福利主义方向发展的过程中发挥了十分关键的作用。然而，工党的社会政策取向（费边主义[1]的改良立场）在很大程度上却受到新兴的小资产阶级的影响。[2] 平等、福利、"互相关怀的社会"等社会民主主义目标所采取的形式，受到这些"公正客观的"自由派专业人士和半专业人士的观念的强烈影响。

这种改良主义意识形态在一定程度上与英国工人阶级政治中存在的社会民主主义的改良立场之间存在着强烈的物质关联性——它涉及一些十分重要的需求，包括物质条件的改善，在面对资本主义的各种不测风险的情况下确保安全，以及在物质和文化资源的供给方面实现更大的平等。但工人阶级看待自己所获得的这些表面成果的方式却具有重要的模糊性。他们对那些"为国家打探消息的人"充满怀疑，同时也对那些"好心办坏事"的中产阶级的所作所为，那些过度热心于"慈善事业"、充当"烂好人"的自由主义者，以及花纳税人的钱为移民和"乞讨者"服务却不兑现对勤奋工作者的承诺的福利国家充满不信任感。所有这些看法既反映了我们此前提到的"脑力"和"体力"劳动之间的分工，也反映了工人阶级自身内部的隔阂："体面正派者与令人厌恶者"之间的对立以及根据"种族"形成的分化。工人阶级对刑事法律领域中的这种"福利改良主义"的矛盾态度反映了一个本质上矛盾的现实——这种现实与福利国家方案中作为实现"公正社会"理想之手段而提出的各种许诺之间存在差异。

此外，虽然这种自由主义的改良意识形态与这些实际的物质问题之间有着非常具体的联系，但在犯罪问题领域的影响力却最为薄弱。之前我们已经看到传统主义世界观的每个核心命题是如何涉及犯罪问题，并

---

① 译注：费边主义指英国社会主义团体费边社（Fabian Society）所奉行的思想。费边社成立于 1884 年，由一群中产阶级知识分子所发起，以古罗马名将费边（Fabius）作为学社名称的来源，意即师法费边的渐进求胜的策略。费边主义的实质在于把资本主义自由民主政治与社会主义相结合，从而推行和平宪政和市政社会主义的道路。费边主义者主张通过渐进的改良主义走向社会主义，不赞成列宁主义所主张的阶级革命，对英国工党的成立和发展产生了重要影响。

② 参见 E. J. Hobsbawm，《劳动者》（*Labouring Men*，London：Weidenfeld & Nicolso，1964）；I. Taylor，P. Walton 和 J. Young，《英国的批判犯罪学：评论与展望》（Critical Criminology in Britain：Review and Prospects），见 Taylor，Walton 和 Young 编，*Critical Criminology*，前揭。

将其纳入自己的逻辑范围之中的。相比之下,自由主义意识形态没能直接对工人阶级在犯罪问题上的经验感受做出具体呼应——它始终与后者存在距离,保持在抽象的状态。甚至在工党内部,围绕自由主义意识形态本应能够形成稳固的联盟,但在犯罪问题上,情况变得十分不明朗——该党的政策主张既包括在诸如少年法庭之类问题上的"自由化"立法政策,也涉及一些极度高压的措施,比如,主张把关于长期徒刑犯住宿安全性问题的蒙巴顿报告(Mountbatten Report)中提到的举措付诸实施。[①] 在我们已经分析过的所有领域中(司法部门、与大众意识的关系以及组织化政治层面),自由主义在犯罪问题上的立场都处于相对弱势的地位。这反映了这个立场的一个关键特征——它在本质上是防御性的。在犯罪问题上,自由派的改良主义基本上处于守势——在大环境良好的时候,这种立场理所当然会处于强势地位,并能够主导改革的进程,但当社会环境变糟时,它也会很快遭到削弱,并受到来自更加传统的关于犯罪的观念结构的压力。例如,"行凶抢劫"恐慌期最显著的特征之一是这个事实:在公众对行凶抢劫事件不断高涨的恐惧情绪的压力之下,这种自由人道主义的改良派视角几乎暂时从各大报纸的社论中消失了,转而在一些次要的地方以防御性的姿态出现。而在常识思维看来,关于犯罪问题的自由主义观点则代表着一种脆弱的、补偿性的思想结构。在这种充满压力的环境下,一旦传统思想范畴通过社会焦虑和道德运动被充分调动起来,自由主义观点就无法获得足够的社会基础或真正的意识形态影响力,也就无法决定公众对犯罪问题所做反应的本质。

　　在本章中,我们以一种不可避免地带有推测性的方式将一系列不同的主题和问题放在一起进行了讨论。通过追踪考察媒体新闻源对犯罪问题的反应(这些反应受到复杂结构的限制)和"公众意见"中关于犯罪问题的各种表达形式,我们一直试图驳斥两个看起来似乎相互对立实际上却是互补的错误观点。正是这两个观点在很大程度上对关于犯罪问题的激进思想造成了损害。第一个观点认为公众在犯罪问题上的传统主义态度是统治阶级及其在媒体领域中的同盟者共谋的产物。第二种观点认为真的存在某种叫作"英国文化"或"英国式思维"的东西,并认为它在本质上是极其保守的。我们认为,这两种观点都不足以解释"英国意识形态"的

---

　　① 关于这种模糊关系,参见 Taylor,Walton 和 Young,《英国的批判犯罪学:评论与展望》,前揭。

矛盾特征。因此,最重要的是必须深入到这些随手可得的"统一体"内部,把握其深层的矛盾冲突。这促使我们对资本主义社会中统治阶级将文化霸权地位赋予某些观念的过程进行了考察。这种批判研究本身并不会打破文化霸权结构,但它构成了实现这种断裂所必需的最初条件之一。只有在这种断裂发生之后,才会出现不同的选择。迄今为止,人们对这些新的可能性的了解依然是局部的、不连贯的。只有当被统治阶级团结一致,支持他们自己的历史运动,并发展出能够打破维系其被统治地位的内部结构的行动策略和思维方式时,这些新的可能性才会真正显现出来。这种新的可能性中也包括现有"定罪"过程的终结:在这种新的替代性观点中,犯罪和法律被看作是相互对立的各种社会力量斗争的产物,犯罪率统计和法律运作的过程则被视为确保阶级统治的主要手段之一。法律依然是资本主义国家最核心的强制性制度之一;犯罪问题迫使那些在社会上处于从属地位的群体转向霸权秩序寻求庇护,在这个意义上,法律以最基本的方式与犯罪结构和人们对犯罪的理解方式结合在一起:

> 但是,当人们变得彼此隔绝或觉得自己与传统制度分离之时,他们的心头就会出现萦绕不去的对个人目标和权威同时丧失的恐惧。整个知识界就像一群丧家之犬,充斥着恐惧和焦虑。在这种情况下,人们必然会把注意力转向权威问题。[①]

恰恰是由于"权威"问题的出现,我们的分析不能再继续停留在犯罪意识形态分析的层面。在本章中,我们已经围绕下面这个主题试图提出并回答了一系列问题:关于犯罪问题的复杂意识形态是如何在某些时刻为支持"权威"的跨阶级联盟提供思想基础的。但在这里,我们无法发现权威本身——它发挥作用的条件和形式,以及积极动员对权威的支持所需的条件,都不可能在关于犯罪的意识形态中形成。"权威问题"把我们引向一个不同的分析层次,一个不同的社会组织领域:正如葛兰西所说的那样:

> 所谓"权威危机",其实就是文化霸权危机,也就是国家的普遍危机。[②]

[①]　R. Nisbet,《社会学传统》(*The Sociological Tradition*,New York:Basic Books,1966)。

[②]　Gramsci,《狱中札记》,前揭,页 210。

第三部分

第七章　犯罪、法律与国家

从最简单的意义上说，"行凶抢劫"这个词指的是一种犯罪行为；因此，对"行凶抢劫"现象的反应也可以被理解为司法权力正常发挥作用的结果。这就是对"行凶抢劫"现象的一般常识性看法，我们必须再次承认这种看法的强大影响力。但正如我们已经试图指出的那样，作为一种解释，关于犯罪以及犯罪控制问题的传统视角是存在严重缺陷的。"行凶抢劫"这个说法所承载的这种直截了当的常识性意义的用法非常宽泛：为了获得他人财物而针对无辜受害者的一种街头犯罪行为，有时还带有意想不到的暴力。但是，这个说法源自何处？它是如何变成了一个常识性说法的？它激活了什么样的意义和关联性？当我们提出这些问题时，其意义的直接性和透明性都变得十分可疑。情况远比最初看上去的复杂。大约在1971年至1972年间，警方开始对"行凶抢劫"的危险性提高了警惕；而大众对这一现象也始终保持了高度的敏感，尤其在某些城市区域（参见第十章）。但一旦我们想搞清楚这一时期什么样的群体卷入这一现象的程度最深，并且成为警方动员一切资源打击的对象，我们再一次发现情况要远比预期的复杂得多。理论上，我们可以认为，在贫民区，因为越来越多的黑人卷入到"行凶抢劫"事件中，黑人青年和警察之间的关系可能已经达到了当时最差的状态。但这种推测其实缺乏合理性。警察和黑人之间长期恶化的关系开始于20世纪60年代末，而不是70年代初；这种恶化状态早在"行凶抢劫"恐慌爆发之前就已经存在了。提交给议会下议院警察/移民关系特别委员会的证据显示，两者间彼此信任的严重削弱是由许多因素导致的；[①]在这些因素中，"行凶抢劫"问题的影响并不突出。汉

---

① 《迪兹报告》，前揭。

弗莱在他的《警察权力与黑人》(*Police Power and Black People*)一书中
所提到的许多案例都发生在"行凶抢劫"恐慌爆发之前。① 如果我们可以
在这里对这些现象发生的时间顺序进行一个简单推论的话,那么,"行凶
抢劫"事件的增加是发生在警察与黑人关系恶化之后的。然而,这并不是
一种因果关系的排序;在把各种情形衔接起来的链条之间,还缺乏必要的
中间环节。但前面提到的那种基于理论假定的排序,实际上却比我们基
于事实推论出来的看法似乎更加合情合理。现在,我们相信这种看法已
经被人们广泛接受了。"行凶抢劫"恐慌的出现,当然不是从真空中冒出
来的,而是由于警察和黑人社区间的恶劣关系所产生的极度紧张、敌意和
猜忌的社会氛围导致的。仅凭犯罪行为本身,并不能解释它究竟从何而
来的问题。

　　1972年至1973年间,人们对"行凶抢劫"现象的恐惧情绪甫一出现,
就碰触到了公众焦虑的敏感神经。同样,从表面看来,情况似乎是首先出
现了街头犯罪问题,随后公众变得越来越警惕,再然后公众的这种警惕引
发了官方和司法机构的反应;这是人们的普遍看法。如果说人们针对"行
凶抢劫"的恐慌是有史以来第一次出现,而且公众的焦虑情绪是以街头犯
罪增加的"确凿证据"为基础的话,那么,上面这种说法的可信度就大得
多。但实际情况并非如此。我们已经在前文指出,在整个二战结束以来
的这段时期内,发生了一系列愈演愈烈的以青年人越轨和反社会行为为
焦点的"道德恐慌"。对此,我们将在下文进行更加详细的考察。在这个
过程中,"行凶抢劫"是一个相对较晚才出现的现象。实际上,它是在针对
"犯罪率上升"的一般性道德恐慌发展过程中才出现的;它所指的对象并
不是之前从未出现过的新事物,相反,它十分明确地聚焦于早已普遍存在
的、不受约束的现象之上。在这里,那种把"犯罪"视为一切社会问题的根
源的倾向,与把"行凶抢劫者"塑造为民间恶魔形象的具体过程之间形成
了一种匹配关系。但这种关系是如此简洁、讨巧,以至于显得不太真实。
我们必须提出这样的问题:为什么社会早就具有对犯罪问题产生恐慌情
绪的倾向? 当人们通过有关"行凶抢劫"的头条新闻中那些"铁的事实"和
有说服力的数据,发现并建构出一个值得自己关切的明确对象时,这种易
于产生恐慌情绪的倾向又如何与社会的反应方式之间产生关联? 通过提
出这些问题,我们能够超越常识性的理解框架。由此引发的问题无法在

---

① D. Humphry,《警察权力与黑人》,前揭。

传统的犯罪/控制犯罪视角中得到解决。它们颠覆了对"行凶抢劫"问题的简单化的、常识性的理解。显然，这种理解存在缺陷。无论何时，似乎只要我们把常识性解释颠倒或反转过来，我们就离真相更进一步。同样，我们不得不在下面的分析中再次聚焦于"行凶抢劫"现象，不只是在更加广阔的历史背景中来审视它，而且在某种程度上，从这一现象中所包含的悖论视角出发，将其颠倒过来进行观察。如果一个标签早于某种犯罪行为出现，国家司法部门则日益深陷于一场针对共同体中一部分人的斗争之中并源源不断地制造出犯罪者，而在任何具体的犯罪个案出现之前，社会已经明显表现出针对这种"日益增加的犯罪"的恐慌情绪的话，那么，我们认为，最需要我们关注的不是犯罪本身，而是人们对犯罪现象的反应，恰恰是这一点似乎最成问题。因此，现在我们以一种最有悖论意味的方式提出这样的问题：社会对犯罪现象的反应有没有可能发生在这种特定的犯罪现象出现之前？从历史上看，这是否说得通？

我们想强调的是，这并不是一种简单的倒置。我们要求人们摆脱那种以谁首先在何时犯下什么罪行为起点对"行凶抢劫"现象进行解释的模式，但这并不意味着我们认为这种罪行是完全不存在的。我们并不认为，"行凶抢劫"和街头犯罪现象完全是警方或其他国家机构凭空捏造出来的。毫无疑问，在 1971 年至 1973 年间，以及从那时以来，人们的确在街头或其他空旷区域遭到抢劫、扒窃或财产受到剥夺，还经常受到粗暴的人身对待；许多受害者在被抢劫过程中受到袭击，其中一些人严重受伤。"行凶抢劫"不是控制文化"臆想"和杜撰的产物；它并不是统治阶级的一场阴谋。而且，当存在暴力行为时，它还会对受害者造成严重的身体和情感创伤，其中许多人是老年人，无法化解这种遭遇所带来的冲击，而且这些受害者中很少有人是很富裕的。这并不是一个人们希望看到的好的社会发展趋势，而且我们也不认为人们应当"谅解"这种行为。实际上，我们所关注的问题并不是对个体进行道德判断。但为了防止任何可能出现的误解，我们想明确地指出这一点：正如我们不认为"行凶抢劫"是国家虚构出来的一样，我们也不认为街头犯罪行为是一种浪漫的离经叛道的历险。有一种政治观点认为一切打破资产阶级生活的社会秩序或基调的行为都是一件好事。这种观点有其道理，但我们并不赞同这种看法。撇开别的不说，我们从来没见过任何靠损害同一从属阶级中其他个体的利益来实现的英雄壮举能够改变现存的社会秩序。我们的立论基础完全不在这种以个体为参照标准的框架中，也超越了那种既定的对个体行为进行褒贬的常识性解释。在一种特定的历史结构中对个体行为进行谴责,却没有将那种结构本身考虑在内,是一种为人们所熟悉的可以轻而易举地实践道德良知,却又不必为此承担任何代价的方式。这是自由主义最后的避难所。

但我们依然坚持认为,如下两点结论还远未得到证实:(1)这类犯罪事件在 1972 年至 1973 年间发生的数量比此前任何时期都要多;或(2)这类事件的增长率与官方犯罪统计数据完全一致。现在我们不想把自己的观点说得太极端,我们只是想提出一个不同的可能情形,对这种情形的讨论必须结合此前我们针对犯罪统计数据的本质、呈现形式以及"使用方式"所提出的批评(参见第一章)。正如我们已经指出的那样,像"行凶抢劫"这种犯罪形式与长期存在的传统街头犯罪行为之间存在许多相似之处。实际上,这个说法现在已经被用在明显类似于扒窃之类的犯罪行为上。[①] 但"行凶抢劫"能够变成官方和公众关注的焦点,并不是因为其数量增加了,而是因为这个现象涉及一个十分独特的新社会群体。例如,设想一下,在城市工人阶级居住区内发生的绝大多数街头犯罪事件都是属于上层中产阶级白人背景的公立学校男生所为的话,会发生什么? 或者设想一下绝大多数街头犯罪事件中都突然出现这样一个标语牌:"为一个解放的阿尔斯特(Ulster)[②]和统一的爱尔兰共和国而斗争!"这些例子都是假想出来的,十分牵强。但它们有助于进一步巩固这样一个观点:犯罪事件数量的增加绝不是导致公众注意力突然聚焦于"一种全新的犯罪类型"的唯一原因。发生这种情况还可能是因为犯罪群体的社会构成发生了重大变化,或者这些犯罪事件带有十分明显的政治目的和意义。在这里,常识性的看法再一次没能经受住批判分析的检验。

因此,对于被人们广泛接受的关于"行凶抢劫"恐慌的传统解释,我们提出了反对意见。无疑,一定会有人马上写出一堆论著,告诉我们究竟发生了多少起"行凶抢劫"事件,受害者是谁,犯罪者又是谁。我们的目的不是试图支撑起一系列摇摇欲坠的主张,而是从这一议题中最成问题的那一部分着手,对传统解释进行审视和拷问。社会为什么会以这种方式对"行凶抢劫"问题做出反应? 这种反应又是何时发生的? 这种反应所针对

---

① 参见 D. Humphry,《星期日泰晤士报》,1976 年 10 月 31 日。

② 译注:阿尔斯特是爱尔兰的四个历史省份之一,位于爱尔兰东北部,其中六郡组成了北爱尔兰,是英国的一部分,其余三郡属于爱尔兰共和国。

的对象究竟是什么？作为我们讨论的起点，这些问题源自一个最初的假设。一旦常识性解释失去控制力，所有证据都会证明这个假设的正确性。这个假设就是：早在值得人们做出反应的"行凶抢劫"事件真正出现之前，人们似乎就已经对作为一种社会犯罪现象的"行凶抢劫"做出了激烈的反应。以此作为讨论的新起点势必带来新的视角，并由此导致我们分析视野的变化。为何英国会在 20 世纪 70 年代早期陷入一场关于"犯罪"问题的道德漩涡之中？为什么"控制文化"会对潜在的"行凶抢劫"威胁如此敏感，以至于动员各种资源对之予以打击？为什么这种事前发生的风声鹤唳的躁动会把斗争目标设定为共同体中一个特定的社会族群？为什么"行凶抢劫"这个观念本身会导致一般公众和媒体产生如此强烈的社会恐惧和焦虑情绪？简言之，在"行凶抢劫"以及人们对之做出的反应背后，哪些社会和历史内容遭到了压制？这一点又可以给我们带来哪些启示，从而使我们可以更好地理解社会控制、犯罪意识形态、国家及其组织机构的角色，以及这一循环得以出现的历史和政治情势的本质？通过这些问题，我们的讨论已经远远超出了"常规"犯罪及其"正常"防控措施的"常态"范围，转而触及到了一些与之相距甚远的新的社会维度和层面。在这个过程中，我们能立刻发现的一个最成问题的现象是：在即便是以官方估算数据为基础的"威胁"的规模和为了对其予以遏制而采取的措施的规模之间，存在着明显的巨大差异。这种差异本身就足以促使我们考虑新的解释维度。

这种解释维度的转换，在论证逻辑上表现为从传统的犯罪学观点转向一种相互作用的（transactional）犯罪观：现在，"行凶抢劫"主要被看成是对越轨行为进行标签化（labelling）的结果，是"行凶抢劫者"和执法机构彼此遭遇过程中相互作用的产物。这种相互作用的过程无疑在发挥着真实的影响，它们可能在一定程度上具有放大效应。从相互作用的视角对越轨行为的解释早就十分明确地指出了这一点。警方专门成立反行凶抢劫特别警队的目的是要让他们搜寻并遏制伦敦地铁里的犯罪行为。假设官方统计数据只反映受害者报告的"偷盗""抢劫"或"扒窃"等各类常规案件的话，那么与之相比，通过专门化、资源集中以及预期式管控，这些警队的活动可能导致了更多的"行凶抢劫"个案，从而进一步"拉高了"犯罪率。如果负责交通治安的警方认为伦敦地铁里的扒窃和抢夺事件都在增加，并派出便衣警察守株待兔抓捕抢夺者的话，他们一定会抓到一些人，而且相关犯罪统计数据或许会包括那些看起来可疑、出于普通原因对警察构成挑衅或怀有敌意的年轻人,而这些人目的不明的行为很可能会被随手归入"抢夺"这一犯罪类型之中。简言之,一段高强度管控时期的开始本身就会起到快速增加犯罪事件数量的放大效应。增加犯罪控制和监察强度的另一个效果常常是可以清除那些潜在的犯罪者,即那些外表、仪态、举止可能被视为是违法的人。从这个意义上说,除了因为恐惧和判刑所造成的威慑效果之外,犯罪预防和控制措施有时候的确会起作用。但是,如果政治上"对局势的界定"具有充分的指向性的话,那么,强化警察控制可能会造成另一个不同的效果:年轻人会认为自己已经被锁定在一种与"治安"力量之间猫捉老鼠式的冲突之中,他们由此可能会习惯性地实施抢夺行为,这并不一定是因为他们已经是被确认的罪犯,而是因为抢夺活动已经变成了一个他们与"法律"及其所保护的社会制度进行持续斗争的明确空间。在1973年后的这段时期里,由于黑人青年与警察之间的冲突持续不断,有迹象显示"行凶抢劫"实际上也获得了这种意义上的准政治性。换句话说,作为警察和犯罪者之间"相互作用"的结果,隐藏在这种犯罪现象背后的社会内容逐渐浮现出来,而这些内容随后可能会被某些犯罪者加以积极挪用。有许多迹象表明了这种转变的发生。一方面,从1972年、1973年到1975年间黑人青年"行凶抢劫者"的一手陈述发生了变化;另一方面,在那些"行凶抢劫"引起高度关切的地区,社会工作者和社区活动人士讨论这个话题的具体方式也发生了变化。随着"行凶抢劫者"与警察彼此对形势的界定会发生变化,通过考察他们之间发生互动作用的不同方式,我们能够从中得到十分重要的启示。(1975年发生的意粉屋[The Spaghetti House]"事件"中,三个黑人在伦敦一家意大利餐馆绑架了一些人质。他们一度把自己称为政治活动人士,而不是犯罪分子。虽然并不涉及"行凶抢劫"行为,但这起事件作为最广为人知的例子之一,最能体现这一时期不断变化的对黑人犯罪的定义以及逐渐浮出水面的与此有关的"社会"问题。)

　　然而,总的来说,我们并没有用"相互作用"视角的犯罪分析取代对"行凶抢劫"的传统犯罪解释。相反,我们采取了一种更有历史性和结构性色彩的视角。我们认为,在这一时期,显然有一些历史性的、结构性的力量在发挥作用。可以说,它们从外部塑造了处于具体实践过程中的"行凶抢劫者"、潜在行凶抢劫者、受害者以及抓捕者之间的即时互动过程。在许多类似的研究中,这些更为宏大、广泛的力量只是被提及或引用;但它们对研究所分析的现象所造成的直接或间接影响却语焉不详——它们只是作为"背景"的一部分而存在。在我们的研究中，我们认为这些所谓的"背景议题"实际上恰恰是导致"行凶抢劫"以特定形式出现，并推动它从 1972 年到 1973 年间沿着特定路径发展至今的关键力量。因此，我们所关注的正是这种具有决定性作用的语境：在不简化或减少问题复杂性的情况下，我们试图搞清楚在犯罪及其控制这类具体事件和这些事件发生时所处的历史情势之间，究竟存在什么样的矛盾性关系。当然，相互作用的观点具有一些重要的批判性洞见，我们从中受益良多。比如，通过这些洞见，我们明白了并不存在作为彼此对应的犯罪和犯罪控制这两个事物，唯一存在的只有犯罪和控制这两者之间的关系。我们还知道了越轨行为是一种社会历史现象，而不是"自然"现象；人们的行为只有在被界定为"犯罪"、被贴上犯罪的标签并引起相应的反应时，才会真正成为"越轨"行为；此外，社会规范、规则和法律还必须遭到触犯，而控制机构的任务恰恰就是以强制手段确保规范的实施，并对违反者予以惩罚。但总的来说，这种相互作用的视角往往是在微观互动的层次上来看待这种贴标签和反应的过程，法律和违法者之间的关系也是在这个层次上建构出来的。我们并不想否认"社会秩序"的确是在这些大量的一次次互动过程中建构出来并得以维系的，但我们依然觉得有必要找到一个更好的分析视角。通过这个新的视角，我们能够搞清楚司法机构通过对犯罪的控制，在维系整体社会形态的稳定性和凝聚力方面所发挥的长期的更大的作用。因为在特定条件下，正是在这种社会形态中，某些行为被界定为违法行为。同时，我们也不希望我们的表述方式让人觉得那些最初的违法和犯罪行为似乎是毫无理由的或者是缺乏真实性的。因为这种看法会沿着一条怪异的迂回路线，把我们带回到一种严格的功能主义立场：归根结底，社会是一个高度整合的、完全以共识为基础的"整体"，而违法、矛盾和对立现象，则是那些对自己的所作所为缺乏意识的人的行为造成的结果；或者在相反的情况下，这些人的行为是控制者在想象中建构的产物，这样越轨现象只不过变成了国家的一场噩梦。在此，让我们再次以一种悖论的形式指出问题所在：根据常识性的看法，说到底，事情很简单：有些人实施了行凶抢劫，警察抓捕了他们，而法庭则将他们绳之以法。对这种常识性观点表示反对当然是重要的。但同样重要的是，我们必须坚持指出，某些行凶抢劫者的确实施了行凶抢劫的行为，"行凶抢劫"是一种源自其自身所处的斗争过程的真实的社会历史事件，它有其自身的合理性和历史"逻辑"，需要我们去加以揭示。

　　所有这一切都意味着我们需要进行一种更能区别对待不同情形,同时也更注重历史背景的分析。我们首先要对两种不同的犯罪类型进行区分,无论这种区分在多大程度上是临时性的:就其手段而言,第一种犯罪类型属于"越轨"行为的范畴,但它与社会的总体结构和"规范"并没有根本性的冲突;另一种犯罪类型则似乎是要表达某种社会抗议或对现存秩序的反对立场,无论这种表达是多么不连贯和不彻底。我们还需要对如下两种情形进行临时性的区分:在第一种情形下,犯罪活动的规模与用来遏制这些犯罪活动的控制措施的规模之间维持在一个大体相互持平的状态。在这里,我们最好把犯罪控制措施理解为国家"常规化的压制手段"及其捍卫财产、个人和公共秩序行动的一部分;在第二种情况下,人们面临的"威胁"的本质和"遏制措施"的规模之间完全不成比例,或者某些类型的犯罪活动的发生率的确突然增加或呈现出新的模式,抑或是当局采取的法律打击和控制措施出现急剧强化的趋势。在前一种情形下,当局会针对普通犯罪活动采取常规化的压制手段。与之相比,无论是过去还是现在,第二种情形往往都是出现在更具重大历史意义的时期。在这些时期,"非同寻常的恐慌"之后紧接着就是"非同寻常的控制"。历史上,这种情况总是预示着重大的社会动荡、经济危机和历史断裂时期的到来。

"常规"犯罪和社会性犯罪

　　社会历史学家对犯罪、政治运动和经济转型之间的复杂关系还没有给予应有的关注,虽然霍布斯鲍姆(Hobsbawm)、鲁德(Rudé)、汤普森(Thompson)等人近来发表的著作给这个研究议题注入了一些最新的、值得欢迎的动力。当然,这些要素之间并不是一种简单的关联;我们无法沿着历史时间描绘出一种简单的线性的演化轨迹。在18和19世纪,无论我们关注的是食品暴动、农民抗议、破坏机器运动和城市"暴民"骚动,还是被宣布为非法的政治集会、改革运动、伟大的宪章运动、工会的诞生以及工人阶级的政治斗争,我们都可以相对容易地从这段时期的历史中观察到民众抗议和公共秩序的维系之间的关系。但是,从当下回顾这些历史事件,它们当时所处的社会和政治背景是相对清楚的、没有争议的,虽然在当时做到这一点并不容易。在19世纪60年代的改革运动期间,当局以"皇家公园是供人们娱乐和休闲的场所"为由,剥夺了人们在海德公园自由发表演讲的权利。对此,几乎没有人会怀疑这一做法是出于政治动机而不只是为了维护"公共秩序"。1886 年 2 月，在特拉法加广场（Trafalgar Square）骚乱——即所谓的黑色星期一事件（Black Monday）——之后举办的一场声援集会上，据说伯恩斯（John Burns）①曾以"朋友们、工友们和警探们"来称呼现场的听众。这一时期存在的一个悖论是，恰恰是社会主义者、激进分子和那些依赖临时救济的城市无业贫民的斗争行动，捍卫了"资产阶级"所主张的集会自由。不过，恩格斯却对这种群众的政治哲学不以为然——这些"来自东区的穷鬼们"完全是"一帮粗鄙的乌合之众"，他们总是在完成自己的工作后，一路高唱着《统治吧，不列颠尼亚！》（Rule, Britannia!）②回到东区。③ 伯恩斯因为"煽动叛乱"而"被判入狱"（最终被宣判无罪）；许多通过毁坏特拉法加广场附近的各种设施来发泄愤怒情绪的人，最终以破坏财产罪的名义受到刑事起诉——事情的发展由此一发不可收拾。在整个这一时期，对民众抗议的控制显然是出于政治目的，但其合法性却是以"公共秩序"这个十分模糊的借口以及相关惩罚措施为基础的。④ 一旦民众抗议所采取的主要是一种"犯罪的"形式，而不是政治形式的话，要想在这种抗议和政治行为之间建立联系就变得更加困难。⑤ 而在另外两种情况下，这种困难甚至会变

---

① 译注：约翰·伯恩斯（John E. Burns，1858—1943），英国工团主义政治家、议会议员。

② 译注：英国爱国主义歌曲，原作为诗人詹姆斯·汤姆森（James Thomson）的同名诗歌，作曲家托马斯·阿恩（Thomas Arne）于 1740 年为之谱曲。

③ Steadman-Jones，《流浪伦敦》，前揭。

④ 参见 Hobsbawm，《劳动者》，前揭；F. Mather，《宪章运动时代的公共秩序》（*Public Order in the Age of the Chartists*，Manchester University Press，1959）；G. Rude，《威尔克斯与自由》（*Wilkes and Liberty*，University Press，1962）；G. Rude，《历史上的群众》（*The Crowd in History*，New York：Wiley，1964）；G. Rude and E. J. Hobsbawm，《斯温队长》（*Captain Swing*，London：Weidenfeld & Nicolson，1969）；F. O. Darvall，《英国摄政时期的大众骚乱与公共秩序》（*Popular Disturbance and Public Order in Regency England*，Oxford University Press，1934）；E. P. Thompson，《十八世纪英国群众的道德经济》（The Moral Economy of the English Crowd in the Eighteenth Century），见 *Past and Present*，50，1971 年 2 月；F. Tilly，《欧洲视角下的集体暴力》（Collective Violence in European Perspective），见 H. Graham 和 T. Gurr 编，*Violence in America*，专门工作组提交给全国暴力起因与预防委员会（National Commission on the Causes and Prevention of Violence）的报告（1969）；以及 J. Stevenson 和 R. Quinault 编，《大众抗议与公共秩序》（*Popular Protest and Public Order*，London：Allen & Unwin，1974）。

⑤ 例如，E. J. Hobsbawm，《盗匪》（*Bandits*，Harmondsworth：Penguin，1972）；Thompson，《英国工人阶级的形成》，前揭；E. P. Thompson，《辉格党人与猎人》（*Whigs and Hunters*，London：Allen Lane，the Penguin Press，1975）；D. Hay，P. Linebaugh 和 E. P. Thompson，《阿尔比恩的绞刑架：十八世纪英格兰的犯罪与社会》（*Albion's Fatal Tree：Crime and Society in Eighteenth Century England*，London：Allen Lane，the Penguin Press，1975）。

得更加突出。在第一种情况下,被界定为"犯罪"的抗议行为具有明确的社会和经济内涵,无论这种内涵在多大程度上是间接的;[1]在另一种情况下,职业犯罪行为与这些社会抗议行动紧密交织在一起,或者它们在事实上或象征意义上就是这些抗议行为的前身。[2]

历史学家已经对"常规犯罪"和"社会性犯罪"进行了区分。霍布斯鲍姆曾经提到"一些可以被归入'社会性'范畴的犯罪活动,因为这些活动表达了对主流社会和政治秩序及其价值观的一种有意的、几乎是政治性的挑战"。他还问道,"这些社会性的犯罪活动"能否"与其他形式的不法行为明确地区分开来(当然,一切形式的犯罪行为在更广泛的社会学意义上都是'社会性的')"。[3] 这些差异是十分重要的,但要想以某种确定的方式来保持这种差异将是极度困难的事情。汤普森在提到 18 世纪的犯罪问题时指出,在"常规"犯罪和"社会性"犯罪之间,"虽然两者彼此强调重点的差异是真实存在的",却没有充分证据能够证明"这两种犯罪形式之间的区别是泾渭分明的"。[4] 常规犯罪和社会性犯罪行为都不是一些固定不变的状态或自然类型,特定阶级的人群并不是永远只能从属于某种类型。将某个群体归属为哪个类型,而且实际上,就连对"犯罪"这个标签的使用,通常也是更加广泛的压制和控制策略的一部分。在这当中,只有一部分内容属于一般意义上的犯罪预防和控制措施。对 18 世纪的"犯罪"定义深信不疑,也就意味着对 18 世纪的财产权和阶级定义深信不疑。如果我们考察的是犯罪活动的过程而不是犯罪类型的话,那么,我们会发现不同个体进入和退出犯罪活动时所采取的路径存在巨大差异。在特定历史时期,特定的阶级群体在面对某些身不由己的境况时,会采取现如今被定义为"犯罪"的手段,将之作为其集体行动策略的一部分。要搞清楚究竟是什么因素促使他们这样做,需要我们进行审慎的历史判断和重构。最重要的一点是,对作为独立实体而存在的"犯罪亚文化"的研究很容易犯下一个严重的错误,即把这些社会学意义上的类型范畴从关于各种不

---

[1]　参见 R. Samuel ,《会议报告》(Conference Report),见 *Bulletin*,25,1972 年秋,劳工史研究会(Society for the Study of Labour History);以及 L. Taylor 和 P. Walton,《工业破坏:动机与意义》(Industrial Sabotage:Motives and Meanings),见 Cohen 编,*Images of Deviance*,前揭。

[2]　例如,Steadman-Jones,《流浪伦敦》,前揭;Chevalier,《劳动阶级与危险阶级》,前揭;以及 G. Lefebvre,《1789 年大恐慌》(*The Great Fear of* 1789,NewYork:Vintage,1973)。

[3]　E. J. Hobsbawm,《会议报告》(Conference Report),见 *Bulletin*,25,1972 年秋,劳工史研究会。

[4]　Hay,Linebaugh 和 Thompson,《前言》(Preface),见《阿尔比恩的绞刑架》,前揭,页 14。

同社会群体和阶层的更广泛的、更有包容性的历史中割裂出来。因为从
更基本的意义上来说，正是这些群体和阶层构成了作为一个整体的阶级。
从这个角度来看，恰恰是由策略、立场和解决方法等构成的斗争策略库存
（repertoire）之总和应当成为我们分析的对象，也恰恰是这些行动策略反
过来对我们理解特定阶级中的不同群体为何采取或被迫采取特定的"犯
罪化"（criminalisation）路径提供了启发。把犯罪亚文化的概念作为研究
的起点既可能是富有成效的也可能是完全毫无价值的做法，这取决于我
们是把"犯罪"看成一个既定的、不证自明的、非历史的、无可置疑的概念，
还是认为它只是一个临时的范畴，其作用在于帮助我们更好地对阶级历
史进行更全面和更复杂的叙述，并对这个历史中的"真实关系"进行把握。
实际上，这一点不仅对犯罪亚文化研究来说是正确的，即便是对阶级文化
和"亚文化"研究来说也是如此。对这些议题的研究必须与更加广阔的阶
级问题联系起来，因为它们自身恰恰就是这个问题中的一个具有历史独
特性的组成部分。①

　　从 19 世纪伦敦的社会史来看，这个观点很容易得到解释。伦敦东区
那些带有犯罪性质的"兄弟会"组织显然是这一时期伦敦更广泛的阶级生
态、阶级文化和阶级形态中的一个组成部分。如果只是把这些组织纳入
某种特定范畴的话，我们就完全无法理解这一时期城市工人阶级和城市
贫民史中的一个核心特征。从历史的角度来看，"犯罪"是这一时期工人
阶级文化策略库存中的明确选项之一。这里所谓的文化策略，指的是劳
工阶层和依赖临时救济的无业贫民在"承受"那些充满矛盾的经验和剥削
关系的过程中所使用的具体手段，而这种矛盾性和剥削性正是阶级关系
的总体特征。不同的阶级成员会使用各种个人化的或集体性的手段来
"解决"这个问题。当然，那种界限分明的犯罪网络是存在的，这些网络有
其独特的活动、势力范围、黑帮团伙、专业技能以及各种"交易"。在这些
网络的边缘地带，而且有时甚至就是在这些网络内部，总是有些男人、女
人和儿童经常有意识地卷入到犯罪活动中，他们所从事的活动构成了一
种真正意义上的"犯罪生涯"。但我们必须意识到，贫困的劳工阶层，尤其
是那些在城市人口中占很大比例的处于赤贫状态的家庭、男女临时工以
及童工，在为了确保自身生存所需的基本物质要素进行斗争的过程中，常
常会使用一些在政府当局和调查者看来毫无疑问属于"犯罪的"或违法的

---

① 　参见 Clarke 等，《亚文化、文化和阶级》，前揭。

"手段"。如果意识不到这一点,我们对这些"犯罪"现象的解释就会有问题。为了弥补微薄的家庭收入,伦敦东区贫困家庭的孩子每天要完成许多活动,包括各种任务、跑腿、带口信、街头表演、乞讨、购买干面包、捡拾残羹剩饭和变质水果,等等。对那些已处于赤贫家庭的孩子来说,是通过合法手段获得他们必须得到的生存资料,还是尽一切可能,通过四处索要的方式获得这些资料,这两者之间的差别是微乎其微的,他们甚至常常根本意识不到这种差别的存在;实际上,在这些孩子看来,与其说这是"合法"与"非法"之间的差别问题,还不如说是一个在生存与绝对赤贫之间的抉择问题。① 汤普森在研究 19 世纪农村贫困人口常用的生存策略时指出,"如果说这是一种'犯罪亚文化'的话,那么,整个英国的庶民阶层可能都属于这种文化"。② 同样,如果说东区贫民为了生存所做的一切都带有"犯罪"色彩的话,那么,无论是在这一世纪早期令中产阶级感到震惊的"劳工"阶级和"危险"阶级的合流,还是 19 世纪八十到九十年代令官方长期感到困扰的"体面劳动者"日益受到"临时工"的恶劣影响的问题,都是有真实的物质基础的。③ 的确,在这个世纪的绝大多数时间里,工作—贫困—失业—犯罪的辩证过程始终是伦敦地区工人阶级群体所处的主要生存状态,如果我们把犯罪问题从这个背景中抽离出来,我们的解释将是十分乏力的。即便当这种不同状态之间的转换并不是十分紧迫时,统治阶级也始终极度担心这种情况可能会发生(参见斯特德曼-琼斯关于"黑色星期一"后伦敦失业工人进行的示威游行所引发的大恐慌的论述)。④ 无疑,有些人在犯罪和贫困、生存和穷困相交织的城市贫民区生活中逐渐变成了职业犯罪分子;而生活在伦敦东区的人们,通过复杂的情感和态度来"理解"这些人的处境和行为,他们显然意识到职业犯罪行为和一般的小偷小摸之间的区别:像一般人每天一大早去上班一样,那些将盗窃作为自己"常规工作"的职业盗贼也会每天晚上准时出门去"上班"。据说他们有时自称为"正牌"盗贼,目的是要把自己和那些"偶尔"有违法之举的穷困潦倒者区分开来。犯罪、工作和贫困是整个 19 世纪伦敦工人阶级群体生

---

① 参见 H. Mayhew 等,《伦敦劳工与伦敦穷人》(*London Labour and the London Poor*,vol. IV,London:Griffin,Bohn & Co.,1862)。

② Thompson,《辉格党人与猎人》,前揭,页 194;同时参见 E. P. Thompson,《贵族社会与平民文化》(Patrician Society,Plebeian Culture),见 *Journal of Social History*,9(4),1974。

③ 参见 Chevalier,《劳动阶级与危险阶级》,前揭;Steadman-Jones,《流浪伦敦》,前揭。

④ Steadman-Jones,《流浪伦敦》,前揭

活的主旋律。但要想重构这个主旋律，我们就必须在考虑到阶级内部不同群体之间差异的同时，也考虑到作为一个整体的阶级，是如何根据一系列不同的可供选择的回应和解决方案，来表达自己复杂而统一的阶级立场的。我们在前文曾经把这一系列回应和解决方案的总和称为"工人阶级的策略库存"。①

上述关于犯罪及其社会语境之关系的第一个论点与下面我们要讨论的第二个论点紧密相关：一个显而易见但又常常被忽略的事实是，人们在不同时期对犯罪的定义是不同的（无论是官方定义，还是民间定义，都是如此）；这不仅反映了不同的社会群体在犯罪问题上不断变化的态度，以及犯罪活动的社会组织的真实历史变化，②而且还反映了统治阶级在实施法律限制和政治控制或为这些控制措施做铺垫的过程中，是如何以不断变化的方式将犯罪这一范畴应用于不同的群体和活动的。除了不断变化的犯罪结构和大众对犯罪问题的态度，我们还必须考虑到犯罪化过程在合法化司法控制方面所发挥的作用。所谓犯罪化，就是给那些在当局看来有必要加以控制的群体活动贴上犯罪标签的过程。正如我们此前已经指出的那样，"犯罪标签"能够产生一种简单得令人惊讶的效果：它能够消除公众情绪中的模糊性。1886 年和 1887 年发生的伦敦示威游行活动的参与者对自由集会权利的强调，一定触动了中产阶级的敏感神经，并使之产生了暧昧复杂的情绪反应；但在《泰晤士报》的报道中，"西区……被暴徒控制长达数小时"的场景是不容置疑的事实。犯罪问题向来是毫不含糊的；而政治冲突中的是非曲直却往往是模棱两可的。但对统治阶级来说，它必须让人民相信政治示威活动最终都会演变为暴徒侵犯生命和财产的暴力事件，因此，它必须实现对政治冲突的明确界定，从而赢得大众对"严厉举措"的支持。所以，将政治和经济冲突事件"犯罪化"是实施社会控制过程中的核心环节。与此相伴的是紧锣密鼓的意识形态"工作"，目的在于调整并固定标签的意义，扩展和拓宽其所指对象的范围，或者试图通过赢得某个已经被标签化的群体的支持来打击另一部分群体。（我们可以围绕应得的/不配的、勤奋劳动的/危险的、"真正就业的"/多余的、令人尊敬的/粗鲁的、温和的/极端的等成对的说法之间所发生的变化

---

① 参见 Clarke 等，《亚文化、文化和阶级》，前揭。

② 参见 M. McIntosh，《盗窃组织的变化》（Changes in the Organization of Thieving），见 Cohen 编，*Images of Deviance*，前揭；以及 M. McIntosh，《犯罪组织》（*The Organisation of Crime*，London：Macmillan，1975）。

来重构意识形态压制的简史。)

在对一个多世纪前臭名昭著的《黑人法案》(*Black Act*)立法过程的研究中,汤普森写道:

> 问题的关键不是这些犯罪团伙是否真的存在(它们的确存在),而是政府当局在把犯罪标签用在任何超出法律范围之外的结社群体身上时所体现出来的那种用法的宽泛性⋯⋯因为"犯罪"这个范畴具有非人化(dehumanising)的特征⋯⋯故而这类范畴能够帮助我们得出确定的结论⋯⋯"黑人"的行为对"那些热爱平静生活的人们构成了一种真正的威胁"。所以,"在这种情况下,《黑人法案》的规定条款是完全合理的"。"采取相关措施是十分必要的"。[1]

把标签化和犯罪化作为合法化社会控制过程的手段显然不只是历史上才有的事。在政治领域,这种合法化手段在形式上反复表现为对阴谋或发现阴谋的恐惧。这些阴谋可能来自内部,也可能来自外部,比如,一个典型的例子是"红色恐慌"。但我们还可以从很多新近发生的其他例子中看到,法律控制的维系恰恰是通过犯罪和意识形态标签的融合来实现的。[2] 当然,并不是所有的融合都只是标签本身的融合。有些融合本身的确标志着真实的历史发展过程。从 20 世纪初的邦诺帮(Bonnot Gang)[3]以及其他许多活跃在无政府工团主义(anarcho-syndicalist)运动边缘的具有阴谋色彩的帮派组织,到愤怒军旅、巴德尔-迈因霍夫集团(Baader-Meinhof)[4]和其他更加现代的"政治团伙"形式,在历史上,这样的例子很多。它们清楚地表明,"政治群体会有意识地采用传统上具有犯

---

① Thompson,《辉格党人与猎人》,前揭。

② 参见 Cohen,《抗议、骚乱与违法行为》,前揭;Horowitz 和 Liebowitz,《社会越轨与政治边缘》,前揭;Hall,《越轨行为、政治与媒体》,前揭;Rock 和 Heidensohn,《对暴力的新反思》,前揭;以及 T. Bunyan,《贫困的再生产》(The Reproduction of poverty),未出版手稿,1975 年。

③ 译注:20 世纪初活跃于法国和比利时的无政府主义犯罪组织。《小巴黎人报》(Le Petit Parisien)在采访了该组织的成员之一朱尔斯·邦诺(Jules Bonnot)后,将其命名为"邦诺帮"。该组织在 1911 至 1912 年间实施了一系列持械抢劫犯罪活动。

④ 译注:又称红军派(Red Army Faction,简称 RAF),在 1970 至 1998 年间活跃于德国的一支左翼恐怖主义组织,核心成员包括安德列亚斯·巴德尔、古德伦·安司林、霍尔斯特·马勒、乌尔丽克·迈因霍夫等。他们声称信奉共产主义,以南美反帝国主义游击队为榜样,先后实施数十起谋杀、银行抢劫与爆炸袭击事件。1977 年,其恐怖主义活动十分猖獗,导致联邦德国发生大规模的社会危机,史称"德意志之秋"。1998 年 4 月 22 日,该组织宣布解散。

罪性质的策略和方式"。① 如果说这些例子代表的是政治目的融入犯罪活动的过程的话,那么,我们同样可以看到许多从犯罪层面向政治层面发展的重要例子:比如,马尔科姆·X(Malcolm X)的自传②和近来美国监狱运动中黑人罪犯的政治化趋势③,就是两个最醒目的例子。

更简单地说,在一个以资本的需要和对私人财产的保护为基础的阶级社会中,贫穷和没有财产的人在某种意义上始终处在"法律天平中错误的一边",无论他们是否真的触犯了法律:"刑事制裁是私人财产的最后一道屏障"。④ 一切犯罪控制(无论这种控制行为是否是出于明确的"社会"动机而有意为之)都是这个更加宏大、广泛的"社会权威"运作过程中的一个组成部分;在阶级社会中,这一点不可避免地意味着有权者和有财产者对无权者和无财产者施加他们的社会权威。我们可以从 18 世纪的历史中再次清晰地看到这一点,当时的法律更明确地表现出公然作为阶级统治和权威工具的特征。汤普森在《辉格党人与猎人》(*Whigs and Hunters*)一书中认为,在整整一个世纪的时间里,在那些伪装成黑人在皇家公园和狩猎场捕猎鹿和野禽的偷猎者,与跟他们作对的辉格党"猎人"之间(支撑后者的是英国刑法史上影响最广泛、最严苛的法律之一,即《黑人法案》。这一法案是在关于詹姆斯党人[Jacobite]⑤策划阴谋和举办神秘夜间集会的谣言满天飞的情况下,在当时掌权的沃波尔[Walpole]⑥集团的支持下出台的。)围绕习惯权利和传统与对这些传统逐渐构成侵蚀作用的资产阶级财产和法律观念之间的差异,展开了漫长而深入的持久斗争。⑦在丛林里发生的这些犯罪事件只不过是资产阶级用自己的方式"重塑"英

---

① Cohen,《抗议、骚乱与违法行为》,前揭。

② Malcolm X 和 A. Haley,《马尔科姆·X 自传》(*The Autobiography of Malcolm X*,Harmondsworth:Penguin,1968)。

③ 参见 G. Jackson,《索莱达兄弟》(*Soledad Brother*,Harmondsworth:Penguin,1971);以及 E. Cleaver,《冰冷的灵魂》(*Soul on Ice*,London:Panther,1970)。

④ P. Linebaugh,《会议报告》(Conference Report),见 *Bulletin*,25,1972 年秋,劳工史研究会。

⑤ 译注:指支持斯图亚特王朝君主詹姆斯二世及其后代夺回英国王位的一个政治军事集团,多由天主教教徒组成。

⑥ 译注:罗伯特·沃波尔(Robert Walpole,1676-1745),英国辉格党政治家,后人普遍认为他是英国历史上第一位首相,尽管"首相"一衔在当时并没有得到官方认可。他在 1721 至 1742 年间主导英国政局长达 20 年之久。

⑦ 参见 L. Radzinowicz,《1750 年以来英国刑法及其管理史》(*A History of English Criminal Law and its Administration from* 1750,vol. 1,London:Stevens & Sons,1948)。

国式生活方式和英国社会这一宏大进程中的一段插曲——相比更加"文明的影响手段",这一进程常常更加依赖对恐怖和强力手段的选择性使用。[1]

> 从另一个方面来说,这一现象的背后似乎不仅仅是"犯罪"扩大的问题,它同时还意味着一个具有强烈财产意识的寡头统治集团通过自己手里掌握的立法权,把共享使用权、森林狩猎活动以及产业活动中的额外补贴等做法都重新界定为盗窃或犯罪行为。因为随着犯罪现象的增加,统治集团的地位也日渐上升……在处于统治地位的寡头集团的意识形态中,财产具有至高无上的价值,而最能明确体现这一点的就是法律意识形态及其实践。[2]

实际上,法律与这一更为宏大的目标之间并不是从来都维持着一种简单完美的协调关系,而且司法系统的威严恐怖也常常因为宽大处理的手法而得以软化。但这些事实没有从根本上推翻这样一种看法,即从长时段的历史轨迹来看,在整个 18 世纪,法律观念及其实践的变化与资产阶级的财产观念及其实践的变化齐头并进,两者之间保持着一种"大体协调的关系";法律成为具有特殊地位的统治工具之一,其作用不仅仅是通过强制手段迫使民众服从新的制度结构,而且还要确保财产观念在意识形态上的统治地位,即保证财产观念具备正当的权威性:"法庭处理的事务大多与恐怖、疼痛和死亡相关,但它也可能会涉及道德理想、对专制权力的控制以及对弱者的同情。这样做在很大程度上使得对法律的阶级利益的遮蔽成为可能。意识形态所能带来的第二种好处就是它的普遍性。"[3]因此,当与"黑人"有关的紧急情况发生时:

> 构成这种"紧急情况"的情形包括民众对当权者的反复羞辱;对皇家和私人财产的双重破坏;社会要求不断高涨的联合抵抗运动所产生的紧张气氛,尤其是在"约翰王"当政时期;濒临阶级战争的征

---

① 参见,同上;Thompson,《辉格党人与猎人》,前揭;以及 Hay,Linebaugh 和 Thompson,《阿尔比恩的绞刑架》,前揭。

② Hay,Linebaugh 和 Thompson,《前言》,前揭,页 13。

③ D. Hay,《财产、权威与刑法》(Property, Authority and the Criminal Law),见《阿尔比恩的绞刑架》,前揭,页 55。

兆,具体表现为在动荡地区,那些忠诚于当权者的绅士阶层成为被攻击的对象,并在试图维护社会秩序的过程中遭到孤立和唾弃。[1]

在我们上面已经引用过的《财产、权威和刑法》(*Property, Authority and the Criminal Law*)一文中,道格拉斯·海(Douglas Hay)从一个更广阔的背景出发探讨了这些关系。他认为,在 18 世纪,"单靠恐怖手段无法实现这些目的。恐怖只是塑造权威的原材料,而阶级利益和法律结构本身则将其转变为一种更有效的权力工具"。[2] 根据海的看法,"在整个这一时期,法律作为树立权威和培育价值体系的手段,具有至高无上的地位"。[3] "统治阶级在国家内部实施自己的权力。国家通过强制手段实施惩戒,而这种强制手段必须是合法的,无论这种合法性是多么不完善。因此,国家权力的运作也离不开意识形态的作用。"[4] 在这一时期,法律所发挥的关键作用不仅表现为维系有利于特定寡头统治集团——农业资本主义的政治代表——利益的特定的公共秩序,同时也作为主要的公共"教育者",发挥着宣扬特定财产观念的功能:对一些人严惩不贷的目的在于以儆效尤。而法律权威的这种指导作用在一定程度上恰恰来自法律的庄严、专制、盛大场面和仪式——这些仪式所体现的就是"权威"观念本身。而且,正如汤普森所指出的那样,这些仪式"在大众文化中也处于核心位置"。[5] 的确,公开展示的仪式处在法律的核心,包括法庭的一整套礼仪、地方执法官的巡视活动、公开行刑,最后都成为民谣和报纸大幅报道的对象,所有这一切构成了一种具有警示性的道德力量。(当我们说在英国大众意识形态中人们对法律——或许不是具体的法律条文,而是抽象的法律精神——怀有强烈的崇敬之情时,我们不应忘记这一点是如何实现的,是谁推动了这一点,为了什么样的目的。)如果说在 18 世纪,财产成为衡量一切事物的标准的话,那么,法律则成为最有效的衡量工具之一。海同时还提醒我们注意"财产"这一概念的本质,因为正是围绕这个概念,法律体系通过错综复杂的手段确立了人们对财产权的尊重和强制的义务关系。作为他那个时代最卓越的法学家之一,布莱克斯通对"财产"概念进

---

[1]　Thompson,《辉格党人与猎人》,前揭,页 191。

[2]　Hay,《财产、权威与刑法》,前揭,页 25。

[3]　同上,页 58。

[4]　同上,页 62。

[5]　Hay, Linebaugh 和 Thompson,《前言》,前揭,页 13。

行了如下界定："在财产权之外,我们无法找到任何一个可以如此广泛地触及人类的想象和情感的观念;或者换言之,财产权意味着一个人可以在将其他一切个体排除在外的情况下,对其所拥有的外在之物实施独占的专断的支配权。"①这不只是从法律上巩固阶级统治这么简单。在提到同一时期的历史时,莱恩博(Linebaugh)指出:

> 正是通过从 18 世纪的资本视角来观察犯罪问题,我们才得以深刻理解这个议题在"资本和劳工之间长期斗争"中的重要性。……在"自由"流动的劳动力被组织和创造出来、国内市场得以形成以及薪酬待遇发生变化的历史过程中,18 世纪的犯罪问题发挥着不可或缺的作用。换言之,犯罪问题既是 18 世纪资本主义发展的结果,也是它要力图实现的主要目标的一个组成部分。②

然而,正如汤普森指出的那样:"在小治安法庭和季度法庭(petty and quarter sessions)上,治安官通常以偷猎、攻击、盗伐……甚至是偷鸡的罪名对被告做出判决。而在巡回法庭上,法官的审判对象是伪造货币者、暴乱分子、盗羊人以及那些携女主人的贵重物品逃跑的女佣。还没有研究证实这些法官的审判对象是来自不同亚文化的不同类型的人。"③

法律和司法系统的阶级特征、两者与资本客观要求的结合(articulation)、财产的分配以及葛兰西所说的通过法律对处于从属地位的无产阶级进行"教育",所有这些都是非常复杂的过程。我们不能基于对某些必要的"功能匹配"或社会形态中不同层次间的自然对应关系的假设,以一种线性演化的方式来理解这些方面发展的历史过程。在 18 世纪的这种复杂局面中,法律发挥着十分显著的作用。这种情况在随后的几个世纪里发生了巨大变化。这并不是说法律获得了持续的进步;实际上,在雅各宾专政时期和拿破仑战争后风起云涌的复杂局势中,法律环境反而变得更加高压和严酷。而且,我们也不能仅仅从犯罪与法律的关系角度来理解法律的发展问题,因为发生变化的情况之一恰恰就是法律、司法机构和

---

① W. Blackstone,《关于英国法律的评论》(*Commentaries on the Laws of England*, vol. 2, London:T. Cadell,1793—5);转引自 Hay,《财产、权威与刑法》,前揭。

② Linebaugh,《会议报告》,前揭。

③ E. P. Thompson,《会议报告》(Conference Report),见 *Bulletin*,25,1972 年秋,劳工史研究会。

国家在文化霸权模式的构成中所处的地位。与农业资本占主导地位的社会形态相比，法律在以自由放任以及后来的垄断工业资本主义为特征的社会形态中所处的地位是不同的。所以，在这里，我们不可能找到某种简单明了的"演化序列的规律"。① 法律的确以一种渐进且不平衡的方式变得不那么专断，更具有"公正性"，实施过程也变得更加理性，更加"独立自主"。人命关天的刑法典也经历了现代化转型：乡绅直接担任地方治安执法官的做法逐步减少；常规的专业警察逐渐取代了军队、义勇骑兵和业余执法官的角色，成为实施法律的主力。一个不变的事实是，从争取议会改革的斗争、工会的形成、19 世纪 20 年代的社会动荡时期、宪章运动、19 世纪 60 年代以大众改革为目标的示威浪潮、19 世纪 80 年代的失业危机、19 世纪末新工联主义运动带来的动荡，一直到第一次世界大战前后形势高度紧张的时期，在 19 世纪以来每一个关键的政治转折点上，"执法机构"以及法律本身始终扮演着十分关键的角色：无论当时的制度是何种形态，它们都是捍卫现存制度的最后堡垒。尤其重要的是，不断壮大的工人阶级促使法律系统以更加谨慎和"公正的"方式来履行这一职能，使之不再是有产阶级的专利，转而服务于关于"公共秩序"和普遍利益的诉求，从而使之获得了合法性。法律受到持续的压力，逐渐向一种更具有公正性的立场转变。至于说法律是否像一个世纪前那样继续发挥着教育功能则有待进一步讨论。② 只有在工业资本逐渐取代土地资本这一资本模式变迁的框架中，我们才能对上述法律地位的变化做出合理的评估。工业资本取得主导地位这一发展过程改变了一切事物，包括作为新统治阶级联盟组织核心的资本主义国家的本质和地位同样发生了变化，而确立法律功能和地位的最直接的依据正是资本主义国家本身。在这个漫长的转变过程中，我们不应忽视这样一种矛盾现象，即司法机构不断增加的"自主地位"恰恰是通过对"法治"和"分权"原则更加严格的贯彻来得以实现的。如果说这种变化不断模糊了法律及其实践的阶级性的话，它同时也确保了穷人和无权者能够在一定程度上获得真正有实质意义的正义，并使得

---

① 　参见 K. Marx，《政治经济学批判大纲》导言（1857 年），前揭；L. Althusser，《矛盾与多元决定》（Contradiction and Overdetermination），见《保卫马克思》，前揭；Poulantzas，《政治权力与社会阶级》，前揭；以及 S. Hall，《马克思论方法：对"1857 年导言"的"解读"》（Marx's Notes on Method: A 'Reading' of the '1857 Introduction'），见 *Working Papers in Cultural Studies No. 6*，C. C. C. S.，University of Birmingham，1974 年秋。

② 　参见 Hay，《财产、权威与刑法》，前揭。

日常法律实践不受行政机构的直接干预。工人阶级必须把法治进步、言论和集会自由以及在工作场所进行罢工和自我组织的权利视为自己奋斗的胜利成果，而不是"资产阶级慷慨让步"的结果。毫无疑问，要想取得这些进步成果，必须在关键时刻展开具有一定持久性的斗争。但人们在回顾历史时，却强调了法律的文明进步及其在"征服暴力"的过程中所发挥的作用，从而让这种令人振奋的迷思（myth）抹去了那些实际上充满断裂和斗争的历史过程。长期而言，民法所强调的契约的不可违背性和刑法对私有财产的捍卫日益成为基本的法律前提，法律系统在面对社会运动和政治异议者时往往以社会秩序稳定的名义实施压制性的"治安"功能。由此看来，法律始终是服务于国家利益需要的工具。与 18 世纪的情形相比，法律、资产阶级社会形态和工业资本发展之间的关系变得更加复杂，并呈现出不同的特征。我们不能就此认为这些要素之间的复杂关系已经终结了，或者说这种关联性已经彻底消解了。正如格里菲思（John Griffith）最近指出的那样："司法系统的政治中立性是一个迷思，是掌权者们最喜欢的虚构之一，因为这种说法具有迷惑性和遮蔽性……这种含混模糊的状态正是我们的政治制度得以繁荣昌盛的基础……司法系统当然不会认为自身的这种成见具有政治、道德或社会属性。相反，它将其称为公共利益。"[1]我们会很快回过头来对这些自相矛盾的发展进行详细考察——与其说它们是法律自身内部历史的一部分，不如说它们是资本主义国家"区域"历史和不断变化的文化霸权模式的一部分。但无论是在历史上还是在当下，迄今为止，我们已经有充分的把握确定这样一个事实：犯罪以及控制犯罪的活动并不是独立自主的领域，因而需要进行历史解释的不只是那些"社会性"犯罪现象。

从"控制文化"到国家

在一定程度上，包括法律体系、警察、法院和监狱系统在内的与"法律"有关的全部要素显然都是现代资本主义国家司法机构的组成部分。但这主要是从描述性的或纯粹制度意义上说的。大多数犯罪学理论，包括"激进犯罪学"的许多理论，在概念上或理论上都忽略了国家的重要性。

---

[1]　J. Griffith，《司法的政治》（The Politics of the Judiciary），见《新政治家》，1977 年 2 月 4 日。

在传统理论中,国家通过法律的实施实现自身权力运作的过程被认为是只具有形式性意义,人们并不认为实施法律的方式本身有什么问题。即便是从法律系统内部来看,这种状况也是无法令人满意的。而一旦我们扩大视野,把司法系统与国家的其他维度和组织机构之间的关系纳入考虑范围的话,我们自然会需要一个比自由民主理论那种老套且反复被提起的常识性看法更加完善的分析框架。实际上,这些常识性看法是以英国立宪主义(constitutionalism)这一最具有英国特色的意识形态为基础的。正如丹宁(Denning)勋爵所指出的那样:

> 理论上,司法系统是处于政府和民众之间的一股中立力量。法官以不偏不倚的方式解释和应用法律⋯⋯英国的法官从来没有以这种超然的态度实施过审判⋯⋯在涉及刑法时,法官们至少会觉得在维护社会秩序方面,自己与控方的关切是一致的。[1]

在本书中,我们在前面的章节中已经详细分析了与"行凶抢劫"有关的各种不同控制机构之间的关系:警察、司法和媒体。莱姆特(Lemert)用"社会控制文化"(societal control culture)这个说法来指这些机构针对特定犯罪现象所采取的协调一致的行动。用他的话来说,所谓"社会控制文化"就是那些"以集体的名义帮助、改造、惩罚或反过来操纵越轨者的各种法律、程序、计划和组织机构"。[2] 这个定义为我们提出更加激进的犯罪和越轨理论提供了一个起点。它强调了这些不同控制机构之间的关系在界定和控制犯罪方面所发挥的至关重要的作用。在这里,"文化"一词提醒我们,把这些机构联系起来的不仅是它们的控制功能,还有它们所共享的一套"关于世界的定义",以及它们共同的意识形态视角。在更加严格的"相互作用"理论中,越轨和犯罪现象取决于不同的"情境定义"之间此消彼长的关系,这些定义在权力天平上的重要性大体一致。与之相比,莱姆特的观点则提醒我们,如果标签化是识别和控制越轨行为过程的一个重要方面的话,那么,谁有权力对谁贴标签,也就是贝克后来所说的"可信性的等级体系"(hierarchy of credibility)[3],就成为一个十分重要的问题。

---

[1]　转引自 Griffith,《司法的政治》,前揭。

[2]　E. M. Lemert,《社会病理学》(*Social Pathology*,New York:McGraw-Hill,1951)。

[3]　Becker,《我们与谁站在一起?》,前揭。

"社会控制文化"以特定制度为基础,以意识形态为支撑,在时间上具有稳定性和延续性,反映了权力在立法者和违法者之间极度具有偏向性的分配状况。因此,这个观念在理论上具有极其重要的意义,因为它有助于纠正"相互作用"理论中存在的脱离历史和物质条件、排斥权力概念(以及对立、斗争、冲突、抵抗和敌对状态等相关概念)的倾向。

　　然而,就本书的研究目的而言,这种"控制文化"的分析路径又似乎不够准确。虽然它界定了社会的权力中心及其在社会控制过程中的重要性,但它没有从历史的角度对这些权力中心进行定位,故而无法确定重要的变化节点。同时,这种方法也没有在不同的国家或政权类型之间进行充分的甄别,没有明确说明特定的法律秩序究竟是在何种社会形态中被建立起来的,没有考察这些国家机构如何在发挥共识功能的过程中同时也扮演了压制性的角色。结果是,无论是具有不同多元化程度的"多元社会",权力只在精英群体中分配的"大众社会",还是不同权力集团可以相互抗衡的"民主社会",都可以与"社会控制文化"这个概念相匹配,从而导致这个概念失去了明确的历史意义。简言之,这个概念并不以国家理论为前提,自然也就更不可能把资本主义发展的特定阶段——比如,"晚期资本主义"时期的阶级民主——的国家理论作为自己的论述前提了。因此,除了出于一般的描述性目的之外,我们在本书中不再使用这个概念。

　　相反,我们决定把"法律"问题重新放到经典国家理论的脉络中进行考察。从根本上说,法律与犯罪、社会控制与合意、合法与非法以及守法、合法化和对抗关系等一般性问题与资本主义国家以及阶级斗争的问题有着明确的联系,都是这个总问题的组成要素。我们认为,无论是发挥民事还是刑事功能,无论是在常规还是"非常规"运作中,法律在资产阶级社会形态中的核心作用始终是维系文化霸权的基本模式。就本书的研究主题而言,我们所要关注的国家形式是一种后自由放任的国家模式,即所谓福利国家。这种国家模式的建立和运作是通过高度发达的议会民主这种特定的政体形式来实现的。但与此同时,本书研究的这种国家形态也处在一个特定的历史情势之中,即我们会在后文进一步详细讨论的"文化霸权危机"。我们会努力把对"行凶抢劫"问题的讨论提升到一个更复杂的层次,使之与国家、政治—司法机构、特定的政治形势以及合意、合法化、强制和宰制的形成模式等这些对特定文化霸权的维系或瓦解来说至关重要的要素联系起来。

　　为了在国家和犯罪问题之间建立起这种联系,我们试图借鉴并发展马克思主义的国家理论，特别是马克思主义理论中关于法律、犯罪和国家之关系的看法。但不幸的是，我们在马克思和恩格斯的著作中没有找到关于这一问题的系统论述。当然，这一理论命题的构成要素都在他们的论著中出现过，但我们需要在考虑当下发展实际的情况下，对他们著作中的零散论述进行综合分析，而不能随意加以引用。的确，正如许多马克思主义理论发展不够成熟的研究领域的情况所表明的那样，许多从马克思主义传统出发得出的结论都显得十分简化，这显然与我们的研究目的相悖。比如，这种过度简化的马克思主义的例子之一是这样一种观点：一般来说，资产阶级社会的法律规范和规则反映并支持资产阶级主导的经济关系；或者换一种说法，在阶级社会中，法律是阶级统治的工具。这种说法或许可以为我们发展出一套国家与法律关系的马克思主义理论提供一个基本的出发点，但总的来说，这种看法过于普遍、抽象和简化，在形式上太过粗略和笼统，故而用处不大。它有一定的作用，但作为论证过程的出发点显得不够充分。因此，即便是冒着在一些一般性理论问题上兜圈子的风险，我们也认为有必须要对法律、犯罪和国家这几个我们会在后面的分析中引用到的基本概念进行更加详细和明确的界定。

　　在通过批判各种形式的唯心主义思想来发展自己的唯物主义理论的过程中，马克思指出自己的研究结论是，"法的关系正像国家的形式一样，既不能从它们本身来理解，也不能从所谓人类精神的一般发展来理解，相反，它们根源于物质的生活关系"，[1]黑格尔以及法国和英国理论家把这种物质的生活关系的总和称为"市民社会"；而对市民社会的剖析，"应当到政治经济学中去寻求"。对市民社会和国家（葛兰西称之为"上层建筑的两个主要层次"）之间的复杂关系起关键性决定作用的是物质生活的生产和再生产方式。这个一般性的论点必须放在特定的历史语境中来理解："每种生产形式都产生出它所特有的法的关系、统治形式等等。"[2]因此，和其他上层建筑形式一样，法律存在的目的也是为了"维系特定的生产方式"。但马克思坚持认为，"法律在巩固分配关系方面的影响和它们由此对生产发生的作用"，需要单独加以考察。[3]　在《政治经济学批判大

---

　　①　K. Marx，《政治经济学批判序言》(Preface to Critique of Political Economy)，见 *Marx-Engels Selected Works*，第 1 卷，前揭。

　　②　Marx，《政治经济学批判大纲》，前揭。

　　③　K. Marx，《黑格尔法哲学批判》(*Critique of Hegel's Philosophy of Right*，Cambridge University Press，1971)。

纲》导言中,他反复指出,"可是,这里要说明的真正难点是:生产关系作为
法的关系怎样进入了不平衡的发展。例如,罗马私法……同现代生产的
关系。"(强调为笔者所加)[1]显然,从这里我们可以看出,一方面,马克思
认为在长时段或特定时代的意义上生产方式的发展水平对法律关系起着
决定作用,但同时他又并不认为两者间存在一种简单的、透明的或直接的
对应关系。相反,他的论述说明他主张法律关系具有"相对的自主性"。
对于马克思提出的这种"不平衡性"概念,恩格斯似乎至少对其中涉及的
某一维度表示赞同。在讨论经济发展和法律的关系时,恩格斯指出,在英
国,"陈旧的封建法律"中被注入了资产阶级的内容;而像《拿破仑法典》
(*Code Civil*)这样的"资产阶级社会法律",成功地推动了法国资本主义
的发展,却与普鲁士的情况不相适应。在另一篇论著中,恩格斯指出,"国
家一旦成了对社会来说是独立的力量,马上就产生了另外的意识形态。
这就是说,在职业政治家那里,在公法理论家和私法法学家那里,同经济
事实的联系就完全消失了。因为经济事实要以法律的形式获得确认,必
须在每一个别场合都采取法律动机的形式……"[2]这样,对于一种马克思
主义性质的分析来说,关键的问题在于如何理解法律关系和一种特定社
会形态的其他层面之间的"不平衡的对应关系",如何理解国家既可以服
务于"某个阶级的优势地位……生产力和交换关系的发展",同时又以一
副"明显地凌驾于社会之上"的独立力量的面目出现,调节社会内部各种
相互对立冲突的力量之间的关系。[3]

　　在《德意志意识形态》中,马克思和恩格斯强调,统治者"除了必须以
国家的形式组织自己的力量外,他们还必须给予他们自己的意志……以
国家意志即法律的一般表现形式"。[4] 因此,国家并不是独立于阶级斗争
之外的,而是倾向于成为一种有利于统治阶级联盟关系的结构。通过这
种结构,统治者能够"赋予自己的思想以普遍性的形式,把它们描绘成唯
一合乎理性的、有普遍意义的思想"。[5] 列宁也坚持认为,国家是"阶级矛
盾不可调和的产物和表现";他继续写道,国家"建立一种'秩序'来抑制阶
级冲突,使这种压迫合法化、固定化"。因此,这里出现了一个同样的矛盾

---

① Marx,《政治经济学批判大纲》,前揭。
② Engels,《路德维希·费尔巴哈和德国古典哲学的终结》,前揭,页359。
③ 同上。
④ Marx 和 Engels,《德意志意识形态》,前揭。
⑤ 同上,页66。

现象：国家是阶级矛盾的产物，但又通过调节阶级矛盾来实现阶级秩序的固化。[①] 这样，国家"超越于阶级"的调节和抚慰功能，恰恰是在资本主义社会生产生活这一历史发展的特定阶段里，国家的阶级本质的一种表现形式之一。用一种似乎有点自相矛盾的方式来说，实际上，在特定的历史阶段，国家"在最后关键时刻的决定性作用"能够得到最有效的发挥，只能通过它的"相对自主性"来实现。（阿尔都塞非常正确地指出，我们必须同时把握"同一链条的两端"。）一方面必须反对那种试图在生产方式、国家形式和法律特征之间建立某种简化的直接的"对应关系"，另一方面，强调社会形态不同层面之间关系的"非平衡"特征也是有必要的。但在这个过程中，如何准确"理解"这种不平衡的对应关系的本质，却常常被忽略了。普兰查斯（Nicos Poulantzas）对社会形态不同层面之间的非对称性关系（经济、政治和意识形态的"相对自主性"）的论述非常有说服力。但重要的是，我们注意到，即便是普兰查斯也不得不认为有必要回到这样一种经典假设："私人资本主义和垄断资本主义分别对应于非干预性国家和干预性国家。"[②] 人们在援引普兰查斯关于"相对自主性"的论述时，常常没有意识到这个观点是以他对所谓"倾向性组合"（tendential combinations）的分析为前提的。

但是，阶级斗争究竟是如何经过国家的转化，以阶级矛盾和解的新形式再次浮现出来的？这个问题已经涉及马克思对"表现"（appearance）以及其他类似术语的用法。[③] 马克思对"表现"一词的用法总是带有强调的意味。在马克思的著作中，"表现"与常识意义上的"假象"（false appearance）并不是同一个意思，因为人们通常会把后者理解为一种视觉上的幻象，即存在于人们想象中的一种空想。马克思所谓的"表现"实际上暗含着一种表征（representation）理论。根据这种理论，社会构成是一个复杂的统一体，其中包含了许多不同的层次和实践形式，而一种特定的关系在

---

① V. I. Lenin，《国家与革命》（*The State and Revolution*，London：Lawrence Wishar，1933），页 13。

② Poulantzas，《政治权力与社会阶级》，前揭，页 150。

③ 参见 N. Geras，《马克思与政治经济批评》（Marx and the Critique of Political Economy），见 Blackburn 编，*Ideology in Social Science*，前揭；J. Mepham，《〈资本论〉中的意识形态理论》（The Theory of Ideology in *Capital*），见 *Working Papers in Cultural Studies No. 6*，C. C. C. S.，University of Birmingham，1974 年秋；M. Nicolaus，《序言》（Foreword），见《政治经济学批判大纲》，前揭；Hall，《马克思论方法》，前揭；以及 J. Ranciere，《批评的概念》（The Concept of Critique），见 *Economy and Society*，5(3)，1976。

不同层面所产生的效果之间并不必然存在同一性或对应关系。因此,从这个意义上说,"表现"之所以具有虚假性,并不是因为它们是不存在的幻想,而是因为它们会诱导我们把表面效应错认为是真实关系本身。正如葛兰西所指出的那样,"所谓的'显而易见的'和'表现'的说法所表示的恰恰就是这个意思,而不是别的意思……这些说法一方面意味着一切意识形态体系在本质上都是终究要消亡的,同时也意味着所有意识形态系统都有其历史合理性和必要性"。① 这样,在资本主义生产领域中,资本和劳动力之间的不平等交换就表现为——同时也被转化为——商品在交换领域依据其"价值"进行的"等价交换"。进一步而言,在生产中对剩余价值的不平等提取也就以工资合同的形式表现为"做够一天工,给够一天钱"。因此,国家以资本利益代言人的身份所进行的"再生产性的"(re-productive)活动就披上了中立性的外表——超越于阶级矛盾之上,以中立者的姿态在政治司法层面对之予以调解:"为了确保这些敌对关系中的各方……不至于在无谓的斗争中毁灭自身和社会,一种显然超越于社会之上的权力就变得十分必要了,从而可以调解这些冲突,使之始终保持在'秩序'所允许的范围之内。"②

我们可以看到在《资本论》中也存在这种"表征"理论,比如,在关于"工资形式"的讨论中。无论是在日常的资产阶级常识意义上,还是在政治经济意义上,人们对工资这一现象的"体验"和理论上的解释都是把它看作是资本家和劳动者之间的一种"等价交换"形式,唯一对其起作用的就是劳动力市场这个"看不见的手"。马克思指出,这种"等价交换"的形式实际上"从根本上来说"是建立在生产关系的基础之上的。通过这种生产关系,剩余劳动以剩余价值的形式被资本家剥夺了,因此它既不是自由的,也不是平等的。但这些关系显然是以等价的市场关系的形式"存在的"。在交换领域,工资关系既"代替"同时也掩盖了另一种关系。很显然,这当然并不意味着工资关系是一种纯粹虚构的东西,或一种想象的建构物。对资本来说,工资关系是一种真实可见的同时也是必要的关系。工资是实际存在的事物。实际上,对资本主义"生产关系"来说,工资是绝对有必要存在的,因为工资正是资本促进自身的一部分——即所谓"可变

---

① Gramsci,《狱中札记》,前揭,页 158。
② F. Engels,《社会主义从空想到科学的发展》(Socialism:Utopian and Scientific),见 *Marx-Engels Selected Works*,第 2 卷,前揭。

资本"(variable capital)——得以发展的必要形式。由此,劳动力可以通过勉强维系家庭这一"再生产"领域的生存来实现自我的再生产。工资同时也是吸引工薪阶层在不同的劳动力市场之间流动,进而分布于不同生产部门的一种手段。因此,工资是生产性资本的一部分,其必要性在于它可以维系劳动力的再生产。但在资本主义条件下,工资所具有的这种特定"形式"使之看起来似乎只属于流通领域,即劳动者"做够一天工"之后应得的"合理报酬"。工资在这一领域呈现出来的表象(例如以金钱的形式)对劳动者掩盖了这样一个事实:他所获得的报酬实际上只是他已经生产出来的成果的一部分而已,而且这种报酬体系对资本家有利,因为它能够确保劳动者再生产出资本家的生产循环能够不断进行下去所必需的劳动力:

> 工人阶级的个人消费,在绝对必需的限度内,只是把资本用来交换劳动力的生活资料再转化为可供资本重新剥削的劳动力。这种消费是资本家最不可少的生产资料即工人本身的生产和再生产。……工人阶级的不断维持和再生产始终是资本再生产的条件。①

在提出上述论断之前,马克思提到"一个货币额转化为生产资料和劳动力……是在市场上,在流通领域进行的"。但他也指出,"剩余价值的分割和流通的中介运动模糊了积累过程的简单的基本形式"。② 他认为,"产品的商品形式和商品的货币形式掩饰了"资本的交易。他指出,在这种联系中,"资产阶级经济学家"由于"头脑狭隘"而"不能区分表现形式和它所表现的东西"。"资本在流通领域所采取的"特定"形式"以及资本"再生产的具体条件"都"隐藏在这些形式之中"。③

因此,资本必须不断通过流通网络以及会对其在同一层的转化产生影响的各种形式,来实现自己的循环,从而"在流动中持续不断地进行自我更新"。因此,流通领域对资本循环来说是必不可少的环节,虽然说与此同时也恰恰是资本的这些交换形式"掩盖了其内在运作机制"。显然,交换形式并不足以充分地表达或把握作为一个整体的资本家和劳动者之

---

① 　K. Marx,《资本论》(*Capital*,London 1974),第 1 卷、第 23 章,页 572。

② 　同上,第七篇。

③ 　同上,第 23 章,页 568—9;第七篇,页 565。

间生产关系的总和,因为这些形式所表现的只是通过交换来实现价值的一"瞬间"。然而,在马克思看来,恰恰是在流通领域的边界之内,"劳动力的买和卖才得以进行,这个领域确实是天赋人权的真正乐园。那里占统治地位的只是自由、平等、所有权和边沁"。① 简而言之,恰恰是资本在流通领域所呈现出来的这种单一表象,是一切在政治、法律和意识形态等上层建筑领域发挥组织作用的概念和话语的源头。

我们可以学习马克思在《资本论》中讨论工资形式问题时所使用的分析方法,来理解资本主义国家的问题。由政治司法机构组成的国家看起来似乎独立于任何特定的阶级利益,是"普遍利益"与"普遍"权利和义务的化身。然而,恰恰是通过这种国家形式(而且经过特定资本主义生产方式的发展阶段之后,成为唯一的国家形式),特定阶级的利益才能够被作为"普遍利益"加以保护。

在《路易·波拿巴的雾月十八日》和其他一些讨论历史问题的著作中,马克思详细讨论了政治和司法领域对于生产方式的这种"相对独立性"。马克思指出,1851 年 12 月在法国发生的危机,以及没有一个阶级或阶级联盟能够成功掌握国家权力,从而导致"波拿巴式"僵局,这些事实都反映了当时法国生产方式的落后性;正是这种"不发达的"生产方式成为"波拿巴式"政治解决方案能够成为现实的基本条件。但这种生产方式并不会决定政治危机中每个阶段的特定阶级关系的实质性内容。相反,正如马克思已经指出的那样,政治危机承载了包括社会共和制、民主共和制和议会共和制在内的一系列不同的政权形式,每种形式都代表着试图在不同阶级力量之间实现平衡的努力,尽管所有的努力都失败了,从而最终又倒退到"个人专制"的统治形式。② 这些不同的政权形式是阶级关系和阶级斗争在政治层面的产物:作为政治解决方案的不同阶段,它们又反过来构造出不同的国家形式。马克思补充道,这些政权都试图以自己的方式"有条不紊地"发展出作为一种独立力量而存在的法国国家形式。在这些反复尝试的过程中,每次形成的阶级联盟越是无法做到依靠自己的力量来建立统治秩序,它就越有可能要求建立一个强力国家来以自己的名义实行统治;然而最后的结果是,没有任何一个阶级联盟能够掌控这样的国家,并以此为基础建立自己的统治。结果,最终通过拿破仑及其"思

---

① 同上,第 6 章,页 176。

② K. Marx,《路易·波拿巴的雾月十八日》,前揭。

想"的统治最大限度实现了对自身利益保护的,是一个小农阶级这个落后的没落阶级中最保守的那部分势力。这个阶级没有能力依靠自身实行统治,也无法以自己的名义实现对国家的掌控。因此,它试图"通过"拿破仑来实现自己的"统治"。实际上,在一段时期内,拿破仑依靠这一阶级成功建立了自己的统治地位。正如马克思注意到的那样,这个阶级在拿破仑的统治之下,曾经呈现出"一片欣欣向荣的景象";但从长期来看,它无疑是阻碍而不是推动了生产力和资本主义生产关系在法国的发展。于是,作为马克思较为成熟的历史论著中对政治个案最精彩的分析,《路易·波拿巴的雾月十八日》为我们深入理解国家形式与社会形态的其他层面之间不平衡的对应关系提供了一个极具启发性的范本。最终,尽管采取了波拿巴式的解决方案,法国这种充满内在矛盾的生产方式的发展还是导致政治危机形势急剧恶化。在这场危机中"发挥作用的"阶级和各种阶级派系构成的复杂态势与这种发展的不发达状态相匹配:一方面,工业资本在法国经济中尚未处于主导地位,另一方面,法国经济依然是多种不同生产方式不平衡地混杂在一起的产物。因此,在当时的历史条件下,法国生产方式的发展水平在一定程度上限制了政治解决方案的可能性。在马克思看来,"波拿巴主义"在本质上既是一种化解僵局的办法,同时也是一种拖延:"这样,法国逃脱整个阶级的专制,好像只是为了服从于一个人的专制。"①这种政治"解决方案"并没有进一步推动而是阻碍了生产力的发展。因此,马克思的这篇著作极其出色地向我们解释了政治领域如何既与社会的经济运作过程"紧密相连",但同时又具有"相对的独立性"。通过这篇文献所提供的案例分析方法,我们可以进一步"理解"作为社会形态一部分的政治司法层面如何既具有相对的自主性,但同时又可以在最后关头发挥关键的决定性作用。

国家的法律和政治秩序

行文至此,资本主义国家的法律和政治层面成为我们关心的主要问题。虽然现代资本主义国家的构成主要是政治性的,但它同时也在其他许多领域发挥着重要功能,比如,对经济的直接干预。只不过,我们在此无法对这些其他维度进行考察。因此,下文将要进行的讨论,即便是这种

---

① K. Marx,《路易·波拿巴的雾月十八日》,前揭。

讨论的基本要点,也不能被看作是对现代国家运作模式的一般性描述。在这里,我们关注的焦点只能集中在国家在确立文化霸权的过程中所扮演的角色。这种文化霸权的确立是在政治、司法、意识形态以及市民社会及其组织形式中实现的。

葛兰西的著作极大地拓展了我们对国家及其功能的认识。在他看来,资本主义国家是"确保市民社会服从经济结构的工具"。换言之,国家通过促进资本主义社会关系的生产和再生产的不断扩张,在塑造社会和政治生活的过程中发挥了关键性的作用。这或许已经成为"国家的一项基本功能,尤其是随着相对复杂的社会形态的发展,某些管理领土和司法问题的相对成熟的政治形式已经成为组织和巩固基本生产关系的必要前提"。① 但在资本主义条件下,国家发挥这项功能的方式和规模不仅有其历史独特性,而且与迄今已知的其他社会形态相比都不相同。资本主义是有史以来第一种以"自由劳动力"的出现和主导地位为基础的生产方式;换言之,资本主义条件下的劳动力不再受强制性力量、义务、等级制度或习俗等传统、司法或政治力量的制约,却被剥夺了生产工具(相比之下,从事家庭生产的劳动力则没有)。这种劳动力以"自由"的方式进入到资本生产关系之中,唯一能对这种关系发挥组织和制约作用的是契约、劳动力市场以及在这个市场里发生的劳动力的买卖关系。同样,在一个商品交换成为普遍现象,市场关系居于统治地位,而且每个人都对他人的利益"相互漠视"的社会中,用金钱购买商品成为这个社会的主要活动,这意味着社会发展进入了一个十分独特的历史阶段。前者属于资本主义生产在私人领域的扩张,后者则是"市民社会"扩张的结果。在这种私人资本和市场主导的社会形态中,虽然经济力量具有决定性的作用,但作为其主要特征的社会关系的维系、重建和再生产不可能只在生产领域中完成。资本主义社会关系的生产和再生产条件必须与这一社会形态中的经济、政治和意识形态等所有层面相结合。因此,比如,一个经济领域以私人资本和"自由劳动力"为基础的社会离不开对私人财产和契约关系的司法调节。它需要相应的法律规范来将这些关系制度化,也需要一种法律意识形态来赋予经济动机以某种"司法动机"的形式,同时还需要相应的司法机构来确保这种经济关系符合法律原则,并实施必要的惩戒措施。就资本主义生产而言,最关键的问题是资本和劳动力的交换关系以及对剩余

---

① 参见 Engels,《社会主义从空想到科学的发展》,前揭。

价值的剥夺。但这种劳动力本身必须从物质上被再生产出来。必须有源源不断的新工人来取代老一代或已经去世的工人;工人每天必须得到足够的修养生息,从而能够不断以全新的面貌从事有效率的劳动生产活动。而对经济生产所依赖的劳动力在物质和文化上的再生产的场所,并不处于生产领域之中,而是(通过"基本生活工资"的形式)在家庭消费领域,进而在一定程度上通过性别之间的劳动分工实现的。劳动力的再生产还离不开知识和技能层面的再生产,这是资本主义生产中不断发展的技术性劳动分工的必然要求。这一再生产劳动力的"任务",越来越不是在生产领域,而是在教育领域完成的。

与其他领域相比,教育曾经是一个相对独立的社会机构。但随着历史的发展,教育系统也越来越处于国家的掌控之下。此外,劳动者还必须学会遵守"道德规范、公民和职业良知,而这实际上意味着他们必须尊重劳动的社会技术分工规则,以及最根本的一点,必须尊重现有的阶级支配秩序"。① 实现劳动者在意识形态上的顺从日益成为文化机构的"使命"。同样,国家对这些文化机构的有组织的控制也日益增强。因此,即便在这样一种资本主义生产规则居于统治地位的社会形态中,对这种生产——又被称为社会再生产——条件的维系往往是在明显"非生产性的"市民社会和国家领域中实现的。而在生产关系中得以形成的各种阶级则会围绕这一"社会再生产"的过程相互展开竞争,阶级斗争因此成为贯穿于市民社会和国家领域各个层面的一个关键要素。正是在这个意义上,马克思把国家称为"社会的正式表现"和"人类实践冲突的目录"。② 它"在其形式范围内(从政治的观点来看)是对一切社会冲突、需要和利益的表达"。③ 而根据葛兰西的解释,国家的基本功能就是"组织和联结"。

在葛兰西看来,国家所施加或表达的是一种十分特别的"秩序":凝聚力秩序。当然,凝聚力可以通过多种形式来实现。但显然,凝聚力的实现在一定程度上离不开强力与胁迫。在资本主义再生产体系中,如果有必要的话,劳动者必须经过规训(disciplined)才能成为合格的劳动力;在资产阶级社会中,无产者必须经过规训才能学会尊重私有财产的神圣地位;在一个由"自由个体"组成的社会中,人们必须经过规训才能

---

① Althusser,《意识形态与意识形态国家机器》,前揭,页127。

② Marx,《哲学的贫困》,前揭。

③ 马克思致鲁格(A. Ruge)的一封信。

学会对民族国家这个总体框架本身表示尊重和服从。胁迫是"国家秩序"中必不可少的要素。在负责实施强制性社会规训的"后备军"中,法律和司法机构是最典型的代表。但如果人们都学会了自我规训,或者规训的实施是人们对社会和政治秩序之必要性达成共识的结果,或者至少强迫性措施是在所有人都赞同的情况下实施的话,那么,这个社会的运作显然更加有效。

葛兰西指出,就这一点来说,除了司法或强制性角色,国家还有另一个至关重要的角色:领导、指引和教导的角色。与通过强力实现"宰制"不同,这构成了一个"合意的生产"(production of consent)领域。"在现实中,由于国家往往会创造出一种新文明或者把文明水准提升到一个新层次,我们必须把它看作一个'教育者'……国家的运行是有计划性的,它可以敦促、鼓动、呼吁,也可以'惩罚'。"司法系统显然是一种强制性的制度安排,但在这个过程中它同样需要发挥积极的教育性功能:

> 使得特定生活方式成为"可能的"条件一旦被创造出来,"犯罪或渎职行为"就必须受到富有道德意义的惩罚性制裁……在国家积极推动的文明化发展的整体进程中,法律是其中具有压制性的、消极性的一面……那些值得大加颂扬的行为会得到奖赏,而犯罪行为则必须得到惩罚(在各种惩罚方式中,"舆论"成为典型的制裁形式之一)。①

葛兰西认为,我们不能把这种对合意的管理过程仅仅看成是一种骗局或诡计。因为资本主义生产要扩张,就必须把社会、道德和文化活动的整个领域尽可能地置于自己的掌控之中,从而根据自身的需要来发展和重塑这些领域。当葛兰西说国家能够"创造出一种新文明或者把文明水准提升到一个新层次"时,他所表达的就是这个意思。而法律,他进一步补充道,"将是国家实现这一目标的手段"。②

显然,葛兰西意识到资本主义国家同时卷入了两种权力运作过程——强迫(宰制)与合意(引导)。即便是国家的强迫性的一面,如果这种强迫措施被视为具有合法性,即得到了绝大多数人赞同的话,其实施过

---

① Gramsci,《狱中札记》,前揭,页 247。
② 同上,页 246。

程将会顺利很多。国家通过这两种支配形式来实现自己的权威;实际上,这两种形式贯穿于所有国家机器之中。[1] 尽管如此,葛兰西指出,当资本主义国家运作的"常态"是通过领导力与合意实现时,它也就处于最理想的运作状态。在这种情况下,强迫性措施会被作为"合意的盔甲"悬置起来,而国家也得以有足够的制度空间来承担更有教育性、"道德性"和文化性的角色,从而把社会生活的整体结构逐步纳入到与生产领域相协调的轨道之中。他指出,通过复杂的代表结构,通过议会和政党实现的对社会利益的组织化表达,通过工会和雇主协会实现的对经济利益的表达,通过发展出公众意见的表达空间,通过对公民生活中大量私人联合体的组织化管理,自由民主国家以大众合意为基础,达到了它的理想形式和最充分的发展。所有这些都构成了葛兰西所谓的"文化霸权"得以确立的基本条件。文化霸权并不会自动实现;恰恰是意大利政治生活中文化霸权的匮乏使得葛兰西注意到它。但这种实现文化霸权的状态也恰恰是自由资产阶级社会所"梦寐以求"的。而这个社会的阶级利益的普遍化目标,也只有逐步通过国家的中介作用才能实现。这就是葛兰西所说的"从经济基础到复杂上层建筑的决定性的转化过程"。只有当处于统治地位的阶级能够通过市民社会和国家领域把自己的权威延伸到生产领域时,我们才能说这个阶级具备了实现"文化霸权"的能力。只有通过国家,特定阶级群体结合而成的"历史集团"(historical bloc)才能够"在全社会范围内宣传自己的主张,不仅实现经济和政治目标的一致性,还在思想和道德上实现统一,并以一种'普世性的'(universal)而非'法团式的'(corporate)方式来界定一切引发社会斗争的问题,从而最终实现了这一主要社会集团对其他各种从属群体的文化霸权"。[2]

葛兰西认为,从根本上决定社会形态的是生产关系这一在"最后关头"发挥关键作用的要素;因此,他把资本主义生产中的主导阶级称为"主要社会集团"。但他也意识到,并不存在一个简单的、同质化的统治阶级;他同时还意识到,在不同的历史条件下,这种在生产中处于主导地位的阶级的客观利益,只有通过这一阶级中的特定群体或不同阶级群体的联盟在政治和意识形态上的领导力,才能实现。这样,对葛兰西来说,国家在这种统治阶级联盟的形成过程中发挥着至关重要的作用。这种作用包括

---

[1] 参见 Althusser,《意识形态与意识形态国家机器》,前揭。

[2] Gramsci,《狱中札记》,前揭,页181—2。

把底层群体(subaltern groups)的利益置于阶级联盟的权威之下,从而奠定了统治"集团"存在的社会基础,使之能够把自己的权威延伸和扩展到社会整体范围之内。国家同时也是统治阶级联盟试图"赢得"从属阶级的支持,从而进一步巩固自身权威的领域。在确立文化霸权的过程中,如果要想避免社会形态的凝聚力遭到破坏,或者不断地使用赤裸的暴力手段,那么,主导阶级就必须付出一定的"代价"来确保自身的社会和政治基础始终得到支持。只有国家才能在必要的情况下把这种政治代价施加在狭隘的统治阶级利益之上。无疑,葛兰西相信自由主义的资本主义国家形式已经很好地适应了这种复杂的文化霸权运作机制。通过政治代表机制、政党制度、公众意见表达等手段,从属社会群体在国家的复杂结构中已经获得了正式表达自身需要和利益的空间;通过这些手段,他们对掌握了文化霸权的阶级群体的忠诚和支持得到了"巩固"。同样,"法治"确立了人人平等的原则,从而使得法律获得了一种独立自主的地位,使之能够在合法地建构起来的文化霸权的阶级权力框架内处理一些棘手的问题。经济层面遵循的逻辑同样如此:

> 无疑,文化霸权这一事实的前提条件是必须顾及作为文化霸权作用对象的群体的利益和偏好,从而达成一定程度的利益妥协的平衡……统治集团必须做出某种法团主义式的经济利益牺牲。但同样毫无疑问的是,这种牺牲和妥协不能触及统治集团的根本利益;因为虽然文化霸权是一种道德的和政治性的关系,但它同时也是经济性的,必然以统治集团在经济活动这个核心领域中所发挥的决定性功能为基础。[①]

于是,维系这种"不对等的均衡"状态越来越成为国家的独特"使命"。

因此,在把狭隘的某一特定阶级的统治扩大为一种对整个社会形态发挥作用的"普遍的"阶级领导权和权威的过程中,国家发挥了十分关键的作用。国家的"使命"是要在确保阶级权力得以扩大和普遍化的同时,维持社会整体的稳定和凝聚力。在资本主义社会中,国家的这种相对独立性(即政治对于经济的"相对自主性")是维系凝聚力和团结的必要前提。正因为如此,那种把资本主义国家视为"统治阶级的执行委员会"的

---

① 　Gramsci,《狱中札记》,前揭,页181—2。

看法并没有太大的用处。它准确地指出了国家的阶级本质,却对资本主义条件下国家的特殊性,即国家独立性的基础,语焉不详。人们总是倾向于从政治层面把国家理解为对生产力的"要求"或狭义的统治阶级利益的直接表达。但这种理解忽略了这样一个事实,即主导阶级在政治上完全可以通过自身之外的另一个发挥统治或"治理"职能的阶级来实现自己的权力。这种观点也无法解释如下事实:英国的工业资产阶级在 19 世纪的绝大多数时间里是通过拥有土地的贵族阶级把持的议会来实现自己的"统治"的;而在很长一段时间内,在政治上代表英国工人阶级利益的则是自由党的激进派。

　　只有准确理解资本主义条件下国家的这种"独立性"的基础,我们才能够在安德森(Perry Anderson)所说的英国工业资产阶级从来没有成为真正的"统治"阶级,[①]与马克思和恩格斯所强调的 19 世纪的英国是世界上最具有资产阶级色彩的国家这两种说法之间达成某种一致性。[②] 这个令人感到困惑的事实与马克思所说的资产阶级是唯一一个无法只依靠自身来实现统治的"统治阶级"有关。在论述英国和法国问题的著作中,马克思和恩格斯明确提出了这个观点。[③] 恩格斯认为,这几乎已经成为"一种历史发展的规律,即资产阶级无法像中世纪封建贵族一样在任何一个欧洲国家掌握政治权力"。[④] 之所以如此,原因在于各种不同的资本越来越趋于相互竞争,而这种内部冲突必须通过资产阶级的不同派别之间的内部斗争来得到表达。因此,资本本身或社会资本会逐渐要求一个强势的干预主义国家的存在。这个国家作为"理想化的资本主义总体","服务于资本主义生产方式整体的自我保护、巩固和扩张的利益需求,从而使之免于'诸多资本'之间……不同利益诉求冲突的伤害"。[⑤] 恩格斯指出,国家因此成为一个"资本主义的机器……理想的总资本家"。[⑥]

　　因此,在葛兰西看来,与其说国家是一个整体,或者一个由各种机构组合而成的复杂统一体,倒不如说国家是社会形态的一个特定的领域或

① Anderson,《当前危机的起源》,前揭。

② 参见 Thompson,《英国人的特性》,前揭;以及 Johnson,《巴林顿·摩尔、佩里·安德森与英国社会发展》,前揭。

③ K. Marx and F. Engels,《论不列颠》(*On Britain*,Moscow:Foreign Language Publishing House,1962)。

④ Engels,《社会主义从空想到科学的发展》,前揭。

⑤ E. Mandel,《晚期资本主义》(*Late Capitalism*,London:New Left Books,1975),页 479。

⑥ F. Engels,《反杜林论》(*Anti-Dühring*,London:Lawrence & Wishart,1954),页 386。

层面：它具有自己特定的形式和"任务"，无法被其他任何结构所取代，即便它具有上层建筑的属性。国家扮演着组织者的角色。在经济方面，国家代表资本发挥组织功能——随着资本主义从自由放任发展到国家垄断形式，国家的这种经济组织功能越来越突出。它维系了资本再生产的条件，同时确保社会始终成为有利可图的投资活动运作的空间。但与此同时，国家也通过司法机构发挥组织功能。在这里，司法系统就是"能够对资本交换发挥组织作用，同时为商业竞争提供整合性框架的一组规则"。① 国家的组织功能还体现在意识形态方面，这主要是通过文化领域和教育系统实现的——同样，随着它所服务的生产需求的发展，这种组织功能的范围和复杂性也在不断增加；此外，国家还通过传播媒体以及对公众意见的引导等手段来实现意识形态的组织功能。在市民社会和社会生活领域，尤其是在家庭生活和贫困群体中，通过福利国家的"调节"机制，国家对这些领域的组织作用日益得到强化。总之，国家通过政治，通过政党系统和代议制政治制度，通过"对政治阶级冲突的秩序的维系"来发挥组织功能。② 实际上，这种在政治和法律层面对文化霸权的宰制进行组织管理的过程是资本主义国家特有的功能。通过政治和司法实践，国家确立了特定的政治秩序，实施了特定的法律秩序，维系了特定的社会秩序，而所有这一切都是为资本的利益服务的。

　　建立这样一套复杂的国家机制在一定程度上遮蔽了阶级关系中的经济维度。阶级的政治代表机制让人觉得似乎这些阶级只是由一些"个体公民"构成的。公民与国家的关系是通过法律（法律主体）和政治制度（政治主体）来界定的。国家把自己塑造为所有个体意志的集纳库，是"总体意志"（general will）的化身，能够超然地与特定利益群体之间那些狗苟蝇营的斗争保持距离。它把阶级主体重构为它自己的对象：它自己则成为"国民"（the nation）的化身。政治司法领域为其他领域的公共意识形态确立了核心的参照点。这一领域的意识形态观念凌驾于其他领域之上：关于自由的各种表达方式，"平等、权利、义务、法治、法治国家、国民、个人／个体、普遍意志，总之，所有能够确保资产阶级的阶级剥削能在历史中存在并占据统治地位的说法"都获得了至高无上的重要性。③ 普兰查斯

---

① 参见 Poulantzas，《政治权力与社会阶级》，前揭，页 53。
② 同上，页 53。
③ 同上，页 211。

甚至指出,在资本主义条件下,哲学、宗教、道德话语等其他意识形态领域的关键观念都来自政治司法领域。

自由资本主义国家的"自主性"就这样赋予了统治阶级联盟的主导地位一种普遍化的形式。这种将国家"普遍化"从而使之成为"普遍利益"化身的过程是以大众代表和大众合意机制为基础的。资本主义国家是有史以来第一个以普世投票权为统治基础的国家形态。经过漫长的政治斗争,新兴的工人阶级在"政治社会"中逐渐赢得了一席之地,并最终在20世纪初被正式纳入这个体系之中。这个把所有政治阶级都纳入正式的国家框架之中的过程,是渐进的、不平衡的,甚至还经常遭到顽强的抵制。但与此同时,这个过程也扩大了国家的代表性基础(故而也强化了其合法性),并迫使它看起来越来越"独立"于任何特定的阶级利益。随之而来的是对资本主义国家形态的根本性重构。从此以后,国家通过合意机制,仅仅成为对文化霸权发挥组织功能的"剧场"。它作为"合意的组织者"的功能变得越来越重要,同时也变得越来越得心应手,越来越成问题。只有赢得大众支持,国家才能提出与义务和服从相关的各种要求。

同样,法律也作为国家重构的普遍过程的一部分逐渐获得了"自主性"地位;但它始终是合意和服从机制的一个内在组成部分。法律是资本主义国家结构中相对更具有强迫性的部分;但这种强迫性始终具有合法性,原因在于,归根结底,法律同样是以大众代表机制,即发挥立法职能的"议会所体现出来的人民意志"为基础的。严格和不偏不倚的"法治"以及经典的"分权"原则(孟德斯鸠很久之前就已经准确地阐述了这一原则)都是确保在国家内部实现公民联合契约的正式制度形式,同时也是法律中立性原则的基础。亨特(Hunt)指出,"分权"制度往往会遮蔽司法系统的阶级特性,批评家因此常常会受到误导,错误地夸大国家、资本需求、统治阶级和法律之间的一致性。我们已经指出了这种看法之所以不能令人满意,原因在于这种解释是不够的,是很不充分的。例如,它无法解释法律是如何以及为何在某些情况下会采取不利于特定统治阶级群体利益的干预措施。面对这个问题,通常的看法往往会诉诸阴谋论。同样,这种看法也无法解释为何工人阶级会认为法律在确保生命安全、纾解困境和保护财产方面也能够为他们提供一些保护,这种信念在工人阶级中颇受欢迎,显然不能简单地斥之为"虚假意识"。实际上,我们在前面提到的18世纪法律中的那种公然的专横的阶级本质,反映了那种对新兴的农业资本主义国家同盟发挥维系作用的合意和参与基础是非常有限的,同时也表明,作为"陈旧腐败势力"的代表,这种国家形态的"资产阶级"属性是不成熟的。国家的政治基础越广泛,广大"无选举权"的阶级在国家中的存在感就越强烈,法律就越有可能以一种缓慢的曲折的方式在日常运作中与统治阶级中的掌权派维护本阶级利益的活动保持距离。这种在资本主义国家内部对司法系统进行"重构"的过程表现出十分复杂的辨证属性。政治阶级斗争的发展迫使法律表现出更多的独立性,这在一定程度上为工人阶级提供了司法"空间",使他们能够利用司法手段来捍卫和保护自己的利益;但与此同时,这也意味着法律有了更大的自由度来"维护"和调节资本利益本身。这种"从顶层"实施监管和重构的功能,恰恰是处于统治地位的阶级集团在特定情况下所要求却无法通过自身来完成的,而且它们也并不总是喜欢这种功能。因此,法律的"自主化"并不意味着它不再出于保护资本主义生产方式发展的目的来履行某些关键的司法职能。从某种意义上说,法律现在拥有更大的自由度和合法性来完成这一使命。但这也的确意味着法律必须通过已经发生重大调整的法律结构和法律意识形态,以多种不同的方式来完成这些职能。简言之,这表明自由资本主义国家之所以要不断"完善"其司法制度,原因在于它试图在更高的层面上找到化解制度性冲突的办法。如果没有司法制度的调整,这些冲突会很难克服,虽然这种解决方案与"法治"原则一样,本身也是充满内在矛盾的。

司法系统在国家内部地位的这种带有辨证属性的变化带来了一系列后果,而其中最为关键的一点是,这些后果是充满内在矛盾的。这一点将贯穿于下文的所有讨论之中。一部"超然于"政党和阶级"之上"的"法律"能够也必须时常对资本的某些部分施加法律权威。它必须实施普遍的法律规范和惩戒措施来打击"非法的"资本主义交易活动。因此,"法庭的判决结果并不总是符合国家掌权者的利益"。[1] 它必须把自己的影响力延伸到所有的"法律主体",从而使得维护法律秩序符合每个人的利益。工人阶级从实施和贯彻"法治"原则以及法律赋予的相关权利的过程中获得了巨大的利益,我们不能只顾一味地揭露司法系统存在的问题,从而以一种草率的、片面的方式对这些成就视而不见(参见汤普森雄辩有力但同时也多少有点片面的观点)。[2] 但另一方面,我们也不能忽视,从长期来看,司法

---

[1]　A. Hunt,《法律、国家与阶级斗争》(Law, State and Class Struggle),见 *Marxism Today*,1976 年 6 月。

[2]　Thompson,《辉格党人与猎人》,前揭,页 258 以及后续几页的论述。

系统是服务于资本利益的,而且其发挥这种功能的方式不一定是隐蔽的,而是完全公开的,"合法的"。私人财产、契约等最关键的资本关系已经内化为法律形式的组成部分,这并不是什么秘密。法律把非法行为区分开来的过程,也就是使得法律形式和规范变得公开可见,并对非法行为积极实施制裁的过程。它保护人们的生命安全,对处于孤立无援境地的人施以援手。但与此同时,法律也要捍卫公共秩序;而且在这个过程中,尤其是出现公开的阶级对抗时,它常常要确保社会的稳定和凝聚力,因为一旦失去这些,原本平稳的资本再生产和资本主义关系发展的过程将变得充满风险和不确定性。法律保护社会免受内外部敌人的侵害。法律也会保护现有的社会关系,比如,那些源自社会和性别分工的社会关系,并将其提升到普遍社会规范的层次。法律的运作严格限定在以证据为基础的司法逻辑和司法规范之中,从而在实践中把阶级关系中那些对其平衡性和公正性构成破坏作用的要素始终排除在外。从法律形式的角度出发,司法系统对那些不可能具有平等地位的对象采取了一视同仁的态度。用法郎士(Anatole France)①的名言来说,"法律威严的公正性要求它必须禁止所有人露宿在巴黎的桥下,无论你是富人还是穷人"。法律把"阶级主体"界定为个人;用阿尔都塞的话来说,它不断地"将主体询唤为"法律主体。② 它甚至把企业机构当作"个人"来对待。亨特提醒我们,"很重要的一点是,必须强调法律规则并没有创造出构成资本主义社会的这些关系。但通过把这些社会关系确立为基本原则,并确保它们的正常运作,法律不仅巩固了这些关系,而且在捍卫其现有形式的同时,将其合法化了"。③ 于是,法律逐渐成为国家框架中最公正、最有独立性、最能超然于党派利益之上的东西。它成为最能代表普遍合意的事物。法律"规则"逐渐代表着社会秩序,甚至就是"社会"本身。因此,法律秩序受到挑战就是社会解体的征兆。在这种情势之下,"法律"和"秩序"变成了不可分割的统一体。

文化霸权的模式及其危机

到目前为止,我们已经讨论了资本主义国家的某些普遍特征。在资

---

①　译注:阿纳托尔·法郎士,是法国小说家雅克·阿纳托尔·弗朗索瓦·蒂博(Jacques Anatole François Thibault)的笔名,1921 年获诺贝尔文学奖。

②　Althusser,《意识形态与意识形态国家机器》,前揭。

③　Hunt,《法律、国家与阶级斗争》,前揭。

本主义发展的早期阶段,国家服务于资本主义体系的目标不一定非得要通过安排新兴的资产阶级子弟进入国家官僚系统或政治机构中任职,而是通过别的手段来实现的:首先,它摧毁了那些源自过去的生活方式,对资本的"自由发展"构成束缚和阻碍的结构、关系、习俗和传统;其次,它还积极地指导、塑造、影响、培育、拉拢和教育新兴阶级,使之能够适应新的社会关系,而正是这种关系使得资本主义积累和生产开始"自由地"展开。这是处理不同类型的国家这一更困难的议题时可以采取的一个比较粗略却必不可少的起点,在资本主义发展的历史进程中,正是这些不同类型的国家承担了上述"任务";由此,我们可以进一步分析在资本发展的不同阶段出现的不同任务,以及统治阶级联盟通过国家的调解作用有可能建立和组织起来的不同的文化霸权模式。

在历史上,有多种不同的政治体制与资本主义生产方式是相容的。但这一事实并不会削弱葛兰西的如下观点:无论资本主义国家采取何种"常态"形式,某些特定的机制都是必不可少的。这里的"常态"这个限定条件是非常重要的。虽然法西斯主义与资本主义在倒退时期的关系的本质依然是一个存在巨大争议的问题,但我们不得不承认,资本主义与某些非常态的国家形式(例如法西斯主义国家)也是兼容的。而且,这些特殊的国家形式的目的之一可能就是要"拯救"资本主义,尽管许多常规的资本主义运作方式在这些国家形态中已经不复存在。葛兰西有足够的理由来搞清楚这些"非常态"国家形态的重要性,因为把他投入监狱的墨索里尼的法西斯主义意大利国家政权就属于这样一种特殊的国家形态。然而,尽管我们明白始终存在出现这种非常态国家形式的可能性,但我们更应该记住自由主义和后自由主义国家的"常态"模式的重要性。而这一点主要与这样一个事实有关:无论资本主义国家多么具有组织性,它总是倾向于通过合意模式和强迫模式的结合来确立自己对公民生活和社会的控制。而在这个组合中,合意模式又是最关键的,因为它意味着国家可以通过民众的支持获得合法性。这种"通过合意进行统治"的模式如何对不同类型的国家形成支撑作用?或者换言之,在危机时期,特定的国家形式是如何从一种主要形态转变为另一种形态的?为了回答这些问题,我们可以对英国历史发展进程中的三个关键时期进行简要考察。

如今,人们越来越清醒地认识到,那种认为19世纪中叶的英国是一个非干预性的纯粹自由放任的国家的看法完全是一种虚构。在"自由"国家的鼎盛时期,即大约从19世纪40年代末宪章运动遭遇失败到大萧条爆发的这段时期内，虽然国家在经济和市场事务中一般会采取"不干预"的立场，但实际上，它在引导和管控方面始终是一股重要的力量。正如波兰尼（Polanyi）所指出的那样，对 19 世纪中叶的经济自由主义者来说，自由放任是一个有待实现的目标，而不是对实际状况的描述。如果必要的话，完全可以通过国家干预来实现这个目标。① 追随边沁思想的激进功利主义者无疑会相信，为了确保不受束缚的个体具备自由发展的条件，国家的干预是必不可少的。当然，这正是工业资本在国内逐渐取代包括土地资本在内的其他所有生产方式，成为占据统治地位的生产方式的时期；同时也是资本在全球范围内进行大规模的生产性扩张的时期——通过这种扩张，人类第一次创造出了马克思曾经预言过的"全球网络"。霍布斯鲍姆在最近出版的《资本的时代》一书中对这一历史进程进行了生动的描述。② 随着马克思所说的"大工业"（machino-facture）的到来，现存的生产基础，以及劳动模式和劳动力的内部结构都发生了根本性的变化。在这一时期，国家的角色曾经是"最低限度的"，但又是非常关键的。正是通过国家和议会，许多依然制约着工业资本发展的传统经济制度才被彻底消灭了；《谷物法》（Corn Laws）的废除③就是此类重要案例中的一个。另一个典型的例子是国家对新兴工人阶级的"教化"功能，目的是使之能够适应新的劳动力体制，成为稳定的、常规的、可调控的、不间断的雇佣劳动力提供者。在斗争最为激烈的时期，经济自由主义者向古老的《济贫法》（Poor Laws）的"家长制"发起了猛烈攻击，目的是要把那些即便已经处于赤贫状态的劳动力也直接纳入"生产性劳动"的网络之中。马克思注意到，在对潜在劳动力中最有反抗性的群体进行规训从而使之逐渐适应雇佣劳动习惯的过程中，刑法和惩戒制度发挥着十分重要的作用。④ 与此同时，国家开始通过一系列手段——最初是情况调查，后来是行政干预、

---

① K. Polanyi，《大转型》（*The Great Transformation*，Boston：Beacon Press，1957）。

② E. J. Hobsbawm，《资本的时代》（*The Age of Capital*，London：Weidenfeld & Nicolson，1973）。

③ 译注：《谷物法》是英国 1815 年制订的限制谷物进口的法律，规定国内市场小麦价格低于每夸特 80 先令时，禁止谷物进口，其目的是维护土地贵族的利益。实施该法后，谷物价格骤增，工人要求提高工资，外国也提高了英国工业品进口税，从而损害了工业资产阶级利益，也损害了农民的利益。因此《谷物法》成了工人阶级、工业家与土地贵族冲突的根源。1838 年反《谷物法》同盟成立，总部在曼彻斯特，类似于现代政党，为《谷物法》的废除努力奔走。1846 年，该法被废除。

④ D. Melossi，《刑罚问题》（The Panel Question），见 *Capital*，*Crime and Social Justice*，1976 年春/夏季号。

管控和检查——对劳动条件（主要表现为这一时期的工厂立法［factory legislation］）和工业的爆炸式发展导致的后果（对医疗、卫生和城市整体进行的改革）进行管控。许多这类措施都具有"修复性作用"：没有这些举措，资本主义既不可能变得具有自我调解的能力，也不可能变得如此具有"自主性"。其中一些措施，比如，关于儿童和妇女的工厂立法，以及具有重大意义的对工作时间的限制，都是以牺牲工业资本的短期利益为代价的。在这里，国家为了适应工人阶级不断壮大的力量、权力和有组织的存在，显然不得不牺牲资本的一部分利益，采取了上述司法措施，其目的是要在维系资本的统治地位和避免大规模的工人阶级反叛之间达到一个稳定的"平衡点"。由此我们可以清楚地看到国家的"作用"是如何同时既服务于资本，又限制资本的，并由此导致了一系列充满矛盾的后果。对工作日劳动时间的限制与资本通过延长工作时间来扩大剩余价值的做法是相抵触的。然而，一旦这种限制得以确立，资本就不得不寻求其他能够实现"自我扩张"的手段——通过不断地把"死"劳动（机器）延伸到"活"劳动中来提高劳动的生产效率：从剥夺"绝对"剩余价值转变为对"相对"剩余价值的获取，而这种转变使得资本进入了一个全新的发展阶段。因此，国家的"相对自主性"对处于其监管之下的生产方式造成了一些相互矛盾的后果。

　　在这一时期，政治成为塑造合意的关键机制，而且也正是通过政治系统，处于统治地位的经济集团才能实现其文化霸权。我们在前面的讨论中已经指出，非常重要的一点在于，这种文化霸权的实施过程并不是工业资产阶级以自身的名义或自己直接操作的，而是通过在政府和政治领域占据了治理者角色的土地资本集团来实现的。这种权力从马克思所说的"经济上的统治阶级"向"政治上的治理阶层"转移的过程，对我们理解 19 世纪中叶政治同盟关系的变化是至关重要的。同样，这一点对我们理解这一时期工人阶级如何逐渐正式成为马克思和恩格斯所说的辉格党—激进派同盟（Whig-Radical alliance）的"尾翼"或附属群体也是极其重要的。因为工人阶级政治地位的这种变化，对大规模的工业劳动力的"政治重塑"过程产生了重大的影响。这一时期的历史进程受到围绕议会制度改革问题进行的两次重要斗争的影响。工业资产阶级首先确保自己和与自身利益紧密相关的社会集团掌握了投票权；然后，在 19 世纪历史发展的进程中，它又逐渐被迫把这种权利扩展到工人阶级群体之中。这个过程同样是充满矛盾的。一方面，这些改革把工人阶级整合到正式的政治代表机制之中,从而在一定程度上改变了纯粹为资本利益服务的权力运作机制(也正是因为这种改变是以牺牲部分资本利益为代价的,故而选举权的每一次扩大都会遭到激烈的反对);然而,另一方面,赋予民众选举权的过程(我们必须记住,这一过程直到 20 世纪初才基本完成)也为大众合意机制的形成奠定了基础,从而进一步使得现有的经济和政治权力结构获得了合法性。最终,资本的统治性地位牢牢地建立在"普遍同意"的基础之上。倘若没有国家运作范围的大规模扩张,这些变化是不可能实现的。一方面是正式的政治权力向社会底部的延伸,另一方面则是在顶层对阶级统治权的约束,而唯一能够把这两者协调起来的,只有一个能够超越不同阶级之间的竞争关系,并"缓和阶级矛盾"的"普遍"国家。因此,在这种充满矛盾的发展过程中,国家本身也得到了重构和扩展——无论是其内部结构,还是其运作范围,都发生了巨大变化。这一发展进程在当时已经清晰可见,但尚未得到充分展开。国家角色扩展的一个重要方面是教育改革。这些改革逐渐扩大了国家在技能和知识分配方面的作用,而这与当时同步发生的工业劳动过程日益增加的复杂性是互补的。但许多此类本来会成为国家权力强势掌控的领域,依然是"市民社会"及其团体发起的私人计划要处理的对象:比如,对穷人的道德教化、慈父般的福利传统、家庭生活中的宗教信仰、对"体面"和自立精神的培育,等等。在 19 世纪中叶,这些重要的意识形态任务并不是只有国家才能承担的,而是成为宗教和私人慈善组织和民间机构的使命。此外,同样重要的是,当时的中央政府和地方政府的政策之间,已经开始逐步建立起了一种微妙的平衡关系。倘若没有这些彼此相关但又有"自主性"的机构以及非中心化的政治关系,那么,自由放任时期的古典自由国家就不会像它实际上看起来的那样既"自由"又"保守"。

在这里,我们无法对介于维多利亚中期的"非干预主义"国家和当下的"干预主义"国家之间的历史进行详细考察;但毫无疑问,这是一段非常重要的过渡期。我们前面已经提到,从绝对价值向剩余价值的转移,以及资本主义确立剩余价值生产和资本积累的新方式所需要的一系列变化,都为英国社会广泛的、影响巨大的内部变革提供了动力;从外部看,资本在经过第一段剧烈的扩张时期后出现了利润率下降的趋势,同时不同国家资本之间的国际性竞争也开始日益凸显,所有这些都进一步刺激了资本主义的变革。其中第一个方面的要素促使英国国内资本主义生产方式出现了意义重大的变化,从而为现代资本主义的发展奠定了基础:劳动生产效率的提高,科学技术作为"物质力量"被直接应用到生产之中,劳动过程和劳动体制的改良及其制度化,通过更集权化的经营方式、产权的集中和纵向整合等手段来实现资本结构的重组。第二个方面的因素则直接导致资本主义进入了不同国家资本之间激烈竞争的时代。在这一时期,各国资本输出愈演愈烈,纷纷争夺海外市场和原材料供应地,从而一方面导致帝国主义进入了冲突激烈的"多事之秋",另一方面又引发了第一次世界大战和大萧条。这两个方面的因素结合起来,共同导致资本主义在本质上进入了一个新时期,并进而导致国家的特征、地位和运作方式也出现了相应的变化:这就是列宁所说的从自由放任阶段向"垄断"资本主义的过渡。在这个过渡阶段,国家的运作模式在两个方面发生了变化。在与组织化的劳工直接正面交锋的过程中,同时在第一次世界大战前后革命氛围高涨的情况下,资本主义国家所发挥的更多是一种公开的压制性功能。与此前任何一个历史节点相比,至少从宪章运动的威胁结束以来,国家的压制性功能从来没有像这一阶段这样如此突出。在国家与劳工进行对峙的过程中,法律绝不是袖手旁观或保持中立的。这种对立状态一直贯穿了整个财政"紧缩"时期,并在 1926 年的全英工人总罢工遭遇失败时达到了顶点。从此,劳工运动元气大伤,直到二十年后才东山再起。但与此同时,国家也试图在不同的领域采取措施来缓解矛盾,而不只是强化这种对抗。劳合・乔治(Lloyd George)①领导的改革运动推动了早期"福利国家"的出现以及"社会工资"(social wage)的提高。虽然这些措施的运作方式不同,却与国家的压制性机制一样服务于同一个目标:创造必要的条件,从而使得工人阶级在获得选举权的同时,也变得更易控制。在这里,工人阶级获得是内涵更为广泛的社会和政治权利。在这个过程中,国家的扩张又一次成为关键要素,它试图通过强制与合意的结合,来实现对工人阶级的文化霸权。尽管这种努力在短期内不会奏效,但从长远来看,它为最终的成功奠定了基础。"劳工"问题自始至终是贯穿于这一时期的一个核心命题。它之所以成为一个过渡时期,是因为这一时期的资本主义国家虽然已经在阶级斗争中处于主导地位,但还不具备完全领导这些斗争的能力。

　　如果我们把这一时期的国家状况与战后"福利"国家的规模、地位和

---

　　① 译注:大卫・劳合・乔治(David Lloyd George,1863—1945),英国自由党政治家,1916年至 1922 年间领导战时内阁,在 1926 年至 1931 年间担任自由党党魁。

特点进行对比,就会发现两者间的差异。在过渡时期,资本主义国家经历了彻底的重构。经过这些过程,英国从一个"成功的"的自由放任的资本主义社会变成了一个"失败的"垄断资本主义社会形态。虽然这种变化很容易引起人们的注意,但在这里,我们依然把讨论的范围限制在对范围扩大的国家干预措施的描述上。第一,1945 年以后,国家本身已经成为社会经济关系中发挥直接作用的一个主要因素。它把许多处境困难、资本化程度不足,但十分重要的支持性产业和公用事业转变为"国有产业",而国家自身则在生产性领域和"非生产性"的服务业或福利部门成为最主要的劳动力雇主。第二,通过一系列新凯恩斯主义措施,国家直接承担起资本无法承担的功能:对重要经济运行过程的监管,采取直接干预措施来调节需求水平和投资状况,确保就业水平维持在平稳状态,后来则对工资和价格进行调控,并把经济衰退的"成本"有差别地分摊给不同的社会群体;换言之,在管理危机,维系资本主义生产与积累的"总条件",从而确保资本利润率维持在合理水平方面,国家的功能得到了极大的扩展。第三,为了缓解工人阶级希望得到更好的生活和就业安全保障的要求所带来的压力,从而巩固以大众合意为基础的政治秩序,国家承担起了相应的责任,通过税收和"社会工资"的手段扩大社会福利的覆盖范围;这意味着国家一方面对部分社会剩余价值进行了再分配,而另一方面,国家的行政官僚系统也同时得到了极大的扩张。第四,国家还为技术和其他教育领域(包括相关的科研领域)的巨大发展注入了动力,目的是要使得劳动力能够适应经济发展的技术需求、不断发展的劳动分工以及劳动过程对更具有可交换性的技能的要求。第五,国家在意识形态领域的作用也变得更加突出:它试图把工人整合到资本主义生产和消费体系之中,把有组织的工人阶级作为"社会盟友"之一纳入经济管理过程之中;对政治和社会合意形成机制进行调控;广泛传播经济"增长"和技术合理化的理想目标,以及那种"把事情搞定"的实用主义政治观念;大力宣传每个人都可以参与和越来越"人人机会平等"的社会形象——与以前相比,所有这些旨在巩固这种新的资本主义"混合"经济的意识形态合法性的做法,越来越成为国家直接(而非间接)承担的任务。国家在政治传播、文化和传媒领域发挥的作用,是这些范围广泛的意识形态干预活动中极其重要的一个方面。国家的意识形态干预的另一种方式是试图把政治本身去政治化,进而逐渐瓦解工人阶级政治、劳工制度及其组织;而如果做不到彻底瓦解,就尽可能将其纳入主流体制之中。第六,国家大力促进资本在关键经济领域的整合和集中;它一方面通过联合委员会、规划委员会等各种行政机制间接地推动资本的整合,另一方面也积极通过各种旨在促进经济效率合理化发展的政策来直接干预资本市场的整合。第七,在国家的支持下,权力运作的重心从政治和议会领域转向了政府行政和官僚机构。第八,通过参与各种国际性机构和组织,国家试图维护国际资本主义竞争整体秩序的和平稳定,对那些货币体系面临崩溃的国家施以援手,建立国家间专业化生产和贸易自由市场区,最终的目标是要确保整个全球资本主义经济体系的平稳运行——当然,这些在资本主义民族国家层面展开的努力,也因为这些国家间反复出现的竞争关系而不断遭到削弱。另一方面,各种形式的跨国资本在国家内部或作为一种与国家并驾齐驱的力量获得了长足发展,其影响力可以用"国中之国"来形容;相比之下,这些跨国资本对上述国际努力构成的抵消作用则更加突出。

　　在这一时期,资本主义制度的局限性在各个方面表现出来:衰退的世界市场中日益加剧的竞争,以制造业为主的发展中国家所提出的不利于发达资本主义国家利益的国际贸易规则调整,发达国家市场利润率下降的趋势,不断恶化的繁荣和衰退周期,周期性的货币危机,以及不断上涨的通货膨胀水平。随着这些局限性表现得越来越明显,国家的可见性也随之增加了。国家再也不像过去那样,只是作为一个"守夜人"的角色出现。它越来越成为一种干预性力量,在资本无法成功进行自我管理的情况下承担起资本管理者的角色,从而把经济领域的阶级斗争日益纳入自己的管辖范围之中。随着国家在社会和经济领域管理方面功能的强化,它在管控政治阶级斗争方面也变得更加公开和直接。正是通过国家的调解,冲突各方达成了越来越多的"交易",从而使工人阶级与现存体制之间产生了不可分割的利益关系。于是,有组织的劳工运动逐渐被整合到国家的经济管理机制之中,并与国家之间形成了一种带有法团主义性质的合作关系;也正是在这一过程中,国家对工人阶级的让步和限制呈现出周期性循环的平衡策略,其最终目的是要维护资本的长期增长和稳定。为了确保资本在生产和社会生活领域中的发展条件能够得以维系下去,国家越来越关心各种使之成为可能的"社会因素"——既包括经济生产本身,也包括社会和文化领域的再生产。在英国,国家为了成功走出过渡时期而采取行动时,不仅面临着十分不利的经济条件,而且还必须面对一个虽然带有法团主义色彩,但依然十分强势、物质要求不断增加、具有强硬的讨价还价传统且反抗斗争不断的工人阶级。在这个过程中,每次的体制性危机都以国家管理危机,即文化霸权危机的形式直接表现出来。国家似乎越来越成为一切经济和政治阶级斗争所造成的压力和紧张关系的承受者,但国家随后又被自己显而易见的失败所压垮。由于在管理处于危机中的资本主义的政治和经济需求方面,国家发挥着更大的、更有自主性的和更直接的作用,故而阶级斗争的形式越来越被看作是阶级和国家之间直接冲突的一种表现。各种危机也逐渐表现为国家在整体上的总危机的形式,并且很快从其爆发的起点向上蔓延到更高层面的法律和政治秩序本身。

在这种新的"干预主义的"资本主义国家中,确保能够得到大众的支持比以往任何时候都更加成为国家合法性的唯一基础。在这种新型国家中出现的政府和政权既是通过政治代表机制确立的正式协商过程的产物,同时也必须对这个过程做出积极回应。也正是通过这个过程,国家在对"人民的主权意志"保持敏感的同时,也成为这种意志的代表。尽管如此,但人民只能通过定期的选举来表达这种"意志"。高度复杂的政府和行政系统越来越无法感受到普通选民以一种非组织化的方式施加在官僚机构之上的压力。但有人认为,公众舆论和独立的自由媒体的监督,能够在一定程度上抵消这种通过国家实现的权力集中所造成的负面效应。然而,虽然国家没有把这些舆论机构直接纳入自己的控制范围,但很显然,政府通过自己的决策和颁布实施的相关政策,对公共知识和专业信息来源的垄断,以及间接地通过大众传媒、政治传播和其他文化系统,在塑造作为其合法性基础的"大众合意"方面发挥着最强大的影响力。权力的来源已逐步从议会转移到了行政部门,以及围绕在国家周围或就在国家内部组织起来的大规模的支持者。鉴于这些变化,我们必须对那种更加简化的民主自由理论加以修正,从而把现代经济和国家大型机构与普通选民之间明显的权力不对称纳入考虑的范围。因此,如今"合意"的形成有赖于这样一个事实:相互竞争的大型法团实体会平衡或"抵消"彼此的影响力。这样,合意就具备了第三种或者更加宽泛的带有社会学意义的新内涵。恰恰是这种新内涵为国家随心所欲地运用权力提供了必要的支持。这并不是说在现代民主大众社会中,权力是高度分散的,而是说这些社会的绝大多数人都一致赞同一套共同的价值、目标和信念体系,即所谓的"核心价值系统";正是这种价值共识,而不是形式化的政治代表机制,提供了复杂的现代国家所需要的凝聚力。因此,处于支配地位且影响力巨大的利益集团之所以具有一定的"民主"属性,并不是因为它们直接处于"人民意志"的监督之下，而是因为它们自身最终既不得不依靠这种"共识"而存在，同时也受其制约。

如今，对现代法团资本主义国家（corporate capitalist state）而言，共识作为一种幕后调解要素或"看不见的手"具有极其重要的作用，虽然这种重要性并不像某些民粹主义的政治民主理论家所描述的那样夸张。它在二战以来的英国国家历史中扮演了重要的角色。正是这种共识为20世纪50年代社会团结、充满凝聚力的时期提供了政治基础。但随着这种为政府的施政提供了核心基础的"志同道合"状态逐渐衰退，人们对共识的需要、寻求，并把共识作为检验所有政治问题和观点的标准的做法，也会变得越来越明显。因此，对现代国家的运作方式而言，共识是非常重要的。我们可以把它定义为实现社会合意的一种形式。但实现合意的目的是什么？又是谁来实现这种合意的？虽然并不存在由某个"统治阶级"主导的高度同质化的社会这样简单的事实，但现代资本主义社会的所谓"权力的民主化"并不意味着资本及其利益代表集团在经济上的统治地位，以及统治阶级联盟在政治上持续掌权的主导地位已经被完全取代了。这些阶级集团同盟，连同某些地位相对较低的阶级利益集团，一起构成了一个政治集团，成为资本主义政治阶级权力持续存在的根基。而且，恰恰是这些政治群体最擅长利用扩大了的国家领域来组织它们的权力。

当统治阶级联盟取得了无可争议的权威地位，并对社会组织的各个层面发挥影响力——掌控政治斗争的进程，保护和扩大资本的需要，以权威姿态在市民生活和意识形态领域发挥领导作用，能够调用强制性国家机器的约束力来捍卫自身利益——当它能够在合意的基础上，也就是在得到"共识"支持的情况下实现所有这些目标时，我们就可以说它成功地建立了文化霸权或文化霸权式的统治地位。因此，所谓共识实际上指的是特定的统治阶级联盟通过国家成功地实现了自己在全社会范围内相对于从属阶级的权威地位和具有决定性的文化和意识形态领导权，从而使之能够按照自己的观念来引导社会生活的总体方向，将社会文明水平提升到资本发展的新动力所要求的层次，并在特定的时间内把从属阶级的物质、精神和社会生活的视野限制在它所规定的范围之内。这个统治阶级联盟将自身自然化，从而使得一切事物对其持久的宰制地位的支持显得非常"自然"。但是，因为这种宰制关系是通过合意，即人们通常所说的在广泛共识的基础上实现的，故而这种宰制关系不仅显得十分普遍（每个人都支持它）且具有合法性（不是通过强制手段实现的），而且它以剥夺为基础的事实也消失不见了。共识与宰制之间并不是对立，而是互补的关系。通过共识，少数人统治的事实被多数人的合意所掩盖，从而变得无迹可寻。它实际上就是特定情境下对阶级斗争的控制过程，或者说它是以这种控制为基础的。不过，通过"共识"的中介形式，这种本来充满激烈冲突的控制过程被置换为一种和谐状态，所有的冲突都消失或平息了；或者用共识理论所突出强调的一个口号来说，这意味着"意识形态的终结"。难怪当哈罗德·麦克米兰在极其广泛的社会融合的基础上于1959年代表保守党第三次连续胜选时，所有经济和社会趋势看上去都"自然而然地"有利于他的持续执政，同时也通过他的当选，有利于在其政治监护下获得根基的资本集团继续处于主导地位。在这种情况下，他公开宣称（他无疑希望自己的说法能够成为一个自我实现的预言）："阶级斗争已经结束了。"也许在说完这句话后，他还低声嘀咕了一句："我们赢了。"

葛兰西在《国家与市民社会》中曾经提到，"社会阶级"在其"历史生活"的进程中，会"逐渐脱离它们原先所支持的政党"，这些政党"原先所代表的阶级（或这个阶级中的某个群体）不再认为它是自己利益的代言人"。这种冲突状态无疑源自生产方式的经济结构本身，但在政治层面，这种状态往往"超出了政党的范围……转而对整个国家有机体产生重大影响"。在葛兰西看来，这些危急时刻的实质性内容就是：

> 统治阶级的文化霸权危机。之所以发生这种危机，原因可能在于统治阶级没能实现自己一直追求的某些重大政治目标，或不得不采取强制手段来获得广大民众的赞同……或者也可能是因为大量的民众突然从一种政治消极状态转变为活跃状态，并提出了各种要求。这些要求虽然不成体系，最终却汇聚成了革命性的力量。所谓"权威的危机"恰恰就是文化霸权的危机，或国家的总体性危机。[①]

我们认为，在英国，自从紧接着二战后一段时期内自发出现的"文化霸权"被成功确立以来，葛兰西所说的文化霸权危机或"国家的总体性危机"一直在不断发展；这种危机最初表现为"权威的危机"；然后，正如葛兰西所提到的那样，这种危机影响波及的范围也逐渐超出了"被代表者和代表

---

① Gramsci,《狱中札记》，前揭，页210。

者"所构成的政党领域。

文化霸权危机的出现标志着一个社会的政治和经济生活在长期矛盾的积累之后出现了重大的断裂。当文化霸权处于稳定状态时,社会以一种自发运作的方式来维系和实现特定形式的阶级统治,同时又通过合意生产机制来遮蔽这种社会权威的基础。相比之下,当这种以合意为基础的均衡状态被打破,或者相互斗争的阶级力量之间几乎势均力敌,结果没有任何一方能够取得主导权,进而提出化解危机的办法时,政治领导权和文化权威的整体性基础就失去了合意机制的遮蔽,从而暴露于光天化日之下,遭受非议。当阶级力量之间的暂时性平衡关系被打破,新的阶级力量开始出现时,旧势力会把它们手头已有的各种支配手段都调动起来。这种状况并不一定意味着革命性时刻的降临或国家的崩溃,相反,它很可能预示着一个"铁腕时期"的到来。它同时也并不意味着国家的各种"常态"机制将被废除。相反,在这些时期,阶级统治将通过对文化霸权模式的调整来实现:其中最主要的方法之一就是把国家的运作方式的基础从合意机制转向强迫性手段。有必要指出的是,这并不必然导致"常态的"国家权力运作方式会被暂停——换言之,这种调整并不意味着要向一种完全特殊的国家形态发展。用一种有点自相矛盾的话来说,我们最好把这种情况理解为晚期资本主义国家"常态"中的"非常态时期"。所谓"非常态"指的是统治集团对国家权力常规策略库存中早就存在的强迫性机制和机构的依赖不断增加,同时为了支持这种向强迫性手段的转变,营造起强大的威权主义共识。在这种情况下,如果国家继续保持"相对的独立性",将无法保证塑造社会凝聚力所需的各项举措,或为了挽救衰退的资本所需的各项宏大经济任务能够得到有效实施。因此,各种形式的国家干预变得越来越明显,越来越直接。结果,这同时也是一个"去蔽"的过程。国家逐渐撕下了自由合意和大众共识的面具,转而露出了胁迫和强力的一面,而恰恰是后者成为国家凝聚力及其法律权威的最终保障。同时揭去的还有中立性和独立性的面具,这些原则通常都是国家的各种分支部门和机构所标榜的——比如法律。这会进一步加剧"文化霸权危机"的对立状态,因为国家被从中立性的神坛上拉了下来,日益以国家自己的名义卷入到具体的斗争和方向性问题的争论之中;而且与常规做法相比,国家现在会以一种更加直白的方式就事实现状是什么,以及该做什么才能"修补"社会裂痕发表自己的看法。

在下面的两章中,我们将试图把行凶抢劫现象纳入特定历史情境下不断发展的英国国家的"文化霸权危机"之中进行考察。我们将会指出，人们对"行凶抢劫"的反应，是并且将继续是这场重大的"文化霸权危机"的表现形式之一。

第八章　法律—秩序主导的社会："合意"的枯竭

从本章开始,我们的目标是要搞清楚,人们对"行凶抢劫"的反应是在何种意义上,以及在什么样的历史语境下成为英国国家"文化霸权危机"的一个组成部分的。因为"行凶抢劫"现象从一开始就成为我们优先加以讨论的议题,因此我们的论述主要关注的是那些文化霸权斗争十分激烈的领域:市民社会、政治和司法系统,以及意识形态共同构成的复杂社会结构,即所谓的"上层建筑"领域。这不可避免地会导致我们对英国国家危机的讨论呈现出自上而下的特征。因此,相对于基本的经济运动过程来说,我们的论述更加关注政治阶级斗争中不断变化的力量对比关系和意识形态格局,以及不同国家机器内部和彼此之间的平衡状态。这种强调是必要的,但自然也难免具有片面性。深入全面地剖析战后危机情势的研究成果尚不存在,这导致我们在分析当下的危机问题时缺乏可供参考的先例。直到最近,才有人开始着手从不断变化的资本构成结构、阶级的重构、劳动以及劳动过程的技术分工的角度来分析英国的社会形态问题。本书论述范围的局限性反映了这类研究不足的状况。当然,这种研究关注点的偏差并不意味着文化霸权与资本主义关系结构中的基本矛盾无关。恰恰相反,在葛兰西看来,文化霸权涉及危机从生产领域的物质基础向"复杂的上层建筑领域""转移"的过程。不过,文化霸权的终极目标依然是要确保资本持续再生产所需的长期社会条件能够得以维系下去。在这里,上层建筑成为各种阶级势力关系得以上演的"舞台"。原本在资本主义生产领域进行殊死较量的各种阶级力量,现在出现在这个"舞台"上,并努力达成化解矛盾的办法。

在下文的分析中,我们要指出的是,与"行凶抢劫"恐慌有关的一个主要趋势是资本主义国家对阶级斗争的管理方式逐渐从"共识"转向了"强制"。我们的分析回顾了一种文化霸权的特定均衡状态是如何在战后初期形成，又如何逐渐衰败并最终瓦解的，以及最后，国家又是如何以一种更具有强迫性的、非文化霸权的方式，通过对"合法武力"的运用来捍卫统治的"合意"（consent）基础的。我们可以把这一过程粗略地分为如下几个阶段：共识的建构，这成为战后资本主义在冷战条件下获得稳定发展的条件；20 世纪 50 年代，这是文化霸权得以广泛确立的一个时期；然后是这一自发形成的合意"奇迹"开始瓦解的时期；随后形势变得更加严峻、混乱和不稳定，国家则采纳某些社会民主主义策略，试图维系一种具有"工党主义"色彩的合意模式；但这一模式最终也土崩瓦解了，随之而起的是社会政治冲突，日益严重的经济危机，以及某些更直接的阶级斗争形式的恢复；最终，到了 20 世纪 70 年代，统治集团不得不依靠国家力量，通过一种更"特殊的"阶级统治形式来恢复政治秩序。无论是在结构上，还是在时间顺序上，"行凶抢劫"以及人们对这一现象的反应都与统治阶级文化霸权断裂过程的最后一个阶段紧密相关。对特定情势下的历史阶段进行分期自然会带来问题，但这个问题并不会在理论上通过分析者所选择的历史重构形式得到解决。在主题的安排上，我们希望读者能够看到，不同的历史分期之间难免会有重合，同样，在不同"历史"线索中以不同节奏发展的结构上迥异的力量之间也会有重合之处。从这个意义上说，我们必须从矛盾和断裂不断积累的状况，而不能只从它们出现的前后或时间顺序的角度来理解危机加剧的程度。政治、司法和意识形态领域以各种形式对这场危机的介入是我们要分析的主要对象，但并不是我们要分析的唯一层次。这些维度为我们提供了分析焦点——国家及其对阶级权力的组织过程。近几年来，这个长期遭到忽视的马克思主义理论的核心问题重新受到越来越多的关注。我们完全赞同这一问题的中心地位。但从我们自己的分析逻辑出发，我们同时必须对那种把"国家"变成一个随手拈来的笼统术语的做法保持警惕。例如，普兰查斯的著作对我们的研究颇有启发，但他有时似乎走向了另一个极端，把所有不属于资本主义"经济分析"范围内的东西全部放进国家的范畴。这种做法导致那些有必要予以保留的重要差别变得模糊不清了。我们所讨论的许多历史时期恰恰就是阶级权力模式发生变化的重要节点，而这种变化是通过国家内部的代表机制和国家动员的过程来实现的。我们希望下面的分析至少足够深入，从而能够透过表面形式，阐明现有论述中"缺席的"那些背后的深层变化过程。

"恐慌"的流变

在下面对"文化霸权危机"的简要描述中,我们主要关心的除了不同时期的"力量对比关系",还有它们的意识形态内涵。我们在分析中把这两个问题整合在一起进行讨论。正如我们在前面已经指出的那样,危机的意识形态维度是非常重要的。在具有正式民主制度的阶级社会中,权力的运作和统治关系的维系最终都依赖于大众合意的平衡机制。这种合意不只是意味着对利益格局和社会目标的支持,同时还意味着赞同那些掌握着精神和物质社会再生产手段的群体对社会现实的阐释和描述。显然,我们并不赞成阴谋论式的解释。正如阿尔都塞所指出的那样:

> 统治阶级自己的意识形态同时也是处于统治地位的意识形态,但在统治阶级维护这种意识形态的过程中,它的纯粹功利和具有欺骗性的一面并不会以一种清晰的方式显露出来。在 18 世纪,作为"新兴阶级"的资产阶级发展出了一套标榜平等、自由和理性的人本主义意识形态,从而赋予了自身的阶级要求一种普世性的形式。藉此,资产阶级希望能够吸引到大量支持者,并通过教育手段来实现这个目的。然而,这些得到解放的人们,最终却又成为资产阶级剥削的对象。[①]

因此,"资产阶级活在一种自由意识形态以及它与自己所处的生存条件之间的关系之中:换言之,这种意识形态表达了它所处的真实关系(自由资本主义的经济规律),却披上了一层想象性关系的外衣(所有人都是自由的,包括那些自由劳动者)"。在这些自由民主国家中,作为这种形式的国家的统治基础,大众合意变得极其重要。在这种国家中,工人阶级获得了他们自己的正式政治代表机制。因此,在这些社会中,为了捍卫国家利益,国家能做什么和不能做什么,的确在一定程度上是由阶级斗争所决定的。资本主义国家不可能确保作为其统治基础的大众代表的合法性机制永远万无一失,但同时又无法轻易采取严厉的非常规手段来遏制那些对其统治基础构成破坏作用的威胁因素。因为在绝大多数人看来,这种威

---

① Althusser,《矛盾与多元决定》,前揭。

胁并不存在。因此,资本主义国家必须不断地塑造和建构"合意",并依靠它来巩固自身的合法性。

在塑造人们对时事热点和争议性话题的看法方面,大众媒体并不是唯一的,却是影响力最强大的社会力量之一。媒体对事件意义的界定过程成为塑造"合意"的斗争最为激烈的重要领域之一。正如我们此前已经指出的那样,在英国,媒体在形式上和制度上不受国家的直接干涉。因此,与国家的其他分支系统及其一般运作领域一样,媒体对事件意义做出对权势者有利的解读也是在一种正式的"分权"机制下实现的;在传播领域,在这个过程中发挥调节作用的是平衡、客观和中立原则。这意味着,一方面,即便国家希望如此,它也无法直接控制人们对特定事务的具体看法;另一方面,其他的不同观点必然会出现并获得支持者。虽然这是一个高度结构化的、受到诸多制约的过程(参见我们在第三章中的分析),但其结果是导致"主导意识形态的再生产"成为一个充满问题和矛盾的过程,从而把表意空间重构为一个意识形态斗争的场域。因此,在分析战后危机是如何被界定的过程中,我们的目的并不是要试图发现统治阶级出于愚弄公众的明显目的而系统性地编造出来的一系列僵化的统一解释。我们不能用这种方式来理解意识形态状况。有足够的证据表明,在这一时期,统治阶级对他们自己所宣传的那种对浮现的社会危机的界定深信不疑。然而,正如我们之前已经指出的那样,有一些机制在发挥作用,可以确保统治阶级联盟所支持的对危机的解释能够得到广泛复制,即便在公共传播的过程中,它们会隐没于媒体的报道和解释之后。即便是在这种情况下,关于危机的本质、原因和程度,依然不存在一种简单的共识。但总的趋势是,主导意识形态对危机的界定方式有利于它在媒体上获得支持,从而构成舆论不断援引的"现实"的实质性基础。这样,通过促使人们"赞成"那种得到权力认可的危机观点,统治集团也就赢得了大众意识对以这种方式所界定的社会现实所必然要求的控制和遏制措施的支持。

因此,各种代言人或者我们所说的"首要定义者"所表达的立场,以及媒体对这些看法的报道,成为我们对这场危机进行重构分析的主要内容。但为了搞清楚在国家和政治机构内部,这些观点在这一时期文化霸权本质变化的过程中究竟发挥了什么作用,我们认为有必要提出一些中间概念。这个问题与我们对此前提到的道德恐慌现象的分析有关,而我们的分析基本上固定在国家机构和文化霸权支配形式的维系这个层面上。乍看之下,"国家"和"文化霸权"似乎与"道德恐慌"属于不同的概念领域。

而我们的部分目的自然是要把"道德恐慌"看作是一场更深层次的历史危机的一种表现，从而赋予它更加明确的历史和理论意义。但这种把一个概念重新定位在一个不同的更深的分析层次上的做法，并没有导致我们认为这个概念毫无用处，因而彻底放弃它。相反，这样做有助于我们把"道德恐慌"视为这场危机的一个主要的外在表现形式。而且，从理解国家如何管理和遏制这场危机的角度来说，这样做也在一定程度上有助于我们解释，人们是如何以及为何以这种特定的意识形式来体验这场危机的，以及把特定情势下的这场危机转化为一种大众形式的"道德恐慌"究竟达到了什么目的。基于这些原因，我们把"道德恐慌"这个概念作为我们分析中的一个必要组成要素保留了下来，并试图把它重新定义为一种重要的意识形态形式。正是通过这种形式，人们"经历并试图通过斗争来解决"这场历史危机。① 保留"道德恐慌"这个概念可以帮助我们深入地剖析工人阶级是如何被整合到那些"在他们背后"发生的历史过程之中，并在经历这些充满矛盾的发展过程的同时，以一种能够促使国家权力运作变得合法、可信和具有共识基础的方式对之做出反应。如果没有这个概念工具，这些过程究竟是如何发生的将变得晦暗不明。简而言之，在我们看来，"道德恐慌"已经成为最主要的意识形态形式之一。通过这种形式，国家赢得了"沉默的大多数"对其日益具有强制性的措施的支持，从而使得那些"非同寻常的"控制手段获得了合法性。

　　在我们分析的这段历史时期的早期，已经出现了这样一种趋势：围绕公众所关注的某些有争议的话题，会逐渐出现一系列"道德恐慌"的浪潮。在这一阶段，这些恐慌情绪关注的焦点往往是社会和道德问题（比如青少年、姑息纵容、犯罪问题），而不是政治议题。通常，这些恐慌情绪都与某些颇为耸动的事件有关，这些事件引发了当地公众的关注和担忧。在地方组织和道德倡导势力的影响下，各种控制文化的权力机构开始提高警惕（媒体在这方面发挥了重要作用），并很快动员起来（警方和法院）。随后，这些引起恐慌的问题又被看作是一些更普遍、更令人不安，但同时又更加宽泛的问题的"征兆"。这进一步提高了责任和控制的层次，从而极有可能导致官方不得不展开调查或发表声明，目的在于暂时安抚那些道德卫道士，缓解恐慌情绪。到 20 世纪 60 年代后期，也就是我们所分析的

---

① 参见 K. Marx，《人口、犯罪率和赤贫现象》(Population, Crime and Pauperism)，见 *New York Daily Tribune*，1859 年 9 月 16 日。

中期阶段，这些恐慌浪潮前后相继发生的速度大大加快了；同时，人们把所有这些引起恐慌的社会问题（毒品、嬉皮士、地下组织、色情、留长发的学生、游手好闲之辈、蓄意破坏公共财产者、足球流氓）都看作是日益扩大的总体“社会威胁”的罪魁祸首。在许多情况下，各种问题此起彼伏，让人目不暇接，以至于地方公众都来不及做出反应；在完全无须基层公众压力推动的情况下，缉毒队就已经对大麻吸食者展开了整治行动。媒体和“控制文化”机构对这些事态都保持着高度警惕——一旦有什么征兆性的事件发生，媒体会很快进行报道；随后，警方和法院也在没有太大底层道德压力的情况下，迅速做出反应。这种反应速度的加快表明这些机构对那些令人担忧的社会问题的敏感度大大提高了。

实际上，在后来的几个阶段，这些不同的道德恐慌“汇聚”成一种对社会秩序危机的总体性恐慌；最终，这种螺旋发展的过程将在我们所说的捍卫“法律与秩序”的运动之中达到顶点。1970 年大选前夕，希思影子内阁所发起的就是这样一场运动。但这不只是英国才有的现象，在美国，同样是类似的运动在 1968 年把尼克松和阿格纽送进了白宫。各种不同的恐慌议题被整合到一场统一协调的政治运动之中，这标志着恐慌过程的一次重大转变，因为在这种情况下，恐慌趋势已经成为国家政治复杂结构中的一个核心要素和制高点。从这一点出发，各种加剧社会裂隙的不和谐现象都可以很快被界定为“对法律和秩序本身的一种总体性威胁”，进而也就是对（国家所代表和保护的）普遍利益的一种破坏。由此，恐慌开始成为一种由上而下的现象。进入 20 世纪 70 年代以后，那些为捍卫法律和秩序而积极活动的人士似乎成功地促使社会控制机构和媒体相信，对国家稳定的总体性威胁是完全可能存在的。整个社会的控制文化变得高度警惕，惶惶不可终日，那些影响并不大的各类异议事件则成为这种文化的“替罪羊”；而这种情况也逐渐迫使国家机构陷入了一种几乎永久的“控制”立场。简而言之，我们可以把道德恐慌变化的前后过程归纳如下：

（1）彼此并不相关的道德恐慌（20 世纪 60 年代初，比如“摩登派”和“摇滚派”问题）

引人注目的突发事件→公众担忧、道德倡导者（对相关问题变得更加敏感和警惕）→控制文化机构采取行动

（2）“斗争运动的长期化”——将分散的道德恐慌事件整合起来，形成一个“速度更快的”反应序列机制（20 世纪 60 年代末，比如

色情和毒品问题)

　　　保持高度敏感(道德倡导运动)→突发事件→控制文化机构采取行动

　　　(3)"法律和秩序"成为共识之后的运动——一个处于高度警觉状态的反应序列机制(20 世纪 70 年代以后,比如行凶抢劫问题)

　　　保持高度敏感→控制文化机构及其行动(不可见)→突发事件→控制文化机构进一步强化其行动(可见)

但是,媒体及其所依赖的信息源所进行的各种传播活动在这些反应机制的变化过程中究竟发挥了什么样的作用? 什么样的"表意螺旋"(signification spirals)推动了道德恐慌的产生?

表意螺旋

　　所谓表意螺旋指的是对特定事件进行描述和解释,但同时又会在本质上不断放大这些事件所带来的威胁的一种表达方式。表意螺旋的概念与某些研究越轨问题的社会学家提出的"放大螺旋"(amplification spiral)概念相似。[①] 所谓"放大螺旋"是说人们在特定条件下做出的反应不仅没有缓解,反而加剧了越轨现象。表意螺旋则是表意过程内部的一种自我放大机制:在表意过程中,被媒体和其他主体所讨论的活动或事件似乎变得更加具有威胁性,从而导致这些问题不仅没有得到缓解,反而变得更加严重了。

　　表意螺旋包含如下要素:

　　　(1) 发现某个令人担忧的特定议题;

　　　(2) 发现某个具有破坏性的少数边缘群体;

　　　(3) 通过标签化,把这个特定议题与其他问题"融合"或联系起来;

　　　(4) "临界点",一旦越过这个点,当前所面临的威胁将会不断扩大;

　　　(5) 对未来的预测:如果不采取行动,前景将变得更加令人担忧

---

　　① 　例如,L. Wilkins,《社会越轨行为:社会政策、行动与研究》(*Social Deviance：Social Policy，Action and Research*，London，1964);以及 Young,《吸毒者》,前揭。

（在我们所讨论的个案中，这一点是通过参考作为样板的美国的情况
来实现的）；以及

　　（6）呼吁采取"坚决措施"来化解危机。

其中，"融合"和"临界点"是推动表意螺旋不断放大的两个关键机制。

　　融合：这里所谓的"融合"，指的是表意过程中，两个或更多的活动被
联系在一起，并直接或间接地把它们归入相似的类型。因此，"学生中的
流氓行为"这个说法就把"学生"抗议和原本与此风马牛不相及的"流氓习
气"联系了起来，而这些刻板印象化的特征已经成为社会知识的一部分。
这表明，为了使得人们能够相对容易地理解新问题，可以把它们放在已经
被公众所熟悉的旧问题的语境中来加以描述和解释。比如，"流氓行为"
这个说法就把两种完全不同的活动等同起来，而这要归咎于两者的一个
共同特征——它们都涉及"非理性暴力"或"蓄意破坏公共财产的行为"。
另一个相关的融合形式是把一系列不同的社会问题罗列在一起，并把它
们说成是"更深层的根本性问题的一部分"，即所谓"冰山之一角"。特别
是当表述者以某些共同特征为基础来建立这种联系时，它就会显得更确
凿无疑了。这两种融合形式所造成的结果都是放大，这并不是说这些表
述会导致它们所描述的真实事件本身的放大，而是说它们会放大这些事
件对社会可能会造成的"潜在威胁"。但这种放大效应只存在于那些表意
过程旁观者的意识之中吗？它们完全是想象性的吗？实际上，这种表意
融合的现象的确会在某些社会领域中发生，比如，被主导文化界定为"政
治越轨"的现象。霍罗威茨（Horowitz）和利博维茨（Liebowitz）已经指
出，在 20 世纪 60 年代末的美国，那种把政治边缘地位和社会越轨现象区
分开来的做法已经显得"越来越过时了"。[①] 同样，霍尔也认为，在 20 世
纪 60 年代末到 70 年代的英国，就某些领域出现的政治抗议事件而言，
"社会性和政治性越轨行为之间的那种明确分野已经日益变得难以为继
了"。[②]

　　例如，当政治群体的生活方式变得具有越轨性质，或者当这些越轨者
变得政治化时，就会发生融合现象。当本来相对消极的个体汇聚起来决
定采取集体行动时（例如，作为索赔人形成群体），或者当与单一议题相关

---

① Horowitz 和 Liebowitz，《社会越轨与政治边缘性》，前揭。

② Hall，《越轨、政治与媒体》，前揭，页 263。

的运动的支持者开始涉入一种更加广泛的骚动之中,或者为了达到共同目标与其他群体联合起来的话,同样也会发生融合现象。这种融合可能是群体间的真实融合(例如,工人和学生在 1968 年 5 月运动中的联合),也可能是意识形态性或想象性的。但是,表意螺旋并不要求表意过程与真实历史发展进程之间必须是完全对应的关系。它们可能会是对某些真实联系的描述,但也可能夸大了这种融合关系的本质和程度,或者甚至完全可能凭空把不同要素联系在一起,从而虚构出一些身份标签。例如,某些参与到 20 世纪 70 年代同性恋解放运动中的同性恋者的确是激进或马克思主义左派的成员。但如果就此认为所有同性恋解放运动参与者都是"马克思主义革命者",就会在意识形态上扭曲两者之间的真实关系。虽然是夸大其词,但之所以在一定程度上会有人相信这种说法,无疑是因为它所依赖的某些事实并不完全是虚构的。这种说法是一种双重歪曲,它同时抹杀了以下两种可能性:一方面,并不是所有的改革运动参与者都会有明确的政治立场;另一方面,即便是马克思主义者也常常会对与性议题相关的传统"左派"立场提出批评意见。这种歪曲之所以是"意识形态性的",恰恰是因为它用成问题的一部分来代表一个复杂现象的整体。这种歪曲还可能会造成事态的"升级",因为它把对现存政治秩序而言最棘手、最具有威胁性的要素单独挑出来,对之加以夸大。前面提到的"学生流氓行为"的例子也是以同样的方式歪曲了现实。在这里,两个几乎完全不同的现象被生拉硬扯在一起。但这个例子中,现象背后的议题的政治内涵,即新兴的学生运动所带来的政治问题,被重新表述为一种更常见的、传统的、非政治的社会问题(流氓现象);换言之,把政治议题转化为刑事问题(将其与暴力和财产破坏行为联系起来),将更有利于官方采取法律的或控制性措施,而不是被迫做出政治回应。这种表述框架的转换不仅通过刑事化策略将一个政治问题去政治化了,而且还从一系列复杂的不同要素中选择了最令人担忧的一个——暴力。因此,这一重构的表意过程也把这些本来十分复杂的议题极大地简化了——那些本来必须通过严格论证和事实论据来加以证明的说法(比如,学生的抗议活动都是盲目的暴力行为),此刻都经过简化的表意过程,变成了"显而易见的事实"。因此,这场运动"本质上的流氓性质"就被说成了一种确凿无疑的事实。而且,这些表述还暗含着许多假设和看法(例如,政治和暴力之间往往存在着十分复杂的联系)。最终,通过把一个政治议题中最极端、最暴力的那一面凸显出来,由此对这一政治现象进行以偏概全的总体界定,这种表意过程必然会导致一种强调"控制"的政策回应,并为这种回应方式提供合法性。如果面对的是一群合法的政治抗议者,公众也许并不愿意看到司法强权任意妄为。但如果面对的是"一群流氓",还有谁会不站在法律这一边呢?想象性融合因此发挥了一种十分关键的意识形态功能,而这种意识形态功能产生了实际的后果,那就是激起公众和国家的激烈反应,使之采取高压政策,并为这种反应和政策提供合法性。

临界点:在公共话语中对那些棘手事件进行描述和解释的表意过程中,似乎存在着某些临界点。在象征性的意义上,这些临界点标志着社会容忍度的极限。一旦某一事件处于更高级别的临界点上,就意味着这一事件给社会秩序造成的危害会更大,相应的压制性反应措施就会更强硬,更显得理所当然。例如,姑息纵容就是一个相对较低的临界点。那些越过这一临界点的事件会与传统道德准则相抵触(例如,关于婚前性行为的禁忌),从而遭到道德惩罚和社会指责,但人们一般不会诉诸法律手段来控制这些问题。而一旦某一"姑息纵容的"行为同时也违背了法律,换言之,如果它越过了合法性临界点的话,那么,不同群体围绕"姑息纵容"的模糊边界展开的斗争,以及由此集结而来的道德大军之间的纷争,就会得到有效解决。原因在于法律能够消除道德指责的模糊空间,并把违法行为与不道德行为区分开来。因此,无论是改革性还是限制性新立法,都是最能反映传统道德情感兴衰变化(例如,人们对堕胎问题看法的变化)的标志。[1] 任何行为一旦越过法律临界点,都会变成具有潜在威胁的行为;不合规的行为违反的是道德共识,但违法行为则是对法律秩序以及这种秩序所捍卫的社会合法性的挑战。然而,对基本社会秩序的基础或这种秩序的基本结构构成挑战的行为,几乎总会涉及暴力问题,或至少会被说成不可避免地要越过暴力的临界点。这是社会容忍的最高极限,因为暴力行为会被看作是对(作为合法暴力垄断者的)国家整体持续存在的一种威胁。当然,某些行为无论怎么定义,都是暴力的:武装恐怖主义、暗杀、叛乱。相比之下,有许多政治行为并不支持或必然导致暴力,却因为它们对国家提出了挑战,故而会被看作是"暴力的"。这种情况当然是很成问题的。对这些行为的描述几乎总是会从它们具有潜在的社会暴力(在这里,暴力几乎就是"极

---

① 参见 V. Greenwood 和 J. Young,《按需堕胎》(*Abortion on Demand*, London: Pluto Press,1976)。

端主义"的同义词)倾向这个角度来进行。莫斯(Robert Moss)近来指出,"对暴力的征服是现代民主社会的重大成就"。^①这里所谓"对暴力的征服"并不是说暴力消失了,而是说它变成了国家的专利,运用合法暴力成为国家的垄断权力。因此,任何被认为具有"暴力"性质的威胁,都会被看作是大规模的社会无政府状态和混乱局面的标志——在这些可见的迹象背后,或许有人正在计划一场阴谋。因此,一切形式的抗议事件都会很快被界定为一个法律和秩序问题:

> 如果国家面临急剧增加的严重而持续的暴力行为(无论是刑事意义上的还是政治意义上的暴力),以至无法发挥其基本功能的话,那么,我们可以肯定的一点是:普通公民迟早会把法律掌握到自己手中,或者倾向于支持一种能够更好地应对威胁的新的政府形式。^②

我们可以用图 8.1 来表示表意螺旋中存在的这些临界点。在对社会冲突事件进行意识形态表意的过程中,对融合和临界点的运用共同起到了促使事态升级的功能。对社会的某种威胁或挑战如果能够与其他明显类似的现象联系在一起的话,那么,它就会显得更加严重,更具有危险性。尤其是如果把某种相对无害的活动与另一种更加具有威胁性的活动联系起来的话,那么,这种危险的影响范围就会显得更加广泛,更加无处不在。同样,如果把在"姑息纵容"这一临界点范围内出现的某种挑战说成是不可避免地会向"更高"的临界点发展的话,那么,这种对社会的威胁的程度就会显得严重得多。当人们不只是按照某一事件或行动者群体固有的特点、目标和计划,而是根据它们跨越不同的临界点时呈现出的"潜在的反社会倾向"来推测它们可能会直接导致(或换一种不那么具有决定论色彩的方式来说,间接引发)何种后果的话,那么,把这一最初事件或群体视为"一系列严重后果爆发的导火索"就成为可能。当人们认为"留长发"和"性自由"现象必然会导致吸毒行为,或者每个大麻吸食者都是潜在的海洛因成瘾者,或者每个大麻买家都是毒品贩子(卷入非法行动之中)时,蕴含在反文化(counter-culture)中的那种"姑息纵容"的态度就会显得更加危险。相应地,如果吸毒行为必然会导致吸毒者"具有暴力倾向"(要么是

---

① R. Moss,《民主的溃败》(*The Collapse of Democracy*,London:Temple-Smith,1976)。
② 同上。

因为毒品降低了他的理性思维能力,要么是因为他为了保持吸毒的习惯而不得不去抢劫)的话,那么,这种非法行为的危害程度将会变得极其严重。同样,如果我们总是强调和平示威可能会演变为暴力对抗的话,那么,这些活动就会显得更加危险。这里的关键在于,随着对相关议题和群体的界定逐渐触及更高层次的临界点,针对这些问题采取合法的控制措施也就变得更加合情合理了。当这一过程成为人们界定社会冲突的常规方式时,表意过程的确为"非常规控制"手段的出台提供了动力。

在下文的讨论中,我们把国家的这种"超常规形式"的出现和同时发生的对危机的意识形态表意过程视为同一问题的两个侧面。为了简明起见,我们所援引的素材主要来自《星期日快报》和《星期日泰晤士报》这两家报纸——两者之间有充分的差异性(一家是"大众通俗"报纸,另一家是"严肃"报纸;一家比较保守,另一家则更开明),完全可以覆盖这一时期表意过程的范围和不同阶段,也完全足够说清楚媒体报道所强调的重点的内部差异。当然,为了把握全局,在论述过程中,我们也会参考和引用这一时期其他媒体的报道。

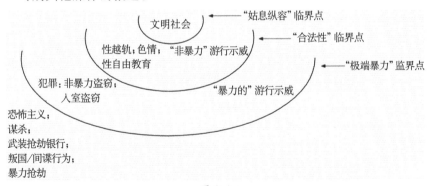

图 8.1

战后文化霸权:建构共识

无疑,文化霸权的存在这一事实是有前提条件的,即那些成为文化霸权作用对象的群体的利益和立场必须得到充分的考虑,从而在一定程度上形成一种利益妥协的平衡状态——换言之,统治集团必须做出某种经济法团主义意义上的利益牺牲。但同样毫无疑问的是,这种牺牲和妥协绝不能触及统治集团的核心利益;因为虽然文化霸权具有伦理政治的属性,但它同时也必须是经济性的,必然是以在

经济活动中居于决定性核心地位的统治集团的决定性功能为基础
的。(葛兰西)①

社会主义不是阶级运动……它并不是工人阶级的统治;它是对
共同体的组织。(拉姆齐·麦克唐纳[Ramsay Macdonald])②

阶级战争已经终结了。(哈罗德·麦克米伦[Harold Macmillan])③

对战后英国工人阶级的文化霸权进行重构的过程,无论多么短暂,都必须
放在资本主义世界在国际范围内的逐步稳定这个大背景下来理解。就这
一点而言,有三个因素至关重要。在经济方面,资本主义在经历了 20 世
纪 30 年代的全球经济危机以及随后发生的全面战争之后,通过资本内部
结构的调整以及在全球的进一步扩张,逐步在全球范围内获得了稳定发
展,最终进入了一段空前的高速增长时期——或许是资本主义制度出现
以来,持续时间最长的一段增长时期。在政治方面,尤其是在欧洲,国家
在经济事务中的角色得到了强化,以此为基础,议会制民主在这一时期得
到了极大的巩固——当然,作为对极端经济危机状况的极端政治回应,法
西斯主义的出现也曾经使得人们对这种政治发展产生过质疑。在意识形
态方面,西方民主国家在面临来自共产主义世界的威胁时,集结为一个统
一的意识形态集团;同时,在冷战条件下,"自由企业"的观念也在经过重
新包装后成为对抗苏维埃权力的意识形态武器。在上述过程中,无论是
在 1951 年为止的工党执政时期,还是其后保守党处于前所未有的霸权主
导地位的时期,英国虽然受制于自身的历史地位,但都以其独特的方式对
资本主义在全球范围内的稳定发展做出了重大贡献。

虽然人们常常认为 1945 年至 1951 年的工党执政时期,是社会民主
获得长足发展,并为整个社会以和平的、议会制民主的方式向社会主义转
变打下基础的一个时期。但实际上,它所代表的却是一种终结,而不是开

---

① A. Gramsci,《现代君主》(Modern Prince),见《狱中札记》,前揭。

② B. Barker 编,《拉姆齐·麦克唐纳政治论集》(Ramsay MacDonald's Political Writings,
London:Allen Lane,the Penguin Press,1972)。译注:拉姆齐·麦克唐纳(1866—1937),工党出
身的英国政治家,1924 年 1 月至 11 月出任英国首相兼外务大臣,1929 年至 1935 年第二次担任
首相一职。1931 年 8 月,他在任内与保守党和自由党合组国民政府,成立国民工党,造成与工党
关系决裂。

③ 转引自 A. Gamble,《保守国家》(The Conservative Nation,London:Routledge & Kegan
Paul,1974)。译注:哈罗德·麦克米伦(1894—1986)是英国保守党政治家、教育家、作家,于
1957 年至 1963 年出任英国首相。

始。在全民卷入战争的极端条件下出现并逐步成熟的许多做法，即便这时依然处于兴盛时期，也都已经开始走下坡路了。工党建立了福利国家，将一些衰败产业的产权转变为公共体制，并通过严厉的紧缩政策成功地实现了战时经济体系向和平时期经济生产体系的转变。它试图在没有对现有的生产体系进行重构的情况下，把某些人性化的社会改革观念融入其中。但正如托尼（R. H. Tawney）所言，如果处理的是一个具体对象，用抽丝剥茧的方式是可行的，但这种渐进的方法无法应对一个复杂对象。这一时期的就业比较充分。但对收入的再分配早在战争期间，而不是战后就已经开始实施了；[①]由朝鲜战争所导致的通货膨胀，引发了 1948 年财政大臣克里普斯主导的工资冻结政策（Crippsian wage freeze）的出台，以及 1949 年的严重货币贬值，但工人阶级都挺过了这些难关。这些构成了工党进行实验性政策调整的外围要素。工党政府还在冷战中选择与美国成为坚定的盟友，从而在政治生活中建立了一道"柏林墙"。一切中间偏左的事物似乎都会处于十分紧迫的危险之中，随时有可能越过边界，成为克林姆林宫俘获的对象。在这一过程中，《交锋》（Encounter）杂志[②]和文化自由大会（Congress of Cultural Freedom）[③]成为"自由世界"的前沿阵地。一切政治问题的解决方案都被限定在这个世界的边界范围之内。在整个西欧，冷战迫使所有政治倾向都变得越来越中立化，政治生活也以议会民主和"混合经济"体制为核心变得日益稳定化。在英国，虽然左派处于执政地位，但"左派的"意识形态和政治立场却处于后退状态。最终，为了重整国家经济而废除各种"免费福利政策"，标志着这一过程的终结。1951 年，随着改革魄力丧失殆尽的工党的下台，一揽子社会民主改革计划最终化为泡影。

　　然而，战后社会共识的基础却恰恰是在这段十分关键的社会民主改革时期奠定的。归纳而言，这些基础要素包括：福利国家的建立；资本主

---

　　① 　R. Titmuss，《论福利国家》（*Essays on the Welfare State*，London：Allen & Unwin，1958）。

　　② 　译注：由英美偏中左立场的知识分子在 1953 年创办的一份英国文学杂志。该刊受到美国中情局的秘密资助，因此对苏联持批评态度，但很少发表批评美国政策的文章。1991 年停刊。

　　③ 　译注：1950 年在西柏林成立的一个反共产主义组织，在文化领域发起反苏反共产主义斗争。在其最有影响力的时期，曾在 35 个国家设有分支机构。美国中情局曾为该组织提供资金资助。1967 年后更名为国际文化自由协会（International Association for Cultural Freedom），并受到美国福特基金会的资助。1977 年宣布解散。

义和劳工运动经过调适最终形成了"混合经济"解决方案；以及在冷战格局下，坚持与"自由世界"为伍的政治立场。这些要素确立了一种新型社会契约的边界，其主要作用是确保劳工运动被限定在资本主义能够稳定运作的框架范围内。这些改革措施确保工人能够获得充分的就业和福利保障，从而彻底解决了在大萧条中曾给人们造成严重困扰的就业和福利问题。在这个基础上，劳工运动也承诺在私人资本起主导作用的混合经济和资本主义国家议会制度的框架内寻求化解阶级矛盾的解决方案。与某些看法相反，这种调和路线实际上从一开始就是工党政策的特点之一；[①]但公开承认这一点则无疑在战后社会民主运动中引发了影响深远的变化。

工党种下的种子，果实却被保守党撷取了。保守党人对社会共识的确立也做出了自己的贡献。他们承认福利国家是一种"必要的社会代价"，一种经过修正的新资本主义的原则，即一种"看起来更加人性化的"资本主义。而所谓充分就业原则也遵循着同样的逻辑。通过这些让步，伍尔顿勋爵(Lord Woolton)和所谓"新人"(new men)领导下的保守党经过改革后，推动保守主义在付出一些必要的代价后，逐渐进入政治版图的核心。虽然保守党在1951年重新执政后曾许诺取消限制，恢复自由企业政策，但它的成功标志着一种新的，而不是一种经过改头换面的修正"保守主义"的胜利。[②]新保守主义者认为国家有责任管理好普遍的就业问题，满足公民的要求。对这些"新人"来说，把一小部分公共事业国有化并不是什么难以接受的事情，除非这样做会威胁到相关生产性产业的利益。比如，在钢铁和制糖业中，就存在这样的问题；但即便发生这种情况，他们也能够成功地扭转形势。通过这些方式，他们把自己塑造成"代表未来"的一群人，但与此同时又采取各种措施确保经济体系始终为自由企业资本主义的发展提供有利条件。在福利和就业问题上做出这些让步只不过是为了确保资本主义复兴所要求的大众合法性能够得到有效保障。这一点成为所有政治派

---

① 参见 R. Miliband，《议会制社会主义》(*Parliamentary Socialism*，London：Allen & Unwin，1961)；T. Nairn，《解析工党》(Anatomy of the Labour Party)，见 Anderson 和 R. Blackburn 编，*Towards Socialism*，前揭；J. Saville，《工党主义与工党政府》(Labourism and the Labour Government)，见 R. Miliband 和 J. Saville 编，*Socialist Register* 1967，London：Merlin Press，1967；以及 D. Coates，《工党与社会主义斗争》(*The Labour Party and the Struggle for Socialism*，Cambridge University Press，1975)。

② 参见 Gamble，《保守国家》，前揭；以及 N. Harris，《竞争与企业社会》(*Competition and the Corporate Society*，London：Methuen，1972)。

别都支持的核心共识，即所谓"巴茨克尔主义"（Butskellism）①。二战后大众消费资本主义的扩张也正是以此为出发点的。

在某些分析人士看来，在为这场前所未有的资本主义扩张奠定基础的过程中，工党的妥协做法是一场阴谋。但实际上完全不是如此。相对于以公开牺牲工人阶级利益为代价获得发展的不受约束的资本主义来说，战后一系列福利政策的出台的确是一种进步；对一个长期饱受失业之苦而不得不依靠救济金生存的阶级来说，充分就业政策的实施也是一件好事。但最关键的一点是，这些新的政策是在资本主义制度的逻辑框架内实施的，而不是要反对这种制度。这导致资本力量能够在实践中重新界定这些积极成果，从而将其转化为资本利益所需的关键的合法性支持力量。资本主义要生存就必须克服不断壮大的工人阶级提出的挑战，必须面对由此产生的矛盾和冲突，而这恰恰成为它进行自我调适的动力。资本主义的发展常常就是这种非预期性后果推动的结果。为了化解这些矛盾，英国资本主义在继 19 世纪后期从放任主义向垄断资本主义转型之后，不得不再次对自身进行重构；而且在这一过程中，资本主义国家以及工人阶级的政治结构同时也发生了变化。在 20 世纪初出现并在两次世界大战之间（紧接着大萧条之后）获得大规模发展的泰勒主义②和福特主义③革命，推动了一系列新生产方式的应用，极大地提升了生产率和劳动强度。但在二战之后，这些生产模式的效能也基本上消耗殆尽了。凯恩斯主义经济政策的逐渐落实不仅使得彻底抛弃只对资方有利的放任主义

---

①　译注：Butskellism 是《经济学人》杂志根据曾担任财政大臣的保守党官员拉布·巴特勒（Rab Butler）和工党官员休·盖茨克尔（Hugh Gaitskell）的名字生造的一个讽刺性术语，指 20 世纪 50 年代英国社会各政治派别达成的带有凯恩斯主义色彩的经济社会政策，即强调适度的国家干预以实现财富和社会保障资源的再分配，并刺激个人消费的增长。这一政治共识一直持续到 1979 年保守党政治家玛格丽特·撒切尔夫人上台为止。

②　译注：泰勒主义（Taylorism），又称泰勒制或泰罗制，是由美国人弗里德里克·温斯罗·泰勒（Frederick Winslow Taylor）提出来的一套现代管理理论，是西方管理学理论的开创性肇端，在很多方面有所应用。泰勒是第一位提出科学管理观念的人，因此被尊称为科学管理之父。泰勒制要求详细记录每个工作的步骤及所需时间，设计出最有效的工作方法，并对每个工作制定一定的工作标准量，制定标准的工作流程；将人的动作与时间，以最经济的方式达成最高生产效率，因此又被称为机械模式。

③　译注：福特主义（Fordism）一词最早起源于意大利马克思主义思想家安东尼奥·葛兰西，他使用这一术语描述一种起源于美国的新的工业生活模式，它是指以市场为导向，以分工和专业化为基础，以较低产品价格作为竞争手段的刚性生产模式。福特主义的关键是从一种粗放的资本积累战略，向一种以泰勒制劳动组织和大规模生产消费性商品为特征的密集型资本积累战略的过渡。

资本主义模式成为可能,同时也为重构现代资本主义发展所需的一整套新的制度框架提供了条件。在这些新的条件下,资本主义国家的范围得以扩大,并强化了具有干预主义特征的调控角色。以此为基础,处于"国家调控者"治理之下的以高工资、大规模生产和国内消费导向为特征的现代经济体系才成为可能。所有这一切反过来又为战后经济的快速增长提供了基础。在一段时间内,凯恩斯主义政策的实施在一定程度上的确缓解了资本主义不受控制的兴衰交替循环的趋势。在以廉价劳动力和完全依赖市场来调节就业状况的经济模式被抛弃之后,大众市场迅速扩张,从而为国内商品消费经济的繁荣奠定了基础。在这场经济繁荣中发挥主导作用的是那些战后出现的强调经营管理策略的公司制企业,其发展立足于对廉价能源和新技术的开发利用。[1] 这种经济层面的发展自然会要求资本主义国家同样必须做出重大调整。其结果是国家的"干预主义"倾向变得越来越突出。国家层面的这种发展一般都被看作是福利国家的形成所必然要求的结果,但实际上它与资本的基本经济功能的联系更加紧密。原来那种服务于"竞争性资本"的国家不复存在,取而代之的是新的"干预主义"国家;在这种情况下,资本的存在和发展离不开大规模的协同合作和确保社会和谐稳定的制度框架——如果必要的话,国家甚至可以通过牺牲个人资本家的利益来实现这种和谐。作为这种持续进行的和谐化机制发生的主要领域,国家的作用由此得到了强化——按照马克思的说法,作为一种"具体力量"的社会资本在国家中的角色变得日益重要。[2] 一方面,国家必须对市场、消费和不同形式的资本之间的关系策略进行协调;另一方面,又必须在政治上采取调整措施以适应工人阶级的政治影响力,同时通过新的策略来管理工人阶级的工资问题,而不是像过去那样直接通过市场调节的雇佣关系和劳动力价格涨跌来控制工资水平,其最终目的是要把工人阶级纳入和控制在现有制度的框架范围之内。所有这些都成为资本主义国家本身必须要处理的关键的策略性过程。

　　在消费和交换方面,20世纪50年代工资水平的上涨和消费品的激增,掩盖了劳动过程中发生的重要变化以及由此导致的劳动分工。而恰恰是通过这种新的劳动分工,资本主义生产体系在控制成本效益方面又

---

　　[1]　参见 G. Kay,《发展与不发达》(*Development and Underdevelopment*,London:Macmillan,1975);以及 E. J. Hobsbawm,《历史视角下的资本主义危机》(The Crisis of Capitalism in Historical Perspective),见 *Marxism Today*,1975 年 10 月。

　　[2]　转引自 Kay,《发展与不发达》,前揭。

上了一个新台阶。此外，通过大众市场、分期付款和适时预算（well-timed budget）等手段，这种新的经济体系还把工人阶级与保守党在大选中的成功紧密地联系在了一起。在这种情况下，体制的命运与保守党的命运成为不可分割的统一体。在这一经济生产快速增长的过程中，工党实施的所有新举措所带来的结果都被重塑和重新界定为对"人民的资本主义"和充满活力的保守党民粹主义的一种支持。正如保守党首相安东尼·艾登（Anthony Eden）所说的那样："我们的目标是要在全国实现全民拥有财产的民主制度……社会主义的目标是要通过国家的力量来控制所有权的分配，相比之下，我们的目标则是尽最大可能在最多的个人之间实现财产分配。"①

以上就是二战后建构社会共识的第一个阶段。第二阶段则是将第一阶段达成的共识在政治上付诸实践，即所谓"富足的政治"（politics of affluence）——1957年成为首相的哈罗德·麦克米伦以炉火纯青的政治手腕成为这一阶段的主角。1955年，保守党向全国提出了"投资成功"（Invest in Success）这一纲领性口号。1957年，麦克米伦在布拉德福德（Bradford）的一次演讲中首次提出了自己的政治口号——"你从未有过这么好的生活"（Never had it so good）。在不断加码的担保和公关努力的支持下，这一口号所表达的政治立场一直延续到十分关键的1959年大选时期。显然，它直接捕捉到了当时英国社会普遍存在的一种强烈的乐观情绪，即通过粗糙的机会主义政策，国家的财富似乎就可以实现永无止境的增长。"你们已经有了最好的生活。你们还可以过得更好。请投保守党一票。"人们的确这么做了。到这时为止，保守党已经与大众所支持的每一个社会趋势保持了高度一致。正如工党领袖盖茨克尔（Hugh Gaitskell）所承认的那样，"简而言之，劳工群体不断变化的特征、全面就业政策、新住房政策和以电视、电冰箱、小汽车和精美杂志为基础的新的生活方式——所有这一切都对我们的政治地位产生了影响"。另一位工党籍部长帕特里克·戈登-沃克（Patrick Gordon-Walker）也承认，"保守党与新工人阶级的联系甚至比我们还要紧密"。相比之下，麦克米伦先生的首相生涯不仅简单得多，同时也更能说明问题。正如他自己所说的那

---

① 转引自 M. Pinto-Duschinsky，《面包与马戏：保守主义者执政时期，1951—64》（Bread and Circuses：the Conservatives in Office，1951—64），见 V. Bogdanor 和 R. Skidelsky 编，*The Age of Affluence*：1951—1964，London：Macmillan，1970。

样，一切都"进展得颇为顺利"，而"阶级斗争也已经成为一个过时的概念"。相比之下，工党则陷入了一段士气低落的灰暗时期：短期内不可能出现选举翻盘，而且战后资本主义的整体社会形势似乎也对他们不利。

第三个阶段的主要任务则是创造出"富足社会"（affluent society）的意识形态或信仰体系。这种意识形态之所以能成功，主要是因为当时的经济形势一片大好，以至于人们觉得这种发展势头可以在不受任何人控制的情况下持续进行下去。此外，这还与资本主义以新形式复兴后所带来的社会生活的迅速变化有关。经济繁荣、更快的社会流动和阶级差别的暂时模糊化都起到了迅速消解阶级矛盾尖锐性的作用。产生同样效果的还包括住房条件的变化、工人阶级在新住宅区的新生活方式以及国家教育的扩张所带来的某些群体社会机会的扩大。随着国家福利和工资收入的增加，工人阶级的生活水平似乎也得到了根本性的改善和提高。在这种情况下，一旦处于艾迪生（Addison）所说的"温和的社会党爱国人士"①领导之下的工会成为混合经济方案的支持者的话，某些结构性的改革要求必然会被束之高阁；显然，与彻底改变体制的激进路线相比，在体制内推动改革更加有利可图。于是，维护资本的利益与维系工人阶级的生活标准这两者之间变成了一种相互支持而非截然对立的关系。新型资本主义企业热衷于自筹扩张项目和新兴技术，在其中担任管理者角色的也是那些地位日益显赫且热衷公益事业的精英群体。显然，他们与资本主义早期那些麻木不仁的资本家形象有着天壤之别。从更深的层次上看，新技术和劳动过程的变化带来了新的劳动技术分工结构，在工人阶级内部产生了新的职业阶层和文化。国有部门以及第三产业的崛起扩大了中间阶级（intermediary classes）的规模。尽管这些群体除了自己的劳动力之外依然一无所有，但与战前技术劳工的典型劳动方式相比，他们的工作组织方式存在着显著差别。这些变化改变了社会生活领域中的传统阶级关系模式，重塑了人们的态度和愿望，瓦解了长期以来相对稳定的工人阶级意识和团结形式，并抛弃了战前传统社会中人们耳熟能详的某些基本原则。陈旧而衰败的"北部"工业区与崭新而繁荣的"南部""科技"产业区之间的鲜明对比，给人留下一种新产业正在逐渐取代旧产业的强烈印象。媒体以一种极其生动形象的方式捕捉和呈现了这种社会变迁流动不定的表象，并对这种出乎人们意料之外发生的社会巨变进行了反思。但所有这些社会变化共同发挥的最关键的作

---

① 　P. Addison，《通往 1945 年之路》（*The Road to* 1945，London：Cape，1975）。

用之一则是把工人阶级和劳动运动限制在资本主义制度允许的范围之内，即把工人阶级政治纳入资本主义发展的逻辑之中。但这种整合过程与资方在工资问题上毫不退让的强硬态度并不矛盾。资本之所以这么做显然是为了最大限度地实现资本主义体制所能带来的价值。这样，通过"不同手段"，之前的阶级斗争得以延续下来，只不过在体制内"把问题搞定"的做法显得更加个人化和私人化，从而在一定程度上掩盖了这些斗争的残酷性。随着各方的政治态度向中间温和共识立场转移，阶级斗争的传统形式变得日益支离破碎。而从长期来看，这种变化必然会导致阶级斗争的焦点从制度性矛盾的前沿地带转向更加地方化的、更有工团主义色彩的车间政治(shop-floor politics)形式。一旦形成中间立场为主导的局面，那些能把人们团结在一起的力量（无论是已经取得的成果还是尚未实现的目标）将远远大于那些导致他们分裂的力量。以此为基础，一种普遍的共识，即一种长期居于主导地位的保守主义文化霸权，似乎可以自发地产生出来，并不断地自我复制。

　　于是，对战后社会状况的一种意识形态化的解释逐渐被建立了起来。在当时那种充满乐观情绪的经济氛围中，人们相信自己正在进入一个崭新的"无阶级差别的"后资本主义消费社会。在意识形态上，所有计划外的社会变化都被看作是这个新社会的标志。而人们在一连串的变化过程中以零碎的方式所体验到的那种社会变化的不均衡性，同样是通过意识形态，即通过创造出富足神话(the myth of affluence)的方式得到了化解。随着变化的速度越来越快，变化本身成为举国上下的头等大事。在这里，美国作为最发达的资本主义国家成为最理想的参照对象；甚至在克罗斯兰(Crosland)先生看来，哈洛新城(Harlow New Town)和中西部郊区飞地的交汇地带差不多就已经足够代表他对"社会主义的未来"的设想。因此，从意识形态上来说，共识就是以这些令人惊叹的社会变化为基础的。人们坚信，资本主义发生了本质性的变化，而且这种繁荣发展的局面也将会永远持续下去。显然，绝大多数人都能过上幸福生活的美好时代还未到来，财富和权力的分配依然是不平等的。但人们相信，这种分配关系在未来将会实现平等化。而意识形态的作用恰恰就是要弥合这种不平等的现实和人们通过"想象性关系"所表达的愿望之间的落差。通过这一过程，尽管现实依然充满矛盾，但人们却仍然产生了一种相信社会总会不断进步的幻觉。这一转化过程有其社会事实依据，但同时也改变了社会的核心逻辑。与一切社会神话一样，"富足"社会的神话同样也是有一定的现实基础的,尤其是资本主义的结构性变化和资本主义国家及其政治过程的重构。但这个神话始终会从共识性的角度来重构充满冲突的社会现实。它对现状在未来的发展趋势的推断总是突出积极的一面。根据这种推断,从长远来看,冲突或历史性断裂将会不复存在。而罗兰·巴特则提醒我们,神话(myth)[①]是一种去历史化、去政治化的言语实践。[②] 在神话中,语言实践所表达的内容的历史性本质和具有矛盾冲突性的一面,这种存在状态的临时性以及在历史发展过程中被超越的可能性都被掩盖了起来。它把非连续性转化为连续性,把历史转化为自然。尽管这种关于富足社会的神话或信仰体系是建立在战后资本主义重建的矛盾现实基础之上的,但通过复杂的意识形态置换,它依然成为一种有效的观念。借助这种意识形态修辞,垄断资本主义被说成是"后资本主义时代"。对资本产权的合并整合成为所谓的"管理革命"。福利国家政策被描述成"贫困的终结"。人们现金收入水平的上升成了"对财富的再分配"。资本主义生产和流通的基本节奏决定了各方政治观点越来越向中间立场靠拢,而这又被说成是标志着"意识形态的终结"。下调政治目标的做法得到人们的赞赏,因为这意味着一种"政治现实主义"的立场,体现了一种优先考虑可能性的政治智慧。至此,意识形态封闭性的目标得以完全实现。总之,这种意识形态所表达的那种社会变化似乎是从真空中自动出现的一种对所有人都适用的自然趋势,人们因此将齐心协力地支持共同的目标和价值:通过个人的努力获得利益,同时也懂得消费和享受;勇于竞争,不甘人后;在一个自力更生的世界中享有个人空间。所有这一切构成了一种新的民主化的占有式个人主义(possessive individualism)形式。不过,尽管麦克米伦的口号——看,没人干预! ——巧妙地模仿了这种"没有眼泪的共识",但要实现这种意识形态效果依然离不开十分娴熟的政治和经济管理策略。作为这种富足社会幻象之基础的经济发展趋势必须能够不断维持下去。同样,那些有利于维持少数权势者对绝大多数无权无势者实施控制的社会趋势也必须继续存在下去:总之,必须用像铁环一样坚固的共识把人们与现状牢牢捆绑在一起,从而在制度上确保人们对体制的忠诚。在这一过程中,经济和国家管理者的首要任务是确保实现资本利益的经济条件能够得以维系下去。其次是通过必要的调整,把劳工阶层

---

① 译注:又译为迷思。

② Barthes,《神话学》,前揭。

纳入资本主义体系之中,使之成为利益攸关方之一。最后则是要确立富足社会意识形态的共识性地位。这是大众合意的生产。恰恰是在最后这一点上,麦克米伦及其同僚发挥了主导作用,通过精心策划,实现了对大众合意的生产。

当然,这种意识形态的封闭性并不是彻底的或万无一失的。在一定程度上,这种意识形态的经济基础存在结构性缺陷。虽然英国积极参与了全球范围内的资本主义发展进程,但与其他主要竞争对手相比,它的参与过程显得慢了一拍,并且总是疑虑重重。长期的帝国主义历史包袱,加上陈旧的工业基础设施和缓慢的技术创新率,导致英国处于一个十分不利的位置。从经济实力角度来说,英国是一个三流的后帝国时代强国,而不是一流的新兴资本主义强国。然而,通货膨胀水平开始上升,虽然由于劳工群体的相对强势地位,工资结算水平也曾一度逐渐上涨。当然,通货膨胀最终会抵消一部分实际工资收入:"通货膨胀是共识的经济敌人"。[1] 不断增加的经济成本通胀也开始侵蚀利润率。再加上较低的投资率和投资水平,英国在世界市场上的竞争地位开始下降,导致英国产品在全球市场上的份额出现了下滑趋势。对"无形出口"(invisible exports)[2]的高度依赖导致英国的经济增长率与其他主要竞争国相比出现了巨大差距。在统治阶级中处于支配地位的金融阶层为了寻求短期利润把资本输出到海外,导致英镑彻底丧失了作为世界货币的地位。技术投资的失败则延缓了资本重组的速度,并导致利润率逐渐下滑。而保守党的经济官僚在制定预算方案时,则总是出于短期选举机会的考量,不顾经济发展的长远利益。但每次刺激方案的"效果"总有"见底"的时候,而一旦"见底",随之而来的总是更有破坏性的通货膨胀效应,包括全面的结构性经济停滞。结果,为了确保国民经济始终是一个有利可图的投资领域,国家不得不日益强化对经济活动的干预。

然而,共识建构的过程同时也与许多高度矛盾的现象交织在一起。恰恰是在"富足"意识形态话语最炙手可热的 1956 年,发生了许多导致严重分歧的事件:苏伊士运河危机[3](对劳工运动产生了深远影响);匈牙利

---

[1]　Kay,《发展与不发达》,前揭。

[2]　译注:即无形贸易,指劳务、服务和其他非实物形态的进出口贸易。

[3]　译注:又被称为苏伊士运河战争、第二次中东战争、西奈战役或卡代什行动,是 1956 年在埃及与英国、法国和以色列之间围绕苏伊士运河问题发生的一次国际武装冲突。英法以最终在强大的国际压力下停火。苏伊士运河危机导致了英国艾登政府垮台,并促使之后的麦克米伦政府加快非殖民化进程,英国的帝国殖民体系也遭到毁灭性打击。

事件①（对共产党造成了强烈冲击）；新左派的出现；《识字的用途》（*The U-ses of Literacy*）②的出版，《愤怒回眸》（*Look Back in Anger*）③的上演，以及埃尔维斯·普雷斯利（Elvis Presley）④的成名。从冷战保守阵营中浮现出来的激进知识分子群体，在反核运动中出现的超议会（extra-parliamentary）政治斗争，以及繁荣发展的以商业赞助为基础的青年文化的兴起——所有这一切都构成了"富足社会"共识中的不和谐要素。由此可见，共识、富足和消费主义并没有通过金钱、商品和时尚消费化解人们的担忧和焦虑。相反，这些要素反而造成了一种复杂的、令人忧虑的道德紧张感。麦克米伦先生那些令人印象深刻的政治行动实际上就像是在走钢丝一样，是一种冒险之举。因为作为其政治行动基础的社会现实已经与爱德华七世时代的英国完全不同，能够体现这个新世界特征的除了超市和高速公路、自动点唱机和飞机、牛仔裤和吉他、摩托车和电视机，还有街头抗议，以及皇家宫廷剧院上演的戏剧对中产阶级的持续嘲讽。虽然人们的消费行为反映了某种真实有效的经济动机，但英国人显然对不受约束的物质主义信条依然感到不安。一位态度较为严厉的内阁成员曾经在保守党会议上提醒人们，经济上的成功应当"有助于人们实现为自身利益之外的事业服务的愿望"。但是，这种"全民参与的资本主义"虽然推动了商品消费的繁荣，却并不能保证社会的发展会遵循特定的道德目标。《经济学人》杂志呼吁"具有现代意识的保守派人士"去关注一下"工人阶级住宅区雨后春笋般竖起的电视天线"和那些"身着紧身衣、前往避暑胜地布赖顿度假的家庭主妇们"，并从他们身上意识到社会发展的"伟大成就"。但与此同时，它也不得不承认，依然有某些"观念陈旧的保守人士认为，收入水平的上涨和分期付款的推广所引发的消费革命，使得劳工阶层过去不敢奢望的许多舒适生活条件如今变得唾手可得……而这已经远远超出了他们的身份地位所应

---

　　① 译注：1956 年 10 月 23 日至 11 月 4 日发生在匈牙利的由群众和平游行导致苏联入侵的暴力事件。最初以学生运动开始，以苏联军队入驻匈牙利进行军事镇压而结束。

　　② 译注：是理查德·霍加特（Richard Hoggat）于 1957 年出版的一本著作，研究了大众媒体和大众文化对英国社会，尤其是工人阶级群体的影响。该书被认为是对英国文化研究的确立和发展产生重要影响的著作之一。

　　③ 译注：又译为《愤怒的回顾》，是英国剧作家约翰·奥斯本（John Osborne）创作的一部现实主义戏剧，描写了工人阶级出身的知识分子吉米·波特与中产阶级上层出身的妻子之间的婚姻生活。

　　④ 译注：美国歌手、音乐家和电影演员，被视为 20 世纪最重要的文化标志性人物之一，中文昵称"猫王"。

享有的待遇"。[1] 20 世纪 50 年代末到 60 年代初,参加保守党大会的基层保守派人士最关心的两个议题是犯罪和移民问题——显然,这两个问题反映的是社会失序的趋势,而不是社会共识和成功。由于各大政党竞相向代表富足和"进步"的中间立场靠拢,导致许多社会群体感觉自己一方面被这些政党所抛弃,同时又受到底层社会甚嚣尘上的物质主义趋势的威胁;于是,尽管在这个社会中,人们"过上了前所未有的好生活",但这些群体依然希望社会能够有一个更加坚定的道德目标。他们也因此成为那些热衷于表达道德愤慨的道德领袖们最坚定的支持者。

以上讨论中所提到的这种社会机制对我们的研究主题而言十分重要。从表面看,整个社会似乎一切"运行正常"。但实际上人们已经针对"当前形势"产生了一种普遍的道德焦虑情绪。这种情绪已经偏离了公共道德话语的核心位置,动摇了务实渐进的共识政治的基础,并且往往会在那些相对于主要社会问题而言最初显得比较边缘的议题中表现出来。这成为战后"道德恐慌"的源头。这首先表现在"青年"议题上。这个议题一度成为社会变化和社会焦虑的一个重要标志。[2] 战后社会变化中出现的几乎所有问题都在这个引起广泛关注的议题中有所体现。青年群体不仅体现了社会变化,同时也放大了这种变化。作为福利国家的继承者和战后世界的预言者,"青年"曾经是黄金时代、新物质主义和新享乐主义的先锋。他们天真无邪的脸庞是战后社会变化的一种生动而具体的表现。但不出意料的是,公众对这个群体的反应却是摇摆不定的。最能体现公众的这种模棱两可态度的是 20 世纪 50 年代中期围绕所谓"泰迪男孩"出现的"道德恐慌"情绪。[3] 当时,白人下层阶级青年的社会影响力越来越大,并出现了一定的暴力倾向。这些人穿着爱德华七世时代风格的成衣,一副破落户的模样,随着约翰逊(Paul Johnson)所说的"丛林音乐"的节奏摇头晃脑,离开他们的居住区,出现在那些体面的新社区、舞厅和电影院里,偶尔还会不停地跟着电影《昼夜摇滚》(*Rock Around the Clock*)的音乐节奏到处狂奔。[4] 这些人与暴力的

---

① 《经济学人》,1959 年 5 月 16 日;转引自 S. Hall,《英格兰的状况》(The Condition of England),见 *People and Politics*(Notting Hill Community Workshop Journal),1960。

② 与此相关的详细讨论,参见 Clarke 等,《亚文化、文化和阶级》,前揭。

③ P. Rock 和 S. Cohen,《泰迪男孩》(The Teddy Boy),见 Bogdanor 和 R. Skidelsky 编,*The Age of Affluence*,前揭。

④ 关于泰迪男孩风格的分析,参见 T. Jefferson,《泰迪男孩的文化回应》(Cultural Responses of the Teds),见 Hall 和 Jefferson 编,《通过仪式抵抗》,前揭。

联系成为道德恐慌发酵的基础。几年后,他们中的一些人出现在诺丁山的街道上,成为英国有史以来第一次全面爆发的大规模种族骚乱的参与者。《泰晤士报》的社论(《少年无赖们的流氓行径》[*Hooliganism is Hooliganism*])直接把青少年流氓行为和"暴力"问题说成是无法无天和无政府主义的标志。它忽略了日益泛滥的种族主义问题,却策略性地强调了黑人"问题"的存在。①

　　因此,富足社会共识的基础其实是十分不稳固的。无论如何,它注定是短命的。麦克米伦在 1959 年大选中获胜后不久,这种共识就开始瓦解了。到 20 世纪 60 年代中期,出现了严重的国际收支平衡危机,正是这场危机彻底暴露了英国经济严重衰退的真实状况。随后发生了一系列事件:塞尔温·劳埃德(Selwyn Lloyd)在 1961 年实施的大规模预算"削减"计划;内阁人事大变动;古巴导弹危机;英国试图加入欧共体(E. E. C.)的计划受挫;以及失业率上升到 4%。与此同时,许多批评家(包括 Galbraith、Titmuss、Albemarle、Buchanan、Pilkington、Milner-Holland、Crowther、Robbins、Plowden)开始从更广泛的层面展开研究,发布了一系列报告,揭露了所谓富足社会的黑暗面,从而导致了"对贫困的再发现"。在文化方面,日益高涨的愤世嫉俗和疑虑情绪,尤其是在"讽刺文艺"运动中表现出的那种怀疑立场,削弱了建制派的合法性。1960 年 3月,乔治·威格(George Wigg)②根据《私家侦探》(*Private Eye*)杂志上的一篇报道,指控"一位前座议员③卷入了"一起丑闻事件。在轰动一时的普罗富莫事件(Profumo Affair)④中,包括一位西印度群岛人、三位应召女郎、一位地产投机商、一位与上流阶层联系紧密的整骨医生、一位国务大臣和一位苏联海军武官在内的各色人等轮番上演,把这个所谓的"富足

────────────

①　《泰晤士报》,1958 年 9 月 5 日。

②　译注:英国工党政治人物,虽然只担任过较低的官方职位,却具有强大的幕后影响力,尤其是在哈罗德·威尔逊执政时期。

③　译注:根据英国惯例,下院开会时,执政党议会党团领袖、反对党影子内阁成员、在政府中任职的议员等均坐在前排议席,故称前座议员。普通议员一般坐在后排议席,称为后座议员。

④　译注:是一件发生于 1963 年的英国政治丑闻,该丑闻以事件主角、时任陆军大臣的约翰·普罗富莫命名。普罗富莫原是一名保守党内阁要员,丑闻之焦点在于普罗富莫和歌舞演员克莉丝汀·基勒发生的一段婚外情。但基勒曾同时与一位苏联驻英国大使馆高级海军武官有染,而后者实际上是苏联间谍。普罗富莫先是向下议院撒谎否认自己与基勒"有任何不适当"的关系,但后来又承认了自己撒谎的事实。1963 年 6 月 5 日,他宣布辞去内阁的官职、下议院议员和枢密院顾问官。这一事件对当时执政的保守党构成严重打击。当时的保守党首相哈罗德·麦克米伦因受丑闻影响,在健康出现恶化后宣布辞职。

社会"背后的阴暗面展现得淋漓尽致。当普罗富莫事件的丑陋真相大白于天下之时，"麦克米伦时代"也宣告结束。在这个颇具典型意义的事件中，政治和经济危机再一次通过人们义愤填膺的道德控诉得到了完美的体现。

共识：社会民主派的策略

> 社会民主派的特殊性质表现在，它要求把民主共和制度作为手段并不是为了消灭两极——资本和雇佣劳动，而是为了缓和资本和雇佣劳动之间的对抗并使之变得协调起来。（马克思）[1]

1961 年到 1964 年是一个过渡期：这里所谓过渡，不是指不同首相领导的不同政府之间的过渡，而是指国家对共识进行管理的两种不同策略类型之间的过渡。正是在这一时期，英国社会和政治生活中那种以消费繁荣为支撑的自我调节的自发的凝聚力被瓦解了。面对这样的状况，工党试图运用不同的策略来建构一种"社会民主派"的共识。这种共识诉诸的不是个人主义，而是"国家利益"和"繁荣"。它号召人们无论是在国内，还是在国际层面，为实现这个目标而奋斗。为此，所有人——尤其是工人阶级——必须勒紧腰带过日子，主动承担起自己的责任。直到保守党的希思在 1970 年的大选中获胜为止，这种论调一直占据着主导地位。然而，工党的路线与前一个阶段的共识策略之间实际上有很多重叠之处。制定指导性经济计划的做法并不是威尔逊政府的首创，而是由劳埃德提出的。早在威尔逊上台之前，经济增长和现代化就已经成为国家发展目标了。因为如果没有增长，其他一切更多的发展计划就失去了基础，而如果不能实现经济发展模式的现代化，劳动生产率就无法得到提高。威尔逊所做的只不过是把这些说法进行了重新表述，将其纳入自己的社会民主派纲领之中。恰恰是两种策略之间的这些重合之处，使得社会民主派的政策以一种不动声色的方式推动了资本主义的新结构和现代法团主义国家（corporate state）的成熟。但两者之间的重合性也在一定程度上掩盖了工党在回归权力的过程中所发起的"跃进"政策的性质。

　　这种政策的结果就是全面滑向法团主义（corporatism）。麦克米伦

---

[1]　Marx，《路易·波拿巴的雾月十八日》，前揭。

从未试图将此当作自己的政治目标,只有执政后的工党才实现了这一点。为了应对经济危机,工党别无选择。它必须维护资本主义结构,确保不危及现存的不平等的分配体系。因为杀鸡取卵的政策必然会进一步破坏当前的平衡状态,因此,在不触及基本结构的前提下,只有通过在生产领域推动全面的飞跃式发展才能在满足工人阶级更高要求的同时,保持现有的剩余价值实现和资本盈利机制。解决问题的秘方是提高生产效率:在投资水平较低的情况下,要提高劳动力的生产效率,就意味着必须加大对劳动力的剥削。阶级利益冲突变得尖锐化的可能性因此也大大提高了。要想化解这种冲突,唯一的办法就是把每个人都纳入为了国家利益而团结奋斗的"更高的"意识形态目标之中。帕尼奇(Panitch)把这种不触及现存阶级权力不平等状况的"再分配"理论叫作"只有一个阶级的社会主义"。[①] 在他看来,通过把阶级利益纳入国家利益之中,工党实现了"国家—阶级整合"(nation-class synthesis)。他进一步指出:"在这种情况下所形成的新社会契约不仅仅是处于不平等地位的阶级之间的契约,而且这个契约的担保者,即国家……将不再,同时也不可能没有利益偏向性。国家在不同阶级之间的中立姿态将不复存在。"[②]

在政治上实现上述目标的唯一办法就是把所有人都变成国家的积极合作者:在"中立的"国家不偏不倚的监护下,劳工和资本的"利益"得到了同等地位;促使各方都致力于实现国家经济发展的目标;敦促它们管理好自己在共同利益中所占有的那一部分,从而在国家经济生活的中心达成一个法团式的三方交易,在资本、劳工和公众之间实现利益关系的和谐化——其中,公众利益又是通过国家的外衣来实现的。正是以此为基础,将社会资本(social capital)作为统摄各种资本利益形式的总资本的一般性法团主义策略才成为可能。在这种策略中,每个利益集团都占有一席之地;各方也因此必须承担相应的责任——主要是自我约束的义务。资方有义务维护资本集团的利益,所得的回报是利润。劳工必须捍卫劳动者的权利,相应的好处则是可以确保劳动者能够过上更好的生活。国家的责任则是代表"除此之外的所有人",即全体国民的利益,它必须确保各方之间的契约关系的稳定性,以及这一契约在共同体范围内的顺利实施。

---

①　L. Panitch,《社会民主与劳资对抗》(*Social Democracy and Industrial Militancy*,Cambridge University Press,1976)。

②　同上。

这种以"国家利益"为纽带实现劳工、资本和国家之间的长久结盟关系的策略,即"协同作战"的法团主义共识,成为社会民主派共识建构过程中的核心观点和实践基础。卡拉汉先生的所谓"社会契约"的说法只不过是同一种策略的变体——这也是在四面楚歌的情况下,不得不提出的一种对策。从根本上说,这种策略的目的是要把全体国民驯化为合意的支持者,实现阶级斗争的制度化。资本会对那些特立独行的自由企业加以约束,使之服务于国家发展的目标。工会则会对那些好斗的劳工分子严加管束。本来彼此严重对立的双方现如今都"向中间立场靠拢"。与此同时,国家的责任是要建立能够促成各方达成"交易"的制度性框架网络。这样,国家虽然看起来似乎能够确保实现每个人的最大利益,但实际上牢牢掌握着对长期资本状况的控制权——在必要的情况下,为了实现这一点,它可以以牺牲某些个人资本家的短期市场利益为代价。

在一定程度上,对阶级矛盾的缓和与和谐化处理是通过与此相关的特定意识形态来实现的。最能表达和体现这种意识形态的是威尔逊式的"现代化"和"各方团结一致"的政治修辞。这种修辞一方面对"体力和脑力劳动者"都发出了富有感召力的呼吁,另一方面又对各种"不顾全大局者"表达了谴责——无论那是顽固不化的自由企业,还是好斗的工会代表和左翼分子。在意识形态上,这种现代化修辞能够把英国的经济衰退从一种复杂的政治经济现象转化为仅仅是技术原因导致的结果。经济增长议题把历史问题转变为技术问题。在这种政治"新话"(Newspeak)①的形式中,技术实用理性成为政治的唯一形式。为了实现这种意识形态融合,就必须促成现代化的产业管理者和新技术工人阶级的联盟,从而形成一个新的社会集团。这是二战以来最艰巨的一次政治尝试之一,同时也是一次关键的转变。正是"技术革命的白热化发展锻造了"一个"新英国"。很快,在大选前后,这种摇摇欲坠的社会结构似乎已经为即将到来的成功做好了准备。工党提出的新主张很有效,而且具有模糊性,完全能够在管理者、技术人员以及某些无组织的社会群体之间形成暂时的联盟,来共同推动"对贫困的再发现"所导致的社会变革。它并不具备其他的逻辑或历史基础。实际上,在这个联盟中,任何一方只要想伸张自己的利益,就不可能不破坏整个交易的稳定性,从而对其基础产生影响。这个基

---

① 　译注:新语或新话(Newspeak)是乔治·奥威尔在小说《一九八四》中设想的新人工语言,是大洋国的官方语言,被形容为"世界唯一会逐年减少词汇的语言"。

础就是对剩余价值的生产和再分配是按照有利于资本利益的方式来进行的。一旦经济压力变得十分尖锐，这种联盟关系就会瓦解。一旦我们对其进行仔细考察，就会发现这背后所隐藏的内在逻辑：原来其最终的目的是要维护英国的资本主义，是要通过建构一个以法团主义国家管理模式为基础的规训的合意形式来化解危机。

这种试图建构一种规训合意的努力再次与当时的社会运动和时代精神形成了鲜明的对比。1964年，同样也是披头士开始在文化界声名显赫的一年。也是在这一年，唱片销售量剧增，音乐产业欣欣向荣；摩登派风格风靡一时，以国王大道的那些精品店为代表的工匠资本主义蓬勃发展，"摇摆伦敦"（swinging London）也作为多姿多彩的伦敦文化生活的代名词成为一个引人注目的现象。对那些执着于传统新教伦理，或者积极响应威尔逊的以古今二元对比为特色的"新循道宗教义"（New Methodism）的人来说，摩登派的自恋，摇滚乐中不加掩饰的性元素，时尚文化中男性气质的嬗变，以及无处不在的享乐主义，都令他们感到极度的震惊。在这里，不断积累的社会焦虑情绪再一次从中心转移到了边缘，并以充满正义感的道德愤慨的形式表现了出来。在度假沙滩上发生的"摩登派和摇滚派"青年之间的斗殴事件成为舆论焦点，引发了媒体铺天盖地的报道，以及道德领袖、警方和司法当局的强烈反应。[①] 这些事件最终被戏剧化了，演变成社会卫士与那些过着富足生活、无所事事、无法无天、放纵享乐、蓄意破坏、喜欢"盲目暴力"的"青年"之间展开的一场永无止境的道德战争。可以说，这一过程是对威尔逊先生试图要实现的宏伟社会目标的一次微型演练。

工党继承了英国在和平时期出现过的最大的一笔国际收支赤字。面对这种局势，工党立刻退回到了老路，即保护英镑的币值。在时任首相看来，"当务之急是建设一个强大的经济。仅此一点就能使我们维持英镑的价值"。然而，当形势恶化时，伦敦金融城里那些平日里信誓旦旦的忠诚之士却第一时间抛售了他们手中的英镑。面对如此情形，工党不得不重整旗鼓，为捍卫自己的利益而战；而此时，那些能够帮助政府纾困的国际金融家却趁火打劫，要价不菲。结果，工资被冻结，公共开支被削减，一揽子社会福利政策也遭到严重削弱，仅最后一点就足以导致工党的激进派不得不转向法团主义的策略路线。为了应对危机，政府疯狂地借款，并

---

① Cohen，《民间恶魔与道德恐慌》，前揭。

说服工会接受一项法定工资政策。经过这一系列动作之后,威尔逊领导的工党在 1966 年的选举中再次大获全胜。随后,收入政策成为工党新约的核心内容。工党政策的矛头也逐渐转向了工会,尤其针对工资谈判中的无政府状态和限制竞争协议(restrictive practices)。[①] 以此为基础,就出现了要求强化纪律的呼声。随后,在这场复兴道德纪律的运动过程中,爆发了海员罢工事件。

　　海员罢工事件对工党的整个战略构成了严重挑战。按照首相的说法,最关键的问题就是"国家价格和收入政策"。只有彻底挫败那些罢工者才能让国外投资者相信"我们有决心确保政策有效"。于是,威尔逊先生把社会控制的主要范式引入这一战略之中,而正是这个范式,在媒体的帮助之下,成为从那时到当下对劳资纠纷进行意识形态表述的主导性范式。他把罢工者的威胁提高到了国家的高度:他说,罢工有损于国家利益,因为它与"国家和共同体是对立的"——这种把罢工者塑造为所有人对立面的修辞策略具有致命的杀伤力。于是,罢工就被顺理成章地说成是一场阴谋:"这些勾搭成群、具有政治动机的人……就是存心要在背后使坏,对工会成员及其家属施压,对产业安全和国家经济利益造成严重威胁"。在随后的十年中,阶级矛盾在意识形态上会反复以这种方式被重构出来:一场以绑架无辜者来要挟国家的阴谋;一小撮颠覆分子和广大无辜工人及其家庭之间的强烈反差——欺骗者和被欺骗者。在这种看法成为社会共识,国家实际上已经成为全体人民利益代表的情况下,对矛盾冲突的解释还会有别的可能吗? 正是从这一问题开始,激进派和温和派利用大众媒体进行相互攻击,从而形成战后以来相互对立的两大意识形态阵营。

　　"红色恐慌"的策略很快奏效了,海员罢工事件也很快平息了。但工党作为一个为工人阶级利益而奋斗、致力于改革的政党形象也随着这种"胜利"而彻底瓦解了。威尔逊的"历史集团"随之分崩离析。更糟糕的是,再次出现了英镑挤兑风潮。随后,当局启动了两轮通货紧缩措施。此时,虽然工党的公信力已经大打折扣,但它却是最后一支致力于解决经济危机的力量,是保护那些相对落后的产业部门资本利益的堡垒。于是,社会民主派苦心营造的共识也开始无声无息地瓦解。威尔逊如今看起来越

---

　　① 译注:限制竞争协议是指两个或两个以上的行为人以协议、决议或者其他联合方式实施的限制竞争行为。

来越像是一位丘吉尔式的人物，努力控制着分歧，勉力维系着危局。

共识的瓦解

> 统治阶级的文化霸权危机……之所以会出现，无外乎是两种原
> 因导致的结果：统治阶级在请求或强行征得广大群众同意的情况下
> 所推行的重大政治事业遭遇失败……或者是因为……广大群众……
> 突然从一种政治上的消极被动状态转变为一种积极活跃的状态，并
> 提出一系列要求。虽然这些要求可能并不成体系，但所有要求累加
> 起来最终却引发了一场革命。所谓"权威危机"，其实就是文化霸权
> 危机，也就是国家的普遍危机。（葛兰西）①

从某种意义上说，1966 年是葛兰西所说的从"合意"向"强力"转变的一个
早期转折点。无论是在道德权威和市民社会领域，还是在政治和国家领
域，这种变化都是显而易见的。20 世纪 50 年代和 60 年代早期那种流动
开放的社会氛围，在詹金斯担任内政大臣时期达到了顶点。正是在这一
时期，政府围绕言论审查、离婚、堕胎、许可制度、星期日休业（Sunday
Observance）法案等议题推行了一系列自由化改革。然而，到了 60 年代
中期，曾经作为天真无邪的享乐主义氛围象征的"摇摆伦敦"的口号，如今
却被民粹主义道德卫道士的新口号"色情伦敦"所替代。道德反弹开始
了。同时，由于受到警察工资削减、废除死刑的威胁以及罗伯茨（Harry
Roberts）杀害三名警察事件的影响，警方的立场正变得日益强硬，以至于
警察联合会警告说警方正在"输掉这场打击犯罪的战争"。其中，围绕死
刑问题的辩论的确成为引发大众反应的一个关键因素。影响更为广泛的
荒原连环谋杀事件（Moors murders）②则被看作是整个社会道德败坏的
必然结果。汉斯福德-约翰逊（Pamela Hansford-Johnson）在《论邪恶》
（On Iniquity）③中对这个问题进行了颇有说服力的阐述，他的观点很快
通过媒体和舆论领袖被广泛传播。伦敦警察厅前负责人杰克逊爵士（Sir

---

①　Gramsci，《狱中札记》，前揭。

②　译注：指伊安·布兰迪（Ian Brady）和玛拉·辛德利（Myra Hindley）在 1963 年 7 月至
1965 年 10 月期间在英国曼彻斯特地区实施的一系列谋杀事件，受害者为五名 10 至 17 岁的青
少年。两人最终都被判终身监禁。

③　P. Hansford-Johnson，《论邪恶》（On Iniquity，London：Macmillan，1967）。

Richard Jackson)在周日版报纸上发表了一系列权威评论文章,针对"日益严重的公众道德滑坡和对犯罪分子姑息纵容的态度,各种与警方、法庭和一切形式的现存秩序相对立的舆论宣传,以及那些不正常、成分复杂、喜欢叽里呱啦胡扯……盲目且心慈手软的自由派分子",表达了强烈的愤怒和厌恶之情。[①] 在同一份报纸上,霍华德(Percy Howard)指控那些"鼓吹宽容革命的社会领袖们"应为沼泽谋杀事件承担道德责任("难道有罪的只是布兰迪和辛德利吗?")。[②] 媒体不仅普遍开始引用和传播这些与"姑息纵容"相关的说法,而且开始采纳杰克逊爵士提出的那种看法:无辜的公众被那些立场软弱、误入歧途的"自由派分子"带上了一条堕落的道路,各色"破坏分子"尾随而来,道德生活随之陷入了万劫不复的罪恶之中。道德领域出现的这种阴谋论式的解释正好为首相本人在政治上寻找替罪羊提供了充分的依据。于是,一场寻找"少数破坏分子"和"被误导的自由派分子"的运动就此展开了。

这场围绕所谓"姑息纵容"问题展开的反自由主义潮流,同时也在其他方面表现了出来。对英国社会而言,20 世纪 50 年代的美国是一个预示着各种美好事物即将到来的正面榜样,而到了 60 年代,美国却成了危机和麻烦的象征——学生运动、反越战运动、民权抗争、日益高涨的黑人运动、嬉皮士和"花的力量"一代('flower-power' generation)[③]的崛起。1966 年到1967 年间,这些运动在英国"本土"也开始产生影响。1967 年,随着嬉皮士文化在英国的普遍流行,出现了全国性的对毒品泛滥的"恐慌"情绪[④]:这一年的 7 月,警方建立了全新的地方毒品稽查队。与以往一样,这次恐慌也是由一起颇具戏剧性的事件引起的——当年 6 月,米克·贾格尔(Mike Jagger)因持有毒品受到审判。但人们并没有为了迎合刻板印象和进行道德警示而对当事人的形象做进一步的精心设计:因为如果非要把当事人说成是一个不男不女、浮夸做作、耽于享乐的罪人,反而显得很不自然了。正如我们前面已经指出的那样,恰恰是在毒品问题上,道德卫道士发现了自由派那种游离在犯罪边缘的纵容态度。很快又发生了一系列其他事件:玛

---

① 《星期日快报》,1966 年 1 月 16 日。

② 《星期日快报》,1966 年 5 月 8 日。

③ 译注:花的力量,又称为权力归花儿,是 20 世纪 60 年代末至 70 年代初美国反文化活动的一个口号,标志着消极抵抗和非暴力思想,最早与反越战运动有关。这一口号是由美国垮掉派诗人艾伦·金斯堡于 1965 年提出的,核心思想是以和平方式反对战争。

④ 相关分析见 Young,《吸毒者》,前揭。

丽安娜·菲斯福尔（Marianne Faithfull）因为吸毒过量而遭到逮捕，而另一名滚石乐队的成员则因为吸食印度大麻被判九个月徒刑，成为因吸毒问题而被判刑的第一人。新闻界把这些惩罚措施称为"以儆效尤"。作为自由化计划的一部分，《种族关系法》（Race Relations Act）在詹金斯先生的努力推动之下于1965年通过。但1964年的斯梅西克（Smethwick）选举却标志着种族主义已经明目张胆地进入英国的官方政治之中，这种情况还是二战结束以来首次出现。此外，富特（Paul Foot）的研究已经清楚地表明，种族主义观念早就深深地渗透到了劳工运动内部，成为其基础的一部分。[1] 很快，詹金斯先生的自由化改革方案就因为一系列事件而受到冲击。面对即将到来的第一波肯尼亚籍和亚裔移民潮，反移民游说团体第一次成为政治活动的主角。在鲍威尔先生看来，虽然英国的情况"并不完全等同于美国……"，但两者间的相似性依然"令人震惊"；奥斯本（Cyril Osborne）爵士警告人们，"英国人正在进行一场种族自杀"；桑迪（Sandy）先生担心，"养育几百万混血儿……将会产生与英国环境格格不入的一代人"；而科德尔（Cordle）先生则预测，"不超过三十年，英国将会变成一个被有色人种主宰的国家"。所有这些看法都与保守党的官方政策立场完全一致。[2] 当围绕亚当斯博士就任伦敦经济学院院长一职出现争议时，媒体很快认定麻烦的根源就是那些所谓的"学生煽动分子"。[3] 而当英国民众对美国介入越南战争的抗议活动爆发以后，霍格先生对这背后"群情激愤的情绪动员机制"表达了自己的看法，认为"一旦共产主义分子开始煽风点火，就会爆发抗议活动。否则，根本就不会发生这类事件，即便发生也没什么影响力"。[4] 形势开始发生本质性的变化。

1968/（1848）：剧变——分裂的国家

　　一个幽灵，共产主义的幽灵，在欧洲游荡。（马克思和恩格斯，

① P. Foot，《英国政治中的移民和种族问题》（*Immigration and Race in British Politics*，Harmondsworth：Penguin，1965）。

② P. Foot，《以诺·鲍威尔的崛起：关于以诺·鲍威尔对移民和种族问题的态度的研究》（*The Rise of Enoch Powell：an Examination of Enoch Powell's Attitude to Immigration and Race*，Harmondsworth：Penguin，1969）。

③ 参见 Hall，《越轨、政治与媒体》，前揭；以及 Young，《大众媒体、越轨行为和毒品》，前揭。

④ 《星期日快报》，1967年1月1日。

《共产党宣言》)①

　　一个幽灵,学生反叛的幽灵,在欧洲游荡。(丹尼尔·孔-本迪和加布里埃尔·孔-本迪②,《过时的共产主义》)③

　　1968 年是发生剧变的一年,是一个分水岭。与 1848 年一样,这一年发生的是一场不彻底的未完成的"革命"。由此带来的巨大影响几乎波及社会和政治生活的方方面面,余波至今未平。总体而言,这场运动的实质是要发起一场"自上而下的革命",把作为"革命引擎"的反叛学生所点燃的星星之火燃烧到广大的劳工群体之中。在马尔库塞(Marcuse)看来,这些劳工群体在一种"单向度的"的思维中已经变得麻木了,早就成了一群"快乐的劳动机器"。这场运动所反对的是晚期资本主义的文化和上层建筑。而"流氓资产阶级"(lumpen bourgeoisie)作为捍卫这种制度的先锋,是一个并不具备明确生产性基础的阶级。虽然这一阶级本身也在一定程度上反映了制度的内在矛盾和冲突,但他们作为晚期资本主义社会中那些教育水平相对较高的"知识阶层",属于这个社会的"高级神经系统"的一部分。因此,这场运动既是在上层建筑内部,同时也是上层建筑自身发起的一场反叛。它以集体意志的方式,推动了由新资本主义内部的意识形态、文化和市民社会结构的快速扩张所带来的冲突和断裂。这种断裂最终以"权威危机"的形式表现出来。

　　这一次,美国又走在了前头。嬉皮士的"爱之夏"(golden summer)运动所宣扬的与主流价值疏离的精神产生了深远的影响。随之而来的是迷幻摇滚,"花的力量"运动,挂着珠子或小铃铛、身着土耳其式长衫的反叛形象,吸食迷幻剂毒品的"嗨"文化,以及海特-阿什伯里(Haight Ashbury)区的"堕落"世界。美国社会中那些"最聪明、最优秀的"群体逐渐开始逃离那种通往中产阶级和自由企业国家的美国模式的道路。

---

　　① K. Marx 和 F. Engels,《共产党宣言》(The Communist Manifesto),见 *Marx-Engels Selected Works*,第 1 卷,前揭。

　　② 译注:丹尼尔·孔-本迪(Daniel Marc Cohn-Bendit)是法国出生的德国政治家,活跃在德法二国及欧洲绿党里。他是 1968 年 5 月法国五月风暴学生运动的领袖。目前为欧洲绿党—欧洲自由联盟欧洲议会党团的共同主席。加布里埃尔·孔-本迪是他的兄弟。

　　③ G. Cohn-Bendit 和 D. Cohn-Bendit,《过时的共产主义:左翼的替代性方案》(*Obsolete Communism: the Left-wing Alternative*,London:Deutsch,1968)。

与此同时,崇尚自由至上精神的学生发起了有组织的大规模运动,而城市里的黑人族群也独立发起了抗争运动。诺曼·梅勒(Norman Mailer)很久之前就预见到了这种情况:"在像格林威治村这样的地方,放荡不羁的少年流氓、黑人和反主流的潮客(hispter)构成了一个完整的三角关系,这已经成为美国社会生活中的一个基本事实。"①但显然不是只有美国一个国家处于"一种革命性的状态之中"。② 从柏林到那不勒斯,从巴黎到东京,作为意识形态"工厂"的大学已经成为大规模对立和冲突的中心。在这个过程中,出现了一系列全新的、富有戏剧性和创意性的斗争策略。街头政治暂时取代了常规的选举政治。街头和社群成为各种政治文化事件发生的空间。法国和西德发生的运动相对来说比较"正统"——一方面,共产党组织发挥了强大的动员作用,另一方面,马克思主义理论作为批判武器发挥了积极的鼓舞作用,这两者的结合成为两国运动的重要特征之一。运动的开端都是从左翼立场出发批判和瓦解法团自由主义(corporate-liberalism)意识形态,即"对纯粹宽容立场的批判"。在索邦大学的学生举行大规模抗议活动之后,罢工和工人示威的浪潮很快席卷了法国。然而,虽然除了意大利之外,"五月风暴事件"几乎都引发了大规模的工人阶级运动,但这场运动在本质上依然是一场"被压迫者的狂欢",而且实际上运动的主角是一些遭受象征性压迫的群体。换言之,相对于列宁主义的先锋党和夺取国家政权的观念而言,参与决策的权利、工人的控制权和创造性的实现才是这些运动的目标,也处于更加核心的位置。面对国家堡垒的这种迟疑态度恰恰成为这场运动失败的根源。戴高乐政权的合法性与法国共产党的"合法性"合谋,以一种奇怪的联盟形式,共同促成了革命向改革的转化。作为对日益高涨的学生和工人结盟趋势的回应,戴高乐将军把"参与"纳入全民公投提议之中。约 20 万人在里昂火车站站前广场集会抗议。对此,蓬皮杜下令"予以无情打击"。年轻的工人和学生成为首当其冲的打击对象。作为工人和学生运动的对立面,数百万亲官方立场的法国人发起了捍卫戴高乐主义路线的游行。谈判和选举恢复了。戴高乐政权最终度过了这场冲突尖锐的危机。反革命开始了。不久之后,梅

---

① N. Mailer,《白黑人》(The White Negro),见 *Advertisements for Myself*, London: Deutsch, 1961。

② 《星期日快报》,1968 年 4 月 7 日。

勒(Mailer)的"夜幕下的大军"(Armies of the Night)①也不得不在尼克松—阿格纽组合赢得大选之前撤退而去。"沉默的大多数"终于发起了他们的复仇,而这场反革命运动的口号则是"法律和秩序"。

与1848年一样,英国进入这场剧变的过程相对更加谨慎和平静。没有工人游行,没有工厂被占领,也很少有人在与警察的冲突中受伤。相对于巴黎出现的那种严重对立的局面,英国社会只是出现了某种程度的分歧。尽管如此,英国也以其自身的"独特"方式经历了自己的"1968年"。成为此后十年标志性特征的社会和政治对立正是从这一年开始的。和其他国家一样,英国社会也对体制所孕育的年轻一代的"反叛"态度感到震惊。他们已经破坏了道德和市民社会的基础,现在又对国家赖以生存的根基发起了挑战。国家为了抵制这种趋势而采取的措施,与"沉默的大多数"对自己习以为常的生活遭到威胁和冲击而产生的恐慌情绪不谋而合。以两者间的这种融合为基础,主张采取强硬措施的威权主义路线应运而生。在英国,这一切所导致的最重要的结果是自由派阵营的瓦解。面对左翼学生的攻势,自由派知识分子很快就缴械投降了。其中有许多中坚分子,平日里谈起学术自由时,虽然仅限于具体自由遭到威胁的程度,也能滔滔不绝,此刻却都变色龙般,摇身成为极右翼和强调纪律的强硬路线的支持者。考虑到当前社会所面临的威胁不是来自外蒙古受训的游击队,而是来自富足社会自身所孕育的下一代,即那些本来要成为新资本主义世界继承人的未来的主人,这种剧烈的反应也就显得不足为奇了。

如果说1968年发生的这些重大变化在一定程度上撼动了国家的根基,那么,市民社会的基础却在这场剧变中坚若磐石。每天晚上,人们都会在电视上看到这样的场景:头扎束发带、身着冲锋衣的示威学生,面对戴着头盔、全副武装的防暴警察,或是剑拔弩张地盯着对方的机关枪枪口,或是在催泪瓦斯的袭击之下四处逃散。这几乎成为所有冷眼旁观的公民每天都会看到的景象。在这些场景中,经常会出现示威者和警察对峙冲突(但对这种冲突的表现又不会超过投掷催泪瓦斯的程度),或者普通居民在这混乱局面中穿过废墟回家,勉强维持正常生活的镜头。已经有很多论著都提到了法团资本主义社会的公民生活中普

---

①　译注:美国作家诺曼·梅勒用新新闻主义手法创作的《夜幕下的大军》,真实地报道了1967年10月美国反战、反征兵游行大军向五角大楼进军的历史事件,成为"新新闻报道"的代表作,并获得普利策奖和美国国家图书奖。

遍存在的政治冷漠和私人化倾向，即公民的"私人世界"与国家机器的运作过程之间出现了巨大的鸿沟。私人需求和家庭环境所构成的"小世界"成为人们自我保护的堡垒，使之免于受到政治、经济和行政管理系统中的官僚制度的侵害；但实际上，这两者是紧密相连、相互协调的，任何一方的充分发展都可以弥补另一方的"匮乏"。私人领域的"政治冷漠"状态实际上与法团资本主义国家的发展是密不可分的。但两者看起来又似乎风马牛不相及——对个人而言，国家在社会生活中日益强化的核心作用，只是他们在私人生活中会经常相互抱怨的一些边缘议题的一个遥远背景。这种分裂在公共意识形态修辞中得到了很好的体现：白天以劳动者身份存在的公民，在晚上下班回家后却以消费者这种完全不同的身份，成为政客和广告商要全力征服的对象。政治本身也在不断地变得"私人化"。在这种情况下，学生的反抗意味着对国家在私人领域的这种霸权地位的一种挑战。在这个过程中出现的暴力和对抗，和那些鼓吹政治参与的口号一样，在很大程度上所针对的就是那些把公民和政治隔离开，从而使之成为自身政治无能状态的同谋者的无形的墙。社群主义运动及其呼吁重回基层民众路线的主张所要实现的也是类似的目标。但最终，由于斗争核心不够明确，这些运动都没有能够成功打破私人生活领域的坚实堡垒。但在这一过程中涌现出的新思想和新的斗争形式，以及这些运动所提出的"日常生活革命"的目标，却并不像正统革命者所认为的那样，是无足轻重的（例如，法国共产党就把 1968 年运动的参与者称为"骄纵的冒险主义者"）。虽然真正的"情境主义者"并不多，但作为对新的国家权力形式的一种直接"否定"，情境主义（situationism）的出现与这些权力形式紧密相关，并对 20 世纪后期的革命文化产生了极其深远的影响。

　　然而，对国家和媒体来说，学生运动斗争过程的内在轨迹又符合了它们的需要，因为这些运动中的对抗和冲突为媒体及其权威发言人竭尽全力渲染这些事件的努力提供了丰富的素材。经过媒体的处理，原本极其复杂的情况被简化为所谓纯粹的"暴力"事件。1968 年 4 月，大规模反越战示威活动在格罗夫纳广场（Grosvenor Square）爆发时，《观察家报》（Observer）以极其冷酷的口吻做出这样的评论："这些由学生挑起的示威活动并不是有明确目标的严肃政治运动：它们看起来更像是一些高端版的足球流氓骚乱事件。"但在"五月"事件之后，到 10 月时发生了规模更大的示威游行。面对这种情况，《星期日快报》甚至不惜以

自相矛盾的方式发表了这样的看法："这场示威活动的目的主要不是反
越战。相反,这是一场别有用心的邪恶势力为了自己不可告人的目的,
教唆幼稚无知的年轻人发起的一场冷酷无情、蓄谋已久的暴力事件。
这是左翼煽动者蓄意谋划的结果,他们的目的就是要抹黑警方,以恐怖
主义手段威胁社区安全。"这种把一切异见或抗议形式简化为煽动性的
暴力事件的做法,与媒体和官方努力营造的那种"大多数人"同仇敌忾
反对"少数人"的共识表象是相辅相成的,两者共同构成了英国国内对
学生示威活动进行意识形态界定的主要方式,并逐渐成为对一切社会
冲突和政治矛盾进行定性的主导表意范式(signification paradigm)。①
同时,这也标志着我们此前提到过的表意螺旋进一步向前发展,进入到
了外围层次。到 10 月发生第二次反越战示威游行时,人们普遍认为这
将成为"法律和秩序与无政府主义势力之间的一场暴力对决"。正如莱
斯特大学学者的研究《示威与传播》(Demonstrations and Communica-
tion)②所表明的那样,这种想法在政界、警察系统和媒体界已经成为一
种强势"推论结构"(inferential structure)。在这种情况下,即便整个示
威游行活动在绝大部分时候都是和平进行的,但这种"暴力对抗"的解
释框架依然决定了后续媒体报道的整体形态,并成为新闻价值中的主
导要素:"今天,伦敦市中心将处于被示威者包围的状态……他们为何
如此? 是因为对在越南发生的一切感到强烈愤慨吗? 一派胡言。"③然
而,媒体所预言的暴力并没有发生。反过来,媒体又把这一点作为警方
控制得力的结果而大加赞赏:"格罗夫纳广场示威,警方完胜";"警方表
现非凡的一天"。④ 当天许多报纸的头版都出现了詹姆斯·卡拉汉祝贺
警方胜利的画面。在当时那种形势下,这位被亲切地称为"坦诚的吉
姆"(Honest Jim)、被寄予厚望的卡拉汉先生刚刚取代"自由派"色彩更
浓的詹金斯先生成为新任内政大臣。

　　在政治对立形势日趋严重,社会共识日益由调控模式向强制模式转
变的情况下,社会上出现了与种族问题有关的恐慌情绪,这并不完全是一
个偶然现象。早在 1967 年,鲍威尔先生就针对种族问题发表了这样的看
法:"我们必须尽快采取行动。我们绝不能眼看着大西洋对岸发生的一

---

① 　参见 Hall,《越轨行为、政治与媒体》,前揭。
② 　Halloran,Elliott 和 Murdock,《示威与传播》,前揭。
③ 　《结束恐吓》(End this Menace),见《星期日快报》。1968 年 10 月 27 日。
④ 　《泰晤士报》和《每日镜报》,1968 年 10 月 28 日。

切,而无动于衷地说'这种事绝不会在我们这里发生'。"①到了1968年,随着各种社会矛盾的全面爆发,种族问题(并不是最后一次)成为一个极其重要的议题:在公众对社会事件做出反应的过程中,这个议题能够把公众情绪中某些强烈却又不宜公开表达的想法进一步调动起来。

与"参与式民主""社区权力"(community power)等这些在学生运动中出现的十分抽象的主题相比,种族议题是比较具体直观的。它与那些作为"沉默的大多数"生活在后帝国时代的英国城市,目睹着周遭日益醒目的衰败景象的普通公民的"日常生活"体验有着十分直接的联系。作为过着相对"体面"生活的中下阶层成员和麦克米伦先生的所谓"财产拥有民主制"(property-owning democracy)的支持者,这些人把自己的全部积蓄都投入到了房产上。但令他们感到失望和沮丧的是,不断有与他们一样体面的黑人家庭搬入了同样的社区,房产价值因此不断缩水。在所有第一代移民群体中,没有哪个群体像20世纪50年代进入英国的黑人移民那样为了过上"平静的生活"而付出如此之多。然而,在客观上,他们注定要成为"富足梦"的阴暗面的象征,体现着这个富足社会的梦魇中那些被压抑的部分。他们对美国产轿车的喜好,不仅是其母国贫困状态的一种直接体现,也是对富裕生活的一种夸张的模仿。他们每周六晚上的聚会与新教伦理所要求的勤奋工作和克制享乐的自我约束精神格格不入。他们出现在排队求职人群中的景象难免不让人想起20世纪那些充满失业和遭遇解雇的痛苦记忆——而这也证明,几年来实施的"全面就业"政策并不能彻底消除中下阶级在经济问题上长期存在的不安全感。黑人移民涌入英国各大城市中的衰败区域。在这里,那些位于社会边缘的"被遗忘的英国人"正竭尽全力维持他们的体面生活。在这个由中下层和工人阶级白人占据的"闭塞小岛"中,黑人群体以其独特的行事方式、外貌、衣着、肤色、文化、风俗和愿望,成为一群醒目的"他者"。对英国人而言,他们的存在始终是一个强烈的信号:曾经辉煌的英帝国正迅速衰落,陷入日薄西山的境地。在潜意识层面,这一种族—移民主题背后的象征意义,能够在一个"高等"种族的集体意识中激发起各种负面想象:性、强奸、原始状态、暴力和随处便溺的景象。在金钱和权力主宰的白人底层世界,一般很少有黑人的存在。因此,对这些白人而言,对

---

① 《我们能否承受种族问题危机?》(Can we afford to let our Race Problem Explode?),《星期日快报》,1967年7月9日。

"种族团结"感到自豪是理所当然的事。但如今,这些白人最担忧的就是自己可能会突然丧失现有的地位和权力——换言之,他们最害怕的就是会突然陷入贫困的境地。现如今,对那些已经陷入贫困状态的白人而言,又多了一份担忧,那就是他们可能会陷入和黑人一样的处境。(正如法农[Fanon][①]所指出的,每个社会阶层都会以那些比自己地位更低的阶层为参照对象,来建构自己的梦想、想象或恐惧。)当社会对立和冲突的冲击波开始撼动整个国家时,权势群体感觉到自己赖以立足的现状开始出现动摇,他们感到整个世界都被撼动了。然而,当这些群体的代言人面对公众时,他们所说的却不是共识政治的"根基"已经发生了动摇,而是大量黑人移民正在涌入英国。鲍威尔先生在接受记者采访时讲述的两个故事就曾激起公众的强烈反应:其中一个说的是伍尔弗汉普顿(Wolverhampton)的一个白人老太太(没人知道此人是否真的存在)的遭遇,据说有人把粪便丢进了她的信箱。此外,据说她还长期受到一群"令人讨厌、幼稚、嬉皮笑脸的黑人小孩"的种族主义侮辱;另一个故事说的则是一个"普通英国男人"的艰难处境。据说,这位男子坦言:"如果我有钱移民的话,我绝不会继续待在这个国家……十五年或二十年后,黑人一定会凌驾于白人之上。"这些故事和说法与普通人的焦虑感是直接联系在一起的。当人们发现自己的生活突然失去了方向,事物的原有秩序开始出现崩溃的迹象时,他们的焦虑感就会如洪水般涌现出来。一个被排斥的群体,控制文化中的封闭倾向,普遍存在的公众焦虑:所有这些要素都可以在鲍威尔先生提供的"戏剧性事件"中找到。也难怪,与希思先生对"我支持英国"(I'm Backing Britain)运动[②]的支持态度不同,鲍威尔对这场昙花一现的运动嗤之以鼻。称职的政治人物必须知道什么样的议题能够把人们联合起来,具备动员公众和赢得广泛支持的能量,从而能够调动追随者向敌人发起斗争。显然,鲍威尔先生知道从哪里找到他自己早前提到的所谓"易燃材料"。[③]

　　实际上,尽管詹金斯先生一再为"族群融合"的目标进行辩护,但绝大

---

①　译注:弗朗茨·法农(Frantz Omar Fanon,1925—1961),法国海外大区马提尼克首府法兰西堡的作家、散文家、心理分析学家、革命家。他是 20 世纪研究非殖民化和殖民主义的精神病理学较有影响的思想家之一,他的作品启发了不少反帝国主义解放运动。

②　译注:1968 年发生于英国的一场短暂的爱国主义运动,号召人们自愿延长工作时间,提高生产效率,以促进英国经济振兴。

③　转引自 Foot,《以诺·鲍威尔的崛起》,前揭。

多数了解实际情况的黑人对这种想法已经不抱任何希望。第一代移民早就默默放弃了"融合"的想法,不再认为这是一个实际可行的目标,而是把精力投入到其他事情上——比如,选择和自己的族群一起,待在属于他们的地方,努力维持生计,为自己营造一个还过得去的生活环境。但对第二代移民来说,他们在英式教育的痛苦经历中成长起来,如今却不得不面对一个日益恶化的就业市场,其感受与第一代移民相比有很大的不同。这些人在能力、教育、技能、语言和文化适应方面都比第一代移民好很多,因此,他们对社会歧视和制度化的种族主义现实的感受就更强烈,其自我意识中的对抗情绪也就更明显。对白人青年来说,西海岸的迷幻摇滚乐对他们有强烈的吸引力;相比之下,在那些黑人聚居的贫民窟里,最受黑人青年欢迎的却是《大声说出来,我是黑人,我为此自豪》(Say It Loud,I'm Black and I'm Proud)①这样的曲子。黑人权力(Black Power)运动爆发了。1967 年和 1968 年夏天,是美国黑人革命的观念和精神对当时英国社会中思想最进步、自我意识最强烈的那部分黑人青年产生影响的重要时期。在好几个月的时间里,英国媒体和负责处理种族关系的官员都拒绝相信像黑人权力这样如此"暴力"、如此与英国气质格格不入的观念能够在"我们的西印度群岛移民朋友"中产生影响。他们通常会把任何试图描述或影响城市黑人青年的人称为"种族主义者"或"极端分子"。在保守党内,很快形成了一股有组织的、活跃的反移民游说力量。1968 年 2 月 9日,在沃尔索耳(Walsall)发表的演讲中,鲍威尔先生呼吁取消入境担保人制度(entry voucher system),并对肯尼亚亚裔移民实施禁止政策。这些反移民主张很快产生了实际影响力。工党政府出于对自身利益的考虑,偷偷撤销了一个原本要提交给议会审议的旨在为肯尼亚亚裔设立入境担保人制度的议案。但这种做法只会进一步调起反移民势力的胃口。4 月,约翰逊总统宣布"暂停"在越南的轰炸行动,并决定辞职——对反战的左翼而言,这是两个重大胜利。但恰恰是在这个时候,一个白人极端分子刺杀了马丁·路德·金。随后,整个美国陷入了一场充斥着抢劫和纵火的长期骚乱之中。《泰晤士报》将这一事件说成是一场"黑人暴乱",并认为这场暴乱导致"美国陷入了其漫长暴力史上最严重的种族矛盾之中"。这一事件对英国的黑人激进分子产生了重要影响。4 月 20 日,即

---

　　①　译注:美国黑人音乐家詹姆斯·布朗(James Brown)于 1968 年创作和演唱的一首放克(funk)风格的歌曲,表达了对美国社会存在的种族歧视问题的批判,主张提高黑人的社会地位。

议会即将就《种族关系法》(Race Relations Bill)进行表决的前一天晚上，鲍威尔先生在伯明翰发表了著名的"血河"演讲。"天欲令其亡，必先令其狂！我们作为一个国家显然已经丧失了基本的理智，竟然每年允许大约5万名移民家眷进入英国……整个国家看起来就像是忙着为自己的葬礼堆起焚尸的柴堆。"鲍威尔先生认为，受到歧视的不是黑人，而是白人。在这里，鲍威尔先生演讲中浮现出来的一个重要主题是要唤起人们对既有安定生活中潜在的不安定因素的担忧，或者对改变的恐惧。白人族群发现，"当他们的妻子要分娩时，竟然在医院找不到足够的病床，子女的教育资源变得日益紧张，自己的住所和邻里街区变得面目全非，他们对未来的计划和憧憬都被打得粉碎"。在演说的最后，他说自己如同当年的罗马人一般，似乎看到台伯河上"泛起了血的泡沫……大西洋对岸发生的悲剧性事件和棘手问题让我们感到震惊。如今，由于我们的纵容，这一切都将要在我们这里上演……实际上，这些问题已经发生了"。①

从长远来看，"鲍威尔主义"实际上是国家内部深层变化的一个征候。鲍威尔先生曾经写道，保守主义是"对一般意义上的人类社会和我们自己所属的这个特定社会的本质的一种固有看法"。但经过20世纪60年代的一系列变化，尤其是1968年发生的各种爆炸性事件之后，整个英国社会明显变得十分动荡。在这一时期，威尔逊和希思的实用主义政策丝毫没有放松的迹象。这表明，随着新的社会矛盾不断出现，共识政治陷入了彻底破产的状态。右派及时填补了这种共识真空。在鲍威尔先生那里，种族问题成为他对"英国性"(Englishness)进行定义，从而把整个英国凝聚在一起的手段。② 后来，爱尔兰问题、欧洲经济共同体、捍卫自由市场、上议院制度改革问题等各种话题都陆续成为鲍威尔用来表达政治立场的工具。在种族问题上，人们经常批评鲍威尔歪曲"事实"或者不合逻辑。但这种说法实际上并没有抓住其政治立场的要害和真实意义。对传统的柏克式(Burkean)定义、民族"精神"、宪法拜物教(constitutional fetishism)、浪漫化的民族主义等都是鲍威尔最喜欢的主题。但他对这些主题的运用所遵循的并不是威尔逊或希思的那种实用主义"逻辑"，其背后的真正动因是一种更具有神圣色彩的民族主义情绪。在这方面，鲍威尔很

---

①　E. Powell 议员于 1968 年 4 月 20 日在伯明翰发表的讲话记录稿，见 *Race*，X(1)，1968年 7 月。

②　参见 T. Nairn，《以诺·鲍威尔：新右派》(Enoch Powell：the New Right)，见 *New Left Review*，61，1970。

有天赋。在一个实用主义主导的时代，他能够找到一种民粹主义修辞，超越实用主义动机，以其特有的隐喻方式，直接诉诸人们的恐惧、焦虑、疑惑、全民的集体无意识、希望和担忧。这无疑是对共识政治基础的致命一击。

在这种情况下，尽管大学里的学生抗议运动和其他各类社会事件会不时打断这一政治变化过程，但总体来说，和美国的情况类似，如今整个英国也逐渐变得右倾化了。在美国，左翼运动导致民主党在 1968 年的总统大选中出现了严重分裂——麦卡锡（Eugene McCarthy）成为激进派的代表，华莱士（George Wallace）支持右翼立场，而学生、黑人、青年国际党成员（Yippies）和芝加哥市长戴利（Richard J. Daley）领导的防暴警察则在公园里处于严重对峙状态："在［民主党全国代表大会］之前几个星期，气氛已经变得剑拔弩张"。[①] 但最终，只有尼克松和阿格纽的政治纲领把这些不同的政治脉络整合到法律和秩序的框架之中，从而成功将那些沉默的大多数动员了起来。美国政治的这一发展过程不可能没有对英国保守党影子内阁产生影响。民意调查显示，英国绝大多数民众几乎在所有重大社会议题上都赞同右翼立场。而左右两边的"极端主义"都对之前的共识基础造成了破坏。

这一时期充满着各种极具冲击力的事件，以至于在 1968 年底变得日益严重的两个议题的出现进一步给人一种沮丧的感觉。虽然这是两个新问题，但它们却进一步加剧了危机的复杂性，并且逐渐成为最主要的问题。当年 9 月在哈利伍德（Halewood）的福特汽车厂发生的罢工事件导致 1968 年出现了有史以来最严重的汽车业停工事件，并拉开了这家跨国汽车大企业内部长期激烈斗争的序幕。10 月和 11 月，刚成立的北爱尔兰民权运动组织了一系列宣示"道义力量"的示威活动，对新教的支配地位和爱尔兰人遭到的歧视待遇提出抗议。他们的抗议行动遭到了亲英派政治家和新教领袖佩斯利（Ian Paisley）以及北爱尔兰皇家警察部队（Royal Ulster Constabulary）的反对。在英国历史上，由阿尔斯特（Ulster）问题所预示的"铁腕时代"的来临并不是第一次。

1969：英国"文化革命"和威权主义转向

如果所谓的地下抵抗组织想发展成一场真正活跃的地下抵抗运

---

① 《星期日泰晤士报》，1968 年 7 月 14 日。

动,它就必须在当前英国社会结构的特定状况中找到自身存在的真正基础。它必须让人们看到,为了维系社会的整体秩序,当局采取了什么样的压制措施来平息各种不满⋯⋯但任何试图揭穿这一骗局的行动⋯⋯都会被扣上"暴力"的帽子而遭到打压,并在当局实施法律和/或纠正性措施的过程中,被真正的暴力所击败⋯⋯如今,唯一能做出反击的力量就是年轻人。无论是来自工人阶级还是中产阶级家庭,他们都正在努力挣脱父辈文化的束缚⋯⋯为了挫败当局的诡计,地下运动组织的首要任务就是要消除其政治性与文化性"要素"之间的分裂状态。①

到 1969 年,1968 年出现的历史性断裂一直延续了下来。政治两极分化的现象变得更加严重,并且扩散到了新的领域。在此前两到三年内引发官方和大众反应的许多问题在 1969 年又重新浮出了水面,只不过从国家的角度来看,如今这些问题看起来似乎已经成为社会解体进入更严重阶段的征兆。正如我们所预料的那样,在意识形态上,这一更加严重的危机状态的主要标志就是范围广泛的各种问题开始出现融合的趋势。包括抗议、社会冲突、对道德放纵的姑息以及犯罪在内的各种问题开始汇聚为一个更为严重且无差别的总"威胁";在这里,社会秩序的稳定基础成为最核心的关切。或许,学生的抗争行动最终并不会像经典的革命场景那样,导致工人占领工厂的革命行动。但挑战社会秩序并不是只有把整个社会彻底推翻重来这一种方式。正如怀特豪斯(Whitehouse)夫人②所一再强调的那样,对道德放纵的迁就态度会破坏一个社会的道德品质。《星期日快报》则认为,有组织的犯罪会逐渐侵蚀社会有机体。而在美国司法部长米切尔(John Mitchell)(此人后来在"与意识形态无关的"水门事件中下台)看来,"意识形态犯罪分子"(比如学生激进分子)对社会的破坏作用是颠覆性的。劳资关系立法的支持者试图让全国人民相信,劳资矛盾中的激进派会让整个社会"付出惨重代价"。《星期日快报》的霍格(Quin-

---

① 《伦敦街头公社致地下抵抗组织的公开信》(Open letter to the Underground from the London Street Commune),转引自 P. Stansill 和 D. Z. Mairowitz 编,*BAMN*:*Manifestoes and Ephemera*,1965—70,Harmondsworth:Penguin,1971,页 224。从其风格、观点和修辞来看,这一文本显然出自占据了皮卡迪利大街 144 号公寓的伦敦街头公社的"约翰博士"之手。

② 译注:玛丽·怀特豪斯(Mary Whitehouse,1910—2001)是英国保守社会活动家,对1960 年底以来英国社会的自由化趋势和英国主流媒体持批评立场。

tin Hogg)先生则对他的读者发出警告,对社会问题采取息事宁人的低调
态度会对整个社会贻害无穷。总之,暴力和无政府状态会使整个社会充
满戾气,变得粗暴。这两个问题已经成为标志社会危机严重性的最高临
界点;它们意味着危机已经不只是某个领域、议题、困境或难题层面的危
机,而是一种不断恶化的总体危机。暴力构成了危机的最外围边界,越过
这个边界,文明的社会组织就蜕变为野蛮的强暴力量。它意味着法律的
终结。无政府状态是暴力的结果,即社会秩序的瓦解。鲍威尔先生在这
一年的 9 月曾经简洁明了地指出:"暴力和暴民统治一旦呈现为一种有组
织的状态,并为自身的利益不断繁殖扩张,其组织者和传播者的目的就不
是要说服官方采取不同的政策,变得更加仁慈或更加慷慨。相反,他们的
目的是要否定权威并最终摧毁它。"①

　　让我们再次回顾一下黑人和种族关系议题。面对鲍威尔先生和保
守党内"激进右派"游说团体的攻击时,如果说黑人社群的第一反应是
震惊、恐惧和担忧的话,那么,他们随后的反应则在一定程度上变得更
有政治性和组织性。这种变化的程度之深,在战后黑人移民史上是前
所未见的。这是激进黑人团体开始形成的一个时期,包括英国黑豹党
(British Black Panther Party)、黑人族群联盟(Black People's Alliance)
等在内的各类激进组织都是这一时期成立的。在这种背景下,黑人族
群组织了反警察骚扰的游行活动,以第二代黑人移民为主力的群体逐
渐加入了"黑人权力"运动之中,同时一种更激进的黑人文化意识也逐
渐浮出了水面。德斯蒙德·德克尔(Desmond Dekker)②的拉斯塔法里
风格(Ras Tafarian)的唱片《以色列人》(Israelites)以其卡巴拉式的
(kabbalah-like)③千禧年主义(millenarianism)④,成为当时黑人音乐榜
上最受欢迎的作品。与此同时,"雷鬼乐"也开始通过媒体传播和年轻

①　《星期日泰晤士报》,1969 年 9 月 28 日。

②　译注:德斯蒙德·德克尔(1941—2006)是牙买加斯卡乐和雷鬼乐歌手、音乐家。他于
1968 年创作的歌曲《以色列人》成为具有国际影响力的最早的雷鬼乐歌曲之一。

③　译注:卡巴拉(Kabbalah)字面意思是"接受或传承",是一种与犹太哲学观点有关的思
想,用来解释永恒的造物主与有限的宇宙之间的关系。卡巴拉旨在界定宇宙和人类的本质、存
在目的的本质,以及其他各种本体论问题。

④　译注:千禧年主义的概念来自"千年",即长度为一千年的时间循环。千禧年主义是某
些基督教教派正式的或民间的信仰,这种信仰相信将来会有一个黄金时代:全球和平来临,地球
将变为天堂。人类将繁荣,大一统的时代来临以及"基督统治世界",是世界末日来临前的最后
一个世代。

白人"光头党"群体的大力推崇而开始逐步渗透到白人社会之中。评论家迪利普·希罗（Dilip Hiro）[①]在对当时的形势进行评估时曾指出，这一时期的激进黑人组织不仅影响力和地位得到了极大的提升，而且几乎每位坚定的黑人活动家都有若干支持者。他的这一看法得到了绝大多数人的赞同。[②] 另一方面，白人族群的反应同样变得"日益强硬"。那种欲说还休、拐弯抹角的表达方式被彻底抛弃了，取而代之的是鲍威尔先生为代表的强硬派修辞风格。在围绕移民"人数"问题展开激烈的讨价还价之后，白人强硬派主张对"多余的"移民采取遣返措施。和其他问题一样，围绕移民问题提出的许多主张最初都是由位于核心的自由派出于好意提出的，但最终却是处于政治外围的极端派成为这些观点最坚定的支持者；随后极端派的政治立场又反过来对自由派形成了倒逼作用。正如富特（Paul Foot）提醒我们的那样，只不过隔了短短两个月的时间，希思首相就从指责鲍威尔的言论是"对一个族群的人身攻击"，变成了赞同只有"在特定时间特定地点从事特定工作"的移民申请才能得到批准，同时支持对新移民实施续发年度许可政策，并主张"无论是否是直系亲近"，这些人"一律无权携带家属一同移民"：这就是后来在保守党主导下通过的《1971年英联邦移民法》中以法律形式确立下来的臭名昭著的"土生土长/非土生土长"（patrial/non-patrial）区分原则。[③]

1969 年的英国紧张局势无疑与当时媒体对美国黑人民权运动和黑人犯罪问题之间的复杂联系的报道产生了一种呼应关系。随便翻阅当时最重要的几家报纸，我们立刻就能看到这样耸人听闻的报道：布兰登的《24 小时暴力抢劫和街头犯罪肆虐的华盛顿》[④]、罗斯的经典报道《在快乐之城，与犯罪为邻》[⑤]、布莱恩的《纽约噩梦》[⑥]，以及费尔利为《星期日快报》撰写的一系列报道。这些报道不仅把英国人的思想牢牢拴在种族、政治和犯罪问题所构成的复杂链条上，而且还为英国社会提供了来自外国的教训，并暗示英国社会可能应当采取的应对措施——强化治安政策、民

---

① 译注：印度裔的南亚和中东问题记者、评论家。

② Hiro，《黑白英国》，前揭。

③ Foot，《以诺·鲍威尔的崛起》，前揭。

④ 《与全天候的犯罪活动为邻》（Living around the Crime Clock），见《星期日泰晤士报》，1969 年 3 月 9 日。

⑤ 《星期日快报》，1969 年 2 月 23 日。

⑥ 《星期日泰晤士报》，1969 年 4 月 6 日。

主党候选人华莱士的右翼竞选主张、尼克松提出的把未成年暴力犯罪者转送成人法庭进行审判的建议,等等。

犯罪问题同样也在 1969 年陷入危机状态,尤其是作为伦敦东区犯罪分子的典型代表,作案手法高度职业化、心理扭曲的黑帮头目科雷兄弟(Kray Twins)被捕和接受审判的新闻轰动一时,连续数周成为媒体的头条报道。更关键的是人们对犯罪、权威和社会秩序问题持续不断的担忧在这一年里起起伏伏,整个社会陷入焦躁不安的状态之中。2月,希思首相在谈及为下一年度准备的总结时,建议就废除死刑可能造成的后果展开严肃研究。月底,他与霍格和卡拉汉围绕工党是否没能成功"打击犯罪"问题陷入了一场争论。死刑、谋杀率、不断上升的暴力犯罪、日益轻判的趋势——所有这些都成为这一时期主导公共舆论的犯罪新闻报道中的核心关切。《星期日泰晤士报》颇有远见地预测道,1969 年的犯罪/死刑问题争议实际上是 1970 年发生的"关于法律—秩序问题的更激烈的争论"的一次预演。[1] 10 月,霍格先生又围绕犯罪问题展开一系列攻势,对工党提出了更严厉的指控,谴责工党的政策对一切道德和权威构成了破坏作用。[2] 到年底时,在参加了皮卡迪利(Piccadilly)广场的静坐以及随后在斯普林伯克斯(Springboks)的参访活动之后,霍格先生的说法已经升级为如今人们所熟悉的那种赤裸裸的简单对立:法律与无政府状态的威胁之间的对决。他能够通过一个主题把不同的问题整合到一起,从而成功放大所有威胁,并从本质上把它们与社会"秩序"问题联系在一起。这种趋势在如下这段文字中已经表露无遗:"当工会、大学教师、学生、各种示威者以及工党和自由党议员都异口同声对一切权威表示厌恶之时,你还怎么可能指望警方和法院能够维护法律的权威呢?"[3]在任何情况下,一旦不同的议题、类型或问题之间的界限开始在一种普遍的似是而非的意识形态融合过程中变得日益模糊时,我们就能预见到,要求在更广泛的范围内无差别实施更严厉的控制措施的压力也会变得日益强烈。同时我们也可以说,在意识形态上,在公共话语中被提到的议题的实际作用是为那些人们更加关心的议题提供"掩护"。显然,无论是在实践上还是在抽象意义上,作为最后

---

① 《星期日泰晤士报》,1969 年 2 月 23 日。

② 《星期日泰晤士报》,1969 年 10 月 26 日。

③ 《星期日泰晤士报》,1969 年 12 月 7 日。

一道防线,诉诸法律是在穷尽其他各种手段之后才不得不采取的手段。这一过程在稍后我们讨论姑息纵容和抗议问题时会再次发挥作用。与此同时,法律和暴力的边界也变得更加严格,合法和非法行为之间的区分变得越来越明确。随着社会冲突变得日益严峻,这种法律界定进一步加剧了社会的对立情绪。霍姆(Alec Douglas Home)爵士于年初发表在《星期日快报》上的一篇讨论阿尔斯特问题的文章就是一个诉诸法律的典型例子:"现代条件下的公民暴力的唯一作用就是为抢劫者大行其道打开了方便之门,这些人的目的就是要通过制造混乱要挟社会……在联合王国和北爱尔兰这样的民主社会中,维护宪法和法律的权威显然是政府的神圣职责。"此外,引人注目的是,同样是在这个月份,另一家传统上更接近自由派立场的报纸也围绕另一个不同议题发表了评论文章。《星期日泰晤士报》的一篇社论认为,一旦取消工会享有的法律制裁豁免权这层"保护壳",那么,政府打击罢工的行动就会更加"合理有效":"只有司法改革才能巩固集体协议的有效性……[并]为那些因为擅自罢工者的破坏而失去工作的人提供保护……强化官方工会的领导能力。"①在随后发表的一篇社论中,《星期日泰晤士报》虽然认为引入法律手段并不是解决劳资纠纷的最终办法,但依然对这些由保守党前座议员提出的建议持欢迎态度。这些方案以这样一种想法为基础:那些在最近发生的罢工活动中发挥领导作用的活跃分子正是"无政府状态"的代表人物,采取法律手段对他们予以打击是必要的第一步。②就这样,与犯罪、暴力、混乱、无政府状态以及法律相关的各种话语开始以一种简化的方式弥漫到社会的各个领域。

1968年底,当局发表了关于毒品问题的《伍顿报告》(The Wootton Report)。这份报告建议对拥有和售卖大麻的行为进行更严格的区分,同时建议对大麻类毒品进行重新归类,不再与海洛因和其他危险毒品混为一谈。显然,这份报告提出的建议是适当的,其来源无可挑剔,与之相似的前例(美国也发布了类似的报告,而且提出的建议要激进得多)也取得了不错的效果。然而,大众媒体的报道却把这份报告说成是"吸毒者的阴谋"(《每日镜报》)和"瘾君子宪章"(《新闻晚报》)。与此同时,当这份报告提交议会进行辩论时,据说又发生了另一场"阴谋"。卡拉汉先生认为这

①　《星期日泰晤士报》,1969年4月20日。

②　《无政府状态概况》(Anarchy at Large),见《星期日泰晤士报》,1969年11月2日。

份报告荒唐之极。在他看来,之所以如此,是因为撰写这一报告的委员会受到了"软性毒品游说势力"的负面影响。他坚决认为该报告提出的主要发现是不成立的,并表示很乐意为"阻止所谓姑息纵容的社会风气"尽自己的努力。① 而霍格先生就像卡拉汉的一个影子,紧随主人的路线,亦步亦趋。这场争论起起伏伏,影响一直延续到年末。宽容政策的反对者还成功否决了艺术委员会(Arts Council)发表的一份建议撤销《淫秽法》(Obscenity Law)的报告(这一结果恰好与怀特豪斯夫人提出的一个警告相一致,她提醒从政者,任何人但凡对"色情作品的生产者"采取姑息纵容的态度,就等于"政治自杀")。② 最终,由卡拉汉先生领衔推出的新的禁毒法案无论是在指导思想上,还是在实践上,都与《伍顿报告》截然相反。③

　　内政大臣詹金斯曾经试图对当时官方的宽容立场进行重新定义,将其从"姑息纵容"的负面意义转变为"文明态度"这种相对更为正面的解释。用他的话来说,这意味着"在不打破社会既有状态,避免出现过分的社会紧张的情况下……实现社会改革的目标"。④ 詹金斯的这些看法标志着这一时期"官方"宽容立场的顶点。从那之后,媒体越来越反对和敌视这种立场。8月底,当各种非主流的反文化群体为了首届英国流行音乐节而聚集在怀特岛(Isle of Wight)时,媒体对这一事件的报道详细描绘了一幅令人震惊的道德堕落景象:"十万名乐迷是一颗爆发骚乱的定时炸弹";"带狗的安保人员严阵以待";"现场一片狼藉";"到处都是嬉皮士和奇装异服的怪人";"现场充满混乱";"裸泳的嬉皮士";"有73人因为吸毒被捕";"一个年轻人在悬崖下严重受伤";"吸毒";"衣着暴露的年轻人";"整个活动气氛诡异,现场男男女女各色人等在裸体跳舞";"所谓的音乐节完全是举办荒淫狂欢聚会的借口",等等。媒体的报道把这场"伍德斯托克式的噩梦"⑤与近在咫尺的"沉默的大多数",即"当地居民"和

---

① 《星期日泰晤士报》,1969 年 7 月 27 日。

② M. Whitehouse,《她认为她是谁?》(Who Does She Think She Is?,London:New English Library,1971),页 107。

③ 关于这一时期毒品问题的分析,参见 Young,《吸毒者》,前揭。

④ 《星期日泰晤士报》,1969 年 7 月 20 日。

⑤ 译注:指伍德斯托克音乐节(The Woodstock Festival)。这一活动于 1969 年 8 月 15 日至 18 日,在纽约的伍德斯托克西南 65 公里处的一个农场举办,吸引了 40 万人参加。作为史上最大的摇滚音乐节和 20 世纪 60 年代后期的文化试金石,伍德斯托克音乐节成为"反文化世代"的一个重要象征,也是当代流行音乐史上的重要事件。

"生活平静的岛民"①对立了起来。道德卫道士不断发出这样的警告：正是迁就犯罪分子而导致的轻判，知识分子对道德堕落的支持，以及那些立场"软弱"的报告，最终导致在大庭广众之下发生了这些充满裸体、吸毒和放荡狂欢的道德沦丧事件。怀特豪斯夫人也提醒我们，当前形势与"魏玛共和国时期的社会堕落最终导致希特勒上台"的情形颇有几分相似之处。②

学生运动的势头在1969年并没有出现衰退的迹象。当年1月，在发生了导致纪律强化和一些成员被开除的"破坏安全门"事件后，伦敦经济学院再次被关闭。这起事件也导致当局试图在温和分子和极端分子之间做出区分，并把前者描绘成一群没有恶意、但易受骗的无辜者，相反，后者则是"一小撮在政治上心怀叵测的坏人"。这种做法显然是我们所说的"数字游戏"的一个典型例子。工党政府的教育大臣肖特（Short）先生在对下院进行报告时，通过确凿的统计数据解释道："在伦敦经济学院的大约3000名学生中，只有大约300人卷入了此次破坏事件……而其中真正的犯罪分子只有一小撮人——只有不到全部学生百分之一的一半的人……才是学术界的暴徒。"③另外，他还补充道，这些人是"X革命派"（Brand X revolutionaries）的成员。此后，一系列学生事件接踵而至，包括"在基尔（Keele）发生的流氓斗殴、蓄意破坏和恐怖主义"事件、④在剑桥发生的"花园酒店暴乱事件"（Garden House affair）、⑤围绕华威（Warwick）大学校长内部文件事件⑥发生的大型抗议集会，⑦以及导致艾塞克斯地区逐渐陷入瘫痪状态的一系列事件。

---

① D. Phillips,《新闻界与大众节日：对青年休闲的刻板印象》(The Press and Pop Festivals：Stereotypes of Youthful Leisure)，见 Cohen 和 Young 编，*The Manufacture of News*，前揭，页323—33。

② Whitehouse,《她认为她是谁？》，前揭，页107。

③ A. Arblaster,《学术自由》(*Academic Freedom*,Harmondsworth：Penguin,1974)，页29。

④ B. Benewick 和 T. Smith,《直接行动与民主政治》(*Direct Action and Democratic Politics*,London：Allen & Unwin,1972)，页206。

⑤ 译注：1970年2月13日，处于军政府执政状态的希腊官方在英国剑桥的花园酒店举办希腊旅游推广活动。以剑桥大学学生为主体的抗议者，为了对希腊军政府的统治表达不满，在花园酒店外进行了示威活动，最终演变为暴力冲突事件。

⑥ 译注：华威大学管理当局在20世纪60年代对左翼激进学者采取了一系列的跟踪、排斥和打压政策，记录这些政策的文件在1970年被示威学生发现。

⑦ 参见 E. P. Thompson,《华威大学有限公司》(*Warwick University Ltd.*,Harmondsworth：Penguin,1970)。

　　和其他国家一样,1968 年至 1969 年这一时期是英国政治的一个分水岭:社会的支点开始动摇,整个国家所进入的并不是一次短暂的社会波动,而是一场漫长持久的冲突。这一过程的意义、原因以及后果,尚没有得到全面的思考和总结。在政治上,这一过程导致的对立和冲突把整个社会分成了两个阵营:权威及其"敌人"。这种二元对立的景观对右派、中间派和政治立场不明的人具有很强的诱惑力,原因在于这种对立形态把经典的阶级冲突及其政治形式排除在外。但它同时也对左派产生了影响。直到今天,它的历史遗产依然在激进的革命政治中发挥着十分活跃的作用。在当时,这种二元对立的情况实际上涉及两个相互独立但又彼此关联的发展态势:一方面,政治运动的势头从学生群体向更加广泛的社会群体和斗争领域的转移,从而形成了所谓的"街头政治"态势;另一方面,反文化运动也在一定程度上出现了政治化的趋势。虽然前者多少带有点无政府主义—唯自由论的色彩,后者常常以"资产阶级暴动"的形式出现,但实际上,在传统的经典革命模式中,却找不到这两者的实践模板。1969 年 1 月发生的与种族问题相关的罗得西亚大楼(Rhodesia House)示威事件,和从 10 月开始的南非国家橄榄球队巡回赛期间发生的抗议南非种族隔离制度的"停止1970 年巡回赛"(Stop The Seventy Tour)运动,都是能够代表前者的典型例子。第二个例子充分展示了以某个特定议题为中心所形成的运动力量,虽然其范围有限,却足以吸引众多的自由派青年群体。这场运动引发了强烈的,甚至有时是恶意的反应。比如,在斯旺西(Swansea),警察故意任由与示威阵营对立的民间治安巡逻员以粗暴手段滋扰抗议者;随后,内政大臣也开始介入这场运动,采取措施限制橄榄球巡回赛组织者的活动范围。[①] 显然,这场运动之所以能够成功,是因为它联合了各方面的力量。南非报纸《画报》(Die Beeld)把运动参与者说成是"一群左倾的、游手好闲的、难民似的长发嬉皮士",几乎常见的陈词滥调都派上了用场。而实际上,因为十分明确的反种族隔离诉求,这场政治抗争运动成功吸引了大量受到 1968 年一系列事件鼓舞的年轻人的参与。

　　相比之下,反文化的政治化问题则更为复杂,也更加不平衡。比如,大部分地下出版物的风格基本上源自美国的"非法出版物",它们所倡导的反主流的生活方式激励着嬉皮士的流浪之旅和"爱之夏"运动,是对正统社会

---

　　① 　参见 P. Hain,《勿与种族隔离为伍》(Don't Play with Apartheid,London:Allen & Unwin,1971)。

价值观的一种激进批判。但这些出版物最初对抗争政治的态度是不明朗的。尽管如此，反文化把个体的个性化语言和感受注入公共议题之中，从而维系着一种具有强烈反威权和自由至上主义色彩的"政治"形式。这种政治形式逐渐扩散到各种"另类"机构网络之中，比如艺术实验室（Arts Labs）①、自由大学（Free University）、甘道夫花园（Gandalf's Garden）网络②等。通过这些网络形成了各种街头剧场，涌现了一批社群活动家。最终，虽然各种反文化群体的关注焦点不同，但在塞奇威克（Peter Sedgwick）③看来，这些群体所"反对和捍卫的东西有一定的共性"。正是这种具有共性的政治立场使得它们看起来更像是霍夫曼（Abbie Hoffman）④所说的"隐形国家"（Invisible Nation）。正是在这一时期，美国的反文化运动遭到警察武装的"压制性容忍"（repressive tolerance）政策的打击，此前运动所具备的那种单纯的政治目标不复存在。有些人成为逍遥派，从此转向公社模式、纯天然食物和乡村生活；还有一些人选择留下来继续促进"运动"的发展。1969 年 9 月，当所谓的芝加哥阴谋审判（Chicago Conspiracy Trial）⑤开庭时，七名不同背景的被告充分说明究竟是哪些人成为国家的心头之患。在监狱里，霍夫曼曾对美国黑豹党领袖西尔（Bobby Seale）解释道："以青年国际党为基础的雅皮士是嬉皮士运动的政治性分支，而嬉皮士又是一个并不必然具有政治性的更大的群体的一部分。"⑥令人震惊的是，当西尔在 10 月出现在法官朱利叶斯·霍夫曼（Julius Hoffman）面前时，不仅被捆绑着，嘴也被塞了东西。他被彻底剥夺了为自己辩护的权利。

相比之下，英国的情况显得更加平淡无奇。警方对吸毒行为或其他

---

① 译注：由英国艺术家 Jim Haynes 于 1967 年在伦敦建立的一个非主流艺术中心。尽管该中心只维持了两年时间，却对英国、欧洲大陆和澳大利亚的艺术界产生了广泛的影响。

② 译注：20 世纪 60 年代后期出现的一个神秘主义社群，是伦敦地下嬉皮士运动的一部分，运营了一个同名的商店和杂志，倡导通过冥想和迷幻药物取代硬毒品。

③ 译注：彼得·塞奇威克（Peter Sedgwick，1934—1983），英国社会主义者、作家，曾把比利时无政府主义作家、革命家维克托·塞尔日（Victor Serge）的著作翻译为英文。

④ 译注：阿比·霍夫曼，全名艾伯特·霍华德·霍夫曼（Abbot Howard Hoffman，1939—1989），美国政治社会活动家，无政府主义者，是国际青年党（Youth International Party）的主要创立者之一，花的力量运动的领导者之一。

⑤ 译注：又称芝加哥七人案，指阿比·霍夫曼等活动人士被控在 1968 年民主党全国代表大会于伊利诺伊州芝加哥市举办之际发生的反越战抗议活动中串谋煽动暴乱。从 1969 年 9 月至 1972 年 11 月，经过长达三年的审判，有罪判决被全部推翻，所有被告均被无罪释放。

⑥ B. Seale，《捕捉时间：黑豹党的故事》（*Seize the Time: the Story of the Black Panther Party*，London：Hutchinson，1970）。

非主流生活方式以及另类出版物的搜查是英国反文化运动最初遭遇法律压制的主要形式。3月,警方以淫秽之名逮捕了莫里森(Jim Morrison)。① 5月,贾格尔(Mick Jagger)②和菲斯福尔(Marianne Faithfull)③因为私藏毒品被拘留。7月,滚石乐队的琼斯(Brian Jones)溺亡——这起颇具典型意义的死亡事件发生后,大约25万年轻人在海德公园参加了纪念他的集会。10月,警方查封了《Oz》杂志。在这一时期,正统社会和反主流群体之间的矛盾日益加剧。一个典型的例子就是由伦敦街道公社(London Street Commune)于9月在皮卡迪利广场144号组织的蹲坐抗议事件。通过这一事件,我们可以一窥反文化运动趋于政治化的发展过程是如何实现的。这是一次有意的"即兴"动员,集结了反文化运动的几个不同的分支群体:准无政府主义者、政治"硬汉"(hard men)、逃避现实的嬉皮士、劳工阶层的无业人员、放荡不羁的艺术家,以及地狱天使帮(Hells Angels)④成员。让组织者感到遗憾的是,"光头党"成员最终与警方和媒体站在一起。如果这一群体也能加入此次抗议行动,那么,它作为反文化运动典型事件的内在逻辑也就变得更加完整了。从形式上说,这一事件借用了蹲坐抗议这种工人阶级政治的传统形式,只不过参与者是伦敦的叛逆青年。这些所谓新的无家可归者占领的不是工厂,而是一个新潮的城镇住宅区,从而使得整个事件在一定程度上具有了一些"后资本主义"(post-capitalist)风格。组织者之所以要刻意采用这种引人注目的形式,目的就是要激起以道德家怀特豪斯夫人、保守政客黑尔什姆⑤、传

---

　　① 译注:吉姆·莫里森(James Douglas "Jim" Morrison,1943—1971),美国摇滚歌手、诗人、词曲作者,洛杉矶摇滚乐队大门乐队(the Doors)的主唱。因狂野的性格和舞台风格,被评论家和歌迷认为是摇滚史上最有代表性的、极富魅力和开创性的歌手之一。

　　② 译注:米克·贾格尔(Michael Phillip "Mick" Jagger,1943—),英国摇滚乐手,滚石乐队创始成员之一,1962年开始担任乐队主唱至今,并作为演员、制片人和作曲人参与过多部电影的制作。贾格尔的职业生涯横跨50多年,被称为"摇滚史上最受欢迎和最有影响力的主唱之一"。

　　③ 译注:玛丽安娜·菲斯福尔(Marianne Evelyn Gabriel Faithfull,1946—),英国歌手、词曲作者、演员。1964年,她推出首个单曲《当泪水滑过》(As Tears Go By),并因此一举成名。这首歌曲是滚石乐队成员米克·贾格尔和基思·理查德(Keith Richards)创作的。

　　④ 译注:地狱天使(Hells Angels)是一个被美国司法部视为有组织犯罪集团的摩托车帮会,会员大多骑乘哈雷摩托车,主要是由白人男性组成。

　　⑤ 译注:昆汀·麦加勒尔·霍格,圣马里波恩的黑尔什姆男爵(Quintin McGarel Hogg, Baron Hailsham of St Marylebone,1907—2001),通称黑尔什姆勋爵,是英国法官及保守党政治家,从政50年,曾历仕六位英国首相。1963年,黑尔什姆勋爵曾有望成为英国首相,但首相之位最后却由亚历山大·道格拉斯-休姆夺得。晚年曾两任大法官之职,在保守党内享有崇高地位,被称为保守党的"巨人"。

统知识分子斯帕罗（John Sparrow）①、传统马克思主义团体国际社会主义者（International Socialists）②以及"传统"占领抗争者（squatter）雷德福（Jim Radford）为代表的各种传统势力的反感。面对这群由各路反叛青年组成的抗议者，警方先是默许"光头党"成员对其"动粗"，然后借机动用武力实施驱逐。

实际上，这些事件所激发的强烈反应已经开始了。那些沉默的大多数在道德领袖的积极倡导下集结起来，加入了一系列"净化"英国的运动之中（极具象征意味的是，首先成为净化对象的是英国广播公司）。警方开始被全面动员起来，严阵以待，尤其是在与毒品、非法媒体、淫秽相关的问题上，更是高度警惕。在这种情况下，反文化运动只能逐渐适应"法律"力量处于持续高压态势的新环境。那种曾经希望"正统社会"能够主动放弃斗争、缴械投降的想法完全是不切实际的幻想。这种希望之所以维持了很久，原因在于反文化运动自身并没有完全真正理解它试图颠覆的这个社会的本质，同时也对自身的脆弱性缺乏足够的认识。为了结束这种不成熟状态，伦敦街道公社宣言强调公社成员之所以要占领那些"令人压抑的资本主义街道"，是因为"这是地下运动的重组可能得以实现的唯一空间"。③ 1969 年，警方开始全面压制这种非正式的街道占领行为。这导致反文化运动与警方产生了正面冲突；而且，与其他各种力量相比，警方几乎成功地改变了这些抵抗运动的地下性质，使之成为活跃的政治反抗运动。反文化运动把正统社会、传统的态度和生活方式、个人主义的个体困境视为"敌人"。直到这个社会的保卫机关——警方——开始通过"压制"手段来捍卫这些遭到攻击的要素之前，它始终没有意识到这些要素恰恰对资产阶级社会发挥着保护作用。

在此之后，大量反文化运动的参与者加入了革命左派的阵营，成为国际社会主义者、新成立的国际马克思主义小组（International Marxist Group）、无政府主义、团结工会以及其他各种马克思主义派别的成员。正如在 1969 年的意大利"热秋"（hot autumn）④工人运动中已经发生的

---

① 译注：约翰·斯帕罗（John Hanbury Angus Sparrow，1906—1992），英国知识分子、高等法院大律师，曾在 1952 年至 1977 年间担任牛津大学万灵学院院长。

② 译注：一个非正统的托洛茨基主义国际政党组织，主要活跃于欧洲国家。

③ Stansill 和 Mairowitz 编，*BAMN*：*Manifestoes and Ephemera*，1965—70，前揭。

④ 译注：指 1969 年至 1970 年在意大利北部工厂和工业中心发生的一系列大规模罢工事件。

那样,一个人数不多却十分活跃且颇有影响力的左派群体已经从共产党组织的外围异军突起。在各种反越战团体和格瓦拉主义等来自第三世界的斗争理念的政治影响之下,社会氛围变得日趋革命化。从内部来看,这一阵营涵盖了极其丰富多样的内容——从生活方式政治(life-style politics)、摇滚乐和迷幻文化,到托洛茨基主义(Trotskyism)、自由至上主义(libertarianism)和无明确归属的社群政治。显然,这是各种令人眼花缭乱的激进行动主义形式的大集合,彼此之间缺乏凝聚力,无论是在理论上还是行动策略上都没有明确的统一性。然而,从外部来看,这些不同的斗争形式虽然并不存在统一的中心,但它们又在整体上象征着对主流生活方式及其价值秩序的一种反对立场。它们松散的组织方式和自发随性的特点恰恰意味着对具有稳定秩序的公民生活的威胁——一个典型例子就是无政府主义激进组织"暴民之王"(King Mob)①的出现。在这一过程中,英国知识界逐渐与其原本的社会基础相脱节,抛弃了知识分子的传统文化干预方式,在社会革命氛围日益发酵的形势下犹豫不决,最终只能陷入自己的小圈子中不能自拔。与此同时,民粹主义卫道士则在屏息等待这些反抗群体的进一步发展,直到它们从潜流浮出水面,成为一支公开的颠覆性政治力量。

但事情往往不会按照这些反抗群体的支持者或反对者所预期的那样去发展。比如,《Oz》和《IT》杂志都是"为"性革命服务的——但毫无疑问,这是一个从处于主导地位的男性的视角来设想的一场革命,表达的是对理想"性伴侣"的一种幻想。1968年的春天,在一位名叫里尔·比洛卡(Lil Bilocca)的女子的领导下,赫尔(Hull)的渔民妻子们发起了一场旨在改善拖网渔船安全性的激进运动。与此同时,博兰(Rose Boland)率领达格纳姆(Dagenham)的福特工厂的一群缝纫工发起了一场罢工,目的是要捍卫女工使用机器和获得只为男性预留的技术性职位的权利。但作为一场运动,女性解放事业的源头和起因都是前文已经描述过的同一种"对抗性环境"。在这种情况下,激进女权主义的发展恰恰是对"革命派"男性的大男子主义思想进行反抗的产物。因此,战后女权主义是以一种"革命内部的革命"形式开始的。然而,它的影响却是极其深远的。从内部而言,它促使"个人"和"政治"的联系从反文化运动所表达

---

① 译注:20世纪60年代末至70年代初活跃在伦敦的一个英国激进组织,强调文化无政府主义。

的那种抽象形式变得更加具体，并阐明了抽象的"意识形态压迫"是如何与以父权制原则为基础的特定资本主义文化形式相结合的。从外部而言，与其他各种激进的另类"斗争"形式一样，女权主义的社会批判已经触及了资本主义公民社会的敏感神经：性、家庭和男性的主导地位。它的出现恰逢资本主义文化进入了一段危机四伏的时期：压制性衰退（repressive degeneration）阶段。

作为一种独特的政治斗争形式，英国"文化革命"原本可能会发展成一支独立的政治力量。1969 年也许是实现这一点的最后机会。然而，这种情况最终没有实现。如果它能与 20 世纪 70 年代出现的新的斗争形式相呼应，从而融入一个更加广泛的政治过程的话，或许会带来革命性的结果。不幸的是，它并没有。这一时期激进政治的历史实际上也是不断失去政治机会的历史。但发生这场"文化革命"的原因究竟是什么？资本主义有能力将自身建构为一种切实可行的生活方式，从而维系自身的存在和发展。就这一点而言，"文化革命"政治目标的挫败又意味着什么？

反文化在两种意义上具有"上层建筑"的属性。一方面，从社会构成的角度来说，反文化运动的绝大多数支持者来自中产阶级背景，其父母辈一般都不是传统意义上的技术性或非技术性产业工人。其中某些最活跃的新成员来自那些刚刚具备社会流动能力的阶层。这种变化是"教育革命"的产物。许多人往往是第一代文法学校或公立综合中学（comprehensive）、艺术学校或学院以及大学的毕业生。但不管阶级背景如何，这些人都成为新的有机知识分子的潜在成员——通过接受教育和培训，他们将会成为承担中等或较低职位的主要力量，从而在社会再生产的过程中发挥至关重要的作用；对资本主义制度下复杂的社会和技术分工体系来说，这些人必须在实践层面被真正纳入这种体系之中，同时又必须在意识形态层面认同这种体系。否则，这种体系将无以为继。

另一方面，从其主要意图来说，反文化运动的斗争目标同时也指向了现代资本主义上层建筑本身。本质上它是"反资产阶级的"，目标是要推翻基督教新教传统对人的内涵的界定，确立理性发挥主导作用的新形式，并倡导一种以快乐至上为原则的新纪元思想。最重要的是，它要求在人们的意识之中发起一场革命——而从本质上说，反文化运动就是一场意识本身的革命，它威胁要颠覆现有的上层建筑和意识形态。而恰恰是在这种意识形态中，资产阶级社会生活方式被固定下来，并被不断地再生产出来。就其核心关切、批评和斗争方式而言，反文化运动总是带有激进理想主义的倾向。但当社会矛盾逐渐累积，以至于触及上层建筑时，意识形态斗争就会成为一个社会的主要问题。在这种情况下，反文化运动对现有上层建筑的挑战必然会成为一种普遍趋势。然而，在这场以主导的文化霸权为斗争目标的革命中发挥领导作用的群体却是来自统治阶级内部。无论从哪种逻辑上来说，这个群体都理应对主导的文化霸权持拥护的立场。但它却走向了对立面。因此，反文化运动实际上意味着霸权意识形态内部出现了严重的断裂——按照米切尔（Juliet Mitchell）的说法，在这种断裂发生的过程中，最初有可能发挥领导作用的力量只能"来自在意识形态上处于主导地位的统治阶级内部"。[①] 正如葛兰西指出的那样，上层建筑的功能就是确保特定类型的文明模式能够被再生产出来，从而创造出特定的"人"和"公民"，以及与经济结构的长期需求相匹配的特定"伦理"。但意识形态发挥这些功能的过程并非一帆风顺，实际状况更像是阿尔都塞所说的"时有摩擦的和谐"。尤其是通过其在国家内部的组织形式，上层建筑的任务是要在问题和矛盾层出不穷的情况下确保社会、政治和公民群体都服从于生产方式本身的需求。[②] 我们把这一领域称为社会再生产，即"对生产的社会条件的再生产"。从这个更广泛的意义上来说，特定社会形态的"巩固"离不开与其相匹配的特定方式和机制。社会结构的意识形态表象的"重构"是资本主义关系的内部组织和构成的每一次调整的条件，也是其结果。例如，无论是从自由放任阶段向垄断资本主义的过渡，还是二战后英国资本主义所处的艰难转型时期，我们都会发现这种意识形态调整的现象。

为什么在这些特定的历史阶段，资本主义社会结构的上层建筑中会发生这种断裂现象？关于这个问题，学术界尚没有给出令人满意的解释。"1968 年"的深刻内涵尚未得到充分的理解；它在很大程度上已经被人们忽略了。无疑，以节俭、体面和安全为核心的观念在道德上和意识形态上把中产阶级与主流的社会体制捆绑在一起，并使之逐步适应了这个体制的要求。然而，这种传统的中产阶级意识形态却在战后经济繁荣时期所倡导的消费和自我满足理念的冲击下，逐渐瓦解了。从一个更深的层次上来看，典型的资产阶级个性和资产阶级家庭的特征包括情感上的约束和内省的自我压抑、工作中的"新教伦理"、敬业的态度以及通过职业实现

---

① 　J. Mitchell，《妇女的地位》（*Woman's Estate*，Harmondsworth：Penguin，1971）。

② 　Gramsci，《狱中札记》，前揭；以及 Althusser，《意识形态与意识形态国家机器》，前揭。

自我价值、对自律的强调、内化了的对权威的服从以及对纵欲的禁忌。这些要素构成了市民社会的意识形态外衣,与不断发展的资本主义生产方式形成了匹配性关系。但随着资本主义进入更高的垄断阶段,这些意识形态观念与社会语境之间出现了脱节(disarticulated)的现象。和资本主义的早期阶段一样,在这种情况下,与特定的性感形式、权威和纪律方式有着复杂联系的特定的合理化逻辑,与资本主义生产关系本身一样,都是资本主义再生产过程中必不可少的要素。实际上,这种合理化逻辑同时也是资本的"社会关系"——虽然处于生产领域之外,却对资本主义生产方式的持续存在发挥着至关重要的作用。这些相互纠缠的要素在战后开始变得日益显著。在工作领域(包括生产性的和非生产性的)和以福利资本主义形式不断扩张的国家领域,资本主义逐渐具备了一种官僚化和非人格化的形式。资本主义国家曾经对市民社会的许多领域采取一种自由放任的态度,如今却承担起对这些领域进行照管和指导的责任,从而日益介入对私人事务和个人世界的常规化管理之中。国家由此变得越来越具有干预主义和法团主义色彩。在这种国家的领导之下,"占有式个人主义"和"官僚化人格"(bureaucratic man)被奉为典范,从而导致日常生活因为处于日益严格的控制之下而变得空洞。在更深的结构性层面上,发达资本主义社会的复杂本质导致这个社会在如何确保所有成员都赞同并臣服于其逻辑方面,面临着十分严峻的挑战。这种"合法性危机"以前也曾出现过;但在战后这一特定的语境下,这意味着意识形态国家机器的大规模扩张——即恩岑斯贝格尔(Enzensberger)所说的"意识制造工业"(consciousness-making industries)。而且,正如恩岑斯贝格尔等人所指出的那样,这些意识工业在新资本主义的生产技术和基础设施中具备真实的物质基础。它们不仅与以电子工业和廉价能源为基础的"第三次产业革命"的新前沿紧密相连,而且与不断变化的劳动过程、资本的管理和流通系统本身的社会组织方式相协调。在资本重构的过程中,传媒和教育机构(如今处于国家更加直接的监管之下)提供了关键的"有效"支撑——也正因为如此,这两个领域都得到了大规模的扩张。如果没有"精神生产力的决定性发展",没有"思想领域"的改造,没有精神和意识形态再生产的手段和技术与"知识界"在规模和性质上发生的变化,对科学和技术的组织及其在生产领域的实际应用,以及由此出现的生产技能、劳动和劳动过程的重构都是不可能发生的。在这种语境下,虽然技术和半技术产业工人依然受人尊敬,但"新知识界"的部分群体更受推崇。而且与以前相比,这些群体与资本主义生产的技术过程有着更紧密的"有机"联系,彼此之间的关系也更具有协调性。在高等教育的普及所不断扩展的知识视野中,这些人成长为这个社会"最聪明和最优秀的"一群人。但如今,他们却不得不面对所谓的知识分子无产阶级化(intellectual proletarianisation)趋势———一种新的去技能化(deskilling)现象。总之,"资本的发展越充分,就越需要更复杂的再生产机制来加以维系"。[①] 而且,"如果没有相应的社会'大脑'和传播神经网络的同步扩张……'发达资本主义'……就不可能存在"。[②]

　　反文化运动正是这种意识形态和上层建筑层面的不平衡发展的一种反映。那些最早孕育了反文化运动的机构恰恰也成为它的斗争对象。这些机构的目标和价值观遭到了攻击和批评。尤其是那些制造"依附性",试图将"合意"内化为人们思维方式的一部分,生产和再生产主流意识形态的机构,成为反文化运动要反对的主要对象:

　　　　女性、嬉皮士、青年、大学生和学校的青少年群体都对他们所属的机构的合法性提出了质疑,并创造了与这些机构相对立的组织形式:用来取代资产阶级家庭的集体公社;"自由传播"和反媒体(counter-media);挑战主流大学模式的反大学(anti-universities)。所有这些行动都对现有社会中的主要意识形态机构发起了攻击,而且斗争的目标是明确的、局部的、有针对性的。社会的深层矛盾也由此浮出了水面。[③]

显然,这里所列举的斗争形式还可以进一步扩展下去。反文化运动并不是源自纯粹的压迫性体验,而是自由资本主义国家的"压制性容忍"的结果。它对自由主义、容忍、多元主义、共识进行了重新定义,将其视为是具有压制性的。它把"共识"置换为"压制",把"自由"称为"控制",它把相对富足的生活条件重新定义为一种处于疏离状态的精神贫困。出于一种知识分子的职业使命感,学生们把自己看作是一群"新型工人"。在他们看来,自诩为"学者的自由社群"的"高等教育机构",实际上都是一些臃肿不

---

　　① Mitchell,《妇女的地位》,前揭。

　　② T. Nairn,《为什么会发生这一切?》(Why it happened),见 A. Quattrocchi 和 T. Nairn 编,*The Beginning of the End*,London:Panther,1968。

　　③ Mitchell,《妇女的地位》,前揭,页 32。

堪的"巨型大学"(multiversity),已经变成了官僚化的技术机器。他们向主流社会发起挑战,并撕开这个社会的种种虚伪面目。当学生对"营造和传播共识的机构"发起挑战时,意想不到的后果之一是他们同时也激起了强力机构的反应,从而遭遇了"始终作为一种背景性支撑而存在的强制性国家暴力"。[①] 反文化运动起源自主流文化的危机之中——也许正是这一点可以帮助我们理解为何这一运动没能发展成为一种以自身的政治形态为基础的独立政治力量。它所推动的结果实际上是一种"系统性倒置"(systematic inversion),即从内部对整个资产阶级伦理进行象征性反转。造成这场运动中某些最激烈的斗争的原因并不是因为运动的参与者提出了某种与现存体系完全不同的"另一条"道路,而是他们把资产阶级文化内部存在的某些矛盾趋势推向极端的结果。换言之,他们试图通过纯粹的否定从现存文化的内部来颠覆这种文化。这一点或许也可以解释这场"文化革命"为何会在完全对立和被收编这两个极端之间来回摇摆。地下文化抵抗运动似乎总是处在即将被自身的这种辩证统一的逻辑所征服或压倒的边缘。虽然在对资产阶级生活进行了全面批判之后,这场运动有所衰退,但它依然在很大程度上保留了脱离于主流社会之外的特征。此外,它所提出的各种"另类方案"都是从现存主流文化中的某些发展最成熟的环节出发的,这导致他们的主张和实践经常看起来像是一些不切实际的"乌托邦",是对一些未来方案的零碎预演。

因此,正是资本主义内部的矛盾发展为这种资本社会的文化和精神"断裂"提供了物质基础。在一定程度上,这种"断裂"表现为旧的主导性伦理与正在涌现出来的新伦理之间的一种停顿。在传统伦理的"捍卫者"看来,传统价值在这种伦理转换的过程中遭到了攻击。但实际上,某些所谓的"攻击"所反映的只不过是主流文化为了适应资本在扩张过程中所产生的新的矛盾性需求而做出的重大调整。比如,马尔库塞非常正确地指出,从源头上来说,所谓的"姑息纵容"问题只不过是主流意识形态的必要调整所带来的一个结果:它表明主流意识形态进入了一个压制性容忍的阶段,或者用马尔库塞的话来说,一种"压制性的去崇高化"(repressive de-sublimation)状态。[②] 只有在这种条件下,对非主流文化相对宽容的氛围才在

---

① 　同上,页32。

② 　Marcuse,《单向度的人》,前揭;以及 H. Marcuse,《爱欲与文明》(*Eros and Civilization*, London: Sphere, 1969)。

后来为更加持续的和具有颠覆性的批评实践提供了空间。这种批评实践把表面上的社会宽容当真了，打破并颠覆了一些既有的社会范畴。然而，所谓的解放所带来的是一种以"不受拘束"和"专注于自我事务"为主要内容的思想观念的流行，这种观念的最终影响实际上是一种消极限制。在批评者所推崇的另类社会模式中，以反大规模工业化生产模式为特征的工匠资本主义(artisan capitalism)既维系了一种更时尚化的反主流生活方式，也通过承担风格创新的成本而为资本主义时尚工业提供了便利——换言之，它实际上是一把双刃剑。只要稍微关注一下这一时期出版的一些新杂志——比如《花花公子》(*Playboy*)或《花花女郎》(*Playgirl*)——我们就能发现，性自由完全可以很容易地变成服务于现状的工具。有许多迹象表明资本主义本身需要对家庭生活的严格束缚加以松绑。但是，随着女权运动把这种解放趋势推向了极致的时候，很快就出现了以捍卫家庭为目的的各种激烈反应。这意味着，和这一时期的其他各种解放趋势一样，家庭领域的变化也不能超出主流社会所能容忍的限度。如今回顾这段历史，我们可以看到，与富足社会中的享乐"青年"有关的这场"权威危机"，实际上是捍卫主流文化的保守势力面对主流文化自身传统形式的断裂所做反应的一种表现。那些坚守资本主义传统伦理的人往往以捍卫传统智慧和生活方式的名义来反对新伦理。他们认定"文化革命"的倡导者在外部因素(主要来自美国)的影响下正在对英国社会发起一场蓄谋已久的破坏行动。这些人没有意识到，作为资本主义发展到"成熟"阶段的一种矛盾的意外结果，传统上那种更为朴素克己的资产阶级道德体系的基础在一定程度上已经从内部瓦解了。虽然反文化运动对其他与之有同盟关系的激进运动产生了持久的影响，但它本身并没有构成一种实质性的政治力量。但反文化运动的确在那些反对它的人的脑海中留下了一个"敌人"的幽灵。如果说这场运动的最初目标是揭露资产阶级价值观的虚伪性，那么，在第二个阶段被纳入街头政治之后，其目标似乎就变成了挑战资产阶级意识形态的统一性和霸权地位。在这种情况下，反文化运动也逐渐被重构为一场针对国家的道德阴谋：参与者不再是一群衣食无忧、挥霍无度、沉迷于奇装异服和唱片、纵情嬉戏享乐的叛逆青年，而是与吸毒、犯罪、逃避工作、纵欲、淫乱、性变态、色情、无政府主义、放荡不羁和暴力联系在一起的危险分子。反文化成为道德政治污染的源头，以各种形式败坏社会风气，最终的阴谋是煽动反叛。面对反文化运动所带来的巨大挑战，主流文化的支持者产生了一种强烈的失控的危机感。

　　英国社会在 1969 年所经历的各种动荡引起了主流社会一系列带有威权主义色彩的激烈反应。但这些动荡并不是全部由国家的内部原因导致的。实际上，英国社会一直对国际形势保持着紧密关注，这说明恰恰是内部和外部各种力量的融合打破了社会平衡，从而加速引发了主流社会的激烈反应。在国内方面，北爱尔兰危机是十分关键的问题之一。就本书的讨论而言，我们关心的是这一危机对国内“控制文化”产生的影响。这一危机本身是四个多世纪以来在英国与爱尔兰的历史关系中发挥主导作用的漫长的灾难性压迫的产物。此外，北爱尔兰危机还与复杂的经济利益有关。正是这些利益把英国经济的不同组成部分及其统治阶级与边境南北两边落后的经济和生活方式结构联系了起来。导致这一危机的一个更近的原因则是在阿尔斯特处于支配地位的政治集团极度落后的本质，而这一集团权力的巩固正是在英国的支持下实现的。在这一背景下，出现了一批反动保守的积极分子，北爱尔兰单方独立声明也受到了威胁。这是近代阿尔斯特历史上最丑恶的一幕，同时也是 20 世纪保守主义历史上“最辉煌的时刻”之一。在民族主义和宗教因素的推动下，处于支配地位的新教集团对处于弱势地位的天主教徒的系统性压制和经济剥夺成为导致阿尔斯特地区矛盾激化的主要问题。而这种压制和剥夺，从根本上说，又是以对阿尔斯特工人阶级的整体剥削为基础的。甚至连新教领袖佩斯利据说都在 1969 年和德福林（Bernadette Devlin）[①]的一次私人谈话中承认天主教徒的不满情绪是情有可原的，虽然他同时也表示：“在做一个英国人和做一个公正的人之间，我宁可选择前者。”[②]整整一个世纪以前，马克思在写给库格曼（Kugelman）的信中说道：

　　　　我愈来愈相信……在英国工人阶级对爱尔兰的政策还没有和统治阶级的政策一刀两断以前……它在英国本土永远不会做出任何有决定意义的事情。这是必须做到的，这并不是出于对爱尔兰人的同情，而是基于英国无产阶级利益的要求。如果不这样做，英国人民就还得受统治阶级支配，因为他们必然要和统治阶级结成反对爱尔兰的统一战线。[③]

---

　　①　译注：伯纳黛特·德福林（1947—），爱尔兰民权领袖、政治家，1969 年至 1974 年间曾担任国会议员。

　　②　《星期日泰晤士报》洞察小组（Insight Team），《阿尔斯特》（*Ulster*，Harmondsworth：Penguin，1972）。

　　③　见 Marx 和 Engels，《论不列颠》，前揭。

在左派看来,北爱尔兰危机只不过是英国在爱尔兰实行法西斯统治的历史进程中的又一段插曲而已。而英国官方则认为这场危机的罪魁祸首是爱尔兰共和军(I. R. A.)的那些丧失理智的"枪手和炸弹手"。这两种看法都极大地简化了事实。真正引发危机的是民权运动;而在这一运动中发挥领导作用的是一个名叫"人民民主"(People's Democracy)的组织。与之前的各种策略相比,该组织主张在爱尔兰地区采取一种更先进的,同时又不那么局限于自制炸弹逻辑的斗争策略。爱尔兰共和军全面卷入北部的斗争是一个缓慢发展,但同时又令人难堪的过程。面对民权运动的挑战,工党政府一开始支持的是奥尼尔(O'Neill)①上校及其"温和改革"政策,目的是希望在维护新教力量主导的资本主义利益格局的同时,能够在一定程度上改善天主教徒的生活处境。但在新教极端主义势力的压力之下,这种自相矛盾的改革主义政策以失败告终。当民权运动的示威者在德里(Derry)的本托雷特桥(Burntollet Bridge)遭到袭击时②,北爱尔兰皇家警察部队以捍卫法律和秩序为名介入进来。这些矛盾后来在居民主要为天主教徒的博格赛德(Bogside)地区引发了激烈的冲突。③ 在政治上,随着北爱尔兰议会(Stormont)的权力转移到一位更强硬的改革者——奇切斯特-克拉克(Chichester-Clark)④的手中,这种激烈对抗的情况开始成为一种常态。随着将在秋季举办的庆祝新教在爱尔兰统治地位的奥兰治游行(Orange marches)⑤的临近,工党政府的两难处境也日益凸现了出来。它坚持认为,任何改革措施都必须经过"宪法机构"的批准。

---

① 译注:特伦斯·奥尼尔(Terence O'Neill,1914—1990),北爱尔兰第四任首相,1963 年至 1969 年间担任阿尔斯特统一党(Ulster Unionist Party)的领袖。

② 译注:指发生在北爱尔兰危机初期的本托雷特桥事件。1969 年 1 月 4 日,左翼北爱尔兰天主政治组织"人民民主"组织的从贝尔法斯特到德里的游行在经过本托雷特地区时,遭到新教英国民族主义者的袭击。

③ 译注:指 1969 年 8 月 12 日至 14 日,发生在北爱尔兰以天主教徒为主要居民的博格赛德的大规模暴力冲突事件。冲突的一方是德里公民自卫协会(Derry Citizens' Defence Association)领导的博格赛德本地居民,另一方是皇家阿尔斯特警队以及少部分当地支持爱尔兰与英国统一的联合主义者。

④ 译注:詹姆斯·奇切斯特-克拉克(James Chichester-Clark,1923—2002),北爱尔兰政治家,北爱尔兰议会议员,曾在 1969 年至 1971 年间担任北爱尔兰首相,也是倒数第二位爱尔兰首相。

⑤ 译注:由奥兰治兄弟会(Orange Order)组织的一系列年度游行活动,每年夏天在阿尔斯特、苏格兰以及偶尔在英格兰地区进行,通常以 7 月 12 日的庆祝活动结束。目的是为了纪念曾担任奥兰治亲王的英格兰国王威廉三世于 1690 年 7 月 11 日在博因河战役中击败最后一位信奉天主教的英格兰、苏格兰和爱尔兰国王詹姆斯二世。因为具有强烈的英格兰民族主义色彩,天主教徒、爱尔兰民族主义者和苏格兰民主主义者一般对这些游行活动持反对态度。

但此时的北爱尔兰议会已经不是一个普通意义上的宪法机构了——它实际上已经成为处于统治地位的新教权力的象征。在军队是否要介入和安排谁来指挥军队的问题上,工党政府完全被北爱尔兰议会牵着鼻子走,而北爱尔兰议会的目标显然是要以一切必要的手段维护作为少数派的新教势力的统治地位。结果,新教徒的挑衅又一次彻底堵死了法律层面的回旋余地。在8月发生的骚乱期间,已经公开支持新教示威者的北爱尔兰皇家警察部队强行进入博格赛德,并在一次冲突中对英国公民首次使用了催泪瓦斯。在贝尔法斯特,警方从装甲车上向天主教反游行者开火。在激烈冲突的过程中,出现了名为"自由德里"(Free Derry)[①]的自治区。与此同时,以临时爱尔兰共和军(Provos)为代表的主张武力对抗的势力再次成为天主教徒抗争事业中的主导力量。英国军队分别于8月14日和15日进入了德里和贝尔法斯特。军方把自己的目标说成是"调解"暴乱民众的矛盾。这只是英国官方在爱尔兰问题上用过的诸多委婉措辞之一。实际上,英国军队此时所介入的不亚于一个位于其后院的微缩版"越南"问题。导致这一切加速发生的主要因素之一是这样一个事实:在殖民地语境下,采取社会民主主义立场的统治集团在面临政治和经济基础日益衰落的情况下,试图在资本逻辑的框架内作为国家的代表继续以"负责任的政府"的形式发挥作用。这导致无论是在本质上,还是在具体内容层面,社会民主主义都呈现出极大的矛盾性。尚未从学生运动的冲突场景中恢复过来的英国电视观众,现在又不得不直面贝尔法斯特发生的种种对抗事件,并很快会对电视上每晚都会出现的"我们的孩子"在大规模城市暴动中平息骚乱的场景见怪不怪了。在这种日复一日的渲染之中,英国人的心最终变得坚如磐石。

工人阶级反抗:"挖得好,老田鼠!"

在那些使资产阶级、贵族和可怜的倒退预言家惊慌失措的现象当中,我们认出了我们的好朋友、好人儿罗宾,这个会迅速刨土的老田鼠、光荣的工兵——革命。[②]

---

①　译注:"自由德里"是1969年至1972年间,爱尔兰民族主义者在北爱尔兰德里的自治地区。

②　K. Marx,《在"人民报"创刊纪念会上的演说》(Speech at the Anniversary of the People's Paper),见 K. Marx, *Surveys from Exile*, Harmondsworth：Penguin,1973,页300。

到 1970 年,所有之前发生的各种事件终于"汇聚到了一起"。这一年成为一个分水岭,一个转折点。正是在这一年,各种矛盾和冲突开始相互交汇在一起。在当时,人们觉得英国似乎成功地逃过了其他主要西方资本主义国家在 1968 年所经历的一系列灾难性事件。然而,随着这些事件以一种独特的渐进式的扩散方式对英国产生影响之后,英国社会也陷入了一场深重的危机之中。社会基础被动摇了。随之而来的,是维护稳定和捍卫秩序的力量的强化。这些力量最初的斗争对象主要是左派学生和反文化运动的参与者。到 1969 年,反对的目标又增加了逐渐恶化并升级为公开的城市武装冲突的北爱尔兰危机。在公众的集体意识中,这些不同的问题随后又逐渐在一种惩罚逻辑中融为一体:那些对市民的和谐、稳定和平衡造成威胁的人理应受到惩罚。作为对这种威胁的回应,控制文化的天平开始缓慢地,随后又快速地倒向了一种更加公开的压制性立场。此后,各种问题逐渐发酵和恶化,并最终爆发出来,成为最重要的社会矛盾,从而改变和重构了社会力量关系的整体平衡。在这一过程中,阶级斗争以一种醒目、公开和不断升级的方式重新成为历史的主旋律,并最终导致英国社会从 20 世纪 60 年代末日益收紧的控制状态进入 1970 年全面压制的"封闭"状态。正是在这种压制性政策的控制下,英国经历了向一个"法律和秩序"主导的社会转变的阵痛,并对由此而来的社会冲突和意见分歧进行了整体性的重构。当一个社会逐渐偏离传统发展轨道,呈现出从"对非主流文化的宽容""更多的政治参与"和"抗议"逐渐向"另类社会模式"和"无政府状态"发展的趋势时,人们或许尚不会觉得情况已经到了十分危急的时候。但是,当工人阶级以激进的斗争精神再次动员起来,对既有秩序发起进攻时,事情的性质就大为不同了。这里所谓的"进攻"的说法,或许会让人觉得这种激烈的斗争形式在社会力量关系、抵抗与合意建构的过程中曾经是缺席的。尽管事实远非如此,但阶级斗争在劳工主义(Laborism)时期和进入 70 年代之后所采取的形式是不同的。随着一个社会民主主义性质的政府试图通过有组织的共识建构机制来管理国家的努力在 1964 年至 1970 年间逐渐失去效力并最终破产,阶级斗争也逐渐以一种日益公开和醒目的方式凸显在公众的视野之中。这种发展态势令人震惊。其结果之一是曾经只是在市民社会及其上层建筑领域发生的斗争(在形式上,这主要表现为"1968 年"之前和之后这段时间内所发生的文化危机)现如今却直接变成了资本和劳工领域的斗争,并进而成为组织化的晚期资本主义时代国家领域的斗争过程。在这种情况下,无论左派还是右派,统治阶级及其各大政党都把注意力集中到了阶级斗争问题上。实际上,这个问题对左右两翼产生了截然相反的影响。在一个由社会民主主义政府领导的国家,公开的阶级斗争的出现削弱和破坏了这个政府的合法性。把管理法团资本主义国家的任务交给一个社会民主主义政府的唯一理由是:(1)它在实施轻度紧缩政策的情况下依然能够赢得工人阶级组织的支持,使之能够在必要时,不惜牺牲本阶级的利益来维持与国家的合作关系;或者(2)在可能发生经济危机的情况下,造成这种危机的恰恰是劳工主义政策的实施不到位造成的。然而,当这样一个政府明显无法获得工人阶级的支持与合作——正如1966年至1970年间的威尔逊政府那样——或者无法阻止经济危机的浪潮之时,它的倒台也就指日可待了。不断升级的阶级斗争对政治光谱的另一端——资产阶级中真正掌权的实力集团——的影响却大为不同。在政治危机时期,这个集团反而变得更强大,在捍卫社会稳定和秩序的过程中,具备动员大众支持自身立场的能力。在经济危机中,尽管采取的措施可能显得很无情,它却往往十分果断,能够在最后关头把整个"国家"团结起来,发挥"挽狂澜于既倒,扶大厦之将倾"的作用。无论在哪种情况下,即将到来的阶级斗争形势都会进一步增强它的实力、巩固它的意志——相反,社会民主主义阵营的力量和斗志都遭到了削弱,甚至是毁灭性打击。工人阶级激进主义倾向的再次出现,右派所谓的市民社会逐渐被破坏的趋势,以及(北爱尔兰问题所代表的)在邻近地区出现的日益严重的武装暴动,一同促使统治"集团"越来越趋向于采取一种更加强硬的立场和更有强制性的措施。针对波及整个市民社会的无名恐惧、威胁和焦虑,重新掌权的希思政府出台了一系列对策,从而把日益严厉的控制政策推向了一个高潮。在这种情况下,随着希思政府计划通过强制措施把再度复活的有组织的工人阶级激进运动扼杀在萌芽状态,长期作为20世纪60年代特征的"权威危机"终于在1970年左右成为"国家危机"的一部分。至此,以合意为基础的文化霸权的最后一点残余也终于消失殆尽了。当然,对"国家""英国人民"和"国家利益"的诉求并没有终结。实际上,这些诉求进一步强化了。然而,这些诉求表达得越多,它们所表达的内容就越不像是一种实际存在的能够用一个统一的主导性目标把社会各方团结起来的共识,它们就听起来越像是一种仪式性姿态、一种祈愿,其意义和目的不是指代某种真实存在的东西,而是要激发、创造和建构出一种实际上已经几乎完全不复存在的共识。希思政府把自己塑造成在国家层面协调关系的一个类似于"国家工会"性质的政权,但实际上这意味着传统文化霸权已经陷入了深重的危机之中。统治集团已经几乎耗尽了在现有意识形态框架内联合和调解相互冲突的利益各方的能力:面对危机,它所能选择的应对策略已经十分有限;合意机制已经遭到严重破坏。除了强力维护阶级利益、白热化的斗争以及重回压制与控制政策之外,留给各方回旋的余地已经所剩无几。这就是葛兰西所说的强制时刻(moment of constraint)。在这样一个时刻,统治集团会动用警察力量、大众反应和法律手段来应对危机,社会上充斥着关于颠覆国家的阴谋的谣言,人们会陷入恐慌之中,发生政变和高层政治专制化的可能性大大增加。1970 年的英国正处于这样一种状态之中。此时的国家已经无法通过自发或刻意鼓动形成的合意来维持自身的完整性,而只能通过一定程度的暴力手段来巩固自身的存在——希思先生则成为当代英国的波拿巴(Bonaparte)[①]。

　　1970 年,我们能明显地看到文化霸权的危机已经"上升"到了国家层面。但最关键的是把握这种变化过程的整个轨迹。有组织的资本主义在进入"晚期"法团主义阶段后,要求对整个国家机器、国家不同部门之间以及国家和市民社会之间的关系进行调整和重构。进入这个阶段之后,国家开始"管制、控制、指挥、监视和监护着市民社会——从它那些最重大的生活表现起,直到最微小的生活表现止,从它的最一般的生存形式起,直到个人的生活止"。[②] 但既然这种强化了的国家不仅它本身已经直接变成了生产系统的一部分,而且其中的统治阶级联盟用来从上往下干预阶级斗争的主要手段也成了这个系统的一部分,那么,对资产阶级国家的调整实际上也不可避免地是"从上往下"对工人阶级进行调整的一个过程。然而,统治"集团"通过国家的中介调节作用来干预阶级斗争的做法实际上意味着国家必须"掩盖阶级斗争"。这整个过程不能与特定政党的政治命运的变化或它们在议会权力中的位置轮替相提并论。只有透过议会政治中权力震荡的表象,看到其背后的实质性机制,我们才能识别出马克思所说的"这个时期的特有容貌"。现在,对资本主义国家和阶级斗争的重构是通过劳工主义和保守主义这两种以维护资本利益为终极目标的机制

---

　　① 译注:拿破仑三世(Napoléon III,1808—1873),即夏尔-路易-拿破仑·波拿巴,法兰西第二共和国唯一一位总统及法兰西第二帝国唯一一位皇帝,亦是拿破仑一世的侄子和继承人。1848 年当选总统之后,他在三年后成功发动政变,随即在次年,即拿破仑一世登基第 48 周年称帝。1870 年 9 月 4 日,他战败退位。他是法国第一个民选产生的总统和最后一个君主。

　　② K. Marx,《路易·波拿巴的雾月十八日》,前揭,页 258。

来实现的。这并不是说我们可以像马克思把奥尔良派（Orleanists）等同于正统派（Legitimists）或社会民主派那样，在这两者之间简单地划上等号。在著名的《路易·波拿巴的雾月十八日》一文中，马克思向我们展示了特定形式的国家权力如何通过不同派系的政治集团前后更替的过程逐渐得到完善。与此类似，当代英国议会中的两大政治集团以不同方式在不同时期对"晚期"资本主义国家的重构做出了自己的贡献。无疑，这个过程不可能是一帆风顺的，也不可能不存在矛盾和冲突。对社会民主派而言，情况更是如此。在缺乏重大政治对抗的情况下，社会民主派无法成为塑造资本主义国家的主要力量之一。相比之下，保守派的处境虽然要好一些，但其为了适应这一任务而进行自我调整的过程同样也充满了痛苦。

因此，颇为矛盾的一个现象是，无论是工党政府还是保守党政府，两者都为发展某些法团主义式的国家管理策略做出了贡献。其中一个十分关键的策略是根据经济效益的边界来限制工资水平。有时候，物价水平也成为控制对象。这就是所谓的"收入政策"策略。尽管存在各种变体，这一策略成为议会两大阵营重点关注的对象，同时也在一定程度上逐渐成为双方实施控制措施时的唯一选项。到 20 世纪 60 年代末，当这种在国家引导下的合意机制开始失效之时，工党政府和保守党政府前后相继，实施并"完善"了法律治理措施：先是威尔逊先生断断续续启动了这一进程，但在最后关头退缩了；随后希思先生拿过接力棒，终于在最后的较量中迎来了胜利的光荣和喜悦。这是一个在"逢场作戏"的议会政治背后发生的过程——而且，正如马克思所指出的那样，也是以议会政治作为代价的。与国家领域发生的这种影响深远的权力重构过程相适应，市民社会（我们在前面的论述中已经稍有提及）和司法机构领域同样也发生了深刻的变化。因此，作为我们在这里所关注的最主要的议题，国家运作方式的性质从合意向强制转变的过程，实际上不只是国家内部的发展过程，而是霸权统治运作的整体特征发生变化的复杂结果。

然而，上述变化过程的基础却是英国资本主义经济结构中长期存在且日益严重的弱点。尽管世界贸易在二战后再度繁荣起来，但在 1954 年到 1970 年间，英国在世界制成品出口市场中的份额却减少了一半。英国的投资和经济增长率始终保持在较低的水平上。无论是美国和法国所代表的稳定发展的经济大国，还是西德、日本、意大利等新的竞争对手，大部分发达国家在各个方面的表现都胜过英国。在 1960 年至 1972

年间,日本的投资占国民生产总值的平均比例在 30％至 35％之间,相比
之下,英国只有 16％至 18％。从 1955 年到 1968 年,日本的年平均经济
增长率是 9.7％,西德是 5％,而英国却只有 2.8％。在 20 世纪 60 年代,
虽然有数量可观的外国投资进入英国,部分资本领域也以此为基础变得
更加"跨国化"了,但这些投资与英国在海外的直接和间接投资导致的外
流资金相比是完全不成比例的。无疑,英国资本主义正处于历史性的结
构性衰落之中。对这一阶段发生的其他所有事情的判断都不能脱离这
个背景。[①]

　　在这一时期,西方资本主义体系在整体上遭遇了一场严重的"收益
性"(profitability)危机,同时又饱受日益严重的通货膨胀之苦。到这一
阶段,战后全球经济繁荣的前景日趋暗淡,经济收益性也开始出现下滑的
趋势。为了应对这些不利趋势,各国都竭尽全力提升自己在世界市场中
的份额。不断加剧的资本主义竞争,国际货币基金组织和其他国际金融
机构设计的各种经济拯救机制,跨国公司的扩张,以及欧洲经济共同体的
形成,实际上都是这种努力的一种表现。然而,英国在采取反制性措施方
面总是比其他国家慢一拍,并因此成为"遭受收益性危机冲击最严重的国
家"。[②] 在此,我们无法就这场危机的深层的结构性根源这个重要议题展
开详细讨论。不过,可以确定的是,围绕工资问题发生的斗争一直延续了
下来,并在一段时期内获得了成功,尽管由此带来的收益实际上又逐渐被
通货膨胀抵消了。这直接导致了我们在下面将要讨论的"政治性解决"。
在古典意义上,收益率与收益总量(即便在前者下降的情况下,后者也可
能会增加)当然是两个不同的概念。收益率与收益性无关,而是与资本本
身不断变化的构成,[③]以及国家部门在经济事务中日益重要的角色有
关。[④] 但在工资问题上日趋激烈的斗争可能会影响利润的份额,限制产

<hr>

　　① 　例如,A. Glyn 和 B. Sutcliffe,《英国资本主义、工人和利润压榨》(*British Capitalism*,
Workers and the Profits Squeeze,Harmondsworth:Penguin,1972); D. Yaffe,《可获利性的危
机:对格林和萨特克利夫观点的批评》(The Crisis of Profitability:a Critique of the Glyn-Sutcliffe
Thesis),见 *New Left Review*,80,1973;Mandel,《晚期资本主义》,前揭;以及 P. Bullock 和
D. Yaffe,《通货膨胀、危机与战后繁荣》(Inflation,the Crisis and the Post War Boom),见 *Revo-
lutionary Communist*,3/4. 1975。

　　② 　Yaffe,《可获利性的危机》,前揭。

　　③ 　同上。

　　④ 　I. Gough,《发达资本主义的国家开支》(State Expenditure in Advanced capitalism),
New Left Review,92,1975;Bullock 和 D. Yaffe,《通货膨胀、危机与战后繁荣》,前揭。

业界的投资比重,进而损害资本对抗长期经济衰退的能力。

不论是何种深层原因导致工资水平在 20 世纪 50 年代和 60 年代的增长,也不论这种增长带来了什么样的后果,在资方看来,这种变化意味着本来已经很脆弱的经济竞争基础再次遭到了削弱。[1] 这成为标志着英国已经成为一个"停滞的社会"的最醒目的意识形态象征,也是"危机"的最初显现。正是基于这种看法,有组织地对工人阶级实施压制的过程开始了:最初是以国家调控为特征的"资本主义经济计划"(capitalist planning),然后是"收入政策",最后则是通过法令和法律手段实施控制。以此为中心,针对有组织的工人阶级的管控措施越来越强硬。通过这样的运作过程,危机的代价被逐渐转移到了工人阶级身上。工资问题由此成为这一时期政治逆转的一个支点。

首先,我们必须勾勒出针对工人阶级的这种攻势具体是如何展开的,促使工人阶级自愿对自身利益加以约束的政治策略又在经历了哪些阶段后最终彻底陷入无效状态的。比尔(Beer)教授指出,现代资本主义经济的法团主义式管理策略"是以政府和各大生产者集团能够达成共识并愿意履行各自的义务为前提的"。[2] 资本、劳工和国家之间的博弈过程必须以这种方式进行,目的是为了维护资本的长期生存和收益性,保持经济的增长,从而确保各方都能从中受益。但从根本上来说,劳工的利益必须让位并受制于资本的"生产率"。[3] 1956 年至 1957 年,伴随着严重的通货紧缩,英国在遭遇了有史以来最可怕的经济"停滞"之后,终于进入了法团主义式管理策略阶段。这场突如其来的通货紧缩持续的时间足够长,为保守党赢得 1959 年大选奠定了可靠的基础。随后,再次出现了国际收支赤字,物价和工资水平也再度攀升。在这种形势下,"紧缩—刺激"的循环经济政策又再度被采用。劳埃德提出的"指导性资本主义经济计划"的构想就是在这一时期形成的。在 1969 年的一次采访中,他向多尔夫曼(Dorfman)教授坦言,"确保工会大会(TUC)始终理解政府行动的'更广泛的内涵',对该组织具有'教育'意义"。正因为如此,工会大会"对经济计划委员会所主张的长期收入政策采取了支持立

---

① Glyn 和 Sutcliffe,《英国资本主义、工人和利润压榨》,前揭。

② S. H. Beer,《现代英国政治:政党与压力集团研究》(*Modern British Politics: a Study of Parties and Pressure Groups*, London: Faber, 1965)。

③ G. A. Dorfman,《英国工资政治, 1945—1967:政府与工会大会》(*Wage Politics in Britain*, 1945—1967: *Government vs TUC*, Iowa State University Press, 1973)。

场"。在劳埃德看来,更重要的是,把工会大会纳入经济计划委员会的决策过程之中,可以使之无法像以往那样始终保持不妥协的姿态。通过工会大会这一最能代表工人阶级利益的组织机构来对其实施收编的"教育性"攻势由此拉开了序幕。①

这种"向计划模式转变"的过程并不是一帆风顺的。相反,这一过程在一开始就遭遇了 1961 年的危机和经济衰退。虽然薪金冻结政策在结束之前早就被打破了(最著名的例子是电力委员会的加薪政策),但国家经济发展委员会(National Economic Development Council)的成立却是在政府宣布取消这项政策之后的事。工会大会同意加入这个委员会。然而,国家经济发展委员会的运作并不成功。有人认为,成立这一机构并不是解决经济发展中"多元停滞"(pluralistic stagnation)问题的有效办法,相反,这种做法本身恰恰是经济困局的结果和表现。在进入第二个阶段之后,威尔逊领导下的英国政府变得更具有干预主义倾向。它同时具有十分典型的两面性。面对 8 亿英镑的国际收支赤字,工党政府决定不惜一切代价确保英镑不贬值。这导致政府与工会进行讨价还价的过程既变得更有说服力,也变得更加艰难,因为此时它有的是更多的大棒(经济衰退),而胡萝卜(经济增长)却少得可怜。不过,工党的一个重要潜在优势在于它与工会之间长期的联盟关系。正是这一优势使得社会民主主义阵营在二战后的大部分时期都能以资本主义国家中"自然的"一分子而发挥作用。"经济计划"作为一种行政性手段予以保留(实际上,第一个和最后一个五年计划都是在这一时期公布的,虽然现在很少有人还能记得这些计划中所设定的那些扣人心弦的伟大目标)。但相比之下,此时更重要的是,在工会作为参与方之一的情况下,对"长期自愿性收入政策"的政治性建构。

直到 1974 年的"社会契约"政策出台之前,"长期自愿性收入政策"是以合意的方式试图对工资和工人阶级实施控制的最后一次尝试。在这一阶段,国家动用各种手段来赢得工会的支持和配合,使之对工人阶级加以约束。但这种努力以失败而告终。这一策略从一开始就充满了矛盾。工党深陷在议会主义的神话中不能自拔。通过把捍卫英镑等同于捍卫国家利益,工党实际上把自己与最反动但同时又最强大的资本集团捆绑在一起。这意味着工党政府必须屈服于国际债权人提出的苛刻条件。在生产

① 　同上,页 101—2。

优先于工资的情况下,对政府来说,实施"长期冻结"的收入政策是确保国家能够走出危机的重要举措。这意味着国家必须与劳工就其收入水平达成社会契约,一劳永逸地化解危机,并巩固国家的政治基础。工会虽然在政治上与这种立场保持了一致,但其所处的结构性位置却很不相同:一个葛兰西意义上的更有"法团主义色彩的"位置。无论工会嵌入国家的程度有多深,它必须始终在一定程度上捍卫工会会员的整体经济利益,否则它就没有存在的合法性。对工会大会来说,最重要的目标是要促进经济增长(以及随之而来的工作机会和工资上涨);这意味着必须促进投资的回流。在这里,这两种互相矛盾的立场围绕同一个目标联合了起来——以工党和劳工联盟为基础的长期经济增长的前景。各方最终签署并通过了这一计划,并以《关于生产率、价格和收入水平的联合声明》(*Joint Statement on Productivity*, *Prices and Incomes*)的形式公布。[1] 然而,这一计划的实施效果并不理想。英镑危机在 1965 年 6 月再次出现。政府在没有和工会领导人沟通的情况下,推出了一个强制性的工资预警制度。这一举动让工会大会领导人伍德科克(George Woodcock)颇为不悦。作为回应,他提出工会大会应该再次"主动"对工资问题进行研判。他说,对工会来说,这是可以证明自己能够管理好自我事务,在劳工问题上依然具有主导权,从而"避免强硬的立法政策可能造成的危害"的"最后机会"。[2] 然而,所谓的"研判"实际上只是一句空话。因为工会大会根本没有实施这一想法的权力——原因将在下文详细说明。工资通胀直接导致英国经济在 1966 年出现了严重的收支平衡危机,海员罢工事件,以及随后实施的严厉的通货紧缩政策。工会大会因此陷入了巨大的分歧之中,并遭到了全方位的严重打击。虽然很不情愿,但工会大会最终还是以一种极其谄媚的方式拜倒在"国家利益"的圣坛面前。"工团主义和国家利益的一致性……迫使他们对政府的计划采取了默认的态度。"[3]他们抱着"当前的国家需要凌驾于部门利益之上是必要的"想法,"以一种厌恶的心情"接受了政府提出的工资冻结政策。[4]

　　然而,后来发生的情况更加糟糕:工资增长彻底停滞了,随之而来的是"严重的消费紧缩",尽管对工薪阶层的绝大多数人来说,这本来就是他

---

① 签署时间为 1964 年 12 月。

② 转引自 R. Hyman,《罢工》(*Strikes*,London：Fontana,1972),页 22。

③ 同上,页 121。

④ Dorfman,《英国工资政治》,前揭,页 140。

们一直以来的生活处境。随后，又发生了第二次经济危机。在此期间，英镑出现了贬值。最终，通货紧缩进一步加剧，政府开始实施"最低定额"（nil norm）工资政策。这种法定的冻结政策导致工资增长几乎完全停止了，失业率也开始上升。最低定额工资政策一直持续到1968年。当官方宣布取消这项政策时，除了少数几个被允许的例外情况，绝大多数人工资最低定额的上升幅度只有3.5％。维持低工资水平对促进经济效率至关重要，是这段时期最重要的经验。英国首相曾经指出，在整个这一时期，"我们的人民……表现出对国家利益极大的忠诚"。[1] 然而，在严峻的经济形势下，作为一种法团主义策略的自愿主义（voluntaryism）开始出现了局部性的衰退迹象。首先，经济危机本身严重打击了劳工自愿牺牲自身利益的热情。其次，国家无法补偿这种自愿主义所造成的代价。在伍德科克的领导下，工会大会对自愿与国家立场保持一致的做法没有提出原则性反对，但工会的这种合作是需要回报的。正如克莱格（Huge Clegg）所指出的那样，"工会在维护产业稳定和经济合作方面与政府展开合作是有条件的，那就是政府必须给予工会足够的经济回报，从而使之有足够的资源来安抚自己的成员"。[2] 但问题在于政府并不打算这么做。第三，即便政府能够承担这种"代价"，依然有人质疑这一合作计划能否成功实现。原因在于这样一个事实：在这一时期，工会大会并不能像政府所要求的那样对工人阶级施加有效的约束。这一时期的工会大会及其领导人实际上都没有真正捍卫和促进工人阶级的利益。此时能够左右工人阶级运动形势的是不同层面的一些新要素，而大部分工会组织在这一层面的影响力相对较小。"为薪酬而斗争"的过程中并不是工会推动的结果，而是那些好斗的普通工人和"不负责的"工人代表结盟的产物。正是这种辩证关系，这种潜在的实利主义倾向（hidden materialism），最终瓦解了"自愿主义"的根基。当无法赢得工会大会对其政策的支持时，国家对背后的原因进行了详细研究。根据主管就业事务的政府部门统计，从20世纪50年代中期到60年代末，在有记录的罢工事件中，有95％是"未经工会批准的"（unofficial）。正如莱恩（Lane）和罗伯茨（Roberts）所注意到的

---

① H. Wilson，《工党政府，1964—1970》（*The Labour Government*，1964—70，Harmondsworth：Penguin，1974），页591。

② H. A. Clegg和R. Adams，《雇主的挑战：对1957年全国造船业和工程领域劳资纠纷的研究》（*The Employers' Challenge：A Study of the National Shipbuilding and Engineering Disputes of* 1957，Oxford University Press，1957），页20。

那样,这种说法出现在工党执政出现危机时期,其背后暗含着这样一种看法:"英国各大产业界特别容易受到劳工的无纪律性问题的困扰"——有人将此称为"英国病"。① 最重要的一个事实是,在这一时期,阶级冲突的中心已经从管理层和工会之间的冲突转向了管理层和普通工人之间的对立,工会和管理层之间的协商过程也让位于由普通工人参与的激进斗争。普通工人自己的组织所发挥的领导作用,日益高涨的"工厂意识"(factory consciousness)以及工人代表的鼓动共同导致了这种变化。

我们很容易就能找到促使工人阶级激进运动的社会组织方式发生这些变化的直接原因:

> 国内和国际贸易在 1945 年后逐渐复苏,国家也开始着手对经济的调控。在这种情况下,工会分裂成了两个阵营。在国内层面,工会领导人成为国家政治过程的积极参与者:政府的经济战略需要工会的支持与合作。就个人身份而言,工会领导人变成了政府的"顾问",而作为一个整体,他们则成为支持政府施政的辅助机制的积极参与者。另一方面,在地方层面,工人们发现只有立足自己所处的本地社群才能保存自己的实力。各大工会分支机构、地区和工厂的工人代表委员会都像 19 世纪那些投机倒把的精明商人一样,在捍卫自身利益的问题上寸步不让。于是,当工会领导人都在努力帮助政府维护资本主义生产秩序之时,身处生产一线的普通工人却更像是一群传统的放任主义者,随时要竭尽全力为捍卫自身的利益而斗争。②

工党政府一直积极实施的这种"拉拢"政策产生了一系列意想不到的重要后果。工人阶级并没有跟随工会领导人的步伐,一同进入国家的怀抱,或者像某些人所预测的那样,随着生活水平的日益提高,富起来的工人阶级将彻底消失,成为中产阶级的一部分。相反,普通产业工人与资本主义管理结构之间的冲突关系不仅没有终结,而且他们还围绕新的矛盾迅速建构了一个强大、灵活和激进的防御性组织。在大规模的工厂体制中,这种

---

① 　T. Lane 和 K. Roberts,《皮尔金顿罢工》(*Strike at Pilkington's*, London：Fontana, 1971)。

② 　T. Lane,《工会让我们变得强大》(*The Union Makes Us Strong*, London：Arrow, 1974), 页 155。

地方化组织的优势最突出,尤其是在劳动分工复杂的制造工程中,只要某个要害部门的一小群工人停工,就足以导致整个生产线陷入彻底的停顿。在充分或接近充分就业的条件下,技术劳动力的短缺进一步加剧了这种大型产业模式的脆弱性。当然,媒体和各大政党反复宣传的"富足社会"意识形态无疑也为强化这种脆弱性发挥了意想不到的作用。

　　所谓的官方集体讨价还价机制指的是"在工会或与工会有关的机构与雇主联盟或协会"之间展开的常规的、制度化的全国性协商活动。"由此而达成的全国性协议会明确工资标准、工作时长以及其他与雇佣关系相关的细节。理论上,与劳动雇佣关系相关的几乎所有重要问题都必须通过这种全国性的协商过程来决定。"然而,实际上,"这种设定最低工资标准的全国性协议并没什么影响;工人主要依靠他们自发组织的工厂基层组织来实现他们所能接受的条件"。① 在协商和实施这些全国性协议的日常细节的过程中,发挥核心作用的是那些工人代表和工厂基层组织。这种组织能否发挥作用完全取决于普通工人是否愿意通过未经宣布的突然停工来显示他们对工人代表的支持。这些停工行动越快,越出乎意料,效果也就越好。因此,虽然在形式上,工人代表曾经作为一种边缘性角色一度成为工会组织的一部分,但在后来的工人运动中,他们作为领导者的合法性并不是来自工会,而是因为他们与普通工人之间保持着直接而紧密的联系,对"从事生产活动的工人的日常经验和不满"有充分的认识。

　　很快,这些"未经工会批准的"罢工逐渐凌驾于官方认可的工会—管理层协商机制之上,成为各大产业领域中阶级冲突的主要形式。在某些关键的产业领域,阶级冲突主要围绕两个广泛的问题展开——可以说,这两个问题都是由"正式"和"非正式"控制机制之间的落差造成的。第一个问题与全国性协议的"实施条件"有关——应当在什么样的具体条件下,这些协议才可以在特定时间内在工厂的某些特定部门予以实施?如果具备这些条件,具体的实施方式又应当如何? 在这些"地方性的协商边界"的背后,对工人阶级的领导权向基层工厂层面的转移所带来的一个问题开始在阶级斗争框架中占据核心位置:工人是否有能力来影响、限制以及在可能的情况下扰乱或打破管理阶层对劳动过程的"专有控制权"。这个过程是动态的,但同时又是直接的和地方化的。这一问题的实质是对生

---

① Hyman,《罢工》,前揭,页144。

产和劳动剥削率的控制问题。[①] 全国性的薪酬协议规定了最低工资标准。它们罔顾实际的劳动分工,试图对所有产业领域的薪酬水平进行统一管理。但在实际中,每种工作或其中的每个环节,在不同的工厂,不同的部门、零件工厂或附属车间之间,都存在巨大差异。因此,工人的工资水平实际上在不同的工厂或不同性质的工作任务之间是存在一个可以讨价还价的余地的;实际的工资水平并不是依据全国性的书面协议来决定的,而是取决于工人们通过基层组织对工资水平进行"干预"的能力。当然,相比之下,某些产业领域更脆弱,更容易受到这种"正式—非正式"控制机制落差的影响。比如,公共服务部门的白领工人和公用事业中的体力劳动者通过基层劳工组织来强化"非正式控制"的能力就弱得多,因此,他们的工资水平也就远远落后制造业和工程业的工资水平。能够证明这种基层组织斗争策略是相对成功的一个现象是"协议外工资"(wage drift)。这个现象也充分说明,工会对工人的控制力遭到削弱,资本和利润损耗严重。

"协议外工资"反映了在任何一家特定工厂从事劳动的工人实际获得的收入(在排除加班的情况下)与通过官方协商和集体协议所规定的工资额度之间的差异。它说明地方化的工人阶级权力及其组织能够在一定程度上挑战和削弱制度化的全国性工资协商机制。这一时期的相关数据颇能说明问题。大约从1958年开始,直到实施工资冻结政策为止,体力劳动者的实际平均周薪不仅始终高于官方标准,而且两者间的差距朝着有利于工人的方向出现了显著扩大的趋势。这一事实足以说明,不仅收入政策在整体上是失败的,而且推行这些政策的组织机构同样遭遇了失败:"工党政府越是坚持把收入政策作为一种短期的修复性手段来加以重视,这些政策就越会削弱工会大会协助政府将其付诸有效实施的能力。"[②]

就这样,统治阶级终于不得不直面英国工人阶级中那些最好斗、最顽固的激进群体。这种"潜在实利主义"的显现过程,不仅打破了统治集团一手营造的工人阶级资产阶级化(embourgeoisement)和政治冷漠的神话,而且也导致"同属一个国家"的幻觉和"温和中庸"的意识形态陷入破产的境地。在这个过程中,工人运动并没有提出总体性的斗争策略,没有

---

①　关于这一问题的优秀研究,参见 H. Beynon,《为福特工作》(*Working for Ford*, Harmondsworth: Penguin, 1973)。

②　Dorfman,《英国工资政治》,前揭,页133—4。

提出确立反向文化霸权（counter-hegemonic）的路线图，领导层面没有太多的战略性，也没有提出确立一套"新秩序"或实施无产阶级权力的理念。在缺乏统一领导，没有战略性和长期政治愿景，没有属于自己的能够影响舆论的媒体，也没有多少有机知识分子与之形成联盟从而为其物质性实践提供理论指导的情况下，工人阶级除了使用传统的抵抗形式来与处于深刻转型中的资本主义做斗争之外，别无他法。在唐宁街 10 号首相官邸里那些烟雾缭绕的会议室里，工人运动的领袖们进进出出，与资方代表反复展开磋商。在这一过程中，"工人政党"早就淹没在自以为是的陈词滥调和威尔逊式的含糊其辞之中。而对这些新的激进运动中的知识分子来说，马克思主义已经成为一个过时的陈旧理论。简言之，这个阶级现在唯一能够调用的就是那些平常处于潜流和备用状态的无政府工团主义策略。在斗争的低潮期，这种策略一般只是英国工人阶级用来与那些意欲摧毁自己的势力进行斗争的最后手段。到 1970 年，在整个 60 年代处于后台的工人阶级终于走向了前台。此时，他们看到的是希思先生和他那被寄予厚望的团队。这些人一方面鼓吹对"繁荣"前景的期待，另一方面又以法律手段为后盾，并决心在必要的情况下，捍卫希思先生的领导者地位。

　　正是这种自愿主义，即工人阶级自愿配合官方劳工政策的意愿程度的起伏变化——或换言之，也就是所谓"英国病"的"病情"发展程度——成为 20 世纪 60 年代英国公众最关注的问题。随着工人阶级在工资问题上对官方立场的支持逐渐消失，社会民主派阵营应对危机的策略也越来越倾向于一种更加微妙的偏向于阶级压制的强硬路线。我们可以把这种策略粗略地分为两种类型。第一种是对劳动过程本身的控制：对生产效率的把控、每日工作量监测系统、对工资水平的严格控制，辅之以对特定关键领域（例如汽车业）中处于政治斗争前沿的群体（即所谓的工人代表）的打击。第二种是合理化策略以及宏观经济层面的控制：推动企业合并、收购和"有计划的"破产；对劳动力的重新配置和再就业培训；向外国资本，尤其是美国资本开放，并通过这些外资力量引入英国企业不愿实施的更加严格的管理和财务制度；寻求海外投资和海外市场。

　　各方在 1960 年签署了埃索福利协议（Esso Fawley agreement）①。

---

①　译注：埃索（Esso）是埃克森美孚旗下的一个加油站品牌。此处的福利（Fawley）指为埃索所拥有的一家位于英国汉普郡福利地区的炼油厂。该厂亦是英国规模最大的炼油厂。

这是这一时期与生产率有关的一项关键协议。但到 1967 年至 1970 年间，撕毁这类协议的情况与日俱增——到 1968 年年中，这类事件已经上升到多达每月 200 起。鉴于英国在生产率和贸易竞争方面日益衰落的地位，当初各方签署生产率协议的基本目的是为了降低英国各产业的单位成本。实现这一目的的手段不是提高劳动的强度（比如，提高对劳力的剥削程度），就是通过工会来拉拢劳工阶层，从而使之在机器取代人力的过程中能够采取一种配合的态度（对劳力的消解）。这是从上至下对工人阶级和劳动过程进行重新配置的关键手段。但生产率协议同时也针对处于"浮动状态"的真实工资水平。这些工资水平往往要高于各方商定的全国标准。显然，生产率协议的目的是要牢牢确立生产率优先于工人工资的原则，同时把两者之间的关系锁定在一种固定的模式上：产出不增加，工资就不能涨。从政治上来说，这是这一策略中最关键的一点。实现这种严格的工资管制的手段之一就是用固定的工资标准来取代计件工资（这就大大减少了各地不同工厂的工人根据本地实际情况进行讨价还价和设定浮动工资标准的空间）——这一举措反过来又促进了每日工作量监测程序的快速普及。其中包括严格的工作评估、评级、排名和计时系统。与此同时，生产过程的每个环节都实施了严格的"生产标准"。这是"科学管理"技术进一步发展的结果。在向垄断资本过渡的早期阶段，这种"科学管理"的策略在重构资本和劳动过程方面发挥了重要的领头作用。[①] 但这并不意味着政治性的考量在这一时期就不复存在了。劳资关系斗争的老前辈、重要的费边主义斗士弗兰德斯（Alan Flanders）曾经非常明确地指出："所有重要的生产率协议显然都具备一个共同特征，那就是它们都希望通过联合管制来强化对工资和劳动过程的管理控制。"[②]

　　另一方面，为了推动英国经济产业的合理化和法团主义化，官方还在宏观层面采取了一些关键性的政策。作为国家主义解决方案的信徒，以科技部的本恩（Wedgwood Benn）和产业重组委员会（Industrial Reorganisation Corporation）的维利尔斯（Charles Villiers）等为代表的技术官僚，很快成为经济产业重组计划的主导者，推动了一场大规模的产业兼并、收购和破产过程。产业重组委员会以钢铁般的意志策划并推动了这

---

　　① 参见 H. Braverman，《劳动与垄断资本》（*Labor and Monopoly Capital*，New York：Monthly Review Press，1975）。

　　② 转引自 T. Cliff，《雇主攻势》（*The employers' Offensive*，London：Pluto Press，1970），页 140。

些政策的实施,最终目的是要"创造产业巨头"。以国家为后盾的这种垄断化策略实际上就是强迫或诱导众多相互竞争的企业合并成一个资产高度集中的产业巨头,从而推动主要生产组织资源配置的合理化和精简化,最终形成一种彻底的寡头垄断的局面。这种策略的目的是要降低生产成本,推动劳动力配置的重组与合理化,从而保护产业的盈利率,帮助产业精英在面对跨国企业和"欧洲一体化"背景下激烈的国际竞争时,能够建立和巩固自己的自信心。但对工人阶级而言,这些政策同时也意味着在许多重要的产业领域中,大量工人的技能将变得过时,劳动力面临重组的压力。1967 年,兼并潮开始出现。但在 1968 年,仅上半年的兼并和收购规模(高达 17.5 亿英镑)就已经超过了 1967 年全年兼并规模的总和。

　　但这些措施还远远不够,阶级矛盾的难题必须以更为果断直接的方式予以解决。早在 1963 年 6 月,在现代经济界最有影响力的媒体《经济学人》杂志曾经预言道:"在英国实施收入政策的代价是工人与日俱增的罢工意愿。"[①]同样是在这一年,卓越的经济评论家布里坦(Sam Brittan)做出了这样的乐观预测:"矛盾的是,支持工党执政的最强有力的理由之一是,在天鹅绒的温柔表层之下,当面临与工会摊牌的决定性局面时,工党或许更有优势来处理这些棘手问题。"对工党而言,强制性的限制措施只有到最后迫不得已时才会考虑,故而一再延迟使用这些措施。为了尽可能延迟使用强制措施,工党政府设立了皇家工会与雇主协会事务委员会(Royal Commission on Trade Unions and Employers' Associations),即所谓的多诺万委员会(Donovan Commission)。该委员会花了三年的时间,终于在 1968 年提交了调查报告。这份报告明确地把未经工会批准的罢工行动和工厂工人代表视为造成英国经济危机的主要原因。但多诺万的表述还是相对克制的。秩序、管制和纪律是他在报告中反复提及的关键词,言下之意是必须把他所谓的"劳工群体和工人代表日益壮大的力量"整合到克里夫所说的"工厂共识"(plant consensus)之中。[②] 他建议把工人代表的角色纳入正式的管理结构中,进而把普通工人群体也纳入一个统一的结构之中。这是一种强化的整合策略。由此,未经工会批准的罢工行动不再受到法律保护,参与这些罢工的工人也面临被雇主起诉的风险;但最关键的是,多诺万并没有提议对工人在未经工会批准的情况下

---

① 《经济学人》,1965 年 6 月 5 日。

② Cliff,《雇主攻势》,页 126。

进行的"临时性联合"予以法律制裁。最终,立场坚定的工党就业大臣冈特(Ray Gunter)以圣经箴言式的方式为多诺万报告进行了盖棺定论:"太少,太自愿,太晚了。"

在多诺万报告发布后的七个月时间内,保守党也发布了自己的劳资关系改革宣言——《公平的劳资关系》(Fair Deal At Work)。作为回应,在威尔逊首相和就业大臣卡斯尔(Barbara Castle)主导下,工党政府发布了题为《战胜冲突》(In Place of Strife)的白皮书,但文件中提出的一揽子措施都以失败而告终,即所谓的威尔逊—卡斯尔惨败(Wilson-Castel fiasco)。这一文件的公开传播导致社会民主派阵营所强调的自我克制的主张、为提高生产而进行的努力以及自身的道德合法性都陷入了严重的危机。在这种情况下,尽管十分犹豫,社会民主派也不得不开始考虑动用强迫性的"终极威慑手段"。《战胜冲突》是一份表述含混、令人困惑的文件,其中包含的核心理念尽管所占篇幅很小,却十分危险,具有很强的破坏性。但对这一文件的支持者和辩护者而言,一个不幸的事实是,资方人士一眼就发现了其核心观念的含混之处。还未等文件付诸实施,这些人就提前采取行动,直接要求内阁更加明确地采取反工会的强硬立场。这样就彻底暴露了这一文件的内在逻辑漏洞,撕开了它的社会民主派的虚假外衣。最终,威尔逊—卡斯尔方案被抛弃了,取而代之的依然是传统的纸上谈兵式的自愿主义政策。然而,无论是政府、工会大会还是普通民众,实际上对自愿主义政策的有效性都没有多少信心。虽然选民的报复性反应直到一年后才会发生,但自1964年工党执政以来的过渡期至此终于走到了尽头。与此同步,工党主导下勉强维系的政治共识也随着工党的下台宣告终结。

劳资双方陷入对抗状态是这种共识终结的标志。而且从形式上来说,这种对抗实际上是非常传统的。其中涉及颇具攻击性的美国式的福特制管理模式。这种管理方式的回归,针对的就是20世纪70年代以后日益强大的普通工人,以及这一时期最有纪律性和战斗性的工人先锋力量——达格纳姆(Dagenham)和哈利伍德(Halewood)工厂的工人代表。简言之,在联合协商委员会的支持下,这种福特制的管理策略带来了一整套围绕卡斯尔的白皮书建构起来的对策措施。其核心思想是把长期工资上涨的许诺,与在不违背法律的情况下,通过停工和更多的假期福利来抵消收入损失的措施结合起来。然而,哈利伍德工厂最终还是发生了罢工事件。虽然联合委员会重申了自己的立场,但建筑和铸造工人联合工会

（Amalgamated Union of Engineering and Foundry Workers）、运输和普通工人联合会（Transport and General Workers' Union）等大型行业协会组织都宣布这些罢工行动是完全合法的。工人代表以工会为后盾对官方和资方提出的一揽子政策持反对意见，并宣布停工。对工人阶级来说，一切看起来似乎已经胜利在望了。但随后，在《战胜冲突》白皮书的启发下，福特管理层成功获得了一项针对工会的强制令。据说，当这一强制令最终被提交到最高法院时，法官莱恩先生曾做出这样的评论："我只能一声叹息，因为整件事并不是一个简单的法律问题。其复杂性在于，无论法律对威胁的界定是什么，都无法阻止人们会按照自己的意志采取行动……资方和劳工之间的紧张关系左右着整个事件的走向。"①在这种情况下，从一开始就主张采取残酷无情的强硬手段解决问题的《泰晤士报》此时向政府提出了自己的建议："已经到了生死存亡的关键时刻……政府必须意识到当前事态的紧迫性，已经到了必须立即采取措施确保工会尊重协议，并对其成员严加管束的时候了。"②但无论是政府还是法院，都没有采纳这一建议。到 3 月 20 日，在双方达成了一项保全面子的妥协之后，工人们回到了自己的工作岗位上。

　　然而，福特罢工事件表明，形势已经发展到了只有两极选择的地步：要么是国家毫不含糊地采取干预措施来强制贯彻"国家意志"，从而压倒局部阶级意识和激进实利主义带来的威胁——必要时，可以对某些司法机构进行专门的调整，使之能够为国家的干预行动提供支持与合法性；要么是普通工人的力量日益壮大，以至于发展到无法阻挡的地步——尤其是当工人组织得到工会领导层支持的情况下，更是如此。因此，福特罢工事件标志着 20 世纪 60 年代"未经工会批准的"罢工行动开始向 70 年代希思主政时期"工会授权"的新罢工浪潮转变。总之，它标志着国家开始采取直接对资方有利的法律措施，来干预阶级矛盾——这种策略性的变化同时也预示着英国进入了最近几十年里阶级冲突最激烈的时期之一。从这个意义上说，福特罢工事件是"60 年代和 70 年代之间的一个分水岭"。③

　　主导这一过渡时期的是希思，而不是威尔逊。在福特罢工事件结束

---

①　转引自 P. Jenkins，《唐宁街之战》（*Battle of Downing Street*，London：Charles Knight，1970），页 58。

②　转引自 Beynon，《为福特工作》，前揭。

③　同上，页 243。

后同一年的夏天,威尔逊首相开始了他的"长期撤退"。6月,在克罗伊登(Croydon)召开的工会大会全国代表会议通过了《行动纲领》(*Programme for Action*),明确反对政府的《战胜冲突》白皮书。威尔逊表示,与工会大会的磋商取得了"积极进展",只有一个问题悬而未决:"参与非法罢工行动的虽然只是一小撮人,却可能对我们的出口贸易造成了严重破坏。"随后,在最后关头,一份"严肃且具有约束力的"协议代替了采取强制措施的威胁。试图以强硬手段彻底化解劳资关系紧张局面的最后一次尝试也以失败而告终。随之而来的是大量提高工资的要求,尤其是长期以来在工资问题上一直并非处于斗争前沿的公共服务部门,现在透过其他更激进的产业部门打开的缺口,也开始就工资问题走向斗争的前台:有人把这一现象叫作"低薪者的反叛"(主要包括教师、公务员、清洁工、医院后勤人员等)——这些抗争行动是对物价膨胀、失业率上升和经济零增长状况的一种反应,也可以说是随后1970年将要发生的"大量罢工事件"的一次预演。这种景象坚定了希思先生的决心,帮助他及其同事于在野期间为上台后即将面临的与工人阶级的公开对抗做好了准备。在为《战胜冲突》白皮书写下的墓志铭中,希思指出了在这场即将到来的更严酷、更艰难的斗争中获胜的关键之所在:"真正的力量",他观察到,"在别处"。

第九章　法律—秩序社会:走向"超常国家"

1970:塞尔斯登人——"法律—秩序社会"的诞生

> 一旦统治集团不能继续实施有效统治,意识形态集团也会随之瓦解;随后,"自发性"将会被更赤裸、更直接的"约束"所替代,以至最终发展为彻底的警察统治和政变。(葛兰西)[1]

> 危机连绵不断,政府不过是一种暂时现象。(马克思)[2]

1970 年 1 月 4 日,《星期日泰晤士报》的一则报道描绘了这样的场景:"在当下英国许多新贫民区中,伯明翰的汉兹沃斯地区颇具代表性:糟糕的居住环境、紧张的教育资源、精打细算勉强维生的居民、严重匮乏的社会福利设施。和一般贫民区一样,这里也是骗子、妓女和皮条客的天堂。此外,第二代黑人移民也开始显示出藐视一切权威的倾向。"这段预言式描述取材自格斯·约翰(Gus John)向拉尼米德信托基金会(Runnymede Trust)提交的一份报告。以这份报告为基础,他后来又与汉弗莱(Derek Humphry)合著了《因为他们是黑人》(*Because They're Black*)一书。[3]《星期日泰晤士报》这篇报道的标题是"伯明翰也会出现哈莱姆这样的贫民区吗?"显然,这种说法是在当时那种

---

[1]　A. Gramsci,《关于意大利历史的笔记》(Notes on Italian History),见 Gramsci,《狱中札记》,前揭,页 61。

[2]　K. Marx,《不列颠宪法》(The Crisis in England and the British Constitution),见 Marx 和 Engels,《论不列颠》,前揭,页 424。

[3]　D. Humphry 和 G. John,《因为他们是黑人》(*Because They're Black*,Harmondsworth:Penguin,1971)。

特定语境下把英国和美国情况刻意联系起来的结果。两周后，鲍威尔先生认为自己在一定程度上有责任对这个问题做出回答。他向保守党领导层发起挑战，直接把种族问题"公开化了……不带丝毫支吾搪塞或托词"。他发出这样的警告：由于"以往对这一问题的刻意忽视"，英国社会"已经受到种族问题的严重困扰，照此发展速度，到本世纪末，英国的种族危机将与美国不相上下"。除了积极推动遣返制度，鲍威尔还认为，向移民人数较高的地区提供特殊协助的政策"实际上所产生的结果是有害的"。他提到了自己在20个月前做出的即将发生种族流血冲突的预言。虽然没有做出更多的预言，但他引用了一位利兹的律师、内政部副大臣和曼彻斯特社群关系委员会新闻简报的说法，以此来证明这些负责任的个人或机构与他有着同样的观点，即"英国任何地方都有可能爆发种族暴力"。①大约一个星期之前，反对南非国家橄榄球队巡回赛的春季攻势抗议行动已经开始了。自由党下院议员斯蒂尔（David Steel）在组织一场和平示威游行活动时，突然遇到"大约40人组成的一小群人"的攻击，他们"喊着口号、挥舞旗帜"，"占据了旋转栅门对面的位置……对一旁围观的人和四列驻守现场的警察进行了恶毒的言语攻击"。当斯蒂尔向这群人的领导者了解情况时，对方回答道："没人指使我们。"斯蒂尔据此认为，"非理性过程必然导致非理性反应"。②

在这种日益紧张的情况下，保守党影子内阁在塞尔斯登公园（Selsdon Park）举行了秘密会议。显然，这次会议是在为保守党重新上台执政做准备的氛围中召开的。同时，经过激烈的讨论，保守党也提出了一些竞选期间需要着力攻克的议题。《星期日泰晤士报》的通讯员巴特（Ronald Butt）把保守党提出的这些主张称为"对法律—秩序的软性推销"。③ 这种主张被拿来与尼克松—阿格纽的竞选策略相提并论——此时，把英国与美国进行类比的做法已经不再那么间接和含蓄了。法律—秩序议题"使保守党能够向公众中那些沉默的大多数证明自己与他们有着共同的担忧"。秩序危机的主题被广泛提及。它指的是"少数游行示威的人对大部分人平静自在的日常生活秩序的破坏"。作为回应，出现了各种强硬的观点，威胁要动用阴谋指控，并针对非法侵占行为，进一步强化法律措施

---

① 曼彻斯特社群关系委员会的公开信，见《星期日泰晤士报》，1970年1月18日。

② 《卫报》，1970年2月7日。

③ 《星期日泰晤士报》，1970年2月8日。

和执法官员的权力。这些观点很快就变成了一种可耻而广泛的实际做法。巴特直接把示威议题与"蓄意破坏行为和有组织犯罪的增加"联系在一起。但同样重要的是,这些塞尔斯登人还有另一面,那就是产业和经济政策。围绕这一问题,他们提出了一系列与严格的市场机制紧密相连的强硬举措,目的是要推进英国经济的整顿和重组。当然,与此相配套的是对工会权力的控制,以及对未经工会批准的罢工行动的全面禁止。在大众的民粹主义狂热情绪的鼓舞下,保守党影子内阁决定直接面向选民,到英国各地展开全国性的巡回游说和造势活动。

对法律—秩序议题的炒作产生了立竿见影的效果。正如《卫报》非常正确地指出的那样,虽然同样都诉诸"法律—秩序"议题,但希思与尼克松之间存在不同之处。他所说的秩序是指"公民能够免于遭受袭击、抢劫或强奸的恐惧,自由安全地行走在街头"。毫无疑问,这些塞尔斯登的保守党人所诉诸的是一些模棱两可的大众恐惧和刻板印象——用《卫报》的话来说,这种策略所指向的是"各种对象混合而成的一个麻烦制造者组合——闹事的学生、政治示威者、社会的纵容氛围、长发、短发,甚至也许早晚有一天连中等长度的发型也会变得有问题"。[①] "正如某些人所指出的那样,用密谋罪名来指控示威者是对法律的无耻滥用……克制必须是相互的。"但保守党人在塞尔斯登公园那朦胧的道德暮色中精心策划出来的法律—秩序议题,并不是为《卫报》的那些显然具有自由派倾向同时又属于少数派的读者服务的。这些读者并不属于保守党要争取的沉默的大多数。相比之下,《星期日快报》则认为这个问题十分重要,以至于该报在塞尔斯登公园秘密会议后的星期天发表了一篇头版头条报道:"若保守党执政,示威潮有望得到控制"。[②] 全国性的反示威浪潮由此拉开了序幕。塞尔斯登公园会议让黑尔什姆法官再度充满道德热情。在他看来,无论是"一群小流氓"破坏最高法院庭审程序的行为、"一群年轻人"打死格鲁希(Michael de Gruchy)的事件、枪支暴力犯罪行为不断上升的趋势,还是"每晚发生的市民遭遇街头流氓虐待、凌辱和挑衅的事件日益成为每个警察日常工作的重要组成部分之一"这一事实,无一不与法律—秩序议题相关。这些不同情形被统一称为"不受约束者的威胁"。黑尔什姆法官向他的听众保证,这些恐惧绝不仅仅局限于"人们所想象的那些戴着花帽子

---

① 《卫报》,1970 年 2 月 7 日。

② 《星期日快报》,1970 年 2 月 1 日。

和牙齿突出的女人"。他认为，有组织的暴力犯罪"不可能与私人的道德败坏或藐视法律的公众示威无关"。因为"欺凌和谋杀同性恋者"而被判处终身监禁的哈蒙德（Geoff Hammond）、参与破坏板球场的海因（Peter Hain）、"威尔士语言协会以及所有把自己的观点……凌驾于法律之上的人或组织……都挑战了我们所有人赖以生存的法律体系本身，进而对社会的整体结构形成了破坏作用"。① 不遗余力地营造噩梦景象的行动由此开始了。在不到一周的时间内，未来的大法官对工党面对 20 世纪最大的一次犯罪浪潮时那种"不以为然的态度"提出了严厉指责。他和内政大臣一起发表联合声明："绝不给予那些蓄意杀害或袭击警察、看守、无辜证人和旁观者的凶手假释的机会。"不仅如此，他还把这些问题与另一个议题联系了起来："这种放任自流、无法无天的社会状况是社会主义思潮影响的一个副产品。"②希思先生在接受电视节目《全景》（*Panorama*）采访时表示："这些与法律—秩序相关的问题……几乎引起了全国每个人的巨大关注。"③或者说，在其盟友的帮助下，这一点将很快变成现实。黑尔什姆法官补充道："对普通公民而言，无论是与妻儿在家中共度天伦之乐，徜徉街头，在娱乐场所放松……还是在不受欺诈之害的情况下为家庭和自己的晚年积累财富，总之，无论是工作、休闲还是参与政治，最关键的问题是必须确保自身的安全。"④

面对这种情形，就连最谨慎的评论人士也会认为，这是一种日益严峻的、经过精心组织的公众歇斯底里。在这种氛围下，华威大学的学生占领了学校的行政大楼，并开始搜罗这个自诩为"学者共同体"的大学对他们的言行进行秘密记录的个人和政治档案；与此同时，一群剑桥学生吵吵闹闹地打断了在花园之家酒店（Garden House Hotel）为希腊上校（Greek colonels）举行的私人庆功晚宴。这些新出现的学生抗议活动，促使希思先生进一步转向民粹主义政治策略。在一篇演讲中，他把保守党在塞尔斯登会议中提出的两个重要主题联系在一起，从而对权威（工会、大学、政府）与无序（罢工、静坐）这两个不同的面向进行了鲜明的对比："那些雄伟的工厂、铁路和机场都因为罢工行动而陷于停顿。……神圣的知识殿堂……都因反叛学生的破坏而不再安宁。"然而，无论是哪种情形，最终的

---

① 《星期日快报》，1970 年 2 月 8 日。

② 《星期日快报》，1970 年 2 月 22 日。

③ 转引自《星期日泰晤士报》，1970 年 2 月 8 日。

④ 转引自《卫报》，1970 年 2 月 12 日。

结论都不可避免地要为政治和选举服务:"我们[即保守派]绝不是一群轻易言败的人。"①对希思来说,这既是一个威胁,也是一个他决心要兑现的承诺。

　　同一年早些时候,鲍威尔先生的再度出现成为危机加剧的另一个重要标志。4 月,他把那些参与罢工要求增加工资的教师称为"拦路强盗"(highwaymen),认为他们的行为"对法律和秩序构成了严重威胁"。② 大选前一周,他又在伯明翰的诺斯菲尔德(Northfield)呼吁人们对下列威胁保持警惕:"看不见的内部敌人",即那些意欲"摧毁"大学、"威胁"城市安全、"搞垮"政府的学生;以示威者面目出现、"动摇"政府根基的"现代"暴徒;"出于自身目的蓄意煽动混乱",成功导致北爱尔兰政府几近瘫痪的极端分子;以及"另一种""可燃材料"(即有色族群移民)在这个国家的聚集("在某些人看来",这背后"并非毫无蓄意为之的成分")。在政府对反种族隔离运动做出让步,最终取消南非国家橄榄球队巡回赛之后,鲍威尔以此事为例,认为"这场有组织的破坏秩序和无政府主义洗脑行动的胜利与全国大选的启动同时发生也许只是一个巧合。但对许多人来说,这一事件揭开了这些人的面纱;人们第一次亲眼见识了这些敌人的真实面目以及他们的威力"。③ 同一周早些时候,他在伍尔弗汉普顿(Wolverhampton)的演讲中曾表示,移民人数一直被严重低估了,以至于"人们不得不怀疑在所有国家机关中,外交部是不是唯一一个被敌人渗透了的部门"。在这里,我们没有必要重述他是如何把各种风马牛不相及的主题硬扯在一起,也无须解释对秩序的有组织的破坏和"内部敌人"这两个主题是如何暗含着一种颠覆和背叛的模糊内涵,从而证明无政府状态对国家所造成的严重危害。但值得我们注意的是,在鲍威尔所设想的情境中,种族问题是如何在一个更高的层次上变成一个焦点议题的。在诺斯菲尔德的演讲中,他认为,这个问题一直被故意"误称为种族问题",但种族这个词实际上却对人们产生了很大的误导作用。真正的目标是深藏在政府和媒体中的自由派阴谋。他们对普通人实施道德绑架,使他们因为害怕被称为"种族主义者"而不敢讲出自己的真实想法,甚至"已经到了指鹿为马的地步"。在"通过不断重复明显荒谬的事情来对人们进行洗脑的过程"中,种

---

① 《星期日快报》,1970 年 3 月 8 日。

② 《星期日泰晤士报》,1970 年 4 月 5 日。

③ 《星期日泰晤士报》,1970 年 6 月 14 日。

族问题成为一个"剥夺人们思考能力,并使之相信自己原本以为正确的东西实际上是错误的"秘密武器。简而言之,种族问题是导致那些沉默的大多数上当受骗并最终真正陷入沉默的阴谋的一部分。在鲍威尔经常拜访的西米德兰兹郡(West Midlands)地区,这些民粹主义观点拥有大量的支持者。

在上述两次演讲中,鲍威尔颇具煽动性的言论都是围绕"敌人及其力量"这个主题建构起来的。其构成要素的主要部分是敌人及其帮凶,即所谓的"自由派共谋";其中又包括一个坚定的阴谋中心和一个态度暧昧、头脑不清、被人欺骗的外围群体。搞清楚这个"敌人"的准确构成并没有什么用处。相反,最重要的一点恰恰是其构成要素的多变性:到处都有敌人,然而又似乎无处可寻。国家的生存受到了威胁,国家"受到了那些意欲摧毁我们国家和社会的力量的攻击"。对许多英国人来说,这种威胁就像当年德意志帝国建造无畏舰(dreadnoughts)时带来的那种威胁一样真实。在这种情况下,国家却继续错误地把自己"描绘成一副在装甲师和战斗机队护卫下的全副武装的模样"。但这些"武装力量"却对眼前的威胁,对"参与示威的学生",对"为了自身的权力目的"而在北爱尔兰,甚至整个政府的核心部门"蓄意制造混乱"的各种破坏性力量视而不见。① 在鲍威尔的话语中,这些"敌人"遍布国家和社会的每个角落和层面,但同时其多变的形态又被集中和具体体现在"内部阴谋集团"这个幽灵般的对象之中。通过这两个过程,鲍威尔能够以他一贯的修辞手段,把引发普遍的全国性恐慌和民粹主义者有组织的讨伐行动的复杂社会运动过程纳入"为法律和秩序而战"这个统一的意识形态策略之中。然而,非常重要的一点是,我们必须记住,虽然在1970年上半年没有人能够像鲍威尔这样取得如此广泛的影响力和知名度,但他所做的只不过是为保守党影子领导层内外许多人都做出过贡献的一个漫长过程画上了一个句号。这个过程的目标是在一个人心惶惶的时期,表达那些属于"沉默的大多数"的普通人的所思、所感和所求。因此,把"法律—秩序"社会的诞生完全归功于鲍威尔显然是错误的。它还有更多的其他各种助产士。鲍威尔只不过是以他巧舌如簧的修辞来迎接这个社会的到来,并以残酷无情的铁腕政策为这个社会定下了基调。

尽管形势十分错综复杂,但直到大选前的周末,威尔逊先生依然镇定

------

① 同上。

自若,心怀幻想,希望工党能够赢得大选。

1970 年 6 月的选举标志着政治天平向另一边倾斜。无论是官方立场,还是相互竞争的阶级之间的力量关系,都即将出现重大变化。在此之前几年,国家内部的合意与强制之间的平衡关系已经在一个更深的层次上开始了调整的过程。大选后,这种调整将进一步加速。所有这些变化都将在国家"政治剧场"的舞台上正式亮相。因此,文化霸权在 1970 年出现了质的变化,呈现出一种新的面貌。对于这种"文化霸权统治"性质的转变,或者更准确地说,文化霸权危机的加深,我们既不能忽视,也不能对其具体特征进行误读或进行简单化处理。

工党依然保留了通过议会斗争维系影响力的幻想。它认为作为自己的囊中之物,工会运动组织必定会始终与自己站在同一战线。因此,工党相信自己可以在工会的支持下,"通过自愿的合意"来对工人阶级施加纪律约束,而这一点是保守党不可能做到的。但保守党对此心知肚明,原因恰恰在于这是它不可能做到的一个选项。但是,两党在政治观点和各自所依靠的社会盟友构成方面的这些重要差异,无法掩盖这样一个事实:从 1967 年起,无论在政治上倾向于哪一方,也无论采取的是柔性的还是强硬的治理策略,国家在结构上都已经走上了一条不可避免地要与劳工运动和工人阶级发生冲突的道路。

由此,我们发现这场选举所标志的过渡阶段具有一个自相矛盾的特征。直到大选前夕,保守党争夺选举主导权的节奏都是由法律—秩序运动所决定的。但在选举日前几天,通货膨胀、物价、经济增长、工资水平等英国选举政治中常见的传统议题都快速地成为人们重点关注的问题;而选举结果本身似乎最终也由某些更加明智、平和、理性、合理的标准所决定。结果,选举之前的"恐慌"情绪突然让位于更持久的选举议题,而且一旦投票选举结束,此前的"恐慌"就会变得完全无足轻重了。在英国历史上,这种突然变化的现象并不是第一次,也绝不会是最后一次。那么,这是否意味着此前围绕法律—秩序问题展开的造势活动只不过是"一场闹剧,并无实质性意义"呢?正如杨(Hugo Young)在《星期日泰晤士报》的一篇文章中所指出的那样,虽然保守党宣称自己能把人们从各种威胁中"解救出来",但同时一旦实现这一点,就意味着"塞尔斯登公园会议所鼓吹的那些立场不再有效"。① 真实的威胁程度、人们对这种威胁的一般认

---

① 《星期日泰晤士报》,1970 年 6 月 7 日。

知以及由此提出的各种对策之间总是存在相互矛盾的地方。这种矛盾恰恰是道德恐慌的一个特征，并进而损害了这些话语的可信度。实际上，新政府上台后并没有像之前所宣称的那样迅速采取强化法律—秩序的措施。随着选举的结束，义愤填膺的希思先生终于承担起首相的大任，鲍威尔先生这样的原教旨主义鼓吹者也退居二线，做起了普通议员，而黑尔什姆法官这样的道德卫士则戴上假发、穿上法衣，登上了议长宝座。这种情景似乎很容易让人觉得，此前那些危言耸听的造势过程，只不过是为了博得保守党支持者欢心的一段插曲而已。

然而，这只是一种假象。首先，我们不应忘记英国人行事风格的"独特性"：与其他国家一锤定音式的激烈方式不同，英国人喜欢相对温和的、实用主义的、零敲碎打的行事方式；正如英国的"1968 年"是以一种悄无声息的方式慢慢到来的一样，对"法律—秩序"氛围的营造也是一点一滴完成的，前进三步，后退两步，以一种蟹行的方式跌跌绊绊地走向最终的大对决（Armageddon）。第二，反应的速度并没有变慢；相反，它加快了，而且更重要的是，方向和性质都发生了变化。进入新时期后，几乎每个冲突性议题都会立刻被上升到需要动用国家机器来予以控制的程度——每个议题都会很快被政治机构、政府、法院、警方或法律机关加以利用。在1 月以前，恐慌氛围的营造过程还呈现为螺旋式上升的模式——地方性的声讨行动推动官方采取进一步的压制措施。但在年中的大选之后，这一过程就变成了一种自动的快速夹击模式：自下而上的道德压力与自上而下的控制措施同时发生。国家本身已经被充分调动了起来，对以任何面目出现的"敌人"保持高度警惕；此时，国家处于戒备状态，随时可以通过法律、警察、行政管制和公开谴责的手段对这些"敌人"予以还击，而且反应的速度越来越快。这就是我们所说的"向控制转变"的渐进过程，压制性国家机器由此成为解决问题的终极手段。1970 年 6 月以后，对文化霸权的控制和管理主要是依赖各种强力机构来实现的。这种力量平衡关系性质的转变是一种深层的变化，新政府各大机构此时所表现出来的克制、让步、责任和理性并不能抹杀这一点。

总之，1970 年围绕法律—秩序议题发起的一系列造势活动除了使得压制成为一种常规化实践之外，最重要的作用就是导致对法律、约束手段和法定权力的运用变得合法化了，并使这些措施成为国家在严重的危机状况下维护文化霸权的主要，甚至是唯一的有效手段。这场运动不仅使全社会为国家广泛动用压制性权力做好了准备，也使得这种控制的常规化变得正常、自然，并因此显得十分正确和不可避免。它同时也使通过"运动式"手段来化解关键冲突领域的矛盾成为国家的一项合法义务。这些措施首先要打击的对象就是鲍威尔所说的那些制造"有组织的混乱和无政府主义洗脑"的力量。在随后的几个月内，压制性的国家权力开足马力，向这种所谓制造无政府主义混乱的势力发起了公开的系统的攻击。但相对不那么明显的是，国家这种运动式的压制性行动，却在那些初看之下与所谓制造无政府主义混乱的敌人无关的领域产生了影响。比如，被管理、限制和胁迫，从而最终被纳入法律—秩序框架内的对象已经不只是那些示威者、犯罪分子、静坐者和吸毒者，也包括等级相对固定的工人阶级成员。而且，这种趋势正在日益强化。这意味着必须驯服这个桀骜不驯的阶级，至少是其中那些无法无天的少数分子，使之成为"秩序"的一部分。如果说我们在这里所关心的并不是对临时性的"国家阴谋"的一种简单揭露，而是其深层的结构性运作机制的话，那么，非常重要的一点是，我们必须透过各种表象搞清楚，官方在 1970 年 1 月发动的法律—秩序运动与 12 月最后几个星期内通过的《劳资关系法案》之间究竟存在什么联系？

在大选前，真正把保守党凝聚在一起的，更多的是一种强调"坚定立场"、绝不屈服、恢复政府权威的传统论调。相比之下，所谓社会陷入无序状态的说法所发挥的作用实际上要小得多。这种与国家团结和权威相关的主题为相对负面的"法律—秩序"议题增加了几分正面色彩。大选前不久，希思先生向选民保证，"保守党是一个促进全民团结一心的政党……保守党政府将以诚信施政与合理政策来捍卫国家团结"。他这样说的目的是要重申，国家团结是围绕一系列共同的合理目标建构起来的，而希思政府的政策恰恰是对这些目标的最好体现和表达。在这种情况下，一切超出这些目标框架之外的人都会被污名化为"极端分子"。少数静坐者和示威者组织的活动非常生动地体现了这种趋势。但工人阶级中日益激进的"极端主义"倾向显然才是一个更大的、更深层的趋势。这主要表现为码头工人、地方政府蓝领雇员、矿工、供电工人和清洁工等各行业从业者提出的一系列新的工资要求。新政府不得不承受这些压力。这种趋势对希思政府的经济战略造成了威胁，对政府的权威直接提出了挑战；而且由于新内阁成员对 1968 年的五月风暴事件仍然心有余悸，工人阶级中的激进主义趋势让一些人开始担心出现"学生—工人"联盟的可能性。在这种背景下，最终的结果是政府扭转了"法律—秩序"运动的方向。在上任六周后，就业大臣卡尔先生对英国工业联合会表示，政府将对那些因为工资纠纷而面临工人罢工威胁的雇主提供支持。财政大臣巴伯先生明确要求工会大会"必须逐步缓解紧张趋势。从现在开始,雇主必须坚持自己的立场不动摇"。[①] 卡尔先生勾勒出了《劳资关系法案》的核心要素,其出发点是认为毕竟工会都是些负责任的机构,绝不会采取违法的行动,因此必须动用法律制裁的情况是少之又少的,而且对个体而言,只有其在工会的控制和权威制约的范围之外行动时,才必须对自己的行为承担全部责任。

这种试图通过法律手段来化解阶级矛盾的做法得到了媒体的热情支持。以我们深入观察的两家报纸为例,《星期日快报》和《星期日泰晤士报》都对此表达了支持的态度,只不过方式不同:前者显得歇斯底里和情绪化,后者则表现得比较冷静和理性。两家报纸都完全接受政府对劳资关系紧张问题的标准"解释"。《星期日快报》几乎陷入神经质式的歇斯底里之中,认为无论是在码头,皮尔金顿(Pilkingtons)工厂,还是在矿井口,每次罢工事件都与赤色分子的暗中破坏脱不了干系。在该报看来,"携带手提箱炸弹的激进分子"很快就要遍布各地。相比之下,《星期日泰晤士报》在《劳资关系法案》颁行之后,以一种平静却又十分坚决的方式在社论中表达了对这一法案的支持,其立场与那种很快被广泛接受的阴谋论式的政治解释完全一致:"现在人们终于清晰地认识到,这些好斗分子恰恰就是通货膨胀的罪魁祸首,因而也是这项法案所针对的主要对象。"[②]

在逐步推进强制性政策的过程中,国家层面自上而下的"法律—秩序"政策导向,内阁层面对针对工人阶级的司法措施的强化,媒体层面对英国"困境"的阴谋论解释的逐步扩散,以及缓慢却无疑在逐步升级的对潜在破坏秩序者的控制措施,形成了合力效应。但是,这种效应究竟有多大,却很难准确评估。虽然没有证据表明这些不同的措施是统一策划安排好的,但其总体的发展轨迹却是基本一致的,这一点是确定无疑的。

7 月,斯蒂文森(Melford Stevenson)法官对八名剑桥大学学生进行了宣判,其中六人被判 9 至 18 个月有期徒刑,另外两人被送往感化院进行教育改造。此前,这些学生因为参加了抗议希腊上校的花园之家酒店事件而遭到起诉。这是大选之后法律在惩戒政治示威者方面第一次发挥威力,而对政治示威行动的压制恰恰是"法律—秩序"运动的主要目标之

---

① 《星期日泰晤士报》,1970 年 8 月 11 日。

② 《星期日泰晤士报》,1970 年 12 月 6 日。

一。这一事件所传达的意涵对激进分子而言显然是很不利的。在学校管理人员的帮助之下,警方在参与了花园之家酒店事件的 400 人中找到了60 人,但最后只对其中有代表性的 15 人提出了起诉,试图达到杀鸡儆猴的效果。随着最终判决的临近,对这些学生的起诉事由也变得越来越严重。虽然陪审团只对那些被证明确实从事过某些特定非法行为的人定罪,但当局最终还是以一种机智和草率的方式把所有被定罪的初次犯罪者投入了监狱。[①] 辩护律师之一塞德利(Stephen Sedley)在上诉失败后写道:

> 　　在警方和检察官看来,示威者、黑人权利活动人士、静坐者和学生都是对法律和秩序构成威胁的群体。当前的形势进一步促使他们通过司法手段对这些群体展开日益严厉的打击。这种出于政治动机的起诉越来越多,已经成为一种趋势。到目前为止,1970 年是我们看到此类事件最多的一年,在未来一段时间,情况可能会进一步恶化。[②]

塞德利在这里所提到的"黑人权利活动人士"与法律之间没有因果联系。激进黑人民权运动在英国的发展无疑断断续续受到了来自美国的影响。但种族关系日益紧张的状况并不是外来影响作用的结果,而且也不是对美国种族关系发展过程的简单复制才导致了黑人和白人种族关系严重恶化,从而使得种族议题在 1970 年下半年始终占据媒体头条。正如我们已经注意到的那样,种族关系恶化并不是什么新现象;真正新的是这样一个事实:种族关系的总体性危机现在的主要表现形式是黑人社群和警察之间的对立。兰伯特对种族关系恶化状况的调查报告于 1970 年出版。[③]随后,汉弗莱也针对这一状况进行了调查,最终发表了一份措辞谨慎,但内容翔实、证据确凿的报告。这份题为《警察权力与黑人》(*Police Power and Black People*)[④]的报告清楚地表明,警方和黑人的关系在 1970 年夏天突然发展到水火不容的地步,并在 1971 年和 1972 年持续恶化。利物浦社群关系委员会(Liverpool Community Relations Council)在 1970 年6 月成立后不久,很快就受到了黑人关于警察骚扰的大量投诉。默西塞

---

① 参见《星期日泰晤士报》,1970 年 7 月 12 日。

② 《听众》,1970 年 10 月 8 日。

③ Lambert,《犯罪、警察与种族关系》,前揭。

④ Humphry,《警察权力与黑人》,前揭。

德郡(Merseyside)电台制作的一档与此相关的一小时广播节目提到了如下事实："在某些警察局，尤其是那些位于市中心的警察局里，针对少数族裔的暴力、毒品栽赃和骚扰事件经常发生。"这一节目播出后，当地警方甚至连严肃的自我辩护都没有。① 8月，在利兹、梅达韦尔(Maida Vale)和卡利多尼安路地铁站(Caledonian Road station)等地都发生了黑人和警察之间的冲突。在诺丁山地区，这种冲突已经成为一种常态化现象。警方对红树林餐厅发起一次又一次的突然搜查。据一位警员向法庭提供的证词，在他看来，这家餐厅是"黑人民权运动"的总部。（当法官问他是否知道所谓的黑人民权运动是什么时，这位警员回答道："我对此略有所知，这是在我们国家发生的一场十分激进的运动。"如此简单的回答似乎已经足够满足法庭的需要了。）

10月，英国黑豹党召集了一次会议，批评当局故意对"黑人激进分子"进行逐个精准打击，并"对那些打算走上街头进行示威的黑人实施限制、骚扰和监禁"。伦敦警察厅对这一指控予以否认；但正如汉弗莱所评论的那样，"伦敦警察厅新闻处所描述的和谐景象显然与真实情况不符"。② 在这种情况下，不断积累的矛盾压力没有得到释放的机会。

同样，立法和司法领域的情况也开始出现恶化的迹象。国内的动荡形势引起了保守党的担忧。为了"对付日益增加的示威者"，保守党影子内阁的检察总长罗林森(Peter Rawlinson)爵士主持制定了新的"干预性"法案。③ 这项立法显然是针对活动人士海因和他领导下的反对南非国家橄榄球队巡回赛的示威者，以及在南华克(Southwark)和伦敦东南部其他地区快速扩散的静坐示威运动。④ 很少有律师会羡慕罗林森所承担的这项任务；但如果他们能够预见到他最终的失败结局的话，至少会祝他好运。不过，在制定干预性立法方面的失败丝毫没有打击政府的决心。相反，它进一步强化了强制性措施，并将其范围扩大了。由于在法律方面为"政府管制"提供替代性方案的努力以失败而告终，结果传统的阴谋论开始复活，并在接下来的两三年内成为通过法律手段来压制抗议运动和劳资矛盾时采取的主要依据。1970年，因为花园之家酒店事件而受审的剑桥学生成为"法律—秩序"运动的第一批政治替罪羊。而他们受到的指

---

① 同上。

② 同上。

③ 《星期日泰晤士报》，1970年2月1日。

④ 参见 R. Bailey，《占地示威者》(The Squatters，Harmondsworth：Penguin，1973)。

控正是古老的习惯法中早就存在的"非法暴乱集会"的罪名。

　　然而,如果说"花园之家酒店事件"从这个角度来看,是这一年里最能预示形势会进一步恶化的一起审判的话,那么,就法庭审判的角度而言,"法律和秩序"问题还有不那么具有政治性的一面,正如下面这段报告所表明的那样:阿什沃思(Ashworth)法官周一在上诉法庭上表示:"威慑性判决所针对的并不是犯罪者,而是犯罪行为本身。"首席法官帕克(Parker)勋爵对此表示赞同:"当法庭做出威慑性判决时,纠结于个案的具体背景是没有意义的。"基于这些看法,法官们一致决定给予18位参与团伙斗殴的伯明翰青年三年有期徒刑的判决。他们完全没有考虑如下事实:其中有三人此前没有任何犯罪记录,所有人都没有携带非法武器,而且警察也承认他们没有抓到组织斗殴的团伙头目。除此之外,最重要的一个事实也许是其中一位青年在这起斗殴事件发生的一个月前正在接受精神病治疗。①

　　如果说1970年发生的所有事情都表明形势的发展已经越过了"法律"边界的话,那么,正如当时已经有一些评论人士指出的那样,在整个20世纪70年代发挥决定性作用的则是"暴力"的边界。"在一个暴力横行的世界里,有谁能安全呢?"莫德(Angus Maude)②如此问道。他列举了全世界各地的例子来证明我们所处的是一个"充满暴力的新世界":英国议会下院被人投掷两枚瓦斯罐的事件;一群波多黎各人带着一把冲锋枪在美国国会"猛烈射击"的暴力事件;花园之家酒店暴动事件;北爱尔兰政治活动家德福林遇刺事件;南非国家橄榄球队巡回赛被取消事件;以及"在南美地区发生的一系列骇人听闻的对西方大使的绑架事件"。③ 他进一步指出,暴力是一种无法消除的疯狂顽疾,"只有"那些"弱势的少数人"才会"经常"使用暴力来"胁迫大多数人"。1970年,国家正是以这些大多数人(不幸的是,此时依然处于沉默状态)的名义向诉诸暴力的"少数人"发起了反击。

1971—1972:法律的动员

　　希思政府在管控资本主义危机方面采取了一种"全新策略"。这个策略与之前威尔逊政府的"自愿的自我约束"策略完全不同,而且相对于金

---

　　① 《星期日泰晤士报》,1970年10月18日。

　　② 译注:安格斯·莫德(1912—1993),英国保守党政治家,1979年至1981年担任内阁成员。

　　③ 《星期日快报》,1970年7月26日。

融和工业资产阶级的核心诉求而言，这个策略与保守党内逐渐形成的朴素情感更加契合。这是一个颇具冒险性的选择，目标是要为英国面临的危机提供一个"最终的解决方案"。这一策略大体上包括三个方面。首先，把英国资本主义经济发展的轨迹与欧洲一体化的发展前景紧紧地、不可逆地联系在一起。正因为如此，虽然与美国的"特殊关系"是威尔逊时期对外经济政策的基石，但此时却不得不与美国保持一定的距离。[①] 其次，英国国内资本主义发展的经济策略问题。对于这一问题，希思先生计划以坚决而粗暴的攻势性手段来化解危机。工党政府曾试图通过产业重组委员会来实施产业兼并和垄断化政策，希望由此可以形成更有效和更有竞争力的产业巨头。但在希思政府看来，这种做法的唯一作用只能是为那些没有竞争力的落后产业提供保护。他认为，应当让市场的力量自由发挥淘汰的作用；如果有必要，那些缺乏竞争力的"跛脚鸭"企业就应当逐渐破产和清盘出局。正如戴维斯先生（他是促成希思政府这项政策的主要人物）在关于是否应关闭上克莱德联营造船厂（Upper Clyde Ship-builders）的辩论中明确指出的那样，只有淘汰这些落后企业，那些"大多数发展良好……无须政府协助，且完全有能力维护自身利益的企业"才能够开拓进取，不断扩大规模，提高竞争力。而这些企业"唯一的要求就是政府不要干预它们自主运营的权利"。[②] 在整个 20 世纪 60 年代，旨在调节和维持资本、劳工和国家之间"和谐"关系的复杂机制是经济战略的核心要素。而在希思政府看来，应当彻底放弃或废除这些机制。在 60 年代，那些在政治上代表资本利益的各种或新或旧的代言者曾经在很长一段时间内频繁出入位于唐宁街的首相官邸，而现在让他们感到十分惊讶和不满的是，希思政府直到 1972 年，即当局所奉行的改头换面的自由放任主义政策开始出现严重问题时，才开始与工会大会和英国工业联合会接触，就相关问题展开磋商。无论是《泰晤士报》、英国工业联合会、工会大会、国家经济发展委员会，还是像卡瑟伍德（Fred Catherwood）和菲格雷斯（Frank Figgueres）爵士这样的知名人士、白厅（Whitehall）[③]的许多

---

　　① 　参见 R. Blackburn，《希思政府：资本主义的新进程》（The Heath Government：a New Course for Capitalism），见 New Left Review，70，1971。

　　② 　转引自 A. Buchan，《工作权利》（The Right to Work，London：Calder Boyars，1972），页 49。

　　③ 　译注：白厅是英国伦敦威斯敏斯特市内的一条大道，自特拉法加广场向南延伸至国会广场。白厅是英国政府中枢的所在地，包括英国国防部、皇家骑兵卫队阅兵场和英国内阁办公室在内的诸多部门均坐落于此，因此"白厅"一词亦为英国中央政府的代名词。

经济官员、《金融时报》、英格兰银行，甚至以莫德林（Reginald Maudling）
为代表的希思内阁的某些成员，令这些个人和机构难以置信的是，许多由
国家所领导的在管理晚期资本主义经济生活方面发挥核心调节作用的机
制竟然在这一时期暂时陷入了"停摆"状态。在希思政府看来，英国经济
已经到了最后的危急时刻，无论相关政策会带来多大的通货膨胀代价，都
必须竭尽全力促进经济增长。而问题的解决办法就是取消国家设定的各
项限制，取消所有国家计划性安排的管理机制。但在战后经济繁荣时期
结束以来，以各方自愿的自我约束为主要内容的管理策略，已经成为调节
工资和利润水平，以及工人阶级政治要求的主要手段。一旦放弃这种策
略，将用什么办法来保证工人阶级的合作呢？这就涉及希思政府所谓"全
新策略"的第三个方面。国家以强力闯关的姿态，遏制劳工所施加的经济
压力，成功促使大规模失业、通货膨胀、价格上涨和扩大货币供应等过去
不可容忍的现象成为现实。就劳工问题而言，所有人都必须服从法律成
为最重要的原则，对劳资关系的规范被纳入严格的法律框架之中。支撑
这一框架的，是法庭和罚金，对围厂抗议行为的谴责，以及如果必要的话，
杀鸡儆猴式的逮捕和审判。为了确保劳工管理政策突然向强制性策略的
转变能够顺利实现，政府必须摆出一副毫不手软、冷酷无情的姿态，仿佛
形势已经发展到了最后一刻的战略性对决。在这场对决中，来自两个领
域的有组织的工人处在冲突的最前沿：发电厂工人和邮政工人。二者中
必有其一会成为当局杀一儆百的对象。

　　作为反映统治阶层中较为谨慎立场的一家报纸，《泰晤士报》认为希
思政府所采取的这些政策具有高度的风险性，这使得希思先生注定要成
为"有史以来最卓越同时也是最糟糕的一位保守党首相"。[①] 后来发生的
一系列事件——包括希思政府立场的变化与回调，以及 1974 年后在威尔
逊和卡拉汉政府主导下向"社会契约"政策的回归——表明，这些政策还
与一个本已十分脆弱的英国资本主义体系所需要的国家和政府战略存在
落差。人们很快会发现，这些政策的经济和政治后果将会对资本利益产
生灾难性影响。为了巩固自己十分脆弱的社会基础，希思首相不得不实
施了大规模的减税计划。但他没能"迅速"降低物价——实际上，在短短
几个月的时间内，通货膨胀开始以加速度飞涨。还没等到希思所期望的
经济增长出现，价格上涨已经进一步削弱了英国的竞争地位，企业破产也

---

① 《泰晤士报》，1972 年 7 月 22 日。

造成了惊人的大规模失业。唯一从这种不受约束的自由市场政策中获益的是投机性的金融资本。正是这些资本创造出规模巨大且回报迅速的投机性资本收益和无与伦比的房地产市场繁荣。这一结果进一步暴露了"资本主义令人无法接受的丑陋面目",但依然没有触及经济危机的核心要素。无论如何,希思政府的豪赌政策彻底失败了。

但在政治方面,对希思先生来说,1971年是相对顺利的一年。发电厂工人变相怠工的情况终于在1970年底结束。在这一过程中,媒体发挥了至关重要的作用。因为在报道中,媒体"呈现的更多是医院的透析机、婴儿恒温箱以及死于体温过低的老妇人这类更易刺激观众情绪的内容,而不是努力挖掘事实真相,更没有向观众说明……工会竭尽全力把医院所受的影响尽可能降到最低的事实"。① 邮政工人提出工资上涨15%的诉求,但由于处于孤立无援的境地,他们无法发起罢工。最终,在坚持了44天后,他们的行动以失败而告终。与此同时,福特工厂的工人争取"平等地位"的斗争也失败了,不得不接受在琼斯(Jack Jones)先生、斯坎伦(Scanlon)先生和福特二世(Henry Ford II)的斡旋下达成的一项和解协议。到这一年的春天,在上述一系列胜利之后,希思政府终于为其战略中的关键要素——《劳资关系法案》——铺平了道路。

《劳资关系法》所代表的是对工人阶级和有组织的劳工运动的直接打击,这对日益加剧的阶级斗争产生了极其深远的影响;因为相对于威尔逊政府时期"自愿的自我约束"政策对劳工运动所产生的分化和迷惑作用,保守党政府所实施的法律限制政策甚至导致官方工会领导层和工会大会陷入彼此对立的状态,从而在客观上导致官方工会的立场进一步左倾化。在这种情况下,媒体给整个工会运动的参与者(包括相对温和的工会领导层)贴上"极端分子"和"破坏者"的污名化标签成为一种常见的做法。甚至连态度模棱两可的工会大会也受到了媒体的敌视,因为其所处的位置迫使它必须支持工人为反对《劳资关系法》而举行的游行示威和"不合作运动"。2月举行的反《劳资关系法》示威活动规模空前,参加者人数打破了以往此类活动的记录。尽管整个活动温和有序,但海迪(Fred Hayday)爵士还是把示威者说成是"一群无政府主义者和职业麻烦制造者……法律和秩序的破坏者"。工党议员巴肯(Norman Buchan)后来批

---

① 引自 Stuart Hood 的文章,见《听众》,1971年2月25日。

评道,政府的做法"扩大了阶级斗争的规模"。^① 但希思先生不为所动,决心将立法计划进行到底。

《劳资关系法》要求工会必须在注册成为官方认可的组织后才能运作,否则将被罚款;这一法律削弱了工厂只能雇用工会会员的原则,在十分宽泛和模糊的范围内把"罢工"定义为"不公平的产业行为",并通过各种条件、拖延手段和潜在的法律行动对工人停止劳动的传统权利做出种种限制。最关键的是,依据这一法律设立的由唐纳森(John Donaldson)爵士掌管的劳资关系法庭,成为推动劳工体制有序改革的关键机构。

就这样,法律成为对付劳工、政治异见分子和非主流生活方式追随者的手段,但无论针对的具体对象是谁,所有法律手段最终所服务的似乎又是同一个总目标:用强力手段实现合意已经无法实现的结果——一个被规训的社会。1971 年,法律问题逐渐成为整个英国社会关注的焦点。只有少数几个案例属于法律正常运作的范围。此外,在这一时期,当局还完成了如下任务:对新通过的相关法律进行了解释;重新挖掘出某些旧法律条文,并在新的背景下重新启用这些法律;重新启用那些在此前社会氛围宽松时期处于失效状态的法律;以及扩大某些关键法律条款的适用范围。实际的司法实践变得更具压力了,这意味着在那些杀一儆百的标本性案件中,刑期变得更长了;通过保释金和高昂的诉讼成本来打消被告进一步为自己辩护的意愿;通过行政程序扩大法律手段发挥作用的范围,并对法官规则(judges' rules)^②做出有利于警察和控方的解释。^③ 可以预见的是,对警力的运用也相应地出现了扩大和强化的趋势——政府建立了特别警队,通过特殊部门来强化监控和信息搜集,在清晨实施大搜捕,大量的问询,对常在庭审过程中引发疑虑的"口供"的广泛使用,对集会自由的限制,对示威活动的严格管制,对搜查令的滥用,通过判定某些群体疑似有罪从而理直气壮地对之进行"扫荡式"调查,以模棱两可的理由对资料和私人文件进行搜罗。^④ 这些远远超出常态的对压制性法律手段的运用也导致国家整

---

① 转引自 Buchan,《工作权利》,前揭,页 71。

② 译注:在英国法律中,法官规则指警察讯问犯罪嫌疑人或受到犯罪指控者时所遵循的规则。例如,何时应对被讯问者给予警告,他所说的话将被记录下来并用作证据,以及被告人作书面陈述应采用的形式等。

③ 参见 B. Cox,《英国的公民自由》(*Civil Liberties in Britain*,Harmondsworth:Penguin,1975)。

④ 参见 Bunyan,《英国政治警察的历史与实践》,前揭。

体运作方式发生了变化。总体而言，司法机构日益堕落为政治利益的工具，公民自由、司法平等和法治都在因为政治干预而逐渐遭到破坏。无疑，和美国水门事件时期一样（尽管表面上看起来要平和许多，但这一时期的英国与美国颇为相似），这种对资本主义国家"权力制衡"机制的破坏是国家领导层有意为之的结果——他们相信，国家必须以其人之道还治其人之身，通过必要的阴谋手段来对付那些向国家发起挑战的阴谋计划。的确，阴谋论已经成为发挥核心组织作用的观念，同时也成为法律框架的核心要素，而这一时期的政治堕落恰恰是在这个框架中发生的。

德国学生领袖杜奇克（Rudi Dutschke）因为遭到人身攻击而来到剑桥进行康复疗养，但在此期间，他却遭到传讯，并在一个审理委员会面前，而不是在普通法庭上接受了审判。审理委员会的成员经常在杜奇克及其法律顾问不在场的情况下召开一些秘密会议，听取某些姓名不详或身份不明的人提供的所谓证据。显然，这些人曾经对杜奇克进行过监视。根据这些人的报告，学生和朋友访问杜奇克的次数被认为已经"远远超过了正常社交活动的频率"——无论这些来访的具体目的是什么，仅此一点就足以对他展开调查了。结果，不仅杜奇克被驱逐出境，而且以此先例为基础（甚至连检察总长都表示，"无论人们是否会对其感兴趣"，这一个案都是绕不过去的），取消了政治激进分子和有城市恐怖主义嫌疑的移民进行上诉的权利。此后，随着人身保护令时不时地被暂停，以及《预防恐怖主义法案》（*Prevention of Terrorism Act*）的通过，这种情况持续恶化，直到1974年才告一段落。[①]

在自由派处于主导地位的20世纪60年代中期，政府对色情问题基本上采取了睁一只眼闭一只眼的态度，与此相关的全国性法律很少被用来直接处理具体问题。相反，这一相对模糊的领域的边界和限度究竟在哪里，基本上被交给了地方行政机构来处理，从而形成了考克斯所描述的那种"地方警察和爱做好事者与激进书店和自由派文学机构之间相互斗争的游击战"。[②] 但随着道德卫道士和反文化运动家之间的矛盾逐渐升级恶化为一场全面对抗，正如坎特伯雷大主教所说的那样，"对纵容主义文化的反叛"逐渐呈现出一种更加组织化的形态，并且更加明确地向普遍的"道德污染"状态发起了攻击。8月，《红色小教科书》

---

① 参见 Stuart Hood 发表在1971年1月14日的《听众》杂志上的文章。

② Cox，《英国的公民自由》，前揭。

(*Little Red Schoolbook*)①的出版商被伦敦朗伯斯(Lambeth)区的地方法官宣判有罪。这一时期,淫秽出版物纠察队(Obscene Publications Squad)不断地对地下出版社进行搜查,对出版商和印刷商施压,没收信件、订阅文件和任何看起来能够证明罪行的东西。在年终,上诉法庭确认了对地下报纸《国际时报》(*International Times*)出版人的判决结果,罪名是蓄意败坏公共道德。7月,《Oz》杂志的编辑因为第28期杂志涉及与学校学生相关的主题,被以相同的罪名遭到起诉。对此,《每日电讯报》引用一位高级警官的话,表达了如下立场:"警方必须对这些出版物保持紧密关注,因为它们已经引起了公众极大的不满,同时造成了复杂的影响。我们怀疑,极端左翼活动正是以这些出版物作为掩护的。"②关于这一问题,莫德先生曾经表达了这样的看法,"那些性自由的极端支持者矢志不渝的目标,就是要彻底摧毁一切标准、权威和制度"。③ 显然,《Oz》的编辑内维尔(Richard Neville)及其合作者的活动,在一定程度上被看作是对资产阶级社会混乱本质的一次揭露。在这起颇有争议的《Oz》案中,陪审团对编辑部成员提出了阴谋指控。虽然在等待其他罪名指控宣判之前,这些编辑已经因为医学证据而被取保候审了,但"旺兹沃思的监狱看守还是强迫他们剃了发"。④

于是,在不同的领域,法律成为实施言论审查和控制等非正式政治任务的重要手段。与之相伴的,是大规模的民粹主义和草根反应的迅速发展。1971年,在全速运转的压制性国家机器的法律引擎的背后,再次出现了道德卫道士的身影,而且两者开始出现融合的趋势——这标志着一场有组织的道德反弹,一场为法律和秩序而战的运动的开始。这种融合体现在许多不同的方面。曾从法律系统外部为发动这场运动助力甚多的黑尔什姆法官,现如今占据着司法机构的最高职位,成为大法官。正是这样一个身处司法系统顶端的人物,曾经出于自身那种明确而坚定的道德感,在整个20世纪60年代一直顽固地认为,处理复杂议题的最好方法就是把它们简化为少数几个在道德上令人难以接受的简单事实。法律系统

---

① 译注:两位丹麦教师编写的一本青少年读物,出版于1969年,并在70年代初被翻译为多国文字出版。该书鼓励青少年质疑和挑战现有的社会规范,尤其是其中有大量与性和毒品有关的内容,在当时引起极大的争议。

② 转引自 T. Palmer,《Oz 杂志审判》(*Trials of Oz*,London:Blond & Briggs,1971)。

③ 《星期日快报》,1971年5月2日。

④ Cox,《英国的公民自由》,前揭。

和道德卫道士的结合还体现在其他方面：比如，1971 年初举办的光明节 (Festival of Light)游行，就是兰开夏郡(Lancashire)警察局长和布莱克伯恩(Blackburn)主教联手策划的结果。在他们的领导下，一万名男子（没有女性）参加了这场被《星期日泰晤士报》称为"向法律和神圣秩序前进"的大型集会活动。① 许多支持传统价值观的教会和公民团体都参加了这次以正义之名发起的街头运动。一年后，当马格里奇(Malcolm Muggeridge)在一个类似的集会上对参与者发表讲话时，他把这场集会的目的说成是为了让"那些对社会的道德败坏负有责任的少数人"明白，"反对他们的不仅仅是少数保守派人士，而是所有持有传统价值观的人"。② 马格里奇这位 50 年代的愤世嫉俗者，此时终于因为在电视上痛斥电视的不良道德影响而声名大振。显然，虽然他的行动似乎慢了一拍，但总比什么都没做要好得多！

　　除了以黑尔什姆法官和莫德先生为代表的这些对道德议题保持高度政治敏感性的人士之外，还有一些其他人物和机构在促进道德问题和"法律与秩序"问题的融合方面发挥了重要作用。例如，怀特豪斯夫人所领导的全国观众和听众协会(The National Viewers and Listeners Association)就曾逐渐扩大活动范围，把色情和性教育等更广泛的议题也纳入了自己的议程之中。在该协会的内部刊物《观众和听众》(Viewers and Listeners)杂志的一篇文章中，怀特豪斯夫人表示，"平装书、杂志和电影中的淫秽内容"很可能就是"导致暴力泛滥的一个基本原因"；③该杂志秋季号的一篇文章则认为，"所谓'宽容社会'及其被吹得天花乱坠的'自由'究竟带来了什么？现在答案已经很清楚了——痛苦和破坏。艺术陷入堕落，法律被蔑视，体育赛事深受故意破坏和暴力行为的困扰。不断增加的堕胎、毒品成瘾、精神障碍、酗酒和呈蔓延之势的性病问题使整个医疗系统的负担日益沉重，从而对国家财政构成了压力"。④ 从怀特豪斯夫人公开指责的对象就可以看出这种道德反弹的政治动机变得越来越明显：现在，受到攻击的对象包括所有那些"可能

---

　　① 《星期日泰晤士报》，1971 年 1 月 3 日。

　　② M. Muggeridge，《前言》(Foreword)，见 F. Dobbie, *Land Aflame*, London：Hodder & Stoughton,1972。

　　③ 《观众和听众》，1970 年夏季号(全国观众和听众协会通讯刊物)。

　　④ 参见 R. Wallis，《道德义愤与媒体：对全国观众和听众协会的分析》(Moral Indignation and the Media：an Analysis of N. V. A. L. A.)，未出版手稿，University of Stirling,1975。

想破坏社会"的群体和个人,①比如杰里·鲁宾(Jerry Rubin)②和嬉皮士,③伯纳黛特·德福林和塔立克·阿里(Tariq Ali)。④

　　此前,我们曾经讨论过中产阶级和"因循守旧的"小资产阶级在 20 世纪 60 年代底层道德义愤表达的过程中所扮演的特殊角色。到了 70 年代,道德抗议不再是只有少数人会参与的边缘事务,而是获得了极大的关注度,报纸和电视对此有大量报道。但凡读过怀特豪斯夫人的自传《她认为她是谁》(*Who Does She Think She is?*)⑤的人,不仅会对她不屈不挠的斗志和对事业的忠诚留下深刻印象,而且会对如下事实感到震惊:1970 年至 1971 年间,怀特豪斯夫人无数次应邀在各种场合公开宣扬自己的观点,因此获得了极高的知名度,并吸引了很多知名人士加入到她的行列之中。她把这本自传献给全国观众和听众协会的第一位主席——中部地区议员丹斯(James Dance)。此人的观点即便与希思领导的保守党相比,也属于极右的范畴。该协会于 1966 年召开了第一次大会,保守党议员迪兹(William Deeds)在会议上作了发言。他后来成为希思政府中的信息事务负责人,现任《每日电讯报》编辑。在整个过程中,马格里奇先生始终是一个与怀特豪斯夫人有紧密联系的指导者(1970 年 3 月,当格拉纳达电视台邀请怀特豪斯夫人去观摩丹麦性博览会时,马格里奇先生建议她,"玛丽,到了打破丹麦神话的时候了!")。⑥ 1971 年 4 月,她邀请朗福德(Longford)勋爵和她一起参加了一场私人放映会,播放的内容是科尔斯(Martin Coles)博士制作的题为《长大》(*Growing Up*)的性教育影片。这次活动的目的实际上是为了帮助朗福德勋爵敦促上议院对色情问题采取干预措施。⑦ 很快,在随后的 5 月,旨在把一切"善良而正直的人们"召集起来的朗福德委员会成立了。显然,这个机构的基调是倾向于维护现有的道德规范的。正是在这一年,该委员会所关心的问题逐渐升级为"引起高度关注"的议题。⑧ 随着泰

---

① 《泰晤士报》,1970 年 12 月 21 日。

② 译注:杰里·鲁宾(Jerry Rubin,1938—1994),美国社会活动家、反战运动领袖,20 世纪六七十年代反文化运动的标志性人物。

③ 《观众和听众》,1971 年春季号。

④ 《泰晤士报》,1972 年 4 月 27 日。

⑤ Whitehouse,《她认为她是谁?》,前揭。

⑥ 同上,页 110。

⑦ 同上。

⑧ Lord Longford,《朗福德报告:色情》(*The Longford Report：Pornography*,London：Coronet,1972),页 26。

南（Kenneth Tynan）的前卫戏剧《哦，加尔各答！》（*Oh, Calcutta!*）的上演，《星期日泰晤士报》的通讯员巴特提醒他的读者必须意识到"大多数人只想过一种体面的普通生活……但现如今却不得不在他们无法接受的种种前卫观念面前感到胆战心惊"。① 也是在这一时期，官方成立了淫秽出版物纠察队。1970 年，该机构在成立之初就对开放空间剧场俱乐部（Open Space Theatre Club）进行了一系列搜查行动，并封禁了沃霍尔（Andy Warhol）担任制作人的电影《肉》（*Flesh*）。随后就是对《红色小教科书》《IT》《Oz》等出版物的出版人的起诉。在斯迈思（Tony Smythe）看来，这种对法律和警察手段的强化"本质上……是政治性的"。应该说，他的判断是颇为贴切的。简言之，这是一个"处于高压态势的夏季"。②

由此我们可以看到，1971 年这段时期发生的各种事件实际上正是"法律—秩序"恐慌彻底被制度化，进而成为一种"特殊"国家形式的辩证运动过程的一个缩影。为方便起见，我们可以把这个过程划分为三个紧密相连的阶段：在第一个阶段，国家全面强化法律管制措施（这一时期相关支撑性立法活动之频繁和广泛达到了令人震惊的地步，这些措施最终导致对司法惩戒手段的强化达到了前所未有的程度）；在第二个阶段，在"非正式"控制过程中，对执法机构的动员和不断扩大的常规化调用；在第三个阶段，也是最终的高潮阶段，所有议题在意识形态上围绕"暴力"边界出现了融合的趋势。在这里，我们仅以几个典型例子来说明上述整个过程的特征。

例如，我们能在北爱尔兰问题上看到上述三个方面都发挥了作用。把军事化视角作为界定北爱尔兰危机的唯一方式，导致了《紧急权力法案》（*Emergency Powers Act*）（1971 年 8 月）的出台。该法案恢复了不经审判即可对嫌疑人进行无限期监禁（拘留）的做法。这使得军队具有了一定程度上的准司法职能，打开了对嫌疑人肆意拘捕和集中关押拘禁的阀门。正是在这种情况下，法律和武断的"非正式"压制性做法之间的微弱区别变得更加模糊了；仅仅一个月之后，当局就不得不成立康普顿委员会（Compton Commission）对各类嫌疑人遭到折磨虐待（包括各种在殖民战争时期就已经比较完善的虐待技术，如"戴头罩"、长时间连续审讯、睡眠剥夺、"白噪音"和其他各类"引发精神错乱的手段"）的指控进行

---

① 转引自同上，页 22。
② Cox，《英国的公民自由》，前揭，页 117。

调查。虽然希思先生向福克纳（Brian Faulkner）保证"这些指控都是没有根据的"，[①]但康普顿委员会的报告尽管措辞较为委婉，却很明显地支持这些指控。后来，在1976年，尽管英国政府采取了十分消极的态度，但国际法学家委员会同样也证实了这些指控。《星期日泰晤士报》（值得称道是，尽管受到官方的巨大压力，该报依然在这一问题上勇敢发声，发挥了积极作用）的切斯特（Lewis Chester）在康普顿委员会发布这一报告之后评论道："现在看来，相关指控……都是有实际根据的。而且从某种程度上说，情况的严重性还可能被低估了。"[②]

这种把任何对有纪律的社会秩序的威胁视为"犯罪行为"，同时把所有控制手段都"合法化"（比如，使之变得有法可依）的趋势在立法方面表现得最为明显，几乎涉及各个领域。比如，无论是《滥用毒品法》（*Misuse of Drugs Act*）还是《刑事破坏法》（*Criminal Damage Act*），都是全新的法案，而且所涉范围之广前所未有。前者把非法持有违禁品罪与所谓毒品的有害性联系在一起，并规定诸如贩卖大麻之类"非法持有和意图提供违禁品"的行为将会被判处高达14年有期徒刑。但被戏称为"妈妈的小帮手"，通常被用来缓解女性抑郁状态的巴比妥酸盐却不在受控药物名单中。《滥用毒品法》实际上用法律的神圣外衣掩盖了这样一种颇有争议的观点：毒品滥用是不断升级恶化的，现在的大麻吸食者，很可能会变成将来的海洛因上瘾者。但政府自己的顾问在一项官方调查中已经证明了这个观点是不可靠的，只不过他们的结论发表的时间晚了两星期，已经无法扭转《滥用毒品法》得到女王御准成为正式法律的事实。《刑事破坏法》则"简化了英格兰和威尔士法律体系中关于损坏财产罪的界定，使之更现代化，并推动了相应刑罚措施的合理化"。[③] 这一法律把损坏财产的手段和财产损坏的性质都归结为一个相对简单的基本犯罪类型：没有合法理由的情况下对他人财产的破坏——犯罪者将面临最高十年的有期徒刑。该法还建议，"极度严重的财产毁坏行为"可以被判处"终身监禁"。占领示威、罢工纠察和一般的游行示威活动的参与者都有可能会被判此罪。

1971年通过的新《移民法》（*Immigration Act*）包含着相同要素，但

---

① 《泰晤士报》，1971年10月18日。

② 《星期日泰晤士报》，1971年11月21日。

③ 《现有法律条文详释1971》（*Current Law Statutes Annotated* 1971，London：Sweet，1971）。

其组合方式稍有不同。这一法案必须放在这样的背景下去理解：保守党右翼持续不断的反移民游说活动，以及贫民区黑人群体和警察之间日益加剧的对抗形势。随着对黑人俱乐部和社会中心，以及对深夜独自在街头行走的黑人进行"嫌疑人搜查"逐渐成为黑人居住区的一种常见现象，在两者相遇的场合，无论是警察对黑人的恐吓勒索，还是黑人对警察的反击，都变得日益严重。这几乎已经成为这些社区街头常见的基本规则。《移民法》使那些常规化的非正式压制形式获得了合法的外衣。虽然主张对全体"英联邦移民"采取严厉限制措施，但该法案实际上又欢迎来自"传统英联邦国家"的白人移民，这就使得迄今为止在街头治安管理中实施已久的治理措施合法化了。男性劳动力进入英国的人数受到严格控制，这些人必须严格遵守合同，在特定时间内留在特定地方进行工作，并且需要不断更新他们的工作许可。这一法律对妇女、儿童、受赡养者和移民家庭成员的打击尤其严重，其中许多人在移民入境处只能满怀愤懑地与家人骨肉分离。许多人不得不通过非法途径进入英国。对非法入境行为的打击行动与对移民社区中有非法入境嫌疑者的搜捕行动相辅相成。这一法案的最初版本要求移民劳工应当在警方那里登记。在议会审议时，在反对党的要求下，最终删除了违规条款。但正如班扬指出的那样，这只是一次形式上的得不偿失的胜利。[①] 因为在未经议会批准的情况下，政府设立了国家移民情报局（*National Immigration Intelligence Unit*）。和国家毒品情报局（*National Drugs Intelligence Unit*）一样，它们都是内政部和伦敦警察厅联合设立的进行广泛信息协调、监控和记录的部门中的两个特殊分支机构。当被问及此事时，内政部大臣表示，这个扩大了的监控系统是"警方日常工作"的一部分，"通常不受议会的制约"。[②]

　　但最具矛盾性，同时也对压制性国家机器内部日趋剑拔弩张的氛围起到关键推动作用的要素是暴力问题。围绕这一主题，各种社会问题出现了融合的趋势。陆军准将基特森（Kitson）在1971年提出了所谓的"低烈度行动"策略，军队由此全面承担起了"反暴动"的角色。[③] 从表面上看，这一策略的目标似乎是对军事战略理念的一种转变，但在北爱尔兰，这一策略的实施带来了实质性的后果。通过基特森的著作，我们得以管

①　Bunyan，《英国政治警察的历史与实践》，前揭。

②　同上。

③　F. Kitson，《低烈度行动》（*Low Intensity Operations*，London：Faber，1971）。

窥在国内政治冲突不断升级的情况下军方的立场是什么。在书中,他对骚乱、暴动、游击战、颠覆、恐怖主义、非暴力反抗、共产主义革命战争和叛乱等各种形式的社会动荡现象进行了详细的甄别。基特森准将明确指出,在对立阵营之间围绕核威慑陷入僵局的情况下,军方必须意识到自身的主要目标日益变成了防范国内的"破坏"和"暴动"活动。所谓"破坏"活动,指的是"一部分人动用除武力之外的一切手段来推翻处于执政地位的群体,或迫使他们在违背自己意愿的情况下采取某种行动";"暴动"则指"一群人为了达到上述同样的目的而采取武力手段与政府对抗"。① 显然,把这两种不同的反抗形式放在一起的做法预示着不太正面的事态发展趋势,因为所谓的"破坏"行为(定义极其宽泛,以至于可以囊括几乎除了常规的议会表决活动之外的一切形式的政治行动)在这里被看成是必然以武装暴动和恐怖主义为最终结果的同一发展进程中的初级阶段。这很快成为被大多数人所接受的逻辑,而不只是出现在军事战略手册上或只有在北爱尔兰问题上才管用的一种逻辑。颇具影响力的冲突研究所(Institute for the Study of Conflict)于 1970 年成立。② 该机构吸引了大批人士,包括以该所主任克罗泽(Brian Crozier)为代表的全球反颠覆研究专家,以克拉特巴克(Clutterbuck)少将和汤普森(W. F. K. Thompson)准将为代表的反暴动专家,以汤普森(Robert Thompson)爵士(曾任马来西亚治安事务负责人)为代表的前外交官、情报官员和高级军官,以及知名企业家和学者。以该研究所为基地,这些人聚集在一起,对从圣地亚哥到西贡普遍存在的"颠覆和革命暴力"问题展开"学术"分析。③ 他们有效地建立了"一个遍布白厅、警方、情报部门和军方的联系人网络",④并通过这个颇有影响力的网络,大力宣传其关于全世界范围内颠覆性活动的看法。

北爱尔兰问题使得这种策略性变化具有了更多的合理性。虽然北爱尔兰议会被解散、自治地位的取消以及英国对其实行直接统治都是 1972 年才发生的事情,但实际上在 1971 年,种种迹象已经表明北爱尔兰危机注定要以英国军队和临时爱尔兰共和军之间的城市游击战这种激烈的对抗方式收场。在康普顿委员会发布报告之后,《星期

---

① 同上。
② 参见 *Time Out*,1975 年 8 月 29 日至 9 月 4 日;《卫报》,1976 年 7 月 16 日。
③ *Time Out*,1975 年 8 月 29 日至 9 月 4 日。
④ 《卫报》,1976 年 7 月 16 日。

日泰晤士报》的洞察力小组（Insight Team）成员在其发表的著作中指出，英国直接介入北爱尔兰事务所带来的最敏感的议题是军队该如何行动的问题。[①] 该书出版后，就连在新的反叛乱阵营中绝对算不上最保守的克拉特巴克少将也认为这本书是"反军队的"，"对爱尔兰共和军抱有同情"。无论何时何地，一旦出现政治暴力问题，英国人就会放下思想中的意识形态铁幕而达成一致。与此相关的另一个背景是克拉特巴克少将所说的"遍布世界的城市游击战"问题，或用另一位专家格雷格（Ian Greig）的更简单的表述来说，是"流血冲突的政治"问题。随着发展中国家的殖民地革命和后殖民阶级政治的进程不断加速，这些斗争日益变成了一种武装斗争或"人民战争"的形式。古巴和阿尔及利亚的革命，随后的越南战争，以及在刚果、非洲的葡萄牙语地区和南非等地发生的解放运动都属于这种类型。在这些斗争过程中，涌现出胡志明、武元甲将军（General Giap）、[②]阿米尔卡·卡布拉尔（Amilcar Cabral）、[③]切·格瓦拉等革命领袖。在其影响广泛的著作中，他们都主张通过发动大众参与的政治革命战争来改变不合理的现状。但武装解放运动浪潮的下一个阶段的关键——尤其在拉丁美洲——并不是乡村地区的游击斗争，而是在城市里发生的由先锋群体领导的起义斗争。比如，乌拉圭的民族解放运动组织图帕马罗斯（Tupamaros），巴西的马瑞盖拉（Marighela）领导的运动，委内瑞拉的武装斗争，等等。如果说传统的乡村游击斗争是在发展中国家本地条件下自发形成的话，那么，城市游击斗争相比之下更容易被发达国家的运动领导者所借鉴。通过学习发展中国家革命者的经验，这些领导者在大都会中心或其邻近地区采用游击斗争策略，并在那些相对脆弱的小型城市发动恐怖袭击，从而进一步加快了"政治暴力由国外向国内蔓延"的速度。

---

① 《星期日泰晤士报》洞察小组，《阿尔斯特》，前揭。

② 译注：武元甲（1911—2013），越南共产党、越南民主共和国、越南社会主义共和国和越南人民军的主要缔造者和领导人之一。越南人民军大将，曾任越共中央政治局委员、中央军事委员会书记、越南政府副总理、国防部长等职，曾被美国《时代》杂志称为"红色拿破仑"。

③ 译注：阿米尔卡·卡布拉尔（Amilcar Cabral，1924—1973），几内亚比绍和佛得角独立的奠基人，非洲革命的理论家，左翼民族主义政治领袖，农学家，非洲最重要的反殖民运动领导人之一，几内亚和佛得角非洲独立党的创始人和第一任总书记。他长期领导几内亚（比绍）和佛得角群岛的民族独立运动，20世纪60年代初发动了争取民族独立的武装斗争。卡布拉尔深受马克思主义的影响。1973年1月20日，在民族解放战争取得决定性胜利、几内亚比绍独立建国前八个月，他被葡萄牙特务暗杀。

爱尔兰共和军和魁北克解放阵线（Quebec Liberation Front）①是前者的典型例子；黑色九月组织（Black September）②和巴勒斯坦解放阵线（Palestine Liberation Front）③绑架商人和外交官、劫持飞机和发动恐怖主义袭击的激进行动则属于后者。巴勒斯坦解放阵线在 1970 年连续策划了四起劫机事件，最终导致其卓越的军事领导人之一哈立德（Leila Khaled）被捕。为了迫使官方释放哈立德，该组织随后又实施了道森机场（Dawson Field）劫机事件。英国外交官在加拿大和乌拉圭遭到绑架。无疑，与这些城市游击斗争相关的景象既推动军队、警方和情报部门为防范国内出现此类运动而做好准备，同时又进一步加剧了大众的担忧和恐惧心理。正是在这里，出现了一种经典意义上的螺旋上升过程——作为对暴力事件的回应，官方的控制措施呈现出日益"军事化"的趋势，而在那些从事城市恐怖主义活动的人看来，这种反应又恰恰证明了官方的自由主义外表背后所隐藏的威权主义本质。在这种情况下，这些运动及其参与者所得到的同情和认同越来越多，这进一步加剧了"捍卫现状和挑战现状的双方之间以暴制暴，以公共暴力来维持公共秩序，以及在政府无能为力的情况下通过私人暴力维系大众所认可的社会秩序"的趋势。④

很快，在英国国内就出现了类似的激进组织。英国军事化激进组织"愤怒军旅"就是一个典型例子。在这里，我们无法对究竟是哪些因素导致了该组织的出现这一复杂问题进行详细分析。但简而言之，其成因至少包括如下几个要素：首先，在左派自由至上主义者看来，西方社会"日趋异化的生存条件"与企业资本主义的剥削性结构之间存在真实的关联性；其次，这一时期出现了这样一种信念，即在发展中国家如火如荼进行的反帝国主义斗争可以与资本主义国家内部冲突在战略上和策略上产生呼应

---

① 译注：一群魁北克人于 1963 年 2 月组成的抵抗运动组织，主张魁北克并非和其他地区一样只是一个省份，而是一个独立的国家。鼓吹通过暴力行动实现魁北克从加拿大独立出来。20 世纪 60 年代到 70 年代，该组织先后制造了 200 多起暴力事件。

② 译注：巴勒斯坦激进派组织，曾策划实施多起恐怖活动。黑色九月曾于 1972 年在慕尼黑举办的第 20 届夏季奥运会期间将以色列代表团 11 名运动员杀害，震惊世界，史称慕尼黑惨案。随后，以色列情报特务局对黑色九月幕后成员展开严厉的报复，即天谴行动。

③ 译注：巴勒斯坦的一个左翼政治军事组织。巴勒斯坦解放阵线最早出现于 1961 年。1967 年，巴勒斯坦解放阵线与其他两个组织合并为解放巴勒斯坦人民阵线。后来，巴勒斯坦解放阵线重建。该组织的意识形态是巴勒斯坦民族主义。

④ T. Rose 编，《美国的暴力》（*Violence in America*，New York：Random House，1969）。

关系；再次，国内公民日趋专注于私人事务而对公共政治日益冷漠，这种
趋势导致人们对"城市游击斗争"会产生一种比以往更加强烈的浪漫化想
象和象征性认同。与此同时，这一时期还发生了一些具有戏剧性的重大
事件，比如，越南战争和美国的黑人解放运动就是两个典型例子。通过这
些事件，人们的确可以把国内外形势联系起来，从而产生那种"战争的烈
焰即将烧到家门口"的感觉。此外，还有一些斗争形式是真实原因与象征
性因素共同作用的产物：一方面，少数先锋分子以毫不动摇的坚定决心把
斗争逻辑推向了一种极端的形式——与一切大众斗争相脱离的先锋主义
（vanguardism）；另一方面，是他们对过于缓慢的社会改革进程的失望和
愤怒。这两种要素的结合最终导致各类城市恐怖主义团伙的出现：美国
的地下气象员（Weathermen）、①西德的巴德尔-迈因霍夫集团、日本赤军
（Japanese Red Army）②和英国的愤怒军旅等激进左派恐怖主义组织都
是这种先锋主义路线的代表。

　　在关于愤怒军旅的报告中，内政大臣卡尔认为，该组织最终走向毁灭
的原因是它卷入了"'一般性'犯罪活动"之中。③ 导致该组织成员普雷斯
科特（Jack Prescott）和珀迪（Ian Purdie）引起警方关注的是一起虚假支
票和银行卡盗窃案。两人最终因为参与炸弹袭击卡尔先生和戴维斯
（John Davies）先生住宅的罪名于 1971 年 11 月出庭受审。更为关键的
是，这起案件几乎牵扯到非主流社会运动的整个网络——公社、集体组
织、吸毒场所（pads）和"同性恋聚集区"（scenes）等各种非主流空间。正
是在这些地方，反抗《劳资关系法》的斗争与妇女解放组织和维权者协会
（Claimants' Union）等团体组织的社会运动交织在一起。根据卡尔的说
法，调查官哈伯肖（Habershon）表示："我不得不深入那些群体进行调查，

---

　　① 译注：地下气象员（Weather Underground），是美国的一个极左派组织，1969 年由反越
战组织中的激进派分裂而来，目标是以暴力革命推翻美国政府。该组织在 70 年代进行过一系
列针对美国政府的以毁坏财产为目的的炸弹袭击，并策划过暴动和劫狱等事件。地下气象员在
1973 年美国从越南撤军后开始衰败，部分成员参加了其他组织，亦有部分成员继续犯罪活动而
被捕，最终在 1977 年解散。

　　② 译注：日本赤军，或译赤军旅，是一个日本极左派武装恐怖组织。该组织 1969 年从日
本共产主义者同盟分离出来，1971 年由重信房子与丸冈修于巴勒斯坦正式宣告成立，1974 年定
名为"日本赤军"，根据地为叙利亚控制的黎巴嫩部分地区。日本赤军主张推翻日本皇室和日本
政府，推动世界革命。在 20 世纪七八十年代，日本赤军在全世界制造了多起严重的恐怖事件。
2000 年，日本赤军"最高领导人"重信房子在日本被捕，并于次年宣布解散日本赤军。

　　③ G. Carr，《愤怒军旅》（*The Angry Brigade*，London：Gollancz，1975）。

因为实施爆炸袭击的责任人就在那片区域。"但在这些地区进行调查的警察无不对"眼前所见到的情形感到震惊……让他们无法理解的是,为何会有人选择以这样的方式生活……这些情景显然进一步增加和巩固了警察群体中已经存在的对所谓非主流社会的偏见"。在"愤怒军旅"每次实施爆炸袭击之前或之后,官方都会发表公报。这些公报总是把这些袭击事件与某个社会议题联系起来:北爱尔兰问题,《劳资关系法》问题,劳斯莱斯汽车工厂倒闭事件,邮政员工的"反叛",以及福特工厂罢工事件。但毫无疑问的一点是,这些批判性运动的逻辑在本质上是"抽象的"。在比巴(Biba)①精品店和福特公司主席住宅发生的系列爆炸事件之后不久,官方建立了防爆特别行动队(Bomb Squad)。与此同时,调查官哈伯肖则开始阅读居伊·德波(Guy Debord)那本充满黑格尔主义和情境主义色彩的脑洞大开之作《景观社会》(The Society of Spectacle)。最终审判结果是,珀迪和克里斯蒂(Stuart Christie)被宣判无罪;普雷斯科特因为替愤怒军旅邮寄恐吓信件的罪名被斯蒂文森法官判处 15 年有期徒刑。次年5 月,另外四名嫌疑人经多数裁决被判处 10 年有期徒刑。

　　无论从什么角度来说,"愤怒军旅"事件都是一个悲剧。它源自这样一种根深蒂固的观念:现存的人类社会体制中存在着明显的不公正之处;在自由至上主义的观念中,由于国家的压迫总是直接而不经任何中介调节的,与之对抗的手段就同样只能是直接的和排除任何中间环节的。在这种逻辑下,直接诉诸炸弹和暴力手段成为一种可能的解决方法。这种以暴力直接对抗国家压迫的做法与"1968 年"的剧烈动荡所确立的自由至上主义传统一脉相承。但在完全不具备革命性斗争条件的情况下,采取这种决然对抗的形式最终实际上意味着一种孤立性和脆弱性,而不是力量;这些斗争的星星之火最终没能点燃其他激进群体的斗争热情,也没能与更加广泛的群体性抗争产生联系。这说明这些斗争所采取的策略路线的抽象本质具有内在的缺陷。尽管如此,这些斗争过程依然产生了意想不到的深远影响。在不经意间,它们在公众意识中确立了这样一种观念:在非主流社会的政治斗争活动和国家所受到的暴力威胁之间,存在着不可分割的联系和因果关系。结果,可能性关系变成了一种必然性关系。这些事件也使那些维护法律和秩序的力量获得了其渴望已久的借口,由此可以合法地对捍卫自由价值的社会网络和群体予以严厉打击。此外,

---

① 译注:1964 年至 1975 年间运营的一家英国服装品牌公司。

它们还进一步巩固了普通民众全力支持"法律和秩序"的捍卫者"履行职责"的决心。对他们而言，这些夜间发生的爆炸事件恰恰是最好的证据，说明越是担心的事情越会真的发生。"愤怒军旅"事件因而成为整个社会向"法律—秩序"主导的状态转变过程中的一个转折点。它的出现似乎可以向世人证明反对国家的暴力阴谋的确是存在的，而这场阴谋的根源与青年群体中普遍存在的疏离状态有关。通过爆炸、武器藏匿和引爆装置这些具象的事物和场景，它使原本空洞的极端主义恐惧情绪有了实质性的内容。它把各方反应的激烈程度提升到了一个新的高度。

实际上，1971年上半年发生的所有事情只不过是一个序幕。随后发生的斗争行动背后的秩序和逻辑都发生了变化。虽然这一序幕展开的主要形式可能已经显示出工人阶级和中产阶级在政治上相互融合的趋势，但实际上，在1971年至1972年间，领导斗争方向的已经是一群不同的人，而且斗争展开的方式也发生了变化。在上克莱德联营造船厂、普利西(Plesseys)电子公司、费希尔-本迪克斯(Fisher-Bendix)工厂、诺顿-维利尔斯(Norton-Villiers)摩托车制造厂以及费克纳姆(Fakenham)等地发生的工人阶级斗争行动，都采用了左派学生在60年代率先采用的那种静坐示威的对抗策略。

1971年6月，政府宣布关闭上克莱德联营造船厂。这一联营厂的设立曾经是其此前的管理者进行合理规划和调整的产物。7月，在苏格兰人针对日益严重的失业问题，发起了几次大型示威活动之后，工人代表占领了船厂，反对关闭工厂，保护自己的工作岗位。这种斗争策略是防御性的，而非攻击性的。这些抗议活动在强有力的领导之下有序展开，吸引了越来越多的工人。这些工人都反对《劳资关系法》。很快，他们就发展成为一场反对希思政府的社会运动。随后，矿工以工资诉求为主要目标，加入这场斗争的最前沿。希思"路线"与组织化的工人阶级之间势不两立的对抗过程由此拉开了序幕。

1972："行凶抢劫者"时刻

行凶抢劫现象变得越来越普遍，在伦敦尤其如此。结果，由于害怕遭遇行凶抢劫，如今守法的公民都不敢在深夜乘坐地铁或者使用地下通道了。据我们所知，在美国，人们因为害怕遭遇行凶抢劫，甚至夜间在马路上行走都会感到胆战心惊。对于这样的罪行，必须通

过惩戒性刑罚来予以打击。（王室法律顾问卡梅尔法官）①

无论从何种角度看，1972 年都是非同寻常的一年。因为正是在这一年，出现了自二战以来前所未有的持续而公开的阶级冲突。这是充满了反抗与镇压、暴力与对抗的一年。同样是在这一年，英国社会陷入了严重的两极分化之中，原有的社会共识几乎彻底瓦解了。《泰晤士报》在回顾这一年时，以一种颇为悲哀的语气写道："这是以暴力开始，也以暴力告终的一年。"②在年初发生的流血星期日事件中，第一营伞兵团失去理智，陷入了一种临时性的"军队暴乱"状态，向正在德里的博格赛德地区进行和平示威活动的天主教民众进行无差别的疯狂扫射，酿成 13 人当场死亡的惨剧。在年末，人们从晚间新闻中得知，"美军发起了自越战爆发以来规模最大的一次空袭，其惨烈程度是现代战争史上前所未见的"，而越南在这些炮火的蹂躏下正化为一片片废墟。《泰晤士报》指出，这也是"国际恐怖主义"日益猖獗的一年。此时的恐怖主义已经"不再局限于殖民占领地区的边界范围之内……而是开始直接对西方社会相对温和、开放的社会肌体本身发起了攻击"。同样是在这一年，"劳工群体……计划通过更强有力的武装手段来捍卫自身的利益"，工会也"对《劳资关系法》表达了强烈反对的立场，甚至对依据该法设立的劳资关系法庭采取了公然蔑视的态度"。③ 事实上，正是在这一年，工人阶级在没有任何战略性政治领导层指挥的情况下，与空前高涨的工会抵抗运动相呼应，直面和击溃了希思政府的对抗策略，并最终迫使其改弦更张。工人的顽强斗争最终导致希思政府的政策四分五裂，难以为继，并加速了官方政策的彻底改变。这些剧烈变化经过依据法律进行收入政策调整的三个阶段，再到实行紧急状态的黑暗时期，最终导致希思政府在 1974 年与矿工的第二次对抗中彻底陷入政治破产的境地。这一年的罢工天数比 1919 年以来的任何时候都多，其中包括自 1926 年全国大罢工（General Strike）以来发生的第一次全国矿工罢工。

对官方试图通过制定新法案，直接以法律的强制性手段来管理劳工和经济问题的计划，无论是作为议会反对派的工党，工会大会的代表，还

---

① 转引自《伦敦标准晚报》，1972 年 9 月 25 日。

② 《泰晤士报》，1972 年 12 月 30 日。

③ 转引自同上。

是自由派媒体，都没有能够对此成功进行软化、调和、修正或阻击。相反，在这一计划酝酿的早期阶段，自由派媒体甚至还曾经主动怂恿希思先生推动相关计划的实施。实际上，率先承担这一任务的是组织化的劳工群体。无论是阻止官方的计划，还是在最后的斗争中对其予以致命一击，坚决不合作的工人阶级反对派都发挥了主力军作用。斗争首先发生在码头。为了提高生产效率，集装箱企业希顿运输公司（Heaton's Transport）计划进行改革。这对许多工人的工作构成了威胁。为了保护自己的工作，他们拒绝资方进入位于利物浦的码头。资方于是诉诸刚成立不久的劳资关系法庭，试图通过法律手段来强迫工人退让，推行改革措施。工人拒绝接受法庭要求他们允许资方进入码头的命令。3 月 29 日，法庭以藐视罪对工会开出 5000 英镑的罚款，后来在 4 月 20 日，又追加了额外的50000 英镑。但工会拒绝支付罚款。很快，工人的集装箱抵制运动扩散到了伦敦的码头。在一系列反复无常的司法判决中，上诉法庭搁置了劳资关系法庭的判决和罚款要求。但最终，议会上院又在 7 月推翻了上诉法庭的判决，并恢复了罚款的决定。与此同时，在伦敦的斗争行动中发挥领导作用的三名码头工人遭到起诉。再一次，法律成为政治工具。他们的法定律师，在此案之前和之后都很少露面的英国司法系统中的一位神奇人物，趁上诉法庭推翻劳资关系法庭的判决之机，成功地为他们进行了辩护。但劳资关系法庭的庭长唐纳森爵士并不会就此善罢甘休。7 月 21日，在发生大规模抗议活动之际，五名码头工人因为藐视法庭罪而被判入狱。工人阶级对这五名码头工人给予了声势浩大的支援，大规模的抗议活动导致全国性报纸停刊长达六天。最终，结果又出现了一次大逆转：当局恢复了对运输与普通工人工会的罚款，但同时也释放了遭起诉的五名工人。两天后，在工人与其工会领导人面临十分艰难的局面的情况下，旨在化解码头危机的妥协方案，即所谓琼斯—奥尔丁顿（Jones-Aldington）"现代化"计划被否决了。于是，全国性的码头工人罢工开始了。

　　法律没能发挥当局所希望的应有作用。因为它要发挥作用离不开两个条件：一是法庭的独断权力与威严，二是工人阶级的内部分裂。然而，法庭在被用作阶级斗争工具的过程中已经信誉扫地，而工人阶级不仅没有分裂，反而展示出空前的团结。紧接着，法庭又一次试图把赌注放在所谓"沉默的大多数"上，勒令铁路工人必须服从法定的 14 天冷却期，并要求他们以投票表决的方式来表达诉求。结果，铁路工人以五比一的表决结果决定支持罢工行动。此后，在处理戈德（Goad）（一位因为不服从命令而被拒绝参加分工会会议的工会成员)案时,法庭不仅对工程工人混合工会(A. U. E. W.)进行了罚款,还威胁要将其查封。但后者直接拒绝支付罚款。

　　所有这些斗争行动本质上都是防御性的,目的是要抵抗法律的强制性权力,保护工会的基本组织权利。到 1972 年 7 月时,阶级权力之间直接的政治性对抗已经开始了。矿工们要求工资上涨五到九英镑,但被政府断然拒绝。显然,政府希望工会领导层中的温和派能够促使工人们"回归理性"。同时,与针对邮政工作者所采取的对策一样,政府还希望把参与斗争的矿工孤立起来,并通过确保大多数公共服务系统的正常运转使罢工行动彻底无效。事实证明,希思政府又一次失算了。虽然某些相对"温和的"矿区的工人的确不太愿意加入罢工行动,但那些更激进的煤矿区的工人,因为得到家属的支持和这些社区传统团结精神的鼓舞,而变得更有战斗力。与此同时,工会领导层也对工人的诉求表达了坚定的支持,认为长期以来过低的工资水平已经导致矿工的生活水准普遍落后于平均水平。地方社区的工会领导层也发挥了强有力的积极作用,对罢工行动进行了有效的协调组织。此外,矿工们还成功将自己的声音传播到了其他产业部门,赢得了不同行业工人的支持。斗争的关键是对供应物资从补给站的流出和流入过程进行控制,从而从源头上巩固罢工行动的有效性;斗争的关键策略包括赢得其他相关产业工人的支持和实施有效的罢工纠察。在包括学生在内的社会各方的支持下,矿工们发展了所谓罢工鼓动员策略,尽最大努力对港口、电厂和补给站等关键地点的工人力量进行有效动员,从而最大限度地发挥罢工行动的施压作用。但罢工行动也因此与警方发生了直接对立。在这种情况下,煤炭的供应只能依靠罢工纠察队来维系。在伯明翰的索尔特利(Saltley)焦炭补给站,这种公开对抗已经到了千钧一发的程度。这里的矿工在外援的支持下,成功组织了规模浩大的罢工行动,导致运货卡车停运,补给站大门紧闭。当伯明翰警方为了解决这一危机开始采取行动时,伯明翰各地的工会代表呼吁工程工人也加入他们的斗争行列:无数的工人放下手头的工作,整个伯明翰地区的工厂几乎全部陷入停顿。大量工人主动走向街头,支援罢工纠察队的工作。在这场斗争中,工人阶级展现出空前的团结精神。警方被迫让步。很快,政府也紧随其后做出让步。矿工们的抗争事件最终被定性为一个需要进一步研究的"特例"。和之前通过任命法定律师来化解危机一样,这一次官方则通过所谓的威尔伯福斯调查(Wilberforce Inquiry)来帮助政府尽可能直面自己遭遇失败的事实。这一结果产生了强烈的示范效应和巨大的催化作用。它给那些与政府对抗的力量注入强大的阶级自信。它迫使希思政府不得不改变强制性路线,转而考虑采取法定收入管制(statutory incomes control)政策。它也推动了工党内部的进一步左倾化。当然,这一事件也在无形中让希思首相坚信,必须在未来的合适时机彻底制服这些矿工——这种有如飞蛾扑火般的复仇执念在 1974 年终于再度爆发,并最终在政治上导致了希思政府的彻底垮台。

矿工的抵抗行动导致官方决定在既有的劳资关系法中加入新的法律条款,把流动罢工鼓动员定性为非法。显然,这是通过增加更多的法律限制来捍卫和巩固此前因为遭到工人抵制而失败的法律限制措施。这种状况一直持续到 1973 年。随后,不少人遭到逮捕,并以阴谋罪受到起诉。另一个结果则是迫使希思首相在极度不情愿和厌恶的情况下回到他非常不屑的常规路线:重建法团主义式的讨价还价机制。在所谓新一轮"全面而坦诚的讨论"中,曾经紧闭的唐宁街 10 号首相官邸的大门现在又勉强向工会大会和英国工业联合会的谈判代表打开了大门。希思首相抛出的方案是工资上涨的最高幅度不得超过两英镑,但在工人抵抗运动精神鼓舞下立场趋于强硬的工会大会拒绝了这个建议。但这对希思先生诉诸管制手段的本能丝毫没有产生影响。他决定对工资和物价采取法定冻结政策(statutory freeze)。这一强制实施的经济政策的第一阶段大约从 1972 年的 11 月开始。到 1973 年,这一政策进入第二阶段,但引发了罢工抵抗的新一波浪潮。但是,这时的抵抗运动主要是由低收入劳动者和公共服务部门从业者主导的,而这些人所处的位置在战略上胜算并不大。在坚持不退让的情况下,希思先生又把这一政策推进到了以法律的神圣性和阴谋指控作为主要支撑手段的第三阶段,从而为后续可能发生的一切重大冲突做好应对准备。在什鲁斯伯里(Shrewsbury),罢工鼓动员再次发挥了十分积极的动员作用。最终,24 名建筑工人遭到逮捕和起诉。这反过来又引发了矿工们第二次大规模的抗议示威。

在北爱尔兰各地随处可见的路障和"禁止入内"的标牌象征着临时爱尔兰共和军在处于少数派地位的天主教民众中已经牢牢确立了自己不可挑战的领导者地位;在这种情况下,天主教徒和军方之间的日常摩擦已经从常见的街头争吵、投掷石块、相互嘲讽和报复行为,逐渐恶化为常规性的武装冲突。迅速恶化的局势导致悲剧性结果变得越来越不可避免。民权协会(Civil Rights Association)于 1 月 30 日在伦敦德里地区组织游行示威活动就为这种悲剧性结局的上演提供了一个机会。当伞兵开始向示威人群发射橡皮子弹时,示威者依然不断赶往自由德里角(Free Derry Corner),准备参加在那里举办的集会。随后,军队把橡皮子弹换成了实弹,向示威人群扫射,人们四散逃命。袭击结束后,人们发现,至少 13 名天主教示威者被当场打死。"流血星期日"事件不仅是后续暴力全面升级的序幕,而且也让北爱尔兰地区天主教徒的斗争意志更加坚决,同时也导致他们把临时爱尔兰共和军视为自己的保护者。于是,这场冲突最终演变成为一场民族主义—天主教—共和主义势力与帝国主义占领军之间的斗争。但在英国本土,对公众情绪影响更大的是炸弹袭击事件。为了替"流血星期日"事件中的受害者复仇,临时爱尔兰共和军在位于奥尔德肖特(Aldershot)的伞兵总部军官餐厅外安装了炸弹。在这场袭击中,有 6 人丧生,"低烈度行动理论"的创立者基特森准将以几分钟之差逃过一劫。曾经远在天边的爱尔兰冲突现在终于"出现在家门口了"。临时爱尔兰共和军马不停蹄地策划了一系列炸弹袭击事件。这些袭击是"系统性的,每个街道,每座商业建筑,所有商业区域都在他们的威胁之下,随时可能化为废墟。他们会说:'我们正在填补空白。'的确,这正是他们非常擅长的事情"。[①] 面对这种压力,北爱尔兰议会被迫暂时关闭,北爱尔兰作为一个省被直接置于英国议会的控制之下。至此,英国政府已经没有任何回旋的余地,只能自己直接领导发动一场打击恐怖分子和炸弹袭击者的战争。作为回应,新教准军事团体在长期的准备之后开始崭露头角,匆忙建设起各种防御性路障。英国军队和新上任的北爱尔兰国务大臣怀特洛(Whitelaw)先生除了竭尽全力铲除临时爱尔兰共和军和天主教抵抗运动之外,没有别的选项。双方之间曾经短暂停火,但最终又被新一波的炸弹袭击事件打破。其中,仅在贝尔法斯特一天之内发生的爆炸袭击就造成了 11 人丧生,130 人受伤。显然,对双方来说,这是一场注定要进行到底的战争。

怀特洛先生试图把这些"枪手"从"普通平民"中孤立出来。在这个过程中,媒体发挥了重要的作用。经过精心策划的报道让英国观众感到毛骨悚然,唤起了他们对恐怖主义的恐惧情绪。人们相信,恐怖主义的幽灵正在悄然逼近每个国家,英国的重要城市也将难以幸免。通过

---

　　① E. McCann,《战争与一座爱尔兰小镇》(*War and an Irish Town*,Harmondsworth:Penguin,1974)。

媒体的反复宣传，人们逐渐认为这些充斥着恐怖袭击和爆炸废墟的场景是"不可理喻的"，完全是"爱尔兰"极端主义分子集体疯狂和非理性状态的产物。相比其他因素，这个观点本身更能让人们相信北爱尔兰危机就是超出常人理解范围之外的，毫无理性和逻辑可言，完全是愚蠢的疯狂的结果。年底，林奇先生领导的爱尔兰政府推出了颇有争议的《反恐法案》，成为西欧各国相继通过的反恐紧急法案中最早的一个。恰恰是在此时，都柏林发生了造成两人死亡和多人受伤的爆炸袭击事件。显然，这起袭击事件并不是爱尔兰共和军发动的，因为这样做对其有百害而无一利。但无论如何，这一突发事件彻底扫除了爱尔兰国会下院的反对意见，使《反恐法案》很快通过立法程序成为真正意义上的法律。这是在都柏林发生的第一起炸弹袭击事件。但它让英国人坚信，由于某些未知的或无法明言的原因，恐怖袭击的幽灵已经对那些爱好和平、依法行事的国家的公民造成了严重威胁。面对随时可能发生的巨大危险，正直无辜的人们处于疑惑、彷徨和恐惧之中——显然，这种景象让英国公众感到如坐针毡。

　　1972 年发生的政治性绑架和劫机事件并不算多（据估计，1967 年至 1971 年间发生的飞机劫持事件超过了两百起，但其中只有十起是以对政府施压为目的的政治性劫持事件）。[1] 但这一年也的确发生了几起很有戏剧性、令人惊悚的事件。3 月，一个土耳其游击队绑架了三名北约技术人员，其中两人是英国人。在伏击的过程中，人质全部被杀。5 月，发生了类似的但更加严重的绑架事件。日本赤军的三名成员代表巴勒斯坦游击队组织，在以色列的利达机场对机场贵宾室的乘客进行扫射，导致 24 人死亡。显然，这是一起自杀性袭击事件，肇事者对受害者进行了无差别谋杀。这种疯狂行径"在西方人看来，完全是无法理解的"。[2] 无疑，这一事件是对此前三名巴勒斯坦劫机者之死的复仇。三周前，在同一个机场，这三人劫持了一架载有 100 名乘客的比利时飞机。随后，在以色列军队向被劫持飞机发起攻势时，三人被杀。的确，巴勒斯坦人的地位和悲惨处境（无论人们多么厌恶这种作为政治武器的无差别恐怖袭击，这种处境肯定不是"无法理解的"）成为国际恐怖主义扩张的主要源头，而几乎所有国

---

　　① 　R. Clutterbuck，《抗议与城市游击战》（*Protest and the Urban Guerrilla*，London：Cassell，1973），页 234。

　　② 　同上。

际航空公司和机场以及发达国家一般都很容易遭受这种袭击。在这一时期，"黑色九月"组织和巴德尔—迈因霍夫集团、日本赤军等被视为国际阴谋网络成员的恐怖组织把巴勒斯坦、阿尔斯特等城市武装斗争的中心连接了起来。其中，"黑色九月"多次成为英国报纸的头条新闻。当"黑色九月"的成员侵入慕尼黑奥林匹克村，绑架了九名以色列人质，并射杀了另外两人时，人们对大都市在恐怖主义面前的脆弱性问题的关心达到了前所未有的程度。在这起事件中，埋伏营救行动并不成功，在双方交火过程中，八名恐怖主义分子中的五名以及所有人质被杀。全世界的媒体云集至此，本来打算向读者和观众展示体育赛事所体现的国际友谊与和谐，结果却不得不报道突然发生的这起影响重大的流血事件，以及在毫无预警的情况下突然出现的骚乱。几个星期后，一架西德的飞机在南斯拉夫西北部城市萨格勒布被成功劫持。结果，为了交换被劫持的飞机，此前被捕的三名恐怖主义分子又被释放了。在这种情况下，每个月在伦敦机场乘坐飞机的两百万乘客难免会担心，每当自己走上飞机舷梯时，很可能将会遭遇一场国际性的致命劫机事件。

在种族和移民问题上，相关法案的提出和确立过程从 20 世纪 60 年代中期一直延续到 70 年代中期。这或许与这样一个事实有关：1966 年 10 月，邓肯（Duncan）先生提醒当时的工党内政大臣詹金斯注意新一波来自肯尼亚的亚裔移民可能造成的问题，却被后者要求不要把自己的这种担忧扩散给公众。邓肯先生答应了这一要求。关于移民问题，鲍威尔先生在 1967 年评论道："现在，凡事都以稳定大局为重，移民问题被有意地从公众关注的视野中抹去了。"[1]但他确信："随着情况的变化，在后续阶段，移民问题一定会成为一个公众十分关注的议题，情况也将变得更加棘手。"[2]1967 年 10 月，鲍威尔先生又提到了移民问题："在肯尼亚，有无数做梦都没想过会加入英国国籍的人，现在像你我一样都成为这个国家的公民。"[3]《每日镜报》在头版头条的文章中以选择性提问的方式提出了这个问题："关于移民，是应该向所有人平等开放？还是应该强化政府控制呢？"[4]在这里，移民问题再度浮出水面，却以一种更具戏剧性的方式出现，往往被描述成"洪水猛兽""幽灵"，或者用《星期日泰晤士报》的话来说

① 《每日电讯报》，1967 年 2 月 16 日。
② Hiro，《黑白英国》，前揭，页 222。
③ 同上。
④ 《每日镜报》，1968 年 2 月 15 日。

是"泛滥成灾"。① 在这种舆论氛围中,1968 年的《英联邦移民法案草案》很快出台了,对移民进入英国的权利,以及移民家眷与移民家庭团聚的权利都进行了更加严格的限制。这份草案在十分仓促的情况下成为正式法案。1968 年至 1971 年间的《移民法》标志着英国的种族关系在这段时间内陷入了低潮;虽然这一时期人们主要关心的是现有移民带来的危险以及将部分移民遣返回原籍国家的可能性问题,但来自东非的大批持有英国护照的亚裔群体涌入的可能性更进一步增加了人们的焦虑情绪。缓解这种鲍威尔式焦虑情绪的办法之一是确保对移民的人数已经实行了更为严格的控制;同时,随着新法案的确立,入境处的移民官员对待新移民,尤其是对待亚裔移民的方式已经明显变得更不友好了。② 但早前的预言却以一种意想不到的方式突然之间成为现实:1972 年 8 月 4 日,乌干达总统阿明(Amin)③下令驱逐居住在该国的 4 万名英籍亚裔人。在短短几周的时间内,大批持英国护照的乌干达亚裔人口在几乎被剥夺全部经济财产后,被迫返回英国。面临这种局面,英国政府必须立即针对这些人群实施住宿救济和工作安置计划。这些国籍不明的亚裔人口的实际身份应该是什么成为一个巨大的疑问,其中很多人在乌干达和英国政府对其公民身份有效性的不同解释中无所适从。在这一时期,随着在原籍国和英国之间"来来往往"的移民已经逐渐成为一个稳定的流动群体,很多家庭因为日益严格的移民政策而不得不骨肉分离,很多亲属只能暂时寄居在仓促设立的临时聚集地等待审批结果。到 8 月,人们对种族问题的担忧已经陷入了恐慌状态;在公共话语中,洪水、泛滥、浪潮等希罗所说的"海洋隐喻"(maritime metaphors)修辞成为描述移民的常见词汇。此时,新闻界相信自己因为没有给予种族关系问题足够的重视从而与"普通的"草根群体对这个问题的真实感受相脱节,这对英国人民是不公平的。因此,它揭去了自由主义伪装,开始以现实主义的态度直接表达自己对这一问题的看法:突如其来的移民潮的确让英国深受其害。

---

① 《星期日泰晤士报》,1968 年 2 月 18 日。

② 参见 R. Moore,《英国的种族主义与黑人反抗》(*Racism and Black Resistance in Britain*, London: Pluto Press, 1975)。

③ 译注:伊迪·阿明(Idi Amin Dada, 1925—2003),乌干达前总统。军人出身的阿明于 1971 年发动军事政变,推翻米尔顿·奥博特政权,1976 年任终身总统。任职期间驱逐 8 万名亚洲人出境,屠杀和迫害国内的阿乔利族、兰吉族和其他部族达数十万人。1979 年,乌干达国内的不满情绪及阿明对坦桑尼亚卡盖拉区的觊觎导致了 1978 年乌坦战争的爆发。战争宣告了阿明八年统治的终结。他被迫逃亡外国,后隐居沙特阿拉伯,直至去世。

正是从这一时期开始,对移民社区的"骚扰"变得越来越频繁:警察对非法移民的"狩猎"式抓捕,对护照和个人文件的检查,对黑人青年的常规化"管控行动",对贫民区的严密监控,对黑人社会活动中心的突袭式搜查。同样是在这一时期,保守党重回执政地位。在该党内部,反黑人游说势力和反移民情绪日益高涨的保守党忠实拥护者认为必须履行对右翼选民的承诺。用詹金斯先生的话来说,1971 年的《移民法》是"一个令人高度反感的法案……在理念上是错误的,在实践中是有害的";但当他在1974 年再度担任内政大臣时,工党政府并没有废除这一法律。同时,由阿明的驱逐政策导致的对移民人数和入境管理的失控所引发的恐慌情绪有增无减。[①] 尽管不宜做过多牵强附会的解释,但值得注意的是,对蜂拥而至的乌干达亚裔移民潮的恐慌和对"行凶抢劫"的恐慌出现在同一时间:1972 年 8 月。

1971 年,"危机"已经成为一个流行词,而且不再只是新闻报道中言过其实的一种夸张修辞。显然,英国正在进入一个重大的社会、经济和政治危机时期。不同立场的人对这场危机的看法和解释截然不同,但它不再只是一种危言耸听的说法而已。我们在本书中的所有论述都与这场危机是如何被表述的有关。但从我们的主要关切点来看,如果不能对这一维度略加考察,就无法充分把握 1972 年的真实状况。这一年,"暴力"和"法律"这两个抽象主题成为意识形态上紧密相关的一对范畴,成为主导所有议题、争议、冲突或问题的母题。可以说,这两个截然对立的主题对整个 1972 年发挥了绝对的主导作用。我们在前文已经分析了新闻界或政治、政府、公共或道德生活领域的定义者在界定"麻烦"的过程中,是如何不断把社会异见或公众关心的议题纳入日益融合和广泛的社会隐喻之中的。到 1970 年,国家的"敌人"已经变成一种单一的复合形象。这个几乎笼罩着整个社会的敌人形象的存在,意味着存在出现大规模社会混乱的可能性。20 世纪 70 年代初,能够代表这一敌人的是"无政府状态"。但作为一种社会混乱的威胁,"无政府状态"与随后出现的"敌人"形象相比依然不够具有冲击力(虽然两者之间也存在着十分明显的联系):以暴力形式出现的具体可见的无政府力量。暴力成为导致 1972 年公众对危机理解发生转变的核心因素。正如我们已经指出的那样,暴力是最后一

---

① 关于这一状况对英国黑人社群产生的直接影响,参见 Moore,《英国的种族主义与黑人反抗》,前揭;或《今日种族》杂志等相关资料。

道分水岭。因为正是通过暴力，无政府状态最终呈现出其本来面目——一场针对国家的阴谋。而对这场阴谋发挥实际的或潜在的推动作用的是对武装暴力手段的运用。因此，暴力所威胁的不只是社会秩序的某个方面，而是整个社会秩序的基础本身。暴力因此成为这场危机到达顶点的象征，成为自 60 年代中期以来发生的一切对英国式"生活方式"产生破坏和侵蚀作用的事态自然且不可避免的结果，标志着统一稳定的社会共识的结束和价值观的分崩离析。在意识形态上，暴力还成为各类议题融合的终极形式。在这样一个充斥着"暴力"的社会中，尽管暴力的具体内涵实际上很难清晰界定，但它因为呈现出简单、直接和易识别的特征而具有意识形态价值。毕竟，暴力是"我们"一致反对的对象，而且所有不同类型的异见和冲突都可以简化为暴力这个单一的形式。因此，暴力成为最低公分母，能够把所有不同类型的威胁转化为"总威胁"。暴力成为人们描述 1972 年危机时反复使用的一个议题；而且有必要指出的是，这里所说的暴力指的是一种特定的暴力形式：无政府暴力。这是一种暴民暴力，一种毫无逻辑、没有缘由或毫无逻辑（即便是令我们反感的逻辑）可言的暴力，一种纯粹为了寻开心的失控的、非理性的、无意义的和不可理喻的暴力。

　　2 月，《星期日快报》的专栏作家爱德华兹（Anne Edwards）曾就流血星期日事件做出如下评论："这种吵吵嚷嚷的疯狂流氓行径已经在肆虐全国各地。"这种失控的流氓行为往往与丑陋的无意义暴力紧密相连。"也许我们应该早点意识到虽然暴民暴力往往通过宣称某种目的来合理化自身，但实际上它是与无意义的破坏相伴的。从事这些行为的人往往除了纯粹为了寻开心而打砸、殴打、破坏、损毁之外，脑子里并没有其他的目的。"[①]显然，这位作者在这里正是通过暴力把各种议题"串联"在一起：在某国首都的某大使馆发生的纵火事件；某位代表矿工利益的议员对暴力行为的鼓动；两位持刀青年对在校学生的威胁；伦敦某贫民区一位寡妇的丈夫的照片被暴徒撕得粉碎。所有这些事件都不是什么好的、文明的或人道的事情。同时，这些事件也完全不是政治性的。然而，尽管英国的财富及其国际地位是通过包括征服、强制劳工和暴力在内的许多不同手段实现的，但英国人最不愿意承认的一点是，政治暴力向来是事出有因的。当然，这篇专栏文章的作者并没有提出如此复杂的论点。实际上，文中所

---

① 《星期日快报》，1972 年 2 月 6 日。

提到的这些用来证明观点的事件之间除了修辞的和意识形态的关系之外,彼此之间毫无任何明显的或具体的"联系"。它们可能是同一场噩梦的组成部分:只是在一种极具隐喻性的意义上属于同一种历史现象。使之产生实际联系的并不是这些事件之间的相似性,而是它们在人们的意识中引起的那种相似的恐惧性反应。实际上,所有这些现象背后的共同要素是一种被觉察到的危机感。通过一系列过滤、简化、强调和隐喻性扭曲的修辞转化,这种危机感最终在"流血星期日"事件上得到了集中体现——《星期日快报》关于此事的报道被冠之以这样的标题:"挂羊头卖狗肉的暴徒"。① 我们无须成为爱尔兰共和军的同情者或者赞成以无差别恐怖袭击为政治武器的做法才能支持这样的看法:抛开其他情况不谈,无论是在事前还是事后,流血星期日事件本身都被认为是纪律涣散的英国军队所犯下的一个巨大错误;从英国的观点来看,无论在政治上还是军事上,这起事件带来的后果都绝对是灾难性的——原因在于对天主教徒来说,通过这一事件,原本无法明确界定的事情现在变得一目了然了:对立双方现在都把爱尔兰危机界定为一场军事危机,而一旦军事(即暴力)逻辑在这种"殖民地"语境中成为主导逻辑的话,这种逻辑就成为本已十分沮丧且蠢蠢欲动的伞兵部队采取行动的唯一参考框架。由此导致的流血星期日事件也因此成为政治危机的源头。作为《星期日快报》的竞争对手,《星期日泰晤士报》以强有力的证据充分证明了这一观点。此外,在首席法官威杰里先生领衔发布的关于"流血星期日"事件的官方调查报告中,这一点也是显而易见的。这份报告远不像某些人所说的那样对"临时爱尔兰共和军"采取了相对"软化"的立场,相反,人们普遍认为该报告实际上发挥了洗白军队的作用。

现在,让我们来看看《星期日泰晤士报》。该报几乎在所有自由和公民权利问题(包括最有风险的种族问题和鲍威尔先生的言论)上都发表了大胆看法,并且甘愿冒着一定程度的经济风险来捍卫自己的独立立场(这一点与其曾经的"自由派"对手《观察家报》很不相同)。下文是《星期日泰晤士报》在同一时期发表的一篇社论的节选:

> 克劳福德(Martha Crawford)、侯赛因(Serajuddin Hussein)、劳(John Law)分别在不同地方被谋杀。尽管相隔千里,但他们的死亡

---

① 同上。

却有着可怕的相似性。他们都是与己无关的冲突中最无辜的受害者。一位是旁观者,一位是人质,一位是记者。他们中没有一人持有武器,没有一人受到庇护,也没有一人真正卷入了在无意间夺去他们生命的政治斗争。作为一个家庭主妇,一名技术人员,以及一位编辑,他们就像任何一个普通人一样,只不过想在不伤害任何人的情况下度过平淡的一生。然而,现在,他们却成为这个时代的野蛮主义行径的牺牲品,成为众多受害者中那三个不幸死去的人。①

不过,这段表述微妙的文字,实际上也存在对事实进行简化的倾向。在现实中发生的真实而可怕的具体的政治冲突过程实际上导致了很多后果,上文描述的这些人过早的悲剧性死亡只不过是其中的后果之一。但在这篇社论中,这些复杂的具体的冲突过程被消解为一种抽象形式,即纯粹的暴力。所谓"可怕的相似性"实际上是一种虚假的相似性。这些特定的死亡事件背后唯一的相似性就在于它们都是暴力行为导致的结果。在这里,与"暴力"相对应的是另一个抽象表述,即这些受害者是极度无辜的。文中对受害者近乎完全匿名化的处理方式实际上是要强调这样一个观点,即所有以这种悲剧性方式收场的冲突完全是没有意义的。通过这些完全没有必要发生的死亡事件,文章将其试图表述的观点提升到了一种与"每个人"相关的抽象层次。不过,这种抽象化的过程是以牺牲历史和政治语境为代价的。在文中所提到的这些受害者背后,还有不计其数死去的无名巴勒斯坦人。但对后者而言,哪怕是在象征意义上,他们的名字也根本不可能出现在《星期日泰晤士报》上。因为这些死去的巴勒斯坦人曾经被历史彻底遗忘了,直到不久之前,人们才重新想起了他们。因此,我们可以合理地认为,当类似于巴勒斯坦人这样的处于被剥削地位的群体系统性地遭受制度性或政治性暴力时,他们必然会以暴力予以还击。关于这一点,法农有过雄辩而令人信服的论述。在他看来,英国人与这种对巴勒斯坦问题的历史性遗忘之间有着深刻的同谋关系。当然,这种同谋关系并不是个体性的,而是集体性的。但不幸的是,在这种集体性的同谋关系中,并不存在"与己无关的无辜者"。但《星期日泰晤士报》完全没有考虑法农的这种看法。相反,该报认为这种看法是"毫无根据的"。这些看法"成为那些无底线的懦夫行径逃脱指责的借口,由此暴力分子摇身

---

① 《星期日泰晤士报》,1972 年 4 月 2 日。

一变,成为英勇的殉道者。现有'体制'中存在的各种不完善之处成为现代极端主义分子采取暴力行动的目标指南,而正是通过把责任推卸给体制,一切针对普通公民(无论多么无辜)的袭击(无论多么残忍)似乎都变得情有可原了"。显然,这些观点所表达的是一些无可挑剔的体现人道主义精神的自由主义原则。与《星期日快报》的修辞策略不同,《星期日泰晤士报》并没有企图通过恐吓的方式来胁迫读者相信那些实际上并不存在的"事实"。但在其自身的逻辑中,后者实际上也在一定程度上扭曲了事实。实际的政治过程远比《星期日泰晤士报》的编辑所想象的要复杂和残酷得多。在约旦河西岸,极端主义的根源与"现有体制的缺陷"的关联性就小得多。只有在古典自由主义的抽象逻辑中,世界才能轻易地被划分为具备相应权责的公众和非政治化的完全"中立的"私人这两个部分。人们之所以会觉得自己突然受到了不知从何而来的暴力"政治"的迎面暴击,并不是因为他们都是"中立"的无辜个体,而是因为通过帝国主义体系,以一种集体性的方式在我们与那些遥远的、被遗忘和被抛弃的人类成员之间建立起来的剥夺性关系,已经在我们每个人的背后默默存在了相当长的时间。这是一个令人痛苦的事实。直视或思考这种关系所带来的结果并不是一件令人愉快的事。

　　暴力的对立面并不是和平、爱或者对暴力受害者的赔偿;相反,它的对立面是法律。"这不只是对政府力量的一次考验。它同时也是对整个社会的一次挑战。绝大多数英国人渴望和平与正义。只有公正、合法地实施的法律,才能最终保证这一点。"[1]"法律可能需要修订。它可能会导致其创立者并不想看到的结果。其社会效果也可能是有害的。它甚至完全可能是一部彻底的恶法。但它依然是法律;虽然一个中世纪国家可能会因为无法满足现代社会共识所提出的各项要求而遭到抛弃,但对一部哪怕自颁布以来才存在了四个月的法律,人们却无法以同样的方式无视它的存在……因此,即便是恶法人们也必须遵守。"[2]随着时间的推移,这一过程持续发展。但"无论是好是坏,它都是当下人们必须遵守的法律,而现代民主社会的基石就是它必须容忍那些它不喜欢的法律,直到这个社会能够以合乎宪法要求的方式改变这些法

　　① A. Maude,《无政府主义终于露出了真面目》(Now Anarchy Has Shown Its Face),见《星期日快报》,1971 年 7 月 30 日。

　　② 《星期日泰晤士报》社论,1972 年 6 月 8 日。

律……一切问题的最终裁决标准必须是法律，而整个社会的统治力量必须受到法治的制约"。[①] "无疑，国家当前所面对的根本问题实际上与码头货运产业本身或这一产业的产能过剩问题没有任何关系，它甚至与保守党和有社会主义倾向的政治派别之间的政策路线差异也没有关系。这个问题其实很简单，那就是这个国家是否依然要坚持依法治国的原则，还是要受制于非理性的无政府主义力量的主宰。"[②] 然而，这些直白而简单的对"法律"权威的强调所针对的究竟是什么样的威胁呢？政治性谋杀？枪杀人质？对无辜者的绑架？对平民的无差别炸弹袭击？相对不那么张扬的晨间投递的炸弹邮件？还是那些在街头搞破坏的布尔什维克恶棍？实际上，我们在这里引用的四篇社论和评论文章最终要辩护的对象都是希思政府的《劳资关系法案》。该法案是处于统治地位的政治阶级联盟以特定阶级为对象的立法行动中最直接、最不加掩饰的一次，其目的是要对 20 世纪确立的工人阶级的组织化力量和团结斗争的精神予以法律限制。

有人指出，为了解决危机而以如此宽泛和开放的方式运用法律，希思先生实际上彻底打破了司法独立的神话。巴尼特（Barnett）指出，作为所有发达资本主义国家的神圣信条之一，司法的中立性原则提供了一个法律平等和自主的框架，这有助于掩盖生产性关系中不断涌现出来的持久的社会和经济不平等现象。[③] 但一旦国家有义务采取更直接的方式对这种现象进行干预，尤其是当这种干预是以通过法律手段公开维护特定阶级利益的非常规形式进行时，这些干预行动有可能"具有一定的风险性，即有可能把工人与资本家之间真实关系中相对'不可见的'不平等的一面暴露出来，使之变得一目了然。因此，现代资本主义国家对经济的干预达到了前所未有的程度……对资产阶级而言，这种干预是一种危险，因为它可能会暴露将体制神秘化的核心意识形态，而大众对资本统治地位的认同正是以这种神秘化为基础的"。[④]

这就解释了为何 1972 年把法律手段引入传统上相对"中立"的经济和劳资关系领域时，其作用不是缓解矛盾，而是激发和引爆大规模的阶级

① 《星期日泰晤士报》社论，1972 年 7 月 23 日。
② 《星期日泰晤士报》社论，1972 年 7 月 30 日。
③ A. Barnett，《阶级斗争与希斯政府》（Class Struggle and the Heath Government），见 *New Left Review*，77，1973。
④ 同上。

矛盾。20世纪60年代美国"新左派"的正统观点认为自由资本主义只不过是法西斯主义压迫的虚假外表。虽然我们认为这种看法显然是一种错误的过度简化,但我们也赞同,法律和法庭等司法力量在70年代的政治和社会生活中发挥着更加明显和活跃的作用,这一现象的确在一定程度上产生了这样的效果:笼罩在那种曾经十分流行的相对仁慈的国家和国家权力模式之上的神秘感遭到了消解。凡是涉及国家干预的各个领域情况都大抵如此。我们已经指出,在我们所处的这个时代,正在发生的最深刻的结构性变化之一就是资本主义国家的地位、角色和特征的大规模重构,只不过这种变化常常被当下更为迫在眉睫、更加引人瞩目的"危机"所掩盖了。这种重构主要表现为国家对各个领域的持续干预,而这些领域迄今为止普遍被看作是独立的"市民社会"的组成部分。一方面,国家对资本本身的经济机制进行干预,另一方面,国家也在意识形态关系和社会再生产领域发挥更加积极的作用。因此,法律和法庭等司法力量在冲突和阶级矛盾的政治管理层面的介入,与国家对经济的总体状况和资本扩张条件的干预,以及对福利和国内劳动力再生产的调控是相匹配的。但到目前为止,我们依然无法准确判断的是,资本主义国家在英国语境下这种特定的重构形式,究竟是以英国为代表的所有发达资本主义国家中资本主义生产模式的一种普遍的发展特征,还是只是一种更具有"国家"特征的具体现象——比如,在英国,国家的重构是在极其薄弱的经济基础之上和面对资本主义历史上最成熟的产业工人阶级的情况下完成的。但国家的这种转变所产生的作用显然是不可否认的;无论是在资本主义相对衰落的英国还是资本主义发展势头强劲的美国,尽管每个国家情况不同,但都发生了这种国家重构的现象,这表明我们所看到的并不是一种相对次要的变化。实际上,在一个矛盾和不平衡发展的时代,这种变化不只是各个国家内部政治"力量关系"的产物,而是源自世界资本主义体系自身内部的根本性矛盾。

　　然而,这种分析往往也会导致我们忽略与特定情势关系更为密切的要素。如果说国家的重构,包括司法系统的调整,是迄今为止我们所分析的种种不稳定现象的深层原因之一的话,那么,我们也必须意识到,在英国,国家重构的形式与其他国家相比十分不同。工党在之前和当下阶段所采取的"调控的共识"政策以"国家利益"作为其核心意识形态机制,同时辅之以将世界分为"温和派"和"极端派"的意识形态策略。但实际上这种共识模式也是"干预主义"国家扩张的产物,虽然这种扩张在工党执政

时期和希思政府时期的形式并不相同。但这种差别的实质并不只是表示
希思政府执政时期所代表的那种干预主义与我们所分析的其他时期在形
式上的表面差异，而是指这样一个关键变化过程的完成：作为当代资本主
义国家权力存在基础的平衡或均衡关系在本质上的一次重要的内部转
变。而且，虽然这个变化过程主要源自深层的结构性原因，但国家政体由
隐蔽的控制向更透明的压制形式的转变所展现的这种具体差异则是与政
治阶级斗争本身的变化有关。从 20 世纪 60 年代中期以来出现的政治异
议日益增长的趋势，到 60 年代末至 70 年代初更激进的工人阶级政治斗
争形式的再度出现，加上英国极度薄弱的经济基础，所有这一切共同导致
了这样一个结果：除非对压制性国家权力的使用方式及其形式进行全面
强化，否则通过政治途径化解英国社会面临的危机将是一件不可能完成
的任务。将这种霸权危机的本质性转变推向极致成为希思执政时期为资
本主义发展做出的一大"功绩"，虽然他本人并没有从中获得什么好处。
此外，还有两点值得注意。第一，虽然在这次调整之后，我们已经重新回
到了一种更加公平、管制更多的"契约式"干预主义形式，但在国家层面，
将法律作为一种压制性手段加以广泛使用的现象并没有随之消失。共识
依然是一种强加的而非自发形成的产物；而且到 70 年代中期，在绝大多
数情况下，共识始终具有一种此前的共识形态所不具备的那种压制性特
征。第二，人们还没有充分认识到的一点是，国家对"法律"的调用具有强
大的动员力量。以法律和秩序为诉求，国家能够赢得那些沉默的绝大多
数人对其危机定义的支持，而这个定义成为国家向更有威权主义色彩的
形式转变的基础。法律对阶级关系的直接介入可能会在一定程度上解构
它的中立"表象"。但这种介入同时也可能会产生相反的效果：以法律之
名，国家就能以公开和直接的方式合法地动员"公众舆论"来支持其强势
措施。任何人只要随便打开任何一个反映"底层"心声的电话连线广播节
目，或者仔细聆听希思先生的继任者的论调，就能立刻感受到民间支持强
化社会纪律的威权主义和民粹主义情绪的高涨。在 1972 年的最后一搏
中，希思先生付出了巨大的代价。但这段"非同寻常的"时期所产生的意
识形态影响力却一直持续到他卸任之后，直到如今也没有完全消失。

　　1972 年是"行凶抢劫"恐慌第一次出现的时间点，也是更宏大的历史
叙事与我们关心的更为具体的议题相互交织在一起的时间点。这个年份
没有其他的特殊意义。就"希思路线"的瓦解和工人阶级斗争日趋自信和
激进化的趋势来说，1972 年只不过是一个中间节点。从历史的角度看，

"行凶抢劫时刻"只不过是这一漫长历史进程中诸多关键时刻中的一个而已。

但这个时刻的重要性和出现的时机却不是偶然的。当然,我们并不是要把这一时间节点上出现的不同要素以一种过分牵强的方式捏合在一起。我们的目标是要阐明一系列不同的矛盾因素是如何在一个断裂点上积聚在一起的。如果说英国社会对"行凶抢劫"现象的反应的根源在于处于文化霸权危机下的国家从常态向非常态的转变的话,那么,这种反应并不是一种简单意义上的国家演化的直接产物。在犯罪控制、警察和法庭、公众舆论和媒体等司法和意识形态领域,对"行凶抢劫"现象的反应有其自身的"内在历史"。如果说这种反应与"文化霸权危机"有关,那么这种关联性也只能是通过与危机管理相关的不同国家机构之间不断变化的平衡和内部关系来实现。这些机构的内部历史与这一时期资本主义国家的一般历史是相互关联的,但迄今为止,对这种内部历史的叙述尚未出现。由于这种不足,我们不能在事实证据允许的范围之外进行过度推论。司法系统对"街头犯罪"的激烈反应有可能在战后以来的任何一个时期发生。毕竟,在将近二十年的时间里,"犯罪上升率公式"始终在人们所关心的议题中名列榜首。在这一时期,公众舆论中始终有不少人呼吁恢复死刑或肉刑,要求采取更加严厉的刑罚措施和更残酷的监禁制度。至少从1964年的斯梅西克选举以来,种族问题就成为政党政治中被操弄的议题之一。早在1963年,政府就开始了对警察力量的重组。而且,这个重组过程在一开始并不是为了应对任何更加明显的威胁,而是纯粹出于"组织"原因。但实际上,重组后的警察系统在控制黑人群体和政治异议分子方面的效果和效率都大大提高了。与青年、家庭和道德规范相关的权威危机实际上并不是70年代的问题,而是早在50年代就出现了。因此,"行凶抢劫恐慌"实际上经历了漫长的发酵过程。但毫无疑问的是,这场恐慌倘若发生在更早的时期,显然不可能像在70年代那样产生如此重大的反响。正如我们此前的分析已经表明的那样,这场恐慌的爆发至少离不开如下五个基本条件:控制机构处于随时快速动员和"时刻准备着"的高度紧张状态;官方和公众经过媒体鼓动后已经处于高度敏感状态;人们普遍"相信"社会稳定面临"威胁"——比如,犯罪率被理解为社会权威和控制面临总体危机的征兆;某个卷入到戏剧性犯罪事件("行凶抢劫")中从而引发公众警惕的弱势"目标群体"(比如黑人青年)成为替罪羊;导致阴谋分子和民间恶魔成为众矢之的的舆论机制开始发挥作用。当"行凶抢劫恐慌"发生时，所有这些条件都完全符合。

我们的研究表明，这些条件并不只是与黑人犯罪现象有关。这意味着在国家对政治冲突和社会不满情绪的特定表现形式的反应与文化霸权的总体危机之间存在着关联性。因此，我们认为，要想搞清楚人们对"行凶抢劫"的反应的本质究竟是什么，就必须理解社会（尤其是统治阶级联盟、国家机构和媒体）是如何对日益加深的经济、政治和社会危机做出反应的。无疑，这场危机值得我们从全球同步经济衰退的背景下资本主义生产方式变化的角度进行更全面、更深入的研究。但由于我们的分析对象主要与司法—政治体系有关，故而本书对社会危机的考察主要是从国家层面进行的，尽管我们完全了解这种视角的局限性。因此，在本书中，这场危机主要被描述为一个逐步建构"法律—秩序"社会的过程。

后果：与危机共存

对 1972 年至 1976 年间情况的讨论只能以一种更加概括性的方式进行。由于 1972 年至 1974 年间局势发展的最终结果将会如何尚不明确，因此，以一种盖棺定论的方式来对这一时期进行分析是错误的。在这里，我们认为有四个主要方面值得注意：政治危机；经济危机；意识形态斗争；以及种族问题成为英国公民和政治生活危机中的重要议题。我们认为，这四个主题是在一个有机的复杂历史情势之中展开的，而这一情势又取决于两个因素：英国经济地位的快速衰落；以及对 1968 年至 1972 年间逐步形成的"非常态国家"政治形态的维系。经过一系列复杂的过程，至少从目前来看，这一国家形态似乎已经得到了彻底的巩固。

由于政治上的失败，希思政府在 1972 年后不得不重新回到法团主义的协商路线。但这种回归是在很不情愿的情况下做出的；而且有迹象显示，这只不过是缓兵之计，对希思先生来说，最后的摊牌只不过是被延迟罢了。随着 1972 年至 1973 年的全球经济危机的加剧，经济衰退开始日益严重，失业率飙升，通货膨胀达到了魏玛共和国时期的水平，全球资本主义的整体发展因为阿拉伯国家油价上涨而变得极度失衡。在这种严峻局势下，政府手中已经没有多少赌注可以用来"讨价还价"了。因此，为了化解危机，希思政府分阶段采取了多种措施。第一阶段，实施六个月的工资冻结政策。第二阶段，把工资浮动限制在 1 英镑或 4% 的幅度以内。第三阶段，1973 年秋天，为了应对更加激进的劳工群体的诉求，设立了

"弹性条款"。此时,作为最激进的工人群体,矿工们以高度团结的斗争意志和组织力量提出了工资要求:地面工人 35 英镑,地下工人 40 英镑,煤矿采掘工 45 英镑。在这种相互对立的形势下,最终的摊牌时刻终于到来了。作为回应,希思先生发起了一场猛烈的意识形态攻击。他指责矿工的行动违背了爱国主义精神,因为他们提出工资要求的时机恰逢阿拉伯国家对西方国家发起石油禁运之际。他们的做法实际上"绑架了国家利益"。媒体迅速把握了这一风向——毕竟,向那些置"国家利益"于不顾的人发起攻击与平衡公正的新闻报道原则并不矛盾。从 1972 年至今,无论政府采取何种政策,都被视为完全等同于"国家利益"本身,国家立场成为媒体报道的依据;一旦有任何一个群体对此构成威胁,就会被媒体以温和派和极端派的二分法机制在象征性层面被驱逐出国家共同体——而且媒体认为从"主流"立场出发,以这种公开主动的方式介入政治斗争,是完全合法的。在英国历史上,"红色恐慌"并不少见,而且其之所以能够发生并成功产生巨大影响取决于政客和媒体的紧密合作。但在 20 世纪 70 年代初这一时期,"红色恐慌"的再度出现尤其值得重视。这一时期的媒体开始再次试图挖出那些隐藏在矿工工会中的"有政治动机的分子";1974年,媒体开始把苏格兰矿工领袖麦加希(McGahey)先生塑造成一个具有"红色"倾向的"威胁人物";再后来,1976 年,媒体又把韦奇伍德-本恩先生说成是工党的"列宁";在实施所谓"社会契约"政策的最初阶段,媒体反复介入从"极端派"到"温和派"之间的各类重要工会团体的内部选举;后来,整个媒体又充斥着对"马克思主义"幽灵的担忧。所有这些做法都被认为是没有问题的、客观的、中立的"报道"。偶尔,报纸也会在特写专栏中发表那些对共产主义颠覆势力十分敏感的机构提供的文章:冲突研究所(Institute for the Study of Conflict)、全国自由协会(National Association for Freedom)、产业目标联盟(Aims of Industry Group)、自由企业同盟(Free Enterprise League)以及"精诚合作运动"(Let's Work Together Campaign)。再后来,甚至无需任何极端刺激,只要有人声称自己在工党内又发现了一位"支持极权主义的马克思主义者",媒体就会主动把头版头条的位置拿出来让其发表高见。

最终,希思先生决定实施他的"终极解决方案",而这一方案的全部政治动机都是要在工人阶级最团结一致的时候彻底将其击垮。这一政策带来了灾难性的经济后果,导致英国经济彻底陷入了"萧条性通货膨胀"之中。为了彻底打垮矿工的"嚣张气焰",希思政府发起了一场全国性的节约燃料运动；更关键的是，必须让每个英国家庭深刻理解这场危机的严重性，从而被动员起来声讨矿工的"破坏行为"。政府实施了为期三天的全国性"紧急工作状态"，供电大规模缩减，整个国家几乎陷入了一片昏暗之中。这种全面打击的做法，目的在于把矿工的抗争行动造成的"代价"平摊到整个工人阶级和全国民众身上，由此试图从内部对其进行分化：促使工党和工会大会对全国矿工工会施压，促使只能从事工资相对较低的短工的妇女对她们参与罢工的丈夫施压。但这种分裂策略没能奏效。当全国矿工工会不得不就是否继续罢工进行投票时，最终的结果是有 81% 的投票者支持继续罢工。虽然希思政府成功地营造了一种"危机恐慌"氛围，但这一策略没能击垮工人阶级在过去的两年里与希思政府的保守政策进行公开斗争的过程中所建立起来的阶级团结。在"藏在床下的赤色分子"（Reds Under the Bed）运动所营造的"红色恐慌"的氛围中，希思先生宣布举行大选，最终却以惨败收场。显然，1974 年 2 月举行的这场选举"比二战以来的任何一次选举都更具有阶级对抗的意味"。① 在这场选举中，尽管随着希思先生的失败，工党以弱势少数派的地位回归执政地位，组成少数党政府，但实际上大获全胜的并不是工党，而是高度组织化的工人阶级。因为在这场斗争中，他们彻底挫败了政府意图打击工人的计划。

在接下来的两年中发生的政治阶级斗争可以从如下三个方面予以概括性把握：第一，在矿工们获胜后，政府与工人之间在 1974 年剩余的时间里依然保持着剑拔弩张的对立状态；第二，面对日益加深的资本主义危机，政府通过对原有的"社会契约"（social contract）（长期以来，这其实一直是一种并不准确的说法，所谓"社会契约"[social compact]②总会让人想起某种一语双关式的弥合社会分歧的意味）机制进行适度调整，重新回到了社会民主主义的管理策略；第三，随着资本主义经济陷入全方位的衰退之中，通货膨胀变得极其严重，货币市场陷入动荡，社会工资和公共开支大幅削减，生活水平普遍下降，统治集团为了维护资本利益而牺牲工人阶级利益。所有这些都成为工党政府不得不面临的棘手问

---

① 　I. Birchall，《英国的阶级斗争：工人与保守党政府的对立，1970—1974》（Class Struggle in Britain：Workers against the Tory Government，1970—1974），见 *Radical America*，8（5），1974。

② 　译注：英文中的 compact 一词除了有契约、协定、合同的意思外，还有带镜子的化妆盒之意。

题。在这种困难的局面中,工党内出现了两种不同的应对姿态,一方面,以卡拉汉先生为代表的温和派以坚韧不拔的态度直面国际债权人的挑战,另一方面,以希利先生为代表的激进派则把斗争的矛头转向了普通民众。"社会契约"策略成为英国社会民主派试图控制和消除资本主义衰落造成的不良影响的最新手段。与此前的类似策略一样,作为工党对法团主义协商政策的一种翻版,"社会契约"策略依然是在资本主义国家范围之内,作为一种中介机制,在正式的劳工运动领导集团(执政的工党政府)、工人阶级的正式代表(工会大会)和在这一阶段处于相对沉默和疑虑状态的资方利益代表之间发挥协调作用。通过这种形式,资本主义危机又一次被直接纳入国家的范畴之内。在这一政策实施的早期阶段,为了"实现财富分配结构的根本性转型",各方在做出让步的同时也充分认识到,"社会工资"问题是当前迫切需要协商的重要议题。在这一过程中,工人阶级展现了强大的力量和高度的凝聚力,工会也获得了对政府决策的否决权。当然,随着对福利和公共开支的大规模削减,工人阶级和工会的这些优势地位也逐步遭到了系统性的削弱。面对工党政府削减开支的做法,工人阶级采取了十分矛盾的态度:一方面是在很不情愿的情况下勉强支持这些政策,但另一方面又在一定程度上对之进行了并不彻底的抵制。结果,宣称代表工人阶级利益的工党政府又一次把工人推入了贫困和失业的泥沼,这种奇怪的现象让工人阶级感到困惑不已。由此可见,"社会契约"政策实施的社会基础是很不稳定的,这导致了十分矛盾的结果:一方面,工党政府必须在表面上维持对"左派"路线的忠诚,而且这种忠诚的程度必须足以确保以工程工人混合工会的斯坎伦与运输和普通工人联合会的琼斯为代表的左翼工团主义者的"支持",同时足以让人相信媒体中关于工党是由"不负责任的左派分子"构成的一个政党的说法多多少少是有些可信度的;但另一方面,采取"社会契约"政策的工党政府又必须足够温和,不能过于激进,因为只有如此才能说服工人阶级接受工党的实用主义政策,为了顾全大局而不得不容忍飙升的失业率和逐步下降的生活水平。正是通过这种矛盾的方式,工党成功"俘获"了工人阶级和工会的充分支持,足以使之能够自诩为现有少数派联合政府中唯一有能力管理危机和维系资本主义体系的"值得信赖的政党";但与此同时,工会在这种不稳定的权力平衡结构中处于十分核心的位置,这足以导致人们认为工党政府已经成为"工会领袖的囊中之物",从而打击国内资本投资的积极性,同时对海外货币交易商产生震慑作用。（作为曾经的社会主义者，约翰逊［Paul Johnson］^①在他的论著中对这些政策的致命后果给出了更翔实的阐述。）^②显然，再没有比这更不可靠的政治"解决方案"了。

当然，随着英国最终陷入了严重的经济低谷之中，工党的政策也陷入了僵局。到 1975 年，资本主义在全球范围内进入了全面的严重衰退状态，出现了经济停滞与严重的通货膨胀同步发生的罕见现象。这种全球性的资本主义衰退究竟会发展到何种地步依然是一个悬而未决的问题。但这种衰退给英国造成的影响却是一目了然的。资本主义国家之间的合作关系，尤其是英国和意大利之间的关系，遭到了永久性的破坏。原本用来控制经济衰退的凯恩斯主义政策如今已经彻底失灵。而关于货币供应是否对降低通货膨胀率有一定作用还是完全无效，经济学家连最基本的共识都没有。同时，政府却在紧锣密鼓地试图把经济衰退的代价转移到工人阶级身上。显然，英国经济的困境已经不是所谓本国固有的弱点所造成的。相反，这种日益陷入贫困的经济局面是人为采取的一系列致命政策一步一步造成的，而实施这些政策的工党政府却在默默打着如意算盘，希望能在把危机转嫁给工人阶级的同时却不会激起大规模的政治抗议，从而实现英国社会民主派政府所期望营造的那种幻象——工党执政下的英国拥有"良好的投资环境"。但实际上，工党政府此时已经处于一系列矛盾处境之中。如果政府对相关公共开支削减过快，就会迫使工会走向"社会契约"政策的对立面，从而摧毁社会民主派脆弱的社会和政治基础；但另一方面，如果公共开支削减不够快、不够有力的话，来自国际银行的信贷投资将会大大减少。如果政府增加税收，已经日益变得焦躁不安的中产阶级中将出现大规模的移民潮，或者像在智利发生的那样，对政府施加巨大的压力；但如果政府不提高税收的话，已经苟延残喘的福利国家制度将彻底崩溃，而通过福利制度赢得工人阶级支持的希望也将彻底落空。对 20 世纪 70 年代的英国来说，没有任何切实可行的资本主义式的解决方案能够化解这个国家所面临的危机，同时也不存在任何具备坚实政治基础的社会主义式策略能够为其提供一条替代性的出路。英国就这样被锁定在一个致命的僵局之中，成为一个深陷于不可阻挡的资本主

----

① 译注：保罗·约翰逊，英国记者、历史学家、作家，早年曾经倾向于社会主义和左翼立场，但 20 世纪 70 年代之后逐渐右倾，成为保守主义政策和撒切尔夫人坚定的支持者。

② P. Johnson，《一无所知的左派》(The Know-Nothing Left)，见《新政治家》，1975 年 9 月 26 日；P. Johnson，《走向寄生国家》(Towards the Parasite State)，见《新政治家》，1976 年 9 月 3 日。

义衰落中而无法自拔的国家。

　　在意识形态上,这一局面导致了极其严重的后果。虽然在社会民主派执政时期,英国社会在 1972 年至 1974 年间逐渐形成的"法律与秩序"主导的国家形态有所削弱,但资本主义国家在这一时期已经形成的超常形态却没有受到根本性的破坏。国家机器被充分调动起来服务于纠正性和压制性政策;与之相匹配的是整体意识形态气候的恶化,越来越倾向于支持更严厉的社会纪律。正是在这种意识形态氛围中,非常时期的"超常"政策获得了大众的支持。我们很难对这种意识形态的构成进行完全准确的描述,却可以对其中所包含的一些主要议题和机制进行简要分析。

　　1972 年至 1974 年间,政府、压制性国家机构、媒体和某些舆论团体开始逐渐把英国社会所面临的"危机"界定为一系列有计划的或有组织的阴谋的产物。整个英国社会几乎都认为存在着一场蓄意破坏"英国式生活方式"的阴谋。显然,这种偏执狂式的观念是以特定的集体心理置换机制为基础的。简言之,在一个长期以来对共识不能自拔的社会中,"阴谋"是一种必要且必需的框架,由此可以解释为何这个社会中会出现异见、对立面或冲突。在英国,人们普遍认为,在自己所在的社会中,所有重大的和结构性的阶级冲突都可以化解,政府的功能之一就是促进阶级和解,国家的角色就是这种调解和共识形成过程的组织者,而资本主义生产模式的阶级本质所引发的矛盾也可以在这种调解过程中得到妥善处理,从而维护资本主义社会的整体和谐。显然,在这种情况下,之所以出现社会冲突,必定是因为一小撮邪恶的、在政治上图谋不轨的颠覆分子试图阴谋用暴力手段破坏这个社会的和谐氛围。否则的话,如何解释整个社会所面临的"危机"呢?当然,和大多数主导意识形态范式一样,这种逐渐成熟的阴谋论也会导致实质性的后果。这种观念的普及使官方对一切威胁到国家逻辑或与之相对立的事物的打压变得合法化了。这一逻辑的前提是社会与国家在整体上的同一性——国家成为缺乏组织性的大众意志共识的官僚化体现、强大的组织核心和表达渠道。因此,无论国家采取何种行动都是合法的(即使这些行动并不总是"正确的");任何人只要威胁到这种共识也就成为对国家的威胁。显然,这是一种十分关键的意识形态蜕变。以此为基础,以法律—秩序为核心特征的超常国家形态才能得以存在和发展。

　　这种阴谋论式的世界观曾经是《中西文摘》(*East-West Digest*)杂志、产业目标联盟、经济同盟(Economic League)等极右团体才会赞成的一种观点,但从 1974 年至今,这种看法已经是绝大多数人都赞同的一种逻辑。无论是在《泰晤士报》的通讯员专栏和《经济学人》杂志的评论中,还是在大学教师联谊活动室中的交谈和国会上议院的辩论中,我们都能看到这种观点的影子。媒体对产业新闻的报道中经常出现这样的表述——"左派在莱兰工会选举中胜算渺茫"。① 由于所谓的"政治—产业界联合行动",任何劳资关系矛盾都会受到诬蔑性攻击。威尔逊先生对克莱斯勒公司争议事件的攻击就是一例。② 像查尔方特(Chalfont)勋爵这样的人士拥有充分的自由来传播他们的反共产主义观点。通过这些宣传,他们试图告诉民众那些共产主义"堕落分子和破坏者"的使命就是要彻底摧毁民主制度。之所以出现这种论调,是因为有人认为当时的英国已经具备了列宁式革命所需要的全部前提条件。③ 像北伦敦的米勒教授这样的理工学院负责人认为,参与抗议活动的学生的动机并不单纯,很多人是带有"恶意的"。他承认,"我坐在办公室目睹那些抗议分子的破坏行动,我完全有理由说,'应该把那些带头闹事的人送上绞刑架'"。④ 作为一家公开支持极右立场的报纸,《每日电讯报》在彩色增刊上发表了一系列特写文章,详细解释共产主义是如何"以神不知鬼不觉的方式像癌症一样在英国社会逐渐蔓延开来的",以及英国人民是如何遭受"一小撮……受国外势力操纵的诡计多端者的背叛、欺骗和暴力"的。《伯明翰晚邮报》认为这些文章极其权威,因此直接进行全文转载。⑤ 通过人为营造的"道德恐慌",代表社会权威立场的社会力量不断地塑造着公共舆论的发展趋势:围绕综合学校教育问题不断升级的恐慌情绪就是一个典型例子——教学标准的下降和所谓"赤色分子"对课堂的渗透成功引发了公众强烈的恐慌情绪。这个例子说明,通过操弄"非政治性"议题,可以改变社会意识的状态,从而使之为即将到来的政治后果做好准备。而正是这样的政治后果,导致我们最终进入一个"铁腕时代"。与此同时,坎特伯雷大主教发表了一份声明。在大多数人看来,这是一份宗教性而非政治性声明(相反,无论工会激进分子采取什么行动,都被认为是"政治性的",而与真正的"劳资问题"无关)。但在整个国家几乎濒临幻灭和恐

---

① 《卫报》,1976 年 1 月 12 日。

② 《卫报》,1975 年 5 月 21 日。

③ 《太阳报》,1975 年 2 月 27 日。

④ 《卫报》,1975 年 6 月 9 日。

⑤ 《伯明翰晚邮报》,1975 年 6 月 12 日。

惧的边缘,逐渐陷入"不安和焦虑"之际,这份声明为这场全国性的危机蒙上了一层宗教的神秘面纱。①

在这种氛围中,为了服务于当下的需要,把阴谋指控这一古老同时又不太光彩的传统法令重新搬上台面,也就是很自然的事情了。但也恰恰是通过这种做法,法律本身成为服务于恢复"法律和秩序"的重要手段。1971年,一些塞拉利昂学生占领了该国在英国的使馆。最终,这些学生都受到阴谋指控,而且他们的上诉被大法官黑尔什姆驳回。这就是所谓的卡拉马(Karama)判决(1973年7月)。这一判决结果在一个颇有争议的领域中树立了一个可怕的先例,并成为无须通过议会而法庭本身即可直接发挥立法作用的典型例子。显然,这一判决结果所遵循的并不是法律而是政治逻辑。正如格里菲思所注意到的那样,"国家和警方的权力以及有组织的社会力量现在都可以对少数群体的抗争进行压制,而这些群体的抗议活动过去只有在民事法院才可能会遭到起诉"。② 在大法官看来:"孟加拉、塞浦路斯和中东发生的战争、黑色九月组织、黑人权力运动、愤怒军旅、刺杀肯尼迪事件、北爱尔兰危机、白厅和伦敦中央刑事法院的炸弹袭击事件、威尔士语言协会、苏丹大屠杀、地铁里的行凶抢劫现象、煤气工人罢工、医务人员罢工、怠工现象、静坐抗议、英国与冰岛之间的鳕鱼战争③"都是"同一场大规模危机中的组成部分"。④ 显然,没有比这更无所不包的阴谋论世界观了。格里菲思教授评论道:"在这个意义上,卡拉马判决实际上是由一位政治法官做出的政治性裁决。"这一结果为其他许多案件的审判打开了闸门。《IT》和《OZ》杂志的编辑遭到的指控分别是"阴谋破坏公共文明准则"和"阴谋败坏公共道德"。本尼恩(Bennion)先生和他的法律自由有限公司(Freedom Under the Law Ltd)曾介入一位公民以私人身份起诉海因的案件之中,起诉的罪名是"阴谋阻碍和破坏"南非国家橄榄球队巡回赛。受理这起案件的法官赞同这样的看法:海因以非法手段"对公众十分关注的一个重要活动"进行了破坏,"对那些自觉维护法律和秩序尊严的公民来说,这一活动的如期举行是十分重要的一件事";从这个意义上来说,海因的行为已经损害了公民的权利。最终,对

---

① 《卫报》,1975年10月17日。

② J. Griffith,《黑尔什姆——法官还是政治家?》(Hailsham-Judge or Politician?),见《新政治家》,1974年2月1日。

③ 译注:指1958年至1976年冰岛与英国之间发生的三次严重的渔业冲突。

④ Griffith,《黑尔什姆》,前揭。

奥尔德肖特爆炸事件的肇事者和愤怒军旅成员的起诉罪名中都增加了"阴谋"一项。在对威尔士语言协会的抗议者(他们在抗议行动中实际上并未损坏英国广播公司的财产)和在 1972 年至 1973 年的劳资纠纷中成功使用"罢工鼓动员"策略的建筑工人的起诉中,同样也出现了"阴谋"指控。这些工人的辩护律师指出,所谓什鲁斯伯里的罢工鼓动员之间存在阴谋计划的说法实际上是很难被证明的,因为这些人在此之前彼此并不相识。然而,审理该案的梅斯(Mais)法官却认为:"这些人并不需要碰面或相互认识才能发动一场阴谋。"①沃伦(Dennis Warren)因为"阴谋威胁临时工"而被判三年有期徒刑——"这一判决结果要比法定的最高量刑重12 倍"。②

正如罗伯逊(Robertson)所指出的那样,阴谋指控成为将各种具体的压制性政策一般化的一个无所不能的标签;其涵盖范围极其广泛,内涵极其模糊,足以把所有直接或间接与密谋活动有关的人或群体都纳入进来,有利于警方在确凿证据匮乏的情况下罗织罪名。其最终的目的是打破对立阵营的团结氛围,瓦解其支持网络,同时遏止那些对整个英国式生活方式构成威胁的群体的破坏行动。罗伯逊描述了各种形式的阴谋罪名,甚至连迪普洛克 (Diplock)法官都认为,"被告遭到阴谋罪指控,是因为他们同意参与某个密谋计划,而不是因为他们实际的所作所为"。塞尔(Sayre)教授则认为,阴谋指控的"边界太过模糊,其本质内涵又摇摆不定……究竟何为阴谋则完全是众说纷纭的结果,并没有确定不移的定义,相关概念的界定谬误百出"。黑尔什姆法官一方面试图为卡拉马判决辩护,但同时他也承认,"我个人更倾向于发挥习惯法的作用,因为这些法律边界较为宽泛",③因而有更大的操作空间。在 1973 年至 1974 年的劳资纠纷中,这种"边界宽泛的"习惯法中的阴谋指控发挥了关键性的作用。在这一时期,它成为"国家政策的引擎"。正如罗尔夫(C. H. Rolph)所指出的那样,阴谋指控的历史也就是"阶级斗争和对工资水平进行管控的历史"。④

---

① J. Arnison,《什鲁斯伯里三人案》(*The Shrewsbury Three*, London:Lawrence & Wishart,1975)。

② G. Robertson,《谁的阴谋?》(*Whose Conspiracy?*, London:N. C. C. L. Publications,1974)。

③ 同上。

④ 《新政治家》,1973 年 8 月 3 日。

　　作为自由派实用主义者的代表,伦敦警察总监罗伯特·马克对警察和异见者之间多变而复杂的关系是十分了解的。① 也许有人希望这些自由派实用主义者能够与这一时期明目张胆地运用法律服务于政治目的的做法拉开距离。但尽管存在大量相反的证据,他依然坚持自己的看法,认为无罪宣判的比例过高,犯罪分子通过"腐败律师的操弄"可以逃过法律的制裁。② 此外,他也对陪审团审判制度提出了批评意见(这种批评在一定程度上发挥了作用,比如,《詹姆斯委员会报告》[Report of the James Committee]就是一个例子)。③ 马克先生还指控地方法官"纵容了入室盗窃等犯罪行为",没能通过"实施相应的惩罚措施"来有效遏制"流氓和暴力行为",④同时对"暴力示威者太过仁慈"。⑤ 在呼吁媒体对暴力抗议行为应采取更加批判的态度的同时,他也表示:"警方已经因为执法官员对示威者非法暴力行为的明显纵容而感到气馁,同时各种原告、记者和政治运动的不断袭扰已经让警方疲于应付,但即便如此,依然有证据表明,警方自己也表现出对暴力犯罪行为过于纵容的倾向。"当被问到警方在维护公共秩序方面还存在哪些问题时,他认为警方所面临的最棘手的问题是如何应对一小撮不择手段的暴力分子。⑥ 显然,对警方而言,社会异见高涨的时期也是一个管控难度增加的时期;在这种情况下,警方避免自己被指控滥用镇压手段的唯一办法就是在各种指控之间仔细进行区分。但警方并未如此行事;相反,在这一时期,警方与内政部一道,逐渐将各种区分模糊化了。 显然,这种抹平差异的做法是有意为之的,虽然还谈不上已经达到了狂热的地步。通过像反恐立法这类与紧急状态相关的立法项目,警方可以在怀疑和证据之间的模糊空间自由行事。列侬(Lennon)事件表明在地面监控和特别部门(Special Branch)的活动之间存在着一个十分暧昧的模糊空间。一系列广为人知的事件都显示出英国警方逐步武装化的趋势。⑦ 对公民自由的严重侵蚀引起了全国公民自由理事会等公民团体的关切。但这种关切却受到比格斯-戴维

---

　　① 参见 J. C. Alderson 和 P. J. Stead 编,《我们应得的警察》(*The Police We Deserve*, London: Wolfe, 1973)。

　　② 《观察家报》,1975 年 3 月 16 日。

　　③ 参见《卫报》,1975 年 11 月 26 日。

　　④ 《卫报》,1975 年 11 月 7 日。

　　⑤ 《卫报》,1975 年 3 月 18 日。

　　⑥ 《观察家报》,1975 年 3 月 23 日。

　　⑦ Robertson,《谁的阴谋?》,前揭;以及 Bunyan,《英国政治警察的历史与实践》,前揭。

森(Biggs-Davison)先生等保守党议员的嘲讽,他们认为全国公民自由理事会的名字应该改为"全国犯罪许可委员会"。《每日电讯报》认为,"我们所珍爱和世界所敬仰的英国之所以能发展至今,恰恰是因为英国人民始终具有追求自由、宽容、正义和统治合法性的本能"。但实际上,这种主张所反映的只是该报试图把某些最重要的意识形态筹码纳入自己控制范围的企图,至于说如何在实际操作层面真正做到确保"自由"和"宽容",显然并不是它所关心的。

我们在前文已经提到了在阶级对立高涨时期"红色恐慌"阴谋的出现。当然,这并不是一个新现象。仅仅在 20 世纪,我们就能发现这一现象实际上是反复出现的:早在 1919 年至 1921 年劳合·乔治领导的战时内阁时期就出现了红色恐慌,后来在 1924 年工党领导的少数党政府时期又以季诺维也夫书信(Zinoviev letter)事件①的形式再次出现;1926 年全国大罢工期间同样少不了红色恐慌的身影;此后,这种恐慌情绪在拉斯基事件(the Laski affair)中和冷战日趋紧张的时期始终都是存在的;后来出现的所谓共产主义势力对电力行业工会的渗透的说法同样证明了这种恐惧感的存在;海员罢工期间,威尔逊先生又让这种红色恐慌现象再度浮出水面。在 1974 年至 1976 年间,这种谣言四起的恐慌气氛几乎无处不在。为了给 1974 年的大选预热,希思先生向翘首以盼的电视观众大肆渲染这种红色恐慌情绪,实际上暗指罢工领袖斯卡吉尔(Arthur Scargill)②先生是一个有共产主义倾向的危险人物。从那之后,以本恩和斯坎伦为代表的左翼重要人物就总是摆脱不了这种红色威胁的背景;无论规模大小,每次关键的工会选举几乎都笼罩在红色恐慌的阴影之中;而且这个议题也成为媒体的政治事务记者和评论员最热衷讨论的话题。一切能够对罢工、工会选举或投票活动中各方的对立程度产生影响,从而可能会导致力量平衡偏向左翼的人或事物都有可能被说成是"占据领导权的赤色分

---

①　译注:季诺维也夫书信是英国《每日邮报》于 1924 年英国大选前四日刊登的一份文件。此信据称是共产国际领导人季诺维也夫给大不列颠共产党的指令,命令后者从事煽动、叛乱。信中称工党恢复了与苏联的外交关系,将更快地发动英国工人阶级。这导致选民反对工党,转而支持保守党,并帮助后者在这次大选中获得压倒性胜利。现代历史学家普遍认为该信是伪造的。

②　译注:亚瑟·斯卡吉尔(Arthur Scargill,1938—),英国工会和政党领导人,曾在 1981 年至 2000 年领导全国矿工工会。他任工会主席期间的 1984 年至 1985 年英国矿工大罢工是英国工会与政治史上的关键事件。1996 年,斯卡吉尔与工党分道扬镳,于同年创立了社会主义劳工党,并担任该党领导人。

子""潜伏的托洛茨基分子"或"相互对立的温和派和极端主义分子"。英
国经济发展的形势越紧张,遵守社会契约政策和抵制这一政策的不同派
别之间的平衡维持得越好,阴谋隐喻对政治话语的影响也就越大。许多
与此无关的事件,比如,威廉·廷代尔(William Tyndale)小学实施的进
步教育计划,课堂上的纪律松弛现象,以及对教育开支缩减的担忧等,都
被认为背后有某种不可告人的阴谋。任何人,只要不是以彬彬有礼的议
会质询的陈腐形式提出自己的反对意见,就很可能会被说成是一小撮躲
在幕后的别有用心的颠覆分子。在很多选民的观念中,工党已经完全成
为"左翼马克思主义者"颠覆势力的大本营。与此同时,媒体对许多造谣
诽谤的小道消息——比如,议员斯普罗特(Ian Sproat)先生散播的那些关
于工党部长们的传闻——进行了深入报道。英国广播公司的报道引发了
一场"古拉格群岛"(Gulag Archipelago)恐慌,这种危机感促使人们围绕
英国社会的自由遭侵蚀的问题展开了严肃的辩论。在这一过程中,索尔
仁尼琴对西方的看法成为这场辩论的基础。

　　这种不断搜罗作为国家敌人的阴谋分子的做法逐渐呈现为一种集体
性偏执狂。而这只是整个国家所陷入的意识形态两极分化趋势中最明显
的变化之一。此外,还有其他许多论点也引起了高度关注。比如,其中的
观点之一是所谓社会主义的集体主义文化在英国悄无声息的蔓延已经让
整个国家深受其害。与集体主义观念不同,作为无名的、法团主义式的国
家触角对立面的"渺小的个人",即作为个体的普通公民,才是英国社会的
价值所在。显然,这种把集体主义和个人主义对立起来的论点已经赢得
了许多支持者。尽管这种说法在一定程度上反映了垄断资本主义条件下
干预主义国家的某些真实情况,但它同时也是一种颇具欺骗性的民粹主
义修辞,因为其中所暗含的实际上是对福利国家和任何促进社会平等的
政策日渐严重的攻击和诋毁。这种遮遮掩掩的意识形态攻击原本一直是
右派做的事,但现如今,身陷经济衰退泥潭中的社会民主派也不得不玩起
这种把戏,希望在意识形态上为自己不得不采取的某些涉及深层利益调
整的政策创造回旋余地。以正统的货币主义理论为外衣,执政的社会民
主派在经济发展效率的幌子下试图彻底瓦解福利国家制度的基础。(一
旦能够确保其生存所需的社会政治条件的强大国家体系不复存在,垄断
资本会做出何种反应? 这一问题的答案尚不明确,有待观察。)与此相关
的另一个观点认为,英国政府,甚至整个英国社会都已经"处于工会的掌
控之下"。在希思先生执政时期,这个主题更进一步,变成了工会"绑架了

整个国家"。这种论调现在已经成为大众普遍认同的正统观点。在工党的生存完全取决于它能在多大程度上控制工会的情况下,这种观点显得尤其突出。

与此相比,另一个影响力更大的意识形态变化则发生在与社会纪律相关的议题上。总的变化趋势是强调应该实施更加严厉的社会纪律。而这背后所反映的一个总体变化则是公民和社会生活的全面右倾化。自从新保守主义分子奉行"巴茨克尔主义"政策以来,这是第一次出现对平等观念的公开正面的攻击,对精英主义的无耻宣传,以及对竞争伦理的重新包装。约瑟夫(Keith Joseph)爵士毫不犹豫地从哲学上为这种趋势进行了辩护:"因为私利(self-interest)是人类行为的主要动机……因此,我们时代的各项制度若要成功发挥建设性作用,就必须对个人和团体的利益进行有效接纳、协调和控制……无疑,我们都认为,那些教育水平最低的群体对新观念的接受程度要低许多,相比之下,他们更依赖于过去的经验……无论如何,保守主义与人的自利本性一样,都是人类生存处境中的内在构成要素。"①在经济衰退大背景的掩护下,保守党的各种"攻击性"议题重新浮出了水面——"爱国主义、家庭、对法律的破坏、对各种激进倾向过分纵容的宽松社会氛围"。② 在《新政治家》(New Statesman)杂志上发表的一篇文章中,他为小规模企业进行了辩护。在他看来,这些企业家"富有形象力……敢于冒险……对需求很敏感,而这常常意味着他们了解人们的所思所想"。和之前在伯明翰发表的演讲一样,这篇文章也对传统家庭模式进行了辩护。他认为,这些传统家庭规模合适,行事方式得体,生活节俭,自给自足,是理想的家庭模式。此外,约瑟夫爵士还对"很多岁数不足 20 岁的年轻母亲以及那些单亲父母"进行了恶毒攻击。这些"最不适合生育孩子"的人所生下的孩子却达到了"所有新生婴儿的三分之一"的规模。整篇文章实际上是以一种恶毒且毫无愧疚的方式对所谓"社会市场价值"(social market values)进行了辩护。而在十年前,很少有政治人物敢冒风险公开表达这些看法。所有这些话语中涉及的议题都极大地促进了对福利国家制度的瓦解。许多负面现象又进一步强化了这种瓦解作用——"青少年怀孕问题……酗酒问题、性犯罪和施虐罪"——而所有这些问题都被说成是福利制度导致的

---

① 《新政治家》,1975 年 6 月 13 日。

② 《旁观者》(Spectator),1975 年 4 月 26 日。

结果。支持和捍卫这个制度的则是那些"左翼的激进青年"和某些大学的教员,这些人已经成为"我们民主制度的破坏者"。[①] 这些说法的目的显然是要"扭转不断累积的社会主义倾向"。随后出现了对"仰赖福利制度的行乞者和不劳而获者"的持续攻击,这与此前的对平等观念和福利制度的攻击在逻辑上是一脉相承的。其实质是对所谓仰赖社会保障体系而活的大量失业者在道德上的一种污名化。这种倾向在由怀特豪斯夫人等人(约瑟夫爵士建议,"我们都应该向这位伟大的女性楷模学习")所领导的范围广泛的反道德污染运动中同样存在,并最终在反堕胎运动中达到顶点。对此,工党在一定程度上采取了一种屈从的态度。与此同时,正如我们在此前已经提到过的,这种威权主义情绪还在另一个领域表现得较为突出,那就是公共教育。对进步教育的道德抵制在此时已经十分高涨,威廉·廷代尔小学成为这场道德对抗的主要阵地(在给威廉·廷代尔事件的一名主要煽动者写的信中,博伊森[Rhodes Boyson]先生表示:"太好了! 我们会给你更多的权力。我相信我们一定能扭转这股歪风。")。[②] 作为撒切尔内阁中主管教育事务的第二号人物,博伊森先生是这场保守主义教育运动的急先锋之一,他不遗余力地推动精英教育和学券制(voucher system),不断煽动公众对校园暴力、恶意破坏行为、逃学现象和不断下降的学术与识字水平的担忧和恐慌情绪。他认为,整个福利国家制度正在摧毁"个人自由、个体责任和道德进步",并"削弱了全民的集体道德品质"。在威廉·廷代尔小学的沃克夫人看来,造成这些担忧的原因在于那些"无知的、沮丧的、没有目标的年轻人"受到了激进分子的影响。正是在这种影响之下,他们学会了如何把自己的"失望情绪转化为有利于进一步推动革命目标的暴力行动"。[③] 所有这些不同主题都经过了精心的安排,尤其是官方发布的教育黑皮书和斯特瓦斯(St John Stevas)先生等"父母权力"运动的领导者在其中发挥了十分关键的主导作用。与此同时,保守党主导的各地市政当局也开始发起最后的攻势(比如,坦姆赛德[Tameside]就是一个典型例子),企图阻止综合教育的普及,并对私人和精英教育进行辩护。

　　二战以来,保守党领导层内部第一次出现了有组织的立场鲜明的激

---

① 《星期日泰晤士报》,1974 年 10 月 20 日。

② 《卫报》,1976 年 2 月 5 日。

③ 同上。

进右派,这成为这场具有威权主义倾向的"社会宣传运动"逐渐兴起的政治基础。随着撒切尔夫人及其追随者在大选中获胜,这些激进右派分子在保守党内不再处于边缘位置,也不再是没有发言权的普通议员。相反,他们成为保守党在观念上和政治上的核心力量。这些人所信奉的是紧缩货币学说,主张大幅削减公共开支,并强调重归自由市场主导原则的重要性。这些观点与撒切尔阵营内那些对货币主义教条坚信不疑者所推动的反通货膨胀政策完全一致:

> 政府对经济的干预越多,越是把经济决策的过程从市场转移到政治领域,就越有可能造成不同群体之间、不同阶级之间以及部门利益和公共利益之间的矛盾。把全国范围内如此大规模的经济活动政治化,已经造成了严重的压力和紧张氛围,这对社会和谐是极为不利的。简言之,这个国家现在所面临的不是市场经济本身的危机,而是政府对市场经济进行干预所造成的危机。①

与此同时,撒切尔夫人、约瑟夫爵士、莫德先生等保守党领导层成员开始不断宣扬中小企业家、中下阶层有尊严的生活、自给自足和自律的精神。紧随其后的是各种慷慨激昂的意识形态支持者——比如,在《星期日电讯报》开设专栏的沃索恩(Worsthorne)先生、②在《经济学人》杂志开设"旁观者"专栏(实际上已经几乎成为撒切尔团队的内部宣传品)的科斯格雷夫(Cosgrave)先生。此外,净化电视运动(Clean-Up Television)、反堕胎运动、光明节(Festival of Light)运动、全国地方纳税人行动小组联合会(National Association of Ratepayers Action Groups)、全国自由协会(National Association for Freedom)、全国个体经营者联合会(National Federation of the Self-employed)、全国小店主联盟(National Union of Small Shopkeepers)、独立中心之声(Voice of the Independent Centre)等各类游说团体则成为保守党领导层在基层的传声筒,为右派的威权主义观念在已经感到紧张不安的中产阶级和小资产阶级中打下了坚定的群众基础。

---

① 《为何英国需要社会市场经济?》(*Why Britain Needs a Social Market Economy*,London：Centre for Policy Studies)。

② 参见《为何马克思越多,经济成效越差?》(*Why High Marx Means Low Marks*),《星期日电讯报》,1976 年 10 月 12 日。

　　作为一个过渡时期,希思政府所导致的一个颇为矛盾的结果是:尽管希思先生本人是一个温和的"极端主义者",而且很可能属于保守党的中间派而非极右派,但恰恰是希思先生本人,在某种程度上以一种玩火的态度尝试触及极端主义方案的过程中,逐渐把极端主义这头怪兽从魔盒里释放了出来。他似乎希望通过驾驭这些危险的力量来达到击败工人阶级的目的,但为了维护作为其同盟之一的保守势力中间派的利益,他又不想全面发动一场以小资产阶级右派为主体的道德政治运动。然而,一场注定要失败的与工人阶级的正面对抗彻底吓跑了他在党内的中间派支持者,同时也使之失去了产业界的支持。但希思先生的挫败和他在1970年试图撮合的阶级联盟的瓦解,彻底释放了真正的极端右翼势力,使之成为一支独立的政治力量。希思先生及其支持者受到了无情的嘲讽,批评者认为他所采取的政策实际上无意间促进了"集体主义的壮大"。由撒切尔夫人、约瑟夫爵士和莫德先生构成的新领导层在向更为右倾的立场转移的过程中,把各种极端主义主题和阴谋论纳入一个完全不同的政治框架之中。1974年后,为了配合执政的社会民主派政党对危机管理的需要,英国资方已经与官方就自身利益达成了某种交易。但撒切尔夫人等人提出的这个新框架却强调,英国资本完全有能力凭借自身来搞清楚哪种政策最符合自己的长期利益。另一方面,随着国家日益进入超常状态,与之相关的意识形态和政治氛围也发生了根本性的变化,这个新框架也强调那些曾经徘徊在英国政治版图边缘的幽灵现如今已经成为高度政治化的核心议题。这种表述为代表资本利益的"不同"政党,即保守党的执政提供了文化霸权的合法性基础。随着工党脆弱的执政基础不断遭到侵蚀,新的保守党领导层所引领的这个历史性的政治"集团"恰好成为接管危机下一阶段的继承人。这种复杂的变化情势恰恰是很多人可能会忽略的。

　　但只要稍微回顾一下我们此前详细分析过的"英国意识形态"主题,我们就不可能不会注意到这一时期小资产阶级意识形态主题在英国政治舞台上的再度出场。无疑,正如经济衰退强化了人们的竞争意识,小资产阶级的公民伦理对公众的吸引力也变得更强了。在缺乏理性的、持续的民主教育的情况下,某些工人阶级父母肯定会受到所谓"父母权力"和"学券制"的吸引,因为他们可能会觉得,这些措施能够帮助他们的孩子在教育机会锐减的情况下获得更好的教育。毫无疑问,传统的小资产阶级——小店主、文职和机构职员、工薪阶层和小企业主——早已遭到了大企业、国家和跨国企业日益增长的权力的挤压。中产阶级的生活水平也出现了严重下降，而且在危机结束前，他们可能还要承受更多的损失。当然，所有这些都不足以构成一个能够维系右派权力的具有合法性的统治集团。作为一些为自己的遭遇深感不平的底层阶级，这些群体在这个阶级联盟中的作用在于，他们可以在政治矛盾中成为直接承受对抗的缓冲区；但在极右派的管理之下，很难通过把这些群体与资本集团的某个部分结合起来，以此达到"化解危机"的目的。但正如 20 世纪欧洲历史上曾经发生过的情况一样，在经过重组的资本利益决心通过牺牲工人阶级利益来实施激进的经济措施从而解决危机的过程中，小资产阶级意识形态，尤其是"反叛的小资产阶级"[①]的意识形态可以为之提供掩护。正是这种以小资产阶级意识形态为外衣的重组的资本利益，或许可以最终为危机的暂时性解决奠定基础。这种资本主义在陷入政治僵局和经济停滞的情况下向小资产阶级意识形态退化的现象，成为导致 20 世纪 70 年代资本主义国家进入"非常态"政治平衡的主要特征之一。

在黄色潜艇内

当我们开始这项研究之时，"危机"一词被用来描述当下"英国的状况"，但尚未获得该词在目前所具备的那种地位。现在，它几乎毫不费力地就成了一个流行词。当我们开始对"行凶抢劫"的历史语境进行分析时，我们发现很难把这种对总体状况的解读与更为具体的关切联系起来。在这个意义上，经济衰退成为我们最关注的议题。现在人们常常提到所谓的"英国危机"，却很少说明究竟在何种意义上这个"危机"是存在的。因此，在我们看来，尽管我们一直在描述这个危机的发展过程，但很有必要对究竟何为"危机"给出一个清晰的界定。首先，这是一场英国资本主义的危机，同时也是只有英国资本主义才会遭遇的危机：这是一个建立在极度脆弱的后帝国主义经济基础之上，同时又试图在瞬息万变的全球和国内条件下维护自身稳定的发达工业资本主义国家所遭遇的危机。与此同时，这场危机也与全球范围内资本主义体系所面临的一场普遍的经济衰退有关。在此我们无法详细讨论导致全球资本主义衰退的原因。但我们必须指出的是，总体而言，战后资本主义的生存和发展是以对资本、劳

---

① Poulantzas，《英国的马克思主义政治理论》(Marxist Political Theory in Great Britain)，见 *New Left Review*，43，1967。

工以及剩余价值的提取和实现所依赖的劳动过程的重组为代价的：经过这一影响深远的重组过程，资本主义进入了所谓的"晚期"阶段。全球所有资本主义经济体都在二战前后以不同的方式进行了这一内部"重构"。至于说不同国家是如何以不同方式完成这一过程的，还有待更详细的比较历史研究来加以分析。英国也试图以自己的方式完成这一转型过程——但正如我们此前已经指出的那样，这一过程所依赖的产业和经济基础是非常脆弱的；而且这种试图把一个落后的工业资本主义经济体提升到一个具有较高效率的发达经济体的做法，一度导致了严重的经济过热效应，从而出现了人所周知的所谓"富足社会"的虚幻经验。这种所谓的成功有很强的局限性，同时也极其短暂。从晚期资本主义的视角来看，英国始终处于不平衡的发展之中，永远陷在所谓的"转型"中而不能自拔。这种僵局和无法完成的转型过程对这一时期英国社会生活的几乎每个方面都产生了影响。尽管我们不断指出这是英国社会所面临的一个主要且根本性的处境，但由于本书的篇幅和我们自身的能力所限，我们无法就这一问题做出与其重要性相匹配的详细阐述。但这并不意味着我们可以忽略这一状况在这一阶段历史情势中的中心地位。

第二，这也是一场由经济方面的深层断裂所导致的"社会力量关系"的危机，一场发生在阶级政治斗争和政治机构内部的危机。这显然是一个极其复杂的问题，为了论述方便，我们不得不对之进行必要的简化——当政治斗争过程成为"政治组织轮番上台的剧院"时，这个过程就会表现为"政党"危机。无论是代表统治阶级的政党还是代表工人阶级的政党，都在这个过程中陷入了危机状态。在政治上，最关键的问题是什么样的有组织的阶级力量联盟，才能在政治领域和国家层面给整个社会带来力量和利益"平衡"，从而为英国成功完成"转型"提供文化霸权式的政治领导力。根据葛兰西的看法，"政党"问题是极其重要的：这种重要性并不是体现在议会政治游戏层面，而是更多地表现在各主要阶级力量的有组织的政治利益及其变化轨迹这个更为根本性的层面。就这一点来说，我们没能准确勾画出在这一时期竞逐政治权力的各大阶级联盟的历史发展过程，以及这些联盟的形成是以什么样的妥协为基础的。这种各大政党和政治集团之间的关系史（这种历史不同于保守党或工党的历史，也不同于议会内各政党间关系的历史）是一个有待研究的课题。在本书中，我们无法承担这一重任。我们只能指出这样一个事实：追溯1945年以来的历史，我们的确可以发现一系列阶级"集团"的形成。比如，最终促成工党在

1945 年大获全胜的大众联盟；50 年代麦克米伦主政时期成功的"文化霸权式统治"也是以特定的阶级联盟为基础的；促成威尔逊在 1964 年再度掌权的不同寻常的阶级联合——"体力劳动者和脑力工作者"（包括白衣革命者和具有现代意识的资本管理者）的一次大联合；同样，希思先生在1970 年再度上台也离不开特定的阶级联盟的支持。但在我们看来，这一层面的危机最重要的特征之一无疑与"劳工运动"的角色有关——这不仅指的是工党的政策路线，同时也包括工人阶级自发形成的捍卫自身利益的组织形式。工党是以与维护资本利益的传统资本主义政党不同的另类政党的角色出现在历史舞台上的，因此自认为是资本主义危机的更合适的管理者。因此，在最基本的政治层面，英国工人阶级所面临的资本主义危机，同时也是组织化的工人阶级和劳工运动自身的危机。这导致了十分复杂的结果。一方面，统治集团付出了极大的努力试图把工人阶级纳入资本主义国家的范畴之内，使之成为资本主义危机管理的相对次要的参与者；另一方面，工人阶级内部也出现了分化，产生出经济主义（econo-mism）、工联主义（syndicalism）、改良机会主义（reformist opportunism）等不同的阶级意识。实际上，统治集团用来化解危机并控制其政治影响的主要手段绝大部分都是来自社会民主派的策略方法，而非传统的统治阶级政党。在危机发展过程中，这种策略导致了哪些错位，工人阶级如何抵制这些策略，以及这种策略最终会以何种形式收场，尚不得而知。

第三，这也是一场国家的危机。在进入"晚期资本主义"的状态之下，资本主义国家不得不进行一场彻底的自我重构，扩大自身的运作范围，强化国家的机构组织及其与市民社会之间的关系。国家开始在多个关键的社会层面发挥新功能。国家在经济管理方面不再只是发挥间接作用，而是开始扮演重要的直接干预者的角色。它确保资本的不断扩张能获得所需的外部环境。国家因此在资本的经济管理方面发挥着主要作用。在此之前，主要阶级力量之间的冲突基本上出现在经济领域，且只有在极端的情况下这些冲突才会"升级到"国家层面。但现在，阶级之间的经济冲突会立刻成为国家层面的矛盾，所有重要的政治交易都必须在国家层面达成。在这种"法团主义"式的危机管理模式中，国家以"总体资本"的代言人自居，在危机管理中扮演着核心角色。而且，独立资本对这种管理模式的支持度也不断上升。显然，这个模式标志着整体经济和政治秩序的一次重大转变。由此带来的意识形态后果同样具有深远的影响。比如，在实施这些特定的危机管理策略时，国家必须对社会成员进行动员，为这些策略的顺利实施建构新的合意。从这个意义上说,国家在合意与合法性的一般性建构方面也必须扮演比过去更重要的角色。

第四,这场危机还是政治合法性、社会权威、文化霸权以及阶级斗争和抵抗形式的危机。这涉及合意和强制的问题。建构合意和赢得合法性当然是自由资本主义或后自由(post-liberal)资本主义国家的常规功能之一,其特定的国家制度也十分擅长通过相关机制来实现合意建构。但合意能否形成也取决于掌权的特定阶级联盟能在多大程度上以特定方式对其他从属群体施加"社会权威"。简言之,它还与统治阶级随时可以建立和维系的社会文化霸权的具体属性有关。这一点已经很接近我们在这本讨论"行凶抢劫"问题的书中所真正关心的核心问题了。统治阶级能在多大程度上成功地实施文化霸权——以合意而非强制为基础的领导力——在一定程度上恰恰与它能否对整个社会进行成功的有效管理有关;但随着经济环境的日益恶化,实现这一点的难度显然在不断增加。此外,文化霸权还与各种连贯的有组织的对抗性力量的发展,以及统治阶级能在多大程度上说服、中立化、收编、挫败或控制住这些力量有关;换言之,与对阶级斗争的控制有关。就这一点来说,对历史进行分期是必要的。在我们看来,无论当时的各种有利条件是多么不确定和短暂,英国社会的确从20世纪50年代中期开始进入了一段相对成功的"文化霸权"时期(我们已经在前文对这种成功所需的条件及其代价进行了讨论)。但好景不长,至少就其自然和"自发"形态而言,这种以共识为基础的社会秩序在50年代末开始瓦解。国家因此不得不高度依赖我们所说的"社会民主派"策略,来维系这种以共识为基础的文化霸权。这种现象的确让人匪夷所思。一个十分关键的事实是,为了化解60年代的资本主义危机,统治阶级不得不采取一种改良主义策略,其"代价"是必须让能代表劳工利益的政党充当危机管理者的角色。

> 无疑,文化霸权这一事实的前提条件是必须顾及作为文化霸权作用对象的群体的利益和偏好,从而达成一定程度的利益妥协的平衡……统治集团必须做出某种法团主义式的经济利益牺牲。但同样毫无疑问的是,这种牺牲和妥协不能触及统治集团的根本利益。[①]

---

① Gramsci,《狱中札记》,前揭,页161。

当然,我们并不能完全确定把这一时期说成一个共识和文化霸权主导的阶段是否合适。真实情况可能更接近我们所说的"受控的分歧"状态,因此实际上可能并不存在一个构成"文化霸权"的无争议的社会权威。合意的形成实际上可能是一个波折不断的过程,不得不以持续的断裂和挫败为代价。为了实现合意,意识形态机器必须竭尽全力营造出能够重新凝聚共识的"国家利益",但它并不能保证所有人会自动赞同这种说法。在这种情况下,统治阶级完全控制的文化霸权已经不复存在,随之而来的是一场严重的"文化霸权危机"。一方面,社会矛盾开始从经济和生产关系领域向其他领域大量蔓延;另一方面,各种形式的抵抗、阶级斗争和异见也开始再度出现。这些对抗形式在整体上显然并不具备连贯性——实际上,它们在出现之初甚至坚决反对过分明显的政治化色彩。英国的社会危机之所以特殊,或许恰恰就是因为这两个原因:一方面,出现了政治阶级斗争被大规模置换为社会、道德和意识形态抗议的现象;另一方面,在1970年后,作为防御性的工人阶级工联主义的一种表现,以追求短期经济利益和机会主义为特征的"经济主义"思想出现了强劲复苏的迹象。尽管这些抵抗形式十分多变,但由国家、政治领导层、意见领袖、媒体和主流秩序的捍卫者所构成的官方系统还是逐渐断断续续地窥见了自己的敌对者的面貌。尤其是自1968年以后,官方对这些异见者的认识越来越清晰。这些危机的背后一定是有原因的;而既然这些危机发生在这个世界上最好、最文明、最和平同时也是最宽容的社会中,那么其背后的原因就不可能是结构性的、公共的或理性的原因——其背后必然有不可告人的、颠覆性的、非理性的阴谋。而阴谋必须被揭发。必须采取更加强有力的措施——"超常的"反对力量必然要用"超常的"措施加以控制。这是一个极其重要的时刻:此时,"通过合意实现文化霸权"的所有手段都用完了,统治集团通过使用更有压制性的国家机器来维系主导秩序成为一种日益常见的现象。从此,文化霸权的运作过程从合意为主压制为辅的状态彻底转变为相反的状态:压制成为维系合意的自然的常规手段。文化霸权内部平衡的这种变化(从合意为主到压制为主)是国家对(真实意义上的和想象层面的)各大阶级力量之间日益严重的对立的一种回应。同时,这种变化本身恰恰也是"文化霸权危机"的一种表现。

　　控制的实施过程是分阶段有步骤地逐渐推进的。针对这场危机导致的不同"问题领域",相应的控制策略也不同。有趣同时也很重要的一点是,这种控制发生在两个层面——既是自上而下的,同时也是自下而上的。因此,一方面,它表现为国家层面以压制性手段对冲突和矛盾进行管理的控制形式;但另一方面,颇为矛盾的是,这种自上而下的压制性管理策略竟然得到了大众的"支持",并因此具备了合法性。任何时候,我们都不应当忽略在英国语境下,国家是以何种特定方式逐渐发展为一种"超常的"国家形态的。用"法西斯主义"十分简化的标签来界定这种国家形态是毫无用处的——因为这种标签会遮蔽掉许多值得我们关注的事实。在某些社会中,比如智利和巴西,少数人通过武装政变夺取国家权力,在这种情况下,正常的国家形态被废除,发动政变的武装力量以强行命令的方式公然实施暴力统治,以国家恐怖手段和酷刑来维护专制政权。显然,英国的情况与此有很大的不同。尽管英国社会也呈现出逐步威权化的趋势,但这个过程的每一步都因为大众的热情支持而具备了合法性。而且在这一过程中,市民社会的力量和后自由资本主义国家的各种制度形态不仅毫发无损,而且始终处于主导地位。我们再一次发现,现有的各种理论和分析工具或对比性证据都不足以帮助我们更深入地理解这种以合法强制为基础的国家形态是如何逐步发展的。在这种情况下,我们只好用一种相对更加简单的描述性方式来对之进行界定:我们称之为"法律—秩序社会的诞生"。只要观察一下美国的情况或者注意到西欧国家相继通过"紧急状态法"的事实,我们就会发现,尽管英国社会向"法律—秩序社会"的转变有其特殊背景,但这绝不是只有英国才会出现的现象。当然,法律沦为政治斗争工具的过程并非没有遇到挑战——在这种背景下,工人阶级的激烈抵抗所导致的《劳资关系法》的挫败和希思政府的政治破产具有十分重要的意义;相比之下,尽管缺乏计划性,但威权化发展的过程在其他许多领域却稳步推进。社会和政治生活的整体基调也因此发生了彻底的变化。一种全新的意识形态氛围出现了。

在这里,我们再次从其最初的表现形式入手对这个变化过程进行描述,最终试图呈现一段"社会反应的社会史"。粗略地看,这一过程是从所谓"富足"和战后"解决方案"中未得到有效解决的模糊性和矛盾性开始的。在人们的经验中,这表现为无处不在的社会不安情绪,以反常的加速度发生的社会变化,以及稳定模式和道德参照系的瓦解。在这一过程中,出现了大量无处宣泄的社会焦虑情绪。许多不同现象,比如,青年的享乐主义文化,传统阶级等级的消失,不受约束的物质主义所带来的危险,甚至变化本身都会导致这种焦虑情绪。后来,这种焦虑情绪的对象又逐渐转移到了一些更明显的目标上:具有反社会本质的青年运动,对英国式生活方式构成威胁的黑人移民,以及"不断飙升的"犯罪率。再后来,反文化运动和政治性的学生运动成为更有组织性的力量,由此引发的社会动荡导致人们的焦虑情绪再次飙升。人们普遍认为,导致这些动荡的根本原因在于社会生活中对激进倾向日益纵容的氛围。最终,随着危机的加深,社会冲突和异议群体的抗争也表现出更明显的政治性和阶级性,社会焦虑情绪也逐渐呈现出更强的政治性。这种情绪直接针对的目标包括工人阶级的组织性力量、政治极端主义、工会的胁迫,以及无政府主义、骚乱和恐怖主义的威胁。它成为意识形态阶级斗争中十分保守的一端。在这里,普通大众的焦虑情绪与人们所理解的国家受到的威胁融为一体。大众认为整个社会已经迷失了,而国家恰好能够提供这种已经失去的"方向感"。将如此多的人拖入这种焦虑情绪,只不过是为了对少数人的控制。"所有人"的共同利益只有在国家领导者的指引下才能获得保障。国家由此可以公开合法地以保护大多数人——那些温和善良的人们——的名义,发起打击"极端分子"的运动。"法律—秩序"社会就这样诞生了。

需要注意的是,不能对这样一个过程进行阴谋论式的解释。无论在哪个方面,20世纪70年代的英国社会要远比50年代分化更为严重。随着时间的推移,先前受到压抑的冲突和矛盾逐渐爆发出来,分裂了整个国家。这场"危机"并不只是存在于统治阶级阴谋者的脑海中;它是这一时期阶级斗争的表现形式。但最重要的问题是,在意识形态层面,统治集团是如何以歪曲的方式理解和界定这场危机以及抵抗和反对这场危机的力量,并把这些歪曲的认知传播给大众,从而以此为基础塑造了大众对这场危机的错误认识。意识形态并不是依据神话故事进行杜撰的产物,相反,它是对现实关系的一种歪曲或不准确的描述,是对阶级斗争的一种置换。"危机意识形态"既推动和支撑着"法律—秩序"社会的形成,也在这种社会形态中得到了充分的实现。但这个意识形态所指的"危机"并不是虚构的,而是真实的。导致政治和意识形态歪曲的是人们理解和控制这场危机的方式。因此,这实际上也是一场意识形态危机。20世纪50年代的"共识"意识形态显然已经无法适应一个冲突和经济衰落日益严重的时代。总体而言,这些围绕关键的后资本主义主题建构起来的意识形态,逐渐被以国家团结和"国家利益"为核心要素组织起来的更有战斗力的新意识形态所取代。除了主流意识形态框架内部出现的这种断裂,同时还出现了许多不同的与之相对立的意识形态,对人们深信不疑的正统观念的连贯性和有效性构成了严重挑战。意识形态出现断裂和变化的时期通常也是多事之秋;这种情况要求统治集团通过意识形态"工作"来弥合这些裂痕和错位。总之,最关键的问题在于,相互竞争的意识形态框架是如何对日益尖锐的社会对立和资本主义"危机"进行表述和解释的。同时,在公共话语中,从合意向强制转变的文化霸权危机是如何被表述的。对这种表述的具体机制进行准确分析是极其重要的:它是如何不只是通过神话、恐惧和猜测的方式,而且是以普通人的真实经验为基础,并与其产生紧密联系的方式来赢得合法性的。从意识形态上说,向"法律—秩序"社会的演变是一个很特殊的过程。最初,社会秩序是通过我们所说的置换效果来维系的:社会危机以及大多数人在其社会经验中所体验到的危机感——主要表现为社会焦虑——最终是通过一系列虚假的"解决方案"来缓解的。其中,最主要的解决形式就是道德恐慌。通过把恐惧投射到某些令人极度焦虑的主题之上,每次爆发的社会焦虑情绪也似乎暂时找到了一个舒缓的出口。这呈现为一个道德恐慌的循环过程:首先是一些恶魔犯下了十恶不赦的罪行,随后发生的则是犯罪倾向在普通人中的蔓延,为了应对这种局面,人们发起了越来越多的道德运动,直到最后不得不采取起诉和控制等强力手段对其予以打击。但所有这些旨在缓解社会焦虑的临时性"解决方案",没有一个能一劳永逸地化解危机。青年"问题"并没有因为对泰迪男孩以及"摩登派"和"摇滚派"团体成员的起诉而消失;随着流氓习气、蓄意破坏公共财产、长发青年、毒品和滥交问题相继出现,青年"问题"一次又一次地浮出水面。同样,对种族问题的担忧也并没有因为对黑人群体的恐慌、鲍威尔式的危言耸听或者对移民入境日益严厉的控制措施而彻底消失。相反,种族问题变得更加严重了,只不过现在人们的担忧对象变成了"贫民区"、黑人学校、黑人失业者或者黑人犯罪问题。在整个60年代,围绕相似的社会关切所形成的各种"道德恐慌"都呈现出同样的过程,其中包括长期存在的对犯罪的公共恐慌。总之,在公共意识中,人们"对社会危机的体验"主要是以道德恐慌这种形式表现出来的。

然后是第二个阶段,各种不同的道德恐慌开始出现融合的趋势。此时,人们所恐惧的对象既是多样的,但同时又是一个统一的"整体"。毒品的泛滥、色情的传播、妇女运动的高涨以及对家庭观念的批判都只不过是整个社会危机的冰山一角。更为严重的问题是国家受到威胁,社会生活陷入无序,随之而来的是混乱和无政府状态的开始。各种破坏者开始大量出现。但更危险的是,无论表面差异多大,他们都有很强的颠覆性,是"骨子里的亲兄弟"，是"同一个事物的不同要素"。表面上看，道德恐慌都是针对特定的对象的，因为社会焦虑可以设定特定的敌人并为之命名。但实际上，这个命名的过程具有欺骗性。因为敌人实际上无处不在，他（以及越来越多的她）可以隐藏在"任何事物之后"。此时的危机具有一种最抽象的形式：一个"普遍的阴谋"。最终，这场"危机"以善恶对决的形式呈现在世人面前。

也恰恰是在这时，道德恐慌的循环过程直接与法律—秩序社会的形成产生了直接联系。因为如果社会所受到的"自下而上的"威胁同时也对国家构成颠覆性威胁的话，那么，只有以牺牲一部分平时享有的自由为代价，全面强化权威和纪律，授权国家采取广泛措施来"纠正错误"，才能成功消除威胁。在英国，人们对来之不易的个人自由倍加珍惜，保护个人自由成为国家的神圣原则之一。然而，就是这样一个以坚决保护个人自由而闻名的社会，现在却不得不实施"铁腕政策"，对个人自由加以限制。全国各地的人们纷纷表示，面对社会危机，采取"超常规的法律措施"固然令人痛苦，却很有必要，因为只有如此才能在非常态条件下确保社会处于有序状态。对此，撒切尔夫人、约瑟夫爵士、赋予这场危机以宗教权威的坎特伯雷大主教、民粹主义人士以及社会民主派都以不同方式表达了自己的看法。从这些不同的声音中，我们能感觉到英国社会正在逐渐陷入封闭状态——各种联络机制和社会对话的大门都在关闭。整个社会试图通过这场危机来明确自己的"长远"选择。这个漫长过程的尽头也许有一些光明，但也可能并没有多少；而且结束的那一天很可能遥遥无期。与此同时，国家已经获得了十分广泛的权力，并承担了相应的职责。从此，国家可以合法地迅速采取行动，对任何威胁快速采取强有力的镇压措施，进行监听和渗透，对具体情况仔细进行调查，对异议分子可以直接起诉也可以在不起诉的情况下对其加以控制，对可疑情况或嫌疑者采取行动，主动出击，敢于承担责任，最终的目的是要确保整个社会处在正确的轨道上。作为抵御专制权力的最后堡垒，自由主义本身也在后退。甚至在某些时候，它被暂时搁置了。这种状况的确是非同寻常的。总之，这是一场真实的危机，我们最终进入了"法律—秩序"国家之中。所有这些都成为20世纪70年代社会反应的全部意识形态内涵。恰恰是在这种语境下，行凶抢劫危机登上了历史舞台。

第四部分

第十章 "行凶抢劫"的政治

　　这是一本关于"行凶抢劫"问题的书,但在本书中,我们却没有解释作为个体的行凶抢劫者为何以及如何实施这种犯罪行为。尽管我们运用了大量现有的一手资料,但这本书的目的并不是要从内部对"行凶抢劫"行为的内在动机和经验过程进行重构。无疑,这个问题值得进行研究;但显然有更多的人比我们更胜任这个角色。我们有意避免进行这种重构式的论述,因为我们打算从一个不同的视角对作为社会现象的"行凶抢劫"进行不同的阐释。我们的目标是要从其所处的社会视角来对这个现象进行考察。这已经是本书的最后一章,我们不得不直面何为"行凶抢劫"的问题。但即便如此,我们的目标也不是为读者提供某些确定无疑的答案,因为每个"行凶抢劫者"和他们的受害者的处境都是千差万别的。相反,我们的目标是要对追寻这一问题的答案所需的语境和条件进行系统描述,并由此确定对这一现象进行解释所必需的要素有哪些。

　　这要求我们必须对从 1972 年到 1973 年直至今日与"行凶抢劫"现象联系在一起的黑人青年群体的社会处境进行详细考察。当然,并不是所有受到指控的"行凶抢劫"者都是黑人。正如我们在前文已经提到的那样,最新的官方统计数据表明,在某些"行凶抢劫"现象出现大幅增加的城市区域,实际上并没有太多的黑人居住在那里;而且在媒体的报道中,实施"行凶抢劫"的既有黑人,也有白人。但很少有人会否认,"行凶抢劫"这个说法实际上已经与"黑人犯罪"成了同义词。正如我们已经分析的那样,在第一次"行凶抢劫"恐慌中,尽管这个议题已经被笼罩上了种族和犯罪问题的阴影,但这种联系还不太明显。但后来情况彻底发生了改变。种族和犯罪之间逐渐产生了无法分割的联系:无论是官方立场,还是在公众观念中,这两个议题逐渐成了同一枚硬币的两面。它们都与某些有大量黑人居住的地区,尤其是伦敦地区,产生了紧密联系。在这种情况下,鲍威尔先生在这些问题上的立场变得越来越明确。在他看来,"作为一种犯罪现象,行凶抢劫的出现和发展与某些英国大城市的人口构成的变化有关"。在剑桥的埃曼纽尔学院(Emmanuel College)举办的警察联合会研讨会上,他表示"很欣慰地注意到,警方不仅直接指出问题所在,而且还开始批评那些阻挠指出问题的人……用一个不太准确却有效的说法来讲,这个问题就是种族问题"。① 我们很快就会看到犯罪和种族问题是在什么样的条件下被联系在一起的。

即便如此,在"行凶抢劫"与"黑人犯罪"之间划等号的做法究竟意味着什么,答案依然是不确定的。也许的确有更多的黑人青年参与到了这些被叫作"行凶抢劫"的街头犯罪行为之中。有证据(尤其是官方的统计数据)表明事实确实如此。当然,也有可能是因为各种涉及黑人青年的轻微犯罪行为都被贴上了可怕的"行凶抢劫"标签。此外,还有证据表明,当街抢夺、盗窃和小偷小摸等各种街头犯罪行为都有可能被贴上"行凶抢劫"标签。或许"行凶抢劫"现在已经被看作是一种典型的黑人犯罪行为,即便偶尔也会有白人参与其中。对此,我们也能发现一些证据证明这一点。因此,甚至连"行凶抢劫"现象在某些城市区域不断增加这个"事实"本身也不像看上去那样简单。这里至少涉及两个过程。一方面,在某些城市区域,黑人青年的确实施了许多轻微犯罪行为,包括那些被称为"行凶抢劫"的行为;但在统计意义上,他们究竟在多大程度上参与了这些犯罪活动,是无法准确测量的。另一方面,"行凶抢劫"已经被明确地定义为一种黑人犯罪现象,城市黑人聚集区的生存条件为这种犯罪行为提供了滋生的土壤。让我们先对第二个过程进行考察。

被压抑者的回归

正如我们的研究已经显示的那样,"行凶抢劫"这个词在 1971 年至 1972 年间作为某些特定犯罪行为的标签引入英国时,在内涵上已经具有很强的激进意味。但在一开始,这种激进内涵是相对隐晦的。汉兹沃思案中三名被判刑的年轻男子的不同种族背景促使这一内涵逐渐浮出水

---

① 《每日电讯报》,1976 年 4 月 12 日。

面。但我们也指出,即便如此,"行凶抢劫"问题在这时只是一个更大的"公众意象"中的一部分,这个意象激起但同时又转移了这种激进内涵。这个意象就是所谓的"贫民区",在第四章中我们已经对此进行了讨论。在这个阶段,"行凶抢劫"与种族问题之间的关系还处在一种若即若离的状态。

"行凶抢劫"在 1972 年至 1973 年间曾一度成为热点话题,但很快,这个议题又从媒体的报道中几乎彻底消失。直到 1974 年秋天,又开始断断续续地出现在媒体上。此时媒体对这个词的用法依然是模棱两可的——"行凶抢劫"再次成为一个可以用来指代一切盲目的流氓行为的万能标签,而至于究竟什么样的具体行为可以算作是"行凶抢劫",依然没有准确的界定。在这样的情况下,这个词甚至可以用来指某些风马牛不相及的行为,比如,对公交车和地铁员工的袭击。这一时期的新闻标题和报道很好地说明了该词的内涵在当时是多么宽泛。以下所有例子都来自《每日电讯报》:

警方采取强硬措施打击地铁和公交无赖分子(1974 年 10 月 21 日)
警方行动队严厉打击地铁行凶抢劫者(1974 年 10 月 21 日)
交通部门负责人:"严厉打击犯罪分子"(1974 年 11 月 5 日)
埃尔文·琼斯(Elwyn Jones):**严厉打击暴力行为**(1974 年 11 月 16 日)
针对地铁犯罪,实施电视监控(1974 年 12 月 15 日)
詹金斯:计划就公交车暴力问题进行磋商(1975 年 1 月 31 日)
警方:地铁乘客易成为行凶抢劫者的袭击对象(1975 年 2 月 11 日)

在这些报道里,种族问题时隐时现。某些报道会提到足球流氓问题——但显然,这种犯罪行为大多是白人而非黑人所为。在一篇报道中,公交车驾驶员是黑人,而实施攻击行为的暴徒则是白人。但报道中提到的暴力行为发生的特定地点却难免会让人把犯罪和种族问题联系起来:克拉彭(Clapham)①的布里克斯顿。

同一时期,尽管黑人犯罪问题还没有成为一个热点议题,但在黑人聚集区,警察和黑人青年之间的冲突却变得日益公开化和政治化了。

---

① 译注:伦敦西南部的一个区。

在这一时期发生的许多类似事件中,媒体关注最多的是布罗克韦尔公园(Brockwell Park)事件。在这一事件中,成年黑人积极介入黑人青年和警方间的冲突之中,从而导致整个黑人社群都卷入其中。简而言之,在距离布里克斯顿城区中心半英里(约 804 米)的布罗克韦尔公园举行的一场焰火表演即将结束时,发生了斗殴事件。在打斗过程中,一名白人青年被人刺伤。警察到达现场后,发现自己被一群"充满敌意的"黑人包围了,而且其人数远远超过现场的警察人数;在相互推搡的过程中,警察似乎失去了冷静,变得十分暴躁,与一些黑人发生了严重的打斗;其中一些人遭到毒打后,从混战中逃脱出来。当增援警察到达时,已经有一两个黑人青年被逮捕了;他们遭到逮捕的消息导致警方和在场的黑人群体在公园门口发生了长时间的激烈冲突。多名黑人青年被指控犯有严重的袭警行为,并在伦敦中央刑事法庭接受审判——最终,1974 年 3 月,这些青年全部被判重刑。与"贫民区日常生活"中发生的其他常见事件相比,这起事件有三个方面的显著特征:第一,警方和包括成年人在内的整个黑人社群之间呈现出严重的对立关系;第二,伴随着整个审判和上诉过程,黑人社区发起了实质性的、有组织的、具有政治性的抵抗活动——包括声援示威活动、黑人学生的罢课行动等;[①]第三,通过这一事件,主流社会圈定了城市黑人聚集区中麻烦和不满情绪的根源。从地理上说,它把黑人犯罪问题发生的区域根源锁定在内城的"贫民区";从族群角度来说,它把黑人犯罪问题的主体聚焦在黑人青年身上。这一事件成为媒体对黑人犯罪问题进行大规模戏剧化报道的导火索。从 1975 年开始,媒体专门针对所谓"伦敦南部地区的黑人犯罪问题"进行了大量报道。至此,此前在"行凶抢劫"问题上微妙地交织在一起的三个议题(参见我们在第四章中的分析)现如今已经融为一个统一的整体:犯罪、种族和贫民区。相应地,从这时起,主流社会对这些问题的解释框架也开始发生变化,从而更明确地提出了黑人犯罪问题背后的社会、经济和结构性前提条件,并由此最终实现了犯罪和种族主义与危机的融合。

　　我们绝不能以一种孤立的方式看待布罗克韦尔公园事件。早在1973 年 12 月,官方发布的关于警方和移民关系的白皮书就已经警告:在未来几个月内,有必要把那些"绝大多数勤恳工作、遵纪守法的公民"和

---

① 　对这些事件的全面详细的描述,参见《今日种族》,1974 年 6 月。

"少数有色族裔青年"区分开来。这些青年人对工作机会不足的处境感到不满,而且有"明显要急切模仿美国黑人行为"的迹象。[①] 这里所谓"勤恳工作"的说法并不是随随便便说出来的。在这一时期,越来越多的证据显示,这些地区不仅存在大量黑人青年失业的现象,而且在那些即便有工作的人中,对"工作"不满的情绪也日益严重,甚至出现了主动"拒绝工作"的现象。这种情况在第二代黑人移民群体中尤其突出。《今日种族》杂志把这种现象称为"无薪者的反叛"。同样是在这一时期,那些处于就业状态的移民开始全面参与到激进的劳资冲突行动之中。在帝国打字机公司(Imperial Typewriters)发生的罢工行动,就因为激进的亚洲女工的积极参与而得以延长。最终,1974 年中发生的这场罢工持续了整整 14 周,其影响一直延续到第二年。[②]

1975 年 1 月,"行凶抢劫"恐慌又出现了。整个循环的一个新阶段又开始了。汉弗莱在他关于伦敦南部地区的黑人犯罪问题的著作序言中,希望自己所讲述的这些事实不会导致更多的偏见。[③] 但显然,他的这个希望注定要落空。汉弗莱认为,与"贫困、恶劣的居住环境、就业不足、家庭破裂"这些隐藏在犯罪数据背后的基本问题相比,以下这些统计数据显示的事实显然更有戏剧性,也更有引用价值:朗伯斯街头的犯罪活动"在五年时间内翻了三倍,其中 1974 年的情况最糟糕",或者 1974 年在刘易舍姆(Lewisham)发生的"203 起行凶抢劫"事件中,"有 172 起是黑人青年所为"。尽管汉弗莱的表述字斟句酌,但因为整篇文章的主要切入点是高度争议的"犯罪"问题,同时又没能指出"基本问题"背后的种族主义的制度化本质,所以出现对该文的选择性引用和理解也就在所难免了。无论如何,这篇文章在黑人群体中引起了不满,这在一定程度上与该文被接受的方式有关。与此同时,《伦敦新闻晚报》以横跨两版的篇幅连续四天就这一问题进行了报道。其中 1 月 12 日发表的第一篇报道用了《伦敦生活的暴力真相》这样耸人听闻的标题,行文的用词和语气不够谨慎,论证逻辑也不够严密。该文开篇就出现了这种人们耳熟能详的对比:"你在朗伯斯遭遇行凶抢劫的几率要远远大于纽约。"紧接着,文章罗列了近期发生的一系列事件,同时删节引用了《星期日泰晤士报》的一些统计数据。

---

① 参见 L. Macdonald,《今日种族》,1973 年 12 月。

② 参见 M. Dhondy,《今日种族》,1974 年 7 月;同时参见《今日种族》,1975 年 3 月。

③ 《朗伯斯街头的危险信号》(Danger Signals from the Streets of Lambeth),见《星期日泰晤士报》,1975 年 1 月 5 日。

实际上,《伦敦新闻晚报》的这几篇文章并没有完全按照标题的逻辑来安排内容。虽然 1 月 12 日发表的布莱克(John Blake)的文章关注的主要是"担惊受怕的当地居民",但它同时也引用了那些不希望"引起人们恐慌"的官员的看法;而且,该文以及后续的几篇文章,比之前的媒体报道更重视"环境"因素:"没有娱乐,没有假期,没有父母陪伴,这些孩子的人生从一开始就处境堪忧";"黑人群体中的孤立感与日俱增";"在一个无法理解其困境的教育系统和一个不断把侮辱性身份强加给他们的白人社会之间苦苦挣扎"。但这种与此前不同的解释模式并不是一个普遍现象。实际上,在同一时期,《伯明翰晚邮报》也对这一主题进行了报道。在 1974 年 12 月到 1975 年 1 月间,该报发表了两篇头条报道。但在这些报道中,该报对"行凶抢劫"一词的用法与 1972 年至 1973 年间的用法并无不同:"地铁已经成为那些恃强凌弱者、行凶抢劫者、蓄意破坏公共财产者和裸露癖者犯罪的天堂"。

但与此同时,在其他话语中,对这一问题的理解模式已经发生了显著变化。对黑人犯罪问题的解释逐渐明朗化,焦点也日渐明确。其背后的种族关系已经确定无疑了:受害者是中年白人;犯罪者是黑人;犯罪地点大多是在伦敦南部的某些特定地区。此前曾经成为主要议题的死刑问题此时并没有出现在相关讨论中;社会问题视角成为这一时期解释黑人犯罪问题的普遍框架。

我们必须搞清楚这种强调重点和解释模式变化的源头究竟在哪里。事实上,促使汉弗莱撰写那篇文章的是伦敦警察厅和内政部联合准备的一份关于伦敦南部地区街头犯罪问题的特别报告(内容从未完全公开)。对黑人犯罪数据飞速增长引发的担忧和从社会问题视角对这些犯罪现象的环境主义解释都出现在这份官方报告和后来的官方评论中。汉弗莱等人所引用的这份报告中的数据表明:第一,警方现在开始对这些案件中的受害者和施暴者的种族背景进行记录完全是出于"操作性原因"(operational reasons)(这是一个与犯罪统计数据有关的极其重要却没有得到承认的事实);第二,存在许多比较性统计数据(comparative statistics)。这些数据表明,伦敦南部地区其他行政区与朗伯斯和刘易舍姆一样,都有很高的街头犯罪率;"80％的袭击者是黑人,85％的受害者是白人";"人身盗窃"行为的发生率已经超过了 1972 年的最高值,而且其中绝大多数犯罪者都是黑人。但据说,这份报告也指出,"这并不是一个严重的治安问题;急剧增加的街头犯罪主要是由西印度群岛移民青年与白人社会的疏离造成的"。[1] 关于这些统计数据,伦敦警察厅社群关系部负责人马歇尔认为,都市生活的压力、高失业率、代沟、文化认同的问题以及"黑人极端思想"的影响都是造成犯罪率上升的原因。汉弗莱表示,自己的采访也证实了这样的逻辑:"现在很多人认为,由于工作机会有限,黑人能得到的工作当然更是寥寥无几"(引自佩卡姆[Peckham]的青年工人理查兹[Norris Richards])。显然,我们可以发现两个不同且相互冲突的视角同时出现在这些论述之中:警方控制犯罪视角和社会问题视角。尽管绝大多数媒体首先关注的主要是那些令人兴奋的统计数据,却很少有媒体没有注意到这样一个事实:"警方首次在统计犯罪数据的同时,也对人口、住房、教育和就业数据进行了统计。"

这种双重视角需要进一步加以分析。尽管与 1972 年至 1973 年间相比,强调的重点已经有所不同,但贫民区的黑人社群,尤其是黑人青年与警方的冲突和敌对持续增加。但黑人对警方的随意骚扰进行回应的节奏和特点也在发生变化。他们的回应变得更尖锐、更快、更强硬——总之,变得更有组织性、集体性和政治性。这种族群意识的政治化同时也变得更地方化了,与黑人聚集区的关系更加紧密。从 70 年代初开始,警方就开始采取有效措施,对黑人群体中不断蔓延的不满情绪加以控制,试图把这些情绪限制在黑人聚集区之内。然而,1974 年以后,各种新的因素导致黑人群体中浮现出来的反叛情绪进一步复杂化了。长期以来,黑人劳动力,尤其是刚毕业进入求职市场的黑人青年,在劳动力市场结构中处于不利地位。不断恶化的经济衰退进一步加剧了这种情况,黑人劳动力在失业浪潮中所受到的冲击也最为严重,这导致他们逐渐成为工人阶级中具有独特族群身份的一群人。与此同时,黑人工人中的激进倾向也越来越明显。此外,经济衰退还意味着对公共开支的削减和福利国家的衰落。结果,受影响最严重的又是大量黑人居住的内城地区。于是,族群意识强烈的黑人同时也成为在日益加剧的经济衰退中受到冲击最大的群体。简言之,我们在这里看到了种族和阶级问题在这场危机中的合流。对黑人的管控与对贫民和失业者的管控出现了融合的趋势:三者都集中在相同的城市区域——这种地理同质性(geographical homogeneity)促进了激进意识的萌芽。在这种情况下,黑人管控问题实际上已经几乎等同于更广泛的危机管控问题(不幸的是,1976 年 3 月 19 日发生的"工作权游行"

---

[1] 转引自《星期日泰晤士报》,1975 年 1 月 5 日。

[*Right to Work March*]期间,警方对失业者的攻击完全证明了这个结论)。面对社会管控过程中出现的这种根本性变化,警方和内政部急于把种族问题在社会和经济方面的深远影响以及由此带来的社会动荡的代价,以报告的形式向全面负责国家总体状况的政府高层汇报,也就不足为奇了。同样的道理,他们还提升了问题的责任层级,并扩大了讨论框架的范围——比如,纳入了城市救助和补救性社会工作,以及犯罪与公共秩序问题。社会问题指标与犯罪指标的融合所指向的正是这种危机在不同层面的同步化。与马歇尔等人的看法相反,恰恰是因为黑人和黑人集居区有可能成为一个影响广泛的社会危机管控问题,黑人所处的高度疏离的社会环境才成为"警方"关心的一个问题。

　　这也有助于解释官方反应的本质。有证据表明,随着经济衰退的加深,为了确保前文提到的两种视角能够相互协调,官方采取了一种双重策略。为了"缓解局势",政府实施了一系列政策:一方面,扩大了城市救助项目的规模,为"草根"黑人福利项目提供更多的直接支持,实施社区发展计划(尽管效果并不理想),甚至状况最糟糕的贫民区"内环"也成为重大经济资助的对象,环境大臣肖尔(Shore)先生和影子内阁环境大臣怀特洛(Whitelaw)先生对此都表示支持;另一方面,官方采取了一系列措施,尤其是通过强化城市"问题区域"的街头巡逻监控,对这些地区实施了十分严厉、粗暴和强有力的控制。这种把投入扶贫资金和强化社会秩序管控相结合的双管齐下的策略,很能说明这一时期由工党重新执政所引发的强烈"社会关切"的本质究竟是什么。从另一个角度来说,这种关切的特点是由多种因素决定的。社群关系组织、白人中的自由派、种族关系组织等各种游说团体不断强调贫民区日益恶化的状况。相对而言,工党或许更倾向于支持这些团体的立场。但就在这一时期,有充分的证据表明,在黑人社群中以社区为基础的草根抵抗运动不断发展的同时,协调族群关系的专业组织的信誉度、自信度与合法性却出现了严重的流失,以至于主动权最终从这些组织转移到了黑人组织和更加政治化的黑人活动人士手中。这一时期,在黑人社群中拥有强大群众基础的黑人媒体和黑人激进运动支援群体的发展是一个极其重要同时也令人印象深刻的现象。但从官方的角度来说,这同时也意味着必须由更高层级的政府机构出面采取反制措施,以巩固这些在国家和黑人社群之间发挥关键作用的"社群关系"调解机构的合法性,以免主动权彻底落入激进分子之手。尽管经济环境日渐低迷,政府还是尽力维系城市救助项目,同时通过新的平等机会委员会（Equal Opportunities Commission）来重构现有的种族关系"机构"。所有这些做法都是安抚和压制相结合的策略的产物。在此期间，由 1974 年的一系列事件导致的"社会控制"和"社会问题"两种视角相结合的现象似乎开始从高度矛盾的城市种族问题向其他领域蔓延。社会危机所导致的压力进一步加剧了这种情况。然而，随着危机的延长和加深，这种"有节制的遏制"（disciplined containment）策略最终也越过了官方设定的界限，而整个社会在面对一场逐渐失控的危机时，也不得不慎重考虑种族和阶级问题之间出人意料的融合究竟会带来什么样的后果。正如我们已经分析的那样，在漫长的"文化霸权危机"过程中的几乎所有阶段，种族问题为这场危机提供了一个相对客观的联结物。由这场对整个社会产生巨大影响的总体性危机所导致的恐惧、不安和焦虑情绪，都被投射到种族问题上。换言之，种族问题成为"宣泄"这些情绪的一个出气口。

这个将社会危机的压力转移到种族问题的过程是从一场庭审开始的。1975 年 5 月，莫里斯（Gwynn Morris）法官在判决五名有西印度洋群岛移民背景的青年五年监禁后，发表了一段堪称"向黑人青年宣战"的评论。在这段评论中，他以布里克斯顿和克拉彭地区为例，谈了自己的观察：

> 在人们的记忆中，这些地区曾经是非常宁静、安全、宜居的地方。但过去 25 年间大量涌入的移民群体彻底改变了当地的环境。那些关心和致力于维护法律和秩序的人们遇到了巨大困难。这起案件充分表明，当那些正直、无辜、勤劳的妇女在无人陪同的情况下夜间在街头行走时，会遭遇何等危险的处境。我注意到，没有任何有西印度洋群岛移民背景的妇女会遭遇这种袭击。①

在随后爆发的对整个城市黑人群体的大规模攻击中，这位法官又试图为自己的言论开脱："在那些定居英国的移民中，绝大多数人都是遵纪守法的好公民。我们要攻击的绝不是这些人，批评他们是没有道理的。"然而，他的这些粉饰之辞与那段法庭演讲的内容完全南辕北辙。无论如何，不管这些评论背后的动机是什么，它们都标志着一场从 1975 年持续到 1976 年且一直处于高涨状态的"黑人恐慌"的全面爆发。

---

① 转引自《每日邮报》，1975 年 5 月 16 日。

1975 年 10 月,保守组织国民阵线在伦敦东区组织了一场游行;这是一场专门针对所谓黑人行凶抢劫的游行,整个活动呈现出毫无保留、直言不讳、态度坚决的特征。作为回应,黑人群体组织了一场反游行。只有靠处于高度戒备的执勤警察把两群人隔开。种族问题终于发展成街头行动了。某些公开活动的法西斯组织像二战期间锁定犹太人一样把矛头指向了黑人。早在 20 世纪 50 年代初,这些组织就开始打起种族问题的主意了。莫斯利分子(Mosleyites)[①]在 1958 年的诺丁山种族骚乱中十分活跃。整个 60 年代,反移民组织通过邮件进行种族主义宣传,不断兴风作浪,制造偏见。1966 年,国民阵线正式成立——该机构是五个极右组织(帝国效忠者联盟[League of Empire Loyalists]、伟大不列颠运动[Greater British Movement]、英国民族党[British National Party]、种族保护协会[Racial Preservation Society]和英格兰民族党[English National Party])合并的产物。在廷德尔(John Tyndall)和韦伯斯特(Martin Webster)的领导下,国民阵线成为在社会基层公开宣传种族法西斯主义思想的最活跃的组织。它一直在工人阶级和中产阶级下层比较集中的地区和学校学生中招募支持者。其出版物《前锋》(*Spearhead*)和《英国国民新闻》(*British National News*)的销量一直稳步增加。国民阵线在 1968 年的阿克顿递补选举中推出了自己的第一位竞选人方丹(Fountaine)先生,但这次尝试以失败而告终,投入的竞选保证金也有去无回。不过,从那之后,该组织在竞选中的表现日渐好转。它曾连续三次参加全国大选,每次推出的竞选人都比前一次多,所获的选票份额也一次比一次多。国民阵线成员或其支持者曾赢得了一些地方议会席位。它对 1976 年地方选举的干预成功获得了预期的效果(该党推出的 176 名参选人获得了 34 个选区的 49767 张选票)。它在 21 个选区领先于自由派获得的票数,并分别在莱斯特、哈林盖(Haringey)和伊斯灵顿获得了 23.2%、13.1%和 9.4%的选票。国民阵线的一位支持者里德(Read)先生成功当选为布莱克本(Blackburn)地区的地方议会议员。它在伦敦、西米德兰兹郡、莱斯特郡、约克郡和兰开夏郡的支持度都呈稳步上升态势。[②]国民阵线放弃了与战前法西斯主义联系在一起的那些陈旧议题,转而采取了一种具有强烈种

---

① 译注:指英国 20 世纪政治人物、不列颠法西斯联盟的创始人和领导者奥斯瓦尔德·莫斯利(Oswald Mosley)的支持者。

② 《泰晤士报》,1976 年 7 月 2 日。

族主义色彩的反移民政策,支持全面实施遣返政策,主张采取强硬措施维护法律和秩序。与此同时,它还采用国家社会主义的套路,从小资产阶级的立场出发,反对大银行、大财团和工会,支持受压迫的"弱小个体"。显然,这些做法的最终目的是要在经济衰退的情况下激起工人阶级白人的不满。国民阵线对右翼组织与黑人群体和左翼法西斯主义组织的街头对抗自然也是持欢迎态度的。它在政治舞台上占据的地盘(绝不局限于议会之外的外围领域)虽然不大,但在公开宣传种族主义思想和推动公众情绪激进化方面却产生了巨大的影响。从 1976 年初以来,每次出现对整个国家产生影响的种族主义浪潮时,我们都能看到国民阵线的影子。尤其是 1976 年,总体危机和不断高涨的种族主义情绪之间的内在联系已经到了一目了然的地步。这种情况难免不让人陷入一种极端的经济化约论(economic reductionism)逻辑,因为这场危机在政治和经济方面的任何变化总是与种族关系方面的变化相辅相成的。

在这里,我们无法简洁却又充分地描述在 1976 年给整个社会不断带来冲击的种族问题的发展过程和严重性,或者与这些问题有关的全国和地方媒体报道的规模、特点和强度。伦敦警察厅社群关系部在 3 月进行了一项新调查,并以此为基础向议会下院种族关系特别委员会提交了一份备忘录。这项调查主要是在布里克斯顿进行的。根据这份备忘录,受害者对袭击者种族身份的描述与警方对被捕者盘问的结果完全吻合:在该地区发生的所有抢劫事件中,黑人犯罪者"大约占到了 80％"。[1] 此前我们已经引用过鲍威尔先生在剑桥举办的警察联合会"犯罪问题"研讨会上的发言。同样是在这次发言中,他断然宣称,行凶抢劫是"社会分裂"的后果,"与社会融合失败有关……虽然行凶抢劫作为一种犯罪形式其中包含了一些一直存在的传统要素",但鲍威尔先生想要强调的是——这同时也是其发言的关键要点——在当下的语境下,"这个词所表达的实际上是一种特定的新现象。这种新的犯罪类型……与某些大城市的人口构成的变化有关"。[2] 同样在这次研讨会上,布拉姆希尔警察学院前院长、德文郡和康沃尔郡现任警察局长奥尔德森(John Alderson)先生建议,"可以雇佣那些失业人员,对其进行培训,然后安排他们担任志愿巡逻员",以此

---

① 《星期日泰晤士报》,1976 年 3 月 28 日;同时参见 M. Phillips,《布里克斯顿与暴力》(Brixton and Crime),见 *New Society*,1976 年 7 月 8 日。

② 《泰晤士报》和《卫报》,1976 年 4 月 12 日。

应对街头犯罪。4月到5月初,又传来消息说有大量被驱逐的持有英国护照的马拉维亚裔人口即将进入英国。和之前乌干达亚裔移民潮引发的恐慌一样,这些新闻在英国社会引起了巨大的恐慌情绪,各大全国性媒体对此进行了全面系统的报道。从1973年开始,对亚裔移民随行家眷的管理规定就变得极其严格,控制程序贯穿整个移民过程的每个环节;结果,等待批准进入英国的移民人数不断增加,对漫长的移民背景调查和入境处的侮辱性程序的抱怨与日俱增(比如,1974年,政府部门大臣收到1722封来自议员的关于移民审查结果延迟的投诉信)。①尽管如此,这些背井离乡的亚裔移民的新"浪潮"就像幽灵一样,引发了新一轮激烈反应。其导火索是一个如今已经家喻户晓的替罪羊故事——苏勒曼(Suleman)和萨克拉尼(Sacranie)两个移民家庭暂时寄居在克劳利(Crawley)社会服务中心提供的一家四星酒店客房里,与此相关的各种传闻混合了对亚裔移民浪潮的"恐慌"和对那些"福利乞丐"的"不满",最终引发了一场对移民"肆意攻击"的种族主义歇斯底里。《太阳报》的报道十分耸人听闻:"丑闻:移民家庭一周花费600英镑——寄居四星酒店,两移民家庭产生高额账单"。其他报纸也迅速跟进("一周花费600英镑,亚裔移民家庭表示:我们还要更多的钱",《每日邮报》,1976年5月5日;"移民的目的就是要白占福利救济金",《每日电讯报》,1976年5月5日)。《太阳报》的报道还警告读者,"还有4000人正在来英国的路上"。月底,《每日快报》又警告人们,实际的人数可能多达145000人。《每日邮报》的报道极尽渲染之能事:"为了远离那些印度裔邻居,阿诺德一家打算卖掉他们的排屋。虽然巴林顿一家(Barringtons)已经尽可能包容住在隔壁半独立住宅里的僧伽罗人,但他们真的希望这些人没有住在这里。"②在这场旷日持久的媒体攻击中,反种族和反福利主题相互交织在一起,社会危机中的两个重要维度在此又一次合二为一了。

在这种群情激愤的情况下,鲍威尔先生的一则爆料让形势更是火上浇油。他通过私人途径成功获得并曝光了一份外交部的报告。这份报告的起草人是专门负责移民事务的副大臣助理霍利(Donald Hawley)先生。根据这份报告的说法,英国的移民管理政策正变得支离破碎,尤其在亚洲这些政策已被严重削弱,在英国本土的实施过程也极为松散。这导

---

① 《今日种族》,1976年6月。

② 《每日邮报》,1976年5月24日。

致来自亚洲次大陆的"移民潮日益增加",从而对英国构成了严重威胁。但实际上,这份报告是政府内部冲突的产物。作为负责移民事务的工党内政部国务大臣,莱昂(Alex Lyon)先生对亚裔移民家属排队人数不断增多的情况感到担忧,并表示想要"为这个国家的黑人群体伸张正义"。① 莱昂先生尽其所能捍卫这些少数族裔的权益,结果自己却被从政府除名。他对霍利报告的事实基础提出强烈的质疑。实际上,《星期日泰晤士报》已经对这份报告进行了十分尖锐的剖析。② 但在鲍威尔曝光这份报告在下院引发的辩论中,工党籍的下院特别委员会前副主席博顿利(Bottom-ley)先生却认为,"这份报告反映了许多真实情况"。③ 而且绝大多数媒体对这份报告的报道被冠以这样的标题:"真相必将水落石出"(《每日电讯报》),"移民是如何欺骗英国的","英国是如何被骗的","移民骗局必须结束","大量移民即将涌入英国","移民未婚妻的大骗局"(这五个标题都来自《每日邮报》)。④

在这一时期媒体对种族问题的报道也受到了黑人记者和媒体分析家的严厉批评。⑤ 在议会下院关于霍利报告的辩论中,罗伊·詹金斯驳斥了鲍威尔的观点——后者认为英国各大城市的种族暴力问题很可能会达到北爱尔兰危机的严重程度。而前工党组织秘书梅利什(Mellish)先生则认为这种夸大移民问题严重性的做法应该适可而止,否则"我们的人民一定会做出让我们都感到后悔的事情来"。⑥ 同一天的《每日电讯报》报道称,在布伦特和刘易舍姆,或布拉德福德和利物浦这样的地方,黑人失业率"至少是全国平均水平的两倍",而在伦敦的某些地区,"移民的失业率高达50%"。

在连续一个星期的"汉兹沃思:愤怒的郊区"主题系列报道后,《伯明翰晚邮报》在5月14日发表社论,认为"愤怒的失业黑人青年……是经济衰退的受害者,而不是造成这种衰退的原因"。该报希望自己的读者一同向那些造成西米德兰兹地区就业机会枯竭的人表达谴责——"固执己见

---

① 《每日电讯报》,1976年5月26日。

② 《事实与迷思》(The Facts and Myths),见《星期日泰晤士报》,1976年5月30日。

③ 《每日电讯报》,1976年5月26日。

④ 《每日邮报》,1976年5月25日。

⑤ 参见 C. Husband 编,《白人主导的媒体与英国黑人》(White Media and Black Britain, London:Arrow,1975);以及 Critcher 等,《种族与地方报刊》,前揭。

⑥ 《每日镜报》,1976年5月25日。

的政客、糟糕的管理、马克思主义工会活动人士、懒惰的工人,以及我们这些深陷贪欲不能自拔的所有人"。它试图让读者确信,"伯明翰一直都是一个具有多元种族背景的城市"。然而,紧接着鲍威尔爆料事件之后,工党籍的西米德兰兹郡议员和议会主席贾维斯(Bill Jarvis)却公开呼吁暂停移民人口进入西米德兰兹地区。实际上,在鲍威尔爆料事件发生的几周之前,这一地区的种族问题已经发展到了随时可能崩盘的紧张状态。5月初,一位名叫罗伯特·雷尔夫(Robert Relf)的男子在其位于利明顿(Leamington)的住宅前放置了一个出售房屋的招牌,上书"此屋只售给纯正英国人家庭"。此举被判违反了《种族关系法》(*Race Relations Act*),但雷尔夫却拒绝执行法庭要求其移除该招牌的命令。在因藐视法庭罪被判入狱后,此人又在狱中绝食以示抗议。很快,国民阵线把雷尔夫先生塑造为自足自立、愿意为民族和国家奋起抗争的"英国人"的象征,并把他称为"右派的沃伦"(Des Warren)。而且每次雷尔夫出庭时,国民阵线与反法西斯和黑人团体都会在庭外发生一系列激烈对抗。这些冲突最后以在温森格林(Winson Green)监狱外发生的一场胜负难分的激战而告终。6月21日,法官在经过慎重考虑后,决定释放雷尔夫,却没有坚持要求他撤销住宅前的告示牌。国民阵线对这一决定表示欢迎。[①] 斗牛犬式的英国个人主义又一次大获全胜。直到事后,《星期日泰晤士报》才在一篇报道中揭露了雷尔夫内心深处有意识的强烈种族主义观念。在给一个在他看来以非法手段获取过高社会保障津贴的东非移民的信中,他写道:"你们这些大腹便便的黑猪,一群患有性病的令人作呕的黑色人渣,如果可能的话,我真想替我们的国家和所有勤劳的英国人,在你们又肥又油腻的脖子上套上一根绳子。"[②]

6月4日,一个名叫查加尔(Gurdip Singh Chaggar)的18岁旁遮普人在位于伦敦西部的索撒尔(Southall)地区被一群白人青年谋杀。这一事件标志着白人青年袭击亚裔青年的浪潮已经达到了最严重的地步。此前半年,这种趋势日益升级,并在"马拉维亚裔移民/四星酒店移民恐慌事件"中达到了顶点。在两大"有色族裔"移民群体中,亚裔移民一直以来都被认为是相对更安静和更温和的那一个。但现在,这一群体突然爆发了一场声势浩大、态度坚定的抗议运动,而且与那些所谓"更激进的"西印度

---

① 参见《伯明翰晚邮报》,1976年6月21日。

② 《星期日泰晤士报》,1976年7月4日。

群岛人发起的运动相比,亚裔群体的这些抗议活动更有组织性。这在亚裔社群的政治角色中是一个十分关键的转折点,我们必须充分认识到这种变化必然会对英国的种族斗争格局产生影响。而且查加尔被杀事件也不是孤立的,它是一系列野蛮攻击事件发展的必然结果,而正是这些事件最终导致亚裔族群走上了抗议之路。所有这些事件和变化都没有引起大众媒体的足够重视和严肃对待。当然,亚裔抗议者"包围"索撒尔警察总部的"愤怒复仇"行动还是引起了一些媒体(《太阳报》《每日镜报》)的注意,并在头版进行了报道。在 8 月的银行休假日,在诺丁山举办的为期三天的传统加勒比海狂欢节上,黑人和警察之间发生了激烈的公开冲突。在这场几乎失控的骚乱中,示威者向警察投掷了大量石头和瓶子,诺丁山车站被围困,95 名警察受伤,超过 75 人被捕。诺丁山/兰仆林(Ladbroke Grove)贫民区长期存在的令人无法忍受的恶劣生存环境已经几乎持续了十年之久。在这种情况下,爆发严重的骚乱事件是迟早的事。此次事件已经是诺丁山地区 20 年来的第二次骚乱。10 月,鲍威尔先生提议,政府应该主动给每个移民家庭提供 1000 英镑的资助,鼓励他们返回自己的母国。他建议这一切可以以"援助发展中国家"的名义进行。每当战后英国种族关系面临转折点时,那些极端观点似乎总能成功占据制高点,为公共辩论建立一个新的可接受的基准,而且每次离官方实施种族歧视政策越来越近。这次也不例外,在鲍威尔发出遣返呼吁后,竟然有媒体不禁满腹狐疑地问道:会不会有某些敢于冒险的黑人家庭愿意接受这个建议呢?随后又传来消息,"伦敦警察厅的报告显示行凶抢劫事件大量增加",其中绝大部分都是"无业或前景暗淡的新印度群岛二代移民青年"所为。[①] 不久,莫里斯法官又一次成为争议人物,原因在于他决定暂缓对六名因在伦敦南部地区对中老年白人妇女实施抢劫而被起诉的新印度群岛裔青年(年龄在 16、17 岁)做出判决。他表示,这是因为自己收到了这一地区许多"担惊受怕的"妇女寄来的"数百封信件",他将根据来信的内容慎重考虑这些"犯罪团伙"所造成的"严重社会问题"。[②] 经过周末的深思熟虑之后,除有一人的判决被推迟之外,莫里斯法官对其他人做出了从进少年管教所接受改造到监禁等程度不同的判决,其中 17 岁的"团伙头目"被判 7 年有期徒刑;此外,他还建议,"也许……以某种形式组织治安巡逻队是很

---

① 《星期日电讯报》,1976 年 10 月 17 日。

② 参见《每日电讯报》,1976 年 10 月 23 日。

必要的"。①

和之前一样,这一时期人们对黑人犯罪问题的担忧也是以一系列量化统计指标为基础的。根据伦敦警察厅的报告,在 1969 年至 1973 年间,朗伯斯的"行凶抢劫"事件增加了 147%,人身盗窃事件增加了 143%。最关键的是,在绝大多数此类事件中,黑人是犯罪者,白人是受害者。此前,我们已经对与"行凶抢劫"相关的犯罪统计数据存在的问题提出了批评。在这里,我们不再重复这些批评。官方搜集这些数据并以这种方式(由于过于强调犯罪群体的族群背景,这种方式甚至遭到了伦敦警察总监罗伯特·马克爵士的斥责)公布出来,为道德担忧的螺旋式发展和纠正性措施的实施提供了"坚实的"量化事实基础,并很快成为这种道德恐慌螺旋的一部分。从更广泛的意义上说,即便统计人员进一步提升可信度,这些数据实际上也并不能说明太多问题。毫无疑问,黑人青年的确参与了很多轻微的街头犯罪活动,而且黑人参与的比例也肯定比十年前要高得多。黑人社群和社会工作者都承认这些事实,而且他们的亲身经历比那些抽象的统计数据更能说明问题。问题并不在于有多少黑人青年参与了犯罪活动,而是他们为什么要这么做? 这个事实究竟意味着什么? 其意义和历史语境是什么? 如果我们真想搞清楚这些数据背后的真实原因,就不能把它们与其他相关因素割裂开来。如果我们能把这些具体的事实放到特定的社会和历史语境中加以分析的话,我们就会发现在黑人犯罪问题、黑人劳工问题和黑人聚集区日益恶化的生存环境之间存在关键的联系。即便是这种联系也必须进一步放到适当的语境框架中来理解:整个社会正日渐陷入一场经济、社会和政治的全面危机之中。与黑人群体相关的各类统计指标的上升实际上与经济和政治气候恶化程度的上升是同步的。因此,统计数据所反映的变化在本质上并不是一种量变,而是质变。对此,我们要进行的是结构性分析,而不是纠结于量化分析的数据游戏。

这种质变的一个最显著的特征是问题的地方化。无疑,"行凶抢劫"现在已经变成了一种只有特定阶级或特定类型的劳动力群体(黑人青年)在特定地区(问题丛生的内城区)才会犯下的罪行。在这个把"黑人犯罪"问题逐渐地方化,即将其嵌入具体语境的过程中,这一现象背后的社会和经济背景也逐渐明朗化。甚至对犯罪控制机构来说,这也是显而易见的。这些特定的城市区域都是一些典型的"麻烦丛生之地",不仅在福利资源、

---

① 参见《每日邮报》,1976 年 10 月 26 日。

犯罪预防和控制方面存在大量问题,而且社会纪律和公共秩序也往往十分涣散。在这里,我们可以清楚地看到,这种"贫困的恶性循环"对工人阶级中相对更贫困的群体和那些处境每况愈下、偶尔需要救济的群体产生了系统性的影响。而身处这些恶劣处境中的,既可能是黑人,也可能是白人。随着就业状况的持续恶化,这些地区成为新旧失业大军汇集的地方。与此同时,这些地方也成为越来越多的撒切尔夫人所说的"福利乞丐"和约瑟夫爵士所说的"单亲母亲"的落脚地。削减福利、教育和社会支持等公共开支所造成的负面影响在这些地方表现得最为明显。它们不仅是犯罪学家最热衷研究的典型的"犯罪多发地区",同时也是滋生社会不满情绪的温床。尤其当经济衰退不断加深时,更是如此。问题在于,这些大城市里的边缘角落往往又是黑人占人口多数的区域。黑人成为各种社会力量交汇的节点:平民人口中日渐边缘化和疏离化的一群人,现如今又成为规模不断壮大的失业群体的一个重要组成部分,不断加速的社会贫困化进程的受害者。各种关于严重危机的预言不断提醒我们,经济危机会严重损害人们对民主阶级社会的支持,并暴露这些社会的内在矛盾。这些关于危机的"拉美式解决方案"的预言实际上主要服务于某些政治修辞的需要,但也并非完全没有实质内容。危机会加剧对立情绪,激活各方的自我保护意识。当他们试图在失业日益严重的情况下将其全力支持的"社会市场哲学"付诸实践之时,希思先生和保守党都意识到了社会危机的这种作用。危机会导致"常规"合意形成机制失效,各阶级会围绕危机管理的成本应该由谁以何种方式承担的问题展开激烈斗争。但危机造成的裂痕必须得到修补,其带来的负面影响也必须得到缓解。简言之,危机必须得到控制。或者更直白地说,危机必须得到有效监控。警方是承担这项任务的主要力量。作为国家"秩序的维护者",警方对任何挑战社会秩序的现象都十分敏感。但与此同时,承担这种角色对警方而言也构成一种令人不快的压力。也许正是因为如此,他们也开始公开讨论危机的社会和经济维度。对此,无论是政府还是反对党的影子内阁都心知肚明。最终,官方在一系列范围广泛的社会议题上逐渐形成了威权共识机制。而正是通过这种机制,政府能够在必要的情况下取得公众的信任和支持,从而为危机管控行动提供合法性基础。

　　于是,在这场危机中,"边缘人群聚集区"和黑人群体所受到的冲击是最直接的,也是最残酷的。由此造成的后果也是充满矛盾的。随着失业人口的增加,以及大量黑人辍学青年陷入半永久失业状态,黑人社群中绝大多数勤劳工作的人和少数不愿工作的人之间的传统差异被抹平了。与此同时,黑人贫困人口和白人贫困人口之间的鸿沟却越来越大。这种趋势并不是孤立的。在许多"造成"危机的重要产业——比如汽车行业——纠纷中,黑人和白人工人大致能做到为了共同的斗争目标而齐心协力。实际上,黑人加入工会的比例(61%)要高于白人的比例(47%)。但在工作场合之外,挥之不去的种族主义恶意导致这种团结纽带不复存在。尽管身处贫困中的黑人和白人知道,他们的处境实际上是相同的,但他们所处的这个世界同时也在结构上是高度意识形态化的,以至于他们最终把对方指认为自己的对立面,相互成为彼此不幸处境的"直接根源"。随着经济形势日益吃紧,工人之间的竞争性关系也日益加剧。在这种情况下,以种族或肤色差异为基础的竞争就成为不同工人群体维护自身利益的一种方式。正是由于把握了这种社会心理,国民阵线才能产生如此巨大的影响。这样,通过种族主义的结构机制,工人阶级的危机又一次被再生产为一场发生在工人阶级内部以及不同族群的工人阶级之间的危机。结果,统治集团把矛盾成功转移到了被治阶级内部,使之陷入相互对立的内耗之中。面对这种局面,工党完全无计可施,陷入心有余而力不足的状态,因为长期以来它已经把自己的地方政党机构转变为效率低下的纯粹的选举机器,以至于它无法直接深入到底层群体中,达成自己想要的局面。在这种情况下,黑人成为这些矛盾性后果的"承担者",黑人犯罪问题也成为城市少数族裔聚集区社会危机的一个能指(signifier)。

"从属地位"的结构

危机加剧了黑人,尤其是黑人青年的不幸处境;但这并不意味着我们可以忽略在整个战后移民史上与黑人劳动力相关的结构性力量和机制所发挥的作用。这其中最常见的评价维度自然是以肤色和种族为标准的对黑人的"歧视"。歧视当然是英国社会的黑人生活中非常重要的一个事实,而且有充分的证据表明,这种歧视是普遍存在和经常发生的。但也有论调认为,在当下英国社会结构中,黑人与白人在制度上的地位并没有太大的差异,除了某些人(遗憾的是,实际上是很多人)的确会在住房、教育、就业或日常生活中遇到歧视性对待。在我们看来,这种说法是错误的,因为它把种族主义和歧视性实践看成是违反社会"规则"的个体行为。相反,我们认为歧视性现象背后有着稳定的结构性原因。以黑人青年作为主要关照对象,我们不仅要分析这种原因,而且还要对结构性歧视所造成的后果进行考察。

以不同的方式"训练"不同的工人阶级群体,以及把黑人劳动力分配到职业等级中相对较低的位置,是学校和教育系统的主要功能。正是教育系统在以阶级为结构的劳动分工体系中再生产出了工薪阶层,根据劳动技术分工体系中各职业群体的功能差别对文化技能进行分配,并建构出与绝大多数人所处的从属地位相匹配的集体文化身份和心态。学校在"再生产出工人"及其劳动力条件方面发挥的作用可能是正面的,也可能是反面的:它既能够制造顺从,也可能会激起反抗。但这种差异并不能改变教育系统与劳动和工作领域之间在总体上的功能性关系。威利斯(Paul Willis)在最近出版的著作中指出,在那些对学业兴趣不大的学生中(实际上这与他们是否有学习能力无关,很多人其实是有这种能力的,却选择放弃这条道路),往往会发展出各种"抵抗文化"。然而,这种"抵抗文化"实际上也是一种中介性的文化空间。正是这种文化空间使得学校里那些排斥学习的学生最终变成了低技能体力劳动者,并最终转化为处于从属地位且麻烦不断的工人阶级的一部分。[①] 就黑人青年而言,教育系统非常有效地减少了他们能够获得足够就业机会和教育提升的几率,并因此把黑人青年"再生产"为一些在就业、生产和技能等级链上位置更低的劳动力。从表面看,白人和黑人工人阶级在这个问题上的差异似乎很小。虽然总体趋势可能确实如此,但如果我们对这一过程不做具体分析的话,难免会出现一叶障目的情况。教育系统对工人阶级男性和女性的作用是有差异的,最终的结果是再生产出劳动的性别分工,而这种性别差异正是阶级主导的社会劳动分工的结构性特征之一。我们可以说,教育系统对男性和女性黑人青年产生了同样的作用。在一定程度上,教育系统对黑人的不利地位的再生产是通过各种与种族有关的机制来实现的。黑人的"文化资本"在实践中常常被贬低,因而是在不知不觉间不断遭到剥夺的。这个过程有时会表现为某些教师和课堂教学活动中居高临下的、刻板印象化的或种族主义的态度和氛围;有时又会以教学大纲和教科书中以及学校整体"文化"氛围中对历史和文化的歪曲的形式表现出来。在黑人聚集区开办的那些纯黑人学校或黑人学生

---

① Willis,《学做工》,前揭。

为主的学校里,这种情况反而尤其突出。尽管学生都认同自己的族群身份和文化,但这些学校在本质上依然是"白人化的"学校,因为它们的目标是要在一个更低的能力层次上在黑人学生身上复制白人的文化和技术技能。另一个重要的维度是语言。语言是文化资本的主要载体,以及文化再生产的主要媒介。在学校教育中,专门设计了一系列课程和方法来帮助这些学生学习一门本质上属于异族文化的语言。一方面,这可以帮助他们迅速掌握这门新语言的书面和口头表达能力,但与此同时,这也可能对其原有的语言构成一种消解和弱化的作用。相对于新掌握的主流语言,学生的母语变成了一种需要加以克服的"不良表达"。标准英语不是作为一种必要的第二语言成为这些孩子原有母语的一种补充,而是成为主导语言。相反,其母语则作为不符合标准的语言遭到压制。这种情况现在在许多黑人学校已经遭到了强烈抵制。比如,加勒比克里奥尔语(Caribbean Creole)[1]在移民群体中不仅没有消失,相反,这种语言在移民中迅速扩散,说这种语言的人口数量出现了显著增加。而且这种现象发生在新一代移民中间,这些人从来没有像他们的父母那样把这种语言当作一种"常用语"来使用过。这种通过语言来抵抗的现象标志着学校实际上已经成为一个文化斗争的空间。工作技术和能力的大规模错位和中断现象是一个显而易见的现象,最能体现这一点的是这样一个事实:由于缺乏补救措施,不成比例的大量黑人孩子被划分为无需太多教育技能或"低于正常能力水平"的群体类型。[2] 以黑人学生为主的学校很少认真考虑这些学生的不同文化背景。无论他们的文化"源头"在哪里,学生都被塞入一个狭窄的文化过滤器,按照一个单一的、单方面的、规定好了的文化模式来培养。黑人儿童被系统性地纳入白人文化身份认同框架之中的过程,是他们在英国接受教育的特定方式所造成的一个意想不到的后果。但这已经无关紧要了。

　　学校、教育经历和职业地位之间的联系使得不同的群体在劳动体系中获得不同的位置。与人口的总体状况相比,黑人从事"非技术性"或"半

---

[1]　译注:克里奥尔(Creole)一词一般指的是白种人在殖民地的移民与非洲裔或其他非白人种族混血产生的后裔,拥有基于欧洲文化和殖民地地方文化互动所产生的独特语言和种族身份。

[2]　参见 B. Coard,《英国学校教育是如何把西印度群岛裔孩童塑造为低能者的》(*How the West Indian Child is Made Educationally Sub-Normal in the British School System*, London: New Beacon Books, 1971)。

技术性"工作的人数比例要高得多。相对而言,从事"技术性"工作的黑人也不少,尽管他们大多集中于几个主要的领域,而且其他领域人数较少。但在所有不同工作领域中,黑人的职位等级往往是偏低的。以下这段描述基本符合实际情况:"在工人阶级中,他们往往成为最低的阶层,主要集中在非技术性或半技术性职业领域,相反,白人工人则占据着大部分技术性工作岗位。"[①]但更重要的是黑人劳动者在不同资本领域的分配状况。黑人劳动力高度集中在工程领域、铸造业、纺织业,作为一般劳动力主要从事建筑业、交通运输、服务业的低收入岗位以及健康服务业。他们的工作职位一般可以分为三种类型,尤其是如果我们把亚裔劳动力也考虑在内的话。第一种类型是小规模的生产性劳动,这些工作常常处于血汗工厂式的劳动环境之中,这些行业的背后一般是中小规模资本。这些工作的主要特征包括低廉的计件工资、工会化程度低、不同工人群体间存在激烈竞争。这些工厂常常看起来似乎全部"外包"给了移民劳工——其中的劳动主力又往往是那些需要通过其母语接受指令的女性劳工。第二种类型是那些在令人疲惫的环境中长时间进行的技术含量很低的工作,比如餐饮服务业。虽然大部分此类工作是所谓"服务性"职业,但实际上都是高度"一体化的"(比如大型餐饮服务或伦敦机场的保洁服务)。第三种类型是高度机械化、资本化、程序化和重复性强的流水线工作。这些工作所在的地点通常是为大型或跨国工程制造企业提供零部件的"地方"分支工厂。这些产业领域一般都是高度资本化的,对劳动过程的组织也是以发达的流水线生产为特征,目的是最大限度地通过昂贵的机械设备来实现对劳动的剥削。尽管表面上看起来具备这些"先进"条件,但这些工作实际上只需要相对较低的可替代性"技能"和稳定的倒班制就足以保证生产的稳定性。虽然这些"精细化的劳工"从事工作的领域都是一些顶尖的现代产业——比如汽车制造业——但这些劳工也恰恰在从事这些工作的过程中遭到了无情的"去技术化"和"一体化"(massification)趋势的冲击。[②]与人们通常的看法相反,43%的黑人在超过500人的工厂工作,相比之下

---

① S. Castles 和 G. Kosack,《西欧的移民工人与阶级结构》(*Immigrant Workers and Class Structure in Western Europe*,London:Oxford University Press/Institute of Race Relations,1973),页116。

② 参见 Braverman,《劳动与垄断资本》,前揭;以及 A. Gambino,《工人斗争与福特在英国的发展》(Workers Struggles and the Development of Ford in Britain),见 *Red Notes Pamphlet*,1,1976。

白人的比例只有 29.5％。"大约有三分之一的黑人必须倒班,这个比例是白人的两倍。"①大量黑人劳动力集中出现在这些现代生产领域显示出整个经济体系对黑人劳动力的剥削强度。其中许多是国际或跨国企业,其配件工厂不仅在全国,甚至在全球不同国家都有分布。在这里,英国黑人劳动力与现代国际资本的关系,和来自南欧的廉价"白人"移民劳动力与"金三角"国家(繁荣的北欧资本主义国家)工人之间的关系是一样的。因此近几年,黑人工人已经不再局限于那些相对落后的产业中,而是开始在英国经济中扮演"先锋"角色;而且,他们还深度参与到了一些重要的产业纠纷之中(比如福特公司、考陶尔兹公司[Courtaulds]、帝国化学工业集团[I. C. I.]、帝国打字机公司、标准电话公司、曼斯菲尔德针织品厂[Mansfield Hosiery])。

　　这里有两个方面的因素在发挥作用,产生了解构和重构黑人劳动力的双重效果——而这一过程造成了意义重大的后果。第一个因素是经济衰退和失业所带来的直接影响。随着经济衰退的加剧,失业成为危机深重的英国经济中的一个普遍现象,而这对身处英国的黑人劳动力造成了直接冲击。根据就业部门的统计数据,"全国平均失业率是 5.5％,而移民群体的失业率是这个数字的两倍……从 1975 年以来,移民群体的失业率增长的速度就一直要快得多"。② 黑人辍学者的失业率则是全国平均水平的四倍,而且在许多城市区域,超过 60％ 的辍学者没有工作。就业机会的匮乏迫使黑人劳动力在职业等级中进一步向下移动。在这种情况下,当经济衰退结束时,与白人相比,黑人在劳动力市场中的总体地位显然要比现在更加恶化。

　　第二个因素是一个长期的,但相对来说也更重要的因素。20 世纪 50年代初,当时的英国经济正处于快速扩张和劳动力不足的状态。为了弥补缺口,英国从加勒比海地区和亚洲次大陆引入了大量剩余劳动力。这一时期移民劳动人口的数量和工作岗位空缺的情况十分接近。实际上,这两个指标间的相关性一直存在。随着经济日渐衰退,尤其是到了目前这个阶段,移民的人数大幅下降;进入英国的移民人数越来越少,与此同时那些已经在英国的移民人口的失业比例也越来越高。简言之,黑人劳

---

　　① C. I. S 和 Institute of Race Relations,《种族主义:谁得利?》(*Racism : Who Profits?*,1976)。(强调为我们所加。)

　　② 同上。

动力人口"供应"状况的起伏变化完全是由英国资本的需要直接决定的。资本积累的好坏直接决定了是否应该吸收更多的黑人劳动力,还是驱逐那些已经被吸收进来的劳动人口。

在这个过程中,经济、政治和意识形态因素出现了融合的趋势。黑人劳动力的"流动"状况主要是由英国资本的深层规律和要求所决定的。当然,真正对人口流动发挥直接调控作用的是立法(即政治性)行动。与此同时,这种把黑人劳动力当作一种流动的和无限"可变"要素的做法的观念基础是不断高涨的种族主义(意识形态)。在这里,我们必须把黑人劳工的地位问题放到资本领域本身的重构这个更宏观的背景中加以理解。资本主义欧洲在整体上越来越依赖来自南欧等地的流动劳工,包括意大利、葡萄牙、西班牙、土耳其和南非。这些"外来劳工"的价格极其便宜,因为他们并不是本地居民,没有家眷,只在工作地暂时停留。伯格(John Berger)的《第七人》(*A Seventh Man*)对他们的这种处境有十分生动的描述。[1] 这些人在其年富力强之时成为这支流动劳工大军的成员。但其为之服务的资本集团却不必为这些群体的劳动力再生产支付任何成本。他们的"流动"受到发达资本主义产业领域的人力资源需求的调节和控制。不仅如此,非永久居民的身份、高度的依附性和孤立性还导致他们变得十分脆弱和顺从,很容易被纳入流水线生产体制之中。直到 1960 年中期,英国的劳工模式都与这些国家不同,而且对英国很"不利",因为在英国的这些流动劳工都是定居者,拥有英国公民身份,而且都是携带家眷移民到英国的。在这种情况下,英国必须承担这些劳工移民的劳动力"再生产成本"(教育、医疗和退休金等)。因此,从 60 年代中期至今与移民相关的立法的目的就是要对黑人劳工的公民权和公民地位进行攻击,从而为收紧劳工移民政策提供法律前提。国家在移民领域采取的一系列立法行动降低却同时也收紧了对特定技能的要求;对随行家眷进入英国实行严格限制;在法律上,根据英联邦成员国家的联邦化程度和新旧之别,把来自某些英联邦国家的移民劳工的身份从定居者改为"外来务工者"。与此同时,由于黑人劳工人数受到严格限制,更多的机会就留给了那些所谓"正派的外国人"——比如那些来自相对贫困一些的欧洲国家的"外来务工者"。正如斯文兰登(Sivanandan)指出的那样:"那些在 1971 年法案之前从英联邦国家来到英国的人……不是移民,而是定居者,黑人定居者。还

---

[1] J. Berger,《第七人》(*The Seventh Man*, Harmondsworth: Penguin, 1975)。

有一些人是在 1971 年法案之后来到英国的；他们只是流动劳工，黑人流动劳工。"[1]对黑人的政治限制，种族主义意识形态的高涨和反移民组织的增加，对黑人聚集区社会管制措施的强化，黑人群体日益"动荡不安"的总体趋势，所有这些现象不可能只是简单地归结为特定个体或雇主的"歧视性态度"造成的结果。这些趋势实际上是二战以来黑人劳动力被整合到宗主国资本的过程中所固有的结构性特征。和过去一样，在经济衰退的情况下，资本会利用这一时机，在与其长期"需要"相一致的政治和意识形态力量的支持下，对黑人劳动力进行重构。在这种情况下，试图理解黑人劳工在日常遭遇"歧视"时的特定反应是没有意义的。我们在这里所面对的是现代资本的结构性特征，以及在这种资本进行自我重构的关键阶段，黑人劳工在宗主国资本中所扮演的重要角色。根据卡斯尔斯（Castles）的看法，我们在这里的描述所代表的是垄断资本的一种结构性趋势（当然，我们只有把这种趋势放到更早的移民以及女性劳工运动的历史语境中理解，才能准确评估它在多大程度上是一个新现象）。[2]他进一步指出，流动劳工是受剥削程度最高的一群人——对处于垄断阶段且利润率有下降趋势的资本而言，这一点尤其重要。因此，从总体上说，流动劳工与资本主义生产扩张和衰退的循环过程是紧密整合在一起的。这种生产过程通常是高度资本化的（比如，资本有机构成率[3]很高）。他还指出，流动劳工的这些特点还在资本主义衰退时期发挥了遏止通货膨胀的关键作用——这也成为经济"衰退性通货膨胀"（slumpflation）时期化解危机的主要机制之一。

　　黑人移民群体大多集中居住，这也是其结构性地位的特征之一。西印度群岛劳工一般都高度集中在内城区域，原因在于这里有大量相对便宜且可以多人同住的房屋出租。后来的劳工也会遵循这个模式选择这些地区作为自己的落脚地。此外，包括劳工之间寻求友谊、亲属和支持网络的需求，黑人劳工较低的工资水平和其他地区昂贵的住房成本之间的落差，内城各区域官方的住房政策，以及某些房屋中介和抵押公司的歧视性做法等在内的各种因素也加剧了外来劳工高度集中的居住模式。这些地区的住宅价值不断缩水，一般都是年久失修的老房子。不在本地的房东

---

　　① 　A. Sivanandan，《种族、阶级与国家》（*Race*，*Class and the State*，London：Institute of Race Relations，1976）。

　　② 　Castles 和 Kosack，《西欧的移民工人与阶级结构》，前揭。

　　③ 　［译者］资本有机构成是由资本技术构成所决定并反映技术构成变化的资本价值构成。

对房子懒得打理,一般都是抱着一种投机的心态,只想在最短的时间内从形势恶化的房屋市场捞取最大的好处。有的房东自己也是移民,既可能是白人,也可能是黑人。他们会无所不用其极地敲诈租客,对处于弱势地位的黑人移民家庭大肆盘剥。大部分黑人移民人口就是身处这样的恶劣居住环境之中。20 世纪 70 年代,随着住房价格的上涨和与房屋租赁有关的新法规的出台,房东发现与之前相比,对这些房屋进行拆除和重建,或将其出售以供重新开发之用变得更容易了。这导致住房市场上适合黑人移民家庭租住的房屋数量出现严重下滑。对独身一人的移民劳工或寻求出租房屋的新移民家庭来说,要想找到一个体面的居住空间变得更难了。① 随着黑人成年人的居住环境不断恶化,那些刚刚离开家庭、试图独立生活的黑人青年所面临的住宿条件就更加恶劣了。他们发现,在只靠自己的情况下,想要以相对便宜的租金找到一个比较体面的住所基本上是不可能的;而且他们中越来越多的人处于失业状态,即便房东索要的租金是"合理的",他们也根本付不起。黑人在现代英国工业城市房屋市场中的这种结构性地位导致越来越多的人"流落街头",成为露宿街头的"无家可归者"。

就目前已经分析过的所有这些结构性因素来说,我们可以看到工人阶级的阶级地位和劳动分工模式的再生产方式与黑人劳工的阶层地位之间存在着某种特定的关系。通过特定机制,"以种族为基础的劳动分工"在一般性劳动分工内部被不断再生产出来,并成为后者的一个结构性特征。这些机制不仅是以种族为基础的,而且它们还对黑人劳工内部的不同性别和不同代际的成员产生了不同的影响。结果,这些机制在政治上强化了工人阶级的碎片化趋势,导致它分解为以种族为基础的不同分支群体,并激化他们之间的矛盾,使之处于相互竞争的状态之中。因此,极其重要的一点是,我们必须把种族本身当作黑人劳工的地位及其再生产过程中的一个结构性特征来理解。同时,我们也必须意识到,种族是工人阶级的阶级意识中一个很重要的经验性维度。对黑人劳工来说,种族是现代资本主义社会秩序中一个关键的结构性要素。

在这个过程中,历史扮演了极其关键的角色。军事和经济帝国主义

---

① 参见 Notting Hill People's Association Housing Group,《溃败》(*Losing Out*,1972,Notting Hill People's Association Housing Group,60 St Evan's Road,London W. 10);以及 J. Greve,D. Page 和 S. Greve,《伦敦的无家可归者》(*Homelessness in London*,Edinburgh:Scottish Academic Press,1971)。

之前的商业殖民时期,对确保英国过去和当下的经济地位至关重要。这段历史时期还给英国社会生活蒙上了一层种族优越性的色彩,并对生产领域产生了影响。作为一个整体,或者至少作为"上层劳工",英国工人阶级在经济上是否从"新帝国主义"政策中受益?关于这个问题的争论迄今依然在继续。但可以确定的是,殖民主义政策以及在英国工人阶级内部制造对立和竞争的做法(比如棉纺织业工人和其他产业工人之间的矛盾),导致作为一个整体的英国工人阶级与殖民地劳动力之间出现利益冲突。此外,帝国时期还为统治阶级提供了最有效、渗透力最强的意识形态武器——大众帝国主义和种族优越性。在第一次世界大战之前阶级矛盾日益激烈的关键时期,恰恰是通过这些意识形态武器,统治阶级成功地把自己的文化霸权施加到日益强大、团结和自信的无产阶级身上。随着大英帝国的衰落和战后民族国家独立运动的发展,这些"殖民关系"通过引入移民劳动力而逐渐内化为英国国内关系的一部分。于是,英国工人阶级和殖民地劳工之间这种差异化的阶级利益结构以一种复杂的方式被复制到了英国国内经济之中。这一过程是通过引入移民劳工来实现的。这些劳工被英国各大经济产业雇佣,承担了英国本土工人不愿从事的那些工作。直到今天,资本主义依然继续以这种内部分化的形式再生产着劳工。二战以来,这一过程中发生的一个重要变化是发达产业领域的国内白人劳动力在斗争中获得了许多过去没有的优势。而这些优势的获得是以牺牲黑人劳动力的利益为代价的。无论是在劳动领域之内还是之外,种族成为这种内部分化的劳动力再生产过程得以实现的主要机制之一。在这种历史语境下,英国统治阶级所获得的"利益"除了从海外殖民经济中进行直接或间接剥夺所得到的好处,以及在经济扩张时期殖民地劳动力在弥补本土劳动力缺口方面所发挥的作用之外,还应当包括在经济衰退时期通过种族身份制造内部分化和冲突,从而达到分化工人阶级的目的。因为在经济不景气的情况下,团结一致的工人阶级完全可以通过自己的力量迫使国家在经济方面拿出"解决方案",而不是任由统治阶级推行大规模失业、缩减工时和削减工资的政策。

我们已经简要讨论了不同的结构性要素是如何以特定的历史形式共同"再生产"出黑人无产阶级的。在这个阶级中,城市黑人青年是一个高度可见但同时又十分脆弱的组成部分。我们想强调的是,我们真正关心的问题并不是以种族主义刻板印象和态度为基础对歧视性行为进行简单的归类描述,尽管这些态度往往是卑劣的、贬损的和不人道的,而且不同族群之间的社会关系一般也是通过这些态度表现出来的。此外,我们的观点也与人们经常批判的"制度化种族主义"不同。根据这种逻辑,种族主义并不局限于社会关系和态度层面,而是已经成为诸如住房和就业市场这样的制度化领域的内在组成部分之一(换言之,种族主义是这些市场运作方式的系统性特征之一,而不只是管理这些市场的人员自身的"种族主义观念"的一种表现)。当然,有很多事实可以证明这种观点。但是,我们已经指出不同的结构性要素是如何共同导致整个社会的阶级关系以特定形式和更大规模被再生产出来的;与此同时,我们也指出,作为社会再生产复杂过程中各生产领域的结构性特征之一,种族是如何以一种高度种族化同时又充满内部矛盾的形式服务于工人阶级的"再生产"的。因此,在这里,我们想把我们的分析路径与环境改良主义(environmental reformism)思路区分开来。正如我们此前对大众媒体进行分析时所指出的那样,这种思路把那些本质上无法分开的结构性要素看成是一些相互分离的不同的制度结构。此外,它也不是从它们在再生产一个阶级生存所需的客观社会条件方面所发挥的作用这个角度来理解这些结构性要素,而是把它们理解为偶发的(因此也是可以改变的)"歧视性的个人态度"。我们所关心的是这些结构性要素如何在与主导的"资本"逻辑相配合的情况下,生产和再生产出黑人工人阶级所处的社会条件,塑造这个阶级所处的社会和生产环境,并使这个阶级的成员处于一种结构性的从属地位。我们已经指出,这些结构性要素不仅在作为一个整体的英国工人阶级的"生产条件的再生产"方面发挥了关键作用,同样在种族维度上以一种高度分化的和碎片化的方式塑造了英国工人阶级。我们认为,种族是阶级关系再生产中的一个关键的构成要素,这不仅是因为属于不同种族类别的群体会以一种种族歧视的方式对待其他族群,而且因为种族是为"种族主义"意识形态的长盛不衰提供物质和社会基础的要素之一。种族已经成为每一代工人阶级都会遇到的既定经济和社会结构中的一个关键要素,是其生活物质条件中的一个重要方面。无论是哪一代黑人青年,他们并不是生来就是孤立存在的一群人,其接受教育、生活和劳动的特定方式,以及在走向成年的过程中所遭遇的社会歧视,也不只是一些偶然现象。相反,他们生来就处在某种既定的阶级地位上,而且决定这种地位的是一些相对客观的不受他们控制的因素;而且,这种阶级地位同时还具有种族属性。

但种族的作用是双重的。它同时也是工人阶级中的黑人成员"生活"、体验、理解从而逐渐意识到自身的结构性从属地位的主要形式。黑人对作为其阶级处境的客观特征之一的被剥削地位进行理解、应对，进而抵抗的过程，都是通过其种族身份进行的。因此，种族不只是"结构"的组成部分，同时也是黑人劳工的阶级斗争以及文化中的一个核心要素。正是通过与种族、肤色、族群相关的反意识形态，黑人劳工意识到了自身客观处境中的矛盾，并进而组织起来"与之展开斗争"。对当下的黑人青年而言，情况更是如此。于是，在作为黑人"命运"的结构性从属地位和他们作为二等公民的自我经验和意识之间，种族成为一个具有中介性意义的要素。恰恰是通过种族这种形式，那些被结构系统性地剥夺、排斥和贬低的群体才意识到了自己被剥夺、排斥和贬低的处境。因此，抵抗、对立和反叛首先主要是以种族的形式来表达的。我们可以在最简单、最明显、最表面的层次上，即黑人青年自己的陈述和表达中，发现种族在这些群体的意识结构中的中心地位，从而理解种族是如何从内部建构了他们的全部生活经验的。比如，18岁的保罗这样描述自己的工作：

> 我总会遇到这种事：在街头找工作时，总会有人跑过来跟我说："如果我们叫你黑杂种或阿拉伯佬或黑鬼什么的，你可别介意，因为那完全是个玩笑而已。"这时我会告诉对方，那你还是留着你的工作吧。对方会说，"我并不歧视有色人种"，这种玩笑很正常。但一个人这么直来直去地说话是很蠢的！

对于保罗的遭遇，另一位黑人青年莱斯利的看法是：

> 保罗想在这边找个工作，白人老板说，你得改改你的非洲发型。如果是我的话，估计得当场踹倒对方，踹得他跪地求饶，踹死这个狗杂种。我不想给白人工作。黑人为这些人工作太久了。我不想再为他们工作了。我以前从来不恨白人。直到现在，我并不恨所有白人。但却是他们教会我应当如何去仇恨某些人。[①]

---

① 转引自吉尔曼（Gillman）对霍洛威（Holloway）的哈兰比（Harambee）旅馆的黑人青年经历的描述，《我恨英国》（I Blame England），见《星期日泰晤士报》，彩色增刊，1973年9月30日。

文化、意识和抵抗

下面我们要进一步详细分析的就是种族问题的第二个维度：黑人的抵抗和反叛行动所体现出来的意识、意识形态和文化的变化。就这个问题而言，我们必须再次强调的是，西印度群岛裔黑人青年的立场与他们的父辈和其他亚裔移民群体的看法之间存在显著的差异。亚裔族群与西印度群岛移民处于相似的结构性环境之中。但在一定程度上，通过"亚裔"工厂的物理隔离措施等机制，亚裔劳工因其种族身份所受到的剥削更具有系统性，也更严重。也许正因为如此，他们的斗争模式从早期就采取了一种组织化的集体形式。然而，亚裔"移民"文化与加勒比海移民相比，是一种不同的殖民主义和依附经济的产物。由于早期的迁徙、奴隶制和种植园社会模式的影响，加勒比海移民的文化出现了更严重的碎片化倾向。相比之下，亚洲移民的文化更有连贯性，对年轻人的支持也更多。亚裔人口除了可以在生产性劳动领域就业之外，还可以在许多相对独立的工作领域寻求机会，可以选择成为商人、店主、小生意人等不同的职业角色。这些领域为年轻人提供了广泛的就业选择，包括独立的个体经营。相比之下，西印度群岛青年的选择空间要小得多。然而，有迹象表明，在第二代移民中，这种不同族群之间的就业差异已经开始不复存在。如今的加勒比海地区非洲裔青年的处境与第一代加勒比海移民的处境有着天壤之别。加勒比海劳工，无论是有工作的，还是那些季节性失业或永久失业的人口，其命运长期以来始终与宗主国的经济紧密相连。两次世界大战期间的经济衰退，在对英国造成冲击之后，很快就影响到了西印度群岛地区。与此同时，作为西印度群岛地区主要经济出口产业的蔗糖业的衰落，导致这一地区的经济更是雪上加霜。但二战结束后英国经济进入快速发展时期，对劳动力的需求巨大，吸引了无数殖民地劳工。殖民地的失业人口、打零工的人和加勒比海地区各大城市里的无业游民、种植园里的乡村劳动者、内陆地区勉强维生的农民，所有这些人都与宗主国经济的繁荣景象形成了鲜明对比。失业或打零工度日是这些群体的物质生活状况中的一个普遍而持久的特征。面对殖民地的普遍贫困，为了获得他们所在的岛屿无法提供的经济和社会回报，这些群体最终走上移民的道路。为了获得工资，他们不得不在进入宗主国时接受资本力量强加给他们的各种纪律和约束。豪（Darcus Howe）曾经引用过《猛击》（*Punch*）（1965 年 8

月 21 日)杂志上的一段十分生动的描述,而这段话充分暴露了早期黑人劳工所面对的资本逻辑的残酷性:

> 每个移民都是资本的储存器。要把一个人抚养成人,对其进行教育和培训,使之成为具有生产能力的雇佣劳动力,需要花费 4000 英镑。当这样一个人移民时,他所花费的所有这些费用就随其一起转移到移民目的国了……英国拥有充分就业机会,面临着巨大的战后重建任务,因此对移民劳动力的需求极为迫切。我们共有 5000 万人口,其中劳动人口有 2500 万人。是这些能够从事生产活动的人口为我们的孩子和退休人员提供了食物、衣物和住所。每个新来的移民都能为这些占全国人口一半的非生产性人口提供服务。如果我们问德国人是如何从 1945 年的废墟中重建繁荣的?靠自己的勤奋努力吗?当然。但倘若离开数百万移民劳动力的话,这一切都是不可能的。[①]

移民的工资很低,但所面临的纪律要求却很苛刻。移民可以找到工作,但通常待遇最差,工资最低。他们也可以在某个地方找到落脚地,但通常都是内城地区的某些质量很差很破败的住所。为了"谋生",他们不得不在一个十分不友好的环境和文化中工作。他们在工厂里从事十分繁重的劳动;或者作为伦敦交通公司的员工在严格的时间纪律下每天工作很长时间;妇女则在餐馆厨房或其他服务业的炎热环境中从事繁重的劳动;还有人只能干苦力,做清洁,或者承担工厂里的低技能工作。正是在这一历史时期,加勒比海地区工人阶级经历了激烈的"重塑"过程。也是在这一时期,他们的命运完全受制于劳动和工资。尽管如此,在有大量加勒比海黑人移民集中居住的地区——帕丁顿、布里克斯顿和莫斯塞德(Moss Side)——尽管黑人劳工必须承受繁重严格的劳动,但一种属于他们自己的文化和生活方式开始繁荣发展起来。在每个有体面工作的西印度群岛工人阶级移民的家庭中,这种文化和生活方式首先体现在私人生活之中:窗帘把温暖的家和寒冷黑暗的外界隔开;在邻居窥探的目光中进出家门;下班后妇女裹紧衣服去商店购物;暮色中孩子从学校里

---

① D. Howe,《反击:诺丁山新印度群岛青年与警察》(Fighting Back:West Indian Youth and the Police in Notting Hill),见《今日种族》,1973 年 12 月。

蜂拥而出;下午四点天色就开始暗下来的冬日夜晚。但在某些地区,更加多彩斑斓的"聚居地"移民文化开始出现。这些文化所表达的不仅是那些有着稳定生活的移民家庭的情感和成就,而且也体现了那些更加多彩的本地城市失业群体、半失业群体、俱乐部服务员和化装舞会表演者的生活状态。在这些地方,人们可以多少感受到一点金斯顿(Kingston)西部的棚户区或西班牙港(Port of Spain)的风情,移民把故土的生活方式复制到了这里:

> 在那些派拉平托(para-pinto)(一种牙买加骰子游戏)十分流行的赌场,工人的工资不断流进那些失业者的口袋里……这些从事生产性劳动的西印度群岛劳工发现,在自己那点不多的休闲时间里,除了酒吧和游戏厅这些受国家法律管制且与工作时间不冲突的娱乐场所外,还有赌场这个更刺激的去处。在那些地下酒吧里参与赌博活动不仅与工作时间相冲突,而且也不受国家法律的约束,从而对资本在工厂和日常生活中对工人的控制构成了巨大的阻碍。到1955年,这些赌博场所在的诺丁山地区已经十分繁荣……1957年,一家报纸的报道甚至出现了"黑人、妓院和毒品"这样耸人听闻的标题。该报还呼吁,应该"对西印度群岛移民社区中大量出现的各种俱乐部进行更严格的监管"。①

随后发生了第一次针对西印度群岛移民的种族主义攻击,即1958年的种族骚乱。在战后英国加勒比地区劳工史上,这是一个具有转折意义的历史性事件。我们已经在前文就这一事件的过程进行了详细描述。在这里,我们只想重申这样一个事实:尽管冲突双方在街头互相争吵、互掷石头、彼此攻击的行为,以及打破西印度群岛移民家庭的窗户、在这些人家的门上涂上纳粹十字记号的做法,都是白人青年在有组织的法西斯运动的引导之下实施暴行,但更重要的是,这场骚乱本身不仅意味着黑人和白人无赖青年之间的矛盾,而且意味着黑人和白人社群之间过去相对"友好的关系"出现了重大裂痕。因此,这一事件同时也标志着黑人希望能够适应英国社会生活的美好愿望("共存共荣"的政策主张)与更为残酷的现实之间的矛盾。诺丁山事件不仅呈现了一幅黑人社区遭到围攻,并由此

---

① 同上。

引发了黑人社区第一次有组织的政治回应,以及西印度群岛移民组织和群体大规模集结的景象,而且也导致作为控制力量的警察直接进入黑人街区进行巡逻,并成为常态。这种变化很快导致黑人群体对警察的歧视性对待产生了恐惧。

到 20 世纪 50 年代末,虽然族群融合依然是自由社会的政策目标之一,但对大多数黑人来说,黑人同化作为一种切实可行的策略已经失败了。即便黑人想融入白人文化,甚至少数人自以为已经实现了这一点,但无论是外表,还是风格和文化,黑人都不可能彻底变成真正的"白人"。之所以不可能,有这样几个原因:首先,一个群体或阶级不可能只靠主观想法就可以摆脱原有的文化身份;其次,黑人同化的模式是以白人文化为基础的,但在客观上,黑人与白人的经济和社会处境有着天壤之别;再次,无论白人社会的领袖和代言人是如何表述的,黑人试图融入的白人社会实际上并不想看到这种同化真的成为现实。既然融入实现不了,那么只能退而求其次,尽力做到接受(acceptance)。所谓接受,一方面意味着黑人社群接受自己作为二等公民的身份,另一方面也意味着白人社群愿意接受黑人作为与自己不同的群体与自己共存的现实。在这个妥协性的解决方案中,最关键的是对黑人群体的差异化收编。通过这个过程,部分黑人最终成为和白人一样受人尊重的工人阶级成员。这种政策的结果不是种族融合,而是在从属阶级文化中形成了一种"非正式的隔离"。许多第一代西印度群岛移民家庭在这种政策下或多或少取得了一些成功。其中包括那些通过自己的勤奋努力而处于领先地位的西印度群岛移民家庭:依靠自己的力量努力拼搏,但又时刻以那些成功的白人为参照标准,为了挣工资而服从劳动纪律,努力为自己和孩子创造一个"体面的"生活,离群索居,与世无争。尽管这样的生活并不尽如人意,但还算可以忍受,原因在于这些移民家庭相信被拒绝和失败并不是自己种族的必然命运,而且"孩子"也必然会比父母拥有更大的成功机会。在这种情况下,黑人群体自然可以无止境地忍受自己的处境。

另一个可行的策略是把"接受"方案中的隔离性(separateness)和边缘性元素向前推进一步,使之变得更充分。这意味着一个与白人文化相隔绝的"西印度群岛文化"能够在英国出现和发展。这显然需要可靠的位置基础:一个以西印度群岛移民为主要居民的飞地——所谓的聚居区社会就这样诞生了。一方面,贫民"聚居区"的形成是黑人作为一个共同体的一种自卫性反应的结果,是黑人社群依靠自身力量生存的一种表现。

在整个 60 年代,面对在"聚居区"边界之外日益严重的种族主义,移民社群对这种防御性空间的强调变得更加显著。从 1964 年反移民政客胜选的斯梅西克选举事件到 60 年代中期的一系列反移民立法,再到鲍威尔主义的盛行以及倡导移民遣返政策的游说团体的出现,官方政策的种族主义倾向日益明显。移民社群对"聚居区生活"的强化正是在面临这种威胁时团结一致对外的一种自卫性反应。另一方面,聚居区社会的形成也意味着在贫民区边界内生活的黑人社群的内部文化凝聚力和统一性有了显著增加,意味着他们终于为自己争取到了另类的黑人社会生活能够繁荣发展的文化空间。聚居区为这种文化复兴提供了物质基础:首先,"西印度群岛文化意识"不再只是存在于移民的头脑或记忆中,而是呈现在街头现实可见的文化景观之中;其次,紧随美国黑人反抗运动之后,英国的移民群体中也再度出现了一股强大的"黑人意识"。在这种背景下,某些特定的街道、街坊、咖啡馆和酒馆开始出现了"专属化"现象,即这些地方越来越成为某个族裔群体大量聚集的场所。正是在这些移民聚居区内,出现了越来越多的复兴派(revivalist)教堂、周日中午吟唱赞美诗的现象、在当地泳池里举行的集体洗礼、移民商店里的加勒比水果和蔬菜、地下酒吧和周六晚的蓝调音乐(blues)派对。与此同时,聚居区内也逐渐形成了一套完整的属于移民族群自身的声音系统,出售蓝调、斯卡(ska)和灵乐(soul)的唱片商店大量出现。就这样,在许多英国城市的中心地带,逐渐形成了移民聚居的"本土区"(native quarter)。

黑人"聚居区"的形成使黑人社群的一系列新的生存策略成为可能。大多数人的工作都在聚居区之外,所以依然必须每天离开这里去上班。但也有一部分人选择在聚居区内谋生。那些有体面工作的黑人劳工的工资最终都会流回到聚居区内,他们的消费活动构成了聚居区内独特的黑人社会生活的经济基础。"聚居区"也为新的观念意识提供了物质和社会基础——一种内部生成的黑人文化身份认同。黑人移民的最终目标是要在一片不属于自己的土地上成为合法的永久居民。为了实现这个目标,他们可以忍辱负重,竭尽全力。但他们不会再压抑自己的文化身份,而是明确地认同自己的种族背景:一群拥有自己的祖国和文化遗产的黑皮肤的西印度群岛移民。正如一位西印度群岛女孩所说的那样:"如果有人叫我黑杂种,我会这样回应他们:'我是黑人,我为此感到自豪。但我不是杂种!'。"①

---

① 转引自 Gillman,《我恨英国》,前揭。

　　"聚居区生活"也为那些不想为了一点微薄的工资而按部就班地从事艰苦工作的人提供了其他谋生途径。其中,最值得关注的是各种形式的非正式交易、半合法行为、敲诈和小规模的犯罪活动。这种被称为制造骗局(hustling)的现象在所有贫民区生活中都存在。对住在"聚居区"的人来说,这种行为是一种常见的、难以避免且十分熟悉的生存策略。但在那些对此一无所知的人看来,这完全是一种很奇怪的现象。他们常常会错误地在这种行为与职业犯罪之间划上等号。持自由派立场的人士经常提醒人们注意这样一个事实:年度犯罪统计数据显示,黑人的犯罪比例偏低。但在 20 世纪 50 年代末到 60 年代初,移民"聚居区"逐渐成为一系列特定的小型犯罪活动的泛滥之地,其中最常见的包括运营嫖妓场所、靠不道德的手段获得收入、贩卖毒品等。豪曾经引用过的内政部于 1957 年 3 月发布的一份备忘录要求警方就下列情况提供充分证据:"大规模犯罪活动""与白人混血生育后代的情况""非婚生子女""卖淫场所管理问题"以及黑人"聚居区"的"生活条件状况"。① 根据他的回忆,当内政大臣就 1958 年的种族骚乱问题发表声明时,他首先提到"犯罪活动"带来的各种"挑战",并建议政府运用手中的权力遣返那些"不受欢迎的人"。这种把有体面工作的黑人移民与那些"不良分子"区分开来的做法已经成为与种族相关的话语中的一个常见表述(正如前文已经讨论过的,这种在同一个阶级内部制造分裂的做法在历史上曾经反复出现,比如 19 世纪初"令人同情的穷人"和"危险阶级",以及 19 世纪末"体面的工人阶级"和"渣滓分子"之间的区分)。然而,与那种在"制造骗局"的行为和犯罪之间简单地划上等号的做法一样,把黑人移民分为"好分子"和"坏分子"的做法扭曲了"制造骗局"现象背后的本质——实际上,恰恰是这种被认为司空见惯的行为使得那些不受待见之人能在"聚居区"内获得生存的可能性。

　　尽管"制造骗局"的活动大多是在法律的边缘或盲区进行,但它与有组织的职业犯罪在本质上是不同的。从事这些活动的人大多脑袋比较灵活,多少有些才智。所以他们会不断变换活动的领域。这样做的目的只有一个,那就是确保自己始终不会遭遇出局的命运。这些活动经常会涉及敲诈、拉皮条或小偷小摸的行为。但与此同时,也恰恰是从事这些活动的人维系着"聚居区"的社会联系,并对"聚居区"生活的社会根基提供了

------

① 　Howe,《反击》,前揭。

保护。他们有着广泛的人脉资源,总能把事情搞定,有办法搞到稀缺资源,能够满足"聚居区"里那些相对体面的居民的不那么体面的"需求"。他们常常成群出现在夜总会里,组织蓝调音乐派对和多米诺骨牌游戏,对非法的白朗姆酒厂哪天开工了然于胸。他们知道如何在不与规则发生正面冲突的前提下与这些规则打交道。他们是"聚居区"里必不可少的一群人;因为和那些住在"聚居区"内却在其他地方工作的人不同,他们不仅住在这里,而且也在这里谋生。他们放弃了稳定的常规工作,过着收入不稳定的生活。当生意兴隆时,他们会一身奇装异服成群结队在街头游荡,在众目睽睽下"耍酷",得意扬扬。但很少有人会一直成功。作为这群人中最著名的人物之一,马尔科姆·X在结束街头游荡的生活,成为黑人穆斯林领袖伊莱贾·默罕默德(Elijah Muhammad)的信徒后,曾回到自己以前经常光顾的那些地方。回忆起在那里的所见所闻,他说自己:

> 听到了许多人的遭遇。被枪击,中刀子,坐牢,陷入毒瘾不能自拔,重病缠身,精神失常,酗酒……许多我认识的曾经不可一世的街头霸主现在都处境悲惨。他们诡计多端,但除此之外,他们都是一些贫穷、无知、身无一技之长的黑人;生活曾经善待过他们,但也最终欺骗了他们。我拜访了25名我曾经很熟悉的以前的老伙计。在九年的时间里,这些人已经雄风不再,成为贫民区里不起眼的边缘人物,为了凑足房租和饭钱而挣扎。其中有些人现在在市区谋生,干着通信员、看门人之类的工作。①

马尔科姆在这里所描述的是当时美国最好的、最繁荣的和最组织有序的贫民区之一——哈莱姆。

相比之下,在20世纪50年代到60年代的英国移民"聚居区"中,那些游荡在街头靠行骗谋生的人并不能那么轻易就可以搞到各种好处。当然,他们也有自己的风格;当周围的大多数人为了谋生都在竭尽全力从事一份更体面的工作时,我们不能低估这种"酷帅"的风格或"能搞定事"的能力为这些一般人眼中的游手好闲之辈所提供的丰富的文化资本。与穿着祖特装和保守银行家风格鞋子的马尔科姆相比,英国移民"聚居区"里那些"制造骗局"的人更多是处于一种漂泊、失业和无家可归的状态之中。

---

① Malcolm X 和 Haley,《马尔科姆·X自传》,前揭,页315—16。

在英国,处于全职状态且能够大获成功的行骗者要少得多。在这种情况下,"制造骗局"更多是一种"生存策略"。迄今为止,这些活动的参与者主要是那些无法找到稳定工作的人;他们之所以从事这种活动,完全是他们的失业状态导致的。作为黑人劳工的"储备力量",他们实际上成了剩余劳动力。对这些人而言,实施小规模的或偶然的犯罪行为,或者参与到诈骗活动之中,完全是为了生存的需要。因此,在"聚居区"内,依靠非法手段谋生的人数随着黑人失业率指数曲线的上升而稳步增加。参与行骗活动的第二种人是那些无法或不愿意从事稳定的常规劳动的人。他们宁可冒着风险在街头获取谋生途径,也不愿意做白人提供的"该死的工作"或者为了领取救济金而整日排队。这类人的数量也在增加。第三类则是那些运作各种边缘文化活动从而给"聚居区"生活带来活力、调节社会关系的人。"聚居区"虽然在物质上处于贫困状态,但正是通过这些文化活动,它才逐渐成为一个社区,一个类似于家园的地方。在这三类人中间,还混杂着一些小罪犯、骗子、皮条客和敲诈勒索者。从更广泛的意义上来说,所有生活在"聚居区"内的人都或多或少参与到了这些"非法勾当"之中。无论是有体面工作的黑人家庭还是这些专门从事行骗活动的街头混混,都离不开"聚居区"内广泛存在的这些非法活动;如果说后者的需求是经济性的,那么,前者的需求就是文化性的。这些非法交易网络中自然包括一些为那些体面而虔诚的西印度群岛家庭所不齿的不道德的内容。第一代移民热衷于从事稳定却回报很低的体力劳动工作,相比之下,浪迹街头靠耍小聪明谋生的生活方式对第二代移民则更有吸引力。这种差异是黑人社群不同代际移民之间的"代沟"的主要表现形式。然而,随着"聚居区"社群所面临的来自警方监管和控制、失业风险和官方制度化的种族主义的压力不断增大,年轻人和老一辈移民之间,或者常规工作者和以非法手段谋生者之间的差异也逐渐模糊。面对共同威胁,"聚居区"社群内部的差异变得越来越不重要。最初作为对无处不在的白人敌意和威胁的一种自卫性反应的产物而出现的"聚居区",最终成为作为一个整体的黑人社群为了自我生存而发展新策略的防御性基地。

为了生存和创造属于自己的生活,黑人青年必须从第一次移民浪潮的先驱者所发展出来的一系列策略中进行选择。但他们是在其所属的阶级历史演化的不同阶段里认识到自身的从属性地位的。他们在经济上和文化上的反应也因此与父母那一代人的反应截然不同。"聚居区"是第一代移民努力的成果;第二代移民则是生来就在"聚居区"内生活,他们是真正的第一代"聚居区"原住民。除了这里,他们没有别的家园。其父母辈大多带有过渡时期的移民劳工阶级都具有的那种双重意识;相比之下,第二代移民则只有黑人"集居区"成员这一种自我意识,他们人生的最初经验都与这样一个地处白人社会的中心地带却随时高度戒备的黑人飞地有关。在他们成长的过程中,种族隔离一直都是其生活中的一个基本事实。正如希罗所指出的那样,这些年轻的黑人在周遭的成人世界中根本看不到任何种族融合的迹象,也从来没有见过不同种族的人一起走在马路上或一同进出酒馆,从来没有白人朋友拜访他们的家,唯一与他们有接触的白人不是从事某些服务工作的人(比如邮递员、教师、抄表员),就是福利官员或社会工作者。[①] 学校里的黑人学生数量增加了,但学生之间似乎有一种默契似的,会按照不同的族群身份形成扎堆现象。这些年轻的黑人还具有一种他们的父辈没有机会获得的经验:通过学校系统进行的文化征用(cultural expropriation)。作为接受了更多的知识和技能教育的一代人,他们完全能够与同一阶级的白人同龄人在技术或半技术性劳动力市场中一决高下。也正因为如此,他们比父辈更能感受到自己在职业和就业机会结构中所遭遇的不公平待遇。而他们被如此对待的理由并不是能力问题,而是他们的种族身份。对这些黑人青年来说,作为一种物质性的结构化实践和普遍存在的意识形态,英国社会的种族主义不能被解释为一种偶发的异常现象或白人无意中粗心大意造成的结果。最关键的是种族主义已经成为英国社会制度运作机制的一部分。在这些黑人青年的人生经验中,英国社会就是一个"种族主义的"社会——其运作正是通过种族主义来实现的。他们完全不能接受第一代移民的那种乐观主义看法:一切都会随着时间而变得更好。实际上,情况不仅没有变好,反而恶化了。除了歧视和日益减少的工作机会,现在黑人还不得不面对白人在政治上不断高涨的敌意,其亲属向英国移民的权利在法律上遭到剥夺的事实,以及在马路上随时遭遇警察骚扰的巨大压力。警方以"占领者"的姿态对移民社区实行不间断监控,没有什么比这一点更能让这里的居民强烈地意识到自己身处"聚居区"的事实。对这些年轻人而言,除了这里,他们没有更好的往日家园可以怀念:威尔斯登交叉路口(Willesden Junction)、汉兹沃斯、帕丁顿、莫斯塞德、圣安尼斯(St Annes)就是他们的"家"。他们是永远的内部流亡者。正如"保罗"对吉尔曼(Peter Gillman)

---

①   Hiro,《黑白英国》,前揭,页81。

所说的那样：

> 在我看来，巴巴多斯是我的家，这里不是。非洲是我的家，那才
> 是家。因为我不属于这里。虽然我在这里出生，但我不属于这里，我
> 从来不以英国人的身份自居。当然，我也不认为自己实际上与英国
> 人没有任何关系。他们把我视为一个局外人。我也因此把自己看作
> 一个客居此地的局外人。[①]

这种令人沮丧的情形无需更多解释。但另一方面，从更加积极的意义上
来看，与其父母一辈相比，在"聚居区"长大的新一代移民更能直面英国社
会的生活现实。他们不再像上一代移民那样为了生存可以忍受恶劣的处
境，对白人社会的顺从程度大大降低，并在自我身份认同问题上咄咄逼
人，充满自信。从这个意义上说，"聚居区"为相对积极的移民文化身份认
同的建构提供了基础。对许多第一代移民来说，确立自我认同是一个十
分痛苦的过程。从事木匠工作的西印度群岛移民柯林斯（Wallace Col-
lins）非常生动地表达了自己的这种矛盾处境：

> 我决定抛弃幻想，远离毫无同情心，充斥着无礼傲慢的白人社
> 会……我内心深处的这种变化是在我不知情的情况下悄然发生的。
> 直到我们想融入自己的同胞时……我才意识到他们需要我……他们
> 才是我的归宿。[②]

相比之下，第二代移民不存在这种身份的纠结，他们就是以黑人身份来
界定自己的一代人。这一代人清楚地知道，除了黑人，自己不可能成为
其他任何身份的人。他们的自我意识已经达到了拉斯塔法里教徒所说
的"扎根"（groundation）状态，即长期沉浸于英国社会的生活环境之中，
从而对这一社会的基本知识了然于胸。对这样一代人来说，主动走上
与主流社会同化的道路的可能性微乎其微。作为一种集体性解决方
案，族群同化政策不仅已经被白人社会正式抛弃，而且也遭到了黑人族
群的主动拒绝。我们前面提到的"接受"策略实际上也宣告了族群同化

---

① 转引自 Gillman，《我恨英国》，前揭。
② Hiro，《黑白英国》，前揭，页 80。

政策的失败。黑人青年逐渐意识到父母一辈的无限忍耐并不是一个有效的解决办法，因为这种低调坚忍的态度通常会涉及对"白人"的让步和屈从。上一代移民曾经竭尽全力适应艰难的工作环境，而现如今，工作却成为新一代黑人青年表达反对意见和采取抗争行动的一个主要领域。一位 17 岁的工程学徒给评论家希罗讲了这样一个故事："领班叫我去擦地板……而现场有一个白人工人正闲坐着，无所事事。于是，我拒绝了领班的要求。结果我被辞退了。我把这件事情跟我爸爸说了，他说：'你应该按要求去擦地板。'我对他说：'你真是个软蛋，那些白人已经扭曲了你的思想。'"①18 岁的"保罗"则告诉吉尔曼："我被赶了出来。我爸爸不喜欢我的生活方式。我四处晃荡，到处赚钱，不像他那样为白人卖命，他不喜欢我的这种工作方式。于是我说，那我走吧。周六晚上，我出去了。回来后发现他把门锁了起来，再也不让我进去了。"②另一位青年的叙述稍有不同：

> 我的目标是再也不让我的父亲为伦敦交通公司工作……我并没有因为他为这家公司工作而感到羞耻，这并不是问题所在，因为他是一名工人，他通过这份工作养活了一大家子人。因为这一点，他应当受人尊重。我只是觉得他整天在公交车上检票，这样的工作很乏味。我真的很想对他说："爸爸，别干这份工作了，好好休息一下！"他说能够做这份工作，他感到很自豪。可是，在这个国家，在这样的大冷天，又有几个人愿意在一辆公交车上做这样一份工作呢？没人愿意！不管他怎么说，但我知道他实际上并不喜欢这份工作，因为我一直在观察他。他知道一切都为时已晚，事到如今，他不可能对我说："儿子，我不想干这么一份工作了。我还是换一份别的轻松的工作吧，去做个音乐家或者专业赌徒。"一切都太晚了。他肩上承担着责任。但作为年轻人，看着他如此艰辛的生活，我会忍不住说："看看我的老父亲，他来到这个国家试图改变命运，结果却每天在一辆公交车里上上下下，大声叫嚷着：'还有人要买车票吗？'"你会发现整个社会制度就是这样运转的：我的人生只会在我父亲的基础上向上走那么一小步，然后，我的儿子又会比我要过得好一点点……这个链条会不断进行

---

① 同上。
② 转引自 Gillman，《我恨英国》，前揭。

下去。这样的家庭里必须有一个人取得飞跃性的进步，这样整个家庭才有上升的可能性。①

虽然劳动力市场可以吸纳那些黑人毕业生，但这个市场的系统性偏好最终导致黑人青年所得到的总是各类工作中最差的那些工作。然而，随着失业日益严重，那些只能承担最低端的劳动工作的人最终失去了工作，成为工人阶级的储备劳动力。这些曾经作为劳工在整个体制中发挥作用的人口，现如今则被彻底抛弃了，导致这些人的客观处境日益恶化。在集体层面，人们对这个客观过程进行理解和抵制的方式总是处于变化之中，这成为一个关键的动态因素。因此，"无工作状态"的社会内涵和政治意义在工人阶级内部发生了根本性转变。那些现在没有工作可做的人发现自己并不愿意在那些条件下工作。这种无业状态激发失业工人逐渐产生了一种新的"否定意识"。当然，这很可能只是一种临时状态，一种过渡性的意识形式。我们会在下面讨论，如果的确如此的话，那么是否有可能从这种临时状态中发展出对现有体制的一种临时性否定。与此同时，工人阶级中的黑人劳工"本质上"已经逐渐成为一支"自为的"政治力量：

> 经济条件……首先把大批的居民变成工人。资本的统治为这批人创造了同等的地位和共同的利害关系。在斗争中……这批人逐渐团结起来，形成一个自为的阶级。他们所维护的利益变成阶级的利益。而阶级同阶级的斗争就是政治斗争。②

这是一个重大的变化。当然，这种变化并没有按照马克思所描绘的那种经典路线发生。虽然日益严厉的军事化管理模式对各大经济领域的运作发挥着关键作用，但具有指标性意义的是工人自身所经历的"失业状态"的共同经验，而不是资本所控制的高度纪律化的社会生产过程本身。这种本质性的变化不是自然发生的，而是经过了一个历史过程。它的起点是劳工移民群体对自身黑人身份的意识，更具体而言，是在移民自身的经验之中，对"聚居区"生活的非洲根源的再发现。这种"非洲"身份认同在

"聚居区"移民群体中的复兴与战后非洲民族主义革命有关。同时,20 世纪 60 年代以来,在"黑是美的"和"黑人权力"口号引领下如火如荼的美国黑人解放运动,以及遍布各大贫民区的黑人反抗运动,也对英国"聚居区"移民的黑人身份意识的兴起产生了积极影响:

> 我曾经认为自己和其他人一样。但后来我开始觉醒了。第一次产生这种感觉是 1965 年在洛杉矶的华兹(Watts)发生黑人暴动的时候。我开始审视世界上发生的事情,我意识到自己必须像一个黑人那样去行事,并为此感到自豪。[1]

这也恰好是黑人社群在政治活跃人士的鼓动下变得高度政治化的一个时期。同样是在这一时期,美国黑人运动领袖斯托克利·卡迈克尔(Stokely Carmichael)和马尔科姆·X 对英国进行了访问。对"聚居区"内的黑人青年的想象力产生影响的不是作为政治教条的"黑人权力"观念本身,而是黑豹党等团体所发展的那种特定的黑人抵抗风格,以及西尔·克利弗(Eldridge Cleaver)、牛顿(Huey Newton)、杰克逊(George Jackson)和戴维斯(Angela Davis)等黑人领袖所倡导的那种关于黑人族群的正面形象。英国和美国之间的相似点之一恰恰是美国黑人运动是建立在"贫民区生存政治"的基础之上的,正是这一点使那些在贫民区内以"不法买卖"为生的群体具备了新的政治意义。在 60 年代的黑人文化复兴过程中,之前关于黑人工人阶级的完全负面的刻板印象得到了重新定义,转化为一种正面的积极形象。不仅美国黑人抗争运动的许多重要领袖和发言人的职业生涯都是从街角犯罪的生活开始的,而且这些斗争的核心目标就是要发起一场由底层黑人参与的政治运动——这意味着"聚居区"或作为防御空间的贫民区将成为这场运动的根据地。黑豹党能够调遣的唯一"军队"就是那些贫民区内失业流浪的工人阶级黑人群体。流落街头的弟兄姐妹成为"武装起来的同志"。

在 20 世纪 60 年代末到 70 年代这段时期,文化抵抗在英国全国各地的移民"聚居区"已经不只是处于萌芽状态,而是以一种独特的加勒比海非洲裔文化的形式蓬勃发展起来。实际上,由于深深扎根于加勒比海非洲裔文化的土壤之中,这些抵抗运动完全不需要从北美贫民区文化中借

---

[1] 转引自 Gillman,《我恨英国》,前揭。

鉴任何形式或观念。主张末世宗教政治观的拉斯塔法里教、加勒比海非
洲裔的"聚居区"音乐——带有稳定摇滚节奏的蓝调音乐、斯卡乐和雷鬼
乐——以及牙买加"酷小子"的"硬派"风格在黑人中的复兴,为那些只能
流落街头的底层群体提供了一种与其物质生存环境和日益觉醒的意识更
相匹配的新的反抗性词汇和表达方式。黑人青年头上的"拉斯塔法里式
发绺"成为这种复兴景象的象征。在这种背景下,那些表达无产者情感的
音乐(无论是在牙买加的金斯顿,还是在英国的布里克斯顿或汉兹沃思,
这些音乐都能在一无所有者中找到忠实听众)以及以强劲节奏引人注目
的雷鬼乐,为人们带来了从巴比伦式的城市罪恶中解脱出来的希望。在
这里,主张返回非洲文化的拉斯塔法里运动发挥了十分关键的作用;近几
年,无论是在布里克斯顿还是在金斯顿,正是这个曾经相对边缘和被人鄙
视的运动所倡导的穿着方式、观念、哲学和语言为城市黑人青年的自我族
群意识的普遍化和激进化发展提供了基础。作为"受压迫者的宗教",拉
斯塔法里教对雷鬼乐的节奏和观念产生了深刻影响。而雷鬼乐又是对黑
人青年的思想观念和身体行为产生影响最大的音乐类型之一。[①] 对黑人
移民来说,英国是一个他们遭受压迫和痛苦、身处其中却没有归属感的地
方,一个充满疏离、剥夺和残忍的国家。对拉斯塔法里教来说,这样一个
国家恰好成为罪恶的"巴比伦"的当代化身。在他们的故土"家园",黑人
像手足兄弟那样以"和平与爱"的精神彼此相待。但在"巴比伦",只有音
乐能给他们指出"救赎之道",赋予黑人兄弟"力量"——"请上天赐予我们
力量吧"。这种文化激变在少数族裔聚居的伦敦朗伯斯地区和牙买加的
金斯顿西部产生了同样的影响。经过这种转化,白人统治的每个方面都
被赋予了一种负面内涵,成为其自身的对立面;与之相反,黑人受压迫的
遭遇则被彻底重新理解为苦难和斗争的文化过程。在这一过程中,移民
生活的每个方面都被赋予了全新的内容和意义。这也成为在黑人群体中
逐渐发展起来的新社会运动和非组织化的政治反叛运动的意识形态起
点。警察对"聚居区"的严厉监控、黑人青年所受到的野蛮无理的"骚扰"、
不断加剧的关于"年轻移民"和犯罪问题的公众焦虑和道德恐慌,以及旨
在缓解贫民区社会矛盾和问题的大规模福利和社区项目,所有这一切都

---

① 参见 D. Hebdidge,《雷鬼、拉斯塔法和酷小子:风格与形式的反叛》(Reggae, Rastas and
Rudies: Style and the Subversion of Form),见 *C. C. C. S. Stencilled Paper No. 24*,C. C. C. S.,
University of Birmingham,1974;删减版重印于 Hall 和 Jefferson 编,《通过仪式抵抗》,前揭;同
时参见 R. Nettleford,《镜子,镜子》(*Mirror, Mirror*, London: Collins-Sangster,1970)。

在"聚居区"内外进一步强化了这样一种印象：在某种程度上，一场"政治"斗争的大幕正在徐徐开启。

许多有体面工作的黑人成年人依然认为，完全处于"无工作状态"和靠坑蒙拐骗过日子是某些人为了解决生计问题而不得不采取的一种绝望的非法手段。这些问题目前困扰着整个黑人社区，他们希望这只是一种会很快结束的暂时现象。但与此同时，由于日益严重的剥削，越来越多的年轻人走上了这种没有稳定工作和依靠街头行骗谋生的道路。而那些没有其他选择只能继续从事现有工作的人则不得不忍受雇主无理的残忍压迫。这一切都让那些捍卫体面生活方式的黑人感到愤怒。在"聚居区"人口中，有一群老派分子，对这些人来说，时不时地靠犯罪手段获取生活所需已经成为他们朝不保夕的经济生活中的一个组成部分。黑人青年的处境似乎与这两种情形都不一样。比如，我们很难搞清楚目前究竟有多少黑人毕业生没法找到工作，有多少人不愿意从事那些他们原本可以获得的工作，又有多少人是为了表达自己的政治立场而拒绝从事这些工作的。对他们来说，宁可混迹街头，承担由此带来的不确定性，也不愿意从事稳定却单调乏味的工厂体力劳动。就目前的情况而言，对绝大多数第一次进入劳动力市场的黑人青年来说，他们并没有选择的余地。在这种情况下，对就业情况进行划分也许完全没有意义。因为这种划分不仅没有考虑到人们是在何种条件下做出特定选择的，而且认为具体的物质性生存问题完全受制于自由主体基于理性选择的准确计算的支配。它把社会行为简化为基于普遍道德准则进行思维决策的过程，而且这种决策与法律所设定的边界恰好吻合。黑人青年与犯罪现象之间的模糊关系不能通过这种方式来理解。现有的研究表明，在黑人青年群体中，很少有人能够在艰辛的劳动性工作和犯罪活动之间进行明确的选择，并永远以其中一种方式作为自己的谋生手段。导致这种结果的因素之一恰恰是两代移民群体之间对生存问题的不同态度。年轻一代的黑人无法或不愿意像上一代人那样任劳任怨地从事繁重的劳动性工作，相对来说，自由自在的街头生活对他们更有吸引力。这种观念的差异导致他们无法继续在毫无冲突的情况下继续生活在父母的家中。然而，一旦他们离开父母的庇护，就会立刻处于既无处可去又无稳定收入来源的境地，只能陷入无家可归、"露宿"或到处流浪的状态之中。在这种情况下，靠街头非法交易或偶尔小偷小摸度日就成为可以快速缓解困境的临时性手段。每个黑人聚居区都有客房、咖啡馆或旅馆，这些地方常常成为那些身着大衣，头戴针织帽，警惕又

聪明的黑人青年的临时寄身之所。一般情况下,黑人咖啡馆老板会出于
同情,为这些流浪街头的青年人清理出一个房间或一片空间,这样他们至
少不必在寒冬时节的街头挨冻。在其他地区,黑人社区工作者在资源匮
乏的情况下试图把这些无所事事的年轻人组织起来进行某些有用的或有
利可图的活动。但无论如何,对他们来说,颠沛流离的不确定性状态似乎
并没有终结的那一天。和其他没有收入和工作的群体一样,这些黑人青
年也处于无所事事的状态,每天只能打发时间,想办法活下去。在这种背
景下,我们可以毫不夸张地说,如果还有人提出"他们为什么要从事犯罪
活动?"这样的问题,那显然是一种站着说话不腰疼的行为。

　　这些青年进入犯罪活动的过程往往呈现出某种固定模式。这个过程
一般都是从零星的小偷小摸行为开始的:在露天摊位或超市里偷一些日
常用品。然后就是希望偷一些更有价值的东西:扒窃、从购物篮里抢东
西、偷钱包。在空旷的街道、昏暗不明的城市空间和垃圾场,或者错综复
杂的地铁里,他们得手的几率相对更高,得到的好处也更多。许多黑人青
年开始成群结队在"住宅区"游荡,形成可以快速传递赃物的链条,实施团
伙作案。显然,这种犯罪活动需要更多的社会组织能力和更稳定的合作
网络。结果是这些人的生活越来越依赖这种不断得手的犯罪活动。其中
一部分人逐渐成为职业犯罪分子。有证据表明,被迫徘徊在法律边缘以
这种方式谋生的人的数量越来越多,这与失业人口的数量成正比。与此
同时,参与犯罪活动的人口的年龄却在不断下降。其中有一部分青年已
经足够成熟,达到了加入职业犯罪团伙的年龄。与偶然零星的小偷小摸
不同,职业犯罪指的是有计划的破门而入,在光天化日之下对无人的房屋
实施大规模盗窃的行为。在这种情况下,犯罪作为一项替代性工作成为
这些人的常规职业。从事小偷小摸活动的人数受制于犯罪者的年龄范
围。一旦超出这个年龄,犯罪者往往要么彻底结束犯罪生涯,尤其是如果
足够幸运找到了一份工作的话,要么彻底进入一种稳定的犯罪生涯之中。
有充分的证据表明,虽然依然时不时地在法律的"灰色地带"从事小规模
的犯罪活动,但大部分青年同时也在不断地寻求就业的机会。在各种为
了生存而发生的犯罪行为中,"行凶抢劫"是一种相对更暴力、更有计划
性、更冷酷无情的犯罪形式,但其所占的比例却很小,实施者也是流动人
口中相对更无情的那部分人。一般而言,那些过了一定的年龄阶段,而不
得不选择从事常规犯罪活动或彻底退出犯罪生涯的人是不会加入"行凶
抢劫者"的行列的。

在深陷这种生活逻辑而无法自拔的黑人青年的意识中,这些由多种因素决定的选择究竟是如何复活和转化的,则是一个完全不同的问题。因为这些年轻人并不像大部分普通白人青年,已经在相对优越的生活环境中被赋予了某种顺从的意识。相反,他们是一群在一个白人统治的世界里遭到排斥的黑人。这种处境使他们意识到自身的黑人族群身份,而且无论这种意识多么粗浅,都使他们对迫使自己走上特定道路的力量的制度性本质,以及发挥关键作用的种族主义的结构性原则(他们自己正是这种原则的受害者)有了清醒的认识。很少有黑人青年会出于对白人社会进行政治报复的目的而有意识地选择犯罪行为。意识和动机并不是以这种方式来发挥作用的。更可能的情况是,这些四处流浪的黑人青年发现自己为了生存所能采取的策略选择十分有限,于是他们对自己的处境产生了某种集体性的理解;在这个理解自身处境的过程中,他们参考了黑人群体中已经存在的对种族主义及其制度的某些强烈的情感和情绪性反应。在具体经验中,理性与合理性、行动逻辑、意义或动机通常都出现在实际的行动发生之后,而不是之前。这并不是说这些逻辑和理由都是事后的借口或马后炮式的解释,而是说特定的行动模式能够通过不断涌现出来的意义体系得到理解或再阐释。那些最初被认为是环境的产物或命中注定的结果的现象,逐渐被重新理解为特定的社会和历史制度安排的产物。那些被认为不能改变而只能按部就班服从的生存方式,实际上是那些将人塑造为其生存条件的承载者的结构所"规定的",因此也是可以通过更积极的能动性或实践来加以改变的。因此,黑人青年对犯罪问题的态度和理解之所以处于极其模糊的状态,原因在于他们在生活的各个方面都受到种族主义氛围的强烈影响,尽管这种影响尚不足以使他们把犯罪活动看作一种有意识的或有组织的政治策略。那些参与犯罪活动的人似乎对此并没有什么特殊的感受。这就是他们的生存方式;警察的工作是阻止或理解他们。他们很清楚,一旦被抓到,就会面临十分严厉的惩罚。职业犯罪分子的首要任务和生存前提就是确保自己不被警察抓到。这种谋生方式的危险之一就是可能会被逮捕入狱。然而,对绝大部分人来说,被迫进入法律灰色地带从事犯罪活动的经历只有在更广泛的社会语境中才能被理解。他们所接触的那些白人——无论是受害者还是警察——都被看作是一个对他们进行系统性剥夺和排斥的社会的代表或"人格化"体现。通过这种方式,犯罪行为被赋予了某种模糊的政治化的情感和意义。这种观念与传统的贫民区"小流氓"

或"硬汉"形象有关,同时又以某种模棱两可的、普遍化的或末世论的方式表达了一种反抗白人压迫的新的斗争和反抗手段。这两种情感结构(structures of feeling)在同一种犯罪活动之中可以同时存在:比如,他们会在光天化日之下到人群聚集的地方肆无忌惮地抢劫,却专门选择白人作为自己的抢劫目标;又比如,他们会绕开贫民区,专门去富裕的伦敦西区寻找作案目标:

> "我们从来不对自己人动手。我从未想过对黑人下手",一位年轻人坦白道。"黑人不会对我做这样的事。但我知道白人会。黑人知道我们都在受着同样的苦难。我们都在尝试着以自己的方式生存下去",另一位黑人青年如此说道。[①]

也许有人会觉得那种浪迹街头靠小偷小摸度日的生活充满了吸引力;但那些长期靠这种方式为生的人,或者那些正在拘留中心或监狱里受尽折磨的人却会告诉我们,这种生活一点都不浪漫。实际上身处其中的人完全处于一种动荡不安的、混乱的、绝望的生存状态之中,始终处在暴力的边缘。无论出于何种动机,一旦卷入这种暴力之中,所有人都会丧失基本的理智。一旦发生暴力事件,就会立刻引起警察的注意和介入,而这时在天黑之后恰好出现在街上的黑人青年都会被警察纳入嫌疑分子的行列。而这一切的根源都可以被追溯到简单的纯粹的物质需求。伦敦募捐会(London Harambee)的赫尔曼(Herman)的观察是完全正确的:

> 根本没有人想成为职业犯罪分子。实际情况是某个时候这些人感到肚子饿了,于是想弄些钱;一个浪迹街头的男孩子,没有吃的,也无处可去。我每天都去法院旁听庭审,根据我对那些出庭的孩子和他们所犯的罪行的观察,我实在看不出他们有什么犯罪的能力。但我不认为法庭会考虑他们实际所处的困境。[②]

虽然我们无法重构出每个最终走上"行凶抢劫"之路的黑人青年的具体经

---

① 转引自 Gillman,《我恨英国》,前揭。
② 同上。

历,但我们可以为此类群体勾勒出一个大致的人生脉络。这是一个准备从学校毕业的黑人少年的经历:"在学校里,你会发现差别,你迟早会发现这种不同。他们(白人孩子)喜欢找你的茬。一开始,你会想办法贿赂他们——糖果、冰激凌,你能有的都给了他们。然后有一天你终于忍无可忍了。你会变得残忍,非常残忍,你会发起反击,痛揍他们。"①(也许此刻在这个男孩子的头脑中,还完全没有想到自己可能会在未来走上犯罪的道路,但从这段陈述中,我们可以看到其中已经孕育了"行凶抢劫"暴力的要素,而他也有可能在未来会成为一个"行凶抢劫者",其行为将成为媒体头条报道和法官审判总结陈词的主题,以及内政部统计报告从社会语境中抽离出来的数据所描述的对象。)他的人生前景不太乐观,而且会变得越来越糟糕。如果足够幸运的话,他会获得一系列"没啥前途的"工作,其间穿插着长度不等的待业期——很快,他将连这样的工作机会都没有了。他的父母知道他正处于一段艰难的时期;但从自己的惨痛经验中,他们也知道如果他找不到稳定工作的话等待他的将会是什么。他开始和三朋四友厮混在一起,他和父母之间的争吵越来越严重,越来越频繁。对这个家来说,他已经到了应该自立门户的年龄了,却因为身无分文而无法独立生活;但如果还是没有任何变化的话,他早晚会离开这个家。现在,他成为那些永远浪迹街头的群体的一分子。他可能会搬去与朋友合住;他也可能会在某家黑人旅馆里找到栖身之所,或者干脆就露宿街头。他不能经常在街头出没。因为如果天黑后他出现在街头被警察碰见的话,他们会叫住他,对他进行盘问,也许还会对他进行搜身。他没有永久住址。迄今为止,他还没有犯下任何罪行;但一群在天黑之后出于不明动机在街头游荡的黑人青年很容易成为警察注意的目标。他们的外表、走路的方式、针织帽、举止和傲慢的态度都是警察厌恶的对象。当然,这些青年也不喜欢头盔下白人警察那副冷酷无情的表情。双方都觉得对方会突然发起攻击。有时候,其中一方的确会如此。(到此时,这个男孩还不是一个"犯罪者",还不是一个"和平秩序的破坏者";但很快,无论是当值警官的证词还是审判法官的陈述都会做实这两个罪名,这两种身份也因此早就嵌入他的命运之中了。)这些男孩子在与"警察"发生冲突后,最终逃脱了。现在他们沿着街道四散逃跑;但除了沿着街道继续跑下起,他们没有别的地方可去。夜空中,依稀可以听见这些黑人青年的咒骂和嘲笑声:"突然撞见

---

①　Hiro,《黑白英国》,前揭,页79。

警察,真倒霉……"①

但是,犯罪行动最终能否带来真正有效的社会抵抗,从而转变甚至彻底改变那些导致越来越多的年轻人走上犯罪道路的社会条件?靠非法交易谋生和小偷小摸的犯罪行为能否成为有效的阶级策略的潜在基础?或者这种"犯罪意识"只能维持在一种准政治意识形式的水平上,而这种意识形式除了为对抗行动提供了即时自发的支持之外,还让这些黑人青年能够适应将犯罪作为一种可行的"解决办法"生产和再生产出来的那种特定结构?难道犯罪活动不正是在吸收了大量工人阶级剩余劳动力的同时,又通过把他们与自身的命运紧紧捆绑在一起,即使之成为非法的残酷的犯罪分子,从而使这些人在政治上丧失了行动能力?仅仅停留在意识层面上无法回答这些问题。同时仅仅专注于犯罪本身也无法有效地回答这些问题。

黑人犯罪与黑人无产阶级

至此,我们必须从导致某些黑人青年实施"行凶抢劫"行为的直接逻辑中跳出来。为了评估"犯罪"能否成为一种有效的政治策略,我们必须重新考察涉及犯罪活动的那部分黑人劳工与作为一个整体的黑人工人阶级之间的关系,以及控制和决定着这部分劳工的社会地位的各种关系。其中,最关键的是要分析这个群体在现阶段资本主义生产方式和劳动的社会分工体系中的地位,及其在剩余劳动的占用和实现中发挥的作用。在考察犯罪与当前情势下政治斗争之间的关系时,我们必须考虑到这些结构性关系的影响。

近几年来,社会历史学家对西欧发达资本主义社会的无产阶级之外的其他阶级所采取的社会反叛和政治暴动的形式给予了越来越多的关注。这在一定程度上是因为在这些社会里工人阶级受到长期的政治压制,同时在这些社会里还发生了无产阶级之外的其他阶级所引领的大规模社会变革——农民在中国革命中所发挥的巨大作用就是一个十分典型的例子。此外,除了对农民革命的研究,以及对源自这些社会(比如拉美)且同时涉及农民和产业工人阶级的策略问题的研究之外,还有一些研究

---

① 转引自 Gillman,《我恨英国》,前揭;同时参见 V. Hines,《英国黑人青年的生存游戏》(*Black Youth and the Survival Game in Britain*,London: Zulu Publications,1973)。

把目光转向了其他形式的社会反叛活动——前工业化时期的骚乱和叛乱、城市暴动、农村动乱、社会盗匪等。尽管如此，正统观念始终认为，对那些研究重大社会运动的学者来说，在发达的工业化社会中，穷人和无业游民阶级发起的"反叛"，或犯罪分子和"危险阶级"的活动所体现的那种准政治抵抗形式，是没有长期研究的价值的。霍布斯鲍姆教授对上文提到的那类研究曾经做出过巨大贡献（他曾就原始反叛的形式、失地无产阶级和社会盗匪的暴动形式等撰写过多部著作[1]），但他也十分明确地指出了此类反叛形式的局限性。他认为，从事犯罪活动的黑社会在本质上"是反社会的，因为他们故意确立了一套与主流社会观念相对立的价值体系"。但是：

> 黑社会组织（和农民转变而来的土匪不同）很少参与广泛的社会和革命运动，至少在西欧是如此……当然，这些不同的群体之间存在明显的重合之处，在某些特定的环境下尤其如此（比如大城市里的贫民街区、准无产阶级穷人聚集的地区、作为"外来者"的少数族裔聚居的贫民区，等等）。在这种情况下，某些没有明显社会意图的犯罪活动或许可能会被视为社会抗议的替代品，或者被理想化为这样一种替代品。但总体而言，对研究社会和劳工运动的历史学家来说，这种犯罪活动的意义十分有限。[2]

之所以如此，原因在于，在发达的工业化资本主义社会中，最主要的革命阶级是无产阶级。这个阶级不仅是由资本所塑造的，而且它针对资本的斗争也是组织化的。这一阶级因此成为一支集体性力量，其行动也变得井然有序。无产阶级之所以能够做到这一点，是因为这个阶级在工资体制的压迫以及社会劳动条件和关系的制约之下汲取了丰富的教训和经验。无产阶级与资本之间相互冲突的历史呈现出明确的阶段性。通过这种历史，我们发现组织化的劳工所发起的斗争成为推动历史发展的动力。在资本主义发展的现阶段，这是阶级斗争的最高形式：

---

[1]　E. J. Hobsbawm，《原始反叛》（*Primitive Rebels*，Manchester University Press，1959）；Hobsbawm，《劳动者》，前揭；Hobsbawm，《盗匪》，前揭。

[2]　Hobsbawm，《会议报告》，前揭。

　　随着一个由特定群体有意识地推动的社会运动,尤其是劳工运动的不断发展,以"犯罪"形式出现的社会抗议的作用将会逐渐消失;迄今为止,唯一的例外是"政治罪"……对研究劳工运动的历史学家来说,对"社会犯罪"的研究只有在这些贫穷的劳工群体发起的运动处于萌芽状态或形成时期才有意义。或者当研究的对象处于前工业社会,或者处于社会极其动荡的时期,这样的研究也有价值。否则,历史学家很少会关注到这些现象。①

在另一部著作中,霍布斯鲍姆又指出:

　　黑社会(正如其名称所暗示的那样)作为一个反社会结构,是通过颠倒"正统"社会的价值观而存在的——用它自己的话来说,这是一个"黑白颠倒的"世界——然而,这个世界又是寄生在正统社会之上的。革命运动所推崇的同样是一个"正统"社会……由于人口在某些特定的城市街区混居的缘故,同时也因为当局经常把暴动分子和起义者都视为犯罪分子和不法之徒,所以,犯罪分子和工人阶级经常会出现难分彼此的情况。只有在这种时候,黑社会才有可能进入革命运动的历史范畴;但从原则上说,两者是截然不同的。②

这个观点提出了极其重要的问题。

　　霍布斯鲍姆等人在这里所指的是某些特定条件,正是这些条件导致那些"贫穷的犯罪者"的运动成为葛兰西所说的"偶发性"(conjunctural)事件而不是"有机的"(organic)革命运动。这些犯罪群体不可能在革命运动中发挥领导作用,有三个方面的原因。首先,他们在特定社会形态中的生产生活和生产关系中处于十分边缘的位置;其次,在历史上,无产阶级已经取代了这些群体在政治斗争中扮演核心角色;再次,这一群体的传统观念形态不足以使它成为一个能够用一种生产方式取代另一种生产方式的革命阶级。因此,虽然这些"危险阶级"的生活方式和价值观是对资产阶级社会秩序的一种挑战,但最终它没能跳出这个秩序的边界——不仅受到这一秩序的限制,而且归根结底是寄生在这个秩序之上的。已经

---

① 同上。
② Hobsbawm,《盗匪》,前揭,页98。

有人指出了这种正统解释对"马克思主义犯罪理论"的影响。比如,古尔德纳(Alvin Gouldner)曾经指出:

> 马克思主义者把犯罪者和反常者视为流氓无产阶级,故而认为这些群体不仅不能在阶级斗争中发挥关键作用,反而有可能被反动势力利用。因此,马克思主义者一般对发展系统的犯罪和越轨理论缺乏兴趣。简言之,由于既不属于无产阶级也不属于资产阶级,并且以一种袖手旁观的姿态远离政治斗争的中心,这些犯罪者和反常者在历史舞台上所扮演的,往好了说,也许顶多就是管家和女佣、跑龙套的或者作为背景里那些熙熙攘攘的无名群众的角色。换言之,这是一个没有历史"使命"的阶级,必然会被那些致力于研究权力、政治斗争和阶级冲突这些更"重要的"议题的理论家所忽略。[1]

一些马克思主义理论家甚至认为,"思考"犯罪和越轨问题所需的那些概念工具在马克思主义的概念框架,即历史唯物主义理论的问题意识中并不存在。在这个基础上,赫斯特(Hirst)认为,根本不存在"马克思主义的犯罪理论"。[2] 赫斯特指出,在其成熟期的作品——主要指《资本论》——中,马克思采取了一种不同于道德批评的立场,而是用一种完全唯物主义的科学视角来看待犯罪问题。在这个框架中,犯罪(盗窃)只是一种再分配现象;和卖淫、赌博、诈骗等一样,它是一种"非生产性"活动,不属于"生产性"劳动的范畴;而且虽然相对于正常资本主义社会关系所遵循的规范而言,这是一种"非法"现象,但实际上,犯罪活动所采取的形式往往具有最鲜明的"资本主义"特征——比如有组织的犯罪集团。因此,犯罪活动实际上已经很好地适应了它所寄生的这个制度。我们可以通过理解马克思对"犯罪阶级"的角色和性质的阐述来进一步扩展这种对犯罪活动的"边缘"位置的分析。无产阶级在推动资本主义生产方式发生转变的革命斗争中所处的中心地位是由其在生产活动中作为剩余价值来源的角色所决定的。无产阶级的这一地位是由资本主义社会特定的生产方式所赋予

---

① A. Gouldner,《前言》(Foreword),见 Taylor,Walton 和 Young 编,《新犯罪学》,前揭。

② P. Q. Hirst,《马克思、恩格斯论法律、犯罪和道德》(Marx and Engels on Law,Crime and Morality),见 Taylor,Walton 和 Young 编,《英国的批判犯罪学》,前揭。

的。正是这种地位,而不是马克思在《哲学的贫困》(*The Poverty of Philosophy*)①和其他某些早期著作中所提到的无产阶级逐渐意识到自身作为一种集体性历史主体的过程,决定了从事生产活动的劳动者成为能够推动资本主义生产方式向社会主义转变的唯一阶级。在这个框架中,无产阶级和资产阶级成为最主要的政治力量。其他阶级的存在都是在同一种社会形态中多种生产方式混合的产物,无法在政治阶级斗争中发挥决定性的作用。马克思的确认为,在斗争的各个阶段,无产阶级都有可能会寻求与其他从属阶级建立联盟关系,而结盟的对象有可能包括小资产阶级、城市流氓无产阶级、小农或农业劳动者。但根据赫斯特的看法,马克思并不认为流氓无产阶级是可靠的阶级同盟。原因在于,通过盗窃、敲诈、乞讨、卖淫、赌博等活动,这个阶级也把无产阶级变成了其寄生的对象,"他们的利益直接与工人的利益有着直接的冲突"。此外,由于经济地位的不稳定性,这个阶级还极易成为"统治阶级及其国家的反动分子"的收买对象。因此,个体的犯罪行为是资本主义体制受害者的一种迫不得已的行为,"并不是挑战现存秩序的政治反叛行为,相反是一种努力适应现有社会秩序的保守行为"。② 即便是所谓的"政治性"犯罪,比如卢德主义者破坏机器的行为,都只是一些临时的自发的但最终又不够彻底的斗争形式。这些斗争所针对的"并不是资产阶级生产条件,而是这些斗争者自身所处的生产条件"。对革命性斗争来说,这些行为的作用有限;唯一的任务是要"促使这些斗争形式和意识形态发生根本性转变"。③

马克思对流氓无产阶级的构成和本质的分析在多大程度上具有历史的特殊性?在他们撰写这些著作时,马克思和恩格斯的脑海里一定浮现出维多利亚时代中期的英格兰和巴黎的那些"危险阶级"的形象。其中最重要的论述之一是马克思在《路易·波拿巴的雾月十八日》中对这个阶级在 1851 年危机中所扮演的角色的分析。在这段文字中,流氓无产阶级被描述为被所有阶级所抛弃的犯罪渣滓——那些沦落到社会最底层的下等阶级:

> 除了一些来历不明和生计可疑的破落放荡者之外,除了资产阶

---

① Marx,《哲学的贫困》,前揭。
② Hirst,《马克思、恩格斯论法律、犯罪和道德》,前揭,页 218。
③ 同上,页 219。

级可憎的败类中的冒险分子之外，还有一些流氓、退伍的士兵、释放的刑事犯、脱逃的劳役犯、骗子、卖艺人、游民、扒手、玩魔术的、赌棍、私娼狗腿、妓院老板、挑夫、下流作家、拉琴卖唱的、捡破烂的、磨刀的、镀锡匠、叫花子，一句话，就是随着时势浮沉流荡而被法国人称作 la boheme［浪荡游民］的那个五颜六色的不固定的人群。①

这段文字与恩格斯的《英国工人阶级状况》(*Conditions of the Working Class in England*)②或者梅休关于伦敦东区生活状况的著作③中的描述十分相似。在垄断资本主义条件下是否还能这样准确识别出特定阶级的社会构成有待进一步讨论。但这并不是说马克思的历史和政治预测已经过时了。马克思和恩格斯偶尔对传统的小资产阶级表现出较为乐观的态度，认为这个阶级可能会成为无产阶级的联盟。如今这个阶级依然存在，虽然数量已经大为减少。但是，当这个阶级出现在政治舞台上时，它总是倾向于扮演保守的角色——比如法国的各种布热德主义(Poujadism)以及 30 年代法西斯主义在德国的兴起。马克思认为，由于其所处的地位，小资产阶级的这种保守倾向是可以预见的。但随着资本主义生产模式在向垄断形式转变的过程中所发生的根本性重组，新的阶层出现了——即所谓的"新小资产阶级"。这个阶级的经济地位、政治和意识形态特征都对当代马克思主义理论提出了复杂的挑战。这种阶层和阶级构成的内部变化与马克思成熟时期的思考高度吻合。《资本论》手稿结束时马克思已经触及到了这个复杂的问题。因此，在当代资本主义社会形态中究竟哪些人构成了流氓无产阶级并不是一个没有意义的问题。进一步说，是否所有把犯罪作为一种生活方式的人都属于"流氓无产者"？对这个问题的回答同样需要严肃的理论和界定性工作，不是一个仅靠简单的经验观察就可以解决的问题。

要想搞清楚蕴含在资本主义生产以及各阶级作为政治力量出现在政治阶级斗争舞台上的特定方式中的阶级关系同样也不是一个简单的事情，尤其是当我们从马克思较为成熟的理论视角去看这一问题时更是如此。但马克思晚期的作品——《资本论》中对经济形式和资本积累关系的

① Marx，《路易·波拿巴的雾月十八日》，前揭，页 267。
② F. Engels，《英国工人阶级状况》(*The Condition of the Working Class in England*，London：Panther，1969)。
③ Mayhew 等，《伦敦劳工与伦敦穷人》，前揭。

研究——与他的某些早期作品之间存在差异,尤其是与资本主义生产的"运行法则"相关的工人阶级的地位问题,早期和晚期作品之间存在不同看法。在早期作品中,马克思把无产阶级视为在与压迫者的政治斗争中"受压迫的"阶级。但在《资本论》中,马克思把自己的观点完全建立在资本主义生产本身及其自我扩张的循环过程之上。在生产过程中对劳动者的剥削和劳动力成为"商品"是整个资本主义生产过程的基础,剩余劳动成为以"资本"形式得以实现的剩余价值的来源;这些发现成为马克思的《资本论》引发"巨大的理论革命"的基础。资本有许多方法可以剥削劳动力和提取剩余价值——首先,通过延长劳动时间,然后通过先进的机械设备来提高生产力从而达到强化剥削劳动力的目的,并在这一过程中不断增加资本投入,而资本几乎把所有劳动者都纳入了自己的范畴。但无论采取何种形式,没有生产,资本就无法存活;而一旦离开对在由阶级地位决定的资本主义生产关系中从事生产活动的劳动者的剥削,资本主义生产过程也就无法运转。这样,马克思提出了资本主义社会运行机制中的基本矛盾,这种矛盾来自生产力和生产关系之间的冲突。在生产领域之外,还需要许多必要的形式来确保"资本的循环"过程的正常运转——市场、交换和流通关系,通过工资对劳动力进行更新的家庭领域,对这种生产方式所处的社会进行管理的国家,等等。最终,资本主义生产循环的整个过程离不开这些被称为"再生产领域"的其他领域,同时也离不开那些供其剥削的各种阶级。但生产关系在整个复杂的循环过程中发挥着"最后的"决定性作用;而其他形式的剥削关系和社会关系最终都必须从生产层面的根本性矛盾的角度来理解。马克思在《资本论》中多次提到这个观点:

> 从直接生产者身上榨取无酬剩余劳动的独特经济形式,决定着统治和从属的关系,这种关系是直接从生产本身产生的,而又对生产发生决定性的反作用。……任何时候,我们总是要在生产条件的所有者同直接生产者的直接关系——这种关系的任何形式总是自然地同劳动方式和劳动社会生产力的一定的发展阶段相适应——当中,为整个社会结构,从而也为主权和依附关系的政治形式,总之,为任何当时的独特的国家形式,找出最深的秘密,找出隐蔽的基础。不过,这并不妨碍相同的经济基础——按主要条件来说相同——可以由于无数不同的经验的事实,自然条件,种族关系,各种从外部发生

作用的历史影响等等,而在现象上显示出无穷无尽的变异和程度差别。①

　　从这个角度来说,即便我们抛开之前提到的犯罪和流氓无产阶级问题的复杂性不谈,一个阶级中那些通过犯罪手段谋生的群体所从事的政治斗争活动,在这个社会的生产关系所产生的矛盾冲突中是不可能处于中心地位的;从最简单的分析层次来说,这些活动对资本的"运行法则"的影响微乎其微。不过,这种看法忽略了这样一个问题,即从结构上看,在同一个阶级中,对有薪阶层和从事生产性劳动的群体来说,这个阶级中的犯罪群体究竟扮演了什么样的角色? 这个问题把我们引向了另一个问题,即就其与资本的关系而言,黑人劳工中的"有薪"一族和"无薪"群体之间的关系是什么? 关于这个问题,马克思在《资本论》中提出了一些十分重要的看法,其中涉及他所说的不同于失业群体的"劳动储备大军"与资本积累的基本规律之间的关系。我们会很快就这一问题专门进行讨论。

　　但首先必须说明的是,我们反对那种把马克思的资本理论当作一种生产主义(productivist)理论——根据这种看法,似乎对资本来说,除了大量劳动者直接进入"生产性劳动"过程之中,其他条件都可有可无似的——的做法。马克思的确和古典政治经济学家一样,对"生产性"和"非生产性"劳动进行了区分,但他的用法又与古典理论家的用法有所不同。从事生产性劳动的群体直接产生了剩余价值,而且直接与资本发生交换关系。相比之下,其他许多劳动群体虽然也遭受着资本的剥削,但并不直接生产剩余价值,也不直接与资本,而是与资本的收益发生交换关系:"处在纯粹流通过程中的劳动并不生产使用价值,因此并不会增加价值或剩余价值。和这些非生产性的劳动者一样,无论是仆人还是国家雇员,所有这些不直接从事生产活动的群体都直接依靠资本收益得以生存。"②

　　生产性和非生产性劳动理论是马克思主义理论中最复杂也最有争议的领域之一。在这里,我们并不打算就这一理论所带来的影响进行详细

――――――――――

　　①　K. Marx,《资本论》第 3 卷(*Capital*, vol. III, London: Lawrence & Wishart, 1974),页791—2;相关讨论参见 J. Gardiner, S. Himmelweit 和 M. Mackintosh,《妇女的家庭劳动》(Women's Domestic Labour),见 *Bulletin of the Conference of Socialist Economists*, IV(2(II)), 1975 年 6 月。

　　②　I. Gough,《马克思论生产性和非生产性劳动》(Productive and Unproductive Labour in Marx),见 *New Left Review*, 76, 1972。

讨论。在马克思所分析的资本主义时代,"非生产性劳动"现象还处于相对不发达的状态,并通常局限于懒汉、依靠他人劳动而活的寄生群体,或者那些相对边缘的生产者。但对当代资本主义来说,这样的结论就不太适用了。在现代资本主义社会中,从事服务业和"非生产性"劳动的人口规模急剧增加,为资本的运作发挥着十分关键的功能。在这种情况下,绝大多数劳动者实际上与资本的收益部分发生着交换关系(比如国家雇员),而直接生产剩余价值的劳动力的比例正在不断降低。在这种情况下,"生产性"和"非生产性"劳动之间的边界变得越来越模糊——而在马克思那里,这个界限是相对清晰的。尽管如此,这种区分也许对界定现代工人阶级中出现的许多新群体和新阶层的地位和身份依然是很重要的。然而,这种观点很显然也受到了对这一区分的误解的困扰,甚至连马克思也不例外。马克思有时会用一种蔑视的语气来描述这些"非生产性"群体,似乎这是一些无用的人,在经济上和政治上完全是无足轻重的。显然,这并不是马克思的本意。因为在《资本论》第二卷中,马克思以很长的篇幅对流通和再生产过程进行了详细的讨论。《资本论》的整体观点充分表明,那些不直接涉及资本剩余价值生产领域的社会关系对资本价值的实现以及资本的扩张和再生产是多么重要和必不可少。不"打通"这些相关领域,资本的实现或循环过程就不可能完成。而且,马克思还指出,资本剥削的对象不只是那些直接生产剩余价值的劳动阶级;其他许多阶级也受到资本的剥削,即便那些剥削并不是以直接提取剩余价值的形式表现出来的。因此,即便我们打算继续保留"生产性"和"非生产性"劳动这样的说法,从而在对工人阶级中的不同群体身份进行界定时能够提供相应的分类范畴,但在马克思的理论中,从来都没有认为那些身处生产领域之外却同时又受到资本剥削的阶级和劳动群体是不必要的和多余的,是不受资本的矛盾辩证法制约的:

> 马克思提出生产性和非生产性劳动概念的目的并不是要分化工
> 人。恰恰相反……通过这些概念,马克思得以证明价值是如何在直
> 接生产的过程中得到扩张的,又是如何在再生产的过程中得到流
> 通的。[1]

---

[1]　P. Howell,《再论生产性和非生产性劳动》(Once more on Productive and Unproductive Labour), *Revolutionary Communist*,3/4,1975 年 11 月。

最近,在马克思主义和女权主义运动中,发生了关于从事家务劳动的女性在资本价值实现过程中的地位问题的争论。上述观点不仅对这种争论有重要意义,而且这场争论也完全可以推导出这个观点。在这场争论的初期,塞科姆(Seccombe)提出,从马克思主义的观点来看,"家务劳动"只能被视为是"非生产性的",因此不可能从中发展出能够与资本对抗的具有决定性作用的政治斗争。[①](与此类似,我们也可以说那些从事"犯罪"这种基本是再分配性活动的黑人无薪者和黑人非法交易者,以及那些大部分从事服务性和"非生产性"工作的黑人劳工同样不可能发起任何能与资本对抗的重大的政治斗争行动。)随着这场重要的理论争论不断向前发展,塞科姆的许多观点都受到了挑战。[②] 针对这些批评,他在随后发表的一篇文章中进行了回应。[③] 严格来说,家务劳动也许的确是"非生产性的",但"工人阶级家庭主妇通过自己的劳动对劳动力商品的再生产做出了贡献……并进而通过这个过程参与到了社会生产之中"。[④] 的确,在马克思的理论中,通过家庭和劳动的性别分工实现的劳动力的再生产,是资本主义生产方式得以存在的基本条件之一。为了实现这种再生产,资本把自己从劳动者那里剥夺的剩余价值的一部分以可变资本,即工资或"预付款"的形式支付给劳动者及其家庭,从而确保劳动力的"再生产"能够实现。塞科姆同意这样的看法:家务劳动虽然是"非生产性的",但它却创造

---

① W. Seccombe,《家庭主妇及其在资本主义条件下的劳动》(The Housewife and Her Labour under Capitalism),见 *New Left Review*,83,1973。

② 例如,M. Benston,《妇女解放的政治经济学》(The Political Economy of Women's Liberation),见 *Monthly Review*,1969 年 9 月;P. Morton,《女性的工作永远不会结束》(Women's Work is Never Done),见 *Leviathan*,1970 年 5 月;S. Rowbotham,《女人的意识,男人的世界》(*Woman's Consciousness,Man's World*,Harmondsworth:Penguin,1970);J. Harrison,《家务劳动的政治经济学》(Political Economy of Housework),见 *Bulletin of the Conference of Socialist Economists*,1974 年春;C. Freeman,《〈家庭劳动与工资劳动〉导言》(Introduction to "Domestic Labour and Wage Labour"),见 *Women and Socialism:Conference Paper* 3,Birmingham Woman's Liberation Group;J. Gardiner,《妇女的家庭劳动》(Women's Domestic Labour),见 *New Left Review*,89,1975(原文发表于 *Women and Socialism:Conference Paper* 3,1974);M. Coulson,B. Magas 和 H. Wainwright,《对〈家庭主妇及其资本主义条件下的劳动〉的批评》(The Housewife and Her Labour under Capitalism-A Critique),见 *New Left Review*,89,1975(原文发表于 *Women and Socialism:Conference Paper* 3,1974);以及 Gardiner,Himmelweit 和 Mackintosh,《妇女的家庭劳动》,前揭。

③ W. Seccombe,《家庭劳动:对批评的回应》(Domestic Labour:Reply to Critics),见 *New Left Review*,94,1975。

④ Coulson,Magas 和 Wainwright,《对〈家庭主妇及其资本主义条件下的劳动〉的批评》,前揭。

了价值。它同样受资本的剥削——而且由于性别分工的缘故受到双重剥削。因此,家务劳动对资本的运作机制而言同样具有十分重要的价值。正是通过劳动的性别分工,资本才能够"不仅控制经济领域,同时也控制了其他社会领域……价值则控制着那些处于资本直接掌控之外的劳动过程"。①

虽然与我们的核心论题关系不大,但上述关于家务劳动的讨论对我们的思考是有益的。家庭主妇似乎"没有做"任何具有生产性意义的活动;她在劳动,却又似乎没有工作。她所处的领域——家庭——因此看起来似乎是处在资本的生产性领域的对立面,完全是多余的、无用的和边缘的。但实际上,家庭主妇对劳动力再生产的贡献和她作为家庭消费主体的角色,都表明了她与资本生产之间有着必不可少的重要联系。关键的是这个环节被从生产过程本身分离了出来,成为孤立的一部分。而且作为劳动的社会分工的结构之一,劳动的性别分工的中介作用既将这种关系与资本生产联系起来,也模糊了这种联系。正是通过这种特定的形式,资本将"自身的控制力"延伸到了家庭领域,尽管表面看起来似乎并不是如此。而且,一旦这些女性离开家庭从事其他劳动,她们基本上所从事的不仅是那些没有任何技术含量的、没有工会支持的和"非生产性的"工作,而且会从事那些在本质上与"家务"或所谓"女人的工作"十分相似的工作——只不过劳动的场所变成了家庭之外而已(服务行业、纺织业、餐饮服务等)。布雷弗曼(Braverman)指出,在美国经济中,女性已经成为那些"工资低廉、琐碎枯燥和'辅助性'工作"的"最主要的补充性储备劳动力"。② 塞科姆认为,资本控制从事家务劳动的女性劳动力的主要方式之一是对这些劳动力中有多大比例的人口能够进入或离开"生产性劳动"进行调控。"资本决定着劳动人口与储备劳动力之间的关系,而家庭主妇正是这些储备劳动力中一个潜在的,且通常十分活跃的组成部分。"③在这里,我们并不想在黑人和女性这两个群体之间进行过分机械的类比,但我们可以合理地得出如下几点结论:(1)女性和黑人群体的斗争活动都提出了一些十分尖锐的策略问题,即如何把群体性的斗争行动与更加一般性的阶级斗争结合起来;(2)这或许与这样一个事实有关,即两者都处于一

---

① Seccombe,《家庭劳动:对批评的回应》,前揭。

② Braverman,《劳动与垄断资本》,前揭。

③ Seccombe,《家庭劳动:对批评的回应》,前揭。

种局部性的地位,或者都是通过一种"双重结构"与资本主义剥削产生关系——前者是阶级关系中的性别分工,后者则是阶级关系中的种族分化;(3)理解这两种关系的关键不在于他们是否直接获得工资,因为他们中的一部分人始终都有工作,即所谓的"有薪"群体,而其余的人始终是没有工作的"无薪"群体;(4)关键在于资本对这些群体进入或离开储备劳动力的过程进行的控制。

在与塞科姆辩论的过程中,詹姆斯(Selma James)和科斯塔(Mariarosa Dalla Costa)在其著作《女性权力与社群的颠覆》(*The Power of Women and the Subversion of the Community*)中坚决认为,家务劳动同样具有"生产性"。[①] 在他们看来,要求"为家务劳动支付工资"是女权主义动员的一种策略,具有直接对抗资本的颠覆潜力。在詹姆斯的《性别、种族和阶级》(*Sex, Race and Class*)中,这种分析被扩展到了黑人群体的斗争。[②] 在《女性权力与社群的颠覆》一书的序言中,作者明确提出了自己的论点,强调了拒绝工作这种做法的战略价值:

> 资本主义社会的家庭实际上是社会生产的中心。传统的马克思主义者认为家庭不是资本主义生产的组成部分,并因此否定了女性潜在的社会力量。由于认为处于家庭生活中的女性没有社会权力,他们因此忽视了女性在家庭生活中所产生的力量。如果女性的劳动对资本主义是必不可少的,那么,拒绝劳动,拒绝工作,就是产生社会权力的一种基本手段。[③]

在《性别、种族和阶级》中,詹姆斯认为女性和黑人群体的斗争与整体阶级斗争是紧密联系在一起的。这个论断是建立在对社会等级和阶级概念进行重构的基础上的。马克思在《资本论》中指出,"工场手工业发展了劳动力的等级制度,与此相适应的是工资的等级制度"。[④] 詹姆斯认为,劳动的国际分工进一步强化了"劳动力的等级制度"。这进而导致工人阶级在种族、性别、国家认同和代际身份之间出现了等级分化,并以其在整个阶

① S. James 和 M. Dalla Costa,《女性权力与社群的颠覆》(*The Power of Women and the Subversion of the Community*,Bristol:Falling Wall Press,1972)。

② S. James,《性别、种族与阶级》(*Sex, Race and Class*,Bristol:Falling Wall Press,1975)。

③ James 和 Dalla Costa,《女性权力与社群的颠覆》,前揭,页 6。

④ Marx,《资本论》,第 1 卷,前揭。

级中的地位为代价,把这些分化的群体限定在它在这个"等级制度"中所处的位置上。马克思进一步补充道,"单个工人适应于一种片面的职能,终生从事这种职能……各种劳动操作,也要适应这种由先天的和后天的技能构成的等级制度"。[①](当然,马克思在这里所描述的是资本主义发展的早期阶段。他认为,"现代工业"涉及不同的劳动分工。詹姆斯把"劳动力等级制度"概念直接应用到资本主义发展的晚期阶段,但没有对这种做法的合理性给出说明。)这种通过"劳动力等级制度"将特定阶级进行分化的现象成为这些阶级面对资本时的一个弱点。但在现阶段,并没有其他"总体"阶级战略存在的可能性。(这个观点与当今最重要且影响力最大的加勒比马克思主义者 C. 詹姆斯[C. L. R. James]的看法一样,他坚持认为,没有任何列宁主义式的先锋党可以成为一个内部如此分裂的阶级的"代言人"。)因此,斗争的重点(与 S. 詹姆斯所强调的一样)就成为同一个阶级中各群体自发的自我活动的结果。每个群体必须首先展现出自身的"自主权";然后,通过"自身经验的特殊性……对阶级和阶级斗争重新进行定义……在我们看来,身份和等级成为阶级的本质内容"。[②] 只有通过每个群体的自主斗争,整体的"阶级权力"才能展现出来。这种观点在理论上主要是通过《今日种族》杂志上发表的一系列文章发展起来的,[③]现在已经成为在活跃的英国黑人群体中表现最突出的政治趋势之一。其基础在于黑人群体在斗争中所体现出来的那种自主性和自我动员能力;而且这场斗争中最重要的主题是黑人失业人口中日益高涨的"拒绝工作"的趋势。大量失业的黑人青年"拒绝工作"的行为被认为是一种有意识的政治行动。这种现象之所以重要,原因在于它对资本构成了打击。它意味着这些拒绝工作的群体不愿意与那些已经从事生产性工作的群体进行竞争。因此,这些人实际上拒绝继续承担传统的"储备劳动力"的角色,这也意味着他们不愿意充当资本削弱现有就业群体议价能力的工具。因此,这种策略"挫败了资本要从移民劳动力中实现剩余价值最大化的目标"。[④] 警方活动所针对的主要就是这些"不工作的"群体,其最终目的就

① 同上。

② James,《性别、种族与阶级》,前揭,页 13。

③ 例如,Howe,《反击》,前揭;L. Macdonald,《英国警察的创立》(The Creation of the British Police),见 Race Today,1973 年 12 月;以及 F. Dhondy,《黑人学生的抗议》(The Black Explosion in Schools),见 *Race Today*,1974 年 2 月。

④ Howe,《反击》,前揭。

是试图把这些无业游民重新纳入雇佣劳动的范畴。这些无业群体并不能等同于那些无组织无纪律的传统的流氓无产阶级。之所以有人会把两者等同起来是因为他们只从与英国资本的关系这个角度来理解黑人工人阶级。但实际上,要从历史的角度充分理解黑人劳工这个群体,就必须意识到这个阶级已经在与加勒比地区"殖民"资本的博弈中发展成为一个具有凝聚力的社会力量。在殖民地背景下,拒绝进入雇佣劳动关系成为这个阶级的主要斗争策略之一。因此,当这些移民劳工来到英国后,其中的无业群体会在宗主国的"聚居区"重构起一整套支持性的制度网络和文化系统,也就不足为奇了。最后,大量年轻的第二代黑人移民"成为无薪阶层的现象不仅说明了这个阶级在数量上的变化,而且说明了其阶级构成发生了质变"。通过成为"无薪族",新一代移民以崭新的自信和勇气加入到黑人工人阶级的斗争之中。①

詹姆斯在《性别、种族和阶级》中所提出的观点在女性集体力量(Power of Women Collective)发表的小册子《有劳无薪》(*All Work and No Pay*)②中得到了进一步推进和发展。这本小册子采纳了与"劳动力等级制度"相关的原有观点,但也在这个基础上增加了一些有趣的、有针对性的补充。家务劳动的无薪状态实际上掩盖了其作为资本主义商品生产的真正性质;把"家庭工资"支付给男性工人的做法导致了女性劳动力对男性的依附关系。这被称为"工资的父权制",其导致的结果之一是男性至上主义和性别歧视。按照这个逻辑,我们可以认为,与白人工人阶级相比,黑人劳工在整体上所处的结构化的差异性地位,同样也可以被理解为种族主义——可以称之为"工资关系的种族主义"——所导致的一种结构化的依附形式。(不过,这种观点也不是没有批评者。比如,泰勒[Barbara Taylor]所提出的颇具洞察力的观点就很有代表性。她质疑道,对女性和家庭劳动的分析是否能直接建立在一种假定的生产和意识形态、结构和上层建筑之间的同质性或完美的对应性的基础之上呢?③ 这也是坎布里奇(Cambridge)和古茨摩尔[Gutsmore]在《黑人解放者》[*The Black Liberator*]上对《今日种族》的立场提出的诸多批评之一。)

---

① 同上。

② Power of Women Collective,《有劳无薪》(*All Work and No Pay*,Bristol:Falling Wall Press,1975)。

③ B. Taylor,《我们的劳动与我们的力量》(Our Labour and Our Power),见 *Red Rag*,10,1976。

　　需要补充的是,虽然《今日种族》的理论家还没有对现阶段英国资本主义发展的状况提出一套完全理论化的分析,但他们的研究中某些关于黑人地位的观点,与当代意大利马克思主义理论中的一个重要流派(有时被称为"意大利学派")的观点非常接近。[①] 根据这些观点,当代资本主义发展中的一个特征是马克思在《资本论》第三卷中提到的"社会资本"现象。这意味着再生产过程得到了极大的扩张,以此为基础,"各种不同的资本"被整合为一种资本;作为一种私人财产的资本形式在不断减少,与此同时资本积累的社会化过程却不断加速;而整个社会则在某种意义上被转化成为资本服务的"社会工厂"。在这个阶段,国家日益等同于社会资本本身,成为它的"神经中枢",并承担起整合、化解矛盾、理性化和压制的功能;甚至在一定程度上,资本的某些责任也是由国家来完成的。资本在国际层面的大规模集中与无产阶级日益集中(同样也是国际性的)和一体化的趋势相匹配。资本有机构成的程度越高,工人"无产阶级化"的程度也就越高。按照"社会资本"逻辑进行的资本重构主要是通过三个因素来实现的:通过在生产过程中应用"福特主义"技术来实现对劳动过程的重新组织;经济管理中的凯恩斯主义革命;以及通过社会民主和改良主义政策实现对工人阶级所领导的组织团体的"收编"。因此,资本的重构又反过来"重构"了工人阶级。这种逐步导致工人阶级去技能化(deskill)并将其纳入一体化生产过程的趋势,逐渐创造出大量"流水线工人"。虽然身处发达的生产方式之中,但这些工人与早期资本主义时期的传统熟练工人不同,实际上已经成为在零碎化和自动化劳动过程的不同环节之间以及在不同的国家之间(欧洲发达资本主义国家对移民劳动力的使用即是一例)被随意摆布的廉价劳动力。这种对阶级的"生产性"重构同时也需要一种政治性重构——属于过去的政治斗争的旧的反应和组织方式已经不复存在了,新阶段的政治斗争往往会产生出新的积极对抗形式,并把斗争的目标直接指向了新的劳动和生产过程中的剥削形式。因此,许多直接生产者对抗的形式——"有组织的自发性"——被认为具有工团主义

---

　　① 参见 M. Tronti,《社会资本》(Social Capital),见 *Telos*,1973 年秋;M. Tronti,《工人与资本》(Workers and Capital),见 *Labour Process and Class Strategies*,Conference of Socialist Economists pamphlet,1976;S. Bologna,《阶级构成与党派理论》(Class Composition and the Theory of the Party),见 *Labour Process and Class Strategies*;Gambino,《工人斗争与福特在英国的发展》,前揭;G. Boldi,《关于大众工人与社会资本的一些观点》(Theses on the Mass Worker and Social Capital),见 *Radical America*,1972 年 5—6 月。

的性质,代表着面对新的资本主义积累和生产条件时的一种先进的斗争方式。这些大量涌现出来的"流水线工人"成为马克思所说的"抽象劳动者"的具体化身。不必深究我们就能发现,这种思路完全可以用来分析黑人劳工在现代英国"发达"产业中的地位问题;而且,从这个角度来说,黑人的"直接对抗"形式——比如拒绝工作——是工人阶级中的一个重要的而不是边缘的群体发起的一种阶级斗争形式,因而具备了完全不同的意义和战略地位。

现在,让我们看看《黑人解放者》杂志的作者所提出的对黑人劳工和黑人无薪者地位问题的完全不同的分析。坎布里奇和古茨摩尔对《今日种族》的立场提出了批评,我们把他们的主要观点简述如下:黑人劳工,尤其是黑人青年拒绝工作的确是一个真实存在的现象,但这所代表的是一种意识形态性的,而不是政治性的斗争。这种斗争并没有直接"颠覆资本的逻辑",因为即便工人阶级的所有成员都成为资本雇佣的对象,资本对劳动的剥削程度也不一定就会增加。黑人劳工因此实际上就是被当作一种"储备劳动力"(当然这是一种从种族身份的角度被区别对待的特殊劳动力)来看待的。他们既可以从事生产性的活动,也可以从事非生产性的活动,这完全视资本的需要和运作节奏而定。因此,这些黑人劳工实际上成为工人阶级总体中的一个次等无产阶级群体。当从事生产性雇佣劳动时,他们往往成为被剥削程度最高的群体,资本从他们身上提取的剩余价值也相对更高。他们在两个层面受到剥削和压迫:黑人劳工(被极度剥削的对象)和少数族裔(种族主义的受害者)。那种认为警察的作用就是要直接改变阶级斗争的条件,从而把工人阶级与雇佣劳动捆绑在一起的观点是没有根据的,因为这种看法错误地把国家(政治)层面简化为经济层面。很明显,这种观点与塞科姆对家庭劳动的看法完全一致,[①]而且它也与赫斯特的观点有某种相似之处,因为两者都认为无薪者"拒绝工作"的行动顶多算是一种准政治性的反叛,而不是一种完全成熟的阶级斗争形式。[②] 这两种观点在理论分析思路上存在巨大差异,这必然会导致两者对何为黑人政治斗争发展的正确策略产生十分不同的看法。《今日种族》的立场所强调的是不断发展的黑人斗争运动的自

---

① 参见 A. X. Cambridge,《黑人工人与国家:黑人工人运动内部的争论》(Black Workers and the State: A Debate Inside the Black Workers' Movement),见 *The Black Liberator*,2(2),1973—4,页185n。

② Hirst,《马克思、恩格斯论法律、犯罪和道德》,前揭。

我激活机制,黑人无薪者的抗争显然已经成为这场斗争的重要支持力量之一。而《黑人解放者》的坎布里奇和古茨摩尔虽然对在产业和社群中不断发展的黑人反抗剥削和压迫的斗争表示支持,但他们同时也认为,在这个时间节点上,这些斗争活动在形式上不可避免地具有"经济主义"或法团主义的特征。① 但这两种立场都一致认为,各种黑人劳工都处于"被极度剥削"的地位;它们都认为,在工人阶级内部,黑人因为种族身份的缘故而成为一个独特的群体,其特征与赫斯特等人所描述的传统流氓无产阶级完全不同。②

马克思把流氓无产者称为"社会败类,被旧社会最底层抛弃的随波逐流的腐朽的乌合之众"。③ 恩格斯则这样描述这个群体:

> 流氓无产阶级是主要集中于大城市中的、由各个阶级的堕落分子构成的糟粕,他们是一切可能的同盟者中最坏的同盟者。这帮浪荡之徒是很容易被收买和非常厚颜无耻的……任何一个工人领袖只要利用这些流氓作为自己的近卫军或依靠他们,就已经足以表明他是运动的叛徒。④

这与《今日种族》中豪的描述形成了鲜明对比:

> 现在我想专门来讨论一下无业群体的状况。在加勒比地区,即便没有正式工作,也并不意味着你就是成天在饥饿和无精打采的状态中无所事事地到处溜达。实际情况并不是如此。我最初是从白人左派那里了解到人们会有这种想法。当他们谈到无业群体时,总是把这些人说成是一些过着悲惨生活、被压迫、受蹂躏的一群人。这些人并不属于工人阶级,他们的斗争行动也总是以某种方式独自进行。但我所说的那些来自加勒比地区的无业群体,虽然同样也没有稳定

---

① 参见 A. X. Cambridge 和 C. Gutsmore,《英国黑人产业工人的行动与阶级斗争》(Industrial Action of the Black Masses and the Class Struggle in Britain),见 *The Black Liberator*,2 (3),1974—5。

② Hirst,《马克思、恩格斯论法律、犯罪和道德》,前揭。

③ Marx,《路易·波拿巴的雾月十八日》,前揭,页 44。

④ F. Engels,《〈德国农民战争〉序言》(Preface to "Peasant War in Germany"),见 *Marx-Engels Selected Works*,第 2 卷,前揭,页 646。

的工资收入,也是处于贫困之中,但他们却是这个社会中最有活力、充满力量的一群人。他们一直如此。在文化上,他们创造了铜鼓乐队、卡里普索(Calypso)①和雷鬼。加勒比地区的民族文化很大程度上都是源自这些群体的活力。②

这些群体一般是靠"行骗"谋生的——在豪看来,这种行为是在没有工资收入的情况下"竭力维持"生存的一种方式,而且这些行为通常并不涉及严格意义上的犯罪手段。他认为,一方面,这种生存方式可以帮助这些群体避免陷入雇佣劳动所带来的任人摆布的耻辱状态,另一方面,这些谋生活动也对这个群体产生了某种程度的纪律训练作用。显然,豪的这些看法再次透露出这个群体所蕴含的活力:

> 在我看来,少数族裔群体当然会做犯法的事,比如抢劫、盗窃之类的行为。但在大多数时候,人们只是依靠自己全部的社会个性所发展出来的技能来获得生活所需而已。或者因为体格强壮而成为帮派头领,或者是通过自己的狡猾来谋生——这些所谓的"行骗"活动也在一定程度上在工人阶级的这个特殊群体中产生了某种纪律。比如,牙买加的买卖大麻现象……我不认为在这个特定语境下,这是一种犯罪行为。在我看来,这只是在不必遭受他人侮辱的情况下竭尽所能谋生的一种手段。③

在通过这些方式谋生的过程中,人们逐渐产生了某种政治意识。为了制止在当地发生的一起最严重的帮派冲突事件,特立尼达岛(Trinidad)首相和警察总监不得不亲自介入相关调解工作之中。官方还强调,实现这一目的的方法不是与帮派团伙对立,而是努力把它们"拉拢"过来。在谈到这一现象时,豪表示:

> 他们不能采取对抗策略,因为总体而言,这些帮派群体几乎已经全部成为民族运动,尤其是非洲裔民族运动的中坚力量之一。所以

---

① 译注:19世纪初至中期起源于特立尼达和多巴哥的一种加勒比海非洲音乐类型,到20世纪中期时扩散到安的列斯群岛其他地区以及南美洲的委内瑞拉等地区。

② 与豪的私人访谈。

③ 同上。

当印第安裔激进分子试图在会议等活动中枪击非洲裔政治领袖时，我们就会成为捍卫这些领袖的武装力量。因此，政府才不得不对我们敬畏三分。也正因为如此，首相和警察才不得不主动和帮派领袖进行协商，从而达到结束冲突的目的。在这种情况下，我们意识到自己具有强大的影响力，于是我们向当局提出了失业的问题。①

随着大量的普通年轻人进入无薪者的行列，这个阶级也随之发生了变化；最能体现这种变化的一个例子是在1970年的特立尼达岛政治危机期间，军方拒绝对示威群众进行镇压，因为军队主要就是由这些失业的年轻无薪者构成的：

> 所以，工人阶级中的这个特殊群体虽然没有通过资本主义生产机制的压迫而获得纪律、组织性和统一性，但也通过这些帮派活动以某种准纪律化的方式变得集中起来，形成了某种社会联系机制，并最终干预了社会进程，分化了军队，从而为工人阶级登上政治舞台打开了空间。②

在豪看来，特立尼达无薪者的斗争历史对我们理解英国的情况显然具有直接的参考价值，虽然把两者进行简单的政治类比是不恰当的。当然，他也没有否认这个特殊的工人阶级群体也表现出一些负面的倾向（比如，其中的犯罪分子往往最容易成为向警方提供情报的告密者）。但他坚持认为，这些倾向在整个工人阶级中都是存在的，并不是无薪者群体独有的现象。显然，上述对黑人无薪群体的理解与《黑人解放者》的编辑所提出的观点大相径庭。在后者看来，黑人无产者在整体上顶多可以被视为是一个次等无产阶级群体：一个同时受制于两种压迫机制的工人阶级群体——资本的极度剥削和种族主义压迫：

> 这两种特定的机制相互交织在一起，它们弥漫在剩余价值提取机制再生产过程的每个阶段。在这个过程中，这个地位较低的无产阶级群体所受到的剥削程度要高得多，换言之，它成为资本极度剥削

① 同上。
② 同上。

的对象;当他们处于失业状态时,这些黑人群体在储备劳动力中占据了极大的比例;为了对抗种族主义压迫和文化帝国主义,他们在阶级斗争中所采取的方式又与土生土长的白人工人阶级群体的方式截然不同。①

正如坎布里奇所说的那样,"对这些身处宗主国经济资本中的黑人劳工来说,剩余价值提取机制是一个颇为奇怪的现象,是什么原因导致了他们会如此看待这种机制尚不得而知"。但尽管如此,坎布里奇等人提出的储备劳动力概念,并认为处于失业状态的黑人劳工是储备劳动力的主要来源,标志着他们与《今日种族》的立场之间的一个重要分歧。坎布里奇对储备劳动力进行了如下界定:

> 工人阶级的剩余劳动所创造出来的资本积累是资本主义生产模式的生命线,也是生产条件的扩大再生产不可或缺的条件。随着资本的不断积累,被再生产出来的不仅是剥削手段(就业),而且还不断再生产出不必要性(失业)。资本主义生产方式的再生产需要不断寻找新的市场,而那些不再具有生产性的生产领域必须被淘汰。在这个过程中,资本主义有两个方面的需求——一方面,必须有大量可供随时剥削的劳动力存在,只有这样才能在关键的生产节点上投入大量劳动力而不至于影响到整体的生产规模;另一方面,必须及时处理那些不再有利可图的劳动力。因此,资本主义生产必须不断地把一部分劳动力转变为"失业的"和"不充分就业的"从而可以任由资本支配的"产业储备劳动力"。在帝国主义主导的世界经济体系中,那些处于失业状态的黑人劳工成为这种产业储备劳动力中的主要组成部分,而随着资本高度集中背景下的劳动生产率的不断提升,这些闲置的劳动力被纳入生产体系的可能性也越来越低。②

当我们把上述这些不同的观点——必须指出的是,它们都遵循了马克思主义的分析框架——放在一起加以对比时,我们就会发现许多分析上的

---

① A. X. Cambridge,《术语汇编》(Glossary),见 *The Black Liberator*,2(3),1974—5,页280。

② 同上,页279。

难点逐渐浮现了出来。马克思和恩格斯都明确地把流氓无产阶级和"危险阶级"称为"败类"——各阶级中的堕落分子。这些人没有稳定的经济来源,同时又处在生产性劳动的框架之外。而只有通过生产性劳动,这些人才能被锤炼为一个统一的阶级,从而能够在生产领域发起革命斗争,并最终削弱和打击资本的统治地位。但豪的观点与此不同,他不认为这些人是各阶级剩余下来的堕落分子,而是工人阶级中令人瞩目的一个组成部分——无论是在西印度群岛国家,还是在英国,这些人都处于一种无薪者的地位,并以此为基础发起了自主斗争。他们拒绝加入资本雇佣关系,并通过这种斗争策略在经济上和政治上对资本构成了严重打击,"颠覆"了资本的目的。显然,这里所描述的对象已经不再是经典马克思主义意义上的流氓无产者。坎布里奇和古茨摩尔把黑人劳动力看作是无产阶级中遭受剥削最严重的群体。由于种族差异的缘故,这些黑人劳工相对于白人工人阶级始终处在一种结构性的从属地位之中,这又导致他们成为无产阶级内部的一个次等阶层。因此,种族歧视和压迫又进一步加剧了这个群体所受到的剥削。这个次等阶层中那些不愿加入资本雇佣体制的人既没有马克思和恩格斯所说的那种"流氓无产者"的特征,也没有扮演《今日种族》的分析家所预测的那种战略性政治角色。非常有典型意义的是,这些人恰好就是当下资本无法雇佣的黑人次等无产者中的一个组成部分。因此,他们正是作为经典意义上的"储备劳动力"而发挥作用的——可以被用来削弱现有的雇佣工人的地位,但对雇佣关系的排斥,不仅不能成为他们抗击资本的基础,而且恰恰是其局限性的一个标志。

　　导致这些观点之间出现差异的主要原因之一是因为不同的作者所分析的是资本主义发展的不同历史时期和阶段。马克思和恩格斯所观察的是从家庭手工业向工厂大工业过渡的时期,这是资本主义发展历史上的"古典"时期。农村人口向工厂生产中心的转移、工厂劳动纪律的发展以及旧的生产体系的瓦解,一方面创造了第一批工业无产阶级,另一方面也带来了需要救济的群体和赤贫阶级。在霍布斯鲍姆和鲁德的研究中,[①]历史上后者最后一次在政治舞台上扮演主要角色是在18世纪末,这一时期威尔克斯式的激进主义者(the Wilkes)和"国王与国家"

---

　　①　参见 G. Rude,《18 世纪的巴黎和伦敦》(*Paris and London in the Eighteenth Century*, London:Fontana,1952);G. Rude,《法国革命中的群众》(*The Crowd in The French Revolution*, Oxford University Press ,1959);Rude,《威尔克斯与自由》,前揭;Rude,《历史上的群众》,前揭;以及 Rude and Hobsbawm,《斯温队长》,前揭。

(King and Country)运动,以及城市"暴徒"和"乌合之众",与不断衰落的传统手工业的工匠和各种普通罪犯一道,产生了不小的社会影响。在那之后,这些作为资本主义体系巨大牺牲品的人类残渣的数量不断增加,他们居住的茅屋常常(正如霍布斯鲍姆所指出的)蔓延到城市的贫民区,从而与"劳动阶级"混居在一起,但其历史重要性已经大打折扣。《今日种族》和《黑人解放者》所讨论的都是这之后的资本主义阶段——垄断不断增加的"帝国主义"时期,即列宁所说的资本主义的"最高"阶段,同时也可能是它的最后阶段。列宁的观点早已广为人知,在此仅做简要陈述——生产的不断集中;垄断取代竞争;统治阶级的权力从工业资本集团向金融资本集团转移;过度生产和消费不足的危机不断加深;由此导致为有利可图的资本投资寻求海外市场和海外出路的竞争日益激烈;最终人类进入了一个"帝国主义对抗"和世界战争的时代。[①] 对我们来说,这里最关键的一点是,列宁认为这个资本主义发展的新阶段对无产阶级的内部结构和构成产生了影响。他指出,全球资本主义通过海外投资和对落后地区的剥削可以获得更高的利润,这使得统治阶级能够对国内无产阶级的"上层"进行贿赂或收买,将其纳入全球帝国主义网络之中,最终达到削弱其革命意志的目的。这一过程在无产阶级内部造成了严重分化,出现了"上层"和"下层"之间的差别。他把那些被统治阶级成功收买的群体称为"劳工贵族"。列宁还认为,这个过程会加剧作为一个整体的英国无产阶级(已经出现了上层和下层之别)和处于帝国主义链条另一端的受到极度剥削的殖民地无产阶级之间的鸿沟。"劳工贵族"这个说法在这里被用来解释无产阶级内部出现的分化倾向,但这并不是一个新概念。霍布斯鲍姆指出,这个说法"似乎在 19 世纪中叶就已经出现了,用来指工人阶级中的那些收入更高、待遇更好,而且与无产阶级中的其他成员相比更'受人尊重'、政治立场更温和的群体"。[②] 列宁实际上引用了恩格斯在 1858 年 10 月 7 日写给马克思的信中提到的观点。在这封信中,恩格斯指出:"英国无产阶级实际上日益资产阶级化了,因而这

---

① V. Lenin,《帝国主义是资本主义的最高阶段》(Imperialism, the Highest Stage of Capitalism),见 *Selected Works in One Volume*, London:Lawrence & Wishart, 1969;同时参见 R. Owen 和 B. Sutcliffe 编,《帝国主义理论研究》(*Studies in the Theory of Imperialism*, London:Longmans, 1972)。

② Hobsbawm,《劳动者》,前揭,页 272;同时参见 J. Foster,《阶级斗争与工业革命》(*Class Struggle and Industrial Revolution*, London:Weidenfeld & Nicolson, 1975)。

一所有民族中最资产阶级化的民族,看来想把事情最终导致这样的地步,即除了资产阶级,还要有资产阶级化的贵族和资产阶级化的无产阶级。自然,对一个剥削全世界的民族来说,这在某种程度上是有道理的。"①在这里,让恩格斯感到不满的,一是宗主国工人阶级内部出现了新的分化倾向,二是帝国主义英国的无产阶级在经济上受益于(统治阶级因此在政治上获益)对殖民地无产阶级的残酷剥削。在这种全球性的资本主义体系框架之中,处于最底层的殖民地无产阶级受到过度剥削,为宗主国创造出超级利润。而宗主国的统治阶级正是使用这些利润来安抚国内的无产阶级的。因此,相对于宗主国国内的无产阶级来说,殖民地无产阶级已经在结构上处于一种次等无产者的地位了。因此,当后来这些殖民地无产者被吸引到宗主国寻求工作机会,并以一种内化了的次等无产者的角色进入生产关系之中,也就不足为奇了。这些殖民地的黑人劳工在历史上相对于宗主国工人阶级在经济上的从属地位,现如今在宗主国被复制了出来:这个过程在一定程度上是通过种族主义的意识形态差异得以实现的。而种族主义的作用就在于它可以在意识形态上在宗主国经济体系中再生产出这种从属关系,并在作为一个整体的工人阶级内部把这种关系合法化为一种"永久的"差别或等级制度。但这种解释并不能反映现实的全貌,我们还需要搞清楚这些殖民地无产阶级群体在移民之前究竟是在一种什么样的条件下形成的。当然,在这个过程中我们也会发现,导致这个群体处于"无薪"状态的条件,同时也是导致他们处于被极度剥削地位的一个长期存在且明显必不可少的条件:

> 当代第三世界的重要特征之一是农村和小城镇人口向城市的迁徙所导致的城市人口的爆炸性增长。这些人在生活方式和心态上都与主流城市工人有很大的差异,因此,无论是在职业地位——大多处于长期的失业或就业不足的状态——还是政治文化方面,他们都不同于传统的无产阶级。像印度和中国那样的国家基本上都是农民社会。但在阿根廷、智利、委内瑞拉和乌拉圭,有超过40%的人口居住在居民超过两万人的城镇或城市里⋯⋯每年,总会有大量的新来者涌入移民居住的贫民区或棚户区。在这里,大量硬纸板、压扁的汽油桶和老旧的装货箱构成了这些人在露营里的栖身之所。无论用哪种

---

① 转引自 Lenin,《帝国主义是资本主义的最高阶段》,前揭,页247。

说法来描述这个群体,我们都应该抛弃"流氓无产阶级"这个具有很强的侮辱色彩、缺乏准确性且内涵模棱两可,却使用极其广泛的马克思主义术语。相比之下,"下层阶级"或"次等无产阶级"的说法似乎更能表达这些"没有工业化的城市化进程"的受害者的特征。[①]

正如沃斯利(Worsley)的重要文章所描述的那样,从严格意义上说,这个"下层阶级"也许不是"生产性的",因为其成员并没有处在一种稳定的生产性雇佣关系之中。但在第三世界,这些"下层阶层"的成员所居住的棚户区是城市生活中一个长期存在的结构性现象,无论在何种意义上,这些人都不能算是"边缘群体"。他们的数量巨大,而且还在不断增加;他们的经济活动无论多么不稳定和充满不确定性,都对整个社会具有极其重要的意义;而且在很多情况下,与规模较小或几乎不存在的城市无产阶级相比,他们的力量都是不容小觑的。葡属几内亚非洲反殖民领袖阿米尔卡·卡布拉尔曾经提到那些"无根者"中的两类人——一类是"刚从农村来到城市不久的年轻人",另一类是"乞讨者、无业游民、妓女等"构成的群体。关于后者,他说,这些人"很容易也很可能会被看作是流氓无产阶级,如果在几内亚我们能找到某个可以胜任无产阶级这个称号的群体的话"。[②] 这些生活在城市里的赤贫者长期处于失业或就业不足的处境,工作状态极不稳定。为了生存,无论是合法的、非法的还是处于灰色地带的活动,都会成为这些永远在生存边缘挣扎的群体的谋生手段。就其政治角色而言,法农认为,这个群体构成了"殖民地人民中最具有自发性和激进革命性的力量之一"。[③] 他们和农民一道,成为"全世界受苦的人"。

显然,在这里,我们有两种理解黑人工人阶级的本质和地位以及可供这个阶级使用的政治斗争类型和政治意识形式的不同方法。我们把这两种不同路径的逻辑简述如下。在黑人劳工群体中,越来越多的人陷入无薪状态。如果我们所关注的焦点就是这种状态,并且把我们的理解局限在英国语境中,那么,这些无薪者看起来就像是一群不断沉沦的人。对资

---

① P. Worsley,《法农与"流氓无产阶级"》(Fanon and the "lumpenproletariat"),见 Miliband 和 Saville 编,*Socialist Register* 1972,前揭。

② 转引自同上。

③ F. Fanon,《全世界受苦的人》(*The Wretched of the Earth*,New York:Grove Press,1963)。

本而言,这是一群处于贫困之中的多余的人。照这种思路,我们很有可能会把这个群体看作是马克思和恩格斯所描述的那种典型的流氓无产阶级。《今日种族》杂志从两个"历史"背景中对黑人劳工群体进行了重新界定,并以此为基础提出了不同看法。一方面,它是加勒比工人阶级的一部分,因此,它在整个加勒比工人阶级的斗争和特定环境演变的历史过程中扮演着核心角色。另一方面,它常常以缺乏生产技能因而被严重剥削的"大众劳工"的身份被纳入宗主国资本主义关系之中。通过重新划定黑人劳工的历史边界,《今日种族》的作者能在两种不同的语境中把"无薪状态"重新定义为一种积极的而不是消极的斗争形式,是工人阶级中的大多数人而不是只有少数人才有的一种经验。而且在文化上和意识形态上,这种生存状态也被赋予了充分的内涵,并且被不断强化,从而能够为一种切实可行的阶级策略提供基础。这样,通过把第三世界和"第一"世界的视角结合起来,我们可以看到这些黑人无薪者实际上与传统流氓无产者那种"负面堕落的败类"形象是有区别的。和《今日种族》一样,《黑人解放者》也很关心加勒比地区和"第三世界"的政治状况。但它对黑人劳工在英国的地位的分析,主要是从对移民劳工直接产生制约作用的当下英国资本阶级关系的角度来进行的;换言之,它没有考虑到历史上"殖民地"资本机制所发挥的作用,而是直接从结构性的角度分析了在当下的特定历史情势之下英国资本机制所发挥的作用。对《黑人解放者》的作者来说,最关键的问题是黑人劳工是如何作为次等无产阶级被置于宗主国资本体系的支配之下的,这个群体与资本的关系又是如何通过传统意义上的储备劳动力机制被控制的。在这里,黑人劳工通过选择进入"无薪状态"从而拒绝加入资本雇佣关系的策略所展开的文化斗争完全被忽略了。

分析上述问题的另一个思路是区分如下两种不同视角:经济关系对黑人劳工的决定性影响与黑人群体自身的政治和意识形态斗争实践。在这里,我们无法就此展开详细讨论,仅对这两种不同视角之间的差异所包含的可能性做一简要论述。

根据马克思的看法,基本的经济状况决定了构成"储备劳动力"的不同阶层的规模和属性。因此,对黑人工人阶级中无薪者规模产生决定性作用的,更多的是经济因素,而不是少部分人所采取的"不再做这份狗屁工作"的政治策略。但是,这些受制于经济阶级关系从而不得不选择"无薪状态"的人依然有可能把这种处境转变为一种更加积极的政治和意识形态的阶级斗争策略。这种政治阶级斗争的形式与这个阶级此前的生存和抵抗模式有关,而这些模式基本上又是来自其移民前的历史经验。这种政治和意识形态斗争的视角并不意味着这个群体完全受制于自身的"起源史"。原因在于,它能否以自身的处境为基础发起政治斗争还受到当下诸多政治因素的影响。在下一节中,我们会就其中某些对当前形势下黑人劳工面对宗主国资本时所采取的斗争形式可能产生决定作用的因素进行探讨。有批评意见认为,这种解释具有"历史主义"倾向,即从过去的传统来对当下的斗争形式进行解释。对这种批评意见,我们完全持开放的态度。在这里,我们必须提醒自己不能忘记经济机制的重要性。这些机制的确对当下无薪者的规模和地位产生了决定性的作用。这要求我们重新回到马克思对储备劳动力问题的分析。在马克思看来,只有从传统手工业向现代工业转变之后,资本才掌握了"真正的控制权";也只有在这种情况下,产业劳动力的储备("相对剩余人口")才成为资本积累过程中始终存在的一个特征。现代工业是"建立在产业后备军或过剩人口的不断形成、或多或少地被吸收、然后再形成这样的基础之上的"。随着资本进入新的生产领域,"必须有大批的人可以突然地被投到决定性的地方去,而又不致影响其他部门的生产规模"。[1] 因此,资本主义不仅要求存在一支可以供其随时支配的储备劳动力,而且还会试图对其规模和特征进行控制——换言之,根据资本积累的要求,对特定群体进入生产领域从而成为雇佣劳动力或者被驱逐出生产领域从而成为失业人口的规模进行调节。因此,对马克思来说,储备劳动力问题与资本积累的循环过程之间有着十分紧密的联系。随着"死的"劳动力相对于"活的"劳动力(机器对工人)比例的增加,一部分雇佣工人就必须成为按照资本要求可在别处被利用的"自由"劳动力。因此,储备劳动力的存在还对那些依然处于雇佣关系中的劳动力的处境和工资水平产生影响。当储备劳动力的规模较大时,工人只能被迫接受较低的工资待遇,因为他们很容易就会被储备劳动力所代替。储备劳动力的"始终"存在对现有的工人构成了竞争性压力,从而拉低了劳动力相对于资本的价值。相反,如果储备劳动力规模较小,则工人要求提高工资的谈判筹码就相对较高。但由此导致的利润和资本积累速度的下滑,又会反过来导致失业人口和储备劳动力规模的增加,最终使得工资水平下降或增长缓慢。[2] 在这个循环过程的不同阶段,资本

---

① Marx,《资本论》,第 1 卷,前揭,页 633。

② 参见 Castles 和 Kosack,《西欧的移民工人与阶级结构》,前揭,页 4。

不断地通过自身的动态运作来反复调节工人阶级的构成：作为这种运作机制的特征之一，它首先制造出一定规模的失业群体，除非这种趋势以某种方式被抵消掉。在这里，"工人阶级的重构"是一个十分关键的说法。因为雇佣工人中那些暂时失业从而进入储备劳动力大军的人在重新获得就业机会时，不一定还会进入此前所在的产业领域，也不一定会在相同的技术等级上被雇佣。因此，"去技能化"和"替代"——用更便宜的劳动力取代某个领域的产业工人——是储备劳动力形成和消解过程中的两个核心机制。当一部分劳动力从储备大军进入生产领域时，"作为工人阶级一部分的储备劳动力的来源问题"就浮现了出来。与此同时，不同劳动力群体之间"相互排斥的倾向也提出了劳动者的命运问题，无论是有工作还是失业（例如，将特定工人群体边缘化的倾向）"。[①]

　　实际上，马克思对"储备劳动力大军"中的几个不同的群体进行了区分：流动群体是那些被驱逐随后又被拉回到最核心的生产领域的劳动力；潜伏群体主要是那些在资本主义进入农业经济的过程中被替换的农业生产者；停滞群体则是那些长期处于不定期失业状态的劳动力。这三种群体都不同于作为"危险阶级"的流氓无产者和需要救济的赤贫者——那些"衰败的、流落街头的、没有劳动能力的人……工业牺牲者"。他进一步补充道，需要救济的赤贫是"现役劳动军的残废院，形成产业后备军的死荷重"。[②] 正如我们所见，人们无法找到某种内在原因，可以解释为何这些机制在作为一个全球体系的资本主义的边缘地带——比如在落后的殖民地——无法像它们在宗主国那样有效运作。因此，我们必须修正此前提出的观点。殖民地无产阶级中的失业人口、无薪群体、不完全就业群体和"边缘"群体的规模和重要性也许会与宗主国社会的情况有很大的差别；但相对于殖民地资本，这些群体的形成同样受到马克思在《资本论》中所分析过的那种调节机制的支配。

　　由失业人口构成的工业储备劳动力对资本主义积累的规则和生产性"劳动力大军"的规模都具有十分重要的影响。但在二战后的西欧发达资本主义国家，维持这种传统意义上的储备劳动力变得越来越困难，至少近来情况如此。在许多此处无法详述的复杂因素——其中包括实力日益增

---

　　① V. Beechey，《女性工薪劳工与资本主义模式》（*Female Wage Labour and the Capitalist Mode*，未出版手稿，University of Warwick，1976）。

　　② Marx，《资本论》，第 1 卷，前揭，页 640—5。

强的劳工运动——的影响下,资本主义为了生存,不得不努力实现持续的生产扩张和本土劳动力的"完全就业"。但这一目标与维持"储备劳动力"的需求是矛盾的。因此,资本主义必须找到一支替代性的"储备劳动力大军"。与之前资本主义的循环运动所导致的失业人口规模必须维持在资本主义生产所能承受的水平一样,这个新的替代性的"储备劳动力"在成本上和政治上都必须是资本主义生产体系所能接受的。现代资本主义主要从两个主要来源汲取"储备劳动力":女性和移民劳工。"西欧资本主义所采取的解决方案是雇佣那些来自南欧或第三世界国家的不发达地区的移民工人。"①这些工人一直发挥着作用;但在二战之后,他们开始在这些社会的经济结构中长期发挥着举足轻重的作用(比如,根据布雷弗曼的看法,拉丁美洲和东方国家的劳动力已经成为美国战后经济中的主力之一)。移民劳工现在成为现代工业储备劳动力永久的主要组成部分。在生产扩张期,来自加勒比地区和亚洲次大陆的劳动力就会被吸纳到生产之中。但随着经济逐渐进入衰退状态,又会出现一系列限制性做法——实际上在这种情况下,"储备劳动力"中的一部分人只能被迫留在他们现在所在的地方,继续待在加勒比地区或他们的亚洲母国。如今,我们处于深重的经济危机之中,"储备劳动力"的循环过程进入了一个与之前完全相反的阶段:控制和驱逐。在此之前,妇女和南欧劳工已经"取代"了部分黑人储备劳动力。在 20 世纪 70 年代,对"完全就业"的政治攻击彻底消除了政治障碍;对"储备劳动力"构成的重组过程开始全面展开。于是,那些在英国城市街头游荡寻求工作机会的黑人青年就成为刚刚加入这支劳动大军的毫无经验的新成员。

"全世界受苦的人"

到这里为止,我们已经讨论了帝国主义传统如何在宗主国的劳动力中形成了新的分层结构,以及帝国主义和新帝国主义如何导致第三世界殖民地社会劳动力的不同阶层具有不同的倾向。下面我们就后者与英国黑人工人阶级的关系加以进一步探讨。首先,我们必须意识到黑人工人阶级作为一个整体从属于两个不同的却又相互关联的历史过程:加勒比劳工史和英国人工阶级史。从这两个历史出发,我们或许可以得出这样的结论:这

---

① Castles 和 Kosack,《西欧的移民工人与阶级结构》,前揭。

些最初由于英国资本扩张而被吸纳到英国的黑人劳工,当经济衰退导致他们被迫进入暂时的或永久的失业状态时,他们发展出了一套属于他们自己的生存方式、观念和阶级斗争模式。表面上看起来,他们与流氓白人"储备劳动力"或无产阶级十分相似。但实际上,我们必须考虑到黑人劳工之前所处的与白人劳工不同的殖民历史,这样我们才能更好地理解这一群体的特征。这种"双重处境"意味着我们必须以一种不同的视角来评估这个阶级中那些自我意识更强的群体的政治潜能和行动轨迹。其次,把历史语境扩展到第三世界使我们能够从一个全新的角度来看待失业、边缘地位和犯罪之间的关系问题。在英国,马克思、恩格斯等人所说的"流氓无产者"和那些暂时进入失业者构成的储备劳动力大军的生产性劳动群体之间的差别可能始终是十分突出的。但是,作为为数不多的(虽然在不断增加)对殖民地次等无产阶级的研究之一,哈特(Keith Hart)在他的研究中甚至彻底否定了"失业"和"不充分就业"之间的差别,转而用"正式的"和"非正式的"收入机会这样的概念来分析这一群体的生存状况。哈特发现,即便是那些有正式工作的人也必须想办法弥补微薄的收入。在这种情况下,"借钱、赚外快、靠亲戚接济、赊账、利用城市里的空闲土地谋生,甚至犯罪,都成为日常经济生活中常见的活动"。[①] 再次,以法农为代表的理论家认为,殖民地经济中那些贫困的"无根者"群体具有政治意识,因此能扮演潜在的政治角色。这些理论对宗主国的黑人群体中逐渐浮现出来的族群意识产生了重要影响。例如,在英国,法农主义观点主要是通过非洲革命以及美国黑人运动的中介作用产生影响的。因此,殖民地"下层阶级"或流氓无产阶级的问题与一切关于黑人"下层阶级"的地位和潜在政治意识的讨论直接相关。在英国,后者正以边缘人或犯罪者的形象越来越多地出现在社会公众视野之中。当然,在第三世界的不同地区,殖民地城市中的无根贫困人口的规模、社会特征和经济地位也是不同的。阿兰(Chris Allan)在一篇十分有价值的总结性文章中指出,殖民地城市中那些典型的、规模巨大的贫困人口通常都处于失业状态。他们地位低下,与其他主导性社会群体缺乏联系,在经济上处于十分边缘的位置,而且一般都聚居在城市的某个角落,成为被其他群体排斥的"异类"。[②] 在这些"异类"中,阿兰又对两类人进行了

---

① 转引自 Worsley,《法农与"流氓无产阶级"》,前揭,注 23。

② C. Allan,《流氓无产阶级与革命》(Lumpenproletarians and Revolution),见 *Political Theory and Ideology in African Society*,研讨会文集,Centre for African Studies,University of Edinburgh,1970。

区分：一类是那些生来就具有这种身份地位的人，即那些在贫民区出生和成长的孩子；另一类是那些最初并不属于这一阶层，后来逐渐成为"异类"的人。此外，他还对如下两类人进行了区分：一类是那些失去工作，长期或大部分时间都处于失业状态的群体；另一类是那些在城市里游荡却从未有过正式工作的人。这两类人中有许多是来自乡村地区的国内移民人口（他们同时也是马克思所说的"储备劳动力大军"的构成要素之一）。但无论是属于哪一种，这些人都不得不通过各种临时性的工作、小本生意以及犯罪活动勉强维持生计。他是这样描述一个非洲裔劳工的日常处境的：

> 如果找不到稳定的工作（这种情况越来越普遍）的话，这些移民劳工就不得不通过一系列人际网络的支持来谋生。最初是亲戚，然后是熟人，他们就这样在不同的人之间断断续续地寻求支持，直到有一天谁也无法给他们提供帮助为止。从此，他就只能完全靠从事一些寄生性的工作来糊口：零星的小买卖、洗车或看车、乞讨、拉皮条或卖淫、小偷小摸、欺诈、擦鞋、清洗瓶子、搬运和偶尔的无技术体力活。

这些工作会立刻让人想起牙买加的西金斯顿地区之类的贫民区。从事这些工作的人中包括那些从事小本买卖的街头商贩，他们所进行的经济活动被塔克斯（Sol Tax）称为"廉价资本主义"（penny capitalism）。[1] 阿兰既强调了这个群体作为一个整体在内部所具有的差异性，同时也强调了他们的不同生存模式：

> 失业群体成为人们躲避的对象，于是他们只能搬到那些住房便宜的地区；他们靠偷窃为生，有可能成为全职犯罪者，随后又会搬到更加偏僻的地区。黑人发现自己很难找到工作和住房，而且在社会上和心理上成为大多数人所排斥的对象。用法农的话来说，这个被社会所抛弃的群体中的任何一个人，都有可能成为"毫无希望的人渣，在自杀和疯狂之间不断循环"。[2]

---

[1] S. Tax，《廉价资本主义：危地马拉印第安人的经济模式》（*Penny Capitalism*：*A Guatemala Indian Economy*，Washington D. C.：Smithsonian Institute，1953）。

[2] Allan，《流氓无产阶级与革命》，前揭。

最近以来,拉美经济学家开始对不断增加的长期"边缘化劳动力"现象进行研究。随着某个经济领域逐渐适应了国际资本主义市场,本土劳动力中的很大一部分人在现有经济体系中的地位就会被"边缘化"。奥布雷贡(Obregon)对他所说的不断增加的"储备剩余人口"的地位进行了分析。[①]他指出,根据马克思的分类,这些人口会以几种不同的形式存在:"流动"人口,即那些会随着经济扩张或收缩的循环过程在就业和失业状态之间不断转换的人;"潜伏"群体,主要包括失业而被迫进入城市的农村劳动人口;"间歇"群体,即那些断断续续能够获得工作的人,比如临时雇佣的外部工作人员;"流氓无产阶级",通常由无业游民、妓女和罪犯构成;以及赤贫者,即那些彻底处于无业状态,缺乏任何收入来源,因而陷入永久性贫困之中的人。奥布雷贡继续指出,在他所分析的特定条件下(即一个拥有发达的领先的资本主义产业部门的拉美经济体),严格来说,这些"剩余人口"已经不再是"储备劳动力";因为这些人再次被雇佣的可能性很低,甚至在经济比较繁荣的时候也是如此;因此,这些群体对资本的"影响"几乎完全不复存在。

然而,"底层阶级"内不同群体之间差异的界定并不清晰,而且在不同的社会中这种差异也会发生变化,这一现象导致了一些混乱,致使人们常常把这些人都归入流氓无产阶级的行列。而实际上,马克思和恩格斯所谓的"流氓无产阶级"是在特定的历史条件下提出来的一个说法,指的是19世纪中叶西欧工业化城市中的赤贫阶层。这种用法上的混乱导致"底层阶级"被赋予了"流氓无产阶级"这个说法所具有的那种负面内涵。后来出现的许多不同理论观点都被当作是对这种经典的正统理论的一种修正。实际上,这些修正性的理论更多是从政治角度,而不是经济视角出发的。之所以会出现这种变化,部分原因在于这样一个事实:自从1917年以来,所有的革命都不是以"纯粹的"或经典的形式发生的。而且一个更关键的变化是革命发生的地点也从欧洲转向了第三世界,而这些社会的经济和阶级结构显然与西欧社会截然不同。在这些社会中,工业无产阶级相对较弱,规模也很小,有时甚至完全不存在,这导致被压迫阶级不得不与"民族资产阶级"结成联盟。与此同时,民族主义而不是社会革命(当然,两者之间的区别并不是完全清晰的)是这些社会的主要问题,这进一

---

①   A. Q. Obregon,《经济的边缘点与边缘劳动力》(The Marginal Pole of the Economy and the Marginalised Labour Force),见 *Economy and Society*,3(4),1974。

步强化了这种联盟关系的必要性。在实践中,身处不同语境的人们对这些问题的回答是不同的。无论是在亚洲、拉丁美洲还是非洲,革命者所采取的解决方式无疑都包含了一些"非马克思主义的"或修正主义的要素。中国就是一个典型例子:民族革命在发展的过程中最终演变为一场由农民、革命党和红军所领导的社会革命,并最终取得了军事上的巨大胜利。而且这场革命还通过"毛泽东思想"的理论发展,强调了集体的"主观"意志相对于客观条件的重要性,以及农民阶级所发挥的关键作用(当然离不开无产阶级政党的领导)。毛泽东曾经积极主张招募那些他所谓的游民无产者(士兵、土匪、强盗等),在引导和教育后使之成为革命力量的一部分。正如施拉姆所评论的那样:

> 王佐[①]、袁文才[②](1928 年,毛泽东曾与他们领导的绿林武装结成联盟,而当时党的中央委员会则要求根据地推动党和红军干部的"工人阶级化")现象实际上具有广泛的意义。它意味着对人类意志,而不是客观因素的重视,这成为毛版本的马克思主义的一个重要特征。后来,针对红军中游民无产者成分较高的现象,毛泽东认为,只要强化政治教育,"就可以使这些人发生质变"。[③]

在古巴,以卡斯特罗(Castro)为首的革命领导层把政治和军事策略相结合,成功实现了一条与纯粹的欧洲革命模式不同的"拉丁化"革命之路。在这里,革命者所关心的是通过利用一系列位置不断变化的游击战据点来实现军事上的胜利,进而最终从上往下引导民族革命走向社会革命。

---

① 译注:王佐(1898—1930),又名王云辉,绰号南斗,出生于遂川县下庄村水坑(今井冈山市下庄)一个贫苦农民家庭。1923 年参加绿林武装。1927 年,在遂川农民协会帮助下,将所部改称农民自卫军,支持遂川农民运动。同年 10 月,对毛泽东领导下进驻井冈山的工农革命军给予积极支持和帮助。1928 年 2 月其所率部队接受改编,编入工农革命军第一军第一师第二团。同年 4 月加入中国共产党。1930 年 2 月,在永新被错杀,中华人民共和国成立后被追认为革命烈士。

② 译注:袁文才(1898—1930),原名袁显泉,字"文才",中国江西宁冈(今井冈山市)茅坪人,地方豪强,中国工农红军早期领导人之一。1927 年接受毛泽东的建议,同意加入革命队伍。1928 年 2 月,袁文才部改编为工农革命军第一军第一师第二团,袁文才任团长。袁其后率部参加了新城、龙源口、黄洋界、坳头陇等战斗,成为红四军军委委员。1930 年 2 月 23 日,于永新县被诬陷杀害。中华人民共和国成立后,袁文才被平反,追认为革命烈士。

③ S. Schram,《20 世纪的政治领袖:毛泽东》(*Political Leaders of the Twentieth Century:Mao Tse-tung*,Harmondsworth:Penguin,1966),页 127。

正如德布雷(Debray)①所指出的那样,至少到格瓦拉(Guevara)在玻利维亚丛林中牺牲为止,这种斗争战略对整个拉丁美洲产生了直接的影响。德布雷提醒我们注意格瓦拉在其《游击战》(Guerrilla Warfare)②一书的前言中是如何阐明这种游击战斗争战略的先决条件的:

> 古巴革命对拉美的革命斗争策略有三大贡献:第一,民众武装能够赢得与正规军的战争;第二,没有必要等到革命的所有条件都具备了才发起革命斗争——暴动中心会创造出这些条件;第三,在发展相对落后的美洲地区,武装斗争的主要舞台必须是在农村地区。③

我们无须对这种战略在拉美地区成功实施或遭遇挫折的全部历史过程,以及这一战略遭到遏制后所面临的再评价问题进行全面分析,就能清晰地看到它在参与政治和军事斗争的阶级构成问题上与经典的革命理论之间的巨大差异。

但是,在所有的"修正"模式中,法农在论述阿尔及利亚和其他非洲国家斗争问题时所提出的观点与我们在这里所关心的问题的关联性最高。法农强调了在解决殖民地压迫问题的过程中,暴力斗争(与纯粹的武装斗争相对)的重要性,因为暴力实践能够把殖民地人民"团结为一个整体",而且从个体的角度来说,还可以把他们"从其自身的自卑情结、绝望和无力行动的状态中"解放出来,"使之恢复勇气和自尊"。④ 沃斯利认为,法农并不是无组织的暴力表达行为的信徒,他所强调的是"作为一种社会实践"的暴力。⑤ 对我们来说,更重要的是,法农认为殖民地斗争中最主要

---

① 译注:雷吉斯·德布雷(Régis Debray),1940 年出生于巴黎,法国作家、思想家、学者、政治活动家。曾在 20 世纪 60 年代到达古巴,任哈瓦那大学的哲学教授,并与革命者切·格瓦拉成为同事,参与游击斗争。1967 年在玻利维亚被捕,1970 年被释放,后赴智利,支持左翼的阿连德政府。1973 年,智利政变后返回法国。后陆续担任多个政府职位。德布雷创立了以研究长时段文化和历史转化为核心议题的媒介学,有《普通媒介学教程》《媒介学导论》《媒介学宣言》等多部著作被译为中文。

② C. Guevara,《游击战》(Guerrilla Warfare,Harmondsworth:Penguin,1969)。

③ 转引自 R. Debray,《卡斯特罗主义:拉丁美洲的长征》(Castroism:the Long March in Latin America),见 R. Debray,Strategy for Revolution,Harmondsworth:Penguin,1973,页 39;同时参见 R. Debray,《革命中的革命?》(Revolution in the Revolution?,Harmondsworth:Penguin,1968)。

④ Fanon,《全世界受苦的人》,前揭,页 73。

⑤ Worsley,《法农与"流氓无产阶级"》,前揭。

的社会阶级是农民——"这个国家里唯一自发的革命力量"——和流氓无产阶级,"殖民地人民中最有自发性、最激进的革命力量":

> 正是这些乌合之众,这些以棚屋为家的人,这些流氓无产阶级的核心力量,成为城市反叛的急先锋。那些与其部落或氏族失去联系而陷入饥寒交迫之中的流氓无产者,成为殖民地人民中最有自发性、最激进的革命力量之一……流氓无产阶级一旦形成,就会成为威胁殖民地城市"安全"的力量,是社会陷入无法挽回的衰败之中的征兆,殖民统治中无法消除的坏疽。和那些身强体壮的工人一样,这些由皮条客、流氓地痞、失业者和各色小罪犯构成的流氓无产者,也会源源不断地投身到解放斗争之中去。[1]

更重要的是,法农还认为那些主张通过非法手段展开斗争的革命民族主义者扮演了极其关键的角色。这些人对改良主义的民族主义政党感到不满,于是退守到农村地区,与农民打成一片,汲取农民的斗争经验,并逐渐成为革命联盟中的先锋群体和一股"强大的政治力量"。[2] 此外,法农也承认,自发的农民起义本身不可能赢得革命战争。他认识到"压迫者……在利用……流氓无产者中存在的……愚昧与无知方面是极其得心应手的"。[3] 因此他指出,流氓无产者"离不开先锋阶级的敦促和领导"。尽管如此,他相信,流氓无产者——显然,在法农的分析中,这个概念的用法是极其宽泛的,其界定也是模糊的——既能够扮演革命性的角色,也可能成为保守势力。在阿尔及利亚的斗争中,"无数来自城市贫民窟的变动不定的底层人口,从一群无政府主义的、绝望的、去政治化的乌合之众成功转变为一支革命的后备军"。[4] 很明显,法农的著作试图从这种阿尔及利亚经验出发提出一般性的革命理论。

法农的理论在他去世后受到了很多批评。例如,沃斯利认为,与法农的理论相比,卡布拉尔对流氓无产阶级和那些丧失阶级地位者(déclassés)的看法要清醒得多,也更加准确。沃斯利的这个判断似乎是

---

① Fanon,《全世界受苦的人》,前揭,页103—4。

② I. L. Gendzier,《弗朗茨·法农:一项批判性研究》(*Frantz Fanon: A critical Study*, London: Wildwood House,1973),页207。

③ Fanon,《全世界受苦的人》,前揭,页109。

④ Worsley,《法农与"流氓无产阶级"》,前揭,页40。

正确的。与法农相比,卡拉布尔显然对那些对不同阶级群体在几内亚的特定条件下能够发挥何种政治作用起决定性作用的特定社会和文化因素更加敏感:"利马不是比绍,而比绍也不是加尔各答。"不过,沃斯利也指出,这些不同的例子说明在革命光谱中出现的特定的意识形式、斗争模式和立场倾向并不是永远属于某个阶级的:"在历史上,人们曾经对女性、黑人、无产阶级、殖民地人民等群体做出过类似的判断。"虽然流氓无产阶级的意识形式往往会呈现出一种团体或"公社"性质,但沃斯利提醒我们,贫民窟的生活实际上是一种高度组织化的和结构化的生存方式,完全不像人们通常所认为的那样,身处"贫困文化"之中的人必然陷入"整体的社会无组织性"之中。而且这些群体完全有可能加入到不同模式的斗争之中,只要在特定的条件下,革命组织和领导者能够对他们的物质生存模式进行干预,从而打破导致其缺乏行动能力的现有的社会结构,在这些群体中奠定真正的政治斗争的社会基础。相比之下,其他人则把革命的基础寄托在其他群体身上,因此对这些边缘阶级的集体行动的政治潜力表示怀疑。①

　　不过,沃斯利也注意到,法农的理论在其祖国阿尔及利亚之外的许多地方反而产生了巨大的反响。比如,"直接斗争行动在巴黎和柏林的复兴"显然受到了法农的影响,但受影响最大的则是"美国的黑人贫民区,在这里,法农的著作成了畅销书"。白人革命青年对法农主义视角的"采纳"并不是我们此处要讨论的重点。作为革命武器的恐怖主义和暴力,以及流氓无产阶级的关键角色,是特定历史条件下无政府主义的核心观点。在 20 世纪六七十年代,随着西方各国共产党的斗争步伐已经远远落后于极端左派的革命团体和议会外斗争组织,这些观点又开始走到了前台。此外,它们还与革命团体,尤其是学生运动组织对第三世界革命斗争的意识形态认同有关。但美国黑人运动对法农思想的采纳和修正与我们的讨论有更紧密的关系:一方面,美国黑人运动对各地,包括英国的黑人族群自我意识的形成产生了重要影响;另一方面,它说明以殖民地社会和斗争为基础的政治分析是可以经过修正或转化,被运用到高度发达的城市资本主义条件下的黑人少数族裔身上的。在美国黑人运动的高潮期,在黑

---

　　① 参见,例如,R. Cohen 和 D. Michael,《非洲流氓无产者的革命潜力:一种怀疑论的观点》(Revolutionary Potential of the African Lumpenproletariat: A Sceptical View),见 *Bulletin of the Institute of Development Studies*,5(2—3),1973 年 10 月。

人群体中存在着好几种理论话语和意识形态,它们彼此竞争,试图争夺主导权;但尽管存在这种竞争,总的趋势是出现了从主张改革和取消种族隔离的民权视角向主张革命和分离主义的新视角的决定性转移。黑人权力、美国黑人民族主义者、穆斯林和黑豹党(虽然并不那么具有"分离主义"特征)成为后者的代表。如果我们试图从黑人运动中的这些不同趋势中找到某些普遍存在的关键意识形态要素的话,我们会发现非洲的革命斗争理论是如何被移植到美国的具体环境之中的:比如,黑人领袖克里弗对流氓无产阶级的观点被嫁接到了法农的理论之中。

对美国黑人运动而言,对非洲的认同意味着重新发现一种共同的属于黑人的非洲历史和文化身份。与此同时,这种身份认同也促使黑人重新发现了自身的欠发达、压迫和被极度剥削的处境。对美国黑人而言,所有这些现象都会在美国城市中的黑人贫民区里找到。通过这种认同转换,人们不再像过去那样,用一种静止的眼光把这些贫民区看作体现社会瓦解趋势的"资源紧缺的飞地",而是逐渐被重构为属于黑人的内部聚居区。对黑人来说,当务之急是通过斗争把这些黑人"聚居区"从帝国主义"宗主国"的剥削之中解放出来。相比之下,通过扩大机会平等来促进黑人融入白人主导的经济和社会体系之中就变得不那么重要了。正如沃斯利指出的那样,这些内部聚居区实际上被看作是位于第一世界之内的第三世界的一部分——在这里,所谓"第三世界"这个说法指的是一整套独特的经济、社会和文化剥削关系,而不是某些特定的地理空间。其他斗争运动——比如反越战运动——在发展一种旨在"把斗争的矛头转向国内"的斗争策略方面具有更重要的意义。但法农的理论之所以重要,一方面是因为他对黑人群体的"殖民心态"进行了有启发性的分析,他的理论对理解贫民区文化具有重要指导意义,另一方面也是因为他认为,随着斗争从实现"权利"这个有限的目标逐渐向更有革命性意义的"解放"目标的发展,黑人的这种"殖民心态"是可以被改造为革命意识的。

从经济上说,黑人是美国(白人主导的)工人阶级内部的一个独特的、被极度剥削的群体。在现有的职业体系中,他们始终处于最低等级,其中很大一部分人始终处于边缘的、就业不足或失业的状态。因此,黑人政治从来都没能在只有先进的工业先锋群体带动的情况下或只在生产领域中发展起来。相反,它不得不采取一种更有"民粹主义"色彩的方法,把黑人社群作为自身的基础。在这里,以贫民区为基础和推动失业者的政治化成为最重要的政治因素。比如,黑豹党一般不带有明显的派别倾向,它常常招募那些失业者加入自己的斗争之中,这首先不是因为认同聚居区里那种靠行骗为生的生活方式,而是因为这就是其潜在的招募对象所处的典型环境和经验。它完全清楚让这样一群通常毫无组织性可言的人具备一定程度的政治纪律和组织性是有难度的。这个阶级对自身的物质和文化处境的理解都是通过种族压迫这个特定的中间环节来实现的,因此,种族身份成为这个群体形成自我意识的一种核心方式。无疑,种族身份作为这个群体社会生活的结构性特征之一所具有的重要意义是不容否认的。的确,扶贫计划实施期间部分黑人群体所得到的利益,以及这些改革项目最终未能改变黑人工人的结构性贫困的事实,必定进一步使这些群体意识到种族身份是造成其处于受压迫地位的核心要素之一。

　　但对黑豹党来说,为了实现贫民区群体的政治化,就不得不面对贫民区内的一种主要的经济活动,即普遍存在的行骗活动,而且还必须赋予那些靠这种活动为生的群体一种相对积极的文化身份和政治角色。这些在街头游荡、靠小偷小骗讨生活的人是种族主义和失业相结合的产物。对黑人青年而言,这些人是为数不多的他们可以模仿的积极榜样之一,因为这种生活方式不是压迫的产物,也与那种低薪的勉强糊口的日常劳动状态无关。当然,并不是贫民区的每个人都靠小偷小骗为生。但以此为生的人并没有被社群所抛弃,反而以一种积极的形象被接纳了——这一点至关重要(霍布斯鲍姆所说的"社会强盗"与传统犯罪的区别就在于前者是被社群所"接纳"的)。[①] 在推动黑人政治发展和转变的过程中,对牛顿、西尔等黑豹党领袖来说,关键的问题是如何为美国黑人革命政治的发展找到一种与低薪劳动、行骗、中产阶级的"民权"政治和文化民族主义的分离主义都不同的形式。他们所招募的对象或多或少都与其中某种生存策略有关。但黑豹党所采用的解决办法既不依靠黑人社群中的领袖人物,也不指望黑人工人,而是把希望寄托在那些后知后觉的底层黑人兄弟身上。为了确保这些人能够从那种已经被接纳的小偷小骗的生活方式中走出来,黑豹党必须在政治上对这些"愚昧粗鲁的最底层分子"进行改造。除了黑豹党,还有很多其他组织采取了这种策略,虽然黑豹党对这一策略的贯彻最为彻底,而且非常成功。马尔科姆·X、克利弗和杰克逊等人成功地从街头混混转变为黑人运动领袖的经历只不过是无数此类个案中最著名的几个。从这个意义上说,这里所谓的底层政治首先意味着必须在

---

　　① 　参见 Hobsbawm,《盗匪》,前揭。

贫民区的防御性空间内发展出与最直接的压迫形式做斗争的抵抗形式。这必然导致黑人活动人士与警察之间的公开对抗。在这个过程中,警察在"聚居区"内巡查和监控的活动被政治化了。这些斗争与其他革命斗争行动一起,共同构成了所谓的"武装自卫"的斗争策略。对黑豹党成员来说,这种策略并不是一种简单的冒险主义的自发暴力行为。这种自卫措施之所以是必要的,是因为警察对黑人社群施加了严苛的压迫。这种策略也有示范性作用:它向整个黑人社群表明,只要他们展现出自己的力量,坚定地捍卫自己的权利,做好"采取一切必要的手段"保护自己的准备,就能把那些迫在眉睫的威胁和压迫形式阻挡在外。通过这种方式,一个原本充满殖民主义的屈从心态的弱势社群,被转化为一支组织化、有自我意识的活跃的社会力量。第二种策略是把斗争活动建立在社群自助的基础之上。这包括两个方面:一方面,在黑人社群中确立一种新的社会基础结构;另一方面,让整个社群感到自己有能力组织、控制和发展真正属于自身的活动形式。在这里,我们需要对其中的一个关键问题进行进一步讨论。以黑豹党领导者为代表的政治群体所设计的斗争策略,实际上旨在同时实现两个目标:一方面,在贫民区内绝大多数人所处的那种特定环境中站稳脚跟;另一方面,又要通过有意识的政治实践来改造这种环境。记住这两个方面的目标十分重要,因为近几年来,有人把这种斗争策略完全等同于对贫民区群体在面对压迫时所采取的一切对策的一种简单的、自发的认同。实际上,黑豹党从来都不认为,在没有积极的政治改造过程的情况下,黑人群体所采取的所有生存策略都具有政治价值。[1]

　　近几年来,与其复杂的整治过程相比,黑人运动中"武装斗争"的一面吸引了更多的关注。在一定程度上,这是因为随着黑豹党和其他黑人运动被警察镇压之后,城市恐怖主义和游击战成为西方发达国家的抗争者日益广泛采用的一种斗争形式。但是,当我们评估黑豹党对其他发达国家的黑人群体所产生的影响时,把这两种颇为不同的趋势混淆在一起实际上阻碍了而不是有助于我们的理解。西尔、牛顿和克利弗等黑豹党领袖当然很清楚他们的策略与任何传统的革命斗争策略都是不同的。我们可以从他们的文章中清楚地看到这一点。比如,克利弗对"流氓无产阶级"这个说法持肯定的积极态度;西尔曾这样写道,"如果马克思和列宁看

---

① 参见 Seale,《捕捉时间》,前揭;以及 H. P. Newton,《革命性自杀》(*Revolutionary Suicide*,New York:Ballantine Books,1974)。

到对黑豹党意识形态的形成发挥了主要作用的是那些属于流氓无产阶级的美国黑人的话,他们的在天之灵也许会十分不安"。[1] 此外,他们也很清楚,在工业资本主义的中心地带推动黑人政治的发展,要求他们必须把各种复杂的观念和文化影响要素整合在一起。西尔写道:

> 当我的妻子阿蒂(Artie)生下一个男孩的时候,我说:"就叫他马利克·恩克鲁玛·斯塔格里·西尔(Malik Nkrumah Stagolee Seale)吧。"因为斯塔格里是一个因为桀骜不驯而离开自己所在社区的黑人,他不愿意受任何人的摆布。对这样一个人,你要做的就是像对待马尔科姆·X 那样,把他纳入组织中来,培养他的政治意识……休伊过去常说:"那些走出监狱的黑人知道自己该怎么做。""那些坐过牢的黑人见过囚犯光着身子,冻得瑟瑟发抖。这样的人只要在出狱时没有崩溃,就能够像马尔科姆·X 那样在走出监狱后成为一个新人。你不用为他担心。他会跟你走。"这就是休伊想说的意思。正因为如此,我才给我的孩子起了这个名字——马利克·恩克鲁玛·斯塔格里·西尔,其中马利克来自马尔科姆·X 的穆斯林名字:艾尔·哈吉·马利克·沙巴兹(El Hajj Malik Shabazz)。[2]

从哈勒姆到汉兹沃思:统统带回家

在本章中,我们试图探讨"行凶抢劫"的社会内涵,并因此进一步分析了"行凶抢劫"与黑人斗争之间的"政治"关系。我们的目标不是要就这一问题提出某些确凿无疑的答案,而是对与这一问题相关的解释中的构成要素以及以此为基础的政治判断进行分析。在本章的最后一节,我们将对这些论断逐步展开的详细过程进行一个总结性的回顾。

被称为"行凶抢劫"的犯罪行为以及"行凶抢劫"被归入其中的那些特定类型的黑人犯罪活动只是我们分析的起点。我们坚持认为,必须深入犯罪行为的背后去考察那些导致黑人犯罪的社会条件。我们简要研究了那些对与这种犯罪类型直接相关的群体——黑人青年——产生直接影响的结构性要素。我们认为,黑人青年必须被理解为特定阶级的一

---

[1]　Seale,《序言》(Foreword),见《捕捉时间》,前揭。

[2]　同上,页 4。

个组成部分——对这个群体的理解除了要考虑到年龄和代际要素,还要考虑到它在战后黑人移民史和宗主国黑人工人阶级的形成史中所处的位置。随后,我们又考察了那些不断把这一群体再造成一个黑人工薪劳动力阶级的结构性要素,正是这些要素通过特定的机制,在当代宗主国资本主义社会和经济关系之中为这个阶级指定了属于它的特定位置。我们指出,这些结构性要素不是一套互不关联的具有"种族歧视"特征的制度,而是一组相互交织在一起的通过种族维度发挥作用的结构体系。尽管黑人青年的地位与通过教育、住房市场、职业结构和劳动分工进行的阶级关系的再生产有关,但我们只有在种族主义的框架内才能对这个群体的处境进行准确把握。种族主义并不只是与黑人相接触的具体个人的歧视性态度。相反,它是那种可以确保在黑人专属的地方和位置上一代又一代地不断"再生产"出黑人劳动力的具体机制。通过这个复杂的过程,黑人在现代资本主义阶级关系中获得了属于自己的位置。这个位置既与白人主导的工人阶级(黑人劳工也是这个阶级的一部分)的位置大致相近却又与之有所差异。从这个意义上说,阶级关系是影响种族关系的因素之一,但它们又不能被简化为同一种结构。我们把这种由种族和阶级关系共同产生的位置称为次等地位(secondariness)。在前面两章中,我们已经指出工人阶级的总体地位在当前的危机情势下已经面临着巨大压力。除非整个社会发生激烈的转型,否则工人阶级的处境将会随着大环境的变化而继续恶化下去。经济上,工人阶级的失业情况日益严重,同时他们还被要求积极承担危机以及解决危机的方案所带来的各种代价。政治上,工人阶级早前通过不平衡改革获得的政治地位正在遭遇激烈的侵蚀和逆转。意识形态上,在资本主义文化霸权面临危机的情况下,工人阶级的先进立场及其代表性组织正在遭到系统的意识形态攻击;这场攻击的最终目标是要实现意识形态领域向"威权主义共识"的转变,从而使当局实施的强有力的补救性措施和保守政策具备合法性。受制于资本过程的黑人劳工的地位正在逐步恶化,并且这种恶化的速度会越来越快。在这种情况下,犯罪现象成为这一过程的后果之一,是完全可以预见和理解的。就像我们对白昼之后必然是黑夜这个事实确信不疑一样,我们也完全可以认为,现有社会结构的运作方式必然会导致这种后果的出现,无论这种结果是否是"无意间"造成的。到目前为止,我们在解释或理论层面上并没有什么太多的疑问。但在斗争策略层面,的确还存在一些十分关键的重大问题:所谓"不断增加的黑人犯罪率"现象不仅对当局的遏制和应对政策提出了挑战,而且对黑人自身来说也是个问题——随着相当一部分黑人卷入犯罪活动之中,如何防止这些人成为长期犯罪者就成为一个十分紧迫的问题。

然而,之所以会出现这些问题,原因在于,正如把男女黑人劳工作为次等无产阶级再生产出来的结构性要素是通过种族关系这个维度来运作的一样,黑人群体在其回应方式中初步形成的抵抗和斗争形式同样也是在种族关系中展开的。这种趋势无疑是自然的,也是正确的。正是通过种族主义的作用,黑人才开始理解现有的制度是如何运作的。正是通过这种特殊的"黑人意识"的形成,他们才开始认识到自己的阶级地位,并组织起来反抗这种命运,改变自己的处境。如果说黑人劳工正是通过种族系统而成为现有制度的一部分的话,那么种族同时也成为各种形式的阶级斗争和抵抗活动得以展开的一个可逆反的通道。而包括"行凶抢劫"在内的黑人犯罪现象与这些阶级抵抗和"抵抗意识"的形式之间有着复杂又捉摸不定的关系。通过对黑人"聚居区"——对早前形成的"次等地位"的一种防御性反应策略——形成史的考察,我们试图阐明犯罪行为、准犯罪行为、边缘交易和行骗为生现象是如何成为黑人社群中被接受的生存方式的复杂过程。以此为基础,我们试图进一步说明,在这个过程中,"聚居区"的社会空间和网络是如何形成的,特定的文化传统又是如何确立的。尽管两者并不能混为一谈,但正是通过这些文化传统,那些在"聚居区"之外的人看来完全是少数人赖以谋生的犯罪活动,却与作为一个整体的黑人社群的生存之间产生了不可分割的联系。无疑,犯罪并不能解决黑人群体面临的问题。虽然许多不同类型的犯罪活动都是社会和经济剥削的产物,但最终它们顶多不过是与极度的贫困处境相伴随的一种适应性现象。在这个意义上,犯罪并不是一种政治行为,尤其是当大量犯罪受害者的阶级地位与犯罪者的地位几乎相差无几时,更是如此。在这种情况下,犯罪甚至连一种"准政治行为"都算不上。但在某些情况下,犯罪行为可能具有表达某些对立阶级意识的作用。虽然犯罪并不能解决黑人工人阶级所面临的从属性地位问题,但是,当那些处于绝望中的失业黑人青年针对白人实施偷盗、扒窃、抢夺和暴力抢劫活动时,这些行为在一定程度上也是这个群体对自身长期被排斥的处境的一种模糊而错位的表达。就这个问题而言,很重要的一点是,我们不能把这种表达中所蕴含的政治性内容简化为这种表达常常所具有的那种犯罪形式。

于是,犯罪和黑人青年问题不断地促使我们对黑人所构成的整个次等无产阶级的处境进行考察。那些暂时或长期从事犯罪活动的黑人也是这个阶级的组成部分之一。我们应当如何理解这个黑人工人阶级的地位？如何理解犯罪与这个阶级的斗争形式之间的关系？

我们在前文就已经对这些问题的一个有力解释进行了讨论。根据这种解释，理解犯罪与斗争形式之间关系的关键不在于"犯罪"的事实本身，而在于这个群体所处的那种无薪状态。不断增加的犯罪现象既遮蔽同时也"反映"了黑人无产者中日益普遍的无薪状态。但在理论上，对这种"无薪状态"以及以此为基础发展出来的政治组织和意识形态观念形式的理解存在两种不同的思路。第一种思路把这种"无薪状态"看作是一定程度的准政治意识存在的标志——一种在移民工人所构成的新劳工群体中逐渐发展起来的日益普遍的"拒绝工作"的观念。这些"拒绝工作"的群体必须找到新的生存手段，而犯罪无疑是为数不多的可供这些"无薪者"选择的生存方式之一。作为现存制度中最主要的结构性要素之一，资本主义生产关系有系统地把黑人劳工纳入没有任何技术含量的体力劳动者的行列之中。黑人劳工对自身"次等地位"的主动拒绝正是通过对这种生产关系的拒绝来实现的。相对于这种拒绝，犯罪只不过是一种附带现象。有证据显示，黑人劳工对自己在资本主义制度下的有限就业机会的不满日益突出。同样可以确定的是，黑人劳工与由此而来的各种形式的种族主义压迫进行斗争和抵抗的意愿也日益高涨。因此，这种解释的优点之一是能够帮助我们"理解"黑人社群中正在发生的不平衡的意识转变过程的物质基础。换言之，它有助于我们理解这个群体在意识形态和政治层面正在发生的变化。但是，随着经济危机的加剧，很多"拒绝"工作的黑人实际上是不得已而为之；因为能够被那些刚毕业的黑人青年拒绝的工作已经所剩无几。越来越多的人发现可以通过在街头厮混行骗的方式谋生，但同时只要有工作机会就会选择就业的黑人人数实际上也增加了。当前的阶级再生产是在经济维度上进行的，而我们发现，上述关于"无薪状态"的观点在对经济层面的理解方面，显得解释力较弱。在这种解释中，黑人群体所采取的有限的经济斗争活动被看作似乎是在经济、政治和意识形态上与资本的全面对抗。对这种观点而言，极其重要的一点是必须认识到，黑人劳工是两个交织在一起的历史过程，而不是一个历史过程的产物。除了黑人移民劳工被整合到宗主国经济体系之中这个过程之外，我们还必须考虑到帝国主义体系把殖民地黑人无产者纳入全球资本主义体制之中的历史。这一历史过程可以帮助我们更好地理解英国黑人工人阶级的某些重要特征;但它无法充分解释在当前的情势下,这个群体在经济关系层面的社会再生产是通过哪些机制实现的。

关于这个问题,另一种思路似乎有更强的解释力。根据这种思路,黑人劳工以特定的种族群体的形式被嵌入宗主国的资本主义生产关系之中,并由此形成了相对于白人工人阶级的次等无产者地位,这一点对资本剥削黑人劳动力的过程而言是至关重要的核心要素。黑人劳工的这种结构化的从属性地位既决定了他们与资本的结构性关系,也决定了这个群体在无产阶级内部与其他工人群体之间的矛盾性关系。因此,这种思路能够从资本积累及其循环过程机制这个经典的视角出发对黑人群体中日益普遍存在的"无薪状态"进行解释:这是形成"工业储备劳动力大军"的需要。无论处于工业生产体系之内还是之外,也无论是处于资本主义雇佣关系中的有薪者还是置身这种关系之外的无薪者,黑人劳工发起的斗争行动在促进整个阶级的团结性、斗争意志和能力方面具有重要的政治和意识形态意义。但相对来说,这些斗争在经济层面的意义就没那么突出了:显然,这些斗争在整体上依然是"法团主义"性质的,因为它们依然是在"资本逻辑"的框架之内展开的,而不是要反对这种逻辑。由此带来的是黑人劳工在储备劳动力中的角色问题:资本的运作有赖于储备劳动力的形成;"移民劳工"——无论是黑人、南欧人、北非人还是拉美人——在所有发达资本主义国家都扮演着重要角色;此外,在资本循环的当前阶段,大量此类劳工正在被快速地驱逐出生产领域,并被迅速地边缘化了。我们从多个角度对这个问题进行了考察。我们的分析表明,资本需要剥削的不仅是那些依然处于生产领域之中的劳动力,还有那些被驱逐出生产领域的失业的赤贫者,那些几乎永久陷入"边缘"处境的人,或者那些即便有朝一日被资本再度征用,也只能从地位相对低下的二等劳动力市场进入资本生产循环之中的人。

随着资本主义经济危机的加剧,移民劳工现在成为一个普遍现象。在各种剥削机制面前,这一群体显得十分脆弱。关于这个群体的这种边缘处境,有好几种不同的解释。其中之一是从传统的流氓无产阶级的视角出发看待这个问题。这个思路之所以是可行的,原因在于这个群体中越来越多的人把犯罪和街头危险活动当作自己的主要谋生方式。但我们的讨论已经表明,这些人与经典意义上的流氓无产者之间存在着根本性的区别。他们不像工业资本主义时代的流氓无产者那样,在自身的地位、意识或角色上与资本有着千丝万缕的联系。相对而言,他们与那些资本主义不太发达的殖民地落后地区的流氓无产者更接近。但即便如此,无论从哪个角度来说,这个群体依然与传统的流氓无产阶级不同。如此称呼他们会导致我们忽略在殖民地和后殖民社会中发挥作用的许多资本机制。在这些地区,"边缘化劳动力"规模和地位的不断扩大并不是处境日益沉沦的一小群人的命运,而是一种普遍存在的迅速扩散的状况。在殖民地城市,这些人相当于马克思所说的潜在储备劳动力——那些由于资本的不平衡波动而被迫离开农业生产的劳动力。但不管是在哪里,这些人和传统流氓无产者在一定程度上都会倾向于以犯罪手段谋生的事实,并不能帮助我们有效地界定这个群体与资本的关系究竟是什么。

这种从相对更加"经典"的视角出发进行的分析的问题在于,它恰恰构成了之前我们所提到的第一种分析思路的反面。在经济和生产性或"非生产性"层面,第二种思路显然更有解释力。但它对政治、文化和意识形态层面的解释却很不充分。英国黑人劳工中的"无薪者"或许属于"储备劳动力"中的流动或停滞群体。但它却没有表现出这个群体在传统上所具有的那种政治意识形式。正是在这个问题上我们不得不再次调整分析思路。通过对那些所谓"全世界受苦的人"及其当代政治斗争历史的考察,我们试图在充分考虑到经济层面的基础上,把历史的不确定性纳入分析的范畴。这样做或许有利于对英国黑人群体的一些最新状况的解释。这当然并不意味着我们找到了解决问题的终极办法,即使在一定程度上它对这些问题的解决是有帮助的,原因在于这个历史过程本身充满了模糊性。在这个过程中,那些最伟大的、意义最为深远的成功案例都离资本主义宗主国的核心地带十分遥远。当斗争行动离资本主义最发达的中心地区越近,它们能取得政治成功的可能性就越小。比如,非洲、中国和古巴的革命都给这些地区带来了天翻地覆的变化;相比之下,虽然美国黑人的斗争同样可歌可泣,但其所带来的影响却要有限得多。如果我们把分析的对象延伸到宗主国的激进黑人青年正在进行的斗争活动,显然,我们看不到任何能够很快获得成功的可能性。这些斗争之所以存在如此突出的弱点,在一定程度上是因为迄今为止,它在整体上没能实现"犯罪"意识向政治意识的成功转变。即便与美国黑人运动相比,这种转变也是很不成功的。

我们并不想夸大这种结论,但显然,我们的分析现在面临着一个难题——对这个问题的回答将直接关系到我们能否发展出一套对现实的政治实践和战略有指导意义的理论解释。这个问题就是社会形态的不同层面与黑人劳工阶级的关系存在不连贯、不兼容、不一致和不对称之处——换言之,经济、政治和意识形态维度分别以不同的方式与这个群体产生联系。关于这个问题目前已经存在十分广泛的争论,但我们并不打算在这里深入探讨这些理论议题。相反,我们想指出这种争论在实践、战略和政治上带来的后果。直截了当地说,我们现在所关心的问题是,黑人群体作为当前社会结构性环境的各种矛盾的承受者,应该发展出什么样的政治斗争形式,才足以使他们有能力应对这种结构性环境。我们无法在这里给出一个明确的答案。实际上,这并不是本书的目标,我们也无法为这些战略和斗争问题提供快速的解决办法。我们有意不直接讨论这个问题,是因为我们认为,这个问题必须在现实的斗争过程中,而不是在书本里得到解决。但即便如此,我们依然希望我们的分析能够为人们最终找到解决方案提供一些有益的思路。

不过,有一个维度对我们重新思考这里所提出的问题有帮助。读者应该还记得我们在前文已经强调过,种族关系在理解这些问题方面具有重要的战略性和结构性意义。我们指出,种族问题不只是对黑人劳工的再生产结构产生影响的一个因素;实际上,种族制度是这种再生产机制得以顺利运作的必要条件。我们认为,阶级关系在经济、政治、意识形态等社会形态的不同层面上以不同的方式体现着资本主义生产关系。资本主义生产方式的结构在这些层面呈现出不同的“效果”。我们此前已经提到过这些层面的“相对自主性”,即它们之间没有必然的对应性。社会形态的每个“层面”都需要有与之相对应的独立的“表现方式”——通过这些方式,阶级化的资本主义生产方式在这些不同层面分别“表现”为经济上的阶级斗争、政治斗争和意识形态斗争。在所有这些层面,黑人劳工阶级都以复杂的方式成为其中不可或缺的一部分。在这个过程中,种族关系是一个核心要素。无论是作为经济主体的黑人劳工在经济实践中的分布方式以及由此导致的阶级斗争,黑人劳工阶级中的不同群体构成“政治舞台”上各种政治力量的方式以及由此导致的政治斗争,还是这个阶级被表述为新兴意识形态和观念形态的集体和个体“对象”的具体方式以及由此引发的意识形态、文化和观念斗争,我们都能从中看到种族问题的影子。从这个角度来说,无论是在实践上还是在理论上,种族和种族主义问题在对黑人劳工发挥作用的一切关系和实践活动中都具有核心地位。这个阶级的构成以及对其产生影响的阶级关系同时也是作为种族关系发挥作用的。这两种关系是不能分开的。种族是这个阶级存在的形态之一,也是这个阶级的成员把握阶级关系的一个媒介。这并不意味着可以立即解决现有的各种矛盾或分歧,但种族和阶级之间的这种关系对整个阶级都具有影响。在这一过程中,种族关系系统地改变了这个阶级与自身的生存状况之间的关系,它决定了某些斗争的方式。同时,在评估具体的斗争实践是否能够实现改变特定社会结构的目标时,种族也成为我们的衡量标准之一。

这一从种族关系出发的视角首先会影响到我们如何思考工人阶级内部的分化问题,因为这些分化本身就是"沿着种族维度"展开的。这些分化并不是从上往下强加的产物。如果说它们有利于资本利益的话,这也不是与资本合谋的结果。这种阶级内部的分化形式在话语层面经过加工后被转化为实际的意识形态,并成为白人工人阶级的一种"常识"。但这并不意味着白人劳工就是一群无脑的种族主义者,或者是种族主义组织可以随意俘虏的对象。那些把阶级意识和种族主义意识形态整合起来的人在意识形态斗争中发挥着举足轻重的作用,他们的活动产生了重要影响。他们之所以能成功,并不是因为这些人善于制造对立,而是因为他们的所作所为是以真实的社会关系为基础的,而且是与现实社会结构的作用相呼应的。因此,种族主义不只是对那些深受其害的黑人,或者那些拥护种族主义立场的白人群体或阶级组织来说是个问题。而且,我们也无法像消灭病毒那样轻易地消除它。资本再生产出整个阶级,但这个阶级的结构却受到种族关系的深刻影响。种族主义造成了阶级内部的分化,而资本对这个阶级的控制在一定程度上正是通过这种内部分化来实现的。这导致代表特定阶级群体利益的组织只能局限于与特定种族相关的策略和斗争之中,而无法超越种族关系的限制和边界。这些组织因此在政治上没有能力把整个工人阶级统一为一个整体。正是通过种族分化这个手段,资本成功地使得在政治层面建构起一个能够充分代表整个工人阶级利益——换言之,既反对资本主义,也反对种族主义——的组织变得不可能。

对一个因为种族分化而出现内部冲突的阶级来说,不断涌现出来的局部斗争是它面对资本时的一种必要的防御策略。但总的来说,资本在这些斗争中依然占据上风。在当前的种族关系结构中,如果白人工人阶级及其经济和政治组织(目前,没有哪个组织能在意识形态上充分代表这个阶级)出于对黑人的同情和工人阶级的团结精神,扩大自己的斗争范围,转而以"我们的黑人兄弟"之名向种族主义宣战的话,那么,这个群体的身份认同及其立场都将陷入极大的混乱之中;同样,如果黑人组织试图考虑与他们的白人同志结成策略性联盟的话,那么,他们自身正在进行的斗争的性质也将变得模糊不清。这当然不应当被理解为是从策略上呼吁工人阶级的各个群体加入共同战线,联合进行斗争——"黑人和白人携起手来,团结一致,共同战斗!"因为在当前的条件下,这种形式的联合斗争是不可能形成的。值得注意的是,在发达资本主义国家战后阶级史上的每一个关键时刻,工人阶级的斗争都必然分化为相互分离的不同的战略性分支。但这里的分析逻辑促使我们不得不进一步指出,每当这些分化了的斗争开始出现时,资本都会充分利用工人阶级内部不同族群之间的分歧,渗透并占据这些空隙。在这种情况下,同一个阶级内部的每个族群都不得不以一个独立阶级的姿态与资本对抗。而这种对抗并不是为了表达与其他族群之间的阶级团结精神,而是为了捍卫自身的利益。正如马克思在《路易·波拿巴的雾月十八日》中所指出的那样:

> 既然数百万家庭的经济条件使他们的生活方式、利益和教育程度与其他阶级的生活方式、利益和教育程度各不相同并互相敌对,所以他们就形成一个阶级。由于……彼此间只存在有地域的联系,由于他们利益的同一性并不使他们彼此间形成任何的共同关系,形成任何的全国性的联系,形成任何一种政治组织,所以他们就没有形成一个阶级。因此,他们不能以自己的名义来保护自己的阶级利益。

这把我们再次带回到犯罪议题上来:到目前为止,我们终于可以理解黑人犯罪问题是如何成为分化工人阶级的一种手段的。它为工人阶级分裂为黑人和白人两个群体提供了现实基础,因为绝大多数黑人犯罪事件(大多数白人工人阶级犯罪事件也是如此)实际上都是工人阶级中的一个族群对另一个族群的物质性"剥夺"。这一现象成为族群分化的意识形态象征,因为它把资本主义生产方式所导致的工人阶级的贫困处境(犯罪现象恰恰是由这种状况引起的)成功地转化为浅显易懂的种族问题,并为人们树立了一个虚假的敌人:黑人行凶抢劫者。政治分化于是得以延续下去。在这种情况下,当黑人组织和黑人社群声援遭到骚扰的黑人青年时,他们看起来似乎是以"街头罪犯帮凶"的形象登上政治舞台的。但倘若不对这些正在系统性地陷入犯罪之中的黑人青年予以支持的话,就意味着彻底放弃他们,任其沦为长期犯罪分子。

在本研究中,我们从"行凶抢劫"恐慌这一看起来比较简单的现象入手,展开我们的论述逻辑。我们已经竭尽全力将这个逻辑完整地呈现出来。显然,我们并没有以某种简单的道德化的方式来表达对"行凶抢劫"现象的支持,或者认为这种是一种积极有效的斗争策略,或者将其浪漫化为一种"反常的解决手段"。正如《今日种族》杂志的评论所指出的那样:"诉诸行凶抢劫这种方式意味着这些年轻人未能搞明白,通过暴力或窃取的方式从白人工人阶级那里获得金钱,这种行为本身与黑人青年反抗资本主义劳动中的奴隶制的斗争是背道而驰的。白人劳工并不是这个世界的财富的真正拥有者。"此外,这些犯罪事件中经常出现的暴力行为具有双重作用:它既是犯罪者对自己的敌人实施"报复"的手段,同时也凸显了施暴者的无能和人格缺陷。从这个角度来看,黑人青年实施的"行凶抢劫"行为看起来也许和其他青年实施的"行凶抢劫"行为没什么两样;但从其社会意义以及它在与阶级整体问题的关系中所处的位置来看,两者并不相同。《今日种族》杂志还评论道:"我们公开地与那些拒绝工作的人站在一起。我们已经解释了这种行动如何成为整个阶级的力量源泉。我们坚决反对'行凶抢劫'行为。在我们看来,这种行为反映了犯罪者的软弱和无能为力,是失业和无薪状态的必然结果。"[①]对那些认为"行凶抢劫"只是一个简单的、一目了然的"道德问题"的人,以及那些认为可以从最表象的层次直接理解这一现象的社会意义的人来说,这两种观点看起来完全是相互矛盾的。

我们对以这种形式出现的拒绝工作的行动能否"成为整个阶级的力量源泉"表示怀疑。当我们所面对的不只是犯罪现象本身,而是导致这种现象的经济、政治和意识性条件,并试图以此为基础提出可行的政治策略时,情况就变得更为复杂。无论是在理论上还是实践上,这里所提出的策略问题都是极其难以回答的。我们希望那些不赞同我们的分析思路的读者依然会觉得我们对这些问题的探讨是有益的。这既是我们进行这项研究时所持的态度,也是我们所希望实现的目标。我们在历史上发现了一些重要的例子,其中某个特定的阶级群体的确成了一场伟大的政治斗争的基础。但那些斗争所处的社会条件在一定程度上与我们现在所处的社会条件并不相同。之所以会出现这种差异,或许是因为不同地区的工人

---

① 《警察与黑人无薪者》(The Police and the Black Wageless),见 *Race Today*,1972 年 2月。

阶级是以不同的方式被纳入资本控制的范围之中的。就这一点而言,沃斯利的观点是正确的。他提醒我们,赢得"阿尔及尔之战"的是法国伞兵,而不是像彭泰科沃(Pontecorvo)的同名电影的主人公阿里-拉-庞特(Ali-la-Pointe)那样的贫民英雄;而且,虽然阿尔及利亚民族独立运动最终取得了胜利,但在全国掌权的并不是这些贫民阶层。黑豹党组织的出现可能代表着在资本主义的核心地带在政治上把黑人组织起来的最严肃的一次尝试;但最终这些组织也被彻底铲除了。实际上,到目前为止,我们看不到任何积极的政治活动、有组织的斗争形式和策略能对黑人无薪群体的准反叛斗争进行干预,从而打破利用犯罪议题分化工人阶级和巩固压迫机制的逻辑,并最终实现犯罪意识向更持久、更彻底的政治意识的转变。这当然不是说这个领域的政治工作是完全失败的。而是说这种状况始终提醒我们,不应该把一种初始状态的政治意识与有组织的政治阶级斗争和实践相混淆。对任何满足于当前斗争方式,希望依靠自然演变而不是突破性变化就可以自动实现革命性转变的斗争策略来说,这种状况显然是一种必要的警告。

后　　记

种族、犯罪与管控

托尼·杰弗逊

　　虽然本书一直被视为一本只与道德恐慌和犯罪化问题有关的著作，但在最后一章，我们的确讨论了行凶抢劫这种具体形式的犯罪现象。在这篇后记的第一部分，我试图对犯罪化和犯罪这两个议题以及两者的交叉研究领域的最新进展进行讨论。当然，这里的讨论必然是十分概括性的。

　　到 1976 年，也就是本书的研究结束时，关于抢劫（绝大多数都被看作是行凶抢劫）的统计数据和青年失业问题出现了同步增长的态势，黑人青年几乎成了行凶抢劫的同义词，警方气势汹汹地在"黑人"聚居区采取了大规模的管控措施，对当地居民实施随叫随停的检查手段，动用"嫌疑犯法"随意搜查黑人青年。与此同时，声势浩大的国民阵线也开始把黑人行凶抢劫现象作为自己的斗争对象。

　　到 20 世纪 80 年代，撒切尔夫人的上台以及撒切尔主义的出现，导致情况进一步急剧恶化。撒切尔政府所推行的新自由主义政策，以及针对日益严重的社会矛盾所采取的带有威权主义色彩的强硬政策，导致了公共开支的大规模削减、激烈的劳资冲突、传统产业的整体衰落、日益严重的不平等、大规模的失业人口（尤其是年轻人）、不断高涨的反移民情绪以及频繁的内城骚乱：布里斯托尔、布里克斯顿、托克斯泰斯（Toxteth）、托特纳姆（Tottenham）、汉兹沃思以及其他许多地区都出现了严重的骚乱。斯卡曼（Scarman）认为，布利克斯顿的骚乱"基本上是黑人青年对警察的愤怒和不满爆发"①的结果。实际上,这个结论几乎可以适用于所有发生骚乱的城市。在 1981 年的布利克斯顿,警方实施了长达十天的大规模拦截搜查行动,这成为引发骚乱的导火索。在 1985 年的托特纳姆,骚乱的起因是警方在一次毒品稽查行动中粗暴对待一名黑人妇女,导致其突发心脏病死亡。作为对斯卡曼的研究报告的反应,伦敦警察厅发布了相关统计数据,试图证明伦敦地区的行凶抢劫事件主要是黑人所为。同时,警方还提出要把管控的主要力量集中在所谓的"重点区域"——失业青年(通常是黑人)聚集的地方(所谓的"黑人区")。

虽然传统的"嫌疑犯法"被逐渐废除了,但 1984 年颁布的《警察与犯罪证据法案》(*Police and Criminal Evidence Act*)在全国范围内给了警察在有"合理理由"的情况下对嫌疑人进行拦截搜查的权力。为了应对爱尔兰的恐怖主义,当局于 1989 年颁布了新的《预防恐怖主义法案》(*Prevention of Terrorism Act*)。警方可以援引该法无条件地对任何人进行搜查。此后,警方越来越频繁地援引这两部法律对黑人进行拦截搜查(2000 年取代该法的《恐怖主义法案》第 44 条也发挥了同样的作用)。之所以这么做,警方的依据依然是不断增加的抢劫统计数据:从 1980 年到 1989 年间,平均每年增加 11%。②

虽然撒切尔夫人及其政府早已经成为历史,但新自由主义政策和社会骚乱却一直延续了下来。从 1991 年在伦敦发生的明显带有政治性的人头税骚乱,到卡迪夫、牛津以及泰恩赛德(Tyneside)的白人贫民区骚乱,③再到 1995 年和 2001 年在布拉德福德亚裔区以及 2001 年在伯恩利(Burnley)和奥尔德姆(Oldham)的亚裔区发生的骚乱,各地的此类事件绵延不绝。其中,后面这几起骚乱事件除了表达对警察的不满之外,还是对种族主义袭击事件的一种回应。

从 1990 年到 1993 年间,全国性的抢劫统计数据增加了 60%。这一时期伦敦的相关数据同样呈现出上升趋势,而且打击犯罪的行动进展缓

---

① Lord Scarman,《斯卡曼报告》(*The Scarman Report*,Harmondsworth:Penguin,1982),页 78。

② 由于行凶抢劫依然不是一个得到官方认可的正式犯罪类型,所以一般意义上与抢劫相关的统计数据是我们能获得的相对而言最接近的数据。除非特别说明,这里引用的所有数据均来自科尔肖(Chris Kershaw)整理、法尔罗(Steve Farrall)补充完善的 1898 年至 2001/02 年间以及 2002/03 年至 2006/07 年间的《记录在案的犯罪统计数据》(*Recorded Crime Statistics*)。

③ 参见 B. Campbell,《戈利亚斯》(*Goliath*,London:Methuen,1993)。

慢,这一状况日益引起伦敦警察厅的担忧。[①] 根据当时的警察总长康登(Paul Condon)的说法,伦敦发生的绝大多数行凶抢劫事件都是黑人青年所为。为了应对这一问题,警方在 1995 年发起了鹰眼行动(Operation Eagle Eye)。由于人们对暴力和武器问题的担忧,1994 年的《刑事司法和公共秩序法案》第 60 条又赋予了警方更多在特定情况下随意拦截搜查的权力。

关于移民问题的强硬话语和带有种族主义色彩的英国国家党(British National Party)的出现,使得白人贫民的怨恨和不满不断增加,进而导致了种族主义袭击事件与日俱增。然而,当局对这些问题的治理却十分不力,甚至在官方发布的相关报告已经证实了问题的严重性之后,情况依然没有改善。[②] 最终,发生了劳伦斯(Stephen Lawrence)被种族主义者谋杀的事件,官方不得不就此展开调查,[③]结果发现警察系统存在制度性的种族主义问题。这一观点得到了皇家警务督察署署长的支持。随后,官方进行了相应的改革:制定了严格的警察行为准则和指导说明,尤其是设置了经过严格培训的社区安全警务小组。此后一段时间内的拦截搜查行动相对减少了,但随之而来的是抢劫事件的大量增加(从 1999 年到 2001 年间,增幅高达 39%),其中增加最多的是手机盗窃事件。作为反制措施,1998 年到 1999 年和 2001 年到 2002 年间,警方根据《刑事司法和公共秩序法案》第 60 条实施搜查的次数翻了三倍,其中黑人和亚裔被拦截搜查的几率分别是白人的 28 倍和 18 倍。[④] 过去人们怀疑某些族群的犯罪嫌疑可能被夸大了。现在,嫌疑对象的族裔信息都有了准确的量化记录,因为从 1996 年 4 月开始,警方要求警察在执法时必须记录嫌疑人和犯罪者的种族背景。

随后执政的工党政府除了任命前最高法院法官麦克弗森(William Macpherson)对劳伦斯之死事件展开调查之外,还誓言要"对犯罪问题采取强有力的措施":1998 年实施的《犯罪和骚乱法》(*Crime and Disorder*

---

① J. E. Stockdale 和 P. J. Gresham,《打击街头抢劫犯罪》(*Tackling Street Robbery*,London:Police Research Group,Home Office,1998),页 7。

② Home Office,《种族主义袭击》(*Racial Attacks*,London:HMSO,1981)。

③ W. Macpherson,《斯蒂芬·劳伦斯调查》(*The Stephen Lawrence Inquiry*,London:Home Office,1999)。

④ B. Bowling,A. Parma 和 C. Phillips,C,《管控少数族裔社群》(Policing Ethnic Minority Communities),见 T. Newburn 编,*The Handbook of Policing*,2nd edn,Cullompton,Devon:Willan,2008。

Act）赋予了警方处理"由种族问题引起的"袭击事件的权力；同年颁布的《道路交通法》（*Road Traffic Act*）则让警察获得了以任何理由对行驶车辆进行拦截搜查的权力。工党政府还投入大量精力在 2002 年开展了打击街头犯罪的计划（抢劫是主要打击目标），设立了打击"犯罪团伙"以及持刀犯罪（主要依靠警察搜查）的专项行动。用布莱尔首相的话来说，所有这些行动的主要关注目标都是"黑人青少年"（一点都不令人意外）。根据种族分类设置的最新刑事司法统计数据显示，绝大多数抢劫事件都是黑人所为。狱中服刑的罪犯的种族背景同样显示出黑人居多的特征。到 2004 年和 2005 年为止，黑人在伦敦地区因为犯罪行为而被捕的人中占了三分之一；2005 年，英国黑人男性囚犯中有超过一半是因为抢劫或毒品犯罪而被捕入狱的。① 到 2008 年至 2009 年间，黑人在警方盘查对象、被捕者和囚犯人口中占据高比例的现象呈现出全面恶化的迹象。② 原因之一是"9·11"事件以及随之而来的"反恐战争"。虽然这些事件最主要的影响是导致亚裔青年成为嫌疑对象的几率大大增加，但黑人青年作为重点关注对象的情况就一直没改变过。

　　2011 年 8 月，官方对警察杀死一名黑人的事件处理不当在托特纳姆引发了大规模的骚乱，并很快向全国蔓延。一个月后，有媒体报道："警方增派 1000 名警官，加强对学校行凶抢劫事件的巡查。"③六个月后，又有媒体报道："一半的黑人青年没有工作，失业率在过去的三年中翻了一倍，从 28.8% 上升到 55.9%。"④同月晚些时候，在伦敦警察厅发生的一起"新的种族主义丑闻"被公之于众："一位黑人用自己的手机录下了警察对他的长时间的攻击谩骂。"⑤

　　1972 年，也就是本书的研究开始的那一年，下院种族关系和移民问题特别委员会发布的一份报告显示，西印度群岛移民的犯罪率要低于英国本土人口。四十年后，正如我们已经看到的，加勒比非洲裔人口在各种刑事司法统计数据中的犯罪率都高于其他族群。这种变化引发了一场关

---

　　① M. Fitz Gerald，《黑人青年与刑事司法制度》（Young Black People and the Criminal Justice System），未出版报告，见 *House of Commons Home Affairs Committee on Young Black People and the Criminal Justice System*，2006，页 27—8，55。

　　② M. Fitz Gerald，《族裔与犯罪》（Ethnicity and Crime），未出版的讲稿，2010，页 10。

　　③ 《卫报》，2011 年 9 月 5 日。

　　④ 《卫报》，2012 年 3 月 10 日。

　　⑤ 《卫报》，2012 年 3 月 31 日。

于种族和犯罪统计数据问题的激烈争论。围绕这一争论,左派被一分为二:现实主义者认为左派应当承认黑人犯罪的"现实";相反,理想主义者认为官方的歧视性治理政策以及随之而来的将黑人系统地犯罪化才是问题的关键。① 1996 年以来,关于新的以族群类别为基础的统计方法的争论日益复杂。比如,在评估黑人青年为何在警方的拦截搜查对象中所占比例如此之高这一问题时,统计的对象是否应该是"常住"人口还是"现有的"总人口? 统计的数据应该是犯罪率还是"命中率"(hit rates)(即最终会被逮捕的搜查对象在总搜查对象中的比例)?② 菲茨杰拉德(FitzGer-ald)、斯托克代尔(Stockdale)和黑尔(Hale)的研究试图解释为何黑人男性在伦敦地区有记录的街头犯罪事件中出现的比例如此之高,他们发现官方的统计模型考虑了收入不平等、儿童贫困、人口流动等变量,但种族作为一个影响因素却消失了。③ 在这里,我们无法就这些议题展开详细讨论;④但可以确定的一点是,无论统计方法上有什么细微的不同之处,黑人总是集中在那些不平等和儿童贫困水平较高,被警察拦截搜查是家常便饭的地方;而对那些年轻的黑人男性来说,他们卷入警方重点防范的犯罪活动的风险比其他人要高得多,因而成为我所说的"犯罪化的种族主义"(racism of criminalisation)的作用对象:作为一种"有犯罪嫌疑的他者",他们总是有可能成为警方历次街头犯罪控制行动的目标对象。⑤

　　这把我们带回到本书讨论的起点:作为民间恶魔的黑人行凶抢劫者。在过去的四十年里,对那些站错队的人来说,所有与犯罪化和罪犯有关的统计指标都变得日益严峻:从国家的强制性权力、社会经济状况、媒体煽动的公众恐慌到与犯罪相关的统计数据本身(从 1970 年到 1997 年,抢劫

---

① 关于尝试对这些观点进行调和的例子,参见 T. Jefferson,《歧视、不利处境与警察工作》(Discrimination, Disadvantage and Police-work),见 E. Cashmore 和 E. McLaughlin 编,*Out of Order?*, London: Routledge, 1991。

② B. Bowling 和 C. Phillips,《比例失衡与歧视》(Disproportionate and Discriminatory),见 *The Modern Law Review*, 70(6), 2007,页 944。

③ M. FitzGerald, J. E. Stockdale 和 C. Hale,《街头犯罪活动中的年轻人》(*Young People's Involvement in Street Crime*, London: Youth Justice Board, 2003)。

④ 详情参见 C. Phillips 和 B. Bowling,《种族主义、族裔、犯罪和刑事司法》(Racism, Ethnicity, Crime and Criminal Justice),见 M. Maguire, R. Morgan 和 R. Reiner 编,*The Oxford Handbook of Criminology*, 4th edn, Oxford: Oxford University Press, 2007。

⑤ T. Jefferson,《犯罪化的种族主义》(The Racism of Criminalization),见 L. R. Gelsthorpe 编,*Minority Ethnic Groups in the Criminal Justice System*, Cambridge: Institute of Criminology, University of Cambridge, 1993。

事件增加了 905％；在此之后的统计规则发生了变化），所有的情况都对他们不利。可以说，随着整体社会状况的恶化，当代"民间恶魔"已经不只是黑人，其范围已经扩大到包括一切对社会不满的青年："社会底层""没文化的庸俗青年""年轻的小混混"以及后 9·11 时代的亚裔"恐怖分子"。与我们在本书中所考察过的那个时代一样，结构性的不平等和失业、社会排斥和种族主义、犯罪化和暴力化依然是当前历史阶段的严重问题。危机也许早已不同，但它所受到的严厉管控却始终未变。

新闻媒体与道德恐慌

查斯·克里彻

本书的核心主题之一是媒体在营造与行凶抢劫有关的道德恐慌中所扮演的角色。这一节将从四个方面对这一主题的后续发展进行简要讨论：首先，道德恐慌的概念从何而来；其次，作为一个新话题的犯罪特性问题；再次，在道德恐慌中，公众情绪是如何被激发出来的；最后，数字化传播对新闻媒体实践的影响。我们将援引过去三十年中与道德恐慌相关的主要研究领域的例子：艾滋病、包括恋童癖在内的虐待儿童问题、烈性毒品和软毒品问题、移民和难民问题、媒体暴力、暴动和公众骚乱、街头犯罪和团伙。

首先是行凶抢劫这个词及其所包含的与种族、贫民区和随意的暴力相关的内涵究竟是从何而来的问题。我们通过警方和媒体的资料最终追溯到这个词的源头是美国。美国的影响在各种不同的社会问题上体现了出来：黑人团伙犯罪，枪支刀具泛滥；对儿童的身体虐待，仪式化性虐待（ritual sexual abuse）和恋童癖；毒品问题；以及恐怖主义问题。在所有这些问题上，美国都为我们提供了定义、大约的发生概率以及被倡导的应对办法。

但在英国本土，也发生了对这些议题的重新界定。我们指出，新闻媒体系统性地复制权势者的定义。由于处于一种"结构性的从属"地位，媒体依赖那些可信的消息来源获得对政治、经济和社会议题的定义。后者成为首要定义者，而媒体则成为次级定义者。施莱辛德（Schlesinger）认为，这种分析框架没有考虑到如下几个方面的问题：精英群体内部的差异，或者他们影响媒体报道的能力的差异；首要定义者所采取的策略；随着时间的变化，首要定义者的构成是如何变化的；媒体对首要定义者的挑战。我们无法仅仅对媒体文本进行解读就可以找到这些复杂问题的答案。①

实际上，我们最初的观点为不同定义的存在留有余地，这取决于具体的议题，以及定义的过程是在常规还是特殊条件下进行的。例如，在发生骚乱或者法庭审判期间，骚乱参与者无疑会被定义为机会主义犯罪分子；但后续对暴乱事件的调查又会提出不同的定义，把骚乱事件视为是一系列社会深层问题的一种症候。在危机发生时，后一种定义显然会被淹没；但随着社会回归常态，它又会重新出现。和1981年后发生的情况一样，2011年后也出现了类似的定义变化模式。

道德恐慌反映的是人们对道德秩序危机的一种认知，其作用在于可以强化精英群体对问题的单一定义，并促使媒体复制这种定义。然而，发挥定义作用的精英群体本身也会发生变化。例如，关于虐待儿童问题，最主要的定义来自社会工作者、儿童救护组织和政府大臣。而在街头犯罪、恋童癖、聚众吸毒等议题上，警察则是关键定义者，虽然他们必须努力赢得政客和媒体的支持。还有一些议题（比如移民和难民问题）会发展成道德恐慌，让政府感到左右为难。关于这些问题的定义更有可能是新闻媒体、反对派政客和竞选团体共同作用的结果。但无论是哪种议题，媒体本身都有可能成为首要定义者。不过，反常现象的首要定义者最有可能是那些权威的个人或机构，媒体通常会首先听取他们的意见，尤其是当人们认为存在社会危机的时候。② 道德恐慌的一个关键特征是卷入其中的人必须接受对问题的主流定义，否则就会面临被视为邪恶势力的辩护者的风险。

我们要讨论的第二个议题是作为一个新话题的犯罪特性问题。在本书中，我们指出，犯罪，尤其是暴力犯罪，是新闻媒体热衷报道的常见议题之一，因为它几乎完全符合新闻报道的全部要求。奇布诺尔（Chibnall）的研究已经证实了这一点。③ 虽然新闻价值的框架一直在不断变化，④但

---

① P. Schlesinger，《重思新闻社会学》（Re-thinking the Sociology of Journalism），见 M. Ferguson 编，*Public Communication*，London：Sage，1990。

② M. Welch，M. Fenwick 和 M. Roberts，《犯罪和道德恐慌的主要定义》（Primary Definitions of Crime and Moral Panic），见 *Journal of Research in Crime and Delinquency*，34（4），1997，页474—94。

③ S. Chibnall，《治安新闻》（*Law and Order News*，London：Tavistock，1977）。

④ P. Brighton 和 D. Foy，《新闻价值》（*News Values*，London：Sage，2007）。

新闻媒体与犯罪议题之间的共生关系却几乎没有受到任何影响。我们还进一步指出,犯罪问题在道德上是泾渭分明的,因此在意识形态上几乎没有争论的空间。唯一可以争论的只有人们表达道德义愤的措辞问题。而这很大程度上是由精英和媒体的观点所左右的。在恐怖主义问题上,以及后来的爱尔兰共和主义以及当下的穆斯林极端主义问题上,也出现了同样的情况。

在本书中,为了证明上述观点,我们对一些全国和地方报纸报道中所呈现出来的道德恐慌进行了经验性研究。我们详细分析了主要的新闻报道,尤其是标题和图片,并对社论和具有独特新闻价值的特写报道进行了研究。我们的分析方法显然具有那个时代的局限性,有人因此嘲笑我们是一群文学批评家。在我们的研究发表之后,出现了许多新的更复杂的分析方法。特别是那些从语言学发展而来的方法,既可以用来分析广播电视,[1]也可以研究报纸。[2] 这些方法为我们识别读者来信中的“论证结构”提供了一种分析模型。我们对侮辱性来信的研究与当下人们对专门以公众人物为目标的攻击性博客和推特的担忧遥相呼应。所有这些表达方式都为那些平常被压抑的话语提供了发泄渠道。这些话语一般都充满偏见和戾气,并因为匿名性而免于承担任何后果。

其他语言学家则告诉我们应该如何理解社论文章中对不同群体的称呼方式。[3] 但应该如何分析报纸中的特写和读者来信、电视和广播中的时事新闻和专题节目等其他与新闻相关的体裁,相关的研究则不那么充分。[4] 为了探索新闻标题背后的议题,语言学家进一步对那些同时援引专家和常识意识形态对犯罪问题的解释进行了研究。在儿童虐待、恐怖主义、吸毒、骚乱等重要议题以及纵酒等相对次要的议题上,我们都可以发现相似的话语模式。对道德恐慌的研究者而言,不一定要把全部的注意力放在硬新闻上;其他各种体裁的媒体文本同样重要。

我们要讨论的第三个方面是公众情绪是如何在道德恐慌中被激发出来的。我们主要分析了新闻媒体如何把官方话语转化为流行的观念(“公

---

[1]　M. Montgomery,《广播新闻的话语》(*The Discourse of Broadcast News*, London: Routledge, 2007)。

[2]　J. E. Richardson,《分析报纸》(*Analysing Newspapers*, Basingstoke: Macmillan, 2007)。

[3]　R. Fowler,《新闻中的语言》(*Language in the News*, London: Routledge, 1991)。

[4]　J. Corner,《电视形式与公共表达》(*Television Form and Public Address*, London: Edward Arnold, 1995)。

共言语"),进而获得了以公众的名义表达意见的权力("传达公众的声音")。因此,媒体不只是代表民意;它们实际上建构和营造了民意,拥有塑造常识的能力。关于这一问题的后续研究似乎进展有限。唯一的例外是布鲁克斯(Brookes)等人的著作,他们研究了 2001 年大选期间无线电视新闻对公众意见的建构。[①] 虽然记者不能直接在报道中表达自己的观点,但他们依然通过对民意调查结果和公众主观意见的选择性引用,以及他们自己对公众情绪的揣测,试图对公众意见产生影响:"媒体对公众意见的建构会导致重要的意识形态后果。"[②]

我们指出,为了赢得公众的赞同,媒体并不需要搜寻业已存在的公众意见,而是要把它激发出来。本书的目的并不是要搞清楚受众如何理解新闻媒体所传播的讯息。有人对道德恐慌研究提出批评,认为它假定受众对新闻媒体关于反常现象威胁的报道会深信不疑。[③] 格拉斯哥媒介研究小组(Glasgow Media Group)关于艾滋病的研究认为,道德恐慌的研究模式过分机械,以至于没有任何分析应用的价值。[④] 然而,这种分析方法实际上与编码/解码范式[⑤]以及相关的经验研究[⑥]是完全兼容的。这一模式并不妨碍我们思考公众对道德恐慌的支持是否会发生、如何发生以及为何发生。

我们要讨论的第四个方面的内容是数字传播的影响。20 世纪 70 年代中期的媒体状况与当下的状况有着天壤之别。全国性报纸与当时相比差别不大,但地方报纸却迅速走向了衰落。但那时只有三个全国性的电视频道,不像今天还有互联网和社交媒体。数字技术改变了新闻的本质。诸如 24 小时新闻频道、网络版报纸、公民记者、在事发现场使用智能手机录制音视频、博客和推特等各类媒体创新不断出现,这一切意味着"新闻不再是由那些主要的媒体公司所生产的以机构为中心的信息类型"。[⑦]

---

①　R Brookes,J. Lewis 和 K. Wahl-Jorgensen,《公众意见的媒体表征》(The Media Representation of Public Opinion),见 *Media*,*Culture and Society*,26(1),2004,页 63—80。

②　同上,页 64。

③　Y. Jewkes,《媒体与犯罪》(*Media and Crime*,London：Sage,2004);J. Kitzinger,《虐待议题的报道框架》(*Framing Abuse*,London：Pluto,2004)。

④　D. Miller,J. Kitzinger,K. Williams 和 P. Beharrell,《大众传播的循环》(*The Circuit of Mass Communication*,London：Sage,1998)。

⑤　S. Hall,《编码/解码》(Encoding/Decoding),见 S. Hall,D. Hobson,A. Lowe 和 P. Willis 编,*Culture*,*Media*,*Language*,London：Hutchinson,1980。

⑥　D. Morley,《全国观众》(*The Nationwide Audience*,London：BFI,1978)。

⑦　J. Jones 和 L. Salter,《数字化新闻业》(*Digital Journalism*,London：Sage,2012),页 171。

　　麦克罗比和桑顿（Thornton）认为，这些新的媒体和政治形式要求对旧的道德恐慌模式进行修正，[1]但迄今为止旧模式依然没有被替代。新闻媒体状况的变化对道德恐慌过程的影响似乎十分有限。最近发生的两起非常不同的例子或许可以证明这一点：一种新的设计毒品（designer drug）[2]甲氧麻黄酮[3]被禁，[4]以及内城骚乱所引发的社会反应。[5] 在这两起事件中，越轨者都通过社交媒体向公众表达了自己的观点，但一旦进入公众视野，他们所面对的都是一致的谴责和惩罚。传统媒体、社会控制机构和政府所构成的集中化的社会管控制度依然具有很强大的文化影响力，虽然在赛博空间中这种影响力要弱一些。

　　显然，有必要把新媒体纳入道德恐慌的媒介分析中，但这并不意味着新媒体会占据主导地位。此外，还有三个方面的研究工作是有价值的。第一，我们应该继续使用那些自本书出版以来得到发展的分析工具把经验研究向前推进。最近关于难民恐慌的研究就是一个很好的例子。[6] 第二，从叙事结构的角度对道德恐慌的话语类型进行分析或许会产生有价值的结果。[7] 第三，我们还可以与风险研究结合起来，尤其是媒体在风险的社会放大方面所发挥的作用。[8] 这样，正如本书曾经所做的那样，道德

----

① A. McRobbie 和 S. L. Thornton，《重思多元中介化社会世界中的"道德恐慌"》（Rethinking "Moral Panic" for Multi-mediated Social Worlds），见 *British Journal of Sociology*，46（4），1995，页 559—74。

② 译注：狡诈家药物（designer drug），又译为设计师药物、设计毒品、策划药等，指一种化学药品，其化学结构或功能类似于管制化学品，但经过特别设计后，其原始药物在药理学上的作用被削弱，其目的是避免使用者在正规的药物测试中，被检查出曾经摄取过管制药物，从而逃避管制。

③ 译注：甲氧麻黄酮（Mephedrone），又名 4-甲基卡西酮（4-MMC），英文俚称 Meph、Drone 和 MCAT，常被称为喵喵，是一种人工合成的苯丙胺类及卡西酮类兴奋剂药物。人类服用该药物后，身体会产生欣快、兴奋、呼吸困难、记忆丧失、血压升高、痉挛等症状。

④ J. Collins，《道德恐慌与媒体》（Moral Panics and the Media），提交给"现代世界的道德恐慌"（*Moral Panics in the Contemporary World*）会议的论文，Brunel University UK，2010 年 12 月。

⑤ G. Scambler 和 A. Scambler，《骚乱的深层原因》（Underlying the Riots），见 *Sociological Research Online*，2012（http://www.socresonline.orguk/16/4/25.html）。

⑥ J. Banks，《揭示越轨》（Unmasking Deviance），见 *Critical Criminology*，DOI 101007/s10612011-9144-x，2011；J. Matthews 和 A. R. Brown，《负面报道难民议题？》（Negatively Shaping the Asylum Agenda?），见 *Journalism*，DOI：10.1177/1464884911431386，2012。

⑦ H. Fulton 编，《媒体与叙事》（*Media and Narrative*，Cambridge：Cambridge University Press，2005）。

⑧ N. Pidgeon，R. E. Kasperson 和 P. Slovic 编，《风险的社会放大》（*The Social Amplification of Risk*，Cambridge：Cambridge University Press，2003）。

恐慌分析可以既受益于传媒研究，也可以继续为这个领域做出贡献。

管控危机与超常国家

约翰·克拉克

　　本书研究了英国是在什么样的条件下逐渐成为一个"超常国家"的。它详细描述了社会控制的天平是如何从共识性控制逐渐向强制性控制倾斜的，并认为这表明"国家进入了一段非常态时期"。但是，这个说法本身并不是很准确。我们之所以说是一段"时期"是因为当时我们认为这是一种暂时状态，共识性控制模式将会逐渐得到恢复。然而，正如一些评论家指出的那样，强制性控制模式不仅没有消失，相反，这一时期实施的许多强制性控制措施都被制度化了，成为常态。① 有许多证据可以证明这个结论：打击反社会行为的各种禁令，公共和私人监控的常态化，在没有合法程序的情况下把有嫌疑的恐怖分子直接投入监狱，持续的拦截搜查措施，在北爱尔兰实施军事化社会控制，通过"包抄"（kettling）等"强硬"策略对政治示威活动进行控制，监狱囚犯人数的上升，羁押期间死亡事件频发，等等。这些评论家认为，所有这些证据表明强制性控制模式并不是一种暂时状态，以强制性控制为特征的"超常国家"已经成为一种长期状态。

　　但是，代议制政府的程序和法治原则虽然被削弱了，却并没有彻底失去作用，正如即便是在独裁、威权或警察国家，人们也多多少少会看到代议制和法治的影子一样。这种"超常"状态的本质究竟是什么依然是一个悬而未决的问题。在这种情况下，我们必须避免在夸大某些趋势的同时对其他相互矛盾的发展态势视若无睹。我们有许多证据可以证明强制性控制模式的"常态化"趋势是真实存在的。比如，把监控任务外包给私人公司，监狱的私有化和私人保安公司的快速发展，对边境管控、庇护和驱逐程序的强化，等等。此外，我们还需要进一步研究强制的常态化、国家的"新自由主义化"与日益所剩无几的国家的社会或福利主义功能之间的矛盾关系。这类矛盾在西方国家很常见，却没有得到充分解释。我们希望本书的再版能够有助于我们对这些问题的解释。

---

　　① 　例如，P. Hillyard，《"超常"国家》（The "Exceptional" State），见 R. Coleman, J. Sim, S. Tombs 和 D. Whyte 编，*State*，*Power*，*Crime*，London：Sage，2009；R. Coleman, J. Sim, S, Tombs 和 D. Whyte，《导论》（Introduction），见 Coleman，Sim，Tombs 和 Whyte 编，*State*，*Power*，*Crime*，前揭。

那么,现在我们应该如何理解合意、强制、危机、权力、政治和国家之间的复杂关系呢?经过四十年的政治和学术发展,与当时相比,如今的情况有什么不同吗?本书的重要性在于它强调了种族主义化的法律—秩序政治,以及作为社会民主共识之后出现的一种政治运作方式的威权民粹主义的中心地位。我们认为本书所提出的这些观点迄今依然有重要意义,但它们是如何形成的则需要我们以新的视角对之进行新的理解。[1]

很显然,"危机"(或者说得更准确一些,一系列不同危机的集合)的特征发生了变化。本书围绕英国资本主义内部的混乱状态、社会形态、政治表达以及国家内部存在的问题等维度对当时的社会所面临的多重危机进行了研究。相比之下,在撒切尔主义/新自由主义战略试图把资本和资本主义从战后社会共识的"枷锁"中解放出来的过程中,整个社会所经历的各种失败和严重后果则是我们要分析的对象。[2] 撒切尔主义以及后续各种意识形态导致了新的经济、社会和政治混乱与对立(从以清除所谓落后产业为目标的去工业化到以信贷为基础的消费繁荣,从快速加深的财富和收入不平等到英国内部出现的分离主义倾向)。这些对立和矛盾不断积累,以至于在旧问题没有解决的情况下,新问题又接踵而至,最终导致"在撒切尔之后"再也没有出现任何新的全面的政治共识。[3] 各方试图促成新共识的努力从来都没有完全实现,而且始终处于不稳定的状态之中,结果只能产生吉尔伯特(Jeremy Gilbert)所说的"无效合意"。虽然这些危机在许多关键的方面存在差异,但它们始终都表现为一种悬而未决的权威危机。

这些危机都是在不同的国际关系背景下出现的,所以它们其实并不纯粹是英国自己的危机。在撒切尔式的"自由化"政策的推动下,英国资本在不同时期以不同方式进入日益全球化的世界经济体系之中。在过去的三十年中,这些发展为一系列经济危机的出现创造了新的条件,并最终在2008年引发了大规模的全球金融危机。虽然这些危机是在全球层面和全球化的经济制度内部发生的,但它们也被"国家化了",转化为国家债务、公共开支和政府责任问题。围绕这些问题,各国被划分为高效率的负

---

① J. Clarke,《关于危机和情势》(Of Crises and Conjunctures),见 *Journal of Communication Inquiry*,34(4),2010,页337—54。

② B. Jessop,《资本主义国家的未来》(*The Future of the Capitalist State*,Cambridge:Polity,2002)。

③ 参见 J. Peck,《新自由主义理性的建构》(*Constructions of Neo-Liberal Reason*,Oxford:Oxford University Press,2010)对新自由主义"停滞不前"趋势的讨论。

责任的国家和那些效率低下的不负责任的国家。危机的"国家化"与财政紧缩政策的结合,为各种威权民粹主义的再度抬头提供了充分的条件。[1]

从 20 世纪 70 年代开始出现的这种关于强制性控制的话语和实践现在已经扩散到几乎所有地方,而且其程度也在不断强化。换言之,我们在 70 年代所分析过的那种向超常或"法律—秩序"社会发展的趋势现在已经彻底成为一种常态。正如克劳福德(Crawford)所指出的那样,国家在社会控制方面的权力从来都没有出现弱化的迹象,即便国家的许多功能正在由提供"安全"服务的私人或企业所替代。[2] 不断扩张的犯罪控制和监控机制并没有能够减少公众对犯罪的担忧。相反,在大众媒体和威权民粹主义政治的鼓噪下,人们发现社会似乎陷入了"法律—秩序"不断面临新危机的长期的恶性循环之中。这导致公众的担忧不仅没有减少,反而与日俱增。

在这里,我们发现"安全"概念的重要性不断上升。尤其是在"9·11"事件发生之后,正是通过这个概念,危机、强制、合意和权力等要素才能够再次被整合到新的社会形态之中。[3] "安全"概念把外部和内部威胁结合起来了,主要目标是那些可能从任何地方,但最棘手的是从内部对西方/文明/自由世界/我们的国家发起攻击的恐怖主义分子。对安全危机的管控意味着必须强化外部干预(从战争到"干涉行动")、边境控制和与可疑群体相关的国内监控和干预政策。[4] 由于本书所讨论的事件主要是在伯明翰发生的,所以有必要在这里提及在伯明翰的巴萨尔希斯区(Balsall Heath)发生的一件事:2010 年,官方开始在这一地区安装安全监控摄像头,对公众解释的理由是为了防止犯罪和反社会行为,但实际上,这些设备的资金来自政府的反恐项目,目的也是为这个项目提供信息。[5] 不过,

---

① J. Clarke,《经济紧缩与威权主义》(Austerita e Autoritarismo),见 *La Rivista delle Politiche Sociali*,1,2012,页 213—30。

② A. Crawford,《网络化治理与后管制国家?》(Networked Governance and the Post-regulatory State?),见 *Theoretical Criminology*,10(4),2006,页 449—79。

③ J. Huysmans,《不安全性的政治》(*The Politics of Insecurity*,London:Routledge,2006)。

④ E. Balibar,《我们,欧洲人民?》(*We,the People of Europe?*,New Jersey:Princeton University Press,2004)。

⑤ P. Lewis,《穆斯林地区出现大量监控摄像头——目标? 恐怖分子》(Surveillance Cameras Spring Up in Muslim Areas-the Targets? Terrorists),2010 (http://www. guardian. co. uk/uk/2010/jun/04/birmingham-surveillance-cameras-muslim-community),2012 年 3 月 13 日检索;关于这一问题的更一般性的讨论,参见 S. Graham,《被围困的城市》(*Cities under Siege*,London:Verso,2010)。

这种故意混淆目的和监控对象的做法引发了公众的愤怒,最终这一监控网络被部分拆除了。

学术界对犯罪如何成为国家权力统治和组织的焦点这一问题的兴趣日益浓厚,上述发展变化也在这种学术发展中得到了反映。我们所关心的某些问题也在新的分析框架、新的时代语境和新的理论化模式中得到重新思考。① 这些研究分析了犯罪问题如何成为一种核心政治修辞——在过去的三十年中,正是通过这种修辞,"绝大多数的守法"公民和各种"内部敌人"之间这种高度简化的二元对立才能够成为英国、欧洲和北美的民粹主义话语中始终存在的一个线索。在大多数北大西洋国家,这些"犯罪问题"话语以及与之相关的犯罪化实践已经被严重种族主义化了,并作为这些国家(其想象性的内部构成、边界和成员条件)所面临的问题之一在其国内政治中日益成为一个核心议题。无论是萨科齐(Nikolas Sarkozy)对法国国内的暴民或败类的谴责,还是英国官方不断定义和反复宣传"英国性"观念的努力,这些话语在国家对其"全体国民"的具体内涵反复进行重构的过程中都发挥了核心作用。在美国,尤其是在形式不断变化的"城市危机"②和逐步将"非法移民"界定为犯罪分子的趋势之中,这些话语同样也发挥着极其重要的作用。

所有这些发展体现了不断变化的国家形态中的一个重要方面。还有一个不同的方面是非国家机构和组织在"社会治理"中不断凸显的重要性。③ 在过去的几十年中,我们已经看到许多新的权力、控制和干预形式(社群安全、青年正义、反社会行为预防、以社会顺从和表现为依据的新的权益制约形式)通过新的组织方式(合作关系、地方化组织、混合机构等)得到了发展。与传统形式相比,这些新的组织方式跨越了公共和私人的边界。④ 从政治学的治理问题和福柯的治理术(governmentality)概念出发,学者分别提出了不同的分析方法来研究这些"非国家"机构。出于不同的原因,这两种分析方法都倾向于低估国家的重要性,或者夸大国家的

---

① Coleman,Sim,Tombs 和 Whyte 编,*State*,*Power*,*Crime*,前揭;D. Garland,《控制文化》(*The Culture of Control*,Chicago: University of Chicago Press,2001);J. Simon,《通过犯罪实施治理》(*Governing through Crime*,Oxford: Oxford University Press,2007)。

② M. Ruben 和 J. Maskovsky,《祖国群岛》(The Homeland Archipelago),见 *Critique of Anthropology*,28(2),2008,页 199—217。

③ N. Rose,《自由的力量》(*Powers of Freedom*,Cambridge: Polity,1999)。

④ K. Stenson,《本地治理》(Governing the Local),见 *Social Work and Society*,6(1). 2008 (http://www. socwork. net/2008/1/special_issue/stenson)。

衰落程度。与此相反,有些学者强调了国家和国家权力的延续性,却没有考虑国家的制度和组织形式的变化。我们认为这可能导致我们忽略新的重要的权力和话语形态。①

对这些变化的分析提出了一个关键问题:只集中关注压制性机制或其他变化中所包含的压制性要素,用福柯的话来说,可能会导致我们忽略组织行为的具体实施过程以及不同策略作用于不同群体的多种方式。②华康德(Wacquant)对作为新自由主义核心要素的惩戒性刑罚的研究③有助于我们理解新自由主义如何对待问题人群,如何扩大了刑事定罪和监禁措施的使用范围。但我们认为,如果能够避免过分简化的二分法(比如国家与治理、强制与合意,或者华康德和布尔迪厄对国家的左右手的区分——福利主义与强制/惩戒)的话,那么,我们对这些变化的策略、权力形式和组织安排的理解将会更加全面和准确。对不断变化的国家形态的思考始终是一项十分紧迫的学术和政治挑战。因为正是在这些新的形态中,各种新的策略、新的组织安排和新的权力运作方式以混杂或复合的形式不断涌现出来。在我们看来,要搞清楚"现在有何不同",首先必须解决这些重要问题。

结构、文化与传记式叙述

布赖恩·罗伯茨

本书试图以一种比传统方法更加完整的和动态的视角来理解"行凶抢劫"现象的意义(参见原书 183—4 页和 321 页)。为了实现这个目标,我们在本书中对这种现象所处的各种相互联系的、结构性的和历史性的广泛"背景"进行了研究。在最后一章,我们以之前的理论成果为基础,

----

① J. Newman 和 J. Clarke,《公众、政治和权力》(*Publics*, *Politics and Power*, London: Sage, 2009);A. Sharma 和 A. Gupta,《重思全球化时代的国家理论》(Rethinking Theories of the State in an Age of Globalization),见 A. Sharma 和 A. Gupta 编, *The Anthropology of the State*, Oxford: Blackwell, 2006。

② J. Clarke,《新工党的公民》(New Labour's Citizens),见 *Critical Social Policy*, 25(4), 2005, 页 447—63;J. Clarke,《将社会性置于次要地位?》(Subordinating the Social?),见 *Cultural Studies*, 21(6), 2007, 页 974—87。

③ L. Wacquant,《惩罚穷人》(Punishing the Poor, Durham, NC: Duke University Press, 2009);同时参见 N. Lacey,《惩戒性国家辨析》(Differentiating among Penal States),见 *British Journal of Sociology*, 61(4), 2010, 页 778—94。

从三个相互勾连的维度对内城青年的经验进行了研究——结构、文化和自传式叙述。[①] 现在看来,当时的这项研究为后来的研究提出了挑战,它们必须把各种不同的理论方法结合起来,才能对街头犯罪现象中的各种"维度"进行充分的解释。

在本书中,我们对关键的"次等地位的结构性要素"(工作、阶级、种族、性别等)进行了详细分析(参见原书第333—41页)。这些要素反映了不受个人控制的财富和权力的分配状况。但有人认为,种族/族群和种族主义的"结构"分析方法(在某些更早的"种族关系"研究中也可以看到这种方法)能够让我们了解特定群体被置于这种不利处境的具体机制,却忽略了这些群体的真实的社会文化经验。同样,近来围绕能动性、身份认同/混杂性和"新种族主义"等议题发展起来的"文化"分析方法也可能会限制我们对"文化、意识和抵抗"和当代各种群体的不利处境的理解,除非我们把它与"结构"分析方法结合起来,即在考虑到能动性和文化经验的同时,也考虑到家庭、生活环境、教育、工作以及地方性/全国性的国家制度对主体能动性的限制。"文化"分析方法推动了我们对与"种族"有关的文化动态机制的理解,同时也对"宏观的结构性分析"提出了批评,认为后者把人们的活生生的经验过程"简化"为对社会经济要素的反应。但是,这种方法也可能无法充分把握个体经验的复杂性。[②] 在强调身份认同形成过程的变化性、复杂性、语境性和多重性的同时,"文化"分析方法同时必须意识到,结构同样具有动态变化的特征,而文化也具有限制的功能。

虽然本书的主要关注点是从社会视角出发理解"行凶抢劫"这个现象,并提出与那种从"民间恶魔"或"象征性形象"的角度来界定"行凶抢劫者"的传统观点不同的解释,但它也通过一种不同的"传记式"方法详细描述了个人的立场、决策和人生轨迹是如何被"限定"在一系列可选择的文化路径之中的(参见原书第159—60、321和333—41页)。在本书中,我们使用了"典型的"传记式方法,涉及的对象包括家庭问题、朋友关系、教育问题、与警方的接触等(参见第354页)。无论是结构性的不利地位,还是文化价值观念,都不足以解释黑人青年的行为。普赖斯关于20世纪

① C. Critcher,《结构、文化与传记》(Structures, Cultures and Biographies),见 Hall 和 Jefferson 编,《通过仪式抵抗》,前揭。

② A. Gunter,《成为坏人?》(Growing up Bad?, London: Tufnell Press, 2010),页13—14。

70 年代布里斯托尔的西印度群岛生活方式的民族志研究表明,人们对一种处境的"反应"并不是一个简单的由结构性要素决定的结果。[1] 从这个角度来看,"行凶抢劫"只是这些群体在面对"无穷无尽的压力"的情况下在犯罪和非犯罪活动之间"游移"时可以选择的多个选项中的一个。[2]"宏观的结构性条件"——比如低端的就业前景——决定了各种不同的生活方式的条件。[3] 正如冈特(Gunter)最近指出的那样,"黑人男性气质"具有多样性:"许多黑人男性必须通过把自己的创造性集中"在各种"表达性"行为上,以此来"应对他们所面对的痛苦、失败、困惑和社会边缘地位";[4]这包括衣着、性别特征、身体姿态等。这表明意识形态和社会限制性要素是如何以极其复杂的"运作"方式共同塑造了男性气质、女性气质和其他身份认同,并界定了社会空间。内城青年有某些共同点,但尽管如此,他们在年龄、性别、家庭、宗教、种族、教育等方面的文化经验还是存在社会差别。与此同时,这些青年群体显然也可能会对自身所处的文化结构"定位"和身份形态采取顺从、抵抗、重新阐释或协商的不同反应方式。[5]

在研究"内城"地区时,本书注意到在面对"公开的种族主义"的情况下,"西印度群岛飞地"及其"表达性"文化抵抗形式的出现(参见原书第343—4 页)。我们注意到,对后来的集体行动来说,1974 年后出现的经济衰退带来了一种更加地方化的、组织化的"族群意识"。这种意识出现在许多重要的集体运动中。[6] 而且,本书还指出,对黑人的管控实际上与对所有城市弱势群体的管控是相互协调的(参见原书第 325—6 页)——这种"协调性"在 2011 年的骚乱事件中也是显而易见的(参见后记的"种族、犯罪与管控"部分)。

---

[1]　Pryce,《无尽的压力》,前揭。

[2]　同上。

[3]　E. Cashmore 和 B. Troyna 编,《危机中的黑人青年》(*Black Youth in Crisis*,London:Allen & Unwin,1982);M. Fuller,《青年、女性和黑人》(Young,Female and Black),见 Cashmore 和 Troyna 编,《危机中的黑人青年》,前揭。

[4]　Gunter,《成为坏人?》,前揭,页 7。

[5]　Hall 和 Jefferson 编,《通过仪式抵抗》,前揭;S. Hall,《文化身份问题》(The Question of Cultural Identity),见 S. Hall,D Held 和 T. McGrew 编,*Modernity and Its Futures*,Cambridge:Polity,1982。

[6]　B. Roberts,《关于"可疑分子"的辩论》(The Debate on "Sus"),见 Cashmore 和 Troyna 编,《危机中的黑人青年》,前揭。

日益严重的不平等是一个一直存在的公共议题。"分裂社会"的概念在 20 世纪 80 年代的经济衰退和骚乱期间尤其引人注目。① 现在,类似的争论或许又开始了。政府委托的《骚乱、社群和受害者小组研究报告》(Riots, Communities and Victims Panel Report)②提到了一些造成这种分裂的因素,包括教育和工作机会、官方机构的低效或信任度低下的问题、社群联系的弱化以及青年群体所面临的"市场和物质主义"挑战。许多受访者都承认自己在盗窃买不起的商品时具有机会主义心态,但也有人提到了由机会、金钱或医疗保障的缺乏所导致的不公正。③

有研究发现不断高涨的物质主义和无法满足的消费需求是导致 2011 年骚乱事件的原因之一。近来关于英国街头抢劫问题的研究也有类似的发现。这项研究试图对犯罪者、社会控制、受害者如何被锁定以及相应的政策措施等问题进行"全面"解释。研究者试图把亚文化、理性选择、卡茨的"犯罪诱惑"概念和控制理论等各种理论方法结合起来,对犯罪行为的具体过程进行"完整的"描述。④ 总体而言,这些关于街头抢劫问题的研究有一个共同的(默顿式[Mertonian]的)"文化主题"。这些研究详细描述了充斥着"无处不在的"消费主义价值观的"街头文化",但由于不同的发展机会,许多人对昂贵的"时尚风格"的需求并不能通过合法的途径得到满足。⑤ 在这种情况下,从屈服于现实到以非法手段满足自身的消费欲望等各种"适应性"反应就成为人们的选项。有意思的是,虽然

---

① Scarman,《斯卡曼报告》,前揭;Archbishop of Canterbury's Commission on Urban Priority Areas,《城市信仰问题》(Faith in the City,London:Church House Publishing,1985)。

② The Riots,Communities and Victims Panel,《骚乱之后》(After the Riots,London:The Riots,Communities and Victims Panel,2012)。

③ 《卫报》/LSE,《解读骚乱》(Reading the Riots,2011,http://www. guardian. co. uk/uk/series/reading-the-riots);同时参见 K. Dunnell,《英国的多样性和不同体验》(Diversity and Different Experiences in the UK,London:Office of National Statistics,2008)。

④ J. Katz,《犯罪的诱惑》(Seductions of Crime,New York:Basic Books,1988);T. Bennett 和 F. Brookman,《暴力在街头犯罪中的角色》(The Role of Violence in Street Crime),见 International Journal of Offender Therapy and Comparative Criminology,53(6),2009,页617—33;S Hallsworth,《街头犯罪》(Street Crime,Cullompton,Devon:Willan,2005)。

⑤ M. Barker,J. Geraghty,B. Webb 和 T. Key,《街头抢劫的防范》(The Prevention of Street Robbery,Home Office:Police Research Group,Crime Prevention Uni Series,40,London:Home Office,1993);R. Wright,F. Brookman 和 T. Bennett,《英国街头抢劫问题的重要动态》(The Foreground Dynamics of Street Robbery in Britain),见 British Journal of Criminology,46(1),2006,页 1—15;J. Young,《默顿与能量、卡茨与结构》(Merton with Energy,Katz with Structure),见 Theoretical Criminology,7(3),2003,页 389—44。

青年研究中的后现代(以及"全球")视角强调了消费主义"风格"的重要
性,但某些(与地区/阶级相关的)"亚文化"观念①对街头抢劫现象的研究
者来说依然有重要的参考意义。② 与此同时,对"犯罪团伙"(存在状态、
定义、活动、种族和性别构成)和与此相关的"预防措施"的研究出现了复
兴的迹象。在一定程度上,这是因为对"帮派文化"的政治和公众担忧日
益强烈的缘故。③ 严重的"群体暴力和抢劫"现象无疑是存在的,需要详
尽且认真地加以研究。但是,在公共讨论中,把团伙成员描述成"民间恶
魔"的做法只会限制、歪曲和阻碍我们对青年文化、犯罪活动和内城现象
所处的结构文化语境进行更深入的理解——这一过程在"行凶抢劫恐慌"
中同样也发生过。

　　最近许多关于街头抢劫和暴力的研究把更多的注意力都放在了犯罪
者的"动机"上。研究者发现了这样一些动机:为了获得钱来满足自己的
"时尚消费"欲望,寻求刺激(比如赌博、吸毒),为了展示自己的"男子气
概"或"威望"(比如地位、尊重)。这些研究同时也发现了犯罪者是如何将
自己的犯罪行为"合理化"的。在这个问题上,研究者应该在更多地考虑
"动机"的理论复杂性的同时,进一步发展相关的亚文化概念(比如"中立
化""休闲价值""孤注一掷"等)。④ 此外,来自芝加哥学派/互动论"传统"
的某些概念(比如"生活史""越轨生涯"[deviant career]等)依然有较高的
应用价值。⑤ 最后,自传和叙事研究⑥以及"社会心理"方法⑦领域也出现

---

① Hall 和 Jefferson 编,《通过仪式抵抗》,前揭。

② G. Martin,《亚文化、风格、低俗者和消费资本主义》(Subculture,Style,Chavs and Consumer Capitalism),见 Crime,Media,Culture,5(2),2009,页 123—45。

③ S. Batchelor,《女孩、团伙与暴力》(Girls,Gangs and Violence),见 Probation Journal,56(4),2009,页 399—414;T. Bennett 和 K. Holloway,《英国的团伙成员、毒品与犯罪》(Gang Membership,Drugs and Crime in the UK),见 British Journal of Criminology,44(3),2004,页 305—23;S. Hallsworth 和 T. Young,《关于团伙问题的话语及其表达者的评论》(Gang Talk and Gang Talkers:A Critique),见 Crime,Media,Culture,4(2),2008,页 175—95;I. Joseph 和 A. Gunter,《团伙问题再考察》(Gangs Revisited,London:Runnymede,2011)。

④ D. Matza,《少年犯罪与放任自流》(Delinquency and Drift,New York:Wiley,1964)。

⑤ B. Roberts,《传记式研究》(Biographical Research,Buckingham:Open University Press,2002),页 33—51;B. Roberts,《微观社会理论》(Micro Social Theory,Basingstoke:Palgrave,2006),页 30—61;D. Matza,《成为越轨者》(Becoming Deviant,Englewood Cliffs,NJ:Prentice-Hall,1969)。

⑥ Roberts,《传记式研究》,前揭,页 115—33。

⑦ D. Gadd 和 T. Jefferson,《社会心理犯罪学》(Psychosocial Criminology,London:Sage,2007)。

了一些重要的进展。通过把社会文化因素（比如家庭、性别、阶级、族群、年龄等）和现有的可供调用的"全部动机"结合起来，这些理论工具能够帮助我们进一步澄清"动机"的具体内涵究竟是什么。对内城的黑人青年来说，他们是在自己所处的特定社会语境中以自身独特的方式最终形成自己的特定行为动机的（参见原书第 352—3 页）。[1] 如果能够把这些新的理论发展成果纳入进来，本书中的传记式—文化—结构分析显然会更加完善。如果能够更深入地运用我们自己的或其他著作——比如同时期出版的普赖斯的研究成果[2]——所提供的资料，同时运用后来进一步发展的许多新的定性研究方法（比如视觉分析）的话，那么，书中带有民族志方法色彩的论述（主要通过二手材料展开）必然会更加丰富。不过，这种对研究材料的重新"权衡"也可能会导致这本书原有的分析中的细节、力量和目的失去焦点。

当前的"停滞状态"和政府的"财政紧缩"计划同样正在严重压缩年轻人的发展机会。同时，对骚乱和街头抢劫现象的解释认为这主要是无处不在的消费主义价值观所导致的结果。但是，这些价值观究竟是如何影响行为的？年轻人是如何"应对"自己"想要的"生活方式和日常的"现实"之间的差异的？实际上，人们并不是简单地接受并按照"消费主义价值观"和其他价值观念来行动的，相反，他们会对这些价值观进行阐释，并在家庭、街头、邻里社区、族群等不同的场景中以不同的方式"采用"不同的阐释。他们会根据自己对不同选项的理解，以及自己的信念、动机、合理化思维和感受（欲望、不公正、绝望等）来决定是否要"改变"这种阐释。当下，我们亟须对特定语境中的文化/结构性"再生产"过程进行理解：青年群体如何使用物质和社会资本，建构身份认同，在地方—全球性"网络"中行动（比如互联网、时尚文化、音乐和"政治性"表达）。我们需要研究微观—宏观关系、[3]包容或排斥过程，以及社会意识形态的封闭和有意识的挑战行动是如何塑造内城或其他任何地方的青年群体的人生经验的。但不管如何解释街头抢劫问题，研究者都应该保留本书中的民族志方法和理论分析所关注的焦点问题——人们在特定的结构—文化框架内所能选择的"人生道路"。

---

① 同时参见 Gunter，《成为坏人？》，前揭。

② Pryce，《无尽的压力》，前揭。

③ Roberts，《微观社会理论》，前揭。

　　最后,正如我们在本书中所指出的那样,无论街头犯罪活动看上去多么"有诱惑力",对那些长期靠这种方式"谋生"的人来说,它一点都不"浪漫"。相反,这是一种"令人绝望的生存方式","无论出于何种动机,一旦卷入这种暴力之中,所有人都会丧失基本的理智"(参见原书第 353 页)。

译 者 后 记

《管控危机》一书是以斯图亚特·霍尔为核心的伯明翰大学当代文化研究中心在 20 世纪 70 年代后期发表的一部重要著作。无论是研究主题，还是作者所调用的理论资源，采用的分析思路和研究方法，都体现了文化研究作为一个刚出现不久的新兴学术研究领域在这一时期的某些关键特征：从跨学科视角出发，实现微观经验分析与宏观历史情势研究的结合，话语和意识形态研究与主体实践分析的结合，以及文化分析与历史制度分析的结合。这种研究的旨趣主要不在于发展抽象理论，而是在综合文化主义传统、结构主义传统和葛兰西理论的基础上，针对现实社会过程中的文化与政治议题，从学术上做出介入性反应。在这些原则指导下完成的《管控危机》，篇幅宏大，视野开阔，具有突出的问题意识和鲜明的现实关怀色彩。尤其是书中详细分析的危机与社会控制、媒体与道德恐慌、现代资本主义国家的政治合法性问题等议题，至今依然具有十分重要的参考价值。基于这种考虑，我们认为，把这本在文化研究和传媒研究史上，乃至西方社会科学史上的重要著作翻译并推荐给中国读者，是一件十分有意义的事情。

在译稿即将付梓之际，我想简要交代一下翻译过程的来龙去脉。我初次接触《管控危机》是 2005 年。虽然距今已经过去 16 年，但我依然清晰记得当时为了完成导师陈卫星教授布置的传播批判理论研究课题的任务，我在位于中关村南大街的国家图书馆的外文图书馆藏书目中借阅到《管控危机》一书的情景。那是该书的 1978 年版，即第一版。在翻阅全书并精读了部分与传播研究关系密切的章节后，我认真做了阅读笔记，并在此基础上完成了导师布置的课题任务。该书篇幅巨大，内容复杂，阅读尚且困难，遑论翻译。当时绝没有想到，有朝一日我会成为这本书的中文版译者。2014 年，赵月枝和吕新雨两位教授主编的"批判传播学译丛"决定收入《管控危机》一书。在寻找译者的过程中,华东师范大学出版社的编辑彭文曼老师通过中国传媒大学张志华副教授联系到我,问我是否对翻译此书感兴趣。虽然考虑到篇幅和翻译的难度,一开始有所犹豫,但思忖再三,还是毅然决定接下这个艰巨的任务。事实证明,我最初的这种担忧不是没有道理的。后来的翻译过程充满艰辛,无论是难度还是长度,都远远超出了当初的预计。也因为如此,加之日常工作琐务缠身,完稿时间一再拖延,前后花费的时间长达五年之久。和《管控危机》的作者们因为一再拖延交稿而对编辑感到抱歉一样,在这里,我也必须因为我的反复拖延向出版社的各位老师,尤其是负责本书出版事宜的彭文曼老师说一声抱歉,同时也感谢各位的督促和包容。

　　在翻译的过程中,我得到了许多人的帮助:巴黎第三大学副校长、社会学家埃里克·麦格雷(Eric Maigret)教授曾多次与我讨论斯图亚特·霍尔的学术思想,并热情帮助我与本书的作者之一约翰·克拉克教授取得联系;克拉克教授收到我的邮件后,第一时间做了回复,并欣然答应联系其他几位健在的作者为本书的中文版撰写序言;美国得克萨斯农工大学副教授卡拉·沃利斯(Cara Wallis)博士曾在我就某些词汇的翻译遇到困难时给予了及时的帮助;在翻译本书的过程中,我所主持的教育部人文社科青年项目"斯图亚特·霍尔传播思想研究"的部分成果也先后在不同的场合发表,并得到了学界同仁,尤其是《国际新闻界》《新闻与传播研究》《现代传播》《南京社会科学》等学术期刊的刘海龙教授、朱鸿军研究员、张毓强教授、虞淑娟副总编以及诸多匿名评审专家的指导,这些意见对本书的翻译也有所裨益;在漫长的翻译过程中,与好友周逵、董晨宇每次充满欢笑的聚会,我都会随身携带那本日益破败以至最后几乎散架的英文本《管控危机》,他们的调侃、督促、建议、鼓励和陪伴也与整个翻译过程相伴始终;在译稿完成后,本书的责任编辑王寅军老师以专业的态度和极大的耐心对书稿进行了认真的审读,并对校译工作提出指导意见。在此,我想对所有对本书的翻译给予帮助的各位师友表示感谢。当然,译稿中在所难免存在的谬误和不足都是我自己的责任。

　　最后,我想感谢家人的陪伴和支持,尤其是我的妻子冯韵童,感谢她给予了我无私的爱。译事不易,他们是最好的见证者。

黄典林

2021 年 3 月

图书在版编目(CIP)数据

管控危机/(英)斯图亚特·霍尔等著;黄典林译.
--上海:华东师范大学出版社,2022
ISBN 978-7-5760-2834-8

Ⅰ.①管… Ⅱ.①斯…②黄… Ⅲ.①社会治安—治
安管理—研究—英国 Ⅳ.①D756.133.9

中国版本图书馆 CIP 数据核字(2022)第 090001 号

华东师范大学出版社六点分社
企划人 倪为国

管控危机

著 者 [英]斯图亚特·霍尔等
译 者 黄典林
责任编辑 王寅军
责任校对 彭文曼
封面设计 吴元瑛

出版发行 华东师范大学出版社
社 址 上海市中山北路 3663 号 邮编 200062
网 址 www. ecnupress. com. cn
电 话 021 - 60821666 行政传真 021 - 62572105
客服电话 021 - 62865537 门市(邮购)电话 021 - 62869887
地 址 上海市中山北路 3663 号华东师范大学校内先锋路口
网 店 http://hdsdcbs. tmall. com

印 刷 者 上海盛隆印务有限公司
开 本 787×1092 1/16
印 张 39.25
字 数 528 千字
版 次 2022 年 9 月第 1 版
印 次 2022 年 9 月第 1 次
书 号 ISBN 978-7-5760-2834-8
定 价 98.00 元

出 版 人 王 焰

Policing the Crisis, Second Edition
by Stuart Hall, Chas Critcher, Tony Jefferson, John Clarke, Brian Roberts
Copyright © Stuart Halll, Chas Critcher, Tony Jefferson, John Clarke, Brian Roberts, 2013, 2019
This translation of *Policing the Crisis*, *Second Edition* is published by arrangement with Bloomsbury Publishing Plc.
Simplified Chinese translation Copyright © 2022 by East China Normal University Press Ltd.
All rights reserved.
上海市版权局著作权合同登记　图字：09 - 2014 - 919 号